Henkomes

FORSCHUNGEN UND BERICHTE ZUR VOR- UND FRÜHGESCHICHTE
IN BADEN-WÜRTTEMBERG

LANDESDENKMALAMT BADEN-WÜRTTEMBERG

FORSCHUNGEN UND BERICHTE ZUR VOR- UND FRÜHGESCHICHTE
IN BADEN-WÜRTTEMBERG

BAND 55

1995

KOMMISSIONSVERLAG · KONRAD THEISS VERLAG · STUTTGART

LANDESDENKMALAMT BADEN-WÜRTTEMBERG

Beiträge zur Eisenverhüttung auf der Schwäbischen Alb

Mit Beiträgen von
MARTIN BÖHM, ANDREAS HAUPTMANN, MARTIN KEMPA,
BERND KROMER, WINFRIED REIFF, HANS W. SMETTAN,
IRMTRUD und GÜNTHER WAGNER und ÜNSAL YALÇIN

1995

KOMMISSIONSVERLAG · KONRAD THEISS VERLAG · STUTTGART

HERAUSGEBER: LANDESDENKMALAMT BADEN-WÜRTTEMBERG
ARCHÄOLOGISCHE DENKMALPFLEGE
SILBERBURGSTRASSE 193 · 70178 STUTTGART

CIP-Titelaufnahme der Deutschen Bibliothek

Beiträge zur Eisenverhüttung auf der Schwäbischen Alb/
Landesdenkmalamt Baden-Württemberg.
Mit Beitr. von Martin Böhm... – Stuttgart : Theiss, 1995

(Forschungen und Berichte zur Vor- und Frühgeschichte
in Baden-Württemberg ; Bd. 55)
ISBN 3-8062-1177-9

NE: Böhm, Martin; Baden-Württemberg/
Landesdenkmalamt; GT

Redaktion und Herstellung
Dr. Christoph Unz mit Verlagsbüro Wais & Partner, Stuttgart

Produktion
Satz: primustype R. Hurler GmbH, Notzingen
Druck: Offizin Scheufele, Stuttgart

© Landesdenkmalamt Baden-Württemberg, Stuttgart 1995.
Das Werk einschließlich aller seiner Teile ist urheberrechtlich geschützt. Jede Verwertung
außerhalb der engen Grenzen des Urheberrechtsgesetzes ist ohne Zustimmung
des Landesdenkmalamtes Baden-Württemberg unzulässig und strafbar.
Dies gilt insbesondere für Vervielfältigungen, Übersetzungen, Mikroverfilmungen sowie
die Einspeicherung und Verarbeitung in elektronischen Systemen.
Printed in Germany, ISBN 3-8062-1177-9

Vorwort

In den letzten Jahrzehnten ist es immer selbstverständlicher geworden, naturwissenschaftliche Untersuchungsmethoden für archäologische Fragestellungen einzusetzen. Ein hervorragendes Beispiel dieser interdisziplinären Zusammenarbeit ist die Archäometallurgie, an der Archäologen, Metallurgen, Mineralogen, Geologen und Historiker mitwirken. Wissenschaftliche Institutionen, die sich der Erforschung der alten Metallurgie widmen, werden seit 1987 von der Volkswagenstiftung im Rahmen ihres Förderschwerpunktes „Archäometallurgie" finanziell unterstützt. Die Förderung hat eine entsprechende Schwerpunktbildung der Forschung und der Denkmalpflege bewirkt, deren Ergebnisse wir nun in verschiedenen wissenschaftlichen Publikationen vorlegen können.

Dieser Band enthält die Ergebnisse eines Projektes des Landesdenkmalamtes Baden-Württemberg, das ohne die großzügige Förderung durch die Volkswagenstiftung nicht hätte realisiert werden können. Das Vorhaben wurde in der Zeit von Juni 1989 bis Mai 1991 unter dem Titel „Die vor- und frühgeschichtliche Eisenverhüttung auf der östlichen Schwäbischen Alb (Albuch und Härtsfeld)" durchgeführt. An dem Projekt, das federführend von der Archäologischen Denkmalpflege des Landesdenkmalamtes durchgeführt wurde, beteiligten sich das Institut für Archäometallurgie des Deutschen Bergbaumuseums in Bochum sowie die Außenstelle des Geologischen Landesamtes Baden-Württemberg in Stuttgart.

Danken möchte ich an dieser Stelle vor allen Dingen Herrn Dr. Andreas Hauptmann vom Bergbaumuseum, Herrn Prof. Dr. Winfried Reiff vom Geologischen Landesamt Baden-Württemberg und Herrn Dr. Jörg Biel vom Landesdenkmalamt Baden-Württemberg. Die großzügige finanzielle Ausstattung durch die Volkswagenstiftung erlaubte es, im Laufe des Projekts Herrn Dr. Martin Kempa als Archäologen, Herrn Dr. Ünsal Yalçın als Mineralogen, Herrn Dr. Hans Smettan als Botaniker sowie Herrn Dipl. geogr. Martin Böhm als Geographen anzustellen. Zeitweise arbeitete als Grabungstechnikerin Frau Beate Kochler am Projekt mit. Für die konstruktive Zusammenarbeit mit anderen Forschungseinrichtungen danken wir Herrn Prof. Dr. Günther A. Wagner, Forschungsstelle Archäometrie des Max-Planck-Instituts in Heidelberg, und Herrn Dr. Bernd Kromer, Institut für Umweltphysik der Akademie der Wissenschaften in Heidelberg. Allen Beteiligten möchte ich für die gute Zusammenarbeit im Sinne eines interdisziplinären Forschungsvorhabens vielmals danken.

Meinen ganz besonderen Dank möchte ich an dieser Stelle Herrn Günter Dege von der Volkswagenstiftung Hannover zum Ausdruck bringen. Er hat von Anfang an dieses Forschungsprojekt in großzügiger Weise gefördert und begleitet. Als im Jahre 1990 die Ausgrabungen in Essingen, Gewann „Weiherwiesen", den Rahmen des Projektes zu sprengen drohten, gewährte die Volkswagenstiftung eine weitere Förderung für 18 Monate, die eine vollständige wissenschaftliche Auswertung und Publikation aller Ergebnisse ermöglichte.

Im Laufe des Forschungsprojektes rückte, nicht zuletzt durch Ausgrabungsbefunde in Essingen, die frühalamannische Zeit in den Mittelpunkt des Interesses. Vor allen Dingen zeigte es sich, daß die frühalamannischen Siedler bei der Eisenproduktion auf technische Verfahren zurückgreifen konnten, die in Mitteldeutschland und Böhmen beheimatet sind. Darüberhinaus erwies die Untersuchung der frühalamannischen Eisenverhüttung, welche ungeheuren wirtschaftlichen Auswirkungen der Rückzug des römischen Militärs und der römischen Verwaltung für die nördlichen Teile der Provinz Raetien mit sich brachte.

Als dann im März 1990 durch Zufall ein hochmittelalterlicher Verhüttungsplatz in Metzingen, Gewann „Kurleshau", im Kreis Reutlingen entdeckt wurde, zeichnete sich ein neuer Schwerpunkt für zukünftige Forschungen ab. Obwohl dieser Platz außerhalb des eigentlichen Untersuchungsgebietes lag, wurde eine Untersuchung eingeplant. Dort ließ sich nachweisen, daß bereits im 11. oder 12. Jahrhundert n. Chr. mit sehr fortschrittlichen Methoden Eisen erzeugt wurde; Methoden, die mit der Roheisentechnologie der Neuzeit verglichen werden können. An diese ersten Untersuchungen in Metzingen knüpften sich viele Fragen, die im Rahmen eines weiteren Forschungsprojektes in den Jahren 1993/94 mit Hilfe der Förderung der Volkswagenstiftung unter dem Titel „Abbau und Verhüttung von Eisenerzen im Vorland der mittleren Schwäbischen Alb" aufgearbeitet und geklärt werden konnten. Wir hoffen, auch zu diesem Thema in absehbarer Zeit die abschließende Publikation vorlegen zu können. Für die redaktionelle Betreuung des Bandes danken wir Herrn Dr. Christoph Unz vom Landesdenkmalamt Baden-Württemberg und dem Redaktionsbüro Wais & Partner, Stuttgart.

Stuttgart, im Mai 1995 *Dieter Planck*

Inhalt

I. Die Erforschung der vor- und frühgeschichtlichen
Eisenverhüttung (MARTIN KEMPA) 9

II. Die Eisenerze und ihre Gewinnung im Bereich der östlichen
und im Vorland der mittleren Schwäbischen Alb
(WINFRIED REIFF und MARTIN BÖHM) 15

III. Archäoökologische Untersuchungen auf dem Albuch
(HANS W. SMETTAN) 37

IV. Die Verhüttungsplätze (MARTIN KEMPA) 147

V. Die Ausgrabungen auf den „Weiherwiesen"
bei Essingen (Ostalbkreis) (MARTIN KEMPA) 193

VI. Thermolumineszenz-Datierung
(IRMTRUD und GÜNTHER WAGNER) 263

VII. Die Radiokarbondaten (BERND KROMER) 267

VIII. Zur Archäometallurgie des Eisens auf der Schwäbischen Alb
(ÜNSAL YALÇIN und ANDREAS HAUPTMANN) 269

IX. Die Ausbeutung der Erzlagerstätten in vor- und
frühgeschichtlicher Zeit (MARTIN KEMPA) 311

I. Die Erforschung der vor- und frühgeschichtlichen Eisenverhüttung

MARTIN KEMPA

1. Die Forschungssituation in Mitteleuropa 9
2. Der Forschungsstand in Baden-Württemberg 10

1. Die Forschungssituation in Mitteleuropa

In Deutschland begannen systematische Forschungen zur vor- und frühgeschichtlichen Eisenverhüttung während der 30er Jahre im Siegerland.[1] Man erkannte damals, daß die zahlreichen Schlackenhalden, die oft durch Seitenbäche der oberen Sieg angeschnitten werden, Überreste von Verhüttungsplätzen sind, die lange vor dem historisch bezeugten Bergbau des Siegerlandes bestanden. Es folgten zahlreiche Ausgrabungen an hochmittelalterlichen und latènezeitlichen Verhüttungsplätzen.[2] In den Jahrzehnten nach dem Zweiten Weltkrieg wurde im Siegerland hin und wieder an die ältere Forschung angeknüpft.[3] Doch ist es bis heute nicht gelungen systematisch abzusichern, wann genau im Verlauf der Latènezeit die siegerländische Eisenhüttung einsetzte. Auch wäre es sehr wünschenswert, einmal gut erhaltene latènezeitliche Öfen mit modernen Methoden auszugraben, um die oft merkwürdig komplizierten Befunde der älteren Grabungen besser verstehen zu lernen.[4]

Zur gleichen Zeit wie im Siegerland begannen in einigen Gegenden Süddeutschlands entsprechende Forschungen. Ausgehend von den zahlreichen pfälzischen Eisenbarrenfunden beschäftigte sich F. Sprater mit dem Thema und glaubte belegen zu können, daß in der Gegend um Eisenberg (Donnersbergkreis) bereits während der Frühlatènezeit Eisenerz verhüttet wurde.[5] Einer kritischen Überprüfung wird dieser frühe Zeitansatz kaum standhalten, doch darf als gesichert gelten, daß zahlreiche, oft ungeheuer große Schlackenhalden in der Umgebung Eisenbergs auf römische Eisenverhüttung zurückgehen, während eine Reihe weiterer Plätze offenbar in das 13./14. Jh. n. Chr. datiert.[6] Naturwissenschaftliche Untersuchungen an Schlackenplätzen der Pfalz führten zur Unterscheidung zweier technologischer Phasen:[7] eine Phase mit typischen Rennfeuerschlacken und eine Phase mit glasreichen Schlacken, die offenbar in scharf blasenden Öfen erzeugt wurden. Leider wird bei diesen Untersuchungen auf archäologische Zusammenhänge nicht weiter eingegangen. Es liegt nahe, in den Plätzen mit typischen Rennfeuerschlacken römische und in denen mit glasreichen Schlacken spätmittelalterliche Verhüttungsüberreste zu sehen.

Einen dritten Forschungsschwerpunkt begründete P. Reinecke, als er seine Geländearbeiten publizierte, die er auf der südlichen Frankenalb durchführte.[8] K. Schwarz, H. Tillmann und W. Treibs wiesen nach, daß die Schürfgruben, die sich in den Wäldern um Kelheim

---

[1] Einen kurzen Abriß der Forschungsgeschichte im Siegerland vor dem Zweiten Weltkrieg findet man bei H. BEHAGHEL, Die Eisenzeit im Raume des Rechtsrheinischen Schiefergebirges (Wiesbaden 1949) VII mit Anm. 3–5.

[2] Zusammengestellt bei BEHAGHEL (Anm. 1). Besonders bekannt und am besten dokumentiert: Ders., Eine latènezeitliche Eisenhüttungsanlage in der Minnerbach bei Siegen. Germania 23, 1939, 228 ff.

[3] J. W. GILLES, Neue Ofenfunde im Siegerland. Stahl und Eisen 78, 1958, 1200 ff. K. WILHELMI, Verhüttungs- und Arbeitspodien der fortgeschrittenen Latènezeit (300–200 v. Chr.) am Höllenrain bei Wilmsdorf-Wilgersdorf/Siegerland. Der Anschnitt 44, 1992, 49 ff. A. HAUPTMANN / G. WEISGERBER, Eisen im Siegerland – ein archäometallurgisches Forschungsprojekt. Offa 40, 1983, 69 ff. H. LAUMANN, Ein spätestlatènezeitlicher Schmiedeplatz von Neunkirchen-Zeppenfeld, Kreis Siegen-Wittgenstein. Ausgr. u. Funde Westfalen-Lippe 3, 1985, 49 ff.

[4] Vgl. z. B. die Ofenbefunde, die Behaghel in der Minnerbach bei Siegen freilegte (Anm. 2) oder die GILLES (Anm. 3) beschreibt.

[5] F. SPRATER, Pfälzische Eisenbarrenfunde und die vor- und frühgeschichtliche Eisenverhüttung in der Pfalz. Bayer. Vorgeschbl. 10, 1931/32, 26 ff.

[6] H. WALLING, Der frühe Bergbau in der Pfalz. Mitt. Hist. Ver. Pfalz 75, 1977, 15 ff. führt alle einschlägigen Fundstellen noch einmal auf. Sicher römisch sind Grünstadt (Nr. 15); Hettenleidelsheim (Nr. 17); Kerzenheim (Nr. 24) und Ramsen (Nr. 20). Ins 13./14. Jh. datiert Imsbach (Nr. 21).

[7] S. AL-MUSSAWY / I. KEESMANN, Eisenerze und ihre Verwendung zur Eisengewinnung nach dem Rennfeuerverfahren in der Nordpfalz. In: Fortschritte Mineralogie 62, Beih. 1 (Stuttgart 1984) 4 ff.

[8] P. REINECKE, Bodendenkmale spätkeltischer Eisengewinnung im untersten Altmühltal. Ber. RGK 24/25, 1934/35, 128 ff. Auch bei Kelheim hat H. BEHAGHEL gegraben: Ders., Eine Eisenhüttungsanlage der Latènezeit im Oppidum auf dem Michelsberg bei Kelheim, Donau. Germania 24, 1940, 111 ff.

erhalten haben, tatsächlich auf den Abbau lokaler Eisenerze zurückzuführen sind.⁹ Durch eine kritische Würdigung der Ergebnisse Reineckes und unter Einbeziehung von Neufunden gelang es I. Burger und H. Geisler, dort die charakterischen Merkmale einer jüngerlatènezeitlichen und einer früh- bis hochmittelalterlichen Verhüttungsphase herauszuarbeiten.¹⁰ Merkwürdig bleiben indessen die latènezeitlichen Rennofenbefunde der südlichen Frankenalb: große, langgestreckte, ovale Strukturen, die ganz und gar nicht der Form entsprechen, die man von einem Rennofen erwarten würde.¹¹

Es war wiederum Reinecke, der erstmals Schlackenfunde im Feilenmoos mit dem Eisenbedarf des keltischen Oppidums bei Manching in Verbindung brachte.¹² Weitere Forschungen unternahm H. J. Seitz im nahegelegenen Donaumoos. Die Datierung dieser Funde in die Latènezeit bedarf jedoch dringend einer Überprüfung.¹³

Die verschiedenen Forschungen, die vor dem Zweiten Weltkrieg in Deutschland begonnen hatten, fanden Eingang in die zusammenfassende Arbeit von P. Weiershausen zu den vorgeschichtlichen Eisenhütten Deutschlands.¹⁴

Seit 1955 erforscht K. Bielenin ein Verhüttungsrevier im Nordosten des Heilig-Kreuz-Gebirges nordöstlich von Krakau. Die schon Jahrzehnte andauernden Arbeiten dehnen sich mittlerweile auf ein weiteres Verhüttungszentrum in Masowien aus.¹⁵ Untersucht werden vor allem große Verhüttungsplätze der Kaiserzeit, an denen oft Hunderte von Schlackenklötzen in regelmäßigen Feldern angeordnet freigelegt werden, Überbleibsel von Rennöfen mit freistehendem Schacht und eingetieftem Herd, ein Typ, den Bielenin eingehend erforscht hat.¹⁶

Der gleiche Ofentyp ist auch häufig auf kaiserzeitlichen Verhüttungsplätzen Norddeutschlands anzutreffen. Hier verdanken wir unsere Kenntnis vornehmlich der Aufmerksamkeit, die H. Hingst der vor- und frühgeschichtlichen Ausbeutung der Raseneisenerze in Schleswig-Holstein widmete.¹⁷

Ebenfalls in den 50er Jahren begann R. Pleiner die Eisenverhüttung in den böhmischen Ländern zu erforschen, wobei er sein Hauptaugenmerk auf die Entwicklung und Tradierung der Ofentypen in den verschiedenen Epochen und Kulturgruppen richtete.¹⁸ Pleiners Forschungen erstreckten sich bald auf alle Aspekte der Eisengewinnung und -verarbeitung in der Alten Welt. So ist es kein Zufall, daß 1966 das „Comité pour la Sidérurgie Ancienne de l'Union Internationale des Sciences Préhistoriques et Protohistoriques" in Prag gegründet wurde.¹⁹

In Deutschland begannen systematische Forschungen, abgesehen von den Bemühungen Hingsts, in größerem Maßstab eigentlich erst wieder 1987 mit der Einrichtung des Förderschwerpunktes Archäometallurgie durch die Volkswagenstiftung. Seitdem wurden eine Reihe von Projekten ins Leben gerufen. Vornehmlich auf die mittelalterliche Blei-Silber-Gewinnung, zum Teil auch die Kupfergewinnung, zielen Vorhaben im Harz²⁰ und im Südschwarzwald.²¹ Projekte zur Metallurgie des Eisens gibt es, abgesehen von den beiden Forschungsvorhaben des Landesdenkmalamtes Baden-Württemberg auf der Hochfläche und im Vorland der Schwäbischen Alb, im Lahn-Dill Gebiet in unmittelbarer Nachbarschaft zum Siegerland²² und in Joldelund (Nordfriesland), wo an die Arbeiten Hingsts angeknüpft wird.²³

2. Der Forschungsstand in Baden-Württemberg

Im Jahr 1983 veranstaltete U. Zwicker in Erlangen ein Kolloquium unter dem Titel „Die Bedeutung der Ei-

---

9 Zur spätkeltischen und mittelalterlichen Eisengewinnung auf der südlichen Frankenalb bei Kelheim. Jahresber. Bayer. Bodendenkmalpflege 6/7, 1965/66, 35 ff.

10 BURGER/GEISLER, Kelheim 41 ff.

11 Ebd. Abb. 3–7 zu Nr. 3. 18. 19.

12 W. KRÄMER/F. SCHUBERT, Die Ausgrabungen in Manching 1955–1961. Einführung und Fundstellenübersicht. In: Ausgr. Manching 1 (Wiebaden 1970) 46 ff.

13 H.-J. SEITZ, Vorgeschichtliche Eisengewinnung im Donaumoos. Mannus 30, 1938, 458 ff. Kritisch zur Datierung wie auch zur Interpretation der Befunde schon WEIERSHAUSEN, Eisenhütten 92 ff.

14 WEIERSHAUSEN, Eisenhütten.

15 BIELENIN, Góry Świętokrzyskie; BIELENIN/WOYDA, Eisenverhüttungszentren.

16 Vgl. dazu S. 326 mit Anm. 86. (KEMPA)

17 H. HINGST, Die vorgeschichtliche Eisengewinnung in Schleswig-Holstein. Offa 11, 1952, 28 ff. Ders., Das Eisenverhüttungszentrum auf dem Kammberg-Gelände in Joldelund, Kr. Nordfriesland. Offa 40, 1983, 163 ff.

18 PLEINER, Základy.

19 Von großem praktischen Wert sind die jährlichen Forschungs- und Literaturberichte, die seit 1967 in der „Archeologické rozhledy" erscheinen.

20 L. KLAPPAUF/A. LINKE/F. BROCKNER, Interdisziplinäre Untersuchungen zur Montanarchäologie im westlichen Harz. Zeitschr. Arch. 24, 1990, 207 ff.

21 H. STEUER/G. GOLDENBERG/U. ZIMMERMANN, Ur- und Frühgeschichte des Erzbergbaus im südlichen Schwarzwald. Arch. Ausgr. Baden- Württemberg 1987, 328 ff. Dies., Montanarchäologische Untersuchungen im südlichen Schwarzwald. Ebd. 1988, 194 ff. Vgl. die Beiträge in dem Zeitschriftenband: Erze, Schlacken und Metalle. Früher Erzbergbau im Südschwarzwald. Freiburger Universitätsbl. 109, Freiburg 1990.

22 Untersuchungen zur vor- und frühgeschichtlichen Eisengewinnung im Lahn-Dill-Gebiet seit 1990 durch A. Jockenhövel und Ch. Willms, Universität Münster. Vgl. dies., Neue Forschungen zur früheren Eisengewinnung und -verarbeitung im oberen Dill-Gebiet. Heimatjahrb. Lahn-Dill-Kreis 1991, 313 ff.

23 Frühe Eisengewinnung in Joldelund, Kr. Nordfriesland. A. Haffner und Mitarbeiter, Universität Kiel.

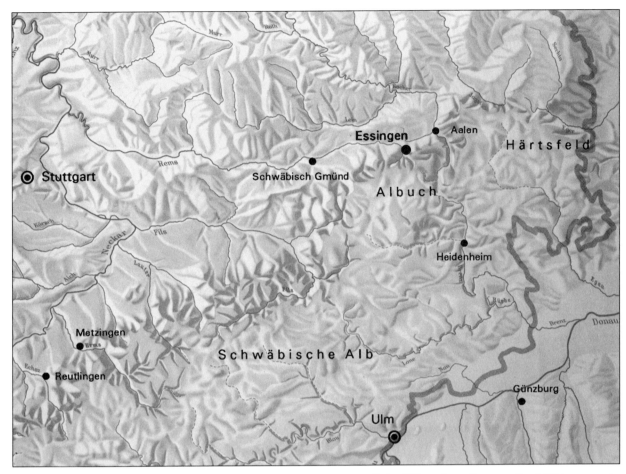

Abb. 1: Die Lage des Arbeitsgebietes. Kartengrundlage: Ausschnitt aus Reliefkarte Baden-Württemberg 1:600 000. Hrsg. Landesvermessungsamt Baden-Württemberg, Stuttgart. Vervielfältigung genehmigt unter Az.: 5.11/878.

senherstellung im süddeutschen Raum in der Vor- und Frühgeschichte".[24] Die Veranstaltung zeigte deutlich, daß in Süddeutschland bis dahin fast nur punktuelle Untersuchungen vorlagen. Von systematischen Forschungen konnte auch in Baden-Württemberg keine Rede sein. Zwar gab es Ausgrabungen an dem einen oder anderen Verhüttungsplatz, und ebenso war eine Reihe archäometallurgischer Funde mit naturwissenschaftlichen Methoden untersucht worden. Doch war es nur in den seltensten Fällen möglich gewesen, eine interdisziplinäre Zusammenarbeit unter einer gemeinsamen Fragestellung einzuleiten.[25]

Mehr Interesse als der Eisenverhüttung hat man zunächst der Blei-Silber-Gewinnung im Schwarzwald entgegengebracht. Die hydrothermalen Erzgänge des Südschwarzwaldes bieten Möglichkeiten zum Eisen-, Kupfer- und insbesondere zum Blei-Silberabbau. Die Ausbeutung silberhaltiger Adern wird schon für das frühe 11. Jh. urkundlich bezeugt.[26] Man fragte sich natürlich, ob die Blei-Silber-Gewinnung nicht schon in römischer Zeit eine Rolle spielte. Bislang fehlte der unmittelbare Nachweis römischen Bergbaus oder eines Verhüttungsplatzes, doch wurden verschiedentlich Gangstufen in römischen Fundzusammenhängen festgestellt, und es konnten Schlackenreste in römischen Mörtelproben nachgewiesen werden.[27] Im Zuge der jüngst begonnen systematischen Untersuchungen konnten H. Steuer und U. Zimmermann karolingische Abbauspuren fassen und darüber hinaus rückt der endgültige Nachweis des römischen Bergbaus in greifbare

---

24 Publiziert in dem Sammelband: Die Bedeutung der Eisenherstellung im süddeutschen Raum und im Alpengebiet in der Vor- und Frühgeschichte. 12. Werkstoffkolloquium des Lehrstuhls Werkstoffwissenschaften (Metalle) am 14. 3. 1983 in Erlangen (Erlangen 1983).

25 PLANCK, Eisen. Entsprechende Untersuchungen konnten im Falle von Heidenheim-Großkuchen (Zusammenarbeit mit D. Pohl, Schwäbische Hüttenwerke Wasseralfingen) und Sontheim im Stubental (Zusammenarbeit mit A. Löhberg, Berlin) eingeleitet werden.

26 H. MAUS, Die Erzlagerstätten. In: Erze, Schlacken und Metalle. Früher Bergbau im Südschwarzwald. Freiburger Universitätsbl. 109, Freiburg 1990, 33 ff. A. ZETTLER, Die historischen Quellen. Ebd. 59 ff.

27 F. KIRCHHEIMER, Bericht über Spuren römerzeitlichen Bergbaus in Baden-Württemberg. Aufschluß 27, 1976, 361 ff. S. MARTIN-KILCHER/H. MAUS/W. WERTH, Römischer Bergbau bei Sulzburg „Mühlematt", Kreis Breisgau-Hochschwarzwald. Fundber. Baden-Württemberg 4, 1979, 170 ff.

Nähe.[28] Ebenfalls in die karolingische Zeit geht die Blei-Silber-Gewinnung zurück, die L. H. Hildebrandt südlich Heidelberg feststellen konnte.[29]

Die Eisenvererzungen des Schwarzwaldes spielten gegenüber dem Blei-Silber- und Buntmetallabbau keine große Rolle. Die ertragreichsten Eisenerzvorkommen findet man an seinem Nordrand im Gangrevier von Neuenbürg (Enzkreis). In den Klüften des Buntsandsteins tritt brauner Glaskopf zu Tage, der einen Eisenanteil von 56% aufweist.[30] Benachbart zu Neuenbürg liegt Waldrennach, wo für das Jahr 1527 der Flurname „Isengrub" belegt ist. In größerem Maßstab setzt Bergbau nach den Schriftquellen allerdings erst im 18. Jh. ein. Mit dem Erz wurden Hütten in Pforzheim und sogar Friedrichstal (bei Baiersbronn) und Christophstal (bei Freudenstadt) beliefert.[31]

In Neuenbürg hat E. Feiler zwischen 1929 und 1938 an den Hängen des Schloßberges große Mengen frühlatènezeitlicher Keramik und einige Metallfunde geborgen, die von I. Jensen publiziert wurden.[32] Der Fundreichtum in einer siedlungsfeindlichen Umgebung ließ Jensen daran denken, daß die Eisenerze eine entscheidende Rolle bei der Wahl des Siedlungsplatzes spielten. Methodisch beruft sie sich auf J. Driehaus, der durch die Kartierung von Erzlagerstätten und frühlatènezeitlichen Fürstengräbern Indizienbeweise für eine frühlatènezeitliche Eisenverhüttung im Hunsrück zu schaffen suchte. Diese Methode des Indizienbeweises aufgrund der Verbreitung archäologischer Fundstellen im Verhältnis zu bekannten Erzlagerstätten wurde immer wieder aufgegriffen, wenn es darum ging, für bestimmte vor- und frühgeschichtliche Epochen Eisenverhüttung zu belegen.[33] Jensen zitiert, um ein zusätzliches Argument für frühlatènezeitliche Eisengewinnung in Neuenbürg ins Feld zu führen, aus einem Bericht Feilers, daß er „große Eisenschlacken vermengt mit charakteristischen Scherben bester Keramik der Frühlatènezeit" fand.[34] Daß dieser Fundzusammenhang keineswegs zur Datierung der Eisenschlacken genügt, wird von Jensen gebührend hervorgehoben. Des weiteren fällt auf, daß sonst in den Berichten zu den Grabungen Feilers nie Eisenschlacken erwähnt werden.[35] Offenbar fand er keine ungewöhnlich großen Mengen an Eisenschlacken. Nicht auszuschließen ist, daß es sich bei den von Feiler erwähnten Funden um Schmiedeschlacken handelte.[36]

Ausschließlich der Eisenerzverhüttung widmete sich G. Gassmann in einer Dissertation über den südbadischen Erzbergbau.[37] Gassmann berücksichtigte die Gangerze des Schwarzwaldes nur am Rande und konzentrierte sich auf die Bohnerze und Doggererze der Vorbergzone sowie die Raseneisenerze der Rheinebene. Dabei ergab sich ein bemerkenswert differenziertes Bild. In einem Bohnerzrevier des Markgräfler Landes fand Gassmann Schlackenklötze, die mit norddeutschen, polnischen und tschechischen Funden verglichen werden können. Radiokarbondaten belegen, daß diese Funde in die Latènezeit einzuordnen sind. Möglicherweise gibt es in dem Bohnerzrevier des Markgräfler Landes auch römische Eisenverhüttung.[38] Gut belegt ist frühmittelalterliche Verhüttung sowohl von Bohnerz als auch von Raseneisenerz in der Oberrheinebene. Besonders hinzuweisen ist auf einen Befund aus Kippenheim im Ortenaukreis. Dort wurden während der Karolingerzeit zumindest unter anderem eisenarme Doggererze in einem Prozeß verhüttet, bei dem auffallend glasige Schlacken anfielen. Dieser Befund stellt eine wichtige Parallele zu ähnlichen Funden im Vorland der mittleren Schwäbischen Alb dar.[39]

Noch zu Beginn unseres Jahrhunderts beutete man die Bohnerzvorkommen auf der Hochfläche der östlichen und der südwestlichen Schwäbischen Alb aus. Die am Nordrand der Alb zutage tretenden Stuferzflöze wurden bei Geislingen an der Steige (Kreis Göppingen) gar bis in die 60er Jahre abgebaut.[40] M. Thier hat die Montangeschichte der östlichen Schwäbischen Alb anhand der schriftlichen Quellen umfassend aufgearbei-

---

28 R. MISCHKER / H. STEUER, Karolingerzeitliche Schächte im Bergbaurevier Sulzburg, Kreis Breisgau-Hochschwarzwald. Arch. Ausgr. Baden-Württemberg 1991, 314 ff. Vgl. weiter die Lit. in Anm. 20.

29 L. H. HILDEBRANDT, Arch. Ausgr. Baden-Württemberg 1991, 326 f. mit älterer Lit.

30 E. REINERT, Schwäbische Eisenerze. Jahrb. Statistik u. Landeskunde Baden-Württemberg 2, 1956, 10 ff. bes. 110 f.

31 REINERT (Anm. 30). R. METZ, Mineralogisch-landeskundliche Wanderungen im Nordschwarzwald. Der Aufschluß, Sonderh. 20 (Heidelberg 1971) 155 ff.

32 I. JENSEN, Der Schloßberg von Neuenbürg. Eine Siedlung der Frühlatènezeit im Nordschwarzwald. Materialh. Vor- u. Frühgesch. Baden-Württemberg 8 (Stuttgart 1986).

33 Vgl. S. 13. J. DRIEHAUS, Germania 43, 1965, 32 ff.

34 JENSEN (Anm. 32) 102.

35 Zusammengestellt bei JENSEN (Anm. 32) 117 ff.

36 Zu Schmiedeschlacken vgl. A. HAUPTMANN, Untersuchungen an Schlacken. In: A. HOCHULI-GYSEL u. a., Chur in römischer Zeit 2. Antiqua 19 (Basel 1991) 77 ff. I. KEESMANN, Chemische und mineralogische Untersuchung von Eisenschlacken aus der hallstattzeitlichen Siedlung von Niedererlbach. Arch. Korrbl. 15, 1985, 351 ff. A. HAUPTMANN / A. HEEGE, Archäometallurgische Untersuchungen am Material der Ausgrabungen 1984 am „Steinbühl" bei Nörten-Hardenberg, Ldkr. Northeim. Nachr. Niedersachsen Urgesch. 59, 1990, 87 ff. G. GOLDENBERG, Die Schlacken und ihre Analysen. In: Erze, Schlacken und Metalle. Früher Bergbau im Südschwarzwald. Freiburger Universitätsbl. 109, Freiburg 1990, 163 ff.

37 Der südbadische Erzbergbau: Geologischer und montanhistorischer Überblick (ungedr. Diss. Univ. Freiburg 1991).

38 Dies versuchte schon W. WERTH zu belegen: Römische Eisenhüttung im „Hebelhof" Hertingen. Basler Geogr. H. 15 (Basel 1977), 1 ff.

39 G. GASSMANN, Ausgrabungen an einem frühmittelalterlichen Schmelzplatz in Kippenheim, Ortenaukreis. Arch. Ausgr. Baden-Württemberg 1989, 247 ff.

40 Vgl. die in Anm. 41 zitierte Lit.

tet und dargestellt.⁴¹ Am 14. April 1365 belehnte Kaiser Karl IV. die Grafen von Helfenstein mit dem Recht, in der Herrschaft Heidenheim nach Erz zu graben sowie Schmelzöfen und Hämmer an Kocher und Brenz zu errichten. Das ist die älteste Nachricht, die uns von Bergbau und Eisenverhüttung auf der Schwäbischen Alb Kunde gibt. Die Entwicklung der folgenden Jahrhunderte ist gut zu überblicken. Klöster, Grundherren und private Interessengemeinschaften versuchten mit wechselndem Erfolg, von den Bodenschätzen der Alb zu profitieren. Nach den Rückschlägen, die der Dreißigjährige Kriege verursacht hatte, setzten sich auf der Ostalb am Ende des 17. Jh. die beiden mächtigsten Konkurrenten durch: der Fürstprobst von Ellwangen und der württembergische Landesherr. Während der Fürstprobst Schmelzöfen und Schmieden in Abtsgmünd, Wasseralfingen und Unterkochen sein eigen nannte, betrieb der Herzog von Württemberg die Brenztalwerke mit Hochöfen in Köngsbronn und Heidenheim sowie Hammerwerken in Mergelstetten und Itzelberg. Durch die Säkularisation 1802 fielen dem Herzog dann auch noch die fürstpröbstlichen Anlagen zu, vor allem das zukunftsträchtige Werk in Wasseralfingen, das ab 1811 einen gewaltigen Aufschwung nahm.

Auf der südwestlichen Schwäbischen Alb besaßen die Zollern das Bergregal. In einer Urkunde vom 19. August 1471 erneuerte Kaiser Friedrich III. für Graf Jos Niclas von Zollern das Privileg, das schon vorher bestand.⁴² Die historische Entwicklung der Montanwirtschaft auf der Südwestalb stellte J. Maier am Beispiel des Hüttenwerks Laucherthal bei Sigmaringen-Bingen dar.⁴³ Besonders wertvoll ist ein Exkurs über die Bohnerzgewinnung, der auf Erhebungen beruht, der der preußische Berggeschworene Achenbach aus Siegen in den Jahren 1852/53 vornahm.⁴⁴

Der Archäologe P. Goeßler machte 1909 auf die Schlackenhalden und Erzabbauspuren im Vorland der mittleren Schwäbischen Alb aufmerksam.⁴⁵ Zu diesem Erzrevier existieren überhaupt keine historischen Nachrichten. Abbau und Verhüttung der Toneisensteingeoden und Eisenkrusten in Dogger und Lias während des frühen und hohen Mittelalters konnten allein durch die Untersuchungen L. Szökes und durch jüngst erfolgte Ausgrabungen in Metzingen (Kreis Reutlingen) nachgewiesen werden.⁴⁶

Als schwierig erwies es sich, Erzabbau und Verhüttung in den Bohnerzrevieren auf der südwestlichen und der östlichen Schwäbischen Alb in Zeiten zurückzuverfolgen, die vor dem Einsetzen der schriftlichen Überlieferung liegen. E. Gersbach hat die Vermutung geäußert, die wirtschaftliche Basis der hallstattzeitlichen Anlage auf der Heuneburg bei Hundersingen (Kreis Sigmaringen) beruhte auf der Kontrolle über die Bohnerzlagerstätten der südwestlichen Alb.⁴⁷ Auf der Hochfläche der östlichen Schwäbischen Alb haben sich auf dem Härtsfeld in ungewöhnlich großer Zahl hallstattzeitliche Grabhügel erhalten. Das gleiche gilt für spätkeltische Viereckschanzen. Da die Denkmäler in einer eher siedlungsfeindlichen Region liegen, fragt man sich nach der wirtschaftlichen Grundlage für diese scheinbare Siedlungskonzentration.⁴⁸ Man ist schnell versucht, auch hier einen Zusammenhang zwischen Fundkonzentration und Ausbeutung der Erzresourcen herzustellen, wie es Driehaus im Hunsrück-Eifel-Gebiet vorexerziert hat. In den letzten Jahren fand man bei archäologischen Ausgrabungen auf der östlichen Schwäbischen Alb wiederholt Hinweise auf Rennfeuerverhüttung. Allerdings datierten diese Fundstellen in der Regel in die frühalamannische Zeit.⁴⁹ Immerhin erschien es besonders erfolgversprechend, in diesem Gebiet anzusetzen, um Beginn, Umfang und Dauer der vor- und frühgeschichtlichen Eisenverhüttung systematisch zu erforschen. Dies führte zu dem Projekt „Die vor- und frühgeschichtliche Eisengewinnung auf der östlichen Schwäbischen Alb (Albuch und Härtsfeld)", das im Juni 1989 begonnen und Ende 1992 abgeschlossen wurde.

Verzeichnis der abgekürzt zitierten Literatur s. S. 335 f.

---

41 THIER, Schwäbische Hüttenwerke. Daneben sind mehrere geologisch oder heimatkundlich orientierte Arbeiten erschienen: H.-J. BAYER, Zur früheren Eisengewinnung auf der Schwäbischen Alb. Bl. Schwäb. Albver. 94, 1988, 200 ff. L. MACK, Bohnerzförderung und -verhüttung auf der östlichen Schwäbischen Alb. Jahrb. Heimat- u. Altertumsver. Heidenheim a.d. Brenz 1989/90, 15 ff.
42 Vgl. S. 192 mit Anm. 99.
43 J. MAIER, Geschichte des Fürstlich Hohenzollerischen Hüttenwerks Laucherthal. Hohenzoller. Jahresh. 18, 1958, 1 ff. Vgl. auch E. ZILLENBILLER, Bohnerzgewinnung auf der Schwäbischen Alb (Gammertingen 1975).
44 MAIER (Anm. 43) 128 ff.
45 Vgl. S. 187 mit Anm. 125 (KEMPA).
46 SZÖKE, Schlackenhalden. Vgl. S. 188 f.
47 Vgl. dazu S. 182 mit Anm. 102.
48 Zur Verbreitung der archäologischen Funde im Arbeitsgebiet vgl. S. 147 ff.
49 Zusammengestellt bei PLANCK, Eisen.

II. Die Eisenerze und ihre Gewinnung im Bereich der östlichen und im Vorland der mittleren Schwäbischen Alb

WINFRIED REIFF und MARTIN BÖHM

1.	Geographischer Überblick	15
1.1	Die Ostalb	15
1.2	Das Vorland der Mittleren Alb	16
2.	Geologische Grundlagen	16
2.1	Die Eisenerze und ihre Vorkommen im Bereich der Ostalb	16
2.1.1	Das Stuferz	16
2.1.2	Das Bohnerz	19
2.1.3	Das Schwartenerz	24
2.2	Die Eisenerze und ihre Vorkommen im Vorland der Mittleren Alb	31
2.2.1	Toneisensteinkonkretionen	31
2.2.2	Brauneisenkonkretionen	32
3.	Gewinnung und Verhüttung der Eisenerze	32
3.1	Vor- und frühgeschichtliche Verhüttungsplätze auf der Ostalb	32
3.1.1	Hermaringen, „Berger Steig" (Kreis Heidenheim)	32
3.1.2	Heidenheim-Großkuchen, „Gassenäcker"	33
3.1.3	Nattheim, „Badwiesen" (Kreis Heidenheim)	33
3.1.4	Steinheim am Albuch-Sontheim, „Südliches Hochfeld" (Kreis Heidenheim)	33
3.1.5	Essingen, „Weiherwiesen/Weiherplatz" (Ostalbkreis)	33
3.1.6	Langenau, „Am Öchslesmühlbach" (Alb-Donau-Kreis)	33
3.1.7	Lauchheim, „Mittelhofen" und „Wasserfurche" (Ostalbkreis)	33
3.2	Frühmittelalterliche bis Mittelalterliche Verhüttungsplätze im Vorland der Schwäbischen Alb	34
3.2.1	Linsenhofen und Frickenhausen (Kreis Esslingen)	34
3.2.2	Metzingen, „Kurleshau" (Kreis Reutlingen)	34
3.3	Mittelalterliche und neuzeitliche Gewinnung und Verhüttung auf der Ostalb	34
4.	Dank	35
5.	Literaturverzeichnis	35

1. Geographischer Überblick

1.1 Die Ostalb

Die östliche Schwäbische Alb, im folgenden kurz Ostalb genannt, umfaßt den Albuch, das Härtsfeld und die Niedere Flächenalb. Sie ist morphologisch und geographisch nicht einheitlich. Albuch und Härtsfeld sind durch die nordsüdlich ausgerichtete Talung einer tertiär/quartären Urbrenz, die heute vom Schwarzen Kocher und von der Brenz durchflossen wird, getrennt. Albuch und Härtsfeld werden der Kuppenalb zugerechnet, obwohl sie in ihren Landschaftsformen von der westlichen und mittleren Kuppenalb dadurch abweichen, daß nur ein schwaches Relief entwickelt ist. Der sich westlich des Kocher/Brenz-Tals erstreckende Albuch reicht nach der naturräumlichen Gliederung der „Geographischen Landesaufnahme 1 : 200 000" (Dongus 1961) als Lonetal-Kuppenalb weit nach Westen über das Urlonetal zwischen Amstetten und Ursprung hinaus. Auf topographischen Karten ist dieser Teil des Albuchs auch als Stubersheimer Alb bezeichnet. Die Trennlinie zwischen Nordalbuch und Südalbuch bildet das Stubental. Ein Teil des Südalbuchs wird Heidenheimer Alb genannt. Das südliche Härtsfeld trägt dagegen keinen besonderen Namen.

An Albuch und Härtsfeld schließt im Süden – getrennt durch die vielerorts morphologisch als Geländeanstieg erkennbare tertiäre Meeresküste, die Klifflinie – die Niedere Flächenalb an. Der Westteil dieser Landschaft ist als Ulmer Alb bekannt. Begrenzt wird die Ostalb im Norden vom Albvorland, im Süden vom Donauried.

1.2 Das Vorland der Mittleren Alb

Das Vorland der mittleren Schwäbischen Alb erstreckt sich zwischen dem Neckar im Norden und der Schwäbischen Alb im Süden. Es besteht aus den flachwelligen Ebenen des Schwarzen Juras (Lias-Platten) und dem Hügelland des Braunen Juras. Im Schwarzen Jura (Lias) überwiegen lichtgraue bis dunkelgraue, z. T. bituminöse Mergel und Tonsteine mit einzelnen Kalksteinbänken. Auch am Aufbau des Braunen Juras (Dogger) sind hauptsächlich dunkelgraue Tonsteine beteiligt. Selbst die 70–75 m mächtigen Sandflaserschichten (Eisensandstein) enthalten Tonsteine, die allerdings meist sandführend sind. Der rund 100 m mächtige Opalinuston (Braunjura α) trägt häufig Obstwiesen, die darüberliegenden Sandflaserschichten (Braunjura β), im östlichen Albvorland auch Eisensandstein genannt, sind meist von Wald bedeckt. Beide Schichtglieder bilden das Hügelland, die höheren Braunjuraschichten den Fuß des steileren Hanganstiegs am Albtrauf. Dazwischen ist eine mal schmälere, mal breitere Verebnung zu erkennen, deren Entstehung auf den harten, widerstandsfähigen Blaukalk in den Sandigen Braunjuratonen (Braunjura γ) zurückzuführen ist.

2. Geologische Grundlagen

2.1 Die Eisenerze und ihre Vorkommen im Bereich der Ostalb

Im Bereich der Ostalb treten drei Typen von Eisenerz auf: Stuferz, Bohnerz und Schwartenerz.

2.1.1 Das Stuferz

Stuferz (Stufferz) ist eine alte Bergmannsbezeichnung für das oolithische Eisenerz des Braunjuras β, das früher auch als Toneisenstein bezeichnet wurde (Beschreibung des Oberamts Aalen [Stuttgart 1854] 31; 64). Heute versteht man unter Toneisenstein eine konkretionäre Eisenkarbonatanreicherung, hauptsächlich in Form von Geoden, die in Tonsteinen des Schwarzen und Braunen Juras auftritt (s. 2.2.1). Der gesamte Braunjura β wird auch Eisensandstein oder Oberes Aalenium (al 2) genannt. Das Untere Aalenium (al 1) ist der Braunjura α oder Opalinuston. Für die internationale Bezeichnung Aalenium ist Aalen die Typlokalität. Die Ablagerungen des Braunen Juras sind bei uns durchweg in einem Meeresbecken entstanden, das von Festländern umgeben, aber durch breite Meeresstraßen mit dem Weltmeer verbunden war. Der Opalinuston ist eine bei Aalen rund 110 m mächtige Serie von Tonsteinen mit wechselndem Gehalt an Schluff und Sand. Im oberen Drittel nimmt der Sandanteil zu.

Mit mehreren Metern sandigen Tonen beginnt auch der Eisensandstein, doch sind nun zunehmend dünne Sandsteinbänke zwischen die Tonsteine eingelagert. Der im Berginneren hellgelblichgraue bis weißgraue, dickbankige Untere Donzdorfer Sandstein hat nahe der Oberfläche durch Oxidation der in ihm enthaltenen Eisenverbindungen eine warme, goldbraune Farbe angenommen. Er war früher als Werkstein sehr geschätzt und ist am Torturm in Lauchheim oder am Tor der Kapfenburg zu sehen. Über diesem Sandstein liegt das bis zu 1,9 m mächtige Untere Flöz, ein stark Brauneisen-Ooide führender, rötlich-brauner, mürber Sandstein (Abb. 1). Es folgen etwa 11,5 m sandige Tonsteine und tonige Sandsteine, in die auch wieder dünnbankige oolithische Eisenerzflöze eingelagert sind und darüber das bis 1,7 m mächtige Obere Flöz, ebenfalls aus Brauneisen-Ooiden und Sand bestehend. Das Erz beider Flöze wurden über Jahrhunderte hinweg zuerst im Tagebau, dann bergmännisch untertage gewonnen. Im Mittelalter wurde das Stuferz dort, wo es an den Hängen oder in Bachrissen zu Tage trat und so oberflächennah erschürft werden konnte, abgebaut. Dies war bei Aalen am „Bohlrain", am „Roten Stich" (Grauleshof) und am „Burgstall" sowie bei Essingen-Hohenroden an der „Eisenhalde" der Fall (Abb. 2). Die Eisenerzflöze können heute im Besucherbergwerk „Tiefer Stollen" am Fuße des Braunenbergs bei Wasseralfingen besichtigt werden.

Die Ooide im Stuferz bestehen aus Goethit, einem Eisenhydroxid (α-FeOOH), das auch als Nadeleisenerz, Limonit oder Brauneisen bezeichnet wird. Der Eisenanteil des Stuferzes beträgt maximal 33–36%, meist aber nur 26–30%. Wie die Ooide im Braunjurameer

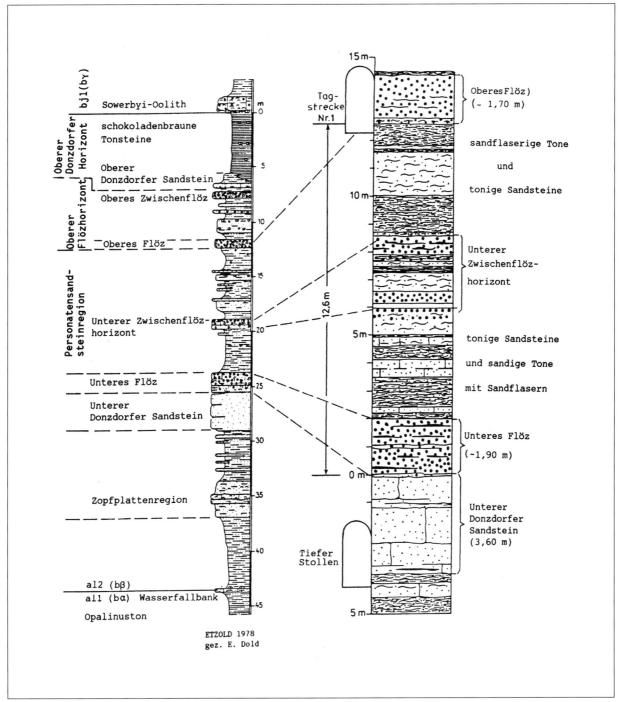

Abb. 1: Schichtenfolge der Eisensandstein-Serie (Braunjura β = al 2). Links Aufschlußprofil bei Oberalfingen nach Weber (1964), rechts im Wasseralfinger Bergwerk (Treppenschacht) zwischen dem Tiefen Stollen und der Tagstrecke Nr. 1 (Aufnahme und Entwurf A. Etzold).

entstanden sind, ist noch nicht geklärt. Man nimmt folgendes an: Von den Festländern wurden feinklastische (-körnige) Verwitterungsmassen, Tone, Schluffe und Feinsande, in das Meeresbecken, das damals große Teile des heutigen Süddeutschlands einnahm, eingeschwemmt und abgelagert. Diese Sedimente enthielten Eisenverbindungen. Bei der Verfestigung der Sedimente, der Diagenese, wurde Eisen mobilisiert. Es wanderte an die Oberfläche des Sediments, trat ins Meerwasser über und wurde dort z. T. in Form von Ooiden ausgefällt (Aldinger 1955, 56). Stellenweise wurden die Ooide zusammen mit Sand von Strömungen erfaßt und oft über weite Strecken verfrachtet. Zur Bildung von Flözen kam es in Strömungskörpern, die vermutlich von Gezeiten- und/oder Küstenversatzströmungen gebildet wurden (Frank et al. 1975, 97). Dabei konnten im Bereich stärkerer Strömung die Ooide aufgrund ihres gegenüber Sand höheren spezifi-

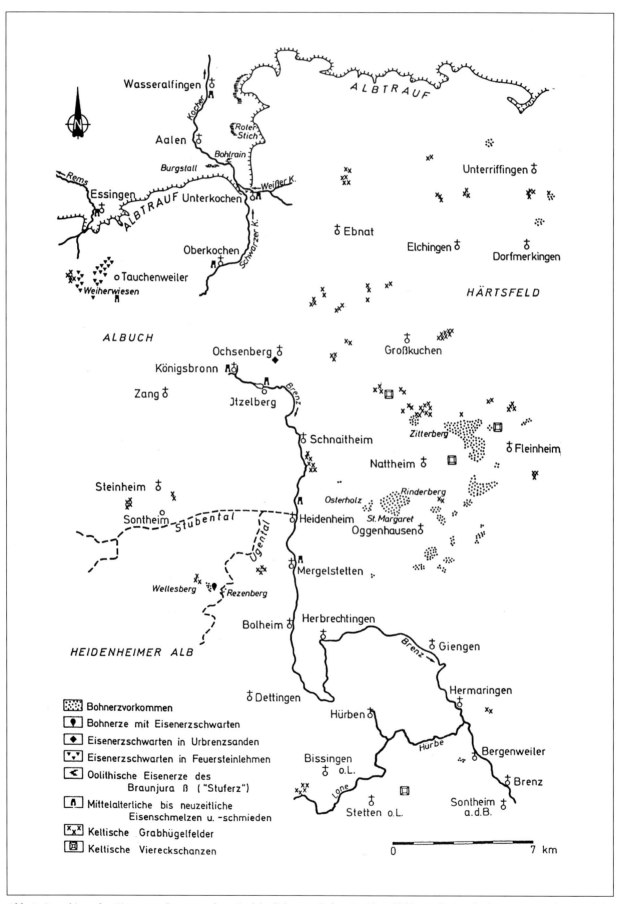

Abb. 2: Lageskizze der Eisenerzvorkommen, der mittelalterlichen und neuzeitlichen Erz- und Eisenverarbeitungsplätze sowie der keltischen Grabhügelfelder und Viereckschanzen im mittleren Teil der Ostalb (Reiff et al. 1991).

2.1.2 Das Bohnerz

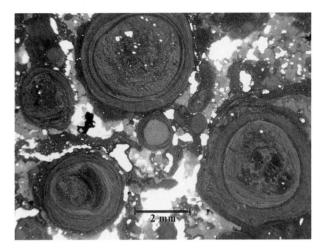

Abb. 3: Dünnschliff einer tonreichen Bohnerzknolle von der Wagnersgrube. Die konzentrisch-schaligen Bohnerzkügelchen haben einen Durchmesser von 1 bis 4 mm. Der Zement zwischen den Bohnerzen besteht z. T. aus Kaolinit.

Auf der Hochfläche der Ostalb, des Albuchs und des Härtsfelds, sind stellenweise braune, gelbbraune und braunrote Lehme verbreitet, die reichlich Kügelchen und Knollen aus Brauneisen enthalten, das Bohnerz. Mineralogisch betrachtet bestehen Bohnerze überwiegend aus Goethit. Kleine Bohnerz-Kügelchen sind konzentrisch-schalig aufgebaut. Häufig haben sie einen Kern aus Bohnerzbruchstücken oder Tonbröckchen (Abb. 3). Der Durchmesser der Kügelchen liegt überwiegend zwischen 2 und 15 mm. Mit zunehmendem Durchmesser geht die kugelförmige Gestalt z. T. in eine ovale, „bohnen"-förmige über (Abb. 4). Größere, bis kinderfaustgroße Knollen bestehen aus zahlreichen kleineren Bohnerzen, die durch Brauneisen verkittet und umkrustet sind und ein glaskopfartiges Aussehen haben (Abb. 5; 6).

Auf der Südwestalb sollen stellenweise noch Bohnerztone vorhanden sein, die nicht umgelagert sind. Müller (1982, 82) führt als Beispiel die Tongrube von Liptingen, etwa 10 km südöstlich von Tuttlingen, an. Danach seien dort die Bohnerzkügelchen und -knollen offenbar in einer Talsenke gebildet worden. Der in tropi-

schen Gewichts angereichert werden. Bohrungen, die 1910 in Königsbronn und Heidenheim zur Erkundung des Erzes niedergebracht wurden, zeigen, daß der Anteil von Eisenooiden in den Flözhorizonten südlich von Aalen stark abgenommen hat (Kranz et al. 1924, 5–8).

Abb. 4: Bohnerze aus dem Abraum der Bohnerzgruben. Das Auswaschen der kleinen Bohnerzkügelchen erforderte zu viel Aufwand, so daß noch ein Bohnerzanteil von 10–17% im Lehm zurückblieb.

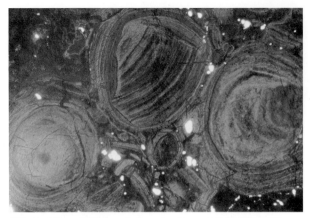

Abb. 5: Dünnschliff einer Bohnerzknolle von Michelfeld bei Unterriffingen. Die Bohnerzkügelchen haben einen Durchmesser von 3 bis 5 mm. Der Zement zwischen den Bohnerzen besteht aus Goethit. Vgl. hierzu Abb. 3.

schem und subtropischem Klima entstandene, lateritische Boden war durch zeitweilig vorhandene Staunässe oder wechselnde Grundwasserstände beeinflußt. Vermutlich ist im Grenzbereich zwischen eisenreichem Wasser und Bodenluft Eisenhydroxid ausgefällt worden.

Die Bohnerztone der Südwestalb sind von Ablagerungen der Unteren Süßwassermolasse (Oberoligozän) bedeckt (Tab. 2). Bei Berücksichtigung der klimatischen Hinweise in den Bodenbildungen wird deshalb angenommen, daß die Bohnerze im Eozän, dem zweitältesten Abschnitt des Tertiärs, gebildet wurden. Bei tropischem bis subtropischem Klima herrschte chemische Verwitterung vor. Die Karbonate des Oberen Juras, Kalksteine, Dolomite und Mergel, wurden gelöst und die Rückstände, Verwitterungstone und -lehme, reicherten sich als Bodenbildung an. Auf der mittleren Schwäbischen Alb hat Borger (1990, 115) in den Bohnerzen und in dem sie umgebenden Lehm Fremdmateri-

Abb. 6: Bohnerzknollen von Michelfeld bei Unterriffingen. Kleine Bohnerze sind durch Goethit zu größeren Aggregaten (Knollen) verkittet und später abgerollt und vielleicht angelöst worden. Die Oberfläche glänzt wie poliert, „glaskopfartig".

alkomponenten in Form von im Weißjura nicht vorkommenden Quarzkörnern festgestellt. Sie sollen durch aus dem Norden gekommene Flüsse abgelagert worden sein.

Nach Eichler (1961, 75) ist das Haupttonmineral in den Kalksteinen Illit. Im Bohnerzlehm ist ein anderes Tonmineral vorherrschend, der Kaolinit (1961, 71), der aus dem Illit entstanden ist. Bei dieser Umwandlung soll Eisen in Form von Eisenhydroxid freigesetzt worden sein (1961, 98; 104). Dies ist aber sehr fraglich, denn das Eisen könnte auch aus den Karbonaten stammen. Vermutlich hatte sich ein Eisenhydroxid-Sol gebildet, das in ein Eisenhydroxid-Gel umgewandelt wurde, aus dem dann die Bohnerze entstanden. Dabei muß es am Bildungsort bereits zu Umlagerungen gekommen sein, da Bruchstücke von Bohnerzen, die z. T. eventuell beim Schrumpfen des Gels entstanden sind, als Kerne von Bohnerzkügelchen ausgemacht werden können. Im Gegensatz zu Müller ist Eichler der Ansicht, daß der Bohnerzlehm von Liptingen umgelagert ist (1961, 57). Borger (1990, 118–119) nimmt eine zusätzliche Eisenzufuhr aus dem von Flüssen antransportierten Fremdmaterial und/oder von in ihnen gelöstem Eisen an. Nicht zwangsweise muß also der gesamte Eisengehalt im Erz und Lehm aus dem autochthonen Kalklösungsrückstand stammen.

Was in der langen, 85 Millionen Jahre währenden Zeit vom Beginn der Kreide bis zum Eozän in dem Gebiet der heutigen Schwäbischen Alb geschah, wissen wir nicht. Im Eozän dürfte die Oberfläche der Ostalb noch weitgehend von den Hangenden Bankkalken oder Zwischenkalken der Zementmergel des Weißjuras, des Untertithons, gebildet worden sein (Tab. 1). Heute wird die Hochfläche im Norden in der Nähe des Traufs von geschichteten Kalksteinen und von Massenkalken des Weißen Juras δ4 und ε gebildet. Nach Süden schließen sich die geschichteten und massigen Gesteine der Liegenden Bankkalke und der Zementmergel des Weißjuras ζ an. Nur auf dem Härtsfeld sind noch Reste von Hangenden Bankkalken erhalten.

Im Laufe des Tertiärs wurde die Tafel der Schwäbischen Alb als Reaktion auf die Alpenfaltung mehrfach gehoben und gesenkt. Abtragung und Verkarstung waren die Folge einer Heraushebung, die Ablagerung von Sedimenten wurde dagegen durch eine Absenkung verursacht. Die Weißjura-Tafel der Schwäbischen Alb reichte im älteren Tertiär noch weiter nach Norden. Sie wurde im Laufe des Tertiärs im Norden höher herausgehoben als im Süden und deshalb in diesem Bereich auch stärker abgetragen. Nimmt man an, daß die eozäne Bohnerzbildung im Bereich der Hangenden Bankkalke stattfand, dann sind am Nordrand der Ostalb seither mehr als 200 m Weißjuragesteine abgetragen worden. Nicht so stark hat sich die Erosion

Tabelle 1: Schichtenfolge des Weißen Juras der Ostalb.

Gliederung und Alter in Millionen Jahren				Mächtigkeit in m	Gesteinsausbildung	
International		Östl. Schwäbische Alb	Abkürzungen		geschichtet	massig, z. T. biogen
148	Untertithonium	Hangende Bankkalke	Wj ζ3 ti 1 (ti H)	?	Kalksteine, z.T. ohne deutl. Mergelfugen, zahlreiche Rhaxen und Schwammnadeln, selten Kieselknollen	nicht bekannt
		Obere Zementmergel	Wj ζ2 ki 5 (ti Z)	mind. 125	Mergel mit mehreren Kalksteineinlagerungen wechselnder Mächtigkeit, örtlich bis 16 m	Brenztal-Trümmeroolith (Wj ζ2O): Kalksteine mit Schwämmen und häufig mit Stromatolithen, diagenetisch stark verändert, örtlich zuckerkörnig und dann oft löcherig, selten dolomitisch; an vielen Stellen mit verkieselten Korallen, besonders bei Nattheim und Gerstetten; am Übergang zu geschichteter Fazies oft Schwammbruchstücke und zahlreiche Brachiopoden-, Seeigel- und Seelilienreste, z. T. verkieselt
		Zwischenkalke	Wj ζ2 ki 5 (ti Z)		Kalksteine mit Mergelfugen, stellenweise mit Rhaxen und Schwammnadeln oder Kieselknollen, Diskordanzen und Strömungsrinnen	
		Untere Zementmergel	Wj ζ2 ki 5 (ti Z)		Mergel mit einzelnen Kalksteinbänken, Diskordanzen	
	Kimmeridgium	Liegende Bankkalke	Wj ζ1 ki 4 (ti L)	55–80	Kalksteine mit Kieselknollen, im unteren Teil oft dickbankig, keine oder nur dünne Mergelfugen, vor allem im Süden örtlich mehrere Meter dicke Mergellagen	Kalksteine, pelitisch-oolitisch oder mit Schwämmen
		Oberkimmeridge-Kalke Obere Felsenkalke	Wj ε ki 3	25–30	Kalksteine mit Kieselknollen, keine oder nur dünne Mergelfugen	Kalksteine, sehr rein, Dolomit und Zuckerkorn
		Kimmeridge-Bankkalke Untere Felsenkalke	Wj δ (δ 1-4) ki 2	50–60	Kalksteine, unten dünnbankig, mit Mergelfugen und Mergelsteinzwischenlagen, oben dickbankig, ohne Mergelfugen, δ 3 oft mit Schwämmen, δ 4 mit zahlreichen Kieselknollen	Kalksteine, häufig zuckerkörnig (oft grobkristallin), dolomitisch; Dolomit und Zuckerkorn (meist fein- bis mittelkristallin) und löcherig (Lochfels); massige Fazies nur im oberen Teil der Unteren Felsenkalke ausgebildet
156		Kimmeridge-Mergel Mittlere Weißjuramergel	Wj γ ki 1	30–46	Mergelsteine mit Kalksteinzwischenlagen	einzelne kleine Schwammstotzen
	Oxfordium	Oxford-Kalke Untere Weißjurakalke	Wj β ox 2	19–25	Kalksteine, sehr regelmäßig gebankt, „Wohlgeschichtete Kalke"	zahlreiche, auch größere Schwammriffe
163		Oxford-Mergel Untere Weißjuramergel	Wj α ox 1	70–77	Mergelsteine mit zwischengelagerten Kalksteinbänken	im nordöstlichen Härtsfeld Verschwammung in den obersten Kalksteinbänken

im südlichen Teil der Ostalb ausgewirkt, doch wurden die ursprünglich auf den Hangenden Bankkalken vorhandenen in situ-Vorkommen von Bohnerzlehmen auch dort abgetragen und umgelagert. So konnten Bohnerzlehme und Bohnerze zu verschiedenen Zeiten – meist mehrfach umgelagert – in Dolinen und Karstschlotten eingeschwemmt und die Bohnerze auch angereichert werden (Abb. 7). Die älteren Karstformen

Tabelle 2: Landschaftsgeschichte der Ostalb im Tertiär.

Alter in Mio. Jahren		alt				Gliederung				Säugetier-"Units" & "Stufen"		Landschaftsgeschichte östliche Schwäbische Alb
							Tethys	neu Paratethys	Molassetrog			
2	Pliozän	Ober-	Asti	Pliozän	Ob.-		Piacenzium	Romanium		Villa-nium	17	weitere Eintiefung d. Urbrenz, gemäßigtes Klima
											16	
			Piacentin		Unt.-		Zanclium/Tabianium	Dazium		Rusci-nium	15	Beginn d. Ausräumung d. Steinheimer Beckens (Sthm. B.)
											14	
5			Pont	Miozän	Ober-		Messinium	Pontium	Obere Süßwassermolasse	Turolium	13	Verkippung d. Alb nach Osten, Entstehen neuer, nach Osten gerichteter Täler
											12	
	Miozän						Tortonium	Pannonium			11	erneuter Anstieg d. Seespiegels, eventuell Plombierung d. Sthm. B. mit Schutt
									?	Valle-sium	10	Senkung d. Seespiegels im Sthm. B. durch Hebung d. Alb, Wirbeltierfauna v. Steinheim; subtrop. Klima
11			Sarmat				Serravallium	Sarmatium			9	Höchststand d. Sees im Sthm. B. durch Senkung d. Alb
		Mittel-			Mittel-					Astaracium	8	Entstehung d. Ries und wahrscheinlich gleichzeitig d. Steinheimer Beckens durch Einschläge kosmischer Körper. Ablagerung v. Trümmermassen
			Torton				Langhium	Badenium			7	
											6	präriesische Erosion infolge Hebung der Alb
16			Helvet				Burdigalium	Karpatium	Brackwassermolasse	Orleanium	5	Aufstau d. Urbrenz, Ablagerung von Sand und Ton auch außerhalb d. Urbrenztals
								Ottnangium	Obere Meeresmolasse		4	Senkung d. Alb, Ablagerung d. OSM (Seenplatte), subtrop. bis paratrop. Klima, Bildung von Bohn- und Schwartenerz?
		Unter-	Burdigal		Unter-			Eggenburgium			3	Erosionsrinnen i. d. OMM a. d. Flächenalb, Graupensandrinne i. Molassetrog, Wirbeltierfauna v. Langenau
			Aquitan				Aquitanium		Untere Süßwassermolasse	Agenium	2	Spaltenfüllungen aus verkalktem Rotlehm mit Wirbeltierresten in Stubersheim Ablagerung der OMM
24		O.-	Chatt	Oligozän	O.-		Chattium	Egerium			1	Transgression d. Meeres, Herausarbeitung einer Steilküste (Kliff) und d. Schorre durch Abrasion, Verkarstung
	Oligozän	M.-	Rupel		M.-		Rupelium		Untere Meeresmolasse			Erosionsrinnen i. d. USM, z. B. am Kuhberg b. Ulm
		U.-	Latdorf		U.-		Latdorfium					Spaltenfüllungen aus verkalktem Rotlehm mit Wirbeltierresten in Bräunisheim Ablagerung der USM (Seenplatte) im Bereich der Flächenalb, Wirbeltierfauna v. Ulm
36	Eozän											Verkarstung, starke Abtragung auch im Bereich der Flächenalb, Eintiefung von Tälern z. Vorfluter Molassetrog
												Eintiefung d. Urbrenz z. Vorfluter Molassetrog, Abtragung, höchstgelegener Sande und Tone d. Urbrenz
55	Paläozän											oberflächennahe Verkarstung
												subtrop., zeitw. trop. Klima, lateritische Verwitterung, Bohnerzbildung
												Anlieferung von Quarzsand durch eine Prä-Urbrenz?
65												subtropisches, zeitweise gemäßigtes Klima, Verwitterung, Abtragung

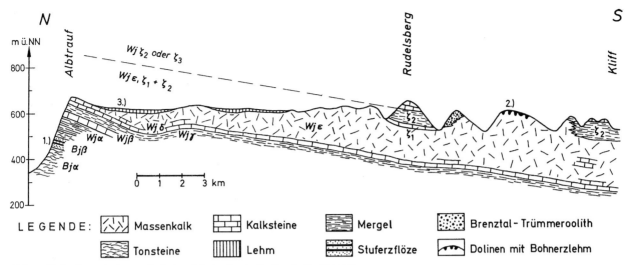

Abb. 7: Halbschematischer geologischer Schnitt durch die Ostalb (Reiff 1992).

blieben vor allem im südlichen Teil der Ostalb erhalten, wogegen sie nahe dem Nordrand bereits abgetragen sind. Die dortigen Dolinen sind jung und enthalten deshalb auch kaum Bohnerze. Eine Ausnahme stellen die Bohnerzvorkommen zwischen Dorfmerkingen und Unterriffingen sowie bei Michelfeld dar (Abb. 2), wo noch ältere Dolinen erhalten geblieben sind. Mit den Bohnerzen wurden manchmal auch Knochen und Zähne in die Karsthohlformen eingespült, die eine Datierung ermöglichen. Eine Zusammenstellung fossilführender Karstspalten von Scheff (1991, 81) zeigt, daß diese auf der Ostalb nördlich des Kliffs fast völlig fehlen, was nicht besagt, daß keine Karstschlotten und andere Karstformen vorhanden sind. Dolinen, in den Karten als Erdfälle bezeichnet, sowie Karstschlotten und -höhlen wurden auf der Ostalb nur in den Weißjura-Karbonatgesteinen, in Kalksteinen und im Dolomit gebildet (Tab. 2). Es sind dies die Unteren und Oberen Felsenkalke (Wj δ und ε), die Liegenden Bankkalke (Wj ζ 1), die Zwischenkalke der Zementmergel (Wj ζ 2) und die Hangenden Bankkalke (WJ ζ 3) sowie die Massenkalke (Wj δ bis ζ 2) und der Brenztal-Trümmeroolith (Wj ζ 1-3). Die Karsthohlformen sind im Tertiär und Quartär in Abhängigkeit von der Tiefenlage des Vorfluters gebildet worden. In Zeiten, in denen die Albtafel wenig herausgehoben war, konnte auch die Verkarstung nicht tief greifen. Deshalb erfolgte die kreidezeitliche bis eozäne Verkarstung oberflächennah. Die damaligen Karstformen sind mitsamt dem verkarsteten Gestein abgetragen. Parallel zur Abtragung wurde die Albtafel herausgehoben und die Verkarstungsbasis tiefer gelegt, wobei jüngere Verkarstungsformen entstanden. Hauptsächlich auf dem südlichen Härtsfeld sind an vielen Stellen in Restflächen der Hangenden Bankkalke und im Weißjura ζ 2-Massenkalk Dolinen mit eingeschwemmten gelbbraunen bis braunroten Lehmen und Tonen sowie Bohnerzen vorhanden. Auf dem Albuch sind Dolinen, die so früh entstanden, daß sie mit Bohnerzton plombiert werden konnten, selten. Dies hängt mit der Landschaftsentwicklung zusammen. Durch das Flußsystem der Egau ist das Härtsfeld stärker gegliedert als der Albuch. Im Albuch waren zwischen Unterlauf von Urbrenz und Urlone offenbar keine größeren Flüsse entwickelt. Das südliche Härtsfeld war durch die spätere Kippung der Alb nach Osten besser vor Abtragung geschützt als der Albuch, weshalb dort Hangende Bankkalke noch vorhanden sind. Da die Landschaft im Bereich des Albuchs überwiegend jünger ist als im Bereich des Härtsfelds, sind auch die Karsthohlformen und ihre Plombierung westlich der Brenz im allgemeinen jünger.

Die Dolinen mit Bohnerzton sind durch den jahrzehntelangen sorgfältigen Erzabbau fast vollständig ausgeräumt und ihre unmittelbare Umgebung durch Abraumhalden so verändert worden, daß die ursprüngliche Einbettung und Lagerung des Erzes nicht mehr beobachtet werden kann.

Auf den Abraumhalden kann man nur einzelne, vom Regen freigespülte Bohnerzkügelchen ablesen. Auf den ersten Blick ist nicht zu erkennen, wie hoch der Bohnerzanteil im Lehm ist. An verschiedenen Stellen entnommene Proben ergaben Werte von 10–17% Bohnerz, nur eine Bestimmung lag bei 30%. Um diesen Erzanteil von kleinen und kleinsten Kügelchen zu gewinnen, ist intensives Ausschlämmen des Lehms und Tons erforderlich, wofür sehr viel Wasser benötigt wird, mehr als in den ausgebeuteten Gruben zur Verfügung stand. Der Transport des gesamten Bohnerzlehms etwa an die Brenz wäre unwirtschaftlich gewesen. So blieb damals dieser an sich noch erzreiche Lehm als Abraum liegen. Auch Knollen, wie sie bei der Wagnersgrube, 4,5 km ostnordöstlich von Heidenheim (Topographische Karte 1 : 25 000 – abgekürzt

Abb. 8: Bohnerz vom Wellesberg. Die kleinen Bohnerze sind durch Goethit verkittet. Sie gehen auf der Unterseite in eine Eisenerzschwarte über. Durchmesser der Bohnerzkügelchen: 1 bis 3 mm.

TK 25, Blatt 7327 Giengen a. d. Brenz, R: 35 89, 42, H: 53 94 79) im Abraum enthalten sind, blieben zurück. Die Bohnerze in diesen Knollen sind durch ein Gemenge aus Goethit, Kaolinit und Aluminiumhydroxid verkittet (Abb. 3). Der Eisengehalt liegt nur zwischen 27 und 34%. Gewonnen wurden demnach nur größere Bohnerze sowie Knollen, in denen der Zement zwischen den Bohnerzen aus Goethit besteht. Solche Knollen sind heute noch bei Michelfeld (TK 25, Blatt 7127 Westhausen, R: 35 94 86; H: 54 12 00) zu finden (Abb. 5). Ihr Eisengehalt beträgt 41,8 bis 47% (Reiff 1992, 22).

Bei den Gruben in der Heidenheimer Alb, am Welles- und am Rezenberg, sieht der Abraum ähnlich aus. Am Wellesberg wurden in einer ausgeräumten Doline (TK 25, Blatt 7326 Heidenheim a. d. Brenz, R: 35 81 03, H: 53 90 58) einige Stücke Bohnerz gefunden, die zeigen, daß Ton und Lehm durch fließendes Wasser ausgewaschen, Bohnerzkügelchen angereichert und danach durch Goethit verkittet worden waren (Abb. 8). Das Auswaschen der kleinen Bohnerze und eventuell ihr Entstehen kann in nächster Umgebung der Doline geschehen sein. Die Anreicherung und Verkittung erfolgte jedoch in der Doline selbst. Bei einigen dieser verkitteten Erze bildet ein Ton die Unterlage, der sehr stark durch Eisenhydroxid imprägniert ist. Im oberen Teil der 1 bis 2 cm dicken Tonlage treten zunächst einzelne Bohnerzkügelchen auf, die nach oben an Zahl rasch zunehmen, so daß ein allmählicher Übergang zu den Bohnerzen mit geringer Tonbeimengung erfolgt. Die handtellergroßen Stücke können nicht weit transportiert worden sein, da sie sonst zerbrochen wären. Ihr Entstehungsort war der Rand der Doline oder diese selbst. Eisen wurde also hier mobilisiert und wieder ausgeschieden.

Da die Dolinen am Wellesberg (580 bis 590 m ü. NN), vor allem aber die am Rezenberg (540 m ü. NN) verhältnismäßig tief liegen und somit wohl erst im Miozän entstanden sein dürften, ist die dortige Verkittung der Bohnerze durch Goethit auch erst in dieser Zeit vor sich gegangen. Da offenbar Eisen gelöst war und als Oxidhydrat wieder ausgefällt wurde, besteht die Möglichkeit, daß auch die Bohnerze selbst nicht nur im Eozän, sondern zu verschiedenen Zeiten bis ins Miozän gebildet wurden (Reiff 1992, 23). Vom Klima her erscheint diese Überlegung durchaus vertretbar. Nach einer Untersuchung der untermiozänen Flora des Südwasserkalks von Engelswies bei Meßkirch durch Schweikert (1992, 1) ist für den Beginn des Karpatiums mit einem warmhumiden, subtropischen bis tropischen (paratropischen) Klima zu rechnen.

2.1.3 Das Schwartenerz

Die Bohnerzvorkommen vom Härtsfeld und von der Heidenheimer Alb sind seit langem bekannt, wenn auch ein Teil davon auf der topographischen Karte als Erdfälle dargestellt ist. Anders ist es bei den Eisenerzvorkommen im Bereich des Weiherplatzes und der Weiherwiesen auf Gemarkung Essingen. Dort treten am Albtrauf 2,5 bis 4 km südlich von Essingen in den Waldstücken um die Weiherwiesen und den Weiherplatz ebenfalls Erzgruben auf (Abb. 9; Beilage 1). Sie sind in Feuerstein-Ockerlehm (Müller 1958, 241–248) angelegt worden. Viele sehen so frisch aus, daß man davon ausgehen muß, daß sie im Mittelalter oder in der Neuzeit ausgehoben wurden. Der Feuerstein-Ockerlehm ist wie die Bohnerztone und -lehme bei der Verwitterung der Weißjuragesteine im Tertiär entstanden, aber jünger als diese. Seine Feuersteine stammen aus den geschichteten Kalksteinen von Weißjura δ_4, ϵ und ζ_1. Feuerstein-Ockerlehm und der in der Gegend ebenfalls vorhandene Feuerstein-Rotlehm sind Verwitterungsprodukte dieser Gesteine. Die Verwitterung konnte aber erst einsetzen, nachdem die Hangenden Bankkalke, die keine Feuersteinknollen enthalten, und die Zementmergel abgetragen waren. Die Feuersteinlehme sind nicht wie die Bohnerzlehme überwiegend an Dolinen und Karstschlotten gebunden, sondern bedecken große Flächen. In ihnen treten Bohnerzkügelchen nur vereinzelt auf.

Nach der Beschreibung des Oberamts Aalen (Stuttgart 1854, 64) wurde hier Bohnerz gegraben, wo auch jetzt noch ein Distrikt „Eisengrube" heißt. Bayer hat dies ungeprüft übernommen (Bayer 1988, 200 Abb. 1; 201 Abb. 2). Aufgrund der geologischen Gegebenheiten war jedoch zu vermuten, daß in den Gruben nicht nach Bohnerz geschürft worden sein konnte (Reiff et al. 1991, 169).

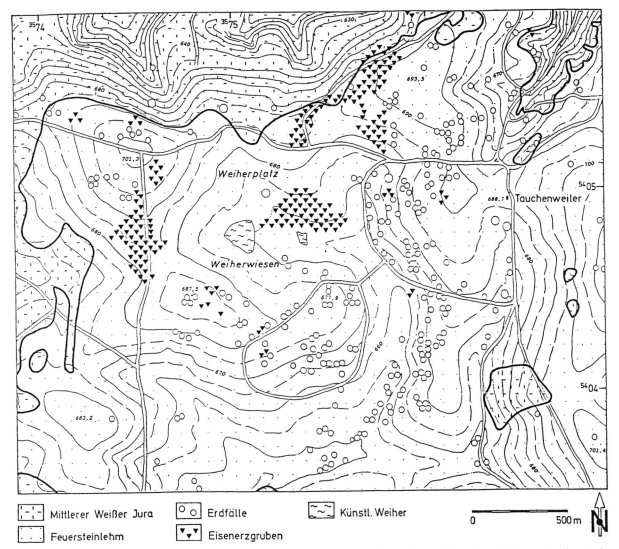

Abb. 9: Lageskizze zur Verbreitung von Eisenerzgruben und Erdfällen in der Umgebung von Weiherplatz und Weiherwiesen, westlich von Tauchenweiler, auf Gemarkung Essingen. Aus den Gruben wurden Eisenerzschwarten gewonnen (Reiff et al. 1991).

In der ehemaligen Sandgrube am südwestlichen Ortsrand von Ochsenberg sind Sande der Urbrenz stellenweise durch Eisenhydroxid verkittet, wodurch Eisenerzschwarten mit einem Eisengehalt von rund 28% entstanden (Reiff et al. 1980, 77). So lag der Schluß nahe, daß Poren in den Feuersteinlagen im Feuersteinlehm des Albuchs bei den Weiherwiesen ebenso durch Eisenhydroxid ausgefüllt sein könnten, wie in den Sanden bei Ochsenberg.

Eine 1990 durchgeführte Geländebegehung brachte zunächst keine eindeutigen Hinweise. Bei der daraufhin angesetzten Kartierung des Verbreitungsgebiets der Erzgruben wurden einige kleinere Schwartenstücke, aber auch einzelne Bohnerze und kleine hellbraune Limonitstückchen, ähnlich Toneisenstein, gefunden. Aufgrabungen im Abraum und in den Wandungen der 2 bis 3 m tiefen Gruben zeigten nur, daß die Erzschürfer früher sehr sorgfältig gearbeitet hatten. Es mußten daher Stellen gefunden werden, wo das Erz noch nicht ausgebeutet worden war. Mit einem Kreisgreiferbagger wurden am Rande der Gebiete mit Erzgruben 10 Schürfe von 3 bis 6 m Tiefe ausgehoben. Jeder Schurf zeigte ein anderes Profil. In einem Schurf waren die Feuersteine mehr oder weniger gleichmäßig im Lehm verteilt, im anderen in bis zu 0,8 m mächtigen Lagen angereichert. Die Feuersteine sind meist Splitter von zersprungenen Kieselknollen, doch kommen auch ganze Knollen vor. Die einzelnen Splitter und Knollen sind durchweg von Lehm umgeben. Stellenweise ist der Lehm nur fleckig gebleicht, doch treten ebenso über 2 m mächtige Bleichhorizonte mit deutlichen Anzeichen zeitweiliger Staunässe auf. In drei Schürfen (TK 25, Blatt 7226 Oberkochen, R: 35 75 41, H: 54 04 495, 272,75 m ü. NN; R: 35 75 37, H: 54 04 94, 273 m ü. NN; R: 35 75 68, H: 54 05 67, 285 m ü. NN) wurden Horizonte festgestellt, in denen dunkelbraune bis schwarzbraune Nester aus erdigem Eisen- und Manganhydroxid auftreten (Abb. 10). In

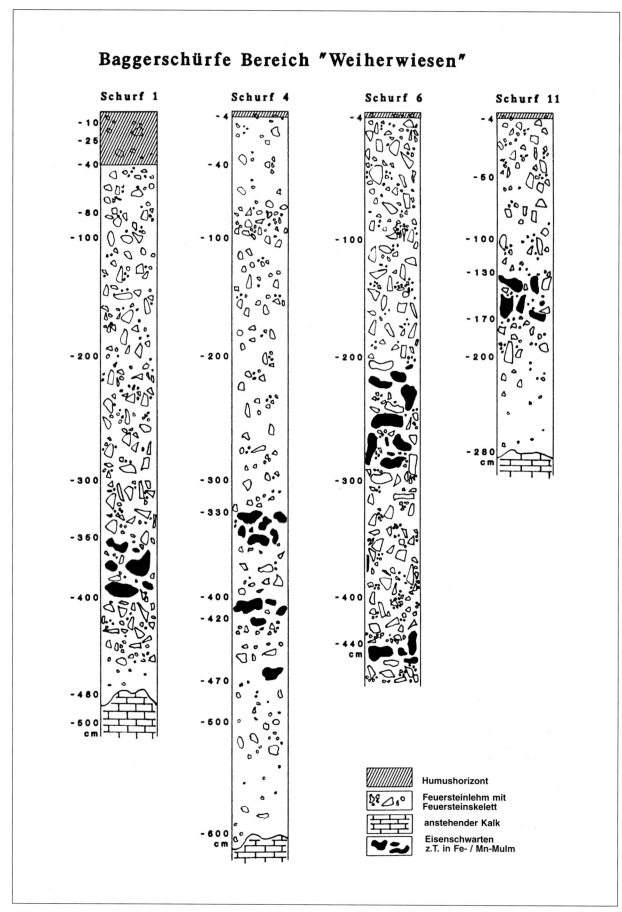

Abb. 10: Profilskizzen der Schürfe mit Schwartenerz im Bereich „Weiherwiesen/Weiherplatz", Gemarkung Essingen.

Abb. 11: Eisenerzschwarte aus dem umgelagerten Feuerstein-Okkerlehm östlich des Weiherplatzes. Die im Querschnitt zu erkennenden Hohlräume waren mit Ocker und Lehm ausgefüllt. Die Breite der Schwarte beträgt 6,8 cm.

den größeren Nestern steckten z. T. Krusten oder Schwarten aus dichtem, festem Eisenhydroxid (Abb. 11). Dem Ausdruck Schwarten wurde in Analogie zum Bohnerz als beschreibendem Begriff der Vorzug gegeben, weil die Bruchflächen z. T. speckig glänzen, aber auch weil die Bezeichnung Krusten sehr vieldeutig und unspezifisch ist. Ob der Eisen/Manganhydroxidmulm, der sowohl in der Umgebung der Schwarten als auch in Horizonten ohne feststellbare Schwarten vorhanden war, durch Verwitterung der Schwarten oder durch Ausfällung im heutigen Bodenprofil zustande kam, konnte nicht geklärt werden, da die notwendigen Untersuchungen nicht möglich waren. Sicher ist nur, daß er nach der Umlagerung gebildet wurde. Das Erz besteht aus Goethit und einem geringen Anteil von Hämatit mit einem Gehalt von maximal 51–55% Eisen und rund 1,3% Mangan. Stellenweise enthält das Erz Zonen aus idiomorphem Hämatit, die von Goethit durchsetzt und überprägt sind (Abb. 12).

Im Gegensatz zu dem Eisen/Manganhydroxidmulm sind die Schwarten aber nicht an Ort und Stelle entstanden, sondern umgelagert worden und damit älter. Die Eisenerzschwarten sind wohl im Tertiär in einem Be-

Abb. 12 Ausschnitte aus dem Dünnschliff einer kleinen Eisenschwarte. Hämatitische Kerne von Goethit überprägt.

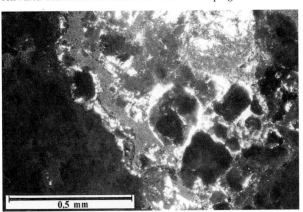

reich wechselnder Wasserstände im Grenzbereich Wasser/Luft ausgeschieden worden, und zwar nicht – wie nach dem Befund von Ochsenberg zu erwarten war – im Porenraum zwischen den Feuersteinsplittern, sondern im Lehm. Die Schwarten haben den Lehm bei ihrem Wachstum verdrängt und umschließen häufig auch Teile von ihm. Als Grundwasserstandsmarken müßten sie etwa im gleichen Niveau liegen. Tatsächlich beträgt der Höhenunterschied zwischen den Erzlagen in den Schürfen östlich des Weiherplatzes und dem Schurf im Waldstück Geißebene etwa 14 m. Die Höhendifferenzen der Oberfläche des Weißjura unter dem Lehm zwischen diesen beiden Vorkommen beträgt 15 m. Der Bereich Weiherplatz/Weiherwiesen stellt somit die Talmulde eines kleinen Tälchens dar, in die im Pleistozän, wahrscheinlich in der letzten oder vorletzten Eiszeit, der Feuerstein-Ockerlehm durch Bodenfließen (Solifluktion) von der höherliegenden Umgebung verfrachtet wurde. Der Transport durch fließenden „Bodenbrei" erklärt, daß das schwere Eisenerz zusammen mit dem Ockerlehm umgelagert werden konnte. Außerdem konnten in diesem Brei auch die in den Schürfen festgestellten Fetzen eines Rotlehms bewegt werden, der oberhalb des Bildungsbereichs der Erzschwarten in einem trockeneren Milieu entstanden war. Wahrscheinlich sind Teile des Feuersteinlehms wohl schon im Tertiär mehrfach umgelagert worden.

Analysen und Dünnschliffe von Lehmproben aus den Schürfen bestätigen den vor Ort gewonnenen Eindruck, daß der Feuerstein-Ockerlehm umgelagert ist. Beispielhaft läßt sich dies am Profil von Schurf 4 (Abb. 13) zeigen:

Der oberste Bereich bis 1 m Tiefe ist von rezenter Bodenbildung geprägt. Es handelt sich um eine Parabraunerde. Aus dem zum Teil humosen Oberboden (0–40 cm) wurden Eisen und Ton in den Unterboden (bis 100 cm) verlagert und führten dort zu einem Anstieg vor allem der Tonfraktion, der Boden wurde lessiviert. Der hohe Grobschluffgehalt des Oberbodens dokumentiert eine kaltzeitliche Lößbeimengung, wie sie Scholz (1969, 107) für die mittlere Schwäbische Alb nachgewiesen hat. Die Schwermetallgehalte zeigen im Gegensatz zum mittleren Profilbereich relativ hohe Werte, was auf eine anthropogene Beeinflussung ohne Störung des Profils durch Eintrag über die Luft hindeuten könnte. Ohne weiträumige Spezialuntersuchungen ist aber eine Klärung der Ursache für diesen Untersuchungsbefund nicht möglich.

Der mittlere Abschnitt des Lehmprofils (100–300 cm) ist durch nahezu gleichbleibende Korngrößenverteilung gekennzeichnet. Auch die absoluten Werte der untersuchten Spurenelemente sind hier am geringsten im gesamten Profil.

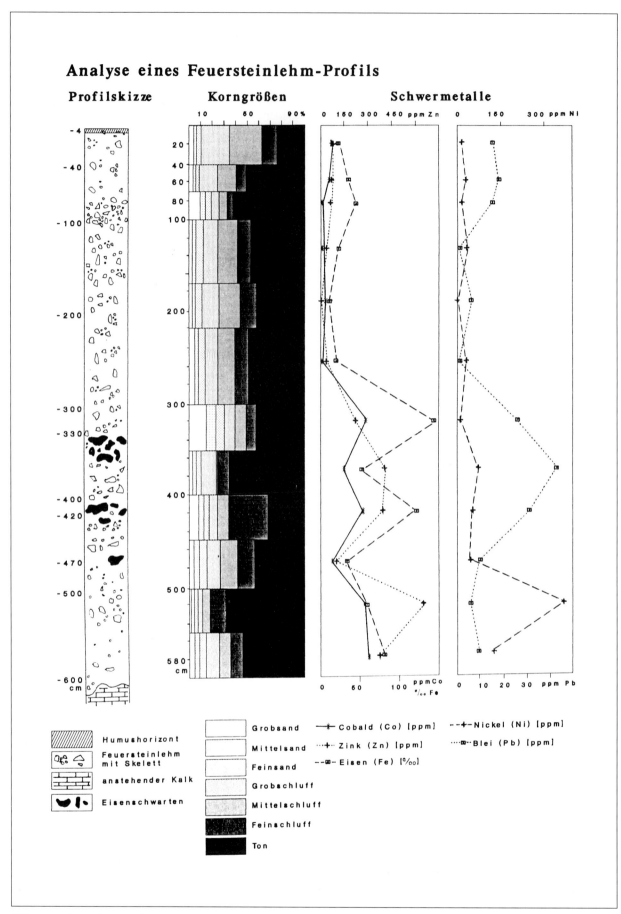

Abb. 13: Analysendaten verschiedener Parameter von Schurf 4 der Abbildung 10.

In der unteren Profilhälfte, in der die Eisenschwarten vorkommen, schwanken sowohl die Gehalte an Schwermetallen als auch die Anteile der einzelnen Korngrößen sehr stark. Dabei liegt der absolute Gehalt an Spurenelementen meist deutlich über dem der anderen Profilbereiche. Blei, Zink und Nickel erreichen bis über zehnfach höhere Werte als weiter oben im Profil. Aus den Dünnschliffen (Abb. 14 a–c) ist unabhängig von der Tiefe eine stark kieselige, relativ eisenarme Matrix ersichtlich, in die Stücke von Tonhäutchen (gelbe Farben) unsystematisch eingebettet sind. Die Tonhäutchen entstehen bei der Lessivierung von Bodenmaterial, bei der verlagerte Ton-Eisen-Gele die Porenwände im Unterboden auskleiden, bzw. sich um Bodenaggregate oder Gesteinsbruchstücke anlagern. Bruchstücke von Tonhäutchen – wie sie hier vorwiegend in den tieferen Bodenzonen vorliegen – können nur auftreten, wenn das Bodenmaterial verlagert wurde, ansonsten entstehen Porenauskleidungen und Aggregat- oder Skelettumhüllungen, die ungestört sind. Einen weiteren Hinweis für eine Verlagerung des Lehms geben die in den Dünnschliffen jeder Tiefenlage splitterartig und scharf gegen den umgebenden Lehm abgegrenzten Erzstückchen; (dunkelbraun bis schwarz).

Die Dünnschliffe (Abb. 14 a–c) lassen für verschiedene Tiefenlagen einerseits in den Lehm eingebettete kleine Feuersteinsplitter (hell, körnig), andererseits jedoch auch Quarzkörner (hell, homogen bis grobkristallin) erkennen. Diese Quarzkörner sind eindeutig Fremdkomponenten, die nicht auf die Verwitterung des anstehenden Kalkes, sondern auf eine allochthone Fremdmaterialzufuhr zurückzuführen sind. Damit ist der Feuersteinlehm – genauso wie der Bohnerzton auf der mittleren Schwäbischen Alb (Borger 1990, 115) – nicht als reiner Lösungsrückstand der Kalkverwitterung zu sehen, sondern als ein Gemisch zwischen diesem und dem Fremdmaterial.

Sobanksi (1988, 9; 144; 147) leitet die Quarze in tertiären Verwitterungslehmen der Fränkischen Alb von Flüssen ab, die vom nordostbayerischen Grundgebirge über eine mindestens alttertiäre Rumpffläche nach Süden und Südosten geflossen sein sollen. Quarzsande sind auch von der mittleren und westlichen Schwäbischen Alb schon seit dem letzten Jahrhundert bekannt, nicht jedoch ihre Herkunft. Windeintrag der Quarze läßt sich dort bei der Größe der Körner von z. T. mehr als 2 mm Durchmesser und vor allem aufgrund der durch fluviatilen Transport verursachten Schlagmarken ausschließen. So kommt nur der Transport durch Wasser infrage. Borger (1991, 3) nimmt an, daß sie von mesozoischen Sandsteinen im Norden des heutigen Albtraufs durch nord-südwärts gerichtete Flüsse antransportiert wurden. Damit läßt sich auch

Abb. 14 a–c: Dünnschliff des Lehms von Schurf 4 der Abbildung 10 aus verschiedenen Tiefen (14 a ca. 0,8 m, 14 b ca. 2 m, 14 c ca. 5 m).

das Auftreten der Quarze in den alten Verwitterungslehmen der Ostalb am ehesten erklären. Allerdings müßte dann im Vorland der Alb infolge stärkerer tektonischer Hebung der gesamte Weiße Jura und Brauner, eventuell sogar Schwarzer Jura weitgehend abgetragen gewesen sein, da die Quarze erst aus dem obersten Braunjura β oder dem Schwarzjura α 3 und α 1 stammen können.

Im Dünnschliff einer rötlichen Lehmprobe aus dem erzführenden Horizont des Schurfs 4 (Abb. 15 a.b) ist zu erkennen, daß die Matrix deutlich eisenhaltiger ist als der übrige Feuerstein-Ockerlehm und daß die Quarze einen Verwitterungsgrad der Stufe 5 nach Burger/Landmann (1988, 172) aufweisen, weshalb mögli-

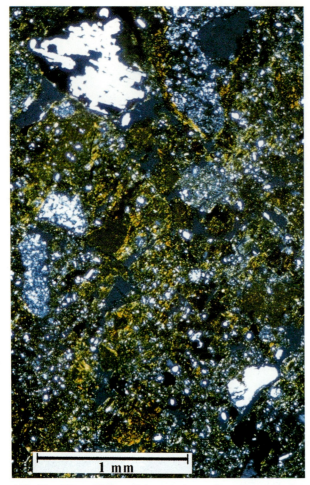

Abb. 15a: Dünnschliff von Lehm mit einem sehr stark verwitterten Quarzkorn und frischen Quarzkörnern.

Abb. 15b: Stark verwittertes Quarzkorn (Verwitterungsgrad 5 nach Burger/Landmann 1988, 172). Ausschnitt aus Abbildung 15a.

cherweise ein zeitlicher Zusammenhang zwischen Quarzkornverwitterung und Erzgenese besteht. Studien von Burger über den Verwitterungsgrad von Quarzen aus verschieden alten Lehmen auf datierten Flächen im Rheinischen Schiefergebirge ergaben, daß dort die Verwitterungsstufe 5 nur in präoligozänen Verwitterungsbildungen auftritt (1984, 350; 1987, 20). Die hierfür typische Quarzkornsprengung ist ein Merkmal für Verwitterung in tropischem Klima (Schnütgen/Späth 1983, 31). Erstaunlich ist, daß die so stark beanspruchten Quarze bei der Umlagerung des Lehms nicht zerfallen sind. Borger (1990, 63; 69) konnte beobachten, daß die Quarzsprengung und -korrosion dort stärker ist, wo Eisenverbindungen vorhanden sind, und daß die stark verwitterten Quarze eine Umlagerung nur überstehen, wenn sie durch eine Eisenerzverbindung verkittet sind. Die meisten untersuchten Lehmproben aus den Schürfen beim Weiherplatz zeigen einerseits relativ frische Quarzkörner, andererseits kleine Quarzsplitter, die allerdings auch Fragmente extrem zersetzter Quarze sein könnten, die bei der Umlagerung zerfallen sind. Die stark verwitterten Quarze in einigen Bereichen des Feuerstein-Ockerlehms würden dagegen dokumentieren, daß die Umlagerung nicht so intensiv war, wie die der Bohnerzlehme und wohl nur über kurze Entfernungen stattfand.

Die Lehmproben wurden in Dünnschliffen untersucht, weil man sich weitere Aufschlüsse über Entstehung und Alter des Schwartenerzes erhoffte. Verwitterungsstufe 5 und Sprengung von Quarz können ergeben, daß ein Teil des Feuersteinlehms unter tropischen Klimabedingungen entstanden ist. Tropisches Klima herrschte nach bisheriger Kenntnis bis zum Oligozän. Da Borger die gesprengten und korrodierten Quarze auch in den von ihm untersuchten Bohnerzen fand (1991, 6) und deren Entstehung nach allgemeiner Ansicht ins Eozän gestellt wird, die Korrosion und Sprengung der Quarzkörner aber älter ist als das sie einschließende Bohnerz und für die Zerstörung der Quarzkörner von ihm zudem ein langer Zeitraum angenommen wird, sieht er in den Quarzsanden die Reste einer dünnen Decke terrestrischer Kreidesedimente (1991, 3). Es ist sicher keine Frage, daß in den rund 70–75 Millionen Jahren der Kreidezeit Verwitterung und Abtragung einen Teil der Ablagerungen des Jurameers beseitigt haben, doch können die Quarzsande auf der mittleren und westlichen Schwäbischen Alb erst angeliefert worden sein, wenn zumindest der Stubensandstein freigelegt war. Dies setzt aber massive tektonische Hebung im Gebiet nördlich der Alb voraus, für die bisher für die Kreidezeit keine Anzeichen bekannt sind. Erst im Alttertiär wird der südwestdeutsche Raum von stärkeren tektonischen Bewegungen erfaßt. Das Alttertiär dauerte etwa 18 Millionen Jahre; Zeit genug für Abtragung und Sedimentation, Verwitterung und Bohnerzbildung. Einen Hinweis darauf, wie weit die Landschaft am Ende des Paläozäns schon abgetragen war, geben die Tuffe zweier Vulkane, die beide etwa 55 Millionen Jahre alt sind. Der Tuff des Katzenbuckels im Odenwald enthält Gesteine des Braunen Juras, der des Steinsbergs im Kraichgau Gesteine des Schwarzen Juras (Geyer/Gwinner 1991, 216).

Auf der Ostalb sind die Bohnerze nicht gleich intensiv untersucht worden wie auf der mittleren Alb. Sollten auch dort größere Quarzkörner, die nicht durch den Wind transportiert werden konnten, schon zur Zeit der Bohnerzbildung vorhanden gewesen sein, dann müßte es die spätere Urbrenz im Ansatz schon gegeben haben. Die Quarze wären dann wahrscheinlich vom tektonischen Hebungsgebiet des Fränkischen Schilds, etwa zwischen Künzelsau und Bad Mergentheim antransportiert worden. Allerdings hätten die Gesteinsschichten hier nicht unbedingt bis zum Stubensandstein abgetragen sein müssen, da in Ostwürttemberg in den Schichten des Braunen und des Schwarzen Juras wie in den vindelizischen Sandsteinen des Keupers bereits größere Quarzkörner vorkommen.

Für die Deutung der Landschaftsgeschichte wäre es sehr wichtig, einige Fragen, die im Zusammenhang mit dem Schwartenerz aufgetreten sind, beantworten zu können. Da wäre zuerst durch breit angelegte Untersuchungen zu klären, ob die Verwitterungsstufe 5 von Quarzen auch auf der Ostalb präoligozänes Alter voraussetzt. Sollte sich dies bestätigen und sollten die entsprechenden Quarze nur zusammen mit Bohnerz und Schwartenerz auftreten, dann wäre es nicht von der Hand zu weisen, daß das Schwartenerz – wie ein Großteil der Bohnerze – schon im Eozän entstanden ist, obwohl ähnliche Eisenerzbildungen auch noch viel später möglich waren, z. B. in den Urbrenz-Sanden bei Ochsenberg und bei den Dolinen am Wellesberg.

Bisher hat man angenommen, daß die Bohnerze in oder auf Verwitterungstonen der Hangenden Bankkalke oder – falls diese nicht mehr vorhanden waren – der Zwischenkalke in den Zementmergeln entstanden sind. Am Nordrand der Alb wären demnach seither 100 bis mehr als 200 m Weißjuragesteine und damit auch die Bohnerze abgetragen worden. Dies wäre eine Erklärung dafür, daß im Bereich der Weiherwiesen und ihrer Umgebung kaum Bohnerze gefunden werden. Dann kann aber das Schwartenerz nicht zur gleichen Zeit wie das Bohnerz entstanden sein, da die Erzstücke bei diesen mehrfachen Umlagerungen nicht auf einem so verhältnismäßig engen Raum erhalten geblieben wären. Auch der Feuersteinlehm kann erst nach der Abtragung der Hangenden Bankkalke und der Zementmergel gebildet worden sein, weil erst die darunterliegenden Schichten die entsprechenden Kieselknollen, die „Feuersteine", enthalten.

Sollte sich nun bei weiteren Untersuchungen herausstellen, daß die Verwitterungsstufe 5 der Quarze im Feuersteinlehm nur präoligozän entstanden ist und diese Quarze eine mehrfache Umlagerung – eventuell zusammen mit dem Lehm und in diesen verpackt – nicht überstehen könnten ohne zu zerbrechen, dann würde das bedeuten, daß die Ostalb am Albtrauf bereits am Ende des Eozäns bis auf das heutige Niveau im Weißjura δ 3–4 abgetragen war. So wäre hier in unmittelbarer Nähe des Albtraufs, an dem die Erosion besonders kräftig angreift, in nahezu 40 Millionen Jahren fast nichts mehr geschehen. Dies ist nur schwer vorstellbar. Bis zur endgültigen Klärung muß man deshalb davon ausgehen, daß das Schwartenerz möglicherweise im Miozän bei subtropischem bis paratropischem Klima gebildet wurde.

2.2 Die Eisenerze und ihre Vorkommen im Vorland der Mittleren Alb

Im Vorland der Mittleren Alb gibt es zwei Haupttypen von Eisenerz: Toneisenstein und Brauneisenkonkretionen.

2.2.1 Toneisensteinkonkretionen

Toneisensteinkonkretionen oder -geoden treten im Schwarzjura δ und im Braunjura α bis γ auf. Im Braunjura α, dem Opalinuston, sind in die Tonsteinschichten häufig Toneisensteingeoden eingelagert. Es sind dies Eisenkarbonat (Siderit)-Konkretionen von mittelgrauer bis fahlbrauner Farbe und einem geringen Gehalt am Phosphor (Käss 1954, 21). Sie sind meist nur ein bis einige Zentimeter dick und einige cm im Durchmesser, doch kann dieser auch ein bis zwei Dezimeter erreichen. An der Oberfläche verwittern sie zu gelbbraunem bis dunkelbraunem Goethit, wobei sie schalig-scherbig zerfallen. Durch Abschlämmen des verwitterten Tons, in dem sie eingebettet waren, reichern sie sich an der Oberfläche an. Der Eisengehalt ist sehr unterschiedlich. Er beträgt meist 25 bis 35%, in einzelnen Fällen bis 45%.

Im Braunjura β, dem Eisensandstein (Sandflaserschichten), treten ebenfalls Toneisensteingeoden auf. Eine Lage über dem Oberen Donzdorfer Sandstein ist besonders reich an diesen Geoden. Nach Szöke (1966, 10; 1990, 364) handelt es sich um einen Aufarbeitungshorizont.

2.2.2 Brauneisenkonkretionen

Im Eisensandstein, sind die oolithischen Eisenerzflöze, die bei Aalen und bei Geislingen abbauwürdig sind, nicht ausgebildet. Die ganze Schichtenfolge ist toniger und die Sandsteinbänke sind geringmächtiger und weniger kompakt. Im Oberen Donzdorfer Sandstein, über dem der Horizont mit den Toneisensteingeoden liegt, findet man Vererzungen aus Brauneisen (Limonit, Goethit) in Form unregelmäßiger Bänder, die z. T. den hellbraunen Sandstein schalenförmig umschließen und den Eisenerzschwarten im Feuerstein-Ockerlehm der Ostalb von der Gestalt her ähnlich sind. Im Dünnschliff erkennt man einen sehr gleich- und feinkörnigen (ca. 0,1 mm ⌀) Sandstein, der fast nur aus Quarzkörnern (meist eckig, sehr selten gerundet) besteht. Feldspatbruchstücke und Glimmer sind selten. Die Matrix ist tonig und schwach limonitisch bis auf die Partien, die die Eisenerzbänder bilden. Hier ist der Porenraum konkretionär völlig durch Limonit gefüllt, das Gestein stark verfestigt. Durch Auswittern der lockeren, schwach limonitisierten Partien treten die Erzbänder leistenförmig hervor.

Außer den Konkretionen in Form von Erzbändern kommen auch Agglomerate von runden bis eckigen Limonitkörnern bis 1 cm Durchmesser vor. Die Körner zeigen vielfach keine reguläre Innenstruktur, z. T. sind sie jedoch konzentrisch-schalig aufgebaut. Sie bestehen aus Goethit, in den Tonminerale eingelagert sind. Manchmal enthalten sie eine geringe Menge Quarz-, seltener Feldspatbruchstücke (bis 0,15 mm ⌀). Die inhomogene Goethitverteilung läßt erkennen, daß der Gehalt an Eisen erst später zugeführt wurde. Die Mobilität des Eisens muß lange angehalten haben, da Schrumpfrisse, die Matrix und Körner gleichermaßen queren, durch eine einheitliche, oft sehr dichte Goethitfüllung gekennzeichnet sind. Die nach Abschluß der Limonitisierung noch verbliebenen Hohlräume wurden zu einem späteren Zeitpunkt durch ein Gemenge aus Tonmineralien, Quarzkörnern, seltener Feldspat- und Glimmerkörnern gefüllt. Diese Quarzkörner entsprechen völlig denen in der limonitisierten Matrix, nur sind sie dort allgemein häufiger. In dieser hellen, nicht limonitisierten Matrix liegen außerdem vereinzelte rundliche bis eckige Limonit-Körner. Dieser Befund läßt sich nur erklären, wenn man annimmt, daß sich die Vorgänge am Meeresboden im Sediment nahe der Grenze zum überdeckenden Wasser abgespielt haben.

Das Auftreten der Tonminerale läßt den Schluß zu, daß zumindest eine partielle Sammelkristallisation zur Kornvergrößerung beigetragen hat. Man erkennt unter dem Mikroskop unterschiedliche Bereiche, in denen über eine Fläche von etwa 0,2 mm² alle Tonminerale trotz zwischengelagerter Quarzkörnchen eine kristallographisch einheitliche Ausrichtung zeigen, d. h. also Wachstum in situ. Die Grenzen zu den benachbarten, kristallographisch anders orientierten Bereichen sind diffus.

Die Genese der Brauneisen-Agglomerate könnte so gedacht werden:

1. Konkretionäre Bildung von Brauneisen-Körnern und Krusten in einem tonig-feinsandigen Substrat.
2. Zerbrechen der Krusten, Umlagerung der Bruchstücke und Körner, Bildung einer dichten Packung, Zwickelfüllung feinsandig-tonig, limonitfrei.
3. Verfestigung und Limonitisierung des Agglomerats.
4. Einspülen einer feinsandig-tonigen limonitfreien Füllung in Resthohlräume und Neubildung von Tonmineralien.

3. Gewinnung und Verhüttung der Eisenerze

Die Eisenerzvorkommen auf der Ostalb und im Vorland der mittleren Schwäbischen Alb wurden – mit Ausnahme des oolithischen Eisenerzes – sowohl in vor- und frühgeschichtlicher Zeit als auch im Mittelalter und in der Neuzeit gewonnen und verhüttet. Das oolithische Stuferz des Braunjuras β wurde bei Aalen erst seit dem Mittelalter abgebaut.

3.1 Vor- und frühgeschichtliche Verhüttungsplätze auf der Ostalb

3.1.1 Hermaringen, „Berger Steig" (Kreis Heidenheim)

In einer spätlatènezeitlichen Siedlung wurden 1985 Fließschlacken ausgegraben. In der Umgebung von Hermaringen konnten Bohnerzvorkommen nur im Distrikt Häule, 0,7–0,9 km westsüdwestlich vom ehemaligen Schloß in Bergenweiler gefunden werden. Dort befinden sich zwei als Erdfälle ausgewiesene Bohnerzgruben, die bis kopfgroße Bohnerzagglomerate enthalten (TK 25, Blatt 7427 Sontheim a. d. Brenz, R: 35 93 24 & 45, H: 53 82 40 & 33).

Vermutlich sind es die Gruben gewesen, die in der Beschreibung des Oberamts Heidenheim (1840, 140) erwähnt werden, doch waren früher vielleicht noch mehr vorhanden, die im Ackerland inzwischen verfüllt wurden. Wahrscheinlich stammen die in der Latène-Siedlung verarbeiteten Erze aus diesem Bereich. Umfangreiche Begehungen auf Erzabbauspuren im Bereich der TK 25, Blatt 7426 Langenau und Blatt 7427 Sontheim a. d. Brenz erbrachten keine weiteren Hinweise. So vielversprechende Flurnamen wie „Eisenerz" und „Eisental" konnten nicht mit der Erzgewinnung in Verbindung gebracht werden und Namen wie „Grube" oder „Grubenhau" bezogen sich auf früheren Sandabbau.

3.1.2 Heidenheim-Großkuchen, „Gassenäcker"

In Großkuchen wurden bei den archäologischen Ausgrabungen der letzten Jahre anhand von Fließschlakken deutliche Spuren einer frühalamannischen Eisenverhüttung entdeckt. Die Umgebung von Großkuchen weist allerdings keine Bohnerzvorkommen auf. Die nächsten liegen etwa 4 km weiter südlich im Distrikt Buchen und Gewann Arzhalde und 3,5–7 km südsüdöstlich der Siedlung am Zitter- und am Alenberg.

Im Gewann Eisenbrunnen, 1 km nordnordwestlich von Großkuchen (TK & Gk 25, Blatt 7227 Neresheim-West, R: 35 8986, H: 54 0327), wurde aufgrund des Namens ein Zusammenhang mit dem Verhüttungsplatz vermutet. Die Eisenschlacken auf den dortigen Feldern erwiesen sich jedoch als jüngst ausgebrachter Baugrubenaushub. Die in Mergelkalken der Zementmergel gefundene frühere Wasserstelle und ein später aus Bruchsteinen gesetzter Brunnen dienten – wie Bodenuntersuchungen ergaben – keinem Zweck, der ersichtlich mit der Bohnerzverhüttung in Zusammenhang stand, sondern wahrscheinlich der Viehtränke.

3.1.3 Nattheim, „Badwiesen" (Kreis Heidenheim)

Fließschlacken mit frühalamannischen Funden wurden auch am südlichen Ortsrand von Nattheim ergraben. Die nächstgelegenen Bohnerzvorkommen liegen 1,5–2 km südwestlich davon.

3.1.4 Steinheim am Albuch-Sontheim, „südwestliches Hochfeld" (Kreis Heidenheim)

In einer frühalamannischen Siedlung hat man bei den Ausgrabungen in den Jahren 1973 und 1974 auch eine größere Anzahl von Eisenschlacken geborgen, die leider verlorengingen, ohne daß ihre Abkunft von Bohnerzen mit modernen Untersuchungsmethoden geklärt werden konnte. Vermutlich waren die 3,8 km südsüdöstlich gelegenen Bohnerzvorkommen am Wellesberg schon bekannt, so daß das Erz von dort stammen und nach Sontheim gebracht worden sein dürfte.

3.1.5 Essingen, „Weiherwiesen / Weiherplatz" (Ostalbkreis)

Bei den Voruntersuchungen für die 1990 durchgeführte Grabung wurde mittels der Luftbildarchäologie ein römisches Kleinkastell aufgespürt. Bei der Ausgrabung durch das Landesdenkmalamt hat man festgestellt, daß Teile des Kastellgrabens mit Eisenschlacken aufgefüllt worden sind. Zwischen den Schlacken lag frühalamannische Keramik, wodurch die Schlacken datiert werden konnten. Der eigentliche Verhüttungsplatz mit den Öfen wurde nicht gefunden (Kempa 1991, 176–177). Das Ausgangsmaterial für die Eisengewinnung war das Schwartenerz, das in und um die Weiherwiesen in den Feuerstein-Ockerlehm eingebettet ist und war.

In diesem Zusammenhang ist die Frage zu stellen, wie dieses Erz, das fast immer einige Meter unter der Oberfläche lagert, damals entdeckt wurde. Sicher dürften bei den pleistozänen, hauptsächlich eiszeitlichen Umlagerungen des Feuersteinlehms oder durch Windwurf von Bäumen auch Stücke von Eisenschwarten an die Oberfläche gekommen und so unseren Vorfahren bei deren äußerst genauer Suche nach verwertbaren Bodenschätzen nicht entgangen sein. Durch Abteufen von Suchschächten wurden dann die eigentlichen „Erzlager" entdeckt und anschließend systematisch ausgebeutet. Bei der Ausgrabung und bei den geologischen Untersuchungen wurde je ein solcher Schacht entdeckt. Insgesamt ist hier eine Fläche von rund 21 ha von der Erzgewinnung erfaßt worden.

3.1.6 Langenau, „Am Öchslesmühlbach" (Alb-Donau-Kreis)

Am westlichen Ortsrand von Langenau, das am Südrand der Flächenalb liegt, stieß man bei Ausgrabungen auf zwei Brennöfen und Eisenschlacke noch nicht bestimmten Alters. Bohnerzvorkommen wurden westlich von Dornstadt und östlich von Beimerstetten festgestellt.

3.1.7 Lauchheim, „Mittelhofen" und „Wasserfurche" (Ostalbkreis)

Am Westrand von Lauchheim, am Fuß des Albtraufs, wurde in den letzten Jahren eine merowingische Siedlung im Gewann Mittelhofen und ein Gräberfeld im Gewann Wasserfurche ausgegraben. In der Siedlung fand man Eisenschlacken und kleinere Bohnerzstücke. Auffallend ist ein Stück Schwartenerz, das im

Hangschutt beim Gräberfeld steckte, also nicht zur Grabverfüllung gehörte. Die Nachsuche auf der Albhochfläche zwischen der Kapfenburg und dem Ort Hülen nach Vorkommen von Schwartenerz verlief negativ. Es gibt dort keinen Feuerstein-Ockerlehm wie bei den Weiherwiesen oberhalb Essingen. So stellt sich die Frage, ob das Schwartenerz nicht in alamannischer Zeit von den Weiherwiesen nach Lauchheim gebracht wurde und dort in den Hangschutt gelangte, der zwar hauptsächlich im Pleistozän entstanden ist, aber sicher noch während der mittelalterlichen Rodung in Bewegung war. Dies wirft die Frage auf, ob das Schwartenerz in Lauchheim verhüttet wurde, eventuell zusammen mit Bohnerz aus der Gegend von Michelfeld. Dann müßte der Erzabbau bei den Weiherwiesen zur Merowingerzeit noch oder schon wieder umgegangen sein und außerdem ein Erzhandel, eventuell innerhalb eines Herrschaftsbereichs, stattgefunden haben.

3.2 Frühmittelalterliche bis mittelalterliche Verhüttungsplätze im Vorland der Mittleren Alb

3.2.1 Linsenhofen und Frickenhausen (Kreis Esslingen)

In den Wäldern östlich von Linsenhofen und Frickenhausen, aber nicht nur dort, reihen sich Erzschürfe und Schlackenhalden entlang des Ausstrichs des Oberen Donzdorfer Sandsteins, auf dem ein Aufarbeitungshorizont mit Toneisensteingeoden liegt, und in dem Brauneisenkrusten gehäuft auftreten. Auf die Eisengewinnung aus den Geoden sowie auf die Erzschürfe und Schlackenhalden bei Frickenhausen weist schon Herde (1887, 18) hin. Er nimmt an, daß die Verhüttung in prähistorischer Zeit stattfand. Nach den neueren Untersuchungen ist sie ins 7. bis 9. Jahrhundert zu stellen.

3.2.2 Metzingen, „Kurleshau" (Kreis Reutlingen)

Im Kurleshau östlich von Metzingen wurde 1990 eine Schlackenhalde mit einem Verhüttungsofen entdeckt und untersucht (Kempa 1992, 44–45). Dort treten Toneisensteingeoden in großer Zahl auf. Untersuchungen durch das Chemische Labor des Geologischen Landesamts ergaben folgende Eisen- und Mangangehalte:

Probe Nr.	Eisen in %	Mangan in %
1	36,8	0,48
2	33,5	0,51
3	31,3	0,32

Bei Untersuchungen am Institut für Archäometrie in Bochum konnten sogar einzelne Eisengehalte bis 45% ermittelt werden. Analysen von 20 Proben am Geographischen Institut der Universität Tübingen ergaben Werte zwischen 29 und 52% Eisen.

3.3 Mittelalterliche und neuzeitliche Gewinnung und Verhüttung auf der Ostalb

Entsprechend dem von der Stiftung Volkswagenwerk geförderten Forschungsvorhaben „Die vor- und frühgeschichtliche Eisengewinnung auf der östlichen Schwäbischen Alb (Härtsfeld und Albuch)" soll die Erzgewinnung im Mittelalter und in der Neuzeit nur gestreift werden.

Im Mittelalter gehörte der Bergbau zu den Regalien, also den Rechten, die nur dem König zustanden, die er jedoch ganz oder teilweise an Dritte abtreten konnte. Mit einer Urkunde vom 14. April 1365 verlieh Kaiser Karl IV. dem Grafen Ulrich d. J. von Helfenstein und dessen Erben zu rechtem Mannlehen alles Eisenwerk in dessen Herrschaft und Wildbann mit dem Recht, Mühlen – gemeint sind wohl Erzwaschanlagen und Pochmühlen zum Zerkleinern des Erzes – und Hämmer an der Brenz und am Kocher oder anderswo anzulegen, wie es das Eisenwerk bedürfe (Beschreibung des Oberamts Heidenheim [Stuttgart 1844] 80). Dieser Formulierung kann man entnehmen, daß dem Helfensteiner Erzvorkommen in seinem Besitztum bekannt waren und wahrscheinlich schon Erzgewinnungs- und Verhüttungsversuche, eventuell auf benachbartem Gebiet, vorangegangen waren.

Brenz, Pfeffer, Schwarzer und Weißer Kocher sowie einige andere starke Karstquellen lieferten reichlich Wasser und damit Energie zum Antrieb von Wasserrädern. Durch sie wurden auch Blasbälge und Schmiedehämmer in Gang gesetzt, die dem Ausschmelzen und der Verarbeitung von Eisen dienten.

Die erste Eisenschmelze und -schmiede wurde wohl um 1400 in Heidenheim erstellt, doch ist der genaue Zeitpunkt nicht bekannt. Sie wurde 1511 durch eine neue Schmiede ersetzt. Man weiß nur, daß es vor 1448 gewesen sein muß. Zwischen 1417 und 1479 richtete das Kloster Königsbronn eine Schmiede in Itzelberg ein, in der Abfalleisen verarbeitet wurde.

Erst 1529 wurde in Königsbronn am Brenz-Ursprung eine Eisenschmelze und -schmiede in Betrieb genommen sowie rund zwei Jahrzehnte später eine zweite Schmelzhütte am Pfeffer. Zwischen 1512 und 1552 entstanden Schmelzhütten und Eisenschmieden in Essingen (1512), Mergelstetten (1514), Unterkochen (1541) und Oberkochen (1552) (Thier 1965, 1–71. Frank et al. 1975, 70 ff).

Von den Besitzverhältnissen jener Zeit ausgehend, darf man annehmen, daß zuerst nur in der nächsten

Umgebung von Heidenheim Bohnerz aufgesammelt und ausgegraben wurde. Schon sehr früh (1518) wird jedoch auch das „Stuferz (Stufferz)" erwähnt, das am Fuß der Alb bei Aalen erschürft wurde (Abb. 1; 2). Mit Sicherheit kann man ausschließen, daß vor dem späteren Mittelalter Stuferz abgebaut wurde, da mit den primitiven Rennfeueröfen keltischer und alamannischer Zeit das Eisen aus diesem niedrigprozentigen Erz nicht ausgeschmolzen werden konnte. Das Stuferz wurde erst ab dem Beginn des 16. Jahrhunderts verhüttet. Bald stellte sich heraus, daß das daraus gewonnene Eisen ziemlich spröde war. Aus einer Mischung von Bohnerz mit Stuferz ließ sich ein geschmeidigeres, besseres Eisen erschmelzen, das von den Sensenherstellern in Schwäbisch Gmünd sehr geschätzt wurde. Der Sandgehalt des Stuferzes diente bei der Mischung mit Bohnerz gleichzeitig als Flußmittel. In der ersten Hälfte des 18. Jahrhunderts wurde der Tagebau auf das Stuferz aufgegeben und der untertägige Abbau, der bis 1948 währte, begonnen.

Der schon in keltischer, offenbar nicht in römischer, aber wieder in alamannischer Zeit umgehende Abbau auf Bohnerze wurde im Mittelalter wieder aufgenommen und bis zum Beginn dieses Jahrhunderts (sicher bis 1906) fortgeführt. Zwischen 1860 und 1906 wurden an den Hochofen in Königsbronn 24012 t Bohnerz geliefert (Bräuhäuser 1912, 103).

In der Mitte des 19. Jahrhunderts waren allein in Nattheim 60 Bergleute ansässig, die bei den zahlreichen Erzgruben angestellt waren. Im Winter wurde das Erz gegraben, im Sommer gewaschen. Die Aufsicht führten 2 Steiger (Beschreibung des Oberamts Heidenheim 1844). Die Erzgräber, Steiger und Hüttenleute bildeten eine förmliche Knappschaft mit bergmännischen Uniformen. Schon im 18. Jahrhundert hatten sie sich zu einer Zunft zusammengeschlossen. Zunftlade, Zunftsiegel und ein der Zunft gehörender Kelch sind noch erhalten (Akermann et al. 1984, 11–13) und werden zusammen mit Uniformen und alten Ansichten der Schmieden von Königsbronn, Itzelberg und Heidenheim im Torbogenmuseum in Königsbronn gezeigt.

Es verwundert, daß die Eisenschlacken aus alamannischer Zeit, die man heute im Bereich Weiherplatz / Weiherwiesen findet, ob ihres hohen Eisengehaltes im Mittelalter nicht nochmals verschmolzen wurden. Wahrscheinlich kannte man das Vorkommen nicht, weil die Rodungsfläche nicht beackert oder – falls Äcker vorhanden waren – nicht tief genug gepflügt wurde, um die Schlacken an die Oberfläche zu bringen. Vom späteren Mittelalter bis in die Neuzeit dürfte hier eine Viehweide bestanden haben, zu der später noch eine Schafwiese kam (Beschreibung des Oberamts Aalen, Stuttgart 1854, 239).

4. Dank

Herzlicher Dank gebührt den Mitarbeitern des Geologischen Landesamts Baden-Württemberg Herrn Dr. Hansjosef Maus für mineralogische und Frau Dr. Gabriele Dietze sowie Herrn Michael Maucher für chemische Bestimmungen von Erz- und Bodenproben.

5. Literaturverzeichnis

AKERMANN, M., BALDENHOFER, J., DENNERT, V., REIFF, W. u. STROBEL, A. (1984): Heidenheim und das Brenztal in ihrer Entwicklung zu einem industriellen Zentrum Süddeutschlands. – Begleitheft zur Ausstellung anläßlich der Heimattage Baden-Württemberg 1984 in Heidenheim an der Brenz (Hrsg. Arbeitskreis Heimattage Baden-Württemberg): 36 S., 32 Abb.; Heidenheim (Kopp).

ALDINGER, H. (1955): Die Eisenoolithe aus dem Dogger der Bohrung Scherstetten 1. Geologica Bavarica, 24: 89–96, 2 Abb.; München.

BAYER, H.-J. (1988): Zur früheren Eisengewinnung auf der Schwäbischen Alb. – Bl. Schwäb. Albver., 93, 3/4, 200–207, 6 Abb., 1 Tab.; Stuttgart.

Beschreibung des Oberamts Aalen. (Hrsg. Kgl. statist.-topograph. Bureau). – 331 S., 1 Abb., 3 Tab., 1 Kt.; Stuttgart (Müller) 1854.

Beschreibung des Oberamts Heidenheim (Hrsg. Kgl. statist.-topograph. Bureau). – 209 S., 1 Abb., 4 Tab., 1 Kt.; Stuttgart und Tübingen (Cotta) 1844.

BORGER, H. (1990): Bohnerze und Quarzsande als Indikatoren paläogeographischer Verwitterungsprozesse und der Altreliefgenese östlich von Albstadt (Schwäbische Alb). – Kölner geogr. Arb., 52: XII + 148 + A61 S., 38 Abb., 18 Tab., 35 Fotos, 11 Kt.; Köln (Geogr. Inst. Univ.).

BORGER, H. (1991): Indizien für kreidezeitliche bis alttertiäre Reliefrelikte auf der Schwäbischen Alb. – Laichinger Höhlenfreund, 26, 1: 3–16, 11 Abb.; Laichingen.

BRÄUHÄUSER, M. (1912): Die Bodenschätze Württembergs. – XV + 331 S., 37 Abb.; Stuttgart (Schweizerbart).

BURGER, D. (1984): Verwitterungsrelikte der Kalkvorkommen Nordrhein-Westfalens. – Kölner Geogr. Arb., 45: 347–359, 8 Abb., 1 Tab.; Köln (Geogr. Inst. Univ.).

BURGER, D. (1987): Kalkmulden im Rheinischen Schiefergebirge, Strukturformen aus mikromorphologischer Sicht. – Z. Geomorph., N.F. 66: 15–21, 9 Abb.; Berlin.

BURGER, D. & LANDMANN, M. (1988): Quantitative Mikromorphologie der Quarzverwitterung mit Beispielen aus dem tropischen Karst. – Tübinger geogr. Stud., 100: 169–184, 4 Abb.; Tübingen.

DONGUS, H. (1961): Die naturräumlichen Einheiten auf Blatt 171 Göppingen. – Geogr. Landesaufn. 1 : 200000. Naturräuml. Gliederung Deutschlands: 54 S., 1 Kt.; Bad Godesberg (Bundesanst. Landeskde. Raumforsch.).

EICHLER, J. (1961): Mineralogische und geologische Untersuchungen von Bohnerzen in Baden-Württemberg, besonders der Vorkommen bei Liptingen, Kreis Stockach. – N. Jb. Miner., Abh., 97: 51–111, 4 Abb., 11 Tab., 3 Taf.; Stuttgart.

FRANK, M., GROSCHOPF, P. u. WILD, H. (1975): Die Eisenerze des Aalenium in der östlichen Schwäbischen Alb (Geislingen an der Steige, Aalen und Wasseralfingen). – Geol. Jb., D 10: 69–103, 8 Abb., 6 Tab., 1 Taf.; Hannover.

GEYER, O. F. u. GWINNER, M. P. (1991): Geologie von Baden-Württemberg, 4. Aufl. – 472 S., 254 Abb., 26 Tab.; Stuttgart (Schweizerbart).

HERDE, J. (1887): Über die Phosphorsäure im schwäbischen Jura und die Bildung der phosphorsäurereichen Geoden, Knollen und Steinkerne. – Inaugural-Diss. Tübingen: 30 S.; Kiel (Schmidt & Klaunig).

KÄSS, W. (1954): Konkretionäre Phosphoranreicherungen in Südwestdeutschland. – Arb. geol. paläont. Inst. TH Stuttgart, N.F. 3: 74 S., 7 Abb., 5 Tab., 3 Taf.; Stuttgart.

KEMPA, M. (1991): Zwei Jahre archäometallurgische Forschungen auf der Ostalb. – Archäologische Ausgrabungen in Baden-Württemberg 1990: 175–179, 3 Abb.; Stuttgart (Theiss).

KEMPA, M. (1992): Relikte früher Eisenverhüttung auf der Schwäbischen Alb – die archäologischen Funde und ihre Interpretation. – 5. Heidenheimer Archäolgie-Colloquium „Frühe Eisenverhüttung auf der Ostalb". 2. Verleihung des Kurt-Bittel-Preises der Stadt Heidenheim für Süddeutsche Altertumskunde. 11. Oktober 1991: 29–46; Heidenheim (Heimat- u. Altertumsver. Heidenheim).

KRANZ, W. (1924): Brauner Jura, unterer und mittlerer Weißer Jura. – In: KRANZ, W., BERZ, K. C. u. BERCKHEIMER, F. (1924): Begleitworte zur Geognostischen Spezialkarte von Württemberg. Atlasblatt Heidenheim mit der Umgebung von Heidenheim, Steinheim a. A., Weissenstein, Eybach, Ursprung-Lonsee, Dettingen-Heuchlingen, Gerstetten. – 2. Aufl.: 5–11; Stuttgart (Württ. Statist. Landesamt).

MÜLLER, S. (1958): Feuersteine und Streuschuttdecken in Ostwürttemberg. – Jh. geol. Landesamt Baden-Württemberg, 3: 241–262; Freiburg i. Br.

MÜLLER, S. unter Mitarbeit von BLEICH, K. (1982): Paläoböden der Schwäbischen Alb und des Tertiär-Hügellandes. – In: BLEICH, K., HÄDRICH, F., HUMMEL, P., MÜLLER, S., ORTLAM, D. u. WERDER, J.: Paläoböden in Baden-Württemberg. – Geol. Jb., F 14: 63–100, 3 Abb., 3 Tab.; Hannover.

PLANCK, D. (1977): Eine frühalamannische Siedlung in Sontheim im Stubental, Kreis Heidenheim. – Fundberichte aus Baden-Württemberg, 3: 539–574, 19 Abb.; Stuttgart.

PLANCK, D. (1979): Untersuchungen in einer frühgeschichtlichen Siedlung bei Großkuchen, Stadt Heidenheim. –Archäologische Ausgrabungen 1978: 86–91, 7 Abb.; Stuttgart.

REIFF, W. (1992): Die geologischen Grundlagen der Eisenverhüttung auf der Ostalb. – 5. Heidenheimer Archäologie – Colloquium „Frühe Eisenverhüttung auf der Ostalb". 2. Verleihung des Kurt-Bittel-Preises der Stadt Heidenheim für Süddeutsche Altertumskunde. 11. Oktober 1991: 16–28, 9 Abb.; Heidenheim (Heimat- u. Altertumsver. Heidenheim).

REIFF, W. (1993): Geologie und Landschaftsgeschichte der Ostalb. – Karst u. Höhle 1993. Karstlandschaft schwäbische Ostalb: 71–94, 17 Abb., 2 Taf.; München.

REIFF, W., SCHLOZ, W. u. GROSCHOPF, P. (1980): Geologie der Ostalb: Oberer Weißer Jura, tertiäre Albüberdeckung, Verkarstung, Karsthydrologie, Landschaftsgeschichte, Meteorkrater Steinheimer Becken (Exkursion H am 11. und 12. April 1980). – Jber. Mitt. oberrhein. geol. Ver., N.F. 62: 71–93, 3 Abb., 2 Tab.; Stuttgart.

REIFF, W., BÖHM, M. u. WURM, F. (1991): Eisenerzvorkommen und -gewinnung auf der östlichen Schwäbischen Alb. – Bl. Schwäb. Albver., 97, 6: 165–170, 7 Abb.; Stuttgart.

SCHEFF, J. (1991): Karstspalten mit tertiären Wirbeltierresten auf der Schwäbischen Alb – geographische Verbreitung und zeitliche Einordnung. – Laichinger Höhlenfreund, 26,2: 79–96, 11 Abb., Laichingen.

SCHNÜTGEN, A. u. SPÄTH, H. (1983): Mikromorphologische Sprengung von Quarzkörnern durch Eisenverbindungen in tropischen Böden. – Zeitschr. für Geomorphologie N. F. 48, 17–34; Berlin, Stuttgart.

SCHOLZ, G. (1969): Die Schlufflehme der Mittleren Schwäbischen Alb. Aufbau, Entstehung, Alter, ihre Bodenbildung und Verzahnung mit dem Albkörper. – Arb. Geol. paläont. Inst. Univ. Stuttgart, N.F. 60: 202 S., 20 Abb., 14 Tab., 3 Taf., 1 Bodenkarte; Stuttgart.

SOBANSKI, R. (1988): Geologie und Geochemie tertiärer Verwitterungsprodukte in NE Bayern: – Diss. Univ. Hamburg 165 S., A 13 S., B 1 S., C 11 S., D 2 S., 92 Abb., 11 Tab., 3 Taf.; Hachburg (Selbstverlag).

SZÖKE, L. (1966): Die Eisenerze im Oberen Jura Beta zwischen Weilheim/T. und Metzingen, deren frühgeschichtlicher Abbau und Verarbeitung, sowie Einwirkungen der Verhüttung auf den Boden. –Dipl.-Arb. (Mskr.) TH Stuttgart: 50 S., 21 Abb., 30 Bild., 1 Taf., 1 Kt; Stuttgart.

SZÖKE, L. (1990): Schlackenhalden und Schürfgruben im Braunen Jura zwischen Reutlingen und Weilheim an der Teck. – Fundber. Baden-Württ., 15: 353–382, 21 Abb., 1 Beil. (Kt.); Stuttgart.

THIER, M. (1965): Geschichte der Schwäbischen Hüttenwerke 1365–1802. Ein Beitrag zur württembergischen Wirtschaftsgeschichte: 360 S., 37 Abb.; Aalen und Stuttgart (Heimat und Wirtschaft).

III. Archäoökologische Untersuchungen auf dem Albuch

HANS W. SMETTAN

1.	Einleitung	39
2.	Das Untersuchungsgebiet	39
2.1	Geographische Lage	39
2.2	Geologie und Geomorphologie	39
2.3	Böden	41
2.4	Klima	42
2.5	Heutige Vegetation	42
3.	Die Untersuchungspunkte	46
3.1	Die Hülben	46
3.2	Die Moore	46
4.	Die Untersuchungsmethoden	46
4.1	Methoden der Pollenanalyse	46
4.1.1	Probengewinnung	46
4.1.2	Probenaufbereitung	48
4.1.3	Pollenbestimmung und -zählung	48
4.1.4	Aufbau der Pollendiagramme	48
4.2	Physikalische Untersuchungen (^{14}C-Messungen)	49
4.3	Chemische Untersuchungen	49
4.3.1	Bestimmung des mineralischen Anteiles	49
4.3.2	Elementanalysen	50
4.3.3	Wasseranalysen	50
4.4	Holzkohlenuntersuchungen	50
4.5	Pflanzliche Großreste	50
4.6	Kleinreste von Tieren	50
5.	Ergebnisse	51
5.1	Die Befunde im Gelände	51
5.1.1	Hülben und andere Wasserstellen	51
5.1.1.1	Hülbe am Märtelesberg	51
5.1.1.2	Neue Hülbe	52
5.1.1.3	Westliche Birkenhülbe	54
5.1.1.4	Falchenhülbe	55
5.1.1.5	Wagnersgrube	56
5.1.1.6	Haidhülm	57
5.1.1.7	Saatschulhülbe	58
5.1.1.8	Judenmahdhülbe	59
5.1.2	Moore und Sümpfe	59
5.1.2.1	Das Naturschutzgebiet „Rauhe Wiese"	59
5.1.2.2	Das Naturschutzgebiet „Streuwiese bei Rötenbach"	63
5.1.2.3	Das Naturdenkmal „Große Birkenhülbe"	64
5.1.2.4	Das Naturschutzgebiet „Weiherwiesen"	64
5.2	Die Sedimentbeschreibungen (Stratigraphie)	66
5.3	Die Altersdatierungen (^{14}C-Daten)	67
5.4	Die Pollenanalysen	68
5.4.1	Pollendichte	68

5.4.2	Pollendiagrammbeschreibungen	69
5.4.2.1	Hülbe am Märtelesberg	69
5.4.2.2	Neue Hülbe	69
5.4.2.3	Westliche Birkenhülbe	70
5.4.2.4	Falchenhülbe	70
5.4.2.5	Naturschutzgebiet Rauhe Wiese	70
5.4.2.6	Naturschutzgebiet Streuwiese bei Rötenbach	71
5.4.2.7	Streuwiese bei der Großen Birkenhülbe	72
5.4.2.8	Naturschutzgebiet Weiherwiesen	72
5.4.3	Synchronisierung der Diagramme	73
5.5	Die chemischen Befunde	73
5.5.1	Aschegehalte	73
5.5.1.1	Aschegehalte in den Hülben	74
5.5.1.2	Aschegehalte in den Mooren	74
5.5.2	Elementgehalte	75
5.5.2.1	Aluminium	79
5.5.2.2	Blei	81
5.5.2.3	Chrom	83
5.5.2.4	Kalium	85
5.5.2.5	Kupfer	87
5.5.2.6	Nickel	89
5.5.2.7	Silicium	91
5.5.2.8	Zink	94
5.5.3	Wasserchemische Aspekte	96
5.6	Die Holzkohlen	96
6.	Auswertung	101
6.1	Die nacheiszeitliche Vegetationsgeschichte	101
6.2	Die Verlandung der Hülben	103
6.2.1	Das Alter der Hülben	103
6.2.2	Die Verlandung	103
6.2.3	Die Verlandungsgeschwindigkeit	104
6.3	Die Geschichte der „Rauhen Wiese"	106
6.3.1	Das Alter der Moore	106
6.3.2	Die Ursachen der Moorentstehung	106
6.3.3	Die Vegetationsentwicklung	106
6.4	Die Entstehung und Entwicklung der Vermoorung auf den Weiherwiesen	109
6.5	Die Besiedlungsgeschichte des Albuchs aufgrund pollenanalytischer Befunde	111
6.5.1	Jungsteinzeit	111
6.5.2	Bronzezeit	111
6.5.3	Hallstattzeit	112
6.5.4	Latènezeit, provinzialrömische und frühalamannische Zeit	112
6.5.5	Frühes Mittelalter	115
6.5.6	Hohes und spätes Mittelalter	115
6.5.7	Frühe Neuzeit	120
6.5.8	Neueste Zeit	122
7.	Zusammenfassung	125
8.	Literatur	127
9.	Verzeichnis der Pflanzennamen und -gesellschaften	129
10.	Ortsregister	135

1. Einleitung

Es mag vielen Lesern überraschend, wenn nicht eigenartig, vorkommen, daß zu Fragen der vor- und frühgeschichtlichen Eisengewinnung auch ein botanischer Beitrag auftaucht. Gibt es doch keine Pflanzenarten, die durch ihr Vorkommen unmittelbar auf Eisenerze oder ihre Verarbeitung hinweisen würden. Anders wäre dies z. B. bei salzhaltigen Böden. So erträgt eine derartige Belastung der Gewöhnliche Salzschwaden *(Puccinellia distans)*. Er ist deshalb nicht nur an Meeresküsten, sondern auch in der Nähe von Salinen, Salzquellen und in jüngster Zeit auch am Rande salzgestreuter Straßen anzutreffen. Auch auf Schwermetallböden kommen ganz bestimmte Standortsformen von Blütenpflanzen vor. So wachsen auf zinkreichem Untergrund im rheinischen Schiefergebirge das Westliche Galmei-Stiefmütterchen *(Viola lutea* ssp. *calaminaria)* und die Harzer Frühlings-Miere *(Minuartia verna* ssp. *hercynica)*.

Noch unverständlicher mag es erscheinen, daß der Schwerpunkt der Arbeit nicht auf der Untersuchung der jetzigen Pflanzendecke, sondern ganz überwiegend auf der Analyse von subfossilem Blütenstaub beruht. Ausgenutzt wird nämlich die Erkenntnis, daß Eisenerz – nicht nur auf der Ostalb – bis in das 19. Jahrhundert nur mit Holzkohle zu Eisen reduziert und geschmolzen werden konnte. Zur Gewinnung dieser Holzkohle mußten in sehr großem Umfang und über längere Zeit hinweg regelmäßig die Gehölze im Verhüttungsgebiet gefällt werden. Durch diese Eingriffe nehmen ausschlagfreudige, rasch blühfähige und anspruchslosere „Pioniergehölze" in ihrer Bedeutung zu, während Schattholzarten wie die Buche zurückgedrängt werden. Diese Veränderung der Baumartenzusammensetzung läßt sich aber noch nach vielen Jahrhunderten im Pollendiagramm ablesen. Es ist also möglich, übermäßige vor- und frühgeschichtliche Holznutzung und im Gebiet hiermit die Eisenerzverhüttung mit großer Wahrscheinlichkeit zeitlich und räumlich zu erfassen.

Leider erhält sich der Blütenstaub (= Pollen) in größerer Menge nicht immer da, wo archäologische Ausgrabungen stattfinden, sondern nur unter sauerstoffarmen oder sehr sauren Bedingungen. Günstig sind also Unterwasserböden (z. B. Mudden) stehender Gewässer oder Torfe. Auf dem nördlichen Albuch boten sich deshalb für die pollenanalytischen Untersuchungen zwei Möglichkeiten an: Erstens mehrere kleine, meist überwiegend verlandete, stehende Gewässer (Hülben) und außerdem einige flachgründige Vermoorungen, vor allem im Bereich der Rauhen Wiese zwischen Böhmenkirch und Bartholomä.

Bei vorliegender Arbeit wird mit den modernen Methoden der Pollen- und Makrorestanalyse, ergänzt durch physikalische und chemische Untersuchungen, versucht, nicht nur die lokale und regionale Vegetationsgeschichte zu rekonstruieren, sondern auch Aussagen zur vor- und frühgeschichtlichen Siedeltätigkeit des Menschen auf dem Albuch zu machen. Genannt seien Ackerbau, Viehhaltung, Waldwirtschaft und Umwelt. Dieser Beitrag soll somit über das Thema der Eisenerzverhüttung hinaus Erkenntnisse zur Archäoökologie liefern.

2. Das Untersuchungsgebiet

2.1 Geographische Lage

Durch das tief eingeschnittene Kocher- und Brenztal wird die nordöstliche Schwäbische Alb in zwei annähernd gleich große Hälften gegliedert. Den östlichen Teil bildet das Härtsfeld, in dem einige kleinere Untersuchungen durchgeführt wurden. Die wichtigsten naturwissenschaftlichen Ergebnisse entstanden jedoch westlich von Kocher und Brenz auf dem Albuch. Diese Hochfläche gipfelt im Nordwesten am Albtrauf bei 770 m (Bernhardus 778 m, Zwerenberg 777 m) und sinkt nach Südosten im Brenztal bei Herbrechtingen auf 470 m Höhe ab.

Eine Linie von Weißenstein über Böhmenkirch nach Söhnstetten und weiter durch das Stubental nach Heidenheim trennt den Nordalbuch, das Hauptuntersuchungsgebiet, vom niedrigeren Südalbuch.

2.2 Geologie und Geomorphologie

Von W. Reiff und P. Groschopf (1979, 15–52) stammt eine sehr gute, verständliche Einführung in die Geologie des Kreises Heidenheim, auf die ich mich vorwiegend stütze. Für die Geomorphologie wurden vor allem die Arbeiten von H. Dongus (1966, 1–16; 51–59. 1974, 2–6. 1975, 2–3. 1977, 385–408) herangezogen.

Die vorherrschenden Gesteine auf der Albhochfläche und damit auch auf dem Albuch sind Kalkstein und Mergel. Sie sind gegen Ende der Jurazeit, also im Erdmittelalter, in einem flachen Randmeer entstanden. Die älteren Ablagerungen des Braunen und Schwarzen Jura, die das Albvorland aufbauen, liegen im Albuch in Tiefen von mehreren hundert Metern. Auf der Oberfläche treffen wir vom Weißen Jura nur die jüngsten Glieder, nämlich Delta, Epsilon und Zeta, an.

Statt der angeführten, in Schwaben seit etwa 150 Jahren üblichen Bezeichnungen, sind inzwischen interna-

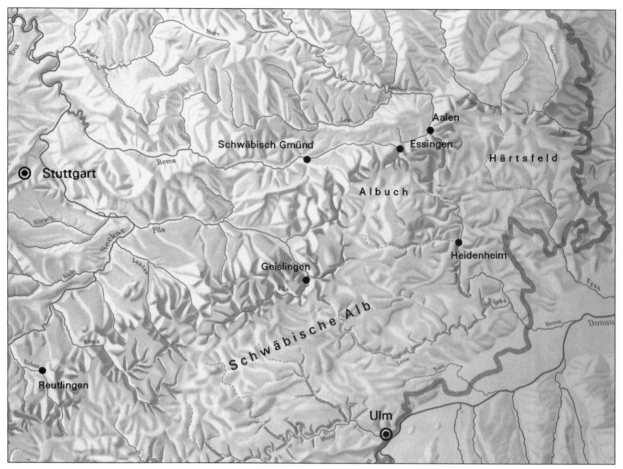

Abb. 1: Der Albuch bildet einen Teil der östlichen Schwäbischen Alb in Baden-Württemberg. Im Norden wird er durch das Albvorland, im Osten durch das Tal von Kocher und Brenz und im Süden durch die Niedere Alb begrenzt. Im Westen endet der Albuch etwa bei Geislingen. Freigabe: vgl. S. 11 Abb. 1.

tional gültige Namen getreten: für Schwarzen Jura Lias, für Braunen Jura Dogger und anstelle von Weißem Jura Malm. Auch die Untergliederung mit griechischen Buchstaben wurde ersetzt. So spricht man neuerdings von Kimmeridgium 2 und nicht mehr von Weißjura Delta, von Kimmeridgium 3 und nicht mehr von Weißjura Epsilon und von Tithonium anstelle von Weißjura Zeta.

Kehren wir in das Gebiet des heutigen Albuchs zurück und zwar in den geologischen Zeitraum des Kimmeridgium 2 (= Weißer Jura Delta). In dem damaligen warmen Flachmeer bildeten Schwämme und kalkabscheidende Algen Riffe. Aus diesen gingen später Massenkalke hervor. Aus den Kalkschlammablagerungen zwischen den Riffen entstanden dagegen die Bankkalke, die im Gegensatz zu den Massenkalken geschichtet sind. Die aus den ehemaligen Riffen hervorgegangenen Massenkalke bilden heutzutage das oberste Stockwerk des Albuchs: Es handelt sich um die von der Abtragung herauspräparierten Kuppen Falkenberg (776 m), Bärenberg (755 m), Böhmenkircher Hau (750 m), Kolmannswald (727 m), Hausknecht (694 m) und Schöner Berg (746 m).

Dazwischen liegen die geschichteten Bankkalke wie in einer Schüssel. Sie stellen das mittlere Stockwerk mit Höhen zwischen 660 und 680 m dar. Es sind die Gebiete zwischen Lauterburg und Bartholomä, die Umgebung der Kitzinghöfe und der Bereich der Rauhen Wiese. Sie bildeten sich als Talzüge während des Jungtertiärs, nachdem das Gebiet bereits in der Kreidezeit Festland geworden war. Aber bald setzte die Verkarstung ein, so daß diese alten Flußtäler trockenfielen. Daher erhielt sich auch das alte tertiäre Relief weitgehend bis heute, und wegen der damals entstandenen kuppig-welligen Form wird der Albuch mit ähnlichen geologischen Bildungen der Alb zur Kuppenalb gerechnet.

Ein Musterbeispiel eines Trockentales ist auf dem Albuch das Wental mit seinen bekannten Dolomitfelsen. Es fällt – wie auch die anderen Trockentäler – zur Donau hin ab, das heißt, es gehört zum alten danubischen Flußsystem. In unserer Zeit liegt jedoch die Wasserscheide nicht mehr an den höchsten Punkten im Norden in der Nähe des Albtraufes, sondern bedeutend südlicher: So fließt in Böhmenkirch nach K. Oßwald (1990, 20) das unterirdische Karstwasser teilweise zum

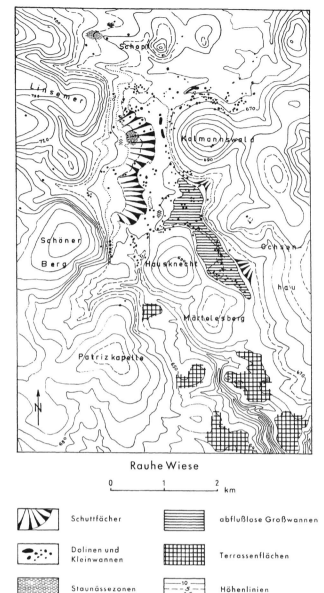

Abb. 2: Geomorphologie der Rauhen Wiese im Nordalbuch aus Dongus (1966, 56). Nach P. Groschopf wurde diese und die anderen Karstwannen der Ostalb, die sich wahrscheinlich schon im Tertiär bildeten, in der Eiszeit mit Frostschutt von den angrenzenden Höhen verfüllt. Die gegenwärtig sichtbaren Dolinen entstanden durch weiterschreitende Verkarstung im tieferen Untergrund erst in der Spät- und Nacheiszeit.

Rhein, ein anderer Teil weiterhin nach Süden zur Donau.

Nicht unerwähnt darf das Steinheimer Becken bleiben. Es handelt sich um eine nahezu kreisrunde Einsenkung von 3500 m Durchmesser und einer Tiefe von ungefähr 100 m gegenüber der umliegenden Hochfläche. Es entstand wie das Nördlinger Ries durch den Einschlag eines Meteoriten vor etwa 14,7 Millionen Jahren, also im älteren Mittelmiozän (Jung-Tertiär).

Von der Geomorphologie muß noch das unterste und damit jüngste Stockwerk genannt werden. Hierbei handelt es sich um Kerbtäler, die sich wie z. B. Haspelteich, Kühreuteteich, Schinderteich und Benzenhauser Teich[1] während einer Hebungsphase im Pliozän bis Pleistozän – also am Übergang vom Tertiär zum Quartär – in die tertiäre Landoberfläche eingeschnitten haben.

Gehen wir noch auf die Rauhe Wiese ein, da dort die wichtigsten Profile gewonnen und untersucht wurden. Nach Dongus (1966, 51–59) ähnelt die Form der Rauhen Wiese Poljen. Darunter versteht man langgestreckte, geschlossene Becken, die durch seitlich wirkende Korrosion[2] aus verkarsteten Talböden hervorgegangen sind und durch eingeschwemmten Ton abgedichtet wurden. Da solche Poljen sich heutzutage nur unter mediterranem Klima bilden, könne man vermuten, daß es sich hierbei um eine fossile Karstform handele. Das heißt, unter den heute auf der Alb herrschenden Formbildungsprozessen würde dieses Karstpediment[3] nicht weitergebildet, sondern zerstört (Abb. 2).

In neueren Arbeiten weist jedoch Groschopf (1976, 1–6; 1984, 3–12) darauf hin, daß es auf der Rauhen Wiese keine Hinweise auf Schwemmfächer gibt, an deren Rand Wasser in den Untergrund versickert sei und durch Kalklösung zu einer Verbreiterung des Talbodens geführt habe. Vielmehr zeigen Aufschlüsse, Bohrungen und geoelektrische Widerstandsmessungen, daß die Rauhe Wiese wie die anderen Karstwannen auf der Ostalb bei Ebnat, Ochsenberg (Falchen), Zang (Strut) und Geislingen-Weiler (Battenau) infolge von Solifluktion (= Bodenfließen) mit eiszeitlichem Schutt angefüllt worden sind. Die heute sichtbaren Dolinen (Erdfälle) entstanden aufgrund unterirdischer Kalklösung ab dem Spätglazial, also erst in geologisch jüngster Zeit.

Im Süden endet der Albuch an einer etwa 70 m hohen Abbruchstufe, der Klifflinie einer alten Meeresküste,[4] die bei Heldenfingen besonders schön aufgeschlossen ist. Daran schließt sich die Flächenalb (= Niedere Alb) mit ihren fruchtbaren Böden an.

2.3 Böden

In einem Exkursionsführer der Deutschen Bodenkundlichen Gesellschaft findet man von K. Bleich u. a. (1987, 1 ff.) einen guten Überblick über die Böden der

---

1 Das Wort „Teich" weist dabei nicht auf ein Gewässer hin, sondern bedeutet im Schwäbischen ursprünglich nur Senke.
2 In der Geomorphologie versteht man unter Korrosion die Zersetzung von Gesteinen durch die chemische Wirkung des Wassers und der in ihm gelösten Säuren, Basen und Salze.
3 Im anstehenden Fels durch Verkarstung entstandene Verebnungsfläche am Gebirgsfuß.
4 Es handelt sich um das Meer der Oberen Meeresmolasse.

Schwäbischen Alb. Hieraus sei das für den Albuch Wichtigste in überarbeiteter Form angeführt:

Auf den Hängen, z. B. am Bargauer Horn, und an kuppigen Hochflächen dominieren verschiedene Rendzinen. Hierbei liegt direkt über dem Kalkstein die schwarze, humose Feinerde auf. An den Trockentalrändern und in kleinen Karstmulden kommen Varianten von Terra fusca (= Kalkstein-Braunlehm) vor. Sie gehen hangab in Braunerden über. Hauptsächlich nur in der südlich vom Albuch gelegenen Flächenalb trifft man auf die wertvollen Parabraunerden, die aus Löß und Molassesandablagerungen entstanden sind. Im Norden – also im Albuch und Härtsfeld – findet man dagegen alte Bodenreste aus dem Tertiär. Dazu gehören die kaolinitischen Bohnerztone (s. Beitrag Reiff/Böhm, S. 19) und die Feuersteinlehme. Durch ihre wasserstauende Wirkung setzt bei diesen Bodenarten häufig eine Pseudogleybildung ein. Auf den Talwasserscheiden zwischen Böhmenkirch und Bartholomä kommt sogar eine Entwicklung zum Stagnogley und eine Moorbildung vor.

Über dem kalkfreien Feuersteinschutt kann schließlich – ein für die Alb unerwartetes Bild – eine Podsolierung eintreten: Unter der Rohhumusdecke entwickelt sich durch Auswaschung ein ausgeprägter Bleichhorizont, auf den ein Anreicherungshorizont aus rostbraunem Eisenhydroxid folgt. Ein Beispiel für eine Bodenkarte aus dem Gebiet zeigt die Abbildung 17.

2.4 Klima

Etwa 10 km südwestlich von der Rauhen Wiese liegt am Westrande des Albuchs in 734 m Höhe die Klimastation Geislingen-Stötten. Nach den langfristigen Messungen (1951–1980)[5] gibt es hier einen mittleren Jahresniederschlag von 1041 mm. Das Untersuchungsgebiet gehört damit zu den schnee- und regenreichsten Teilen der Schwäbischen Alb. Die Monate Mai bis August weisen besonders hohe Niederschläge auf (Abb. 3). Dies deutet auf eine sommerliche Regenphase hin, die jedoch im Vergleich zum Alpennordrand viel schwächer ausgeprägt ist.

Die genannte Niederschlagsmenge hat aber nicht für den ganzen Albuch Gültigkeit. So werden in Bartholomä (640 m) durchschnittlich 944,7 mm und in Heidenheim sogar nur 862,5 mm gemessen. Verallgemeinert kann man sagen, daß die Niederschläge vom Albtrauf im Nord(-westen) nach Süden zur Flächenalb hin deutlich abnehmen.

Die mittlere Lufttemperatur liegt bei Geislingen-Stötten bei nur 6,3 °C. Günstigere Werte haben auf der Ostalb die tieferen Lagen. So wird von K. Mahler (1962, 36–39) für Heidenheim 7,3 °C angegeben.

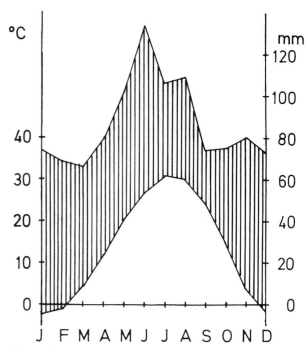

Abb. 3: Klimadiagramm von Geislingen-Stötten (734 m) nach Messungen von 1951 bis 1980. Abzisse: Monate Januar bis Dezember, Ordinate: 1 Teilstrich entspricht 10 °C bzw. 20 mm Niederschlag.

Ziehen wir zum Vergleich Stuttgart heran,[6] so liegt dort die Jahrestemperatur bei 9,4 °C und der Jahresniederschlag bei 645 mm. Das Klima ist also im Neckarland bedeutend günstiger. Die Verhältnisse auf dem Albuch ähneln dagegen dem Mainhardter Wald. So wurden bei der Station Hütten zwischen 1961 und 1980 durchschnittlich 1025,6 mm Jahresniederschlag und 7,7 °C Jahrestemperatur gemessen. Wenn man zusätzlich die in beiden Gebieten oft mäßige Bodengüte berücksichtigt, versteht man, warum Albuch und Schwäbisch-Fränkischer Wald einen so hohen Wald- und Grünlandanteil aufweisen und ackerbaulich erst im Mittelalter erschlossen wurden.

2.5 Heutige Vegetation

Bei der Pflanzendecke muß man zwischen potentiell natürlicher und tatsächlicher Vegetation unterscheiden. Unter ersterer versteht man das Artengefüge, das sich unter den gegenwärtigen Umweltbedingungen ausbilden würde, wenn der Mensch nicht mehr eingriffe und die Vegetation Zeit fände, sich bis zu ihrem Endzustand zu entwickeln.

---

[5] Die Werte konnten dankenswerterweise beim Deutschen Wetterdienst, Wetteramt Stuttgart, eingesehen werden.
[6] Den Angaben liegen die durchschnittlichen Werte von Stuttgart-Schnarrenberg der Jahre 1958–1980 zugrunde.

Da kalkreichere Böden (Terra fusca und verschiedene Rendzinen) auf dem nördlichen Härtsfeld und dem Albuch kaum auf Verebnungen auftreten (S. 41 f.), würde sich nach Th. Müller u. a. (1974, 26 ff.) der Platterbsen-Buchenwald *(Lathyro-Fagetum)* hauptsächlich nur an den Steilhängen unterhalb des Albtraufes durchsetzen. Nach der neuesten pflanzensoziologischen Bearbeitung der süddeutschen Wälder (Oberdorfer 1992, 219) ist diese anspruchsvollere und artenreiche Waldgesellschaft als Waldgersten-Buchenwald oder Kalk-Buchenwald frischer Standorte *(Hordelymo-Fagetum)* zu bezeichnen.

In diesem Laubwald wachsen mehrere für die Schwäbische Alb besonders typische Arten wie die Frühlings-Platterbse *(Lathyrus vernus)*, die Waldgerste *(Hordelymus europaeus)*, die Mandelblättrige Wolfsmilch *(Euphorbia amygdaloides)*, die Haselwurz *(Asarum europaeum)*, das Wald-Bingelkraut *(Mercurialis perennis)*, der Seidelbast *(Daphne mezereum)*, der Türkenbund *(Lilium martagon)*, die Stinkende Nieswurz *(Helleborus foetidus)*, die Zwiebeltragende Zahnwurz *(Dentaria bulbifera)* und die Ährige Teufelskralle *(Phyteuma spicatum)*. An einigen Steilhängen mit skelettreichen Böden, so z. B. unter den Felsen des Rosensteins, im Magentäle oder in der Teufelsküche tritt die Rotbuche zurück und ein Eschen-Ahorn-Steinschutthangwald *(Fraxino-Aceretum pseudoplatani)* breitet sich aus. Für diesen ist eine feuchtigkeits-, basen- und nährstoffliebende Krautschicht kennzeichnend. Genannt seien Ausdauerndes Silberblatt *(Lunaria rediviva)*, Hirschzunge *(Phyllitis scolopendrium)*, Gelber Eisenhut *(Aconitum vulparia)*, Goldnessel *(Lamiastrum montanum = Lamium galeobdolon* ssp. *montanum)*, Hohler Lerchensporn *(Corydalis cava)*, Wechselblättriges Milzkraut *(Chrysosplenium alternifolium)*, Aronstab *(Arum maculatum)*, Scharbockskraut *(Ranunculus ficaria = Ficaria verna)*, Ruprechtskraut *(Geranium robertianum)*, Giersch *(Aegopodium podagraria)* und Große Brennessel *(Urtica dioica)*.

Dicke Moospolster überziehen die Kalkblöcke. Es handelt sich nach Aufsammlungen vom Januar 1993 um Bäumchenmoos *(Thamnobryum alopecurum)*, Gewelltes und Stachelspitziges Sternmoos *(Plagiomnium undulatum* und *cuspidatum)*, Krückenförmiges Kurzbüchsenmoos *(Brachythecium rutabulum)*, Schönschnabelmoos *(Eurhynchium striatum)*, Großes Schiefmundmoos *(Plagiochila asplenioides)*, Kammoos *(Ctenidium molluscum)*, Kegelkopfmoos *(Conocephalum conicum)*, Thujamoos *(Thuidium tamariscinum)*, und Haartragendes Spitzblattmoos *(Cirriphyllum cirrhosum)*.

Derartige Vegetation fehlt der Hochfläche des Albuchs. Stattdessen sind bzw. wären vor allem an den Hangfüßen der Kuppen, wo sich Braun- und manch-

Abb. 4: Verschiedene Buchenwaldgesellschaften würden natürlicherweise den Albuch fast zur Gänze bedecken. Die Abbildung zeigt einen Waldmeister-Buchenwald *(Galio odorati-Fagetum)* beim Äußeren Kitzinghof westlich von Bartholomä am 7. 11. 1992.

mal auch Parabraunerden entwickelt haben, Waldmeister-Buchenwälder *(Galio odorati-Fagetum = Asperulo-Fagetum)* verbreitet. Hier lassen sich Waldmeister *(Galium odoratum)*, Flattergras *(Milium effusum)*, Hain-Rispengras *(Poa nemoralis)*, Wald-Veilchen *(Viola reichenbachiana)* und das Gewellte Katharinenmoos *(Atrichum undulatum)* finden.

Am häufigsten sähe man aber im Norden des Untersuchungsgebietes die artenarmen Hainsimsen-Buchenwälder *(Luzulo-Fagetum)* mit der Weißen und der Wald-Hainsimse *(Luzula luzuloides* und *sylvatica)*, dem Wald-Rispengras *(Poa chaixii)*, dem Hasenlattich *(Prenanthes purpurea)*, dem Wiesen-Wachtelweizen *(Melampyrum pratense)* und dem Wald-Frauenhaar *(Polytrichum formosum)*. Immer wieder gelingt es dem Seegras *(Carex brizoides)*, den Boden in großen Herden so dicht zu bedecken, daß andere Arten oft nicht aufkommen können. Auf stärker versauerten, nährstoffarmen, relativ trockenen Standorten herrscht in der Krautschicht sogar die Heidelbeere *(Vaccinium myrtillus)* vor. Entsprechende Vegetationsaufnahmen machte im Albuch R. Hauff (1937, 58 ff.).

Ursache für dieses auf der Alb ungewöhnliche Waldbild sind die erwähnten kalkfreien, nährstoffarmen Feuersteinlehme und Bohnerztone, die große Flächen des Gebietes einnehmen und zu Vergleyung neigen. Einen ersten Hinweis auf diese floristische Sonderstellung der Nordostalb brachte R. Lohrmann im Jahr 1926 in den Blättern des Schwäbischen Albvereins.

Auf der südlich sich anschließenden Flächenalb würden sich über den wertvollen Parabraunerden wiederum Waldmeister-Buchenwälder *(Galio odorati-Fagetum)* ausbilden, in denen kleinflächig der Waldgersten-Buchenwald *(Hordelymo-Fagetum)* und der wärmeliebende Seggen-Buchenwald *(Carici-Fagetum)* eingestreut wären.

Die letztere, auch als Steppenheide-Buchenwald benannte Gesellschaft, wächst im Naturschutzgebiet am Bargauer Horn, am Trauf des Albuchs. Neben der Rotbuche *(Fagus sylvatica)* kommen Feld- und Berg-Ahorn *(Acer campestre* und *pseudoplatanus)*, Stiel- und Trauben-Eiche *(Quercus robur* und *petraea)* und die Mehlbeere *(Sorbus aria)* in der Baumschicht vor. Die Krautschicht zeichnet sich durch viele wärmeliebende Arten aus. Hierzu gehören die Berg- und Finger-Segge *(Carex montana* und *digitata)*, Rotes und Weißes Waldvöglein *(Cephalanthera rubra* und *damasonium)*, Nestwurz *(Neottia nidus-avis)*, Straußblütige Wucherblume *(Chrysanthemum corymbosum = Tanacetum c.)*, Pfirsichblättrige Glockenblume *(Campanula persicifolia)*, Arznei-Schlüsselblume *(Primula veris* ssp. *canescens)*, Maiglöckchen *(Convallaria majalis)* und Abgebissener Pippau *(Crepis praemorsa)*.

Waldfreie Gebiete gäbe es so gut wie nicht. Auch heutzutage gehört der Albuch zu den waldreichsten Gebieten Württembergs. Nach K. Schurr (1988, 31–35) haben z. B. Lauterburg, Bartholomä und Oberkochen bis 80% Waldanteil auf ihrer Gemarkung; jedoch nur ein Drittel hiervon ist von der natürlichen Hauptbaumart Rotbuche in Rein- oder Mischbeständen bestockt. Zu zwei Dritteln besteht der Wald aus Fichten, die auf Anpflanzungen zurückgehen (Kap. 6.5.8, S. 122 f.). In jüngster Zeit wurde auch die Grüne Douglasie *(Pseudotsuga menziesii)* verstärkt angebaut. Die Wald-Kiefer ist dagegen nur wenig verbreitet.

Wenn diese Nadelholzforste älter sind und dann genügend Licht auf den Boden fallen lassen, breiten sich regelmäßig Trauben-Holunder *(Sambucus racemosa)*, Himbeere *(Rubus idaeus)*, Breitblättriger Dornfarn *(Dryopteris dilatata)*, Männlicher Wurmfarn *(Dryopteris filix-mas)*, Wald-Frauenfarn *(Athyrium filix-femina)*, Wald-Sauerklee *(Oxalis acetosella)*, Rundblättriges Labkraut *(Galium rotundifolium)*, Mauerlattich *(Mycelis muralis)*, Wald-Frauenhaar *(Polytrichum formosum)*, Besenförmiges Gabelzahnmoos *(Dicranum scoparium)*, Gemeines Sternmoos *(Plagiomnium affine)* sowie Echtes Schlafmoos *(Hypnum cupressiforme)* aus.

Von der Landwirtschaft werden, wie C. v. Wöllwarth (1988, 52–55) berichtet, die feuersteinlehmbedeckten Flächen – sofern sie nicht bewaldet sind – nur als Grünland genutzt. Pflanzensoziologisch handelt es sich um Bergglatthaferwiesen *(Alchemillo-Arrhenatheretum)*. Einige Pflanzensippen weisen dabei auf die kühl-humide Klimalage des Gebietes hin. Genannt seien Wiesen-Kümmel *(Carum carvi)*, Wald-Rispengras *(Poa chaixii)*, Kugel-Rapunzel *(Phyteuma orbiculare)*, Wald-Storchschnabel *(Geranium sylvaticum)*, Trollblume *(Trollius europaeus)*, Gewöhnlicher Goldhafer *(Trisetum flavescens)* und Bergwiesen-Frauenmantel *(Alchemilla monticola)*.

Außerdem werden die Trockentäler, wie z. B. das Wental, oft beweidet. Während auf den herauspräparierten Kalk- bzw. Dolomitfelsen kalkanzeigende Pflanzenarten (Sand-Kresse = *Cardaminopsis arenosa*, Grüner Streifenfarn = *Asplenium viride*, Mauerraute = *Asplenium ruta-muraria*, Kalk-Blaugras = *Sesleria albicans*, Edel-Gamander = *Teucrium chamaedrys*, Steinquendel = *Acinos arvensis = Calamintha acinos*, Gewelltes Neckermoos = *Neckera crispa* und Trugzahnmoos = *Anomodon viticulosus)* vorherrschen, überwiegen an den Hängen saure Magerrasen, da die Feuersteinlehme die kalkreichen Böden häufig überdecken.

An den stärker lehmig-schluffigen Stellen findet man deshalb die Wiesenhaferreiche-Flügelginster-Weide *(Aveno-Genistetum sagittalis)*. Wo dagegen der Boden steiniger und wegen stärkerer Sonneneinstrahlung trockener ist, sieht man die zwergstrauchreiche Deutschginster-Heide *(Genisto germanicae-Callunetum)*. In der zuerst angeführten Gesellschaft wurzeln nach Aufzeichnungen von 1982 Flügel-Ginster *(Genista sagittalis = Chamaespartium s.)*, Trift-Hafer *(Avenochloa pratensis = Avena p.)*, Gewöhnliche Kreuzblume *(Polygala vulgaris)*, Niedriges Labkraut *(Galium pumilum)*, Kleine Pimpinelle *(Pimpinella saxifraga)* und Mausohr-Habichtskraut *(Hieracium pilosella)*. Kennzeichnend für den anderen sauren Magerrasen sind dagegen Deutscher Ginster *(Genista germa-*

Abb. 5: Hauptsächlich nur noch in Naturschutzgebieten konnten die zu Beginn dieses Jahrhunderts noch weit verbreiteten Wacholderheiden auf der Schwäbischen Alb erhalten werden. Es handelt sich hierbei um artenreiche Vegetationskomplexe, die sich aufgrund der Schafbeweidung auf Standorten ehemaliger wärmeliebender Buchenwälder (z. B. *Carici-Fagetum*) entwickelt haben. Die Aufnahme entstand am 7. 11. 1992 am Südwesthang des Bargauer Hornes bei Weiler in den Bergen.

nica), Heidekraut *(Calluna vulgaris)*, Blutwurz *(Potentilla erecta)* und Rotes Straußgras *(Agrostis tenuis)*.
Größere Reste der früher verbreiteten Wacholderheiden entdeckt man am Bargauer Horn (Abb. 5), am Volkmarsberg sowie am Kirchberg und Stöckelberg bei Söhnstetten.
Dabei stellt die Wacholderheide einen Vegetationskomplex dar, in dem mosaikartig der Enzian-Schillergrasrasen (= Kalkmagerwiese = *Gentiano-Koelerietum*) mit dem Hirschwurz-Saum *(Geranio-Peucedanetum cervariae)* und dem Liguster-Schlehen-Gebüsch *(Ligustro-Prunetum)* verzahnt sind. Man erkennt Frühlings-Enzian *(Gentiana verna)*, Fliegen-, Bienen- und Hummel-Ragwurz *(Ophrys insectifera, apifera* und *holosericea)*, Schopfige Kreuzblume *(Polygala comosa)*, Pyramiden-Kammschmiele *(Koeleria pyramidata)*, Gelben und Deutschen Enzian *(Gentiana lutea* und *germanica)*, Silber- und Golddistel *(Carlina acaulis* und *vulgaris)*, Kleine Bibernelle *(Pimpinella saxifraga)*, Zypressen-Wolfsmilch *(Euphorbia cyparissias)*, Tauben-Skabiose *(Scabiosa columbaria)*, Kalk-Aster *(Aster amellus)*, Runzelmoos *(Rhytidium rugosum)*, Tännchenmoos *(Abietinella abietina = Thuidium ab.)*, Ästige Graslilie *(Anthericum ramosum)*, Weidenblättriges Rindsauge *(Buphthalmum salicifolium)*, Skabiosen-Flockenblume *(Centaurea scabiosa)*, Breitblättriges Laserkraut *(Laserpitium latifolium)*, Salomonssiegel *(Polygonatum odoratum)*, Purpur-Klee *(Trifolium rubens)*, Färber-Ginster *(Genista tinctoria)*, Hirsch-Haarstrang *(Peucedanum cervaria)*, Gewöhnlichen Wacholder *(Juniperus communis)*, Rainweide *(Ligustrum vulgare)*, Wolligen Schneeball *(Viburnum lantana)*, Berberitze *(Berberis vulgaris)*, Hunds-Rose *(Rosa canina)*, Schlehe *(Prunus spinosa)* und viele andere Arten.
Wer die charakteristischen kalk- bzw. basenliebenden Fels- und Saumarten der Schwäbischen Alb in ihrer ganzen Pracht erleben will, dem sei eine Wanderung auf den Rosenstein empfohlen. Hier blühen Berg-Laserkraut *(Laserpitium siler)*, Blut-Storchschnabel *(Geranium sanguineum)*, Lang- und Sichelblättriges Hasenohr *(Bupleurum longifolium* und *falcatum)*, Großer Ehrenpreis *(Veronica teucrium)*, Schwalbwurz *(Vincetoxicum hirundinaria)*, Aufrechter Ziest *(Stachys recta)*, Berg-Leinblatt *(Thesium bavarum)*, Bibernell-Rose *(Rosa pimpinellifolia)*, Blaugrünes Labkraut *(Galium glaucum)*, Gewöhnliche Zwergmispel *(Cotoneaster integerrimus)*, Echter Kreuzdorn *(Rhamnus catharticus)*, Wimper-Perlgras *(Melica ciliata)*, Stein-Wiesenraute *(Thalictrum saxatile)*, Berg-Lauch *(Allium senescens* ssp. *montanum)*, Berg-Wucherblume *(Leucanthemum adustum = L. maximum)*, Blasser Schwingel *(Festuca pallens)*, Rasen-Steinbrech *(Saxifraga decipiens = S. rosacea)*, Gewöhnliche Kugelblume *(Globularia punctata)*, Berg- und Kelch-Steinkraut *(Alyssum montanum* ssp. *montanum* und *alyssoides)*, Erd-Segge *(Carex humilis)*, Gewöhnliche Küchenschelle *(Pulsatilla vulgaris)*, Scharfer, Weißer und Milder Mauerpfeffer *(Sedum acre, album* und *sexangulare)* sowie das erst 1982 vom Verfasser erkannte Alpen-Labkraut *(Galium anisophyllon* ssp. *puberulum)*.
Als typische Moose sonniger (Kalk-)Felsen bilden Gemeines und Triestiner Kissenmoos *(Grimmia pulvinata* und *tergestina)*, ein Perl- und ein Drehzahnmoos *(Weisia tortilis = Hymenostomum t.* und *Tortula calcicolens = Syntrichia ruralis* var. *c.)* zusammen mit weiteren Arten kleine Rasen.
Viele dieser Pflanzen schmücken auch den westlich von Heubach gelegenen Scheuelberg.
Auf den Feldern hält das Getreide zwei Drittel der Ackerfläche, wobei der früher bedeutsame Dinkelanbau *(Triticum spelta)* ganz dem rentableren Weizen *(Triticum aestivum)* gewichen ist. Stark zurückgegangen ist die Kultur klassischer Futterpflanzen wie Luzerne *(Medicago sativa)*, Roter Wiesen-Klee *(Trifolium pratense)* oder Futterrüben (= Runkelrübe = *Beta vulgaris)*. An ihrer Stelle dehnen sich heute Maisfelder *(Zea mays)* aus.
Verunkrautet sind die Äcker auf dem Albuch hauptsächlich von lehmbevorzugenden Arten. Als Beispiele seien einige Pflanzen angeführt, die ich auf einem Acker bei Gnannenweiler im September 1992 sah: Weißer Gänsefuß *(Chenopodium album)*, Persischer Ehrenpreis *(Veronica persica)*, Kleine Wolfsmilch *(Euphorbia exigua)*, Windenknöterich *(Fallopia convolvulus = Polygonum c.)*, Geruchlose Kamille *(Matricaria inodora = M. perforata)*, Rote Taubnessel *(Lamium purpureum)*, Vogelmiere *(Stellaria media)*, Acker-Stiefmütterchen *(Viola arvensis)*, Einjähriges Rispengras *(Poa annua)*, Acker-Kratzdistel *(Cirsium arvense)*, Wasserpfeffer *(Polygonum hydropiper)* und Sumpf-Ruhrkraut *(Gnaphalium uliginosum)*. Nach ihrer Kombination kann man sie als Vertreter einer verarmten Hohlzahn-Spörgel-Gesellschaft *(Galeopsio-Sperguletum arvensis)* bezeichnen. Diese Assoziation wird auf den Getreideäckern von der nah verwandten Berg-Ackerknäuelkraut-Gesellschaft *(Galeopsio-Aphanetum arvensis)* abgelöst.
Insgesamt gesehen sind die Ackerwildkräuter der mäßig sauren und feuchten Böden in diesem Jahrhundert auf dem Albuch wegen der Düngung der Felder weitgehend verdrängt worden. Nur noch selten findet man Niederliegendes Johanniskraut *(Hypericum humifusum)*, Sumpfquendel *(Peplis portula)*, Ackerkleinling *(Centunculus minimus)* und Schlammkraut *(Limosella aquatica)*, die vor sechzig Jahren Hauff (1936, 128–130) noch alle auf der Rauhen Wiese bei Böhmenkirch fand.

3. Die Untersuchungspunkte

Die Schwäbische Alb ist im Vergleich zu anderen Mittelgebirgen nicht nur ein relativ niederschlagsarmes und sonnenscheinreiches Gebirge, sondern das Wasser wird zusätzlich durch den verkarsteten Untergrund rasch in die Tiefe weggeführt (Kap. 2.2, S. 39 f.). Somit fehlen natürliche Seen, in denen es zur Muddebildung hätte kommen können, und auch Vermoorungen sind sehr selten zu finden.

3.1. Die Hülben

Die Hoffnungen wurden deshalb im Untersuchungsgebiet auf vom Menschen geschaffene oder geformte, heute großenteils verlandete Wasserstellen gesetzt, die hier als Hülben, Hülen, Hilben oder auch Hülm bezeichnet werden.

Über ihre Bedeutung schreibt J. Höslin in seinem Buch über die Alb aus dem Jahr 1798 auf S. 107: *„Das Vieh bekommt sein Trinkwasser daraus, und ist daher trübes Wasser gewohnt. Auch in den Viehtreiben im Felde haben sie dergleichen Gruben oder ausgegrabene Lachen, damit das Vieh getränkt werden könne. Bei einreißendem Wasser-Mangel wird es aber auch zum Trinken und Kochen herangeholt und zu anderer Bedürfnis ausgeschöpft."*

Etwa 150 Hülben sind in den letzten 150 Jahren auf der östlichen Schwäbischen Alb verschwunden, aber ebensoviele sind heute noch erhalten.

Hauff (1936, 89) vermutete, daß diese Wasserstellen bereits von den Hirten der Hallstattzeit angelegt worden seien. Ebenfalls hebt W. Lorch in H. Mattern/H. Buchmann (1983, 107) „die enge Nachbarschaft und zeitliche Zusammengehörigkeit der (hallstattzeitlichen) Grabhügel und Hülben hervor." Aus der Latènezeit wurde schließlich eine mit Lehm abgedichtete Zisterne bei Neresheim ausgegraben (A. Baur 1993, 428). Andrerseits gab es auch die Überlegung, inwieweit Hülben nicht als Überreste des früheren Erzabbaues beziehungsweise der Eisengewinnung anzusprechen seien.

Vor allem im ersteren Falle, aber auch wenn diese Gewässer erst nach der vorgeschichtlichen Eisengewinnung verlandet wären, bestand die Hoffnung, hier pollenhaltige Sedimente mit hoher zeitlicher Auflösung zu finden.

Neben den eigenen Karten und Literaturstudien sowie Geländebegehungen waren es die dankbar angenommenen Vorschläge von H. Buchmann und H. Mattern, Bezirksstelle für Naturschutz und Landschaftspflege Stuttgart, H. Muhle, Botanisches Institut Universität Ulm und P. Jaumann, Brown University, Providence USA, die zu einer Auswahl der Untersuchungspunkte führten.

Die Abbildung 6 zeigt die mehr oder minder verlandeten Hülben und nassen Senken, die untersucht wurden. Die Ergebnisse hiervon findet man in den Kapiteln 5 u. 6 (S. 51 ff.; 101 ff.). Trockenliegende, ausgebaggerte, aufgefüllte oder aus anderen Gründen wenig erfolgversprechende Stellen, die zwar auch aufgrund verschiedener Angaben im Gelände aufgesucht wurden, sind auf der Karte nicht dargestellt.

3.2 Die Moore

Bekannt ist die Schwäbische Alb für ihren Reichtum an kalkliebenden, oft trockenheitsertragenden Pflanzensippen. Besonders auffällig sind deshalb nässeliebende und säureertragende Pflanzenarten, die in einigen Gebieten der Ostalb vorkommen. Es ist das besondere Verdienst von Hauff, bereits im Jahre 1934 den damaligen Leiter der Württembergischen Landesstelle für Naturschutz, Prof. Dr. H. Schwenkel, auf ihren Standort, die Rauhe Wiese, aufmerksam gemacht zu haben. So konnten wenigstens einige Teile dieses Moores kurz vor deren geplanten Vernichtung unter Schutz gestellt werden.

Die damals erstellten Pollendiagramme (Hauff 1937, 78 ff.) zeigten klar, daß auf dem Albuch zwar sehr langsam gewachsene, aber doch reichlich pollenführende Ablagerungen vorhanden sind. Deshalb wurden drei Stellen im Bereich der ursprünglichen Rauhen Wiese zwischen Böhmenkirch und Bartholomä (Abb. 6) untersucht.

Zusätzlich wurde ein Profil von den Weiherwiesen oberhalb von Essingen bearbeitet, da in geringer Entfernung archäologische Ausgrabungen sowie geologische Prospektionen durchgeführt worden waren.

4. Die Untersuchungsmethoden

4.1 Methoden der Pollenanalyse

4.1.1 Probengewinnung

Sowohl in den zu untersuchenden Hülben und Senken als auch in den flachgründigen Vermoorungen wurden zuerst mit dem Pürckhauer-Bohrer Testbohrungen durchgeführt, um Tiefe, Sediment, Pollenerhaltung und ungefähres Alter festzustellen.

Waren die Ergebnisse erfolgversprechend, wurden dann weitere Arbeiten im Gelände durchgeführt: In

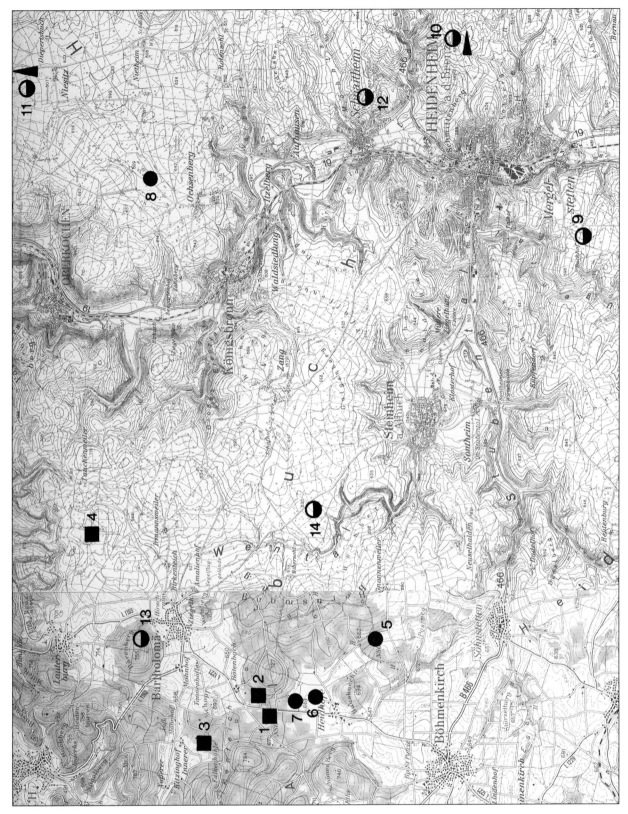

- ■ Pollenuntersuchungen in Zwischenmooren
  - 1 Rauhe Wiese
  - 2 Rötenbacher Streuwiese
  - 3 Streuwiese bei der Großen Birkenhülbe
  - 4 Weiherwiesen
- ● Pollenuntersuchungen in Hülben
  - 5 Hülbe am Märtelesberg
  - 6 Neue Hülbe
  - 7 Westliche Birkenhülbe
  - 8 Falchenhülbe
- ◐ Probeuntersuchungen
  - 9 Kühloch
  - 10 Wagnersgrube
  - 11 Haidhülm
  - 12 Saatschulhülbe
- 13 Hirschhülbe
- 14 Judenmahdhülbe

Abb. 6: Die Lage der Untersuchungspunkte im Albuch und westlichen Härtsfeld. Kartengrundlage: Topographische Karte 1:100 000; Ausschnitte aus den Blättern C 7522 Göppingen und C 7526 Heidenheim a. d. Brenz. Hrsg. Landesvermessungsamt Baden-Württemberg. Vervielfältigung genehmigt unter Az.: 5.11/1080. Thematisch ergänzt vom Verfasser.

den Hülben und nassen Mulden wurden mit einem russischen Kammerbohrer die Bohrkerne gewonnen. Dabei wird der geschlossene Bohrkopf bis in die gewünschte Tiefe gedrückt und dann durch Drehen in die sich öffnende Kammer ein Halbzylinder von 5 cm Durchmesser und 50 cm Länge hineingepreßt.

Leider liegt hiermit zuwenig Material vor, um in den gleichen Horizonten mehrere naturwissenschaftliche Untersuchungen durchführen zu können. Deshalb wurden in den flachgründigen, nur sehr langsam gewachsenen Mooren die Profile mit einem Spaten ergraben. Die erhaltenen Sedimentpfeiler mit einem Grundriß von etwa 12×12 cm wurden wie die Bohrkerne in Plastikfolie verpackt, in Kästen abtransportiert und bis zur Aufbereitung in der Tiefkühltruhe eingefroren.

4.1.2 Probenaufbereitung

Aus den aufgetauten Bohrkernen wurden mit einem Stechrohr von 8 mm Durchmesser 1 cm lange Stücke entnommen.

Da von den ergrabenen Profilen (Rauhe Wiese, Rötenbacher Streuwiese, Streuwiese bei der Großen Birkenhülbe, Weiherwiesen) neben Pollen- und Glühverlust auch Elementanalysen und Radiocarbondatierungen durchgeführt werden sollten, wurde hier eine größere Menge Material benötigt. Außerdem durften die Proben nicht mit Metallen in Berührung kommen. Deshalb sind die Sedimentpfeiler mit Kunststoffgeräten, nachdem die äußeren Schichten wegen Verunreinigungsgefahr entfernt waren, in 0,5 cm dicke Scheiben (in den jüngsten-obersten Horizonten 1 cm-Scheiben) aufgeteilt und in Kunststoffbeuteln bis zur Bearbeitung in der Tiefkühltruhe aufbewahrt worden.

Beim Profil von der Rauhen Wiese wurde versucht, einen noch engeren Probenabstand zu erreichen, um trotz des langsamen Moorwachstums eine gute Auflösung im Pollendiagramm zu erhalten. Dazu wurden in diffiziler Arbeit Keile des Sedimentes im halbgefrorenen Zustand in 0,25 cm-Scheiben geschnitten. Das hierbei erhaltene Material wurde für die Glührest- und Pollenbestimmung verwendet. Für die Radiocarbondatierung wurde Torf vom Hauptkern entnommen.

Um genauere Angaben über die Pollendichte machen zu können, sind bei einigen Profilen zu 0,5 cm³ Probenmenge in der Regel 3 Tabletten mit durchschnittlich 12077 Sporen von *Lycopodium clavatum* zugesetzt worden. Sie wurden vom Department of Quaternary Geology, Universität Lund, Schweden, bezogen. Nach Auflösung der Tabletten mit Hilfe von Salzsäure wurden die Proben mit 10%iger Natronlauge bis zum Sieden erhitzt, um die Humusstoffe zu lösen. Die beim Absieben zurückgebliebenen Bestandteile (Makroreste) wurden ebenfalls bestimmt. Die Ergebnisse findet man bei den Sedimentbeschreibungen (S. 66 f.).

Da bis auf die jüngeren aus Torfmoosen aufgebauten Horizonte die Sedimente einen hohen Anteil silikatischen Materials (tonig-lehmiger Schluff) aufwiesen, wurden die Proben größtenteils durch Schweretrennung aufbereitet: Das Untersuchungsmaterial wurde mit einer Natriumpolywolframatlösung, deren spezifisches Gewicht bei 2,0 liegt,[7] 30 Minuten maschinell geschüttelt. Die Suspension wurde dann abzentrifugiert, wobei sich im Überstand der Pollen angereichert hatte. Dieser Überstand wurde auf einem Kalkfilter, durch den die Trennlösung fließt, gegossen. Nach chemischer Auflösung des Kalkes wurden die Proben zur Entfernung silikatischer Reste einige Tage mit kalter Flußsäure versetzt. Danach wurde im heißen Wasserbad acetolysiert,[8] und schließlich die Proben in Glycerin übergeführt.

Allen hierbei beteiligten Technischen Assistentinnen und studentischen Hilfskräften sei für die Durchführung dieser Arbeiten gedankt.

4.1.3 Pollenbestimmung und -zählung

Die Analyse der Pollenkörner und Sporen wurde an einem ZEISS-Mikroskop bei 400facher, in Einzelfällen bei 1000facher Vergrößerung, durchgeführt. Es wurden bis zu fünf Präparate ausgezählt, um mindestens 1000 Pollenkörner als Berechnungsgrundlage zu erhalten. Den Zählvorgang erleichterte ein elektronisches Zählgerät mit 24 vierstelligen Zählern und zwei Summenzählern.

Als Bestimmungshilfen dienten eine deutsche Bearbeitung des Pollenschlüssels von K. Faegri und J. Iversen (1964), der Monocotyledonen- und Ericaceenschlüssel von H. Beug (1961) und die neue Pollenflora von W. Punt / C. Clarke (1976–1984). Zusätzlich wurden die Abbildungstafeln von G. Erdtman, B. Berglund und J. Praglowski (1963) und eine Fotokartei von Frau Prof. U. Körber-Grohne, früher Botan. Institut der Universität Hohenheim, herangezogen. Von besonderer Bedeutung war auch eine Rezentpollenvergleichssammlung.

4.1.4 Aufbau der Pollendiagramme

Der Anteil der einzelnen Pollen- und Sporentypen, aber auch der Holzkohleteilchen und anderer Funde, wurde auf die Summe des ausgezählten Baum- und Nichtbaumpollens (Pollensumme = 100%) bezogen.

---

[7] Zusammensetzung: 700 g Natriumpolywolframat in 300 ml Aqua dest. gelöst.
[8] Das Acetolysegemisch besteht aus neun Teilen Essigsäureanhydrid und einem Teil konzentrierter Schwefelsäure.

Der Aufbau der einzelnen Diagramme ist grundsätzlich gleich:
Sie beginnen von links mit der Sedimentdarstellung, wobei sich die Zeichen des Säulenprofiles nach F. Firbas (1949) richten. Es folgen die Glühverlustkurve und der Anteil der mikroskopisch festgestellten Holzkohleflitter (> etwa 25 μm). Links vom Hauptdiagramm finden sich Einzelkurven von Gehölzen, rechts vom Nichtbaumpollen.
Durch eine besondere Schraffur sind die Besiedlungszeiger hervorgehoben. Ihre Reihenfolge begründet sich auf ihre schwerpunktmäßigen Standorte:
1. Sippen des Grünlandes:
   (Spitz-Wegerich = *Plantago lanceolata*, Sauerampfer-Typ = *Rumex acetosa*-Typ, Klee-Typ = *Trifolium*-Typ, Wiesen-Flockenblumen-Typ = *Centaurea jacea*-Typ, Breiter/Mittlerer Wegerich = *Plantago major/media*-Typ)
2. Unkräuter der Hackäcker:
   (Gänsefußgewächse = Chenopodiaceae, Vogel-Knöterich = *Polygonum aviculare*, Ampfer-Knöterich-Typ = *Polygonum lapathifolium*-Typ, Acker-Spörgel = *Spergula arvensis*)
3. Ruderalarten oder Arten stickstoffreicher Staudenfluren: (Große Brennessel = *Urtica dioica*, Beifuß = *Artemisia*)
4. Getreideunkräuter:
   (Acker-Winde = *Convolvulus arvensis*, Kornblume = *Centaurea cyanus*)
5. Kulturarten:
   (Weizen/Gerste/Hafer-Typ = *Triticum/Hordeum/Avena*-Typ, Roggen = *Secale cereale*, Mais = *Zea mays*, Buchweizen = *Fagopyrum esculentum*, Hanf/Hopfen = *Cannabis/Humulus*).

Eßkastanie *(Castanea sativa)* und Walnuß *(Juglans regia)* sind oft schon beim Baumpollen angeführt.
In den Schattenrißkurven der sich anschließenden Kräutertypen sind alle Fälle vereinigt, bei denen die pollendiagnostisch erreichte systematische Rangstufe keine oder nur eine unsichere ökologische Aussage erlaubt; geordnet sind sie alphabetisch nach den Familiennamen. Rechts davon folgen die Feuchtezeiger und die Wasserpflanzen. Vor den Einzelfunden sind noch die Kurven der wegen ihres Erhaltungszustandes Unbestimmbaren (= Unkenntliche = *Indeterminata*) und der Unbekannten *(Varia)* abgebildet.
Als nächstes erkennt man noch die Sporenanteile der Farne und Moose. Daran schließen sich die Werte zur Pollendichte an: Entweder wurde in einfacher Form der ausgezählte Pollen auf die untersuchte Objektträgerfläche bezogen (Pollenkörner/cm²) oder es wurde mit Hilfe der beim Aufbereitungsvorgang zugesetzten Lycopodiumsporen die Pollenkonzentration (Pollenkörner/mm³), folgendermaßen berechnet:

Pollenkonzentration =

$$\frac{\text{gezählte Pollenkörner}}{\text{gezählte Lycopodiumsporen}} \times \frac{\text{zugesetzte Lycopodiumsporen}}{\text{Probevolumen (mm}^3\text{)}}$$

Zusätzliche Funde von Schalen der Wurzelfüßer *(Rhizopoda)*, Rädertierchen *(Rotatoria)*, Pilzkonidien *(Helicosporium)* und Hornzähnchen von Kaulquappen beenden die Diagramme.

4.2 Physikalische Untersuchungen (^{14}C-Messungen)

Die ^{13}C- und ^{14}C-Messungen wurden größtenteils am ^{14}C-Laboratorium des Niedersächsischen Landesamtes für Bodenforschung in Hannover unter Leitung von Prof. Dr. H. Geyh durchgeführt. Das Alter der aufgesammelten Holzkohlen (Kap. 5.6, S. 96f.) wurde von Dr. Kromer am Institut für Umweltphysik, Universität Heidelberg, bestimmt. Ihnen und ihren Mitarbeitern sei hiermit herzlich gedankt.
Um eine Verfälschung der Altersangaben möglichst gering zu halten, wurde das getrocknete Material durch Aussieben und Auslesen von rezenten Wurzeln befreit. Leider brachte dies jedoch nicht den erwünschten Erfolg (Kap. 5.3, S. 67f.).
Das konventionelle ^{14}C-Alter wurde unter der Annahme berechnet, daß die Halbwertszeit von ^{14}C 5568 Jahre betrage und daß der ^{14}C-Gehalt des atmosphärischen Kohlenstoffdioxides in früheren Jahrhunderten genauso hoch gewesen sei wie in der Neuzeit vor Beginn der Industrialisierung. Außerdem wurden die ^{14}C-Daten δ ^{13}C korrigiert. Die Standardabweichungen schließen alle durch technische und chemische Aufbereitungsmethoden entstandenen Fehler ein: Das „wahre" konventionelle ^{14}C-Alter liegt mit 68%iger Wahrscheinlichkeit innerhalb des durch das ermittelte konventionelle ^{14}C-Alter und dessen Standardabweichung festgelegten Zeitintervalles.
Die kalibrierten ^{14}C-Werte – berechnet nach Stuiver/Kra[9] – entsprechen der Kalenderrechnung und lassen sich mit historischen Daten vergleichen.

4.3 Chemische Untersuchungen

4.3.1 Bestimmung des mineralischen Anteiles

Zur Feststellung des mineralischen Anteiles (Aschegehalt) wurde von den Bodenprofilen der Glühverlust bestimmt. Hierzu wurden die Proben 24h bei 100 °C ge-

---
[9] Nach Angaben des ^{14}C-Labors am Niedersächsischen Landesamt für Bodenforschung in Hannover.

trocknet und anschließend gewogen. Danach wurden sie im Muffelofen 0,5h auf 250 °C und 5h auf 500 °C erhitzt, so daß sich die organischen Kohlenstoffverbindungen zersetzten. Nach dem Abkühlen im Exsiccator wurde dann nochmals gewogen, um somit Aschegehalt bzw. Glühverlust zu ermitteln.

4.3.2 Elementanalysen

Am Geographischen Institut der Eberhard-Karls-Universität in Tübingen wurden von R. BECK an denselben Profilen Elementanalysen durchgeführt. Ihm möchte ich hierfür an dieser Stelle besonders danken. Nach seinen Angaben wurde folgende Aufschlußmethode angewandt: Nach Einwaage von jeweils 5 g Probenmaterial[10] in die Aufschlußkolben werden diese mit je 2 ml einer Lösung aus $^1/_5$ 65%iger Salpetersäure p. a. und $^4/_5$ 30%iger Wasserstoffperoxidlösung versetzt. Dieser Vorgang wird solange wiederholt, bis keine Reaktion nach Zugabe der Lösung zu beobachten ist. Zuletzt werden 5 ml 65%ige Salpetersäure p. a. zugegeben. Danach wird etwa 2 Stunden lang bei Siedehitze die nasse Veraschung fortgeführt, bis kein organisches Material mehr im Rückstand ist.
Nach Abkühlung wird die Lösung in 250 ml Kolben abfiltriert und auf dieses Volumen geeicht. Die Aufbewahrung bis zur Messung am Flammen-Atomabsorptionsspektrophotometer „Perkin-Elmer 1100" erfolgt in 100 ml Polyethylenflaschen.

4.3.3 Wasseranalysen

Zur genaueren Standortbeschreibung wurden in der Umgebung der Bohrpunkte Wasseranalysen durchgeführt.
Die Messung des pH-Wertes erfolgte mit dem Digital-pH-Meter CG 818 der Firma „Schott-Geräte". Die Meßgenauigkeit liegt hierbei bei 0,01.
Gesamthärte und Carbonathärte (Säurebindungsvermögen) wurden titrimetrisch mit den Reagenziensätzen von „Aquamerck" erfaßt und in Grad deutscher Härte (° dH) angegeben.
Mit den Prüfbestecken von „Visocolor" bzw. „Visocolor HE (= hochempfindlich)" wurde die Menge an Ammonium (HE), Nitrat und Phosphat (HE) colorimetrisch sowie von Chlorid titrimetrisch bestimmt.
Unter Berücksichtigung der natürlichen Schwankungen (Jahreszeit, Witterung usw.) und der methodisch bedingten Ungenauigkeiten sind Abweichungen gegenüber exakteren und mehrfachen Messungen von 10 bis 20 Prozent anzunehmen.
Die Ergebnisse der einzelnen Messungen findet man bei der Beschreibung der Standorte (S. 51 f.), einen Gesamtüberblick dagegen auf Seite 96.

4.4 Holzkohlenuntersuchungen

Die auf ehemaligen Köhlerplätzen aufgesammelten Holzkohlen wurden, nachdem die ursprünglichen Radien der Hölzer bestimmt worden waren, teilweise von Dr. A. Goppelsröder, Walzbachtal, überwiegend von M. Schneider, Tübingen, mit dem Auflichtmikroskop dankenswerterweise analysiert. Es war besonders entgegenkommend, daß diese Untersuchungen am Institut für Vor- und Frühgeschichte, Universität Tübingen, durchgeführt werden konnten.
In diesem Zusammenhang sei Dipl.-Geog. M. Böhm, Universität Tübingen, gedankt, der mich auf zwei alte holzkohlenführende Köhlerplätze hinwies.

4.5 Pflanzliche Großreste

Da die Torfe im allgemeinen stark bis sehr stark zersetzt waren, fielen nur im geringen Maße größere pflanzliche Überreste an. Die wenigen Samen und Früchte wurden nach W. Beijerinck (1976) und der Vergleichssammlung von Frau Prof. U. Körber-Grohne, früher Botanisches Institut Universität Hohenheim, bestimmt.
Die Blättchen subfossiler Torfmoose *(Sphagna)* determinierte freundlicherweise Dr. A. Hölzer, Landessammlungen für Naturkunde in Karlsruhe. Die anderen Laubmoose sowie die Lebermoose revidierte Dr. M. Nebel, Staatliches Museum für Naturkunde in Stuttgart.
Die Nomenklatur der Gefäßpflanzen richtet sich nach F. Ehrendorfer (1973) bzw. F. Oberdorfer (1990), bei den Moosen nach J.-P. Frahm / W. Frey (1983).

4.6 Kleinreste von Tieren

Vor allem in den Bohrkernen aus den Hülben wurden auch einige mikroskopisch kleine zoologische Überreste gefunden. Berücksichtigen konnte ich die Schalen mehrerer Wurzelfüßer *(Rhizopoda: Testacea)* und Rädertiere *(Rotatoria:* Syncytium von *Habrotrocha)*, deren Artenzusammensetzung dankenswerterweise Dr. M. Wanner von der RWTH Aachen überprüfte. In einigen Fällen konnten auch Hornzähnchen von Kaulquappen festgestellt werden. Derartige Nachweise erlauben zusätzliche Angaben zur Ökologie des Standortes.
Dr. H. Janz, Staatliches Museum für Naturkunde in

---

10 Es wurden immer 20 Proben auf einmal im Kjedal-Aufschlußblock gefahren.

Stuttgart, untersuchte die Sedimente auf Ostracoden (Muschelkrebse). Vermutlich wegen zu niedrigen pH-Wertes konnten jedoch keine Schalen gefunden werden.

5. Ergebnisse

5.1 Die Befunde im Gelände

Im folgenden sollen die Orte vorgestellt werden, an denen Material für die Pollenanalyse entnommen wurde.

5.1.1 Hülben und andere Wasserstellen

Nach Angaben zur Lage – Meßtischblattquadrant, Höhe und Nummer, unter der die Hülbe bei H. Mattern und H. Buchmann 1983; 1987 aufgeführt ist –, wird die Pflanzendecke von der Umgebung des Untersuchungspunktes beschrieben. Um nämlich pollenanalytische Befunde auch für frühere Zeiten richtig zu deuten, ist es wichtig, die jetzige Vegetation mit der Pollenzusammensetzung aus den jüngsten Ablagerungen zu vergleichen.

Von den Standorten, bei denen nur Probeuntersuchungen durchgeführt, also keine Pollendiagramme erarbeitet wurden, werden hier bereits die Untersuchungsergebnisse vorgestellt. In einigen Fällen findet man auch weitere Angaben. Als wichtigste schriftliche Quelle kann für alle Hülben auf die Arbeiten von Mattern/Buchmann (1983; 1987) verwiesen werden.

5.1.1.1 Hülbe am Märtelesberg, Gemeinde Steinheim am Albuch (Kr. Heidenheim)

Lage: MTB 7225 / 4, 658 m NN
Mattern / Buchmann: I / 47

Die Hülbe, ein kleines Naturschutzgebiet, liegt 1,5 km westlich von Gnannenweiler im Landkreis Heidenheim. Heutzutage ist sie von einem Fichtenforst umgeben, während sie sich in der ersten Hälfte des 19. Jahrhunderts noch in freier Flur befand.

Da diese Wasserstelle bis auf einen kleinen, schlenkenähnlichen Fleck im Nordwesten von einem Schwingrasen überzogen war, wurde 1983 auf der Ostseite eine 23 m lange und 10 bis 16 m breite Fläche ausgebaggert (Mattern 1989, 113), um der Flora und Fauna des Wassers weiterhin einen Lebensraum bieten zu können.

Folgende Wasserpflanzen haben sich seitdem hier angesiedelt: Kleine Wasserlinse *(Lemna minor)*, Kanadische Wasserpest *(Elodea canadensis)*, Südlicher Wasserschlauch *(Utricularia australis = U. neglecta)*, Flutendes Süßgras *(Glyceria fluitans)*, Wasserschwaden *(Glyceria maxima)*, Gewöhnlicher Froschlöffel *(Alisma*

Abb. 7: Die im Fichtenwald gelegene Hülbe am Märtelesberg am 22. 9. 1992. Da sie bis auf einen vor neun Jahren ausgebaggerten Bereich von einer festen begehbaren Schwingrasendecke überwachsen ist, erhoffte man hier ältere Sedimente zu finden.

plantago-aquatica) und Submerses Sternlebermoos *(Riccia fluitans)*.

Die Schwingrasendecke wird dagegen von zumeist anspruchslosen Zwischenmoorarten gebildet. Die Vegetationsaufnahme stammt aus der Umgebung des Bohrpunktes:

Datum 14. 6. 1989
Aufnahmefläche 25 m²
Krautschicht (Deckung) 70%
Krautschicht (Höhe) bis 40 cm
Moosschicht (Deckung) 98%

Krautschicht

Carex rostrata	3	Schnabel-Segge
Menyanthes trifoliata	3	Fieberklee
Carex fusca (= C. nigra)	1	Braune Segge
Carex curta (= C. canescens)	+	Grau-Segge

Moosschicht

Sphagnum recurvum	4	Gekrümmtes Torfmoos
Sphagnum russowii	2	Russow's Torfmoos
Polytrichum commune	2	Gewöhnliches Widertonmoos
Polytrichum strictum	(+)	Steifes Frauenhaarmoos

Außerdem fielen mir in diesem Moor auf: Sumpfblutauge *(Potentilla palustris = Comarum p.)*, Blutwurz *(Potentilla erecta)*, Stern-Segge *(Carex echinata = C. stellulata)*, Schlanke Segge *(Carex acuta = C. gracilis)*, Breitblättriger und Gewöhnlicher Dornfarn *(Dryopteris dilatata u. carthusiana)*, Spießmoos *(Calliergonella cuspidata)* und Sparriges Torfmoos *(Sphagnum squarrosum)*.

Abb. 8: Vom Schwingrasen aus wurde in der Neuen Hülbe, die bei den Heidhöfen auf der Rauhen Wiese gelegen ist, in den Untergrund gebohrt, um Sedimente für die Pollenanalyse zu erhalten. Die Aufnahme zeigt die Neue Hülbe am 20. Juli 1991. Die offene Wasserfläche im Vordergrund entstand durch Ausbaggerung im Jahr 1981.

Die Standortunterschiede zwischen Weiher und Moor werden auch durch die Wasseranalysen vom 18. 5. 1993 deutlich:

	1983 entstandener Weiher	Schlenke im Schwingrasen
pH-Wert	6,7	5,1
Gesamthärte	2,0° dH	0,1° dH
Carbonathärte	2,0° dH	<0,1° dH
Ammoniumgehalt	0,0 mg/l	0,0 mg/l
Nitratgehalt	0,0 mg/l	0,0 mg/l
Phosphatgehalt	0,15 mg/l	0,10 mg/l
Chloridgehalt	30 mg/l	20 mg/l

Im schmalen Waldsaum im Norden blühten Flügel-Ginster *(Genista sagittalis = Chamaespartium s.)*, Weißes Straußgras *(Agrostis stolonifera)*, Weiches Honiggras *(Holcus mollis)*, Heidelbeere *(Vaccinium myrtillus)* und Geflecktes Johanniskraut *(Hypericum maculatum)*.

Zwischen dem Weiher und dem Forstweg befindet sich ein Streifen mit frischem, nährstoffreicherem Boden. Deshalb wächst hier Gewöhnliche Esche *(Fraxinus excelsior)*, Schwarze Johannisbeere *(Ribes nigrum)*, Giersch (= Zipperleinskraut = *Aegopodium podagraria)*, Bergwiesen-Frauenmantel *(Alchemilla monticola)*, Wiesen-Fuchsschwanz *(Alopecurus pratensis)*, Rauhe Segge *(Carex hirta)*, Wald-Segge *(Carex sylvatica)*, Gewöhnliches Hornkraut *(Cerastium holosteoides)*, Sumpf-Kratzdistel *(Cirsium palustre)*, Wiesen-Knäuelgras *(Dactylis glomerata)*, Rasen-Schmiele *(Deschampsia cespitosa)*, Gundelrebe *(Glechoma hederacea)*, Wiesen-Bärenklau *(Heracleum sphondyleum)*, Flatter-Binse *(Juncus effusus)*, Großer Wegerich *(Plantago major)*, Einjähriges und Gewöhnliches Rispengras *(Poa annua* u. *trivialis)*, Wiesen-Knöterich *(Polygonum bistorta)*, Gänse-Fingerkraut *(Potentilla anserina)*, Scharfer und Kriechender Hahnenfuß *(Ranunculus acris* u. *repens)*, Stumpfblättriger Ampfer *(Rumex obtusifolius)*, Knotige Braunwurz *(Scrophularia nodosa)*, Fuchs' Greiskraut *(Senecio fuchsii)*, Quell-Sternmiere *(Stellaria uliginosa = St. alsine)*, Wiesen-Löwenzahn *(Taraxacum officinale)*, Große Brennessel *(Urtica dioica)* und Quendel-Ehrenpreis *(Veronica serpyllifolia)*.

Weitere Angaben zur Flora stammen von Hauff (1967, 387–388), D. Seidel und S. Winkler (1974, 91–92), und zur Libellenfauna von H. Döler (1988, 223).

Die fast gleichmäßige Tiefe von 51–74 cm entlang des 42 m breiten N-S-Profiles zeigt, daß es sich um ein künstliches Wasserbecken und nicht um eine natürliche Doline handelt. Deshalb überraschte es nicht, daß das Sediment aus nur schwach zersetztem Torf bestand (Kap. 5.2, S. 66 f.). Dies deutete bereits auf eine sehr junge Verlandung hin, was sich auch pollenanalytisch bestätigte (S. 103 f.).

5.1.1.2 Neue Hülbe, Gemeinde Böhmenkirch (Kr. Göppingen)

Lage: MTB 7225 / 4, 660 m NN
Mattern / Buchmann: I / 45

Im Gegensatz zur Kolmannshülbe, bei der durch Ausbaggerungen im Jahr 1973 pollenanalytisch untersuchbare Sedimente einschließlich des Zarten Wollgrases *(Eriophorum gracile)* unabsichtlich entfernt worden sind, blieb der Schwingrasen in der Neuen Hülbe größtenteils erhalten. Von ihm aus wurde mit dem russischen Torfbohrer in den Untergrund gebohrt.

Bei der Pflanzendecke in der Umgebung des Bohrloches handelt es sich um ein Schnabelseggenried *(Caricetum rostratae)* in der Ausbildung mit *Sphagnum fallax*:

Datum 14. 6. 1989
Aufnahmefläche 40 m²
Krautschicht (Deckung) 30%
Krautschicht (Höhe) 40 cm
Moosschicht (Deckung) 100%

Krautschicht

Carex rostrata	3	Schnabel-Segge
Agrostis canina	2	Hunds-Straußgras
Carex curta (= C. canescens)	1	Grau-Segge
Juncus conglomeratus	(+)	Knäuel-Binse

Moosschicht

Sphagnum fallax	5	Gekrümmtes Torfmoos
Polytrichum strictum	1	Steifes Frauenhaarmoos
Aulacomnium palustre	(+)	Moor-Streifensternmoos

Da in der Hülbe Verlandungsstadien vom offenen Wasser bis zu moorheideähnlichen Gesellschaften auftreten, finden sich viele Pflanzenarten, die für die Schwäbische Alb Besonderheiten darstellen. Genannt seien Moor-Veilchen *(Viola palustris)*, Gewöhnliche Moosbeere *(Oxycoccus palustris = Vaccinium oxycoccos)*, Fieberklee *(Menyanthes trifoliata)*, Stern-Segge *(Carex echinata)*, Gewöhnliche Sumpfbinse *(Eleocharis palustris ssp. vulgaris)*, Zitzen-Sumpfbinse *(Eleocharis mamillata)*, Aufrechter Igelkolben *(Sparganium erectum)* und rötliches Torfmoos *(Sphagnum magellanicum)*.

Eine ausführliche Schilderung der mikroskopischen Flora (Bakterien, Blaualgen, Echte Algen) findet man in der schon über 50 Jahre alten Arbeit von C. Huzel (1937, 5–148), der übrigen artenreichen Vegetation unter Einschluß von Wasseranalysen bei Hauff (1936, 121–128) sowie bei Seidel / Winkler (1974, 95–97). Eine neuere sehr wichtige Arbeit über die Vegetationsentwicklung, Mikroflora, Fauna und Chemismus dieser Hülbe liegt von Hauff u. a. (1984, 129–156) vor. Eigene Wasseranalysen wurden am 23. 5. 1993 durchgeführt:

Abb. 9: Die Hülben enthalten wegen ihres kalkarmen und mäßig sauren Wassers eine für die Schwäbische Alb oft ungewöhnliche Flora. Auf der Fotografie vom 9. 7. 1992 ist das tief dunkelrot blühende Blutauge *(Comarum palustre = Potentilla p.)* in der Neuen Hülbe abgebildet. Außerdem erkennt man – im Wasser – die Kanadische Wasserpest *(Elodea canadensis)*. Diese früher nur in Nordamerika vorkommende Wasserpflanze hat sich seit 1840 in Europa zeitweise zur Gewässerplage entwickelt.

	zentraler Schwingrasen	westlicher Weiher
pH-Wert	3,8	9,7
Gesamthärte	0,2° dH	2,0° dH
Carbonathärte	0° dH	1,5° dH
Ammoniumgehalt	0,0 mg / l	0,0 mg / l
Nitratgehalt	0 mg / l	0 mg / l
Phosphatgehalt	0,2 mg / l	0,3 mg / l
Chloridgehalt	20 mg / l	25 mg / l

Es zeigt sich, daß in den letzten zehn Jahren im Schwingrasen der pH-Wert etwa gleich geblieben ist. Im offenen Wasser hat er sich dagegen von 8,2 auf 9,7 weiter erhöht. Einerseits mag, wie Bücking (in Hauff et al. 1984, 152) annimmt, der Einfluß des benachbarten Umlandes eine gewisse Rolle spielen. Von größerer Bedeutung ist aber sicherlich, daß die hier wuchernde Wasserpest *(Elodea canadensis)* und wohl ebenso die anderen submersen Blütenpflanzen nach U. Kahnt u. a. (1989, 54) ihren CO_2-Bedarf auch über HCO_3-Ionen decken können. Sie spalten diese Ionen in Kohlenstoffdioxid und Hydroxidionen, so daß es bei starker Photosynthese, schlechter Pufferung und Erwärmung der Gewässer zu einer entsprechenden pH-Wert-Erhöhung kommt.

Zum Schluß sind noch von der Neuen Hülbe die Libellenliste von Döler (1988, 225) und ein floristischer Exkursionsbericht von T. Limmeroth und N. v. Wiren (1989, 70–78) zu nennen.

5.1.1.3 Westliche Birkenhülbe, Gemeinde Böhmenkirch (Kr. Göppingen)

Lage: MTB 7225 / 4, 660 m NN
Mattern / Buchmann: I / 43

Wegen der Lagebezeichnung „1 km nordöstlich der Heidhöfe" bei Mattern/Buchmann (1983, 140) stieß ich zuerst auf eine trockengefallene Hülbe, die Östliche Birkenhülbe. Deren Untergrund besteht aus Schluff (Gley). Nur noch wenige Flecken mit Brauner Segge *(Carex fusca)*, Blasen-Segge *(Carex vesicaria)*, Sumpf-Labkraut *(Galium palustre)*, Sumpf-Weidenröschen *(Epilobium palustre)*, Tag-Lichtnelke *(Melandrium rubrum = Silene dioica)*, Sumpf-Kratzdistel *(Cirsium palustre)* und Wasserpfeffer *(Polygonum hydropiper)* deuten auf einen feuchten, lehmigen Boden hin. Der größte Teil ist inzwischen von Süßgräsern (vor allem *Arrhenatherum elatius*-Horste) bewachsen. Die Westliche Birkenhülbe liegt dagegen 200 m westlich hiervon und 800 m nördlich von den Heidhöfen. In dieser weitgehend verlandeten Wasserstelle wurde mit dem russischen Torfbohrer am 25. 4. 1989 ein Bohrkern gewonnen.

Die Wasseruntersuchung vom 9. 5. 1993 in der Umgebung des Bohrpunktes ergab:

pH-Wert	5,1
Gesamthärte	0,4° dH
Carbonathärte	0,2° dH
Ammoniumgehalt	0,0 mg/l
Nitratgehalt	0,0 mg/l
Phosphatgehalt	0,0 mg/l
Chloridgehalt	20 mg/l

Entsprechend dieser Ergebnisse wird das Zentrum der Hülbe heutzutage (21. 6. 1992) von Pflanzenarten kalkarmer Flachmoore besiedelt. Die hier wachsende Gesellschaft kann man zum Braunseggensumpf *(Caricetum fuscae)* stellen. Genannt seien von den Seggen *Carex curta (= C. canescens), rostrata* und *fusca*. Häufig sieht man auch Hunds-Straußgras *(Agrostis canina)*, Blaues Pfeifengras *(Molinia caerulea)*, Sumpfblutauge *(Comarum palustre)* und Sumpf-Labkraut *(Galium palustre)*. Ab und zu erkennt man Schmalblättriges Wollgras *(Eriophorum angustifolium)*, Moor-Labkraut *(Galium uliginosum)*, Sumpf-Weidenröschen *(Epilobium palustre)* und Moor-Streifensternmoos *(Aulacomnium palustre)*. Nach Westen schließt sich ein Mas-

Abb. 10: Einen stark verlandeten Eindruck macht die Westliche Birkenhülbe, die 800 m nördlich der Heidhöfe liegt. Auf dem Bild vom 21. 6. 1992 ist der Wiesen-Knöterich *(Polygonum bistorta)* in voller Blüte. Im Hintergrund, der auch noch zur Rauhen Wiese gehört, sieht man Fichtenaufforstungen anstelle ehemaliger Heiden.

senbestand des Wiesen-Knöterichs *(Polygonum bistorta)* an, in dem vereinzelt auch Sumpf-Kratzdistel *(Cirsium palustre)*, Bach- und Wald-Weidenröschen *(Epilobium parviflorum* u. *angustifolium)* sowie die Wiesen-Platterbse *(Lathyrus pratensis)* wurzeln.

Der westliche Randbereich ist wohl durch Abfälle mit Nährstoffen angereichert worden, so daß sich Große Brennessel *(Urtica dioica)*, Himbeere *(Rubus idaeus)*, Gewöhnlicher Hohlzahn *(Galeopsis tetrahit)* und Akker-Kratzdistel *(Cirsium arvense)* ausbreiten konnten. Mehrere Weidenbüsche waren 1992 von Raupen völlig kahlgefressen worden.

Im Süden der Hülbe gibt es einen Streifen, auf dem sich ein ziemlich saurer Magerrasen halten konnte. Man findet Schaf-Schwingel *(Festuca ovina* agg.), Flügel-Ginster *(Genista sagittalis)*, Gras-Sternmiere *(Stellaria graminea)*, Weiches Honiggras *(Holcus mollis)*, Geflecktes Johanniskraut *(Hypericum maculatum)*, Echtes Labkraut *(Galium verum)*, Blutwurz *(Potentilla erecta)*, Hunds-Veilchen *(Viola canina)*, Heidelbeere *(Vaccinium myrtillus)*, Niederes Labkraut *(Galium pumilum)*, Rundblättrige Glockenblume *(Campanula rotundifolia)*, Heidekraut *(Calluna vulgaris)*, Hasen-Segge *(Carex ovalis = C. leporina)*, Rotes Straußgras *(Agrostis tenuis = A. capillaris)*, Gewöhnliches Ruchgras *(Anthoxanthum odoratum)*, Pillen-Segge *(Carex pilulifera)* und Vielblütige Hainsimse *(Luzula multiflora)*.

Von den Laubmoosen können *Brachythecium rutabulum*, *Ceratodon purpureus*, *Pleurozium schreberi* und *Rhytidiadelphus squarrosus* angeführt werden. Auf den lehmigen Untergrund weisen Acker-Hornkraut *(Cerastium arvense)*, Gewöhnliches Leinkraut *(Linaria vulgaris)*, Purpur-Fetthenne *(Sedum telephium)*, Vogel-Wicke *(Vicia cracca)*, Mittlerer Klee *(Trifolium medium)*, Flaum-Hafer *(Avena pubescens)*, Wiesen-Rispengras *(Poa pratensis)*, Zypressen-Wolfsmilch *(Euphorbia cyparissias)* und Bergwiesen-Frauenmantel *(Alchemilla monticola)* hin. Bis vor 30 Jahren soll hier nach Angaben eines Bauern auch noch Arnika *(Arnica montana)* geblüht haben.

An zwei Stellen am südlichen Rand konnte sich neben einigen anspruchsvolleren Arten (Gamander-Ehrenpreis = *Veronica chamaedrys*, Scharfer Hahnenfuß = *Ranunculus acris)*, die auf Düngungseinfluß hindeuten, das Rohrglanzgras *(Phalaris arundinacea)* herdenförmig ausbreiten.

5.1.1.4 Falchenhülbe, Gemeinde Königsbronn (Kr. Heidenheim)

Lage: MTB 7226/2, 615 m NN
Mattern/Buchmann: II/49

Nur ein einziges Pollendiagramm entstand aus einer Hülbe auf dem Härtsfeld. Es handelt sich um die Falchenhülbe, die 1,4 km nordöstlich des Ortsrandes von Ochsenberg liegt. Die Proben wurden am 3. 10. 1989 mit dem russischen Torfbohrer im Weidengebüsch am Rande des Weihers gewonnen.

Im Unterschied zur Neuen Hülbe wurde dieses reizvolle Gebiet erst in den letzten Jahren naturkundlich beachtet. So bestimmte Döler (1988, 217–218) die Libellen, und 1991 erschien von A. Rilk eine Arbeit über die hier vorkommenden Zieralgen.

Wenn auch die Falchenhülbe heutzutage „naturnah" aussieht, so entstand der östliche große Weiher erst durch Ausbaggerungen 1983. Im Juni 1992 war inzwischen die damals angelegte Wasserfläche vom Schwimmenden Laichkraut *(Potamogeton natans)* bedeckt. Am Rande haben kleine Bestände der Schnabel-Segge *(Carex rostrata)*, des Breitblättrigen Rohrkolbens *(Typha latifolia)*, des Wasserschwadens *(Glyceria maxima)*, der Sumpf-Schwertlilie *(Iris pseudacorus)*, des Froschlöffels *(Alisma plantago-aquatica)* und der Walzen-Segge *(Carex elongata)* die Verlandung eingeleitet. Einen prachtvollen Teppich hat das Sumpfblutauge *(Comarum palustre)* beim Übergang zum Weidengebüsch *(Salix aurita, cinerea* und *purpurea)* aufgebaut.

Der zweite, kleinere Weiher liegt im Gebüsch etwas versteckt. Er weist schöne Bestände vom Wasser-Schwaden, Sumpfblutauge und Fieberklee *(Menyanthes trifoliata)* auf. Vereinzelt sieht man auch die Sumpf-Schwertlilie und die Kleine Wasserlinse *(Lemna minor)*.

Wasseranalysen wurden am 9. 5. 1993 im *Comarum palustre*-Schwingrasen in der Nähe des Bohrpunktes sowie am 13. 6. 1993 im Uferbereich des östlichen, großen Weihers und im Wasserschwadenröhricht des kleineren Weihers ausgeführt:

	Schwing-rasen	Großer Weiher	Kleiner Weiher
pH-Wert	6,2	6,8	5,6
Gesamthärte	1,6° dH	1,6° dH	1,4° dH
Carbonathärte	1,4° dH	1,6° dH	1,4° dH
Ammoniumgehalt	0,0 mg/l	0,0 mg/l	0,0 mg/l
Nitratgehalt	0,0 mg/l	0,0 mg/l	0,0 mg/l
Phosphatgehalt	0,1 mg/l	0,1 mg/l	0,35 mg/l
Chloridgehalt	30 mg/l	10 mg/l	10 mg/l

Auch hier zeigt sich wie in der Hülbe am Märtelesberg oder in der Neuen Hülbe, daß die Entlandungsmaßnahmen zu starken Veränderungen in der Wasserchemie führen. Man kann einerseits annehmen, daß wegen des Kontaktes zum mineralischen Untergrund der Gehalt an Härtebildnern zunimmt. Hiermit steigt das Säurebindungsvermögen und deshalb der pH-Wert. Außerdem dürfte der pH-Anstieg eine Folge der Wasserpflanzenassimilation sein.

Die im Osten angrenzende Wiese wird vor allem vom Wiesen-Knöterich *(Polygonum bistorta)* beherrscht. An weiteren Pflanzenarten seien aufgezählt: Verschie-

Abb. 11: Eine große landschaftliche Bereicherung ist die Falchenhülbe bei Ochsenberg auf dem Härtsfeld. Die Aufnahme vom 8. 5. 1993 zeigt im Vordergrund den 1983 entstandenen Weiher, dahinter das Weidengebüsch, von dem aus mit dem russischen Torfbohrer Proben für die Pollenanalysen gewonnen wurden.

dene Seggen *(Carex curta, Carex nigra, Carex hirta, Carex ovalis, Carex paniculata)*, Knäuel- und Flatter-Binse *(Juncus conglomeratus, Juncus effusus)*, Rasen-Schmiele *(Deschampsia cespitosa)*, Wiesen-Fuchsschwanz *(Alopecurus pratensis)*, Hain-Vergißmeinnicht *(Myosotis* cf. *nemorosa)*, Wiesen-Sauerampfer *(Rumex acetosa)*, Zaun-Wicke *(Vicia sepium)*, Kriechender und Scharfer Hahnenfuß *(Ranunculus repens* und *acris)*, Große Brennessel *(Urtica dioica)*, Wiesen-Schaumkraut *(Cardamine pratensis)*, Weißes Labkraut *(Galium album)*, Kriechender Günsel *(Ajuga reptans)*, Wiesen-Platterbse *(Lathyrus pratensis)*, Kriechender und Roter Wiesenklee *(Trifolium repens* und *pratense)*, Sumpf-Kratzdistel *(Cirsium palustre)* und Kuckucks-Lichtnelke *(Lychnis flos-cuculi)*. Sie alle weisen auf einen feuchten, ziemlich nährstoffreichen Boden hin. Dies läßt auf eine frühere Düngung schließen.

Im Nordwesten schließt an die Wasserstellen ein kleines Gehölz mit Zitter-Pappel (= Espe = *Populus tremula)*, Hasel *(Corylus avellana)*, Eberesche (= Vogelbeere = *Sorbus aucuparia)*, Schlehe *(Prunus spinosa)*, Fichte *(Picea abies)*, Rotbuche *(Fagus sylvatica)*, Hänge-Birke *(Betula pendula)*, Trauben-Eiche *(Quercus petraea)* und Linde an. Als Unterwuchs oder im Saum findet man Himbeere *(Rubus idaeus)*, Schmalblättriges Weidenröschen *(Epilobium angustifolium)*, Gewöhnlichen Dornfarn *(Dryopteris carthusiana)*, Knotige Braunwurz *(Scrophularia nodosa)*, Waldmeister *(Galium odoratum)*, Wiesen-Knäuelgras *(Dactylis glomerata)*, Wiesen-Rispengras *(Poa pratensis)*, Buschwindröschen *(Anemone nemorosa)*, Pfennigkraut *(Lysimachia nummularia)*, Wald-Engelwurz *(Angelica sylvestris)*, Klebkraut *(Galium aparine)*, Wiesen-Kerbel *(Anthriscus sylvestris)*, Wald-Ehrenpreis *(Veronica officinalis)*, Flügel-Ginster *(Genista sagittalis)*, Schaf-Schwingel *(Festuca ovina)*, Wolliges Honiggras *(Holcus lanatus)* und Blutwurz *(Potentilla erecta)*.

5.1.1.5 Wagnersgrube, Stadt Heidenheim an der Brenz

Lage: MTB 7327 / 1, 605 m NN

Auf die Empfehlung von Dr. H. Muhle, Abteilung Spezielle Botanik Universität Ulm, fuhr ich am 8. 5. 1990 auch zu den ehemaligen Erzgruben zwischen Heidenheim–Oggenhausen und Nattheim (Kr. Heidenheim). In keinem der Fälle (Wagnersgrube, Stiefelzieher und andere) konnte torfhaltiges Material gefunden werden. Bohrversuche erbrachten dagegen nur wenige Zentimeter Faulschlamm, auf den ein steiniger, ockergelber Schluff folgte. Eine Einzelprobe aus 50 cm Tiefe unter der Wasseroberfläche (= 32 cm unter Bodenoberfläche) zeigt mit 92% Baumpollen einen geschlossenen Wald, in dem neben Buche (21,6%) und Erle (20,9%) Kiefer (11,5%) und Fichte (19,4%) die wichtigsten Baumarten darstellen. Der hohe Nadelholzanteil deutet darauf hin, daß diese Probe vor höchstens einhundertfünfzig Jahren abgelagert worden ist. Blütenstaub von Wasser- und Sumpfpflanzen fehlt noch zur Gänze.

Daneben scheint es auch einige ältere Gruben zu geben oder gegeben zu haben. So kann man in der Oberamtsbeschreibung von Heidenheim (1844, 265) lesen, daß eine halbe Stunde nordwestlich von Oggenhausen sich „verlassene Gruben von hohem Alter, theils mit Wald überwachsen, theils mit Wasser angefüllt" im Wald finden.

Bemerkenswert ist die Flora dieses Wasserloches. Neben der Seerose (*Nymphaea alba*), der Teichbinse (*Schoenoplectus lacustris*), dem Teich-Schachtelhalm (*Equisetum fluviatile*), dem Wasserschlauch (*Utricularia vulgaris* agg.), der Kleinen und der Dreifurchigen Teichlinse (*Lemna minor* und *trisulca*) ist vor allem der große Bestand an Krebsscheren (*Stratiotes aloides*) zu nennen. Bereits W. Gölkel (1938, 236) führt diese auch Wasseraloë benannte Art von hier an. Möglicherweise geht aber das Vorkommen auf Ansalbung zurück.

Im Uferbereich findet man außerdem *Carex rostrata,* *Carex elata, Carex elongata, Lycopus europaeus, Scirpus sylvaticus, Valeriana dioica, Poa trivialis, Salix aurita* und *Alnus glutinosa.* Einige weitere Arten wie z. B. Froschbiß *(Hydrocharis morsus-ranae)* und Wasserschierling *(Cicuta virosa)* erwähnt aus diesen ehemaligen Bohnerzgruben K. Mahler (1962, 45).

5.1.1.6 Haidhülm, Stadt Aalen (Ostalbkreis)

Lage: MTB 7127/3, 614 m NN
Mattern/Buchmann: II/17

Die Angabe von Mattern/Buchmann (1987, 38), daß es sich bei den Haidhülm bei Waldhausen auf dem Härtsfeld um eine weitgehend verlandete Hülbe handele, veranlaßte mich, auch hier Probebohrungen zu unternehmen. Am 8. 5. 1990 zeigte der im Schnabelseggenried in den Untergrund gedrückte Bohrstock:

0–25 cm   Wasser
25–36 cm   stark humoser Schluff
36–43 cm   steiniger, graubrauner Schluff (steckengeblieben)

Die Pollenzusammensetzung einer Einzelprobe aus 40–41 cm Tiefe dürfte aus dem 18. oder der ersten Hälfte des 19. Jahrhunderts stammen. In der Hülbe wuchsen Froschlöffel *(Alisma)* und Igelkolben oder Schmalblättriger Rohrkolben *(Sparganium/Typha angustifolia).* In nächster Umgebung wurde Getreide an-

Abb. 12: Bei der Wagnersgrube handelt es sich um eine der alten Erzgruben zwischen Oggenhausen und Nattheim auf dem Härtsfeld. In keiner dieser ehemaligen, teilweise wassergefüllten Abbaustellen wurde torfhaltiges Material gefunden. Um so beeindruckender ist die Flora. So konnte, wie man auf dem Bild vom 14. 6. 1992 erkennt, außer der Seerose, der Teichbinse und dem Teich-Schachtelhalm ein großer Bestand an Krebsscheren (*Stratiotes aloides*) bestätigt werden.

gebaut (Roggen 10,1%, übriges Getreide 10,2% der Pollensumme), daneben ließ sich Grünland nachweisen (Süßgräser = *Poaceae* 11,5%). Der Wald wurde damals in regelmäßigen Abständen etwa alle 20 Jahre geschlagen, so daß rasch mannbare, ausschlagfreudige Gehölze mit 53,3% überwiegen: Die Hasel hatte einen Anteil von 29,9, die Birke von 14,3, die Erle von 5,2 und die Hainbuche von 3,9% der Baumpollensumme. Die natürlicherweise hier vorherrschende Buche war auf 22,5% zurückgedrängt worden. Von der Fichte lag der Anteil bei nur 2%. Dies deutet auf Fernflug und nicht auf ein örtliches Vorkommen. In einer nur 5 cm höher gelegenen Probe (35 cm Tiefe) erkennt man die großen Veränderungen im Landschaftsbild während des 19. Jahrhunderts: Zwar blieb die Wasserpflanzenvegetation mit dem Froschlöffel und dem Igelkolben/ Schmalblättrigen Rohrkolben gleich, aber deutlich wurde die Getreideanbaufläche vergrößert. Der Roggenanteil steigt auf 18,3, der des übrigen Getreides auf 12,9%. Auch das Grünland dehnte sich aus (Süßgräser 15,2%), während nur noch 27,5% des Pollens von Bäumen stammt.

Dabei hat der Wald sein Aussehen stark verändert: Der Anteil der Baumarten, die kennzeichnend für Niederwaldnutzung sind, sinkt auf ein Fünftel (12,2%). Ursache sind die Nadelholzaufforstungen des 19. Jahrhunderts. So weist die Fichte 27% des Baumpollens auf. Daraus kann man schließen, daß diese Probe nicht älter als 100 Jahre ist.

5.1.1.7 Saatschulhülbe (= Hülbe an der Winterhalde), Schnaitheim, Stadt Heidenheim an der Brenz

Lage: MTB 7227/3, 585 m NN
Mattern/Buchmann: II/74

Als ebenfalls verlandete Hülbe wurde die Saatschulhülbe, die 1 km östlich der Ortsmitte von Schnaitheim im Wald am Rande des Härtsfeldes liegt, untersucht. Auch hier bedeckt ein moosreiches, betretbares Schnabelseggenried *(Caricetum rostratae)* die Wasserfläche:

Datum 8. 5. 1993 u. 13. 6. 1993
Aufnahmefläche 25 m²
Krautschicht (Deckung) 50%
Krautschicht (Höhe) bis 40 cm
Moosschicht (Deckung) 90%

Krautschicht

Carex rostrata	3	Schnabel-Segge
Menyanthes trifoliata	3	Fieberklee
Dryopteris carthusiana	2	Gewöhnlicher Dornfarn
Carex curta (= *C. canescens*)	+	Grau-Segge
Galium palustre	+	Sumpf-Labkraut
Carex elongata	+	Walzen-Segge
Lysimachia vulgaris	+	Gewöhnlicher Gilbweiderich
Cirsium palustre	r	Sumpf-Kratzdistel
Equisetum palustre	r	Sumpf-Schachtelhalm

Abb. 13: Die Saatschulhülbe liegt östlich von Schnaitheim am Rande eines Fichtenforstes. Der Schwingrasen wird hauptsächlich von der Schnabel-Segge *(Carex rostrata)*, dem Fieberklee *(Menyanthes trifoliata)*, dem Gewöhnlichen Dornfarn *(Dryopteris carthusiana)* und dicken Moospolstern aufgebaut. 8. 5. 1993.

Moosschicht

Calliergon stramineum	3	Strohgelbes Schönmoos
Sphagnum fallax	3	Gekrümmtes Torfmoos
Polytrichum commune	2	Gewöhnliches Widertonmoos

Die Wasseruntersuchung an diesem Standort brachte folgende Befunde:

pH-Wert	5,7
Gesamthärte	0,8° dH
Carbonathärte	0,6° dH
Ammoniumgehalt	0,0 mg/l
Nitratgehalt	0,0 mg/l
Phosphatgehalt	0,05 mg/l
Chloridgehalt	20 mg/l

Das hier am 22. 5. 1990 mit dem Pürckhauer entnommene Bodenprofil sah folgendermaßen aus:

0–30 cm	rezent durchwurzelter Schwingrasen *(Caricetum rostratae)*
30–80 cm	Wasser
80–115 cm	Schluff mit organischen Resten (steckengeblieben)

Die geringe Tiefe zeigt, daß es sich um keine alte Lehmabbaustelle handelt, was Mattern/Buchmann (1987, 49) in Erwägung zogen, sondern um ein typisches Wasserbecken. Dessen Bedeutung mag in einem Wald unverständlich erscheinen. Sehen wir uns jedoch die pollenanalytischen Befunde an, so erkennt man, daß die Schluffproben gebildet wurden, als noch ein lichter Eichenhudewald mit vielen Grünlandarten sich hier ausdehnte (Baumpollen 60%, Poaceae 17%). Das heißt, dieses Gebiet diente wohl bis ins 19. Jahrhundert als

Waldweide. Etwa alle 20 Jahre wurde das aufkommende Unterholz für Brennholzzwecke geschlagen. Nur die Eiche (60% des Baumpollens) und einige Buchen (15% des Baumpollens) wurden geschont, da das Eichenholz für Bauzwecke benötigt wurde und die Eicheln und Bucheckern ein wichtiges Futter bildeten (Kap. 6.5.7, S. 120 f.).

In der Hülbe wuchsen schon damals Froschlöffel, Igelkolben oder Schmalblättriger Rohrkolben und Sauergräser. Sie bewirkten schließlich die Verlandung, als im letzten Jahrhundert die Weiderechte abgelöst und die Umgebung aufgeforstet wurde.

Bemerkenswert ist noch der im Vergleich zum übrigen Getreide geringe Roggenanteil (Secale = 25% des Gesamtgetreidepollens) im Unterschied zu den Ergebnissen auf dem Albuch. Vermutlich ist die Umgebung der Saatschulhülbe klimatisch und bodenkundlich gegenüber den untersuchten Gebieten westlich von Kocher und Brenz begünstigt.

Ergänzend seien noch einige Pflanzenarten angeführt, die außerhalb der Aufnahmefläche im Mai und Juni 1993 festgestellt wurden. Es handelt sich um *Lemna minor, Utricularia* cf. *australis* und *Riccia fluitans* im Wasser sowie um *Juncus effusus, Equisetum fluviatile, Stellaria uliginosa, Phalaris arundinacea, Salix caprea* und *Sphagnum palustre* im Randbereich.

5.1.1.8 Judenmahdhülbe, Gemeinde Steinheim am Albuch (Kr. Heidenheim)

Lage: MTB 7226/3, 635 m NN
Mattern/Buchmann: I/62

Im Gewann Judenmahd, westlich der Straße Steinheim–Bartholomä, liegen zwei durch einen künstlichen Graben verbundene Senken, die von Seggen (hauptsächlich *Carex brizoides*) bewachsen sind. Nach Mattern/Buchmann (1983, 146) sollte es sich hierbei um weitgehend verlandete Dolinen handeln, so daß Untersuchungen sinnvoll erschienen. Das Bodenprofil vom 22. 5. 1990 ergab jedoch nur Pseudogley ohne Torfbildung:

- 0–20 cm stark humoser, durchwurzelter Schluff
- 20–32 cm nach unten zunehmend wässriger, toniger, rostfleckiger, steiniger, mäßig humoser Schluff (stekkengeblieben)

Die Pollenuntersuchungen zeigten, daß es sich bei dem Schluff aus 25 cm Tiefe um umgelagertes Material handelt. Es ist eine Mischung aus Pollen der Eichenmischwaldzeit (*Tilia* 20%, Polypodiaceae 37% der Gesamtpollensumme) mit Besiedlungszeigern aus der Neuzeit (7,7% Getreidepollen). Die jüngeren Proben aus 15 und 5 cm Tiefe stammen bereits aus dem 20. Jahrhundert, wie der hohe Fichtenanteil (24% der Gesamtpollensumme = 42% der Baumpollensumme) belegt.

Natürlich wurden noch mehrere andere Hülben und Vernässungen aufgesucht. Der Bohrstock zeigte jedoch bereits – wie z. B. bei der Hirschhülbe am Bärenberg –, daß für die vorliegende Fragestellung keine erfolgversprechenden Sedimente vorhanden sind.

Vom Kühloch bei Mergelstetten (Gem. Herbrechtingen) wird im Kapitel 6.5.7 (S. 121 f.) das Waldbild des frühen 19. Jahrhunderts vorgestellt. Die übrigen Befunde sollen an anderer Stelle veröffentlicht werden. Hier sei nur erwähnt, daß der Schwingrasen dieses einst 2,8 m tiefen Wasserloches von vielen Moospolstern bedeckt ist. Genannt seien Hakiges Sichelmoos (*Sanionia uncinata*), Schiefbüchsenmoose (*Plagiothecium nemorale* und *ruthei*), Schönes Kranzmoos (*Rhytidiadelphus loreus*), ein Beckenmoos (*Pellia neesiana*) und Brunnenlebermoos (*Marchantia polymorpha*).

5.1.2 Moore und Sümpfe

Die Naturschutzgebiete „Rauhe Wiese" und „Streuwiese bei Rötenbach" sind die Reste einer bis in die Mitte des 19. Jahrhunderts zusammenhängenden Moorheide zwischen Böhmenkirch und Bartholomä. Diese Landschaft wurde einst auch „Rauhes Ried", ab dem 19. Jahrhundert aber nur noch als „Rauhe Wiese" bezeichnet. In den letzten 150 Jahren wurden große Teile nach Entwässerungsmaßnahmen mit Fichten aufgeforstet. Andere Gebiete wurden – vor allem nach Gründung der Heidhöfe ab 1933 – mit Hilfe entsprechender Düngung und Bodenbearbeitung in Acker- und Grünland übergeführt.

Da durch die Untersuchungen von Hauff (1937, 78 f.) bekannt war, daß in diesen flachgründigen Vermoorungen pollenhaltige Sedimente vorliegen, wurden hier die für diese Arbeit wichtigsten und aussagekräftigsten Proben gewonnen.

5.1.2.1 Das Naturschutzgebiet „Rauhe Wiese", Gemeinde Bartholomä (Ostalbkreis)

Lage: MTB 7225/4, 665 m NN

Im NSG (= Naturschutzgebiet) Rauhe Wiese bestätigte sich die Angabe von Hauff (1937, 79), daß der Torf an den Stellen am mächtigsten ist, wo Scheidiges Wollgras (*Eriophorum vaginatum*) reichlich wächst. Deshalb wurde in der Nähe des Weihers gegenüber vom Hochsitz (r 35 6996 und h 53 9971) am 18. 4. 1989 ein Sedimentpfeiler ergraben. Die Umgebung des Ortes zeigt folgende Vegetation:

Datum 14. 6. 1989 und 17. 8. 1989
Aufnahmefläche 50 m²
Krautschicht Deckung 70%
Krautschicht Höhe 30 cm
Moosschicht Deckung 90%

Abb. 14: Einen Eindruck, wie frühere „Holzmähder" auf der Rauhen Wiese aussahen, gibt das Naturschutzgebiet „Rauhe Wiese" süd-südwestlich von Bartholomä. An den nässesten Stellen liegen bis über 50 cm mächtige Torfe vor, die nicht nur eine besondere Flora tragen, sondern auch ausgezeichnete Erhaltungsbedingungen für den Pollen darstellen. Foto: 14. 6. 1989.

Krautschicht

Eriophorum vaginatum	4	Scheidiges Wollgras
Carex fusca (= *C. nigra*)	2	Braune Segge
Agrostis canina	2	Hunds-Straußgras
Molinia caerulea	2	Blaues Pfeifengras
Eriophorum angustifolium	1	Schmalblättriges Wollgras
Potentilla erecta	1	Blutwurz

Moosschicht

Sphagnum fallax	5	Gekrümmtes Torfmoos
Polytrichum commune	2	Gewöhnliches Widertonmoos
Aulacomnium palustre	+	Moor-Streifensternmoos

Nach K. Dierssen (1977, 292) kann diese Artenkombination zur *Eriophorum vaginatum* – Gesellschaft innerhalb der Klasse *Oxycocco-Sphagnetea* (Zwergstrauchreiche Hochmoor-Torfmoosgesellschaften) gestellt werden. Diese Gesellschaft ist in Baden-Württemberg bisher nur vom Schwarzwald und vom Schwenninger Moos beschrieben worden.

Wenn auch grundsätzlich die aufgeführten Pflanzenarten für saure, nährstoff- und basenarme Böden kennzeichnend sind, so weist doch *Polytrichum commune* auch auf einen minerotrophen Einfluß hin. *Molinia caerulea* und *Aulacomnium palustre* belegen ein oberflächliches Abtrocknen. Das heißt, es treten im Jahresverlauf starke Wasserstandsschwankungen auf.

Bei genauer Beobachtung kann man deshalb erkennen, wie sich in diesem Gelände verschiedene Pflanzengesellschaften in Abhängigkeit von Torfmächtigkeit, Grundwasserspiegel und Bewirtschaftung ablösen.

An einzelnen feuchten Stellen wächst ein Borstgras-Torfbinsenrasen (*Juncetum squarrosi*) mit *Juncus squarrosus, Nardus stricta, Potentilla erecta, Polygala serpyllifolia, Pedicularis sylvatica, Agrostis canina, Carex echinata, Sphagnum capillifolium* (= *S. nemoreum*) und *Sphagnum russowii*.

Im größten Teil des Schutzgebietes trocknet aber im Sommer der Boden soweit aus, daß sich Gesellschaften des Verbandes *Nardion* (hochmontane Borstgrasmatten) ausbreiten konnten. Als kennzeichnende Arten können vorgestellt werden *Arnica montana, Calluna vulgaris, Carex leporina, Carex pallescens, Carex pilulifera, Luzula multiflora, Holcus mollis, Anthoxanthum odoratum, Agrostis capillaris* (= *A. tenuis*), *Galium harcynicum, Campanula rotundifolia, Genista tinctoria, Hieracium umbellatum, Scorzonera humilis, Vaccinium myrtillus, Deschampsia flexuosa* (= *Avenella f.*), *Genista sagittalis* (= *Chamaespartium s.*), *Melampyrum pratense, Lycopodium clavatum, Sphagnum compactum, Dicranum polysetum* (= *D. undulatum*), *Campylopus pyriformis, Pohlia nutans* und *Pleurozium schreberi*. Sicherlich ist diese Gesellschaft durch die bis ins 19. Jahrhundert übliche Beweidung gefördert worden.

Daneben entdeckt man – wohl als Überreste früherer Mähder – Pfeifengraswiesen (Ordnung *Molinietalia*), die in Bereichen, wo die Bodenverhältnisse günstiger sind, zu armen Fettwiesen (Ordnung *Arrhenatheretalia*) überleiten. So sieht man *Molinia caerulea, Succisa pratensis, Carex brizoides, Lathyrus linifolius, Anemone nemorosa, Molinia arundinacea, Deschampsia cespitosa, Valeriana dioica, Lychnis flos-cuculi, Carex flava, Polygonum bistorta, Juncus effusus, Cardamine pratensis, Geum rivale, Myosotis palustris* agg., *Stellaria graminea, Ranunculus acris, Alopecurus pratensis, Angelica sylvestris, Veronica chamaedrys, Euphrasia rostkoviana, Taraxacum officinale, Rumex acetosa, Poa pratensis, Vicia sepium, Festuca pratensis, Galium album* und *Rhytidiadelphus squarrosus*.

Auf dem Trampelpfad selber halten sich *Juncus tenuis, Cynosurus cristatus, Leontodon autumnalis, Veronica serpyllifolia, Poa annua, Alchemilla monticola, Trifolium repens, Lolium perenne* und *Plantago major*.

Am Waldrand wachsen außerdem *Epilobium angustifolium, Rubus idaeus, Galium rotundifolium, Dryopteris carthusiana, Senecio fuchsii, Convallaria majalis, Digitalis purpurea, Pulmonaria obscura, Calamagrostis epigeios* und *Hylocomium splendens*.

Besonders lebendig wird das Landschaftsbild durch einige Büsche und Bäume. Es handelt sich um *Betula pubescens, Populus tremula, Sorbus aucuparia, Frangula*

Abb. 16: Desetangs Johanniskraut *(Hypericum desetangsii)* am 9. 7. 1992 im Naturschutzgebiet „Rauhe Wiese". Das Verbreitungsbild dieses Hartheugewächses ist noch weitgehend ungeklärt, da auf diese Art bisher nur wenig geachtet wurde.

Abb. 15: Das Naturschutzgebiet „Rauhe Wiese" ist bekannt für seine säureertragenden Magerkeitszeiger, die auf der von kalkliebender Flora geprägten Schwäbischen Alb große Besonderheiten sind. Hierzu gehört auch der Berg-Wohlverleih *(Arnica montana)*, der von Mitte Juni bis Mitte Juli – fotografiert am 9. 7. 1989 – noch reichlich blüht.

alnus, Salix cinerea und *aurita* sowie um ein paar Fichten *(Picea abies)*.

An Moosarten fanden sich unter den Gehölzen *Dicranum scoparium, Herzogiella seligeri, Hypnum cupressiforme, Plagiomnium affine, Plagiothecium curvifolium, Pohlia nutans, Polytrichum commune* und *formosum, Sphagnum palustre, Tetraphis pellucida* und *Thuidium tamariscinum*.

Die Nadelbäume stellen für diesen Lebensraum eine gewisse Gefahr dar. Während nämlich die Rotbuche wasserstauenden Boden meidet, kann die Fichte auch in nassen, basenarmen, modrig-torfigen Lehm- und Tonböden wurzeln. Läßt man sie hier aufkommen, senkt sie durch ihre stark wasserentziehende Wirkung den Grundwasserspiegel, baut mit Hilfe ihrer Wurzelpilze allmählich den Rohhumus ab und verdrängt zusätzlich die schützenswerte Flora durch zu starke Beschattung.

Es wurde deshalb 1987 von der Bezirksstelle für Naturschutz und Landschaftspflege in Stuttgart ein in das Naturschutzgebiet hineinreichender Fichtenstreifen gerodet und 1989 der Wurzelhorizont abgetragen.

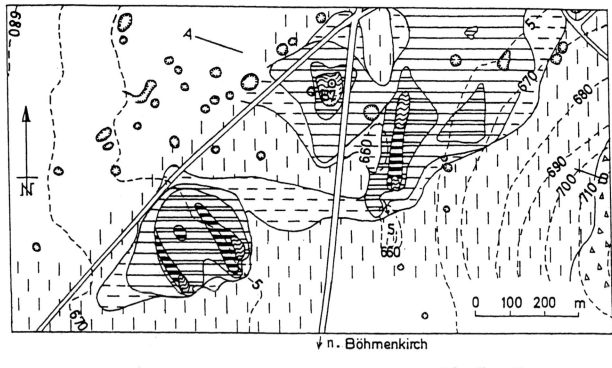

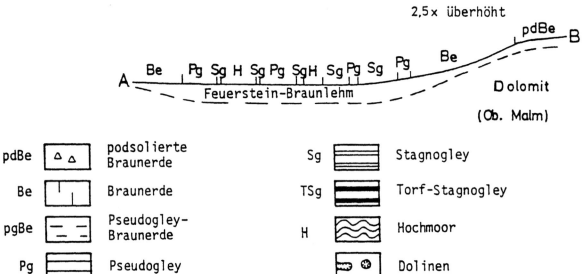

Abb. 17: In den Naturschutzgebieten „Rauhe Wiese" (unten links) und „Streuwiese bei Rötenbach" (rechts von der Straße nach Böhmenkirch) liegen als Böden hauptsächlich Stagnogleye vor. Nur an wenigen, kleineren Stellen weisen sie stärkere Torfauflagen auf. Wegen des zu hohen mineralischen Anteiles handelt es sich jedoch nicht um Hochmoor-, sondern Zwischenmoortorf (Abb. aus Bleich 1979, 508).

Dies scheint sich positiv für das Moor auszuwirken. So blühten 1992 bzw. 1993 auf dem ehemaligen Fichtenstreifen neben weiter verbreiteten Arten wie Kleiner Sauerampfer (*Rumex acetosella*), Huflattich (*Tussilago farfara*), Acker- und Sumpf-Kratzdistel (*Cirsium arvense und palustre*), Vogel-Wicke (*Vicia cracca*), Kriechender Hahnenfuß (*Ranunculus repens*), Gewöhnliches Hornkraut (*Cerastium holosteoides*) und Wald-Greiskraut (*Senecio sylvaticus*) auch Desentangs Johanniskraut (*Hypericum desentangsii*) und die Zwiebel-Binse (*Juncus bulbosus*). Diese Binse, eine Pionierpflanze nährstoff- und kalkarmer, mäßig saurer Sand- und Torfschlammböden, hat vermutlich hier den einzigen Standort auf der Schwäbischen Alb. Auffälligerweise hat sie bereits Hauff (1936, 137) von den Hülben und feuchten Äckern auf der Rauhen Wiese angegeben. Einen günstigen Standort fand auf dieser Fläche ein kalkscheues Erdmoos, das Einseitswendige Kleingabelzahnmoos (*Dicranella heteromalla*).

Zuletzt seien noch die beiden Weiher angeführt. Im ersteren, dem nördlichen gibt es Schwimmendes Laichkraut (*Potamogeton natans*), Kleine Wasserlinse (*Lemna minor*), Breitblättrigen Rohrkolben (*Typha latifolia*) und Gewöhnliche Sumpfbinse (*Eleocharis palu-*

stris). Am Rande blühen Schmalblättriges Wollgras *(Eriophorum angustifolium)*, Knäuel-Binse *(Juncus conglomeratus)* und Sumpf-Hornklee *(Lotus uliginosus)*.

Vom zweiten, einem von Torfmoosen bewachsenen Ringgraben („Ringhülbe"), wurde am 24. 4. 1993 das Wasser untersucht:

pH-Wert 4,3
Gesamthärte 0,2° dH
Ammoniumgehalt 0,0 mg/l
Nitratgehalt 0,0 mg/l
Phosphatgehalt 0,0 mg/l
Chloridgehalt 10 mg/l

Die Ergebnisse unterstreichen die Sonderstellung des Gebietes für ein Kalkgebirge: Das Wasser weist einen für Zwischenmoore typischen pH-Wert auf und ist äußerst nährstoff- und kalkarm. Eine Belastung durch Industrie oder Landwirtschaft ist nicht feststellbar.

Über die Insel der „Ringhülbe" hatte im Juni 1992 die Moosbeere *(Oxycoccus palustris = Vaccinium oxycoccos)* mit ihren fadenförmigen, niederliegenden Zweigen ein Netz „gesponnen". Auf einigen Bulten konnte man auch die Rosmarinheide *(Andromeda polifolia)* sehen. Vermutlich geht aber das Vorkommen beider Arten auf Ansalbungen vor etwa 30 Jahren zurück (S. 109).

Ein Neubürger, der das Naturschutzgebiet ohne direkte menschliche Hilfe erreicht hat, ist dagegen das Haartragende Krummstielmoos *(Campylopus introflexus)*. Es wurde um 1941 von der Südhalbkugel (Südamerika / Australien) nach England eingeschleppt. Die nächste Angabe stammt 1954 aus Frankreich. Ungefähr 1970 ist es in Westfalen entdeckt worden und hat seitdem viele kalkfreie Standorte im westlichen Deutschland besiedelt. Im Naturschutzgebiet Rauhe Wiese fand ich dieses Moos im September 1992 auf morschem Holz.

Dieses Vegetationsmosaik spiegelt sich auch in den Bodenkarten von der Rauhen Wiese (Bleich 1979, 508. Bleich u. a. 1987, 115) wider: Am häufigsten sieht man in den beiden Naturschutzgebieten (Abb. 17) Stagnogleye mit unterschiedlich mächtigen Torfauflagen. Nur auf vier kleineren Stellen von je rund 100 a Ausmaß ist die Torfmächtigkeit so groß (> 30 cm), daß man an Hochmoore erinnert wird. Jedoch enthalten die Böden mit 20–40% Asche einen hierfür viel zu hohen mineralischen Anteil (Kap. 5.5.1.2, S. 74), das Wasser einen zu hohen pH-Wert und die Vegetation zu viele Zwischenmoorarten.

In den trockeneren Randbereichen gehen die Stagnogleye in Pseudogleye und an den Hängen in Braunerden über, so daß dort ein Wechsel zu den erwähnten mageren Fettwiesen feststellbar ist.

5.1.2.2 Das Naturschutzgebiet „Streuwiese bei Rötenbach", Gemeinde Bartholomä (Ostalbkreis)

Lage: MTB 7225/4, 661 m NN

Einen weiteren Rest der ursprünglichen Rauhen Wiese findet man im 5,6 ha großen Naturschutzgebiet „Streuwiese bei Rötenbach". Auch hier wurde die größte Torfmächtigkeit unter einer *Eriophorum vaginatum*-Gesellschaft festgestellt. Am 25. 4. 1989 wurde ein Sedimentpfeiler mit der Lagebezeichnung r 35 7054 und h 54 0000 ergraben. Mit dem in 1/2 cm Scheiben aufgetrennten Material wurden Pollenanalysen, Glühverlustbestimmungen, Elementanalysen und Radiocarbondatierungen durchgeführt.

Insgesamt gesehen liegt der Grundwasserspiegel tiefer, so daß nur wenige Stellen stärkere Torfmächtigkeiten mit entsprechenden Moorarten aufweisen. Das Vegetationsbild wird im Spätsommer hauptsächlich vom Blauen Pfeifengras *(Molinia caerulea)* beherrscht. Das häufige Auftreten dieses Grases ist sicherlich eine Folge der Streunutzung. Sie gewann ab der Mitte des letzten Jahrhunderts große Bedeutung, als die Stallfütterung des Viehs eingeführt wurde. Aus dieser Zeit stammt wohl die Bezeichnung „Streuwiese", während vorher entsprechende Standorte als „Ried" bezeichnet wurden.

Von den typischen Magerkeitszeigern können genannt werden: *Lathyrus linifolius* (= *L. montanus*), *Carex brizoides*, *Rhinanthus minor*, *Luzula multiflora*, *Antho-*

Abb. 18: Auf der Aufnahme vom Naturschutzgebiet „Streuwiese bei Rötenbach" sieht man im Vordergrund ein 1975 als Ersatz für die abgegangene Junkershülbe neu angelegtes Wasserbecken. In der anschließenden Pfeifengraswiese wachsen im Gegensatz zum NSG „Rauhe Wiese" bis auf einige Fichten, Moor-Birken und Faulbäume keine Gehölze. Im Hintergrund erkennt man Fichtenaufforstungen (Foto vom 25. 8. 1992).

xanthum odoratum, Carex pilulifera, Festuca ovina, Viola canina, Nardus stricta, Potentilla erecta, Deschampsia flexuosa, Calluna vulgaris, Arnica montana, Succisa pratensis, Galium harcynicum, Vaccinium myrtillus, Hypericum maculatum, Genista tinctoria, Genista sagittalis, Campylopus introflexus und *pyriformis, Pleurozium schreberi* und *Sphagnum compactum.*

Wo der Boden nässer ist, sieht man *Carex fusca, Eriophorum angustifolium, Eriophorum vaginatum, Carex panicea, Polygonum bistorta, Juncus effusus, Cirsium palustre, Geum rivale, Scrophularia nodosa, Aulacomnium palustre* und *Sphagnum capillifolium.*

Von Norden haben sich außerdem mehrere „Grünlandarten" festgesetzt. Dazu gehören *Alopecurus pratensis, Avena pubescens, Poa pratensis, Ranunculus acris, Veronica chamaedrys, Cerastium holosteoides, Trifolium pratense, Taraxacum officinale, Ajuga reptans, Cardamine pratensis, Galium album* und *Vicia sepium.*

Im Unterschied zum Naturschutzgebiet Rauhe Wiese grenzt die Rötenbacher Streuwiese im Westen an Felder.

5.1.2.3 Das Naturdenkmal „Große Birkenhülbe", Gemeinde Bartholomä (Ostalbkreis)

Lage: MTB 7225 / 4, 675 m NN
Mattern / Buchmann: I / 12

Erfreulicherweise gibt es noch ein weiteres, leider sehr kleines Überbleibsel einer Moorheide: Zwischen der Großen Birkenhülbe (südlich vom Inneren Kitzinghof) und einem Fichtenforst liegt eine kleine Streuwiese, die mir durch ihre Flora auffiel. Hier wachsen ebenfalls viele Säure- und Magerkeitszeiger. Nach Aufnahmen vom 13. 6. 1991 und 9. 7. 1992 seien wiedergegeben von den Süßgräsern *Anthoxanthum odoratum, Avenella flexuosa* (= *Deschampsia flexuosa*), *Festuca rubra* agg., *Molinia caerulea* und *Nardus stricta*; von den Sauergräsern *Carex echinata, Carex leporina, Carex nigra* (= *C. fusca*), *Carex pilulifera* und *Eriophorum angustifolium*; von den Binsengewächsen *Juncus acutiflorus, Juncus conglomeratus, Juncus squarrosus* und *Luzula multiflora*; von den Zweikeimblättrigen *Arnica montana, Calluna vulgaris, Galium harcynicum, Pedicularis sylvatica, Polygala serpyllifolia, Potentilla erecta, Stachys officinalis* (= *Betonica off.*) und *Succisa pratensis*; letztendlich von den Moosen *Aulacomnium palustre, Polytrichum commune, Rhytidiadelphus squarrosus, Sphagnum capillifolium* und *Sphagnum palustre.*

Tatsächlich erbrachte die Grabung am 14. 9. 1990 einen torfhaltigen 32,5 cm mächtigen Sedimentpfeiler, der sehr reichlichen Blütenstaub enthielt. Die Lagebezeichnung lautet r 35 6918 und h 54 0146.

Abb. 19: Eine sehr kleine, aber floristisch wertvolle Streuwiese befindet sich zwischen der Großen Birkenhülbe südlich vom Inneren Kitzinghof und dem dahinter liegenden Fichtenforst. Das Bild vom 9. 7. 1992 zeigt die 1975 entlandete Hülbe, deren Wasserfläche inzwischen von einem Teppich aus Kleiner Teichlinse *(Lemna minor)*, Schwimmendem Laichkraut *(Potamogeton natans)*, Wasserstern *(Callitriche palustris* agg.) und Submersem Sternlebermoos *Riccia fluitans)* bedeckt ist.

Am Übergang zur angrenzenden Feuchtwiese entdeckt man *Cirsium palustre, Valeriana dioica, Ranunculus acris, Cardamine pratensis, Myosotis palustris, Lychnis flos-cuculi, Polygonum bistorta, Lotus uliginosus, Deschampsia cespitosa* und andere. Interessant ist auch die Flora an und in der Hülbe selbst. Angaben hierzu findet man bei Müller u. a. (1980, 181) und Mattern / Buchmann (1983, 129).

Fassen wir zusammen, so wachsen heutzutage auf den Restflächen der ehemaligen Rauhen Wiese aufgrund der Feuersteinlehmdecken Gesellschaften saurer und nährstoffarmer Böden, die in Abhängigkeit vom Grundwasserstand ein Vegetationsmosaik ausgebildet haben. Direkte oder indirekte menschliche Eingriffe (Mahd, Beweidung, Abholzung, Aufforstung, Entwässerung, Düngung) überlagern oder zerstören dieses für die Schwäbische Alb äußerst ungewöhnliche und unbedingt erhaltenswerte Bild.

5.1.2.4 Das Naturschutzgebiet „Weiherwiesen", Gemeinde Essingen (Ostalbkreis)

Lage: MTB 7226 / 1, 673 m NN

Wenn man durch die etwas eintönigen Fichtenkulturen von Tauchenweiler in Richtung Bartholomä wandert, öffnet sich plötzlich eine große Lichtung mit zwei Weihern sowie Grünland mit säure- und magerkeitszeigender Flora, die Weiherwiesen.

Da auf dem nördlich angrenzenden Gebiet, dem Weiherplatz, die archäologischen Ausgrabungen zur vorgeschichtlichen Eisenerzverhüttung (Beitrag Kempa, S. 150 f.) durchgeführt wurden, war ich bemüht, im nahen Umkreis für die Pollenanalyse geeignete Sedi-

Abb. 20: Da auf den Weiherwiesen oberhalb von Essingen archäologische und geologische Untersuchungen durchgeführt wurden, wurde auch hier in einer versumpften Stelle westlich des oberen Weihers (links im Bild) ein Profilpfeiler für naturwissenschaftliche Analysen ergraben. Der Blick geht über das Naturschutzgebiet „Weiherwiesen" zu dem dahinterliegenden ackerbaulich genutzten Weiherplatz mit den blühenden Rapsfeldern und zu den Fichtenaufforstungen (Foto vom 13. 6. 1991).

mente zu finden. Als am günstigsten erwies sich die versumpfte Senke 40 m westlich des oberen Weihers mit der Lagebezeichnung r 35 7494 und h 54 0482. Nach Testbohrungen wurde hier am 14. 9. 1990 ein Sedimentpfeiler von 36,5 cm Mächtigkeit ergraben.
Die Vegetation in der Umgebung sah folgendermaßen aus:

Datum 14. 9. 1990
Aufnahmefläche 25 m²
Krautschicht Deckung 95%
Krautschicht Höhe 30–(70) cm
Moosschicht Deckung 30%
Krautschicht

Comarum palustre (= *Potentilla p.*)	3	Sumpfblutauge
Eriophorum angustifolium	2	Schmalblättriges Wollgras
Lysimachia vulgaris	2	Gewöhnlicher Gilbweiderich
Agrostis canina	1	Hunds-Straußgras
Epilobium palustre	1	Sumpf-Weidenröschen
Lotus uliginosus	1	Sumpf-Hornklee

Moosschicht

Sphagnum subsecundum	3	Einseitswendiges Torfmoos

Da wie im Gebiet der Rauhen Wiese im Untergrund wasserstauende, bodensaure Feuersteinlehme verbreitet sind, ähnelt die Pflanzendecke den vorher besprochenen Vermoorungen, wobei aber eine Hochmoorvegetation fehlt. Dafür findet man, abgesehen von den Wasserpflanzen und den Verlandungsarten an den Weihern, anspruchsvollere Staudenfluren mit *Trollius europaeus, Dactylorhiza majalis, Filipendula ulmaria, Scirpus sylvaticus, Sanguisorba officinalis* und *Caltha palustris*, die alle auf nährstoffreichere Böden hindeuten. Erste floristische Hinweise finden sich auch hier wieder bei Hauff (1936, 120 ff.). Aus den fünfziger Jahren liegen einige Fundortsangaben von Mahler (1952, 176–190; 1953, 74–89; 1956, 141–152) vor. Ausführliche naturkundliche Beschreibungen der Weiherwiesen stammen von A. Weiss (1988, 9 ff.) und Weiss / Mattern /

Abb. 21: Wenn man aus den etwas eintönigen Fichtenforsten auf die Weiherwiesen heraustritt, ist man immer wieder von der schönen Flora begeistert. Dazu gehören außer der am 13. 6. 1991 fotografierten Quendelblättrigen Kreuzblume *(Polygala serpyllifolia)*, die Heide-Nelke *(Dianthus deltoides)*, der Berg-Wohlverleih *(Arnica montana)*, der Körnige Steinbrech *(Saxifraga granulata)*, das Hunds- und das Sumpf-Veilchen *(Viola canina* und *V. palustris)* sowie weitere 200 Arten.

Wolf (1991, 36–44), so daß hier nicht weiter auf die Vegetation eingegangen werden braucht.

Aufgezählt seien nur die Blütenpflanzen, die in der Artenliste von Weiss (1988, 78–90) fehlen und die von mir[11] festgestellt wurden. Es handelt sich um *Achillea ptarmica*, *Senecio erucifolius* und *Trifolium dubium* in den Feuchtwiesen, um *Plantago media*, *Rumex obtusifolius*, *Alchemilla monticola*, *Rhinanthus alectorolophus* und *Carum carvi* in den Öhmdwiesen, um *Matricaria discoidea*, *Odontites vulgaris* und *Plantago major* von den Wegrändern, um *Cirsium arvense* und *Linaria vulgaris* in den Staudenfluren und um *Galium verum*, *Origanum vulgare*, *Euphrasia stricta* und *Fragaria vesca* in den Waldsäumen.

5.2 Die Sedimentbeschreibungen (Stratigraphie)

Beschrieben werden nur die Profile, von denen später auch Pollendiagramme erstellt wurden. Als erstes folgen die Ergebnisse der Bohrungen in den Hülben:

Hülbe am Märtelesberg I

0–57 cm	sehr wässriger, stark durchwurzelter, sehr schwach zersetzter Zwischenmoortorf
57–61 cm	schwach zersetzter Torf mit Cyperaceenradizellen und einigen Braunmoosblättchen
61–73 cm	lehmiger, etwas steiniger Schluff mit Oogonien von Armleuchteralgen, einigen Braunmoosblättchen und Chitinresten
	66 cm: *Leptodictyum riparium*: Blättchen
	72 cm: *Taraxacum officinale*: 1 Frucht

Weitere Bohrungen in dieser Hülbe bestätigten den Aufbau einer jungen Schwingrasendecke in einem flachen Gewässer.

Neue Hülbe II

0–50 cm	sehr wässriger, sehr schwach zersetzter Zwischenmoortorf (Schwingrasen aus *Carex rostrata*-Rhizomen und Sphagnen)
50–85 cm	stark wässriger, schwach bis mäßig zersetzter Sphagnumtorf mit Cyperaceenradizellen und einzelnen Braunmoosblättchen
	71 cm: *Philonotis sp.*: Blättchen
	81 cm: *Carex rostrata*: 1 Frucht
85–108 cm	steinig-lehmiger Schluff mit Blattresten und Cyperaceenradizellen
	85–103 cm: Oogonien von Armleuchteralgen
	89 cm: *Potamogeton natans*: 6 Früchte
	91 cm: *Potamogeton natans*: 7 Früchte
	95 cm: *Carex rostrata*: 1 Frucht
	105–107 cm: einige Braunmoosblättchen

Auch hier bestätigte eine zweite Bohrung (Neue Hülbe I) die vorliegende Beschreibung: Es handelt sich um eine nur etwa 85 cm tiefe, muddefreie Wasserstelle, die von einem jungen Schwingrasen überwachsen ist.

Westliche Birkenhülbe I

0–80 cm	sehr wässriger, sehr schwach bis schwach zersetzter Zwischenmoortorf mit Radizellen vor allem von Sauergräsern sowie einige Torf- und Braunmoose
	56 cm: *Carex rostrata*: 1 Samen
	60 cm: *Carex rostrata*: 1 Frucht
	64 cm: *Potamogeton natans*: 1 Frucht; *Drepanocladus exannulatus*: Blättchen
	68 cm: *Carex rostrata*: 1 Frucht
80–89 cm	mittelstark zersetzter Torf mit Cyperaceenradizellen und einigen Chitinresten
	86 cm: *Potamogeton natans*: 2 Früchte; einige Braunmoosblättchen
	88 cm: *Potamogeton natans*: 2 Früchte
89–100 cm	grauer, lehmiger Schluff (ohne Makroreste)

Falchenhülbe II

0–10 cm	kaum bis schwach zersetzter, rezent durchwurzelter Sphagnumtorf
	0 cm: *Betula alba* (= *B. pendula* oder *pubescens*): 2 Fruchtschuppen
10–22 cm	schwach bis mäßig zersetzter, rezent durchwurzelter Kräutertorf mit Torfmoosen
22–32 cm	mäßig zersetzter Kräutertorf mit Blatt- und Wurzelresten
	24 cm: einige Braunmoosblättchen
	26 cm: *Carex rostrata*: 2 Früchte; einige Sphagnumblättchen
32–36 cm	stark zersetzter Torf mit Holzkohleresten und Wurzelresten
	34 cm: *Potamogeton natans*: 1 Frucht; Blattreste
36–54 cm	toniger Schluff mit Steinchen

Auch hier zeigte das Profil Falchenhülbe I die gleiche Abfolge. Es folgen die Profilbeschreibungen aus den Zwischenmooren:

Rauhe Wiese I

0–11 cm	stark rezent durchwurzelter, schwach bis mittelstark zersetzter Sphagnumtorf (H 3)
	1 cm: *Aulacomnium palustre*: Blättchen; *Polytrichum commune*: Blättchen
	4,5 cm: *Betula alba*: 2 Früchte
	5,5 cm: *Betula alba*: 1 Frucht
	9 cm: *Betula alba*: 1 Frucht
11–50 cm	oben mittelstark zersetzter Torf mit einigen Sphagnumblättchen und Radizellen, der nach unten zunehmend stärker zersetzt ist (H 9)
	25,25–26,25 cm: einzelne Holzkohlestückchen
	41–47 cm: Holzkohlestückchen
	ab 42 cm: vereinzelt Steinchen
50–58 cm	stark humoser Schluff mit Steinen

Rötenbacher Streuwiese

0–5 cm	kaum zersetzter, stark durchwurzelter, sphagnumreicher Seggentorf

---

11 Nach Exkursionen am 14. 9. 1990, 13. 6. 1991 und 25. 8. 1992.

5–29,5 cm	stark bis sehr stark zersetzter, rezent durchwurzelter (darunter Cyperaceenradizellen) Torf (H 9) 13,5–22,0 cm: einige Holzkohlestückchen
29,5–33 cm	stark humoser, sehr stark zersetzter Torf (Moorerde), rezent durchwurzelt
33–37 cm	stark humoser Schluff mit Feuersteinen, mäßig durchwurzelt

Streuwiese bei der Großen Birkenhülbe

0–3 cm	sehr schwach zersetzter Sphagnumtorf mit Cyperaceenradizellen (H 2–3)
3–15 cm	stark durchwurzelter, nach unten zunehmend stärker zersetzter Torf (H 4–8) mit Cyperaceenradizellen, einzelnen Sphagnumblättchen und einigen Steinchen
15–32,5 cm	stark bis sehr stark zersetzter, durchwurzelter (überwiegend Cyperaceenradizellen), von Feuersteinen durchsetzter Torf (H 8–9) 15,5 cm: *Carex* sp.: 1 Frucht 20–20,5 cm: Holzkohlestückchen 22,5 cm: Holzkohlestückchen 23,5–25 cm: Holzkohlestückchen

Weiherwiesen I

0–14 cm	stark durchwurzelter (*Potentilla palustris*-Rhizome), schwach bis mittelstark zersetzter Zwischenmoortorf 1 cm: Braunmoosreste 5 cm: *Carex* sp.: 1 Frucht 6,5 cm: *Carex* sp.: 1 Frucht; Sphagnumblättchen 7 cm: *Carex* sp.: 1 Frucht; Sphagnumblättchen 7,5 cm: *Carex* sp.: 4 Früchte 8 cm: *Carex* cf. *rostrata*: 3 Schläuche u. 4 Früchte 8,5 cm: *Carex* sp.: 1 Frucht 9 cm: *Carex* sp.: 2 Früchte 9,5 cm: *Carex* sp.: 1 Frucht 10 cm: *Carex* sp.: 3 Früchte
14–29 cm	mäßig durchwurzelter, humoser Schluff mit mittelstark zersetzten Pflanzenteilen 16 cm: *Carex* sp.: 1 Frucht 17 cm: *Carex* sp.: 2 Früchte 18 cm: *Carex* cf. *curta*: 4 Früchte 18,5 cm: *Carex* cf. *curta*: 2 Früchte 19 cm: *Carex* sp.: 3 Früchte 19,5 cm: *Carex* sp.: 1 Frucht 20,5 cm: *Carex* sp.: 1 Frucht 21 cm: *Carex* cf. *curta*: 2 Früchte 21,5–22 cm: einzelne Steinchen 23,5 cm: 2 Holzkohlestückchen 24,5 cm: *Carex* sp.: 1 Samen 25 cm: *Carex* sp.: 1 Samen 26 cm: 2 Holzkohlestückchen 27 cm: *Carex* sp.: 3 Samen 27,5 cm: *Carex* cf. *curta*: 6 Früchte
29–36,5 cm	steiniger, humoser Schluff mit einigen mittelstark zersetzten Pflanzenresten (Blatt- und Wurzelreste) 32 cm: 1 Holzkohlestückchen 33,5 cm: Holzkohlenreste

Es ist noch zu erwähnen, daß alle untersuchten Proben aus den Hülben und Zwischenmooren kalkfrei waren.

5.3 Die Altersdatierungen (^{14}C-Daten)

Die Radiocarbonmessungen der Sedimente brachten die in Tabelle 1–4 dargelegten Ergebnisse.
Leider können die erhaltenen Altersangaben nicht unkritisch übernommen werden. Umlagerungen durch Bioturbation oder Einschwemmung, Fehler bei der Probenentnahme, Durchwurzelung, Atombombeneffekt und schließlich der sogenannte Hartwassereffekt

Tabelle 1: Ergebnisse der Radiocarbonbestimmungen an Proben aus dem Naturschutzgebiet „Rauhe Wiese".

Fundtiefe (cm)	δ^{13}C (‰)	konventionelles ^{14}C-Alter	^{14}C-Gehalt (pmc)	kalibriertes Alter
21–22	–28,0	–	103,4 ± 0,7	–
25–26	–28,2	–	100,5 ± 0,7	–
29–30	–29,5	235 ± 60	97,1 ± 0,7	1535–1800 n. Chr.
33–34	–29,1	850 ± 55	–	1045–1255 n. Chr.
37–38	–28,6	2310 ± 60	–	395–160 v. Chr.
41–42	–29,3	2935 ± 55	–	1260–1010 v. Chr.
45–46	–30,2	2970 ± 65	–	1360–1040 v. Chr.
49–50	–29,4	3165 ± 65	–	1510–1320 v. Chr.
52–54	–29,4	3495 ± 65	–	1895–1745 v. Chr.
54–56	–29,3	3520 ± 65	–	1935–1760 v. Chr.

Tabelle 2: Ergebnisse der Radiocarbonbestimmungen an Proben aus dem Naturschutzgebiet „Streuwiese bei Rötenbach".

Fundtiefe (cm)	δ^{13}C (‰)	konventionelles ^{14}C-Alter	kalibriertes Alter
19,0–19,5	–28,9	1865 ± 60	35–230 n. Chr.
24,5–25,0	–29,1	2785 ± 65	1005–870 v. Chr.
29,5–30,0	–29,3	3545 ± 170	2130–1655 v. Chr.

Tabelle 3: Ergebnisse der Radiocarbonbestimmungen an Proben aus der Streuwiese bei der Großen Birkenhülbe.

Fundtiefe (cm)	δ^{13}C (‰)	konventionelles ^{14}C-Alter	kalibriertes Alter
19,5–20,0	–29,1	1805 ± 160	5–410 n. Chr.
24,5–25,0	–28,6	2820 ± 280	1405–780 v. Chr.
29,5–30,0	–29,0	4190 ± 190	3025–2485 v. Chr.

Tabelle 4: Ergebnisse der Radiocarbonbestimmungen an Proben aus dem Naturschutzgebiet „Weiherwiesen"

Fundtiefe (cm)	δ^{13}C (‰)	konventionelles ^{14}C-Alter	kalibriertes Alter
19,5–20,0	–29,1	335 ± 80	1445–1645 n. Chr.
24,5–25,0	–29,3	480 ± 80	1330–1445 n. Chr.
29,5–30,0	–30,5	410 ± 65	1430–1630 n. Chr.

bei Seesedimenten können wichtige Fehlerquellen bilden.

So sind die ^{14}C-Daten aus dem Profil von der Rauhen Wiese gegenüber den pollenanalytischen Befunden um mehrere Jahrhunderte bis Jahrtausende zu jung. Als Hauptursachen sind in diesem Falle zwei Punkte anzusprechen: Erstens wurde das Material für die Radiocarbondatierung nachträglich aus dem Sedimentpfeiler entnommen. Geschah dies auch nur 1 cm oberhalb der Entnahmestelle für die Pollenuntersuchung, können Differenzen von bis zu über 300 Jahren auftreten. Außerdem ist zu berücksichtigen, daß in derartig langsam gewachsenen Mooren die ^{14}C-Daten wegen rezenter und subfossiler Durchwurzelung zu jung ausfallen. Selbst in rasch gewachsenen Hochmooren sind nach H. Willkomm (1988, 173–194) alle ^{14}C-Daten etwa 40 Jahre zu jung. Um den Fehler möglichst gering zu halten, wurden deshalb die Wurzeln vor der Datierung abgesiebt oder mit der Pinzette ausgelesen. Trotzdem mußte die Altersbestimmung sich schwerpunktmäßig auf die pollenanalytischen Befunde mit verlässlichen ^{14}C-Datierungen aus der Umgebung stützen. Die wichtigste Vergleichsquelle lieferten hierzu die Angaben aus dem Kupfermoor bei Schwäbisch Hall (Smettan 1988, 90 ff.).

Demnach stellt das Ende des „Ulmenfalles" die Grenze vom Atlantikum (= Mittlere Wärmezeit) zum Subboreal (= Späte Wärmezeit) dar und ist nach J. Mangerud et al. (1974, 109–128) auf 5000 vor heute, das entspricht 3800 v. Chr., festgelegt. Die Verdrängung der Eichenmischwaldarten durch die Buche erfolgte ab 4200 vor heute. Dieses unkalibrierte ^{14}C-Alter bedeutet etwa 2900 v. Ch. Das erste Buchenoptimum liegt dann bei 3900 vor heute (= 2400 v. Chr.). Zur Ausbreitung der Hainbuche kam es um 2600 vor heute (etwa 750 v. Chr.). Gezielter Roggenanbau ist aus Nordwürttemberg (nach Körber-Grohne 1987, 41 ff.) frühestens für die römische Kaiserzeit kennzeichnend. Ab dem 15. Jahrhundert ist aus dem Gebiet die Kultivierung von Buchweizen festzustellen (Smettan 1990, 468). Schließlich belegen schriftliche Quellen (Schurr 1988, 33; H. Jänichen 1951, 12–22), daß ab dem 19. Jahrhundert auf der östlichen Schwäbischen Alb in großem Umfang mit Fichten aufgeforstet wurde. Sie machen sich in den Pollendiagrammen ab dem letzten Viertel des 19. Jahrhunderts bemerkbar.

Aber all dies sind Hinweise, die nur mit Vorbehalt übernommen werden dürfen. Denn geographische Lage, Boden und Klima sowie pflanzliche und tierische Konkurrenten können natürlicherweise den Zeitpunkt von Einwanderung und Ausbreitung einer Pflanzenart gefördert oder gehindert haben. Ganz wesentlich ist auch der menschliche Einfluß auf die Pflanzendecke während der letzten Jahrtausende. So könnte die Ausbreitung der Hainbuche um 750 v. Chr. im Gebiet weniger ein natürlicher Vorgang gewesen sein, als vielmehr eine Folge der hallstattzeitlichen Eingriffe in das natürliche Waldbild. Die Gefahr von Zirkelschlüssen ist also offensichtlich.

Auch ist es nicht möglich, pollenanalytische Altersangaben auf Jahrzehnte genau machen zu können. Deshalb wurden für die Auswertung größere Diagrammabschnitte zusammengefaßt.

5.4 Die Pollenanalysen

5.4.1 Pollendichte

Die folgende Übersicht (siehe Tab. 5) gibt die Anzahl der analysierten Pollenkörner und Sporen von den Profilen an, von denen auch Diagramme gezeichnet wurden. Über eine halbe Million Pollenkörner sind also die Grundlage für die im Kapitel 6 (S. 101 ff.) folgende Auswertung zur Vegetations- und Besiedlungsgeschichte des Albuchs. Eine Analyse in diesem Umfang war in der vergleichsweise kurzen Zeit nur möglich, weil Pollenerhaltung und Pollendichte im allgemeinen sehr gut waren.

Falchenhülbe

Wie im Kapitel 4.1.4 (S. 48 f.) beschrieben ist, wurde bei den Proben aus der Falchenhülbe und von der Rötenbacher Streuwiese die Konzentration der Pollenkörner je Kubikmillimeter Sediment berechnet.

In dem Profil aus der Hülbe beträgt die durchschnittliche Pollendichte 85 Pollenkörner je mm^3 Sediment. Dies ist wenig aussagekräftig, denn in den untersten Proben aus dem Lettenschlag liegt der Gehalt unter 0,1 je mm^3. In den Ablagerungen, die dagegen aufgrund der Verlandungsvorgänge oberhalb von 38 cm Tiefe entstanden, zeigt sich eine Pollenkonzentration von 125 Pollenkörner/mm^3 und erreicht bei 30 cm so-

Tabelle 5: Anzahl der analysierten Pollenkörner und Sporen auf der Ostalb als Grundlage für die archäoökologische Auswertung.

Profil	Pollenkörner	Pollen und Sporen
Hülbe am Märtelesberg	7 715	7 740
Neue Hülbe	28 806	29 496
Westliche Birkenhülbe	29 660	29 944
Falchenhülbe	20 748	20 755
Rauhe Wiese	214 486	224 735
Rötenbacher Streuwiese	73 325	87 378
Bei der Großen Birkenhülbe	58 670	64 851
Weiherwiesen	69 691	71 946
Summe	503 101	536 845

gar 266 Pollenkörner je mm³. Die erhöhten Werte zwischen 14 und 8 cm dürften vor allem für die größeren Birkenpollenwerte zurückzuführen sein.

Rötenbacher Streuwiese

Deutlich zeigt sich, daß die Pollendichte einerseits vom Sediment, andrerseits von der umgebenden Vegetation abhängig ist. So enthalten die schluffreichen Proben zwischen 365 und 290 mm Tiefe, die in der Jungsteinzeit gebildet wurden, 220 Pollenkörner je mm³. Hohe Werte an Farnsporen und Unbestimmbaren deuten dabei auf einen beträchtlichen Pollenersatz hin. Mit zunehmender Torfbildung verbesserten sich die Erhaltungsbedingungen für den Blütenstaub, so daß in den Proben aus der Bronzezeit zwischen 275 und 230 mm durchschnittlich 3205 Pollen je mm³ gefunden werden konnten. Die höchste Pollendichte wurde dabei in 255 mm Tiefe mit 7558 Pollen/mm³ erreicht. Ab der vorrömischen Eisenzeit bis zum Beginn des hohen Mittelalters treten dann stärkere Schwankungen in der Pollendichte auf, die in keinem Zusammenhang mit Veränderungen im Sediment stehen. Wahrscheinlich machen sich hier Eingriffe in die Vegetation bemerkbar. Man muß wohl dabei an stärkere Holznutzungsphasen denken, die die Blühfähigkeit vieler Bäume herabsetzten. Leider ist die Auflösung des Pollendiagrammes zu schlecht, um die Pollenkonzentrationsschwankungen einzelner Kulturepochen klar zuweisen zu können.

Ab dem hohen Mittelalter erkennt man einen starken Rückgang der Pollenkonzentration. So findet man zwischen 80 und 145 mm Tiefe nur noch 783 Pollenkörner und oberhalb von 80 mm Tiefe sogar nur noch 375 Pollenkörner je mm³. Zwei Gründe dürften hierbei zusammenspielen. Erstens sind die jüngsten Bodenproben noch nicht vollständig zersetzt (hoher Wurzelgehalt). Außerdem macht sich die Rodung der Wälder, die die wichtigsten Pollenlieferanten sind, bemerkbar. So sinkt der Baumpollenanteil im gleichen Zeitraum von etwa 90 auf unter 50%.

Weiherwiesen

Die Pollendichte ist im gesamten Profil im Gegensatz zur Rötenbacher Streuwiese ziemlich gleichmäßig. Sie weist durchschnittlich 152 Pollenkörner je mm³ Sediment auf. Nur ausnahmsweise werden Pollenkonzentrationen von über 200 Pollen je mm³ festgestellt.

Als Ursache für die geringen Schwankungen ist anzunehmen, daß hier keine größeren Veränderungen im Sediment vorliegen. Es handelt sich fast durchgehend um Moorerde (durchwurzelter, humoser Schluff).

Da der menschliche Einfluß sich während der Sedimentbildung nicht wesentlich änderte, können auch keine Zusammenhänge im Gegensatz zur Rötenbacher Streuwiese aufgezeigt werden.

Die Gründe für die vergleichsweise geringe Pollenkonzentration dürften teils im Pollenersatz (ca. 2,5% *Indeterminata*), im hohen Wurzelgehalt und schließlich im geringen Baumpollenniederschlag zu suchen sein. Denn die Sedimente stammen aus einer Zeit, da die Weiherwiesen bereits gerodet waren. Die Wälder der Umgebung waren außerdem weitgehend herabgewirtschaftet (viele niederwaldartige Bestände), so daß nur noch wenige Bäume größere Mengen an Blütenstaub bilden konnten.

5.4.2 Pollendiagrammbeschreibungen

Eine Gliederung der Pollendiagramme in Abschnitte von ähnlicher Pollenzusammensetzung (Lokale Pollenzonen = LPZ) ist oft eine große Hilfe für die Auswertung. So können unterschiedliche Vegetationsbilder leichter erkannt und beschrieben werden. Außerdem vereinfachen sie den Vergleich mit anderen Diagrammen.

5.4.2.1 Hülbe am Märtelesberg (Tafel 1)

LPZ 1: Waldarme Phase mit vielen Besiedlungszeigern 72–58 cm

Dieses kleine Diagramm, das Untersuchungen vom Grunde der Hülbe wiedergibt, besteht nur aus einer einzigen Pollenzone. Auffällig ist der geringe Baumpollenanteil von nur 35%. Es überwiegt hierbei der Blütenstaub der Kiefer *(Pinus)* und der Birke *(Betula)* mit etwa 10%. Es handelt sich hierbei um Arten, die viel und weitfliegenden Pollen bilden.

Der Nichtbaumpollen (NBP) setzt sich hauptsächlich aus Besiedlungszeigern zusammen. Dazu gehört der Blütenstaub von Grünlandarten *(Poaceae* ca. 14%, *Plantago lanceolata* 2%, *Rumex acetosa*-Typ 2%, *Trifolium*-Typ 2%, *Calluna vulgaris* bis zu 8%) sowie von Kulturarten (z. B. Roggen = *Secale cereale* ca. 8%, übriges Getreide ca. 7%) und Unkräutern.

Kennzeichnend für eine unverlandete Hülbe ist der Pollen von Wasserpflanzen. Es wurden etwa 4,5% *Alisma*, 2,5% *Sparganium/Typha angustifolia*, 1% *Potamogeton* sowie *Cyperaceae* gefunden.

5.4.2.2 Neue Hülbe (Tafel 2)

LPZ 1: Waldarme Phase mit vielen Besiedlungszeigern 107–84 cm

Auch hier überwiegt wie bei der Hülbe am Märtelesberg in den untersten Proben der Nichtbaumpollen. Vom Baumpollen, der 40% erreicht, weist keine Gehölzart mehr als 10% auf. Eine herausragende Rolle spielen dagegen die Grünlandarten *(Poaceae* ca. 25%, *Rumex acetosa*-Typ 4%, *Trifolium*-Typ 1,5%, *Calluna* 2%) und die Vertreter des Ackerlandes (Getreide insgesamt etwa 8%).

LPZ 2: Sauergräser-Fichten-Phase mit vielen Besiedlungszeigern
84–59 cm

Der Anteil der Sauergräser steigt in dieser Zone auf über 40% des Gesamtpollens. Deswegen nehmen trotz etwa gleichen Pollenniederschlages die relativen Werte der anderen Blütenstaubproduzenten ab. So sinkt der Baumpollen auf 25%, allein die Fichte *(Picea abies)* kann ihren Anteil auf 4% erhöhen. Grünlandpollen verliert ebenfalls nur relativ an Bedeutung, wobei sich jedoch die Artenzusammensetzung verschiebt (starke Abnahme von *Calluna, Cichoriaceae, Fabaceae, Trifolium*-Typ, dagegen Zunahme von *Plantago lanceolata*).

5.4.2.3 Westliche Birkenhülbe (Tafel 3)

LPZ 1: EMW-Hasel-Phase mit Besiedlungszeigern
98–91 cm

Starke Sprünge in der Pollenzusammensetzung und geringe Pollendichte sind das Merkmal dieser Zone. Der Blütenstaub setzt sich überwiegend aus Eichen, Linden und Hasel zusammen. Daneben findet sich auch Pollen von Besiedlungszeigern.

LPZ 2: Waldarme Phase mit vielen Besiedlungszeigern
91–82 cm

Diese Zone entspricht jeweils der LPZ 1 aus der Neuen Hülbe und der Hülbe am Märtelesberg. Der Baumpollenanteil liegt unter 50%. Es überwiegt mit 15% die Birke. Der Nichtbaumpollen besteht aus Grünlandarten *(Poaceae* ca. 20%) und Arten des Ackerlandes. Wie bei den vorher besprochenen Hülben blühten auch hier Wasserpflanzen *(Potamogeton* 3%, *Sparganium / Typha angustifolia* 1,5%).

LPZ 3: Sauergräser-Fichten-Phase mit vielen Besiedlungszeigern
68–26 cm

Auch dieser Abschnitt hat sein Gegenstück in der LPZ 2 von der Neuen Hülbe: 40% Cyperaceenpollen verringert relativ die Werte der Gehölze auf 30 von Hundert, wobei ebenfalls nur die Fichte prozentual gewinnen kann (auf über 10%). Kennzeichnend ist ebenfalls der Rückgang verschiedener Grünlandsippen (z. B. *Calluna*), Kulturarten (z. B. *Cannabis*) und Wasserpflanzen *(Potamogeton, Sparganium / Typha angustifolia).*

5.4.2.4 Falchenhülbe (Tafel 4)

LPZ 1: pollenarme Mischphase
54–39 cm

Ähnlich wie in der Westlichen Birkenhülbe zeigen die untersten Proben große Sprünge in der Pollenzusammensetzung und eine sehr geringe Pollendichte (unter 0,1 Pollenkörner je mm^3 Sediment).

LPZ 2: Waldarme Phase mit vielen Besiedlungszeigern
39–21 cm

Der Baumpollen (30–40%) setzt sich aus vielen Arten zusammen, bei denen nur die Gehölze etwas häufiger auftreten, die reichlichen und weitfliegenden Pollen erzeugen. So weist *Betula* etwa 10% auf.
Eine große Rolle spielen die Besiedlungszeiger: Grünlandarten sind durch bis zu 25% *Poaceae*, 7% *Plantago lanceolata* und 1,5% *Rumex acetosa*-Typ belegt. Getreidepollen weist 10–15% auf. Wie in der LPZ 2 aus der Westlichen Birkenhülbe oder LPZ 1 aus der Hülbe am Märtelesberg sind Wasserpflanzen mit über 10% reichlich vertreten.

LPZ 3: Birken-Fichten-Phase mit Besiedlungszeigern und Verlandungsarten
21–0 cm

Der Baumpollenanteil liegt in dieser Zone bei 60%, wobei die Birke mit 45% und die Fichte mit 5–10% die wichtigsten Pollenlieferanten sind. Von großer Bedeutung sind auch verschiedene Verlandungsarten: *Cyperaceae* weisen 15% und der *Potentilla*-Typ bis über 20% auf. Der Anteil der Wasserpflanzen und der Kulturarten ist dagegen stark abgesunken.

5.4.2.5 Naturschutzgebiet Rauhe Wiese (Tafel 5–7)

LPZ 1: Hasel-Lindenmischwald-Birken-Phase
577,5–550 mm

95% des Pollens dieser Zone stammt von Bäumen. Davon kommen etwa 45% von der Hasel, 13% von der Linde, 12% von der Esche und – wohl bodenbedingt – etwa 20% von der Birke. Die Werte der Buche steigen in dieser Zeit allmählich von 2 auf 6%.
Ackerbauanzeigende Pollenkörner fehlen. Für die Krautschicht sind dagegen die Sporen der Tüpfelfarne kennzeichnend. In den unteren Proben erreichen sie über 18% der Gesamtpollensumme.
Die Pollenzone endet mit dem fast völligen Verschwinden der Ulme aus dem Pollenbild sowie einem ebenfalls stärkeren Rückgang der anderen EMW-Arten Eiche und Linde.

LPZ 2: Hasel-Buchen-Birken-Phase
550–455 mm

Weiterhin bildet der Blütenstaub der Gehölze 95% des Gesamtpollens. Wichtigste Art ist wiederum die Hasel. Ihr Anteil schwankt zwischen 35 und 55%. Wie die Kurven zeigen, war die Unterscheidung zwischen Birken- und Haselpollen bei diesen Proben oft problematisch bzw. unsicher.
Typisch ist für diese Pollenzone die Zunahme des Buchenpollens von 6 auf 20%, während der Lindenanteil von 7 auf 4% zurückfällt.
Ebenso wie in der LPZ 1 fehlt fast zur Gänze der Blütenstaub von Kulturarten.

Die Grenze zur nächsten Pollenzone wurde festgelegt durch den kräftigen *Corylus*-Rückgang, eine Birkenzunahme und den Beginn des fast regelmäßigen Nachweises von *Carpinus*.

LPZ 3: Buchen-Birken-Hasel-Phase mit Süßgräsern
455–365 mm

Charakteristisch ist für diesen Abschnitt eine langsame, aber stete Verringerung des Baumpollenanteiles von 95 auf 85%, während der Blütenstaub der Süßgräser auf über 10% ansteigen kann. Gleichzeitig kommt es zu einer weiteren Veränderung der Baumpollenzusammensetzung: Birke und Buche werden mit etwa 30 bzw. 25% zu den wichtigsten Gehölzen. Die Linde verschwindet wie die Ulme in der LPZ 1 allmählich im Pollendiagramm.

Von den Kulturarten gibt es weiterhin nur sporadische Einzelfunde, die wohl dem Fernflug zugeordnet werden müssen.

Die nächste Zone beginnt mit dem regelmäßigen Auftreten von Getreidepollen und der Zunahme von Buchenpollen zur wichtigsten Baumart.

LPZ 4: Buchen-Birken-Hasel-Phase mit Besiedlungszeigern
365–332,5 mm

In dieser Zone ist die Buche mit etwa 30% des Gesamtpollens der wichtigste Gehölzvertreter. Bemerkenswert ist weiterhin die geschlossene Kurve der Hainbuche. Der Gräseranteil steigt auf über 15%. In größerer Menge treten weitere Grünlandarten (*Plantago lanceolata, Rumex acetosa*-Typ, *Calluna vulgaris*) auf. Besonders auffällig sind die Getreidepollenwerte, die zusammen über 1,5% erreichen. Außerdem lassen sich mehrere Unkräuter nachweisen.

LPZ 5: Rodungsphase mit Birke und Besiedlungszeigern
332,5–290 mm

Deutlich erkennt man auch als Laie die Sonderstellung dieser Pollenzone: Der Baumpollen unterschreitet die 50% Marke, wobei es zu einer starken Verschiebung in der Artenzusammensetzung kommt. Die rasch mannbare, anspruchslose Birke wird zum wichtigsten Baumpollenproduzenten (bis zu 30%), während die Buche auf bis zu 6% abfällt. Gleichzeitig läßt sich eine Süßgräserzunahme auf über 40% feststellen. Die Bedeutung der Kulturarten und Unkräuter ist etwa ähnlich wie in der vorhergehenden Zone.

Dieser Abschnitt endet mit einer erneuten Baumpollenzunahme.

LPZ 6: Birken-Buchen-Hasel-Phase mit Besiedlungszeigern
290–220 mm

Der Baumpollenanteil erreicht wieder 70%, wobei Birke (25%) und Buche (15%) die wichtigsten Vertreter sind. Auffallend ist, daß nicht nur der Süßgras-, sondern auch der Sauergrasanteil abnimmt.

Das Ende der Zone wurde an den Punkt gelegt, wo sich eine deutliche Zunahme des Fichtenpollens bemerkbar macht.

LPZ 7: Birken-Buchen-Kiefern-Phase mit Besiedlungszeigern
220–160 mm

Wieder verändert sich nicht nur das Verhältnis von Baumpollen zu Nichtbaumpollen, sondern auch die Zusammensetzung des Gehölzpollens. So sinkt der Baumpollenanteil auf 50%. Eine Zunahme zeigen trotzdem *Pinus* und *Picea* (von 3,1 auf 10%). Der Birkenanteil sinkt dagegen auf 10%. Der Beginn eines weiteren Fichtenanstieges beendet diesen Abschnitt.

LPZ 8: Fichten-Birken-Buchen-Phase mit Besiedlungszeigern
160–30 mm

Die Zunahme des Fichtenpollens auf etwa 25% und eine Abnahme von *Carpinus* und *Corylus* kennzeichnen die Veränderungen des Waldbildes. Die Umstellungen in der Landwirtschaft machen sich durch das Verschwinden des *Cannabis*-Types und das Auftauchen von *Zea mays* bemerkbar.

LPZ 9: Pollenbild der gegenwärtigen Vegetation
30–0 mm

Die obersten 3 cm stammen aus der lebenden Moosschicht und spiegeln in verzerrter Weise die heutige Vegetation wider.

5.4.2.6 Naturschutzgebiet Streuwiese bei Rötenbach (Tafel 8)

LPZ 1: Hasel-Linden-Buchen-Phase mit feuchteliebenden Staudenfluren
365–287,5 mm

85% des Gesamtpollens kommt in dieser Zone von Gehölzen. Hiervon erreicht allein *Corylus* 50%, die Linde etwa 16%. An dritter Stelle ist die Buche zu nennen, die von anfangs 10 auf 30% ansteigt.

Der Nichtbaumpollen besteht vor allem aus feuchteliebenden Staudenfluren mit *Filipendula, Succisa pratensis, Polygonum bistorta* und *Valeriana dioica*. Auffällig sind die häufigen Sporennachweise von Tüpfelfarnen. Es wurden mehrfach über 30% der Gesamtpollensumme erreicht.

Von den Besiedlungszeigern ließen sich nur einzelne Pollenkörner – vermutlich Fernflug – finden.

Der Endpunkt dieser Zone liegt an der Stelle, wo *Fagus* zu dominieren beginnt.

LPZ 2: Buchen-Hasel-Birken-Phase
287,5–227,5 mm
Der Baumpollen erreicht in dieser Zone 95%, so daß Kräuter einschließlich der Besiedlungszeiger keine Rolle spielen.
Die Vorherrschaft hat in diesem Abschnitt mit 40–50% *Fagus*. Am zweithäufigsten ist mit etwa 25% *Corylus*. Bemerkenswert ist die Zunahme einzelner Baumpollentypen: Der Anteil von *Alnus* steigt von 3 auf 8, von *Betula* von 3 auf 12%. Auch *Carpinus* läßt sich ab diesem Bereich regelmäßig nachweisen.

LPZ 3: Buchen-Birken-Hasel-Phase
227,5–177,5 mm
Die Zone umfaßt ein sehr unruhiges Pollenbild. Dabei erreicht *Betula* als wichtigster Gehölzpollen in 180 mm Tiefe 40%. Dadurch sinkt der Anteil der Buche von 45 auf 35 und der der Hasel von 25 auf 13%.

LPZ 4: Buchen-Birken-Hasel-Phase mit Besiedlungszeigern
177,5–157,5 mm
In diesem Diagrammabschnitt nimmt der Baumpollen auf 90% ab, wobei die Buche wiederum die Vorherrschaft gewinnt. Zum ersten Mal läßt sich in geringer Menge, aber regelmäßig Blütenstaub von Grünland- und Getreidearten nachweisen.

LPZ 5: Rodungsphase mit Besiedlungszeigern
157,5–117,5 mm
Diese Zone entspricht der LPZ 5 vom Profil „Rauhe Wiese". Wie dort nimmt der Baumpollenanteil ganz auffällig ab (von 90 auf 65%) und Grünlandarten (*Poaceae* bis zu 25%) sowie Kulturarten und Ackerunkräuter treten in großer Menge auf. Außerdem ist die geschlossene *Calluna*kurve mit über 1% und die Holzkohlenflitter mit über 30% kennzeichnend.

LPZ 6: Buchen-Birken-Phase mit Besiedlungszeigern
117,5–72,5 mm
Zwar bleibt die Bedeutung der Kulturarten und Unkräuter gleich wie in der vorhergehenden Zone, Holzkohlenflitter und Poaceenpollen wurden aber bedeutend weniger gefunden. Der Baumpollen erreicht wieder 80%, wobei Buchen und Birken vorherrschen. Bemerkenswert ist die Zunahme des Blütenstaubes der Kiefer von 2 auf 8 und der Fichte von 1 auf 2%.

LPZ 7: Fichten-Buchen-Kiefern-Phase mit Besiedlungszeigern
72,5–0 mm
In der jüngsten Zone wird Picea mit bis zu 20% der wichtigste Baumpollenspender, während der Anteil von *Carpinus* und *Alnus* zurückgeht. Zunehmen können in diesem Bereich verschiedene Grünlandarten, jedoch nicht Magerkeitszeiger wie *Calluna*.

5.4.2.7 Streuwiese bei der Großen Birkenhülbe
(Tafel 9)

LPZ 1: Buchen-Hasel-Birken-Phase
320–257,5 mm
Über 95% Baumpollen kennzeichnen diese Pollenzone. Davon sind am häufigsten die Buche mit 30–40%, die Hasel mit 20–35% und die Birke. Letzteres Gehölz kann seinen Anteil in diesem Abschnitt von 10 auf 30% steigern. Die wenigen Besiedlungszeiger müssen als Fernflug angesehen werden.
Die Grenze zur nächsten Pollenzone ist nur schwach ausgeprägt. Ein leichter Baumpollenrückgang sowie der Beginn einer geschlossenen *Carpinus*kurve wurden als Kriterium herangezogen.

LPZ 2: Buchen-Hasel-Birken-Phase mit Besiedlungszeigern
257,5–167,5 mm
Ab etwa 240 mm verlaufen die Pollenkurven ruhiger. Langsam geht der Baumpollenanteil von 95 auf 80% zurück. Stattdessen finden sich in größerem Umfang Grünland-, Kultur- und Unkrautarten. Von dem Baumpollen ist am wichtigsten die Buche mit 30–40%. Die Zone endet mit einer ausgeprägten Baumpollenabnahme und einer ebenso auffälligen Zunahme an Besiedlungszeigern und Fichtenpollen.

LPZ 3: Buchen-Hasel-Fichten-Phase mit vielen Besiedlungszeigern
167,5–0 mm
Die oberste Pollenzone enthält nur noch 50–60% Baumpollen. Die häufigsten Arten sind Buche, Hasel, Birke und Fichte. Letztere weist etwa 10% auf. Auch der Kiefernpollen kann im unteren Teil dieses Abschnittes an Bedeutung gewinnen.
Unübersehbar ist der hohe Anteil an Grünlandarten (etwa 25% *Poaceae*, 3% *Plantago lanceolata*). Aber auch Getreide läßt sich mit 2% belegen. Einen starken Rückgang verzeichnet dagegen ab 80 mm Tiefe der Blütenstaub der Sauergräser.

5.4.2.8 Naturschutzgebiet Weiherwiesen (Tafel 10)

LPZ 1: Baumarme Phase mit Sauergräsern und Besiedlungszeigern
350–150 mm
Nur 30% Baumpollen weist diese Zone auf. Dabei erreicht nicht eine Gehölzart einen Anteil von auch nur 10%. Viel auffälliger ist die große Menge an Sauergraspollen (30–50%). Auch der Blütenstaub der Grünlandarten (*Poaceae* 20%, *Plantago lanceolata* 2%) und der Ackerbauzeiger (Getreidepollen etwa 3%) mit entsprechendem Unkrautpollen lassen sich reichlich nachweisen.
Die Zone endet mit dem Beginn einer deutlichen Zunahme von Kiefern- und Fichtenpollen.

Tabelle 6: Kulturepochen und die entsprechenden Pollendiagrammabschnitte von Profilen aus der östlichen Schwäbischen Alb.

Kulturepoche	Pollendiagrammabschnitt (cm)							
	Rauhe Wiese	Rötenbacher Streuwiese	Streuwiese bei der Gr. Birkenhülbe	Weiherwiesen	Hülbe am Märtelesberg	Neue Hülbe	Westliche Birkenhülbe	Falchenhülbe
Neueste Zeit ab 19. Jhdt. 1800/1850–heute	24,0– 0	7,5– 0	17,0– 0	20,0– 0	72–(58)–0	107–(59)–0	91–(26)–0	39– 0
frühe Neuzeit bis 19. Jhdt. 1500–1800/1850 n. Chr.	29,0–24,0	11,0– 7,5	20,0–17,0	35,0–20,0	–	–	–	–
spätes Mittelalter 1300–1500 n. Chr.	31,0–29,0	13,0–11,0	21,7–20,0	–	–	–	–	–
hohes Mittelalter 910–1300 n. Chr.	33,8–31,0	15,0–13,0	24,2–21,7	–	–	–	–	–
frühes Mittelalter 450/480–910 n. Chr.	37,5–33,8	16,7–15,0	27,1–24,2	–	–	–	–	–
Frühalamannische Zeit 260–450/480 n. Chr.	39,2–37,5	17,8–16,7	27,5–27,1	–	–	–	–	–
Römerzeit 1. Jhdt.–260 n. Chr.	40,3–39,2	18,5–17,8	27,8–27,5	–	–	–	–	–
Latènezeit 480/450 v.–1. Jhdt. n. Chr.	44,2–40,3	21,3–18,5	28,9–27,8	–	–	–	–	–
Hallstattzeit 700–480/450 v. Chr.	45,7–44,2	22,3–21,3	29,4–28,9	–	–	–	–	–
Bronzezeit 2000–700 v. Chr.	50,4–45,7	28,0–22,3	32,0–29,4	–	–	–	–	–
Jungsteinzeit 5800–2000 v. Chr.	57,7–50,4	36,5–28,0	–	–	–	–	–	–

LPZ 2: Baumarme Phase mit Kiefern und Fichten sowie Sauergräsern und Besiedlungszeigern
150–65 mm

Die Unterschiede zur vorhergehenden Zone sind gering. Der Kiefernpollen erreicht 10, der Fichtenpollen etwa 8%. Beim Blütenstaub der angebauten Arten ist ein Rückgang festzustellen. So sinkt der Getreidepollenanteil auf etwa ein Drittel des vorhergehenden Abschnittes ab.

LPZ 3: Pollenbild der gegenwärtigen Vegetation
65–0 mm

In den jüngsten Proben herrscht Picea mit über 20% der Gesamtpollensumme vor. Gleichzeitig nehmen die Cyperaceen auf die Hälfte (von 35 auf 15%) ab. Einzelne Kräuter (*Lotus, Lysimachia, Rubiaceae, Potentilla*-Typ) zeigen dagegen erhöhte Werte.

5.4.3 Synchronisierung der Diagramme

Für die vorliegende Fragestellung war es besonders wichtig, die pollenanalytischen Ergebnisse mit den archäologischen Befunden zu verknüpfen. Dazu wurde eine Chronologietabelle unter besonderer Berücksichtigung der Siedlungszeugnisse auf der östlichen Schwäbischen Alb von M. Kempa erstellt. Mit Hilfe der im Kapitel 5.3 (S. 67ff.) angegebenen Altersangaben wurde dann versucht, die Pollendiagramme zeitlich zu parallelisieren und in die Chronologietabelle einzubauen (siehe Tabelle 6).

Während sich die Altersunterschiede zwischen pollenanalytischen Ergebnissen und ^{14}C-Daten aufgrund verschiedener methodischer Probleme im allgemeinen gut erklären lassen, ist die Chronologie von der Streuwiese bei der Großen Birkenhülbe von größeren Unsicherheiten behaftet. Möglicherweise liegen hier Sedimentlücken (Hiaten) oder andere Störungen vor. Aus diesem Grunde wurde dieses Profil zur Auswertung nur ab und zu herangezogen.

Zum größten Problem wurde die geringe Sedimentbildung: Bei einer Wachstumsgeschwindigkeit von 0,03 mm/Jahr in den unteren Horizonten umfaßt nämlich 1 cm Torf die Ablagerungen von etwa 333 Jahren! Das bedeutet, daß die Altersangaben einen Fehler von über ± 100 Jahren aufweisen können.

5.5 Die chemischen Befunde

5.5.1 Aschegehalte

Hochmoor- und Flachmoortorfe unterscheiden sich einerseits in ihrer Vegetation, andrerseits durch ihre Sedimentzusammensetzung. So liegt nach W. Naucke

(1990, 238) der mineralische Anteil im Hochmoortorf bei nur 1–2 Gewichtsprozenten, während entsprechende Messungen im Flach (= Nieder-)moortorf am häufigsten Werte zwischen 5 und 15% der Trockensubstanz aufweisen. Man kann also allein aufgrund des Aschengehaltes wichtige Aussagen zur Moorentwicklung machen. Natürlicherweise kommt es aber auch durch die biologische Zersetzung zu einer Humifizierung der torfogenen Substanz, wobei der mineralische Anteil sich erhöht.

Für die vorliegende Arbeit ist es von besonderer Bedeutung, daß menschliche Siedlungstätigkeit zum Eintrag verschiedener Stoffe in das Moor führt. Man denke nur an Bodenbestandteile von offenen Ackerfluren oder durch Brände entstehende verkohlte Teilchen, die vom Wind eingeweht werden können. Dazu treten Emissionen von verschiedenen, z. B. metallverarbeitenden Betrieben hinzu.

5.5.1.1 Aschegehalte in den Hülben

Sehen wir uns zuerst die Aschegehalte aus den Hülben an. Man vergleiche hierzu die erste Spalte in den entsprechenden Pollendiagrammen, in denen der Glühverlust dargestellt ist.

Während der lehmige Schluff, der wohl in vielen Fällen künstlich als Lettenschlag zur Abdichtung eingebracht wurde, in allen Hülben einen mineralischen Anteil von 95% aufweist, sinkt der Gehalt in den anschließenden stärker zersetzten, humifizierten Torfen am Grunde der Hülbe auf 90 bis 75%. In den darauf folgenden schwach zersetzten, rezent durchwurzelten Zwischenmoortorfen fällt der mineralische Anteil weiter und erreicht in den jüngsten Horizonten oft nicht einmal 10%. Im Schwingrasen der Westlichen Birkenhülbe wurde in 26 cm Tiefe sogar ein Minimum von nur 1,2% gemessen, was eigentlich für Hochmoortorfe typisch ist.

5.5.1.2 Aschegehalte in den Mooren

Wenden wir uns den Mooren zu. Außer in den Pollendiagrammen, wo der Glühverlust eingetragen ist, findet sich der Aschegehalt (= mineralischer Anteil) in den Tabellen und Abbildungen des sich anschließenden Kapitels 5.5.2.

In allen Fällen erkennt man, daß in den untersten schluffhaltigen Proben der mineralische Anteil 70–90% der Trockensubstanz bildet. In einer Übergangsphase, die man auch als Versumpfungs- oder Vermoorungsphase bezeichnen kann, sinkt der Aschegehalt auf etwa 40–50%. Dieses Anmoorstadium wird auf der Streuwiese bei der Großen Birkenhülbe und auf den Weiherwiesen bis heute nicht überschritten. Nur in den Naturschutzgebieten Rauhe Wiese und Streuwiese bei Rötenbach folgen 20–30 cm Sediment, die nur noch 15–30% mineralischen Anteil aufweisen. Die hier heutzutage wachsenden Pflanzen leben also in einem – wenn auch nährstoffarmen – Flachmoortorf (= Niedermoortorf) und nicht in einem Hochmoortorf.

In den obersten 15 cm sinkt in allen Proben der mineralische Anteil auf 5–15% ab. Dies liegt daran, daß noch ein hoher Anteil unzersetzten Pflanzenmaterials vorliegt.

Es bleibt noch zu erwähnen, daß im Profil Rötenbacher Streuwiese die Probe 50–55 mm mit ihrem geringen Glühverlust aus der Kurve springt. Vermutlich lag hier im Sediment ein kleiner Feuerstein, der den Aschegehalt so auffällig erhöhte.

Neben den Schwankungen des Glühverlustes aufgrund zunehmender Vermoorung kann man auch Veränderungen feststellen, die wahrscheinlich durch menschliche Siedlungstätigkeit ausgelöst wurden. So sinkt im Profil der Rauhen Wiese der Aschegehalt während des hohen Mittelalters (lokale Pollenzone 5 = 335–290 mm) von etwa 30 auf 15%, um danach wieder auf 25% anzusteigen. Zur gleichen Zeit erkennt man im Pollendiagramm eine ausgeprägte Rodungsphase (Abnahme des Baumpollens von 80 auf 50%). Man kann deshalb vermuten, daß durch die Eingriffe in den Wasserhaushalt (geringere Verdunstung durch Entfernung der Bäume) und durch die Erhöhung des Lichtangebotes die Torfmoose günstigere Wachstumsbedingungen vorfanden. Deshalb läßt sich für diesen Sedimentabschnitt ein höherer Glühverlust feststellen. Zu ähnlichen Ergebnissen kam G. Radke (1973, 107) bei der Untersuchung der Missenmoore im Nordschwarzwald.

Ganz anders waren die Verhältnisse in einem Kesselmoor (Doline) bei Schwäbisch Hall (Smettan 1988, 110). Hier wurde durch die Rodungstätigkeit in der Umgebung der Boden abgetragen und soviel anorganisches Material in die Doline verfrachtet, daß der mineralische Anteil an der Trockensubstanz dieser Sedimente sich verdoppelte. Eine entsprechende Zunahme an Ton konnte auch M. Rösch (1983, 62) während verschiedener Kulturphasen in den Ablagerungen der Nußbaumer Seen feststellen.

Menschliche Siedlungstätigkeit wirkt sich also je nach Standort sehr unterschiedlich aus. Während in Sedimentationsbecken durch verstärkten Eintrag der mineralische Anteil zunimmt, kam es auf den Plateaumooren des Nordschwarzwaldes und des Albuchs zu einem verstärkten Torfwachstum und damit zu einem geringeren Aschegehalt im Sediment.

Eine Ascheanreicherung in den oberen Torfschichten, wie sie M. Görres (1991, 60) in Hochmooren ermittelte, konnte nicht beobachtet werden. Als Ursache kann der grundsätzlich viel höhere mineralische Anteil in den Flachmoortorfen des Albuchs vermutet werden, so daß Aerosole keine deutlichen Veränderungen hervorrufen.

5.5.2 Elementgehalte

Es ist bekannt, daß durch menschliche Tätigkeiten Staubpartikel mit verschiedenen Elementen in großer Menge freigesetzt werden. Diese verbreiten sich als Aerosole über weite Gebiete. Durch die Messungen der Elementgehalte in den einzelnen Torfproben sollte untersucht werden, inwieweit bestimmte Stoffe sich während der einzelnen Kulturepochen auf dem Albuch angereichert haben. Mit Hilfe dieser Befunde soll dann versucht werden, zusätzliche Aussagen zur Lebensweise des vor- und frühgeschichtlichen Menschen zu gewinnen.

Wenn Elementanalysen von der Methode her (Kap. 4.3.2, S. 50 f.) nur noch geringe Schwierigkeiten machen, so liegen die Probleme mehr darin, die Befunde zu deuten. So kann ein natürlicherweise hoher mineralischer Anteil in den untersuchten Sedimenten, wie er in den Proben vom Albuch vorliegt, anthropogenen Eintrag überdecken. Erkennbare Schwankungen im Elementgehalt brauchen aber auch nicht direkt oder indirekt mit dem Menschen im Zusammenhang stehen. So werden von unterschiedlichen Pflanzen verschiedene Elemente aufgenommen und somit weitertransportiert. In langsam wachsenden Mooren – wie auf dem Albuch – dürfte dieses Transportproblem verstärkt auftreten.

Als nächstes ist zu erwähnen, daß viele Elemente mobil sind, das heißt, sie werden in unterschiedlichem Maße ausgewaschen und mittransportiert. Dies dürfte sich bei Grundwasserspiegelschwankungen und vor allem in der Nähe fließender Gewässer stärker bemerkbar machen.

Außerdem sind Alter, Vertorfungszustand und Sedimentationsgeschwindigkeit der untersuchten Profile sehr unterschiedlich, so daß ein Vergleich und damit auch eine gegenseitige Stützung der Ergebnisse erschwert und manchmal unmöglich ist.

Letztendlich ist noch vorzubringen, daß gleiche menschliche Tätigkeit (Ackerbau, Metallgewinnung) zu verschiedenen Ergebnissen führen kann. Als Grund ist die unterschiedliche Zusammensetzung der Böden (silikat- oder kalkhaltige) und der Erze (verschiedene Spurenelemente) zu nennen.

Alle folgenden Deutungen sind deshalb noch nicht als endgültiges Ergebnis anzusehen.

Eine große Hilfe für die Auswertung war die erst vor kurzem erschienene Dissertation von Görres (1991), in der Interessenten weitere Angaben zu diesem Thema finden können.

Es folgen als nächstes die Tabellen 7 bis 9 mit den Meßergebnissen von den drei untersuchten Profilen. Anschließend werden die einzelnen Elemente in alphabetischer Reihenfolge besprochen.

Tabelle 7a: Ergebnisse der Elementanalysen aus dem Profil Rötenbacher Streuwiese (Teil 1).

Proben-nr.	Tiefe (mm)	mineral. Anteil %	Blei mg/kg TS	Zink mg/kg TS	Kupfer mg/kg TS	Nickel mg/kg TS	Chrom mg/kg TS
1	0–10	15,1	89,34	115,53	18,48	12,32	9,09
2	10–20	7,4	106,05	144,30	17,39	8,69	3,13
3	20–30	7,9	90,49	70,82	22,82	3,15	2,36
4	30–40	7,9	116,15	76,12	20,30	5,64	4,40
5	40–50	14,5	120,20	70,21	24,71	6,74	5,45
6	50–55	78,8	148,35	61,48	25,95	6,77	7,16
7	55–60	15,1	174,33	63,29	28,31	9,44	8,44
8	60–65	18,1	189,00	71,87	28,86	10,19	8,77
9	65–70	21,6	198,86	73,21	23,36	9,87	8,93
10	70–75	19,2	207,73	65,95	23,89	9,35	10,44
11	75–80	20,7	130,21	50,42	15,51	10,53	7,65
12	80–85	25,2	151,79	64,60	15,23	10,50	6,78
13	85–90	27,6	114,45	48,82	10,50	9,45	7,51
14	90–95	30,7	107,99	46,66	10,48	8,39	7,92
15	95–100	30,6	85,67	39,46	11,42	9,35	8,83
16	100–105	23,2	76,24	40,93	6,65	8,19	10,08
17	105–110	30,2	81,93	38,37	7,26	9,33	9,75
18	110–115	27	73,45	33,58	8,39	9,44	10,02
19	115–120	29,3	72,94	34,88	8,46	10,04	10,52
20	120–125	20,2	80,53	40,78	11,36	8,78	10,22
21	125–130	13,3	89,79	30,83	11,90	11,90	10,93
22	130–135	21,6	85,15	33,33	13,50	10,38	10,49
23	135–140	22,5	103,09	45,13	11,52	9,87	11,57
24	140–145	24,3	114,13	48,45	12,38	11,84	12,49
25	145–150	28	105,26	38,20	13,36	10,15	11,54
26	150–155	29,2	87,01	38,91	12,97	10,81	14,48
27	155–160	25,3	80,86	39,65	13,04	8,87	13,88
28	160–165	21,9	74,12	38,15	13,63	8,72	14,77
29	165–170	19	89,29	46,26	13,45	8,61	13,34
30	170–175	17,7	74,75	39,79	13,98	7,53	15,00
31	175–180	22	66,31	31,27	14,02	7,01	17,90
32	180–185	19,3	54,11	29,17	16,44	8,49	19,94
33	185–190	27,8	53,01	25,45	21,73	8,48	22,21
34	190–200	33,4	53,45	24,34	28,58	8,47	27,68
35	200–205	37,4	50,04	20,12	35,08	8,77	30,59
36	205–210	27,9	51,12	21,91	31,82	6,78	30,72
37	210–215	30,7	42,74	17,31	24,35	5,41	24,56
38	215–220	32,2	40,41	17,24	28,02	3,77	24,14
39	220–225	33,9	37,92	27,48	23,08	4,95	24,07
40	225–230	22,4	23,87	18,56	25,46	5,83	25,35
41	230–240	25,7	24,07	17,27	31,92	5,76	31,81
42	240–255	36,8	26,29	18,93	33,66	8,94	37,92

(Fortsetzung nächste Seite)

Tabelle 7a *(Fortsetzung)*

Proben-nr.	Tiefe (mm)	mineral. Anteil %	Blei mg/kg TS	Zink mg/kg TS	Kupfer mg/kg TS	Nickel mg/kg TS	Chrom mg/kg TS
43	255–265	53,8	31,55	34,76	35,29	10,70	42,99
44	265–275	63,6	34,84	53,84	25,87	16,89	55,16
45	275–280	74	29,09	43,38	21,94	15,82	33,83
46	280–285	91,8	27,86	55,72	20,12	21,15	34,46
47	285–290	82,6	27,28	58,24	16,79	20,46	33,05
48	290–300	91	27,96	62,14	15,53	17,61	33,71
49	300–305	88,8	26,68	63,62	15,90	22,06	34,94
50	305–310	90,1	29,54	65,41	17,94	22,16	33,08
51	310–315	91,1	31,12	69,62	12,66	22,68	35,28
52	315–320	90	31,87	76,50	14,87	23,91	35,49
53	320–325	91,9	31,19	77,71	15,86	23,79	36,37
54	325–330	89,7	31,35	74,92	17,00	23,91	36,08
55	330–335	90,7	30,60	71,93	15,03	25,23	37,69
56	335–340	89,6	30,85	75,82	14,64	25,62	36,39
57	340–345	90,3	32,50	70,25	14,68	24,64	36,07
58	345–350	89	31,28	72,09	13,25	24,92	35,04
59	350–355	90,7	31,38	69,67	12,23	22,34	33,77
60	355–365	90,5	30,14	69,80	12,69	24,85	34,32

Tabelle 7b: Ergebnisse der Elementanalysen aus dem Profil Rötenbacher Streuwiese (Teil 2).

Proben-nr.	Tiefe (mm)	mineral. Anteil %	Kalium mg/kg TS	Aluminium mg/kg TS	Silicium mg/kg TS
1	0–10	15,1	4211,34	6315	2618,61
2	10–20	7,4	1962,80	1739	2260,08
3	20–30	7,9	1587,19	1338	1967,26
4	30–40	7,9	1394,90	2255	1240,41
5	40–50	14,5	1279,49	2528	954,84
6	50–55	78,8	1120,83	3384	1128,16
7	55–60	15,1	1211,97	4441	943,82
8	60–65	18,1	1285,08	5828	1075,15
9	65–70	21,6	1150,57	7321	1038,42
10	70–75	19,2	1135,23	8101	986,71
11	75–80	20,7	989,58	9142	831,12
12	80–85	25,2	898,11	8929	892,86
13	85–90	27,6	783,81	9345	892,48
14	90–95	30,7	746,49	10484	838,75
15	95–100	30,6	672,90	10125	882,66
16	100–105	23,2	672,84	9977	716,33
17	105–110	30,2	623,83	10631	777,85
18	110–115	27	610,18	11175	944,39
19	115–120	29,3	601,48	12632	687,10
20	120–125	20,2	602,42	10995	774,31
21	125–130	13,3	537,11	12927	2379,92
22	130–135	21,6	504,67	12565	2440,29
23	135–140	22,5	491,34	14258	2028,95
24	140–145	24,3	478,04	15127	1884,15

Tabelle 7b *(Fortsetzung)*

Proben-nr.	Tiefe (mm)	mineral. Anteil %	Kalium mg/kg TS	Aluminium mg/kg TS	Silicium mg/kg TS
25	145–150	28	474,99	15495	2083,78
26	150–155	29,2	506,38	14916	972,76
27	155–160	25,3	462,75	14399	1199,92
28	160–165	21,9	428,93	14661	1090,04
29	165–170	19	422,76	14522	1237,09
30	170–175	17,7	447,41	14896	1075,50
31	175–180	22	437,78	15689	970,46
32	180–185	19,3	442,39	15860	901,76
33	185–190	27,8	460,14	17282	795,17
34	190–200	33,4	495,87	20269	740,90
35	200–205	37,4	508,67	21822	619,07
36	205–210	27,9	549,76	20864	573,75
37	210–215	30,7	566,44	16338	649,21
38	215–220	32,2	570,58	16595	592,67
39	220–225	33,9	489,12	15828	604,53
40	225–230	22,4	397,75	16016	901,57
41	230–240	25,7	566,14	19517	837,17
42	240–255	36,8	665,23	22402	841,40
43	255–265	53,8	1145,99	26043	1016,04
44	265–275	63,6	1508,13	37637	527,87
45	275–280	74	2139,21	40110	612,37
46	280–285	91,8	2255,98	44263	515,89
47	285–290	82,6	2203,04	43757	524,66
48	290–300	91	2215,72	44066	517,61
49	300–305	88,8	2182,95	44582	615,64
50	305–310	90,1	2228,85	40251	580,29
51	310–315	91,1	2296,94	42880	580,17
52	315–320	90	2319,38	42393	531,24
53	320–325	91,9	2211,88	39755	581,52
54	325–330	89,7	2207,23	40861	531,35
55	330–335	90,7	2494,63	41872	483,14
56	335–340	89,6	2383,39	43087	522,90
57	340–345	90,3	2346,93	42409	524,22
58	345–350	89	2284,78	40182	477,10
59	350–355	90,7	2173,47	38343	425,44
60	355–365	90,5	2234,56	40133	423,01

Tabelle 8a: Ergebnisse der Elementanalysen aus dem Profil Streuwiese bei der Großen Birkenhülbe (Teil 1).

Proben-nr.	Tiefe (mm)	mineral. Anteil %	Blei mg/kg TS	Zink mg/kg TS	Kupfer mg/kg TS	Nickel mg/kg TS	Chrom mg/kg TS
1	0–10	9,2	36,97	95,07	14,07	7,04	6,51
2	10–20	11,9	71,03	76,57	13,27	11,07	6,55
3	20–30	22,3	77,62	117,16	12,72	12,45	8,49
4	30–40	28,5	95,08	72,41	10,94	13,17	8,41
5	40–50	38,5	94,79	54,17	10,81	11,98	9,53

Tabelle 8a *(Fortsetzung)*

Proben-nr.	Tiefe (mm)	mineral. Anteil %	Blei mg/kg TS	Zink mg/kg TS	Kupfer mg/kg TS	Nickel mg/kg TS	Chrom mg/kg TS
6	50– 60	32,9	90,97	49,47	10,31	10,80	10,69
7	60– 70	26,4	95,24	56,50	12,55	10,22	11,25
8	70– 80	18,9	102,41	55,47	9,70	9,14	10,24
9	80– 90	38,4	130,59	112,83	11,65	10,45	8,57
10	90–100	35,1	147,09	47,07	11,72	10,30	9,95
11	100–110	44,9	138,26	56,55	12,48	9,24	11,30
12	110–120	37,7	115,40	55,41	11,63	9,57	11,43
13	120–130	47,9	98,54	58,61	10,42	7,76	11,28
14	130–140	54,3	89,17	35,15	9,92	8,34	13,04
15	140–150	55,9	86,98	36,00	11,93	7,88	12,93
16	150–160	56,7	88,02	46,49	8,84	9,24	14,10
17	160–170	50,3	70,32	33,55	7,09	8,95	13,96
18	170–180	54,4	75,69	24,59	6,19	9,66	14,12
19	180–190	53,9	57,64	45,17	5,80	8,94	19,04
20	190–205	63,3	52,35	26,68	6,24	8,05	18,02
21	205–210	60	51,37	26,93	8,96	9,84	23,87
22	210–215	57,9	48,54	26,22	10,55	9,77	23,55
23	215–220	58,2	62,08	27,98	8,67	9,50	23,02
24	220–225	59,3	51,58	25,84	9,73	8,97	24,79
25	225–230	64,6	47,94	25,53	9,51	9,38	26,83
26	230–235	57,3	45,65	24,33	9,92	10,87	26,35
27	235–240	55,8	45,88	20,71	11,24	10,62	25,17
28	240–245	46,1	57,49	18,88	12,89	8,92	24,97
29	245–255	56,2	55,14	16,68	18,65	8,34	27,26
30	255–260	48,5	49,49	14,37	19,21	10,11	27,14
31	260–265	45,3	43,44	15,71	20,40	7,04	27,84
32	265–270	41	50,61	13,29	28,94	6,91	27,70
33	270–275	38,9	52,11	11,51	27,16	6,80	29,51
34	275–280	41,9	53,74	13,20	26,54	6,86	31,88
35	280–285	42,6	53,50	12,71	24,66	6,89	31,78
36	285–290	43	49,67	11,88	24,95	8,26	32,63
37	290–295	47,1	51,78	12,23	24,02	7,97	31,95
38	300–305	64,2	48,47	13,13	22,95	8,21	32,77
39	305–315	69,7	47,39	15,49	20,04	8,26	27,51
40	315–325	63,2	56,82	14,73	16,94	8,42	29,72

Tabelle 8b *(Fortsetzung)*

Proben-nr.	Tiefe (mm)	mineral. Anteil %	Kalium mg/kg TS	Aluminium mg/kg TS	Silicium mg/kg TS
6	50– 60	32,9	1190,02	5970	1194,00
7	60– 70	26,4	1089,65	6780	699,53
8	70– 80	18,9	912,58	5913	3962,45
9	80– 90	38,4	882,26	5433	1358,13
10	90–100	35,1	768,29	5540	1176,70
11	100–110	44,9	666,56	6247	1412,43
12	110–120	37,7	606,25	6382	1435,86
13	120–130	47,9	555,56	6673	1086,28
14	130–140	54,3	579,37	7301	886,52
15	140–150	55,9	613,83	7778	788,31
16	150–160	56,7	616,13	8121	972,57
17	160–170	50,3	615,78	9113	948,17
18	170–180	54,4	658,15	9663	966,29
19	180–190	53,9	740,43	12358	683,63
20	190–205	63,3	757,50	12432	603,99
21	205–210	60	1001,97	15586	983,84
22	210–215	57,9	949,71	14912	874,13
23	215–220	58,2	967,59	15308	1055,74
24	220–225	59,3	919,83	15612	1002,11
25	225–230	64,6	1013,96	16465	781,58
26	230–235	57,3	1025,88	16253	828,16
27	235–240	55,8	853,87	15506	1062,02
28	240–245	46,1	720,21	14215	1363,83
29	245–255	56,2	662,91	15374	1042,32
30	255–260	48,5	668,37	15326	1011,07
31	260–265	45,3	692,16	15165	866,55
32	265–270	41	618,75	14884	1382,10
33	270–275	38,9	604,33	15540	994,14
34	275–280	41,9	622,36	16417	844,59
35	280–285	42,6	728,81	16419	794,49
36	285–290	43	786,35	17038	774,47
37	290–295	47,1	712,84	16373	956,84
38	300–305	64,2	981,95	17998	875,27
39	305–315	69,7	882,20	17035	1755,11
40	315–325	63,2	905,41	17466	1210,02

Tabelle 8b: Ergebnisse der Elementanalysen aus dem Profil Streuwiese der Großen Birkenhülbe (Teil 2).

Proben-nr.	Tiefe (mm)	mineral. Anteil %	Kalium mg/kg TS	Aluminium mg/kg TS	Silicium mg/kg TS
1	0– 10	9,2	3985,92	2817	3345,07
2	10– 20	11,9	1678,97	3967	2490,77
3	20– 30	22,3	1503,37	4833	2270,06
4	30– 40	28,5	1360,44	5047	3437,68
5	40– 50	38,5	1286,46	5781	1250,00

Tabelle 9a: Ergebnisse der Elementanalysen aus dem Profil Weiherwiesen (Teil 1).

Proben-nr.	Tiefe (mm)	mineral. Anteil %	Blei mg/kg TS	Zink mg/kg TS	Kupfer mg/kg TS	Nickel mg/kg TS	Chrom mg/kg TS
1	0– 10	42,7	35,51	140,03	9,28	25,42	2,06
2	10– 20	24,2	42,76	122,66	10,69	23,07	2,93
3	20– 30	38,9	47,77	117,44	10,95	24,38	4,03
4	30– 40	43,8	57,06	111,73	12,84	32,81	12,36
5	40– 50	43,9	72,71	110,06	15,34	32,68	14,87

(Fortsetzung nächste Seite)

Tabelle 9a *(Fortsetzung)*

Proben-nr.	Tiefe (mm)	mineral. Anteil %	Blei mg/kg TS	Zink mg/kg TS	Kupfer mg/kg TS	Nickel mg/kg TS	Chrom mg/kg TS
6	50– 55	43,4	75,52	108,01	17,56	34,25	14,49
7	55– 60	43,3	75,95	94,40	19,53	34,72	22,79
8	60– 65	34,4	77,28	100,75	21,39	34,50	21,46
9	65– 70	22,2	80,45	96,54	23,13	36,20	22,73
10	70– 75	19,7	75,21	92,05	24,14	30,87	20,99
11	75– 80	45	74,79	105,04	24,37	34,45	23,03
12	80– 85	47,5	66,08	100,14	20,44	35,42	25,89
13	85– 90	39,3	68,60	101,20	20,37	33,96	25,33
14	90– 95	25,2	77,99	98,89	23,68	34,82	24,51
15	95–100	58,7	62,89	94,60	20,43	33,33	25,32
16	100–105	62,5	61,55	100,52	19,20	37,27	26,37
17	105–110	62,5	58,52	95,28	20,31	34,82	25,49
18	110–115	67,1	66,06	97,49	22,91	36,76	25,84
19	115–120	68,7	56,43	91,27	21,10	35,33	26,01
20	120–125	67,3	56,06	96,75	21,83	35,23	25,80
21	125–130	76,1	53,14	67,07	20,12	25,79	27,34
22	130–135	66	52,45	63,24	21,08	25,00	25,49
23	135–140	68,3	53,38	67,65	22,20	25,90	26,43
24	140–145	72,1	52,60	69,08	22,85	27,10	27,90
25	145–150	73,8	51,55	70,82	22,16	26,02	26,79
26	150–155	74	45,34	82,86	20,85	25,02	25,90
27	155–160	73	39,26	73,93	19,38	24,47	23,81
28	160–165	75,9	39,69	73,01	19,11	24,99	23,77
29	165–170	76,8	39,23	74,79	17,78	24,06	24,06
30	170–175	75,7	39,87	76,20	18,17	25,23	26,54
31	175–180	79,2	42,54	75,81	16,91	25,09	28,36
32	180–185	78,1	45,12	83,86	17,52	26,01	26,91
33	185–190	77,2	43,94	64,62	17,06	20,68	24,66
34	190–195	74,8	43,01	60,62	15,54	21,24	27,93
35	195–205	79,2	39,60	59,92	14,59	18,76	20,84
36	205–210	80,5	41,85	61,41	14,67	21,74	25,54
37	210–215	78,6	39,52	50,05	13,70	18,97	27,45
38	215–220	78,4	43,55	55,99	13,48	20,74	26,08
39	220–225	80,2	37,56	60,96	14,70	21,23	28,96
40	225–230	78,2	37,42	50,60	12,12	17,92	27,36
41	230–240	80	35,92	62,23	13,16	20,24	21,25
42	240–245	80,2	32,70	104,23	12,26	21,97	21,66
43	245–255	75	35,79	191,05	12,63	21,05	21,26
44	255–260	82,2	35,46	248,23	12,74	19,95	22,38
45	260–265	75,1	35,79	91,47	14,42	19,39	20,63
46	265–275	76,4	39,27	127,36	19,08	17,39	25,19
47	275–285	60,1	37,20	132,26	18,08	17,05	25,68
48	285–290	71,5	41,19	196,22	19,45	20,02	28,66
49	290–300	81,1	32,86	111,17	87,62	15,88	22,95
50	300–305	83,4	32,02	202,31	9,70	15,04	24,69
51	305–310	80,5	25,76	131,97	7,36	15,77	22,03
52	310–315	79,4	29,26	101,90	7,57	16,65	24,77
53	315–320	79,3	27,68	87,66	7,18	15,38	27,22
54	320–325	82,1	28,39	93,13	6,97	14,94	32,42
55	325–330	77,9	26,53	86,73	7,65	14,29	26,99
56	330–335	79,5	25,20	70,97	8,74	13,37	25,10
57	335–340	78	22,63	102,35	7,20	13,37	22,42
58	340–355	77	25,42	89,75	6,74	14,53	31,59

Tabelle 9b: Ergebnisse der Elementanalysen aus dem Profil Weiherwiesen (Teil 2).

Proben-nr.	Tiefe (mm)	mineral. Anteil %	Kalium mg/kg TS	Aluminium mg/kg TS	Silicium mg/kg TS
1	0– 10	42,7	808,72	2583	2421
2	10– 20	24,2	787,76	3320	3320
3	20– 30	38,9	687,20	3931	3682
4	30– 40	43,8	606,22	5515	4612
5	40– 50	43,9	763,07	8204	4869
6	50– 55	43,4	866,70	8693	4566
7	55– 60	43,3	962,46	12587	6293
8	60– 65	34,4	956,39	11317	3795
9	65– 70	22,2	932,22	11665	4726
10	70– 75	19,7	919,96	11507	2582
11	75– 80	45	1171,43	16639	2185
12	80– 85	47,5	1309,26	20777	1431
13	85– 90	39,3	1275,47	19084	1426
14	90– 95	25,2	1134,40	17758	1393
15	95–100	58,7	1179,32	20641	1183
16	100–105	62,5	1514,00	26937	1016
17	105–110	62,5	1328,59	25150	1548
18	110–115	67,1	1322,18	24718	959
19	115–120	68,7	1325,32	25908	1227
20	120–125	67,3	1433,82	27833	1141
21	125–130	76,1	702,13	17540	1290
22	130–135	66	626,47	16176	1127
23	135–140	68,3	701,37	17918	1268
24	140–145	72,1	707,23	17800	1275
25	145–150	73,8	707,75	17826	1204
26	150–155	74	721,28	17980	1251
27	155–160	73	677,65	17489	1224
28	160–165	75,9	674,74	17493	1127
29	165–170	76,8	632,85	16893	1987
30	170–175	75,7	707,00	18470	1665
31	175–180	79,2	720,44	18761	1691
32	180–185	78,1	715,50	18737	1539
33	185–190	77,2	517,47	14733	4032
34	190–195	74,8	565,28	15907	3212
35	195–205	79,2	481,45	13912	4273
36	205–210	80,5	660,87	17880	1957

(Fortsetzung nächste Seite)

Tabelle 9b *(Fortsetzung)*

Probennr.	Tiefe (mm)	mineral. Anteil %	Kalium mg/kg TS	Aluminium mg/kg TS	Silicium mg/kg TS
37	210–215	78,6	475,76	13 804	5111
38	215–220	78,4	598,82	15 917	1815
39	220–225	80,2	564,99	15 676	2177
40	225–230	78,2	527,09	14 390	2846
41	230–240	80	643,59	17 001	2631
42	240–245	80,2	762,82	18 802	1175
43	245–255	75	768,42	19 000	1158
44	255–260	82,2	743,57	18 063	1219
45	260–265	75,1	709,39	17 499	1143
46	265–275	76,4	659,78	15 429	1178
47	275–285	60,1	643,21	15 137	1447
48	285–290	71,5	705,95	16 133	1659
49	290–300	81,1	556,96	11 774	1479
50	300–305	83,4	554,05	13 002	1358
51	305–310	80,5	490,54	11 777	1472
52	310–315	79,4	528,65	12 611	1059
53	315–320	79,3	471,60	11 636	1282
54	320–325	82,1	429,28	11 006	1693
55	325–330	77,9	439,29	10 714	1429
56	330–335	79,5	372,87	9 926	3292
57	335–340	78	406,81	10 389	1286
58	340–355	77	410,87	10 739	1453

5.5.2.1 Aluminium

Rötenbacher Streuwiese

Von der untersten mineralreichen Probe bis in 365 mm Tiefe liegt der Aluminiumgehalt zwischen 40 000 und 44 000 mg/kg TS (= Trockensubstanz). Mit Abnahme des Aschegehaltes aufgrund zunehmender Vermoorung sinkt die Menge des Aluminiums mit kleinen Schwankungen vor allem bei 190–210 mm Tiefe auf schließlich 2000 mg/kg TS in den obersten Proben aus der lebenden Pflanzendecke.

Streuwiese bei der Großen Birkenhülbe

Auch hier wurden die höchsten Werte mit 14 000 bis 18 000 mg Aluminium/kg TS in den untersten schluffreichen Ablagerungen zwischen 200 und 325 mm Tiefe gemessen. Mit zunehmender Torfbildung sinkt ähnlich wie auf der Rötenbacher Streuwiese der Aluminiumgehalt auf unter 3000 mg/kg TS.

Weiherwiesen

Das am wenigsten weit zurückreichende Profil von den Weiherwiesen weist in den ältesten Proben Aluminiumkonzentrationen von 10 000 bis 12 000 mg/kg TS auf. Bei 290 mm Tiefe erfolgt ein Anstieg mit Schwankungen auf etwa 18 000 mg/kg TS. Noch auffälliger ist ein Bereich mit 20 000 bis 27 000 mg/kg TS zwischen 100 und 125 mm Tiefe. Danach kommt es zu einer starken Abnahme bis auf 3000 mg/kg TS in den rezenten Pflanzenteilen.

Abb. 22: Der Aluminiumgehalt im Profil Rötenbacher Streuwiese.

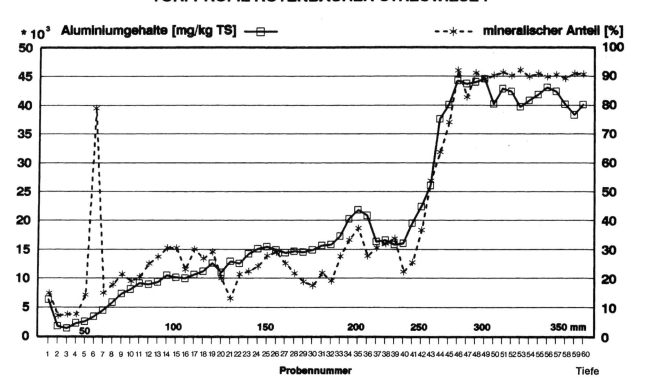

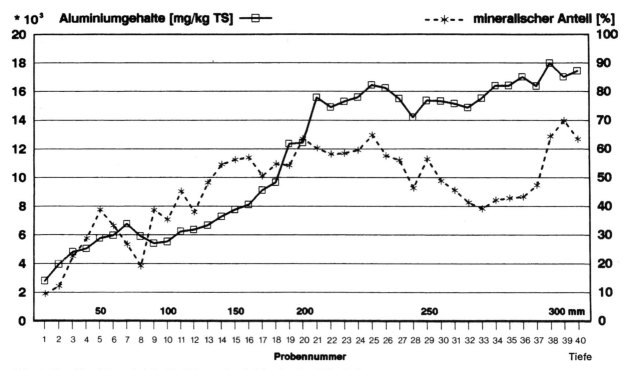

Abb. 23: Der Aluminiumgehalt im Profil Streuwiese bei der Großen Birkenhülbe.

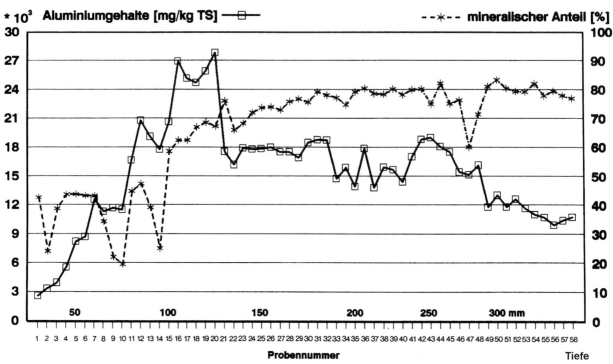

Abb. 24: Der Aluminiumgehalt im Profil Weiherwiesen.

Deutung: Aluminium ist ein wesentliches Bauelemente des Bodens und gleichzeitig immobil. So verwundert es nicht, daß mit Abnahme des mineralischen Anteiles auch der Aluminiumgehalt im Boden absinkt. Da es keine besonderen Aufgaben im Pflanzenstoffwechsel hat, wird es auch nicht in den obersten Bodenhorizonten angereichert.

Auffällig ist im Profil von den Weiherwiesen der erhöhte Gehalt in einigen Proben des 20. Jahrhunderts. Einige Autoren (Görres 1991, 98) vermuten, daß für entsprechende Zunahmen Brände, andere, daß Staubeintrag aufgrund menschlicher Siedlungstätigkeit verantwortlich sei. Im vorliegenden Fall überzeugt jedoch keiner der genannten Gründe, da sich solche Schwankungen auch in den anderen untersuchten Mooren bemerkbar machen müßten. Auch konnte im Profil Weiherwiesen (siehe entsprechendes Pollendiagramm) in diesem Abschnitt kein erhöhter Gehalt an Kohleflittern festgestellt werden.

Natürlich muß hier einschränkend gesagt werden, daß die Untersuchungen auf dem Albuch nicht in ombrogenen Hochmooren, sondern in sehr aluminiumreichen Niedermooren durchgeführt wurden. Deshalb kann anthropogener Eintrag möglicherweise überdeckt sein.

5.5.2.2 Blei

Rötenbacher Streuwiese

Im Gegensatz zum vorher besprochenen Aluminium zeigt sich deutlich, daß der Bleigehalt nur in geringem Maße aus der Gesteinsverwitterung stammt. So weisen die mineralreichen Sedimente zwischen 365 und 225 mm Tiefe Werte zwischen 24 und 32 mg/kg TS auf. Das ist nicht einmal ein Tausendstel des Aluminiumgehaltes. Mit zunehmender Torfbildung sinkt dann nicht die Konzentration, sondern nimmt sogar zu: Einen ersten Anstieg findet man ab 225 mm Tiefe, der zwischen 150 und 135 mm Werte von über 100 mg/kg TS erreicht. Danach nehmen die Gehalte wieder ab und steigen erneut ab 95 mm Tiefe an, um bei 70 mm Tiefe über 200 mg/kg TS aufzuweisen. In den jüngsten, oberflächennahen Ablagerungen fallen dann die Werte unter 100 mg/kg TS an.

Streuwiese bei der Großen Birkenhülbe

Mit einigen Schwankungen liegt der Bleigehalt bis in 190 mm Tiefe um 50 mg/kg TS. Wie bei der Rötenbacher Streuwiese folgt dann ein auffälliger Anstieg auf über 120 mg Blei/kg TS. In den jüngsten Proben gehen ebenfalls die Bleikonzentrationen kräftig zurück.

Weiherwiesen

Wie zu erwarten, zeigen nur die untersten Proben in dem bis in das 16. Jahrhundert zurückreichende Profil Weiherwiesen „natürliche" Gehalte von etwa 25 mg Blei/kg TS. Eine erste geringe Zunahme auf etwa 35 mg ist ab 290 mm feststellbar. Ein stärkerer Konzentrationsanstieg erfolgt ab 155 mm Tiefe und erreicht bei 70 mm den Höchstwert von 80,45 mg Blei/kg TS. Ebenso wie in den anderen Profilen sinkt der Bleigehalt in den oberflächennahen Sedimenten.

Deutung: Blei wird in Böden und Torfen verhältnismäßig stark adsorbiert und nur geringfügig weitertransportiert. Da es keine Rolle im biologischen Stoffkreislauf spielt und natürlicherweise in den Böden im allgemeinen nur in geringer Menge vorkommt, ist es das am häufigsten untersuchte Schwermetall, um die Auswirkungen vor- und frühgeschichtlicher menschlicher Tätigkeit auf die Umwelt zu erfassen.

Als Ursache für die Entstehung von Bleiaerosolen ist an erster Stelle die Verhüttung bleihaltiger Erze zu nennen. Auch die Bohnerze und Eisenschwarten von der Ostalb enthalten in geringen Mengen Blei und andere Schwermetalle (Beitrag Yalçin/Hauptmann, S. 269ff.). Eine weitere Quelle für Bleistaub ist die Glasherstellung. So enthält Bleikristall bis zu 33% Bleioxid. Außerdem wird Blei bei der Kohleverbrennung frei, denn diese enthält 20–270 ppm Pb. Von großer Bedeutung ist bzw. war auch die Zusetzung von Bleitetraethyl den Treibstoffen, um deren Klopffestigkeit zu erhöhen.

Bei der Auswertung muß berücksichtigt werden, daß sich Blei ebenso wie Kupfer und Zink in Feinstäuben wiederfindet und deshalb über weite Entfernungen transportiert wird. So lassen sich Bleiaerosole sogar im grönländischen Eis nachweisen. Die Ergebnisse dürften also in der Regel nicht menschliche Aktivitäten im Untersuchungsgebiet widerspiegeln, sondern großräumliche Verhältnisse.

Außerdem muß bemerkt werden, daß Blei von einzelnen Pflanzenarten angereichert wird. Von den Moosen sind es nach R. Wandtner (1981, 157 ff.) die Torfmoose *Sphagnum magellanicum* mit 15–78 ppm, *Sphagnum rubellum* mit 17–66 ppm und von den Blütenpflanzen die Wurzeln der Moosbeere (*Vaccinium oxycoccos* agg.). Dies bedeutet, daß bei Entstehung einer entsprechenden Vegetationsdecke eine stärkere Bleianreicherung feststellbar sein sollte.

In den Profilen der Rötenbacher Streuwiese läßt sich ein leichtes Ansteigen des Bleigehaltes ab der Hallstattzeit feststellen. Es ist aber offen, ob dies mit vorrömischer Erzverhüttung im Zusammenhang steht, oder ob es eine Folge der Vermoorung ist. Denn – wie eben erwähnt – reichern Torfmoose Blei an. Küster u. a. (1988, 171) glauben, daß ein von ihnen beobachteter Anstieg des Bleigehaltes in einem südbayerischen Moor während der vorrömischen Eisenzeit anthropogen sei. Görres (1991, 158) schreibt zu den vorrömischen Bleigipfeln vom Starnberger See vorsichtiger,

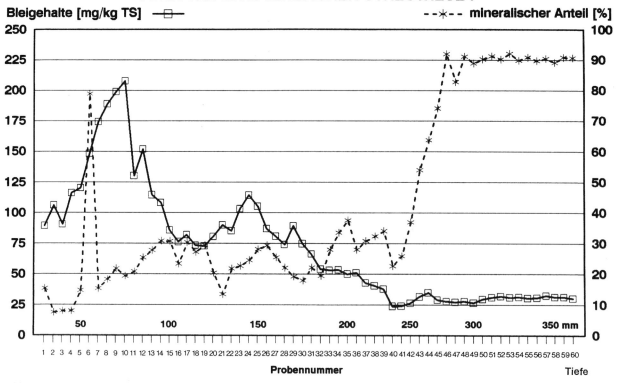

Abb. 25: Der Bleigehalt im Profil Rötenbacher Streuwiese.

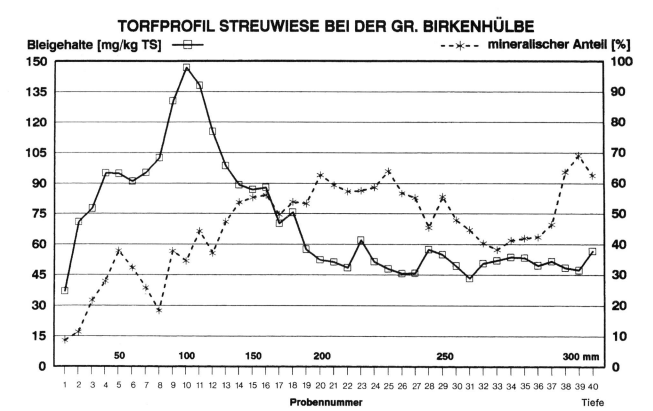

Abb. 26: Der Bleigehalt im Profil Streuwiese bei der Großen Birkenhülbe.

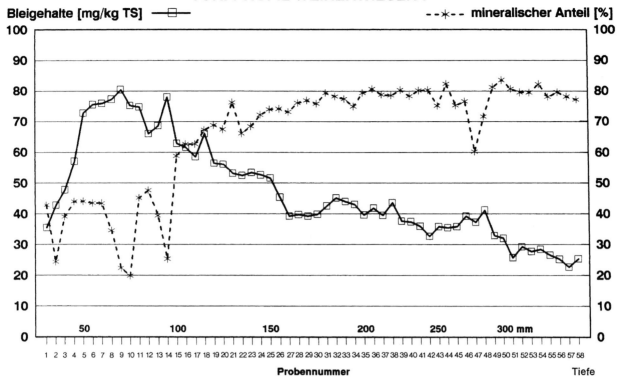

Abb. 27: Der Bleigehalt im Profil Weiherwiesen.

„daß zumindest lokal begrenzte Verhüttungen nicht ausgeschlossen werden können."

Eine stärkere Zunahme ab 180 mm Tiefe fällt in die Römerzeit und erreicht eine Bleikonzentration von 89 mg/kg TS. Entsprechende Bleianreicherungen wurden in römerzeitlichen Sedimenten mehrfach gefunden. Ausführlicher kann man dies wieder bei Görres (1991, 136; 157 ff.) nachlesen.

Spitzenwerte von über 100 mg Blei je kg Trockensubstanz stammen aus dem hohen Mittelalter. Entsprechende mittelalterliche Bleimaxima fand auch Görres (1991, 139) und stellt sie mit mittelalterlicher Verhüttung am Alpennordrand in Zusammenhang.

Nach einem Rückgang im späten Mittelalter lassen sich erhöhte Bleikonzentrationen wieder ab Ende des 18. Jahrhunderts nachweisen. Sie erreichen in den Sedimenten aus diesem Jahrhundert ihr Maximum.

Der Beginn dieser starken Zunahme ist wahrscheinlich auf die Industrialisierung mit entsprechender Kohleverbrennung zurückzuführen. Die Spitzenwerte von bis zu 200 mg Blei je kg TS dürften aber ganz überwiegend mit dem Kraftfahrzeugverkehr im Zusammenhang stehen. Ob die Abnahme in den obersten Proben bereits die Umstellung auf bleifreien Kraftstoff widerspiegelt, ist sehr fragwürdig, denn schon R. Wandtner (1981, 173) schrieb: „Bei ... Pb ist in den unteren Moosabschnitten (2–6 cm) und besonders im darunterliegenden Torf (bis 15 cm) eine gegenüber der Polsteroberfläche (0–2 cm) stark erhöhte Anreicherung zu verzeichnen."

Ergänzend sei noch erwähnt, daß A. Hölzer/A. Hölzer (1990, 320) in einer neueren Arbeit den Aussagewert von Schwermetallen (Blei, Cadmium, Kupfer, Nickel) als Zeiger für den wirtschaftenden Menschen grundsätzlich in Frage stellen. Sie glauben, daß die Maxima mit dem Grundwasserstand der Moore übereinstimmen würden.

5.5.2.3 Chrom

Rötenbacher Streuwiese

Der Chromgehalt liegt in den schluffreichen untersten Proben aus 365 bis 275 mm Tiefe zwischen 33 und 37 mg/kg TS. Zwischen 275 und 255 mm Tiefe erfolgt trotz starker Abnahme des Aschegehaltes eine Zunahme der Chromwerte auf 55,16 mg/kg TS. Er sinkt dann rasch auf etwa 24 mg ab, nimmt nochmals zwischen 210 und 200 mm Tiefe auf über 30 mg/kg TS zu, um schließlich Konzentrationen von nicht einmal 10 mg Chrom je kg TS aufzuweisen.

Streuwiese bei der Großen Birkenhülbe

Auch hier zeigt sich, daß Chromgehalt und mineralischer Anteil nicht gleichsinnig verlaufen. Während der Aschegehalt mit zunehmender Vermoorung von 70 auf 40% absinkt, bleibt der Chromgehalt zwischen 305 und 275 mm bei über 31 mg/kg TS. Danach gehen

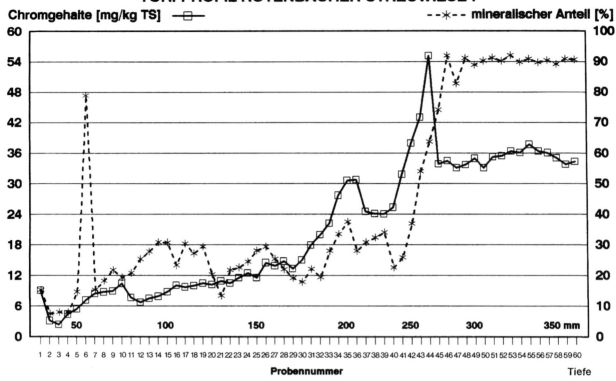

Abb. 28: Der Chromgehalt im Profil Rötenbacher Streuwiese.

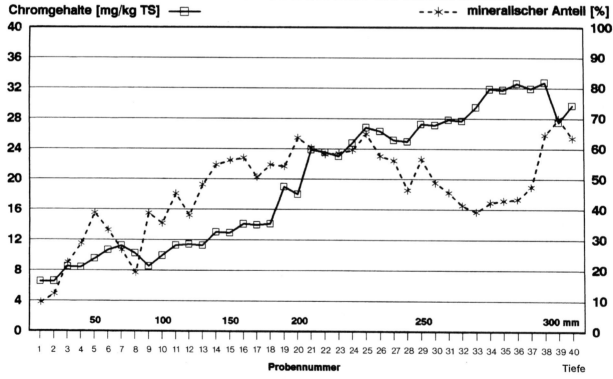

Abb. 29: Der Chromgehalt im Profil Streuwiese bei der Großen Birkenhülbe.

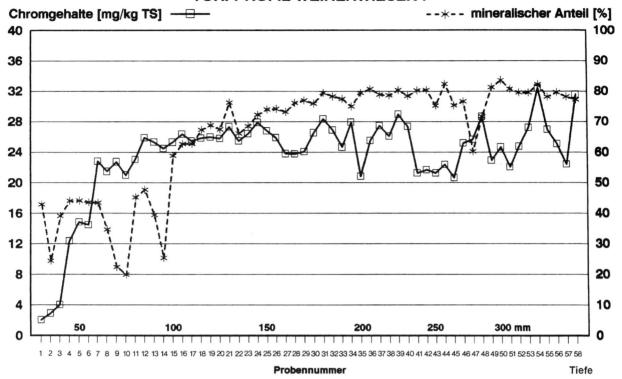

Abb. 30: Der Chromgehalt im Profil Weiherwiesen.

stufenweise die Chromwerte zurück, so daß in den jüngsten Proben ebenfalls nicht einmal mehr 9 mg/kg TS gemessen werden konnten.

Weiherwiesen

In dem Profil von den Weiherwiesen schwanken die Chromkonzentrationen zwischen 20 und 28 mg/kg TS. Wie an den anderen Standorten sinken die Werte in den jüngsten Proben kräftig auf unter 5 mg Chrom je kg TS ab.

Deutung: Nach Görres (1991, 105) gehört Chrom zu den schwer auswaschbaren Elementen. Es dient nicht der Pflanzenernährung, und die Gehalte in ombrogenen Mooren sollen vorwiegend aus anthropogenen Prozessen stammen.

Im vorliegenden Fall liegen die Werte in den untersten Proben der Rötenbacher Streuwiese mit etwa 30 mg/kg TS nach Naucke (1990, 244) an der unteren Grenze für Niedermoortorfe. Die ins Auge fallende Zunahme der Chromkonzentration trotz Abnahme des Aschegehaltes zwischen 275 und 255 mm Tiefe liegt in der Bronzezeit, der kleinere Gipfel zwischen 210 und 200 mm in der Latènezeit.

Welche menschliche Tätigkeit die Bildung chromhaltiger Aerosole zu diesen Zeiten hervorgerufen haben soll, ist bisher unklar. Interessanterweise finden sich auch bei Küster u. a. (1988, 169) um 3000 vor heute (entspricht kalibriert etwa 1200 v. Chr.) – also ebenfalls noch in der Bronzezeit – deutlich erhöhte Chromwerte. Die Autoren schreiben hierzu: „Die großen Schwankungen sind schwer zu interpretieren".

5.5.2.4 Kalium

Rötenbacher Streuwiese

Die ältesten Proben aus dem Schluff zwischen 365 und 275 mm Tiefe enthalten 2500 bis 2100 mg Kalium je kg Trockensubstanz. Mit der Sedimentänderung zum Torf sinkt der Kaliumgehalt auf etwa 450 mg/kg TS, um in den obersten 5 cm kräftig auf bis zu 4000 mg/kg TS anzusteigen.

Streuwiese bei der Großen Birkenhülbe

In den schluffigen Ablagerungen schwankt die Kaliumkonzentration zwischen 600 und 100 mg/kg TS. Auch hier steigt in den jüngsten Proben, die großenteils aus lebendem Pflanzenmaterial bestehen, der Gehalt auf 4000 mg/kg TS.

Weiherwiesen

Mit 400 bis 750 mg je kg TS liegt in den untersten Bodenhorizonten der Kaliumgehalt auf den Weiherwiesen etwas niedriger als bei der Großen Birkenhülbe. Wie bei den anderen Standorten läßt sich in den jüngsten Sedimenten eine Kaliumzunahme feststellen, die hier aber nur 1400 mg/kg TS erreicht.

Deutung: Kaliumionen werden größtenteils bei der

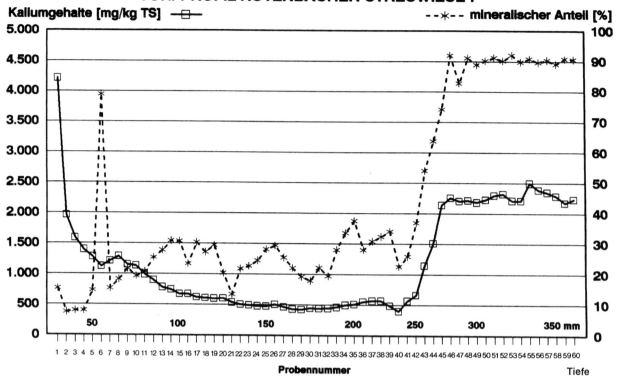

Abb. 31: Der Kaliumgehalt im Profil Rötenbacher Streuwiese.

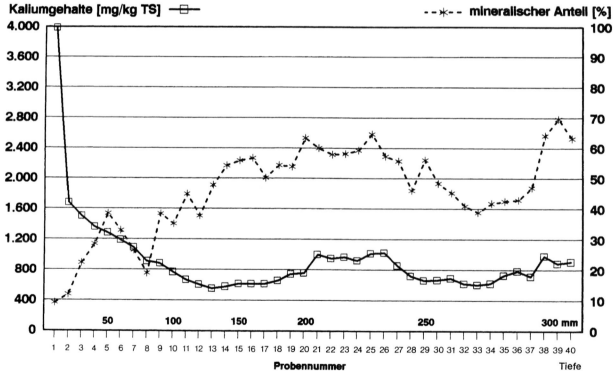

Abb. 32: Der Kaliumgehalt im Profil Streuwiese bei der Großen Birkenhülbe.

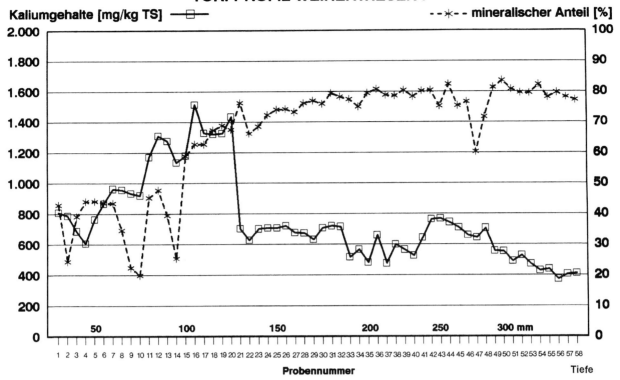

Abb. 33: Der Kaliumgehalt im Profil Weiherwiesen.

Gesteinsverwitterung freigesetzt. Da die Bindung von Kalium oder genauer gesagt von Kaliumionen an den Boden nicht sehr stark ist, können sie ziemlich leicht ausgewaschen werden. Außerdem stellt Kalium ein wichtiges Mineralsalz für Pflanzen dar. Deshalb weist Pflanzenasche hohe Kaliumgehalte auf, was früher bei der Pottaschengewinnung ausgenutzt wurde.

Die Abnahme des Kaliumgehaltes mit dem Wechsel vom schluffreichen zum torfreichen Sediment ist also ein natürlicher Vorgang. Die in allen Fällen feststellbare Zunahme der Kaliumionenkonzentration in den obersten Bodenhorizonten ist eine Folge des Stoffkreislaufes der hier wachsenden Pflanzen. Der geringere Gehalt auf den Weiherwiesen mag daran liegen, daß an dieser Stelle die Kaliumionen durch fließendes Wasser stärker ausgewaschen wurden.

Mögliche anthropogene Einträge sind durch natürliche Vorgänge überdeckt. Kaliumanalysen eignen sich also nicht für archäoökologische Untersuchungen.

5.5.2.5 Kupfer

Rötenbacher Streuwiese

Die Kupferwerte liegen in den tiefsten schluffreichen Proben zwischen 12 und 17 mg/kg TS. Bei 285 mm Tiefe kommt es zu einer starken Anreicherung, die bei 260 mm Tiefe 35,3 mg Cu/kg TS erreicht. Der Gehalt sinkt vorübergehend auf 24 mg ab, um bei 200 mm Tiefe nochmals 35 mg aufzuweisen. Danach fällt die Kupferkonzentration zuerst auf das ursprüngliche Niveau, dann sogar unter dieses auf 7 mg/kg TS ab. Ab 85 mm Tiefe tritt erneut eine Steigerung auf, so daß bei 60 mm 28 mg Cu je kg TS gemessen werden konnten. In den obersten Prüfstücken liegen die Werte wieder etwas tiefer.

Streuwiese bei der Großen Birkenhülbe

Der obige Kurvenverlauf läßt sich in diesem Torfprofil ebenfalls nachvollziehen. Weil die Sedimente wahrscheinlich nur bis in die Bronzezeit zurückreichen, steigen die Kupfergehalte von der untersten Probe von 17 auf 28 mg/kg TS in 270 mm Tiefe kontinuierlich an. Dann fällt die Kupferkonzentration in 190 mm Tiefe auf unter 6 mg/kg TS. Bis zu den obersten Proben pendeln die Werte zwischen 10 und 13 mg/kg TS.

Weiherwiesen

Das Diagramm von den Weiherwiesen zeigt beim Kupfer keine besonderen Schwankungen; jedoch ist zu berücksichtigen, daß wegen eines „Ausreißers" der Maßstab verändert ist. So steigt der Kupfergehalt von 7–9 mg/kg TS in den ältesten Proben auf über 18 mg/kg TS zwischen 300 und 265 mm Tiefe. Die Kupferkonzentration sinkt dann wieder etwas ab, um ab 205 mm gleichmäßig anzusteigen. Bei 150 mm wird mit 22 mg/kg TS ein Plateau erreicht, das mit kleinen Abweichungen bis zu den obersten 60 mm anhält. Danach verringert sich der Gehalt auf unter 9 mg/kg TS.

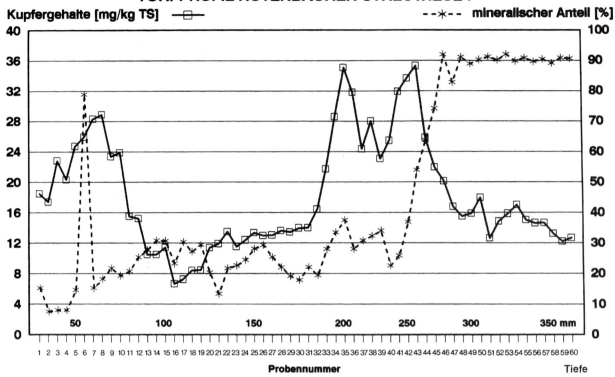

Abb. 34: Der Kupfergehalt im Profil Rötenbacher Streuwiese.

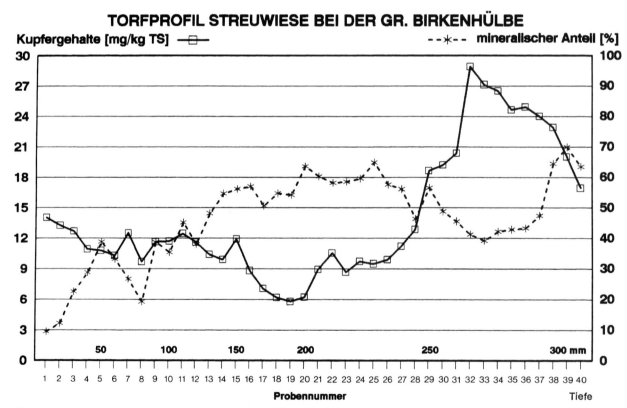

Abb. 35: Der Kupfergehalt im Profil Streuwiese bei der Großen Birkenhülbe.

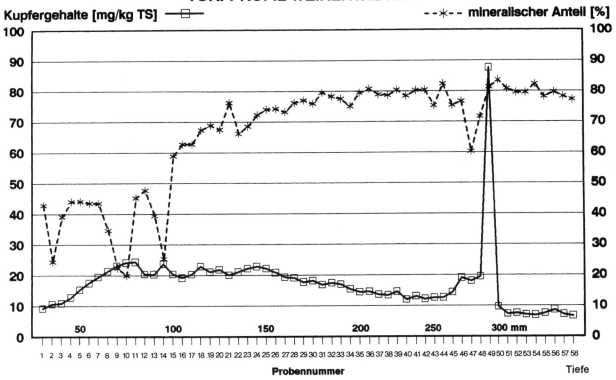

Abb. 36: Der Kupfergehalt im Profil Weiherwiesen.

Deutung: Nach den Angaben bei Görres (1991, 109) wird Kupfer gut von Torfen absorbiert und ist deshalb nur wenig mobil. In geringen Mengen scheint es jedoch für den Stoffwechsel von Torfmoosen essentiell zu sein und gilt auch als wichtiges Spurenelement bei höheren Pflanzen.

Kupferemissionen entstehen vor allem bei der Metallgewinnung. Auch die Eisenerze auf dem Albuch enthalten in Spuren Kupfer. In geringer Menge werden sogar bei der Kohleverbrennung Kupferaerosole gebildet.

Der hohe Kupfergehalt in den Profilen der Rötenbacher Streuwiese und der Großen Birkenhülbe fällt auffälligerweise mit dem Beginn der Bronzezeit zusammen. Wobei erinnert werden soll, daß Bronze eine Kupferlegierung ist.[12] Nach einer vorübergehenden Abnahme endet die Kupferanreicherungsphase bei der Rötenbacher Streuwiese in der Latènezeit, also zu einem Zeitpunkt, wo statt Bronze das Eisen eine immer größere Bedeutung gewinnt. Im Profil von der Großen Birkenhülbe sinkt der Kupfergehalt erst später ab. Die erneute Zunahme läuft parallel der beginnenden Industrialisierung am Ende des 18. Jahrhunderts. Die Abnahme in den obersten Proben ist wohl durch noch lebende Pflanzenteile bedingt, die anscheinend das Kupfer nicht in größeren Mengen anreichern.

Der nur wenige Jahrhunderte zurückreichende Sedimentpfeiler von den Weiherwiesen zeigt ebenfalls eine deutliche Zunahme des Kupfergehaltes ab Ende des 18. Jahrhunderts.

Bemerkenswert ist, daß auch Görres (1991, 139; 146) größere Kupferwerte während der Bronzezeit fand. Ebenso sind auch bei ihm in den obersten Torfschichten die Cu-Gehalte erhöht.

5.5.2.6 Nickel

Rötenbacher Streuwiese

Der Nickelgehalt beträgt in den unteren schluffreichen Proben in 365 bis 280 mm Tiefe 20–25 mg je kg Trockensubstanz. In den darauffolgenden torfigen Horizonten liegen die Werte zwischen 7 und 10 mg/kg TS. Zwischen 155 und 125 mm Tiefe folgt ein Bereich, der mit 10–12 mg/kg TS eine etwas erhöhte Nickelkonzentration aufweist. Auch in den beiden obersten Proben ist nochmals ein leichter Anstieg zu erkennen.

Streuwiese bei der Großen Birkenhülbe

Das Profil von der Streuwiese bei der Großen Birkenhülbe reicht nicht so tief in den mineralischen Untergrund wie das von der Rötenbacher Streuwiese. Bei einem mineralischen Anteil von 40–60% liegt deshalb der Nickelgehalt nur zwischen 7,5 und 10,5 mg/kg

---

12 Im ursprünglichen Sinne besteht Bronze aus mehr als 60% Kupfer mit Zinn und anderen Zusätzen.

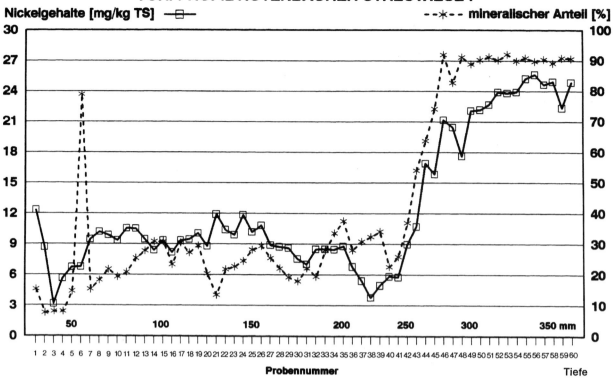

Abb. 37: Der Nickelgehalt im Profil Rötenbacher Streuwiese.

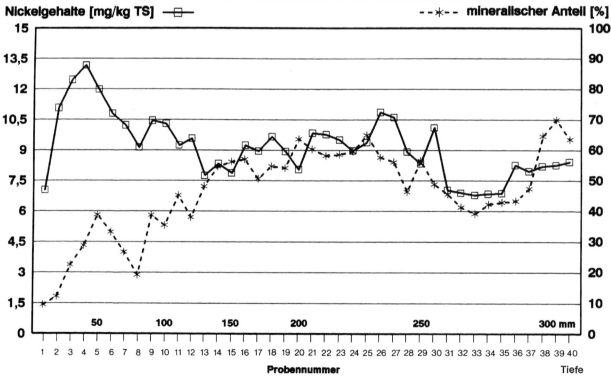

Abb. 38: Der Nickelgehalt im Profil Streuwiese bei der Großen Birkenhülbe.

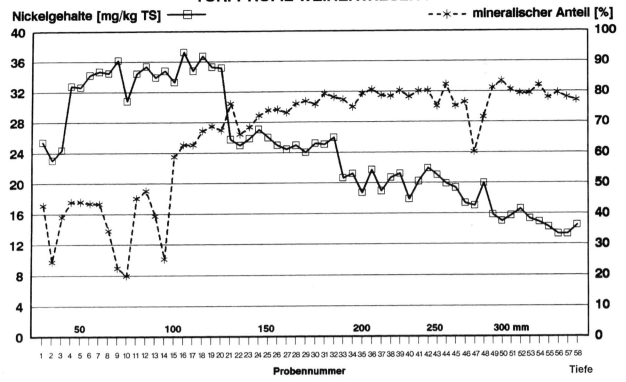

Abb. 39: Der Nickelgehalt im Profil Weiherwiesen.

TS. Ähnlich wie beim vorher besprochenen Profil nimmt oberhalb von 130 mm der Nickelgehalt bis auf 13,5 mg/kg TS zu, während der Aschegehalt auf unter 30% sinkt.

Weiherwiesen

Das Profil von den Weiherwiesen ist gekennzeichnet durch einen steten Anstieg der Nickelkonzentration von 14 auf 36 mg/kg TS, während die Aschenwerte abnehmen. Auffällig ist dabei ein Konzentrationssprung in 130 mm Tiefe.

Deutung: Im Vergleich zu den Angaben bei Naucke (1990, 244–245) liegen die Nickelgehalte in den Mooren auf dem Albuch im normalen Schwankungsbereich von Niedermoortorfen. Dabei dürfte das Nickel überwiegend aus der Gesteinsverwitterung stammen. Nach der Zusammenstellung bei Görres (1991, 113–114) bildet Nickel organische Komplexe mittlerer Stabilität. Die Auswaschbarkeit scheint ziemlich gering zu sein, so daß die leichte Zunahme im Profil Rötenbacher Streuwiese zwischen 155 und 125 mm Tiefe und im Profil bei der Großen Birkenhülbe zwischen 240 und 235 mm Tiefe auf anthropogene Emissionen während des hohen Mittelalters zurückgeführt werden kann. Die Zunahme in den obersten Proben steht möglicherweise mit der zunehmenden Ölverbrennung im 20. Jahrhundert (nach H. Lannefors u. a. in: Görres 1991, 114) in Zusammenhang. Bemerkenswerterweise fanden auch Küster u. a. (1988, 171) in einem Moor des Alpenvorlandes ab der Jahrtausendwende einen Anstieg des Nickelgehaltes. Ebenfalls wiesen die jüngsten Proben höhere Konzentrationswerte auf.

Es sei aber nochmals darauf hingewiesen, daß nach Hölzer/Hölzer (1990, 320) die Nickelanreicherung vielleicht durch den Grundwasserspiegel verursacht wird.

5.5.2.7 Silicium

Rötenbacher Streuwiese

Der natürliche Siliciumgehalt im Sedimentpfeiler von der Rötenbacher Streuwiese liegt in den schluffigen Proben zwischen 420 und 615 mg/kg TS. Zwischen 265 und 225 mm Tiefe folgt ein Bereich von Siliciumanreicherung mit doppelt so hohen Werten (837–1016 mg/kg TS). Danach pendelt sich die Konzentration fast auf das Ausgangsniveau wieder ein, um ab 200 mm Tiefe stetig bis auf 1200 mg/kg TS in 170 mm Tiefe anzusteigen. Dann springt ein Abschnitt im Bereich von 150–125 mm Tiefe ins Auge, der Siliciumwerte von bis über 2400 mg/kg TS aufweist. So plötzlich, wie diese Anreicherungsphase beginnt, fällt sie wieder ab. Die Siliciumgehalte schwanken anschließend bis auf die jüngsten Proben, die wieder sehr hohe Werte aufweisen, zwischen 800 und 1000 mg/kg TS.

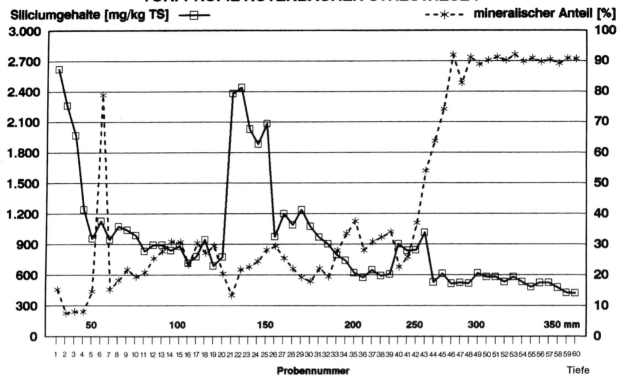

Abb. 40: Der Siliciumgehalt im Profil Rötenbacher Streuwiese.

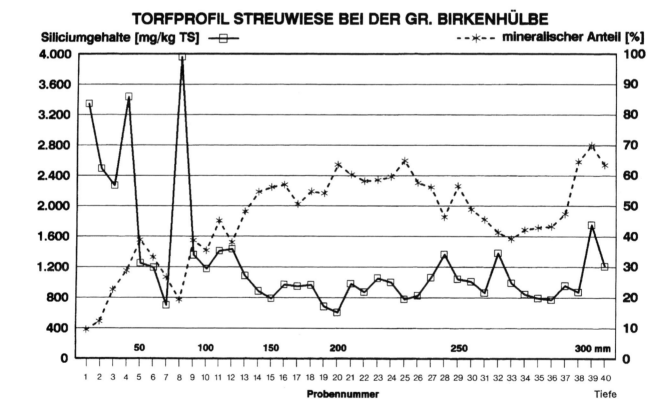

Abb. 41: Der Siliciumgehalt im Profil Streuwiese bei der Großen Birkenhülbe.

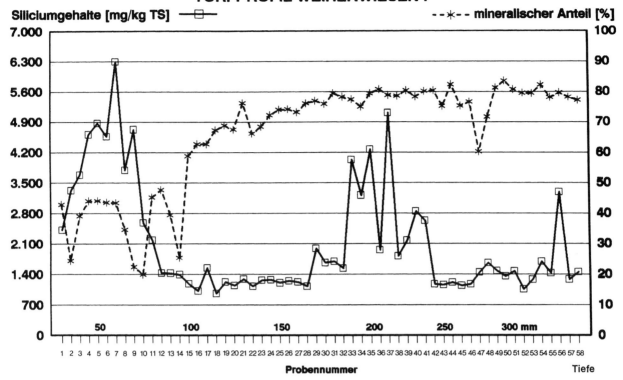

Abb. 42: Der Siliciumgehalt im Profil Weiherwiesen.

Streuwiese bei der Großen Birkenhülbe
Im ganzen unteren Abschnitt zwischen 325 und 120 mm Tiefe bewegt sich die Siliciummenge zwischen 800 und 1050 mg/kg TS. Dies entspricht etwa den Werten auf der Rötenbacher Streuwiese oberhalb von 125 mm Tiefe. Wie auch dort weisen die jüngeren Proben Spitzengehalte von über 2000 mg/kg TS auf.

Weiherwiesen
In den ältesten Ablagerungen zwischen 355 und 240 mm Tiefe wurden Siliciumgehalte zwischen 1150 und 1450 mg/kg TS gemessen. Ein Bereich hoher Siliciumanreicherungen findet sich auch hier zwischen 240 und 185 mm Tiefe mit einem Gipfel von über 4000 mg/kg TS. Danach pendeln sich die Werte bei etwa 1200 mg/kg TS ein, um in den obersten Ablagerungen ebenfalls wieder stark anzusteigen.

Deutung: Wenn sich auch nach Görres (1991, 117) Silicium weitgehend immobil verhält, so wird es doch im Vergleich zu den untersuchten Schwermetallen (Cu, Zn, Ni, Pb, Cr) über zwanzigmal stärker ausgewaschen (Naucke 1990, 245). Außerdem wird Silicium von vielen Pflanzen aufgenommen. Wichtig ist, daß sich Silicium in der Asche stark anreichert, so daß Brandhorizonte gut erfaßt werden können (z. B. Hölzer/Hölzer 1987, 48). Görres (1991, 117) nimmt an, daß die Siliciumgehalte in engem Zusammenhang mit Siedlungszeigern stehen.

Auf dem Albuch fällt der erste Abschnitt erhöhten Siliciumgehaltes in die mittlere und jüngere Bronzezeit (Hügelgräberbronzezeit und Urnenfelderzeit). Eine erneute Anreicherungsphase beginnt im Latène und reicht mit stetigem Anstieg bis in die Römer/Alamannenzeit. Der Bereich mit den ganz ungewöhnlich hohen Siliciumwerten reicht vom hohen bis in das späte Mittelalter. Für den gleichen Zeitraum ließen sich auch außerordentlich viele Holzkohlenflitter im Mikroskop nachweisen (siehe Pollendiagramm Rötenbacher Streuwiese). Als Erklärung bietet sich hierfür eine besondere Form der Landwirtschaft, die Feldgraswirtschaft (Kap. 6.5.6, S. 115f.) an.

Die stark erhöhten Siliciumwerte auf den Weiherwiesen zwischen 240 und 185 mm Tiefe aus dem 17. und 18. Jahrhundert laufen nicht mit entsprechenden Holzkohlewerten parallel. Auch lassen sich für diesen Abschnitt keine Veränderungen in der Vegetation pollenanalytisch nachweisen, so daß die Ursachen für diesen Siliciumgipfel unklar sind. Vielleicht liegen lokale Gründe in Verbindung mit der Nutzung des Gebietes vor.

Die hohen Siliciumgehalte in den obersten Horizonten aller drei Profile dürften auf Anreicherungen in den lebenden Pflanzen zurückzuführen sein. Denkbar ist auch, daß sie eine Folge der maschinellen Bodenbearbeitung sind, da hierbei der Ackerstaub stärker aufgewirbelt und verweht wird.

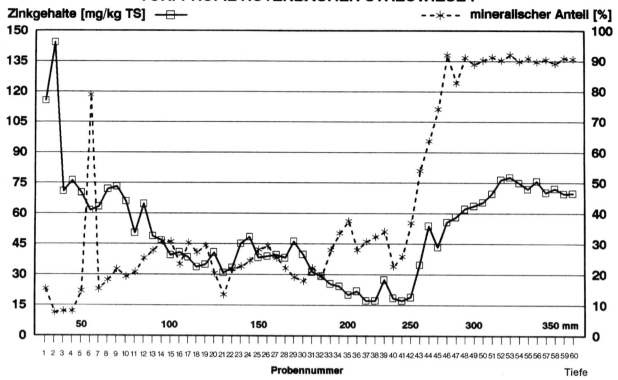

Abb. 43: Der Zinkgehalt im Profil Rötenbacher Streuwiese.

5.5.2.8 Zink

Rötenbacher Streuwiese

In den schluffreichen Proben von 365–265 mm Tiefe liegt der Zinkgehalt im allgemeinen zwischen 60 und 75 mg/kg TS. Mit Abnahme des mineralischen Anteiles sinkt die Zinkkonzentration auf unter 20 mg/kg TS. Sie nimmt wieder ab 200 mm Tiefe zu, erreicht einen ersten kleinen Gipfel mit 46 mg/kg TS bei 165–170 mm Tiefe und einen zweiten bei 140–145 mm Tiefe. Danach fallen die Werte wieder, um ab 90 mm Tiefe erneut auf eine Höhe anzusteigen, die teilweise sogar über der aus den aschereichen Proben liegt.

Streuwiese bei der Großen Birkenhülbe

Da bereits die untersten Proben von diesem Standort eine stärkere Torfbildung im Vergleich zur Rötenbacher Streuwiese aufweisen, verwundert es kaum, daß die Zinkgehalte im Schnitt nur 12–15 mg/kg TS betragen. Einen ersten langsamen Anstieg kann man bereits ab 250 mm Tiefe feststellen. Eine deutliche Abweichung mit zunehmenden Gehalten folgt dann ab 185 mm Tiefe, wobei in den jüngsten Torfen vereinzelt sogar über 100 mg Zn je kg TS gemessen wurde.

Weiherwiesen

Die Messungen in dem Profil von den Weiherwiesen zeigten bereits in dem schluffreichen Sediment starke Schwankungen. So wurden zwischen 310 und 240 mm Tiefe mehrfach Werte von weit über 100 mg Zn/kg TS erhalten. Der Spitzengehalt von 255–260 mm Tiefe betrug 248,23 mg/kg TS. Danach pendeln sich bis 120 mm die Konzentrationen zwischen 50 und 75 mg ein, um in den obersten Proben wieder anzusteigen.

Deutung: Zink wird in Torfen schlechter als Kupfer und Blei adsorbiert und wird bei niedrigem pH-Wert in mäßigem Umfang ausgewaschen. Dieses Element wird außerdem von Pflanzen und Pilzen benötigt. Der Bedarf ist aber sehr niedrig (Spurenelement), so daß nur geringe Anreicherungen in der lebenden Pflanzendecke feststellbar sind.

Im vorliegenden Falle zeigt der Vergleich zwischen den Torfen und den schluffreichen Proben der Rötenbacher Streuwiese, daß ein großer Teil des Zinkes aus der Bodenverwitterung stammt. Der Beginn der Zunahme des Zinkgehaltes ab 200 mm Tiefe entspricht etwa der jüngeren Latènezeit. Die beiden kleineren Maxima liegen wohl in der Völkerwanderungszeit (Alamannenzeit) und im hohen Mittelalter. Zeigen sich hier großräumliche Schwankungen oder spiegelt sich darin die Verhüttung von Eisenerzen auf dem Albuch wider? Bemerkenswert ist nämlich, daß die Bohnerze und vor allem die Eisenschwarten von der Ostalb Zink enthalten (Beitrag Yalçin/Hauptmann, S. 273), das als Aerosol bei der Erzaufbereitung freigesetzt worden sein könnte.

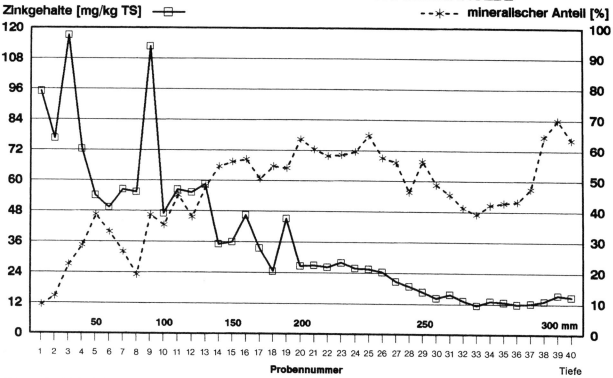

Abb. 44: Der Zinkgehalt im Profil Streuwiese bei der Großen Birkenhülbe.

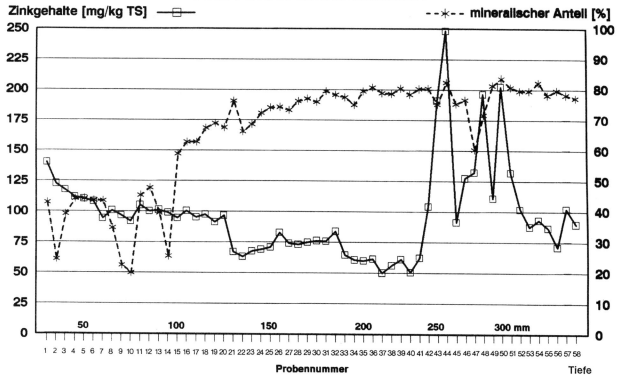

Abb. 45: Der Zinkgehalt im Profil Weiherwiesen.

Der Anstieg in den obersten Horizonten könnte wie bei Blei und Kupfer eine Folge der beginnenden Industrialisierung um 1800 sein. Man denke an die Verhüttung von Zinkerzen, die Kohleverbrennung und ab dem 20. Jahrhundert an den Kraftfahrzeugverkehr. Im letzteren Falle wird nämlich nach Görres (1991, 119) Zink dem Schmieröl zugesetzt.

Vorläufig nicht deutbar sind die hohen Werte im Profil Weiherwiesen aus dem 16./17. Jahrhundert. Handelt es sich hier um lokale Ereignisse? Auch beim Silicium traten in dieser Zeit erhöhte Werte auf. Hier zeigt sich, daß bei der Deutung der Elementgehalte noch vieles auf Vermutungen beruht.

5.5.3 Wasserchemische Aspekte

Sowohl die Meßergebnisse für die Gesamthärte (0,1 bis 2,0° dH), als auch für die Carbonathärte (0 bis 2,0° dH) zeigen, daß das Wasser in den untersuchten Hülben auf der Ostalb sehr weich ist. Als Grund ist die Kalkarmut des Untergrundes anzuführen. Dabei zeigt sich, daß die Gewässer in den frisch ausgebaggerten Bereichen die höchsten Härtegrade aufweisen, obwohl der zur Abdichtung eingebrachte Feuersteinlehm als kalkfrei gilt.

Da das Säurebindungsvermögen sehr gering ist, ist auch der pH-Wert auffällig niedrig (3,8 bis 6,8). Weil er jedoch nur schlecht gepuffert ist, kann er – wie der Befund im westlichen Weiher der Neuen Hülbe zeigt – bei Erwärmung und starker Photosynthese der Wasserpflanzen kräftig ansteigen. In diesem Fall konnte sogar pH 9,7 gemessen werden.

Weil alle Messungen während der Vegetationsperiode erfolgten, ist es nicht verwunderlich, daß Ammonium nicht nachgewiesen werden konnte; denn diese Verbindung wird von den Algen und vielen Wasserpflanzen bevorzugt als Stickstoffquelle benutzt.

Nitrat wird von den Pflanzen meist erst dann aufgenommen, wenn zu wenig Ammonium zur Verfügung steht. Da in den vorliegenden Fällen Nitrat ebenfalls nicht auffindbar war, muß angenommen werden, daß in den untersuchten Gewässern anorganische Stickstoffverbindungen nur in geringen Mengen den Pflanzen zur Verfügung stehen.

Phosphat ist häufig ein das Pflanzenwachstum begrenzender Faktor. Deshalb ist es in vielen Düngemitteln enthalten. Wegen verschiedener Umwandlungsprozesse weist der Phosphatgehalt ziemliche Schwankungen auf, die eine Deutung erschweren. Die festgestellten Mengen von 0,0 bis 0,35 mg/l zeigen, daß einige Hülben (Westliche Birkenhülbe, Saatschulhülbe, Ringhülbe im Naturschutzgebiet Rauhe Wiese) in bezug auf Phosphat unbelastet sind, während sich bei anderen (Neue Hülbe, Falchenhülbe) ein Düngungseinfluß aus der Umgebung widerzuspiegeln scheint.

Als letztes seien noch die Chloridgehalte angeführt. Allgemein weisen Werte zwischen 10 und 30 mg/l auf un- beziehungsweise gering belastete Gewässer hin. Da dieser Wert in keinem Fall überschritten wurde, ist ein größerer Einfluß durch Düngemittel oder Streusalz auf die untersuchten Hülben glücklicherweise nicht feststellbar gewesen.

5.6 Holzkohlen

Die pollenanalytischen Befunde können leider nur ein verzerrtes Bild der tatsächlichen Vegetation wiedergeben. Deshalb war und ist man immer wieder bemüht, Korrekturfaktoren zu entwickeln, indem man z. B. den Pollengehalt aus lebenden Moospolstern mit der heutigen Pflanzendecke vergleicht (z. B. Smettan 1974).

Im vorliegenden Fall soll das Waldbild des Albuchs während der intensiven Holznutzungsphasen, also während der Zeit der Eisenerzverhüttung, rekonstruiert werden. Einmal sollen hierzu die pollenanalytischen Befunde, zum zweiten die Holzkohlenanalysen und schließlich historische Quellen berücksichtigt werden.

Für den Vergleich von Pollen- und Holzkohlenzusammensetzung ist es dabei wichtig, daß – wie z. B. Gruber (1989, 547) aus dem Schwarzwald schreibt – für die Verkohlung im Prinzip jede gesunde Holzart geeignet ist. Dies bestätigte mir auch die über 70jährige Köhlerin, Frau Wengert, bei Nietheim auf dem Härtsfeld. Dem widerspricht nicht, daß bei ausreichendem Holzangebot einzelne Arten bevorzugt werden. So nennt Gruber die Rotbuche, während im Gegensatz hierzu W. Dörfler[13] nachweisen konnte, daß in Nordfriesland während der Völkerwanderungszeit hauptsächlich Eiche und Hasel verkohlt wurden. Auffälligerweise wurden dort Buche, Birke und die Edellaubhölzer nicht verwendet. In seinem Pollendiagramm konnte man deshalb zwar eine Abnahme der Eiche, aber keine Veränderung bei der Buche feststellen.

Kehren wir jetzt auf den Albuch zurück. Leider erbrachten die Geländebegehungen zwar zahlreiche Platzmeiler, aber nur wenige Holzkohlen. Es handelt sich um den Köhlerplatz im Gewann Fachensol (r 35 7662 und h 54 0402), der am 20. 7. 1991 aufgesucht wurde. Der Standort liegt in einem Fichtenforst süd-

---

13 W. Dörfler, Erste Ergebnisse der botanischen Untersuchungen. Forschungsvorhaben: Frühe Eisengewinnung in Joldelund, Kreis Nordfriesland. Vortrag auf der Tagung „Frühes Eisen in der Bundesrepublik" Reisensburg/Günzburg, 20.–22. Juni 1991.

lich Tauchenweiler. Die Holzkohlen befinden sich unter der Vegetationsdecke. Das kalibrierte ¹⁴C-Alter der Proben lautet 1680 n. Chr. bis heute.

In nur zwanzig Meter Abstand fanden sich im Gewann Grubenhäule, südwestlich von den Weiherwiesen, ebenfalls Holzkohlen, die vermutlich von einem einzigen Köhlerplatz stammen. A hat die Werte r 357444 und h 540424, B die Werte r 357442 und h 540426. Das kalibrierte ¹⁴C-Alter der am 22. 5. 1990, 13. 6. 1991 und 20. 7. 1991 aufgesammelten Proben ergab 1664 n. Chr. bis heute.

Die ersten Funde wurden entdeckt, nachdem eine etwa 70jährige Fichte umgestürzt war und unter dem Wurzelteller die Holzkohlen zutage kamen (Abb. 46). Dies deutet aber auch darauf hin, daß das Holz vor den Nadelholzaufforstungen ab der Mitte des 19. Jahrhunderts verkohlt worden sein muß. Einen weiteren Hinweis ergibt die Holzkohlenzusammensetzung, denn es konnte kein Fichtenholz nachgewiesen werden.

Daraus kann man schließen, daß die Holzkohlen aller Wahrscheinlichkeit nach in der Zeit zwischen 1680 und 1850 n. Chr. entstanden sein müssen. Sehen wir uns nun die Ergebnisse der Holzkohlenbestimmungen an: 14 Proben vom Meilerplatz im Grubenhäule (A) ergaben nach Dr. A. Goppelsröder:

Fagus sylvatica	8	Rotbuche
Alnus sp.	4	Erle
Carpinus betulus	2	Hainbuche

Vom gleichen Standort bestimmte M. SCHNEIDER zehn Holzkohlen (siehe Tabelle 10). Schwierigkeiten bereitete das Birkenholz. Es konnten zwar keine zusammengesetzten Markstrahlen erkannt werden, so daß es sich nicht um das ähnliche Erlenholz handeln dürfte, jedoch lassen sich entsprechende Veränderungen durch den Verkohlungsprozeß nicht ganz sicher ausschließen.

Die Zusammensetzung der Kohlen vom nur 20 m entfernten Standort B (siehe Tabelle 11) ähnelt so stark A, daß sie wohl aus der gleichen Zeit und von demselben Meilerplatz stammen dürften.

Ein etwas anderes Bild zeigen die Befunde aus dem Gewann Fachensol (Tab. 12).

Was kann man aus diesen Angaben folgern?

Erstens kann man erkennen, daß Harthölzer (Buche, Hainbuche) mit Weichhölzern (Pappel, Weide, Birke) gemeinsam verarbeitet wurden. Nach M.-L. Hillebrecht (1989, 205) stellte dies hohe Anforderungen an den Köhler, da verhindert werden mußte, daß das Weichholz verkohlte, während das Hartholz nur kohlte.

Zweitens zeigt der geringe Anteil an verpilztem Holz, daß kein Leseholz oder Holz aus Waldschäden, son-

Abb. 46: Am Wurzelteller einer umgestürzten Fichte wurden am 22. 5. 1990 im Gewann Grubenhäule, südwestlich von den Weiherwiesen, Holzkohlen entdeckt, die es mit anderen Aufsammlungen erlaubten, einen Vergleich zwischen den pollenanalytischen Befunden und der Holzkohlenzusammensetzung durchzuführen. Hierdurch konnte das ehemalige Waldbild genauer rekonstruiert werden.

dern gesundes, frisch geschlagenes Holz verarbeitet wurde.

Die erste Spalte in den Tabellen 10–12 zeigt ebenso wie die Messung der Holzradien (Tab. 13), daß ganz überwiegend das Holz junger Bäume verwendet wurde.

Sehen wir uns als nächstes die Artenzusammensetzung an. Der unnatürlich hohe Anteil an „Pioniergehölzen" (Birke, Hainbuche, Weide, Pappel) weist darauf hin, daß zur damaligen Zeit im Gebiet keine naturnahen Wälder mehr vorkamen. In diesen würde nämlich aus standörtlichen Gründen die Rotbuche bei weitem überwiegen, so wie dies Hillebrecht (1989, 207) an älteren Kohlemeilern im Harz nachweisen konnte. Hier dagegen handelte es sich, wenn man zusätzlich das Alter der Bäume berücksichtigt, entweder um das Unterholz eines Mittelwaldes oder um einen Niederwald. Dies kann man entscheiden, wenn man die Pollenanalysen von den Weiherwiesen zum Vergleich heranzieht (vgl. Tabelle 14). Hierzu wurden die durch-

Tabelle 10: Ergebnisse der Holzkohlenanalysen aus dem Gewann Grubenhäule (Fundort A) südwestlich von den Weiherwiesen.

	mit Rinde	Ast/ Zweig	Stamm-holz	Pilzhyphen keine	Pilzhyphen vor-handen	Pilzhyphen häufig	Anzahl (Stücke)	Gewicht (g)	
Fagus sylvatica	2	2	2	–	–	–	5	22	Rotbuche
Carpinus betulus	1	1	1	–	–	–	1	8	Hainbuche
Betula alba	1	2	2	–	1	–	4	21	Hänge-/Moor-Birke
Populus sp.	–	–	–	–	–	–	–	–	Pappel
Salix sp.	–	–	–	–	–	–	–	–	Weide
Summe	4	5	5	–	1	–	10	51	

Tabelle 11: Ergebnisse der Holzkohlenanalysen aus dem Gewann Grubenhäule (Fundort B) südwestlich von den Weiherwiesen.

	mit Rinde	Ast/ Zweig	Stamm-holz	Pilzhyphen keine	Pilzhyphen vor-handen	Pilzhyphen häufig	Anzahl (Stücke)	Gewicht (g)	
Fagus sylvatica	2	11	1	–	2	–	19	57	Rotbuche
Carpinus betulus	–	2	–	–	–	–	8	22	Hainbuche
Betula alba	2	5	7	–	11	2	23	45	Hänge-/Moor-Birke
Populus sp.	–	–	1	–	1	–	1	7	Pappel
Salix sp.	–	–	–	–	–	–	–	–	Weide
Summe	4	18	9	–	14	2	51	131	

Tabelle 12: Ergebnisse der Holzkohlenanalysen aus dem Gewann Fachensol südlich von Tauchenweiler.

	mit Rinde	Ast/ Zweig	Stamm-holz	Pilzhyphen keine	Pilzhyphen vor-handen	Pilzhyphen häufig	Anzahl (Stücke)	Gewicht (g)	
Fagus sylvatica	24	39	–	–	1	–	43	110	Rotbuche
Carpinus betulus	8	12	–	–	–	–	14	36	Hainbuche
Betula alba	1	2	–	–	–	–	2	6	Hänge-/Moor-Birke
Populus sp.	–	–	–	–	–	–	–	–	Pappel
Salix sp.	2	3	–	–	1	–	4	12	Weide
Summe	35	56	–	–	2	–	63	164	

schnittlichen Baumpollenanteile (Bezugssumme: Baumpollensumme = 100%) der Proben 20,0–25,0 cm berechnet.

Dabei zeigt sich als erste Schwierigkeit, daß die Pollenanalyse ein bedeutend größeres Einzugsgebiet (Radius von mehreren km) berücksichtigt und auf eine größere Materialmenge (3629 Pollenkörner gegenüber 124 Holzkohlen) zurückgreifen kann. Damit ist verständlich, daß im vorliegenden Falle mehrere Baumarten nur pollenanalytisch nachgewiesen werden konnten.

Dann sieht man, daß keine von beiden Methoden das wahre Waldbild widerspiegelt. So sind im Pollendiagramm die Nadelhölzer Kiefer und Fichte und in geringerem Maße wohl auch die Erle überrepräsentiert (z. B. Smettan 1974, 130). Ein erheblicher Teil ihres Blütenstaubes dürfte aus weiterer Entfernung hierher gelangt sein.

Unterrepräsentiert scheinen dagegen insbesondere Pappel, Hainbuche, Weide und teilweise auch die Buche im Pollenbild zu sein. Als Ursachen sind die schlechtere Erhaltungsfähigkeit, die geringere Pollenproduktion sowie/oder ungünstigere Flugeigenschaften ihres Blütenstaubes anzusehen.

Auch die Tanne ist in der Regel im Pollenniederschlag untervertreten, so daß ein Anteil von 3% auf ein Vorkommen in der weiteren Umgebung hindeutet.

Besonders auffällig ist das völlige Fehlen der Eiche unter den Holzkohlen. Man kann vermuten, daß diese Baumart nicht nur geschont, sondern bewußt gefördert wurde.

Tabelle 13: Die Radien der Hölzer von den früheren Meilerplätzen im Gewann Grubenhäule und Fachensol auf dem Albuch.

Radius (cm)	Gruben-häule A	Gruben-häule B	Fachensol
0–1	1	2	40
1–2	10	6	16
2–3	3	1	2
3–4	–	1	–
4–5	2	–	–
5–6	1	1	–
6–7	1	–	–
7–8	1	–	–
8–9	–	–	–
9–10	–	–	–
10–11	–	–	–
11–12	1	–	–
ohne Außenkante	35	39	2
Summe	55	50	60

Tabelle 14: Der Holzartenanteil aufgrund von Pollen- und Holzkohlenanalysen in der Umgebung der Weiherwiesen/Albuch im 18. Jahrhundert.

	Baum-pollen%	Holzkohlen %		
	Weiher-wiesen 20–25 cm	Fachen-sol	Gruben-häule A+B	
Quercus	11,0	–	–	Eiche
Tilia	0,2	–	–	Linde
Ulmus	0,1	–	–	Ulme
Fraxinus excelsior	<0,1	–	–	Gewöhnliche Esche
Carpinus betulus	4,5	22,2	14,8	Hainbuche
Picea abies	3,9	–	–	Fichte
Abies alba	3,0	–	–	Weißtanne
Alnus	9,4	– (?)	– (?)	Erle
Salix	1,1	6,4	–	Weide
Betula alba	15,8	3,2	44,3	Hänge-/Moor-Birke
Pinus sylvestris	16,7	–	–	Wald-Kiefer
Corylus avellana	15,3	–	–	Hasel
Fagus sylvatica	18,3	68,3	39,4	Rotbuche
Castanea sativa	0,1	–	–	Eßkastanie
Juglans regia	0,3	–	–	Walnuß
Populus	–	–	1,6	Pappel
Summe	3629 = 100%	63 = 100%	61 = 100%	

Einen ähnlichen Befund führt E. Lange (1989, 36–37) von einer mittelalterlichen Bergbausiedlung in Sachsen an. Auch hier konnten nur pollenanalytisch Kiefer, Fichte und Eiche nachgewiesen werden. Von letzterem Gehölz nimmt sie ebenfalls an, daß es nicht verkohlt wurde. Außerdem sind im Pollenbild ebenso Pappel und Weide, in geringerem Maße Tanne, Buche, Hainbuche, Linde, Ahorn und Hasel zu wenig vertreten.

Fassen wir die Befunde der Pollen- und Holzkohlenanalysen zusammen, so können wir davon ausgehen, daß im 18. Jahrhundert in der Umgebung der Weiherwiesen ein ziemlich heruntergekommener, aufgelichteter Mittelwald stockte. In der Oberschicht wuchsen vor allem Eichen und Rotbuchen, die zur Eckerich- und Bauholznutzung geschont wurden. Das Unterholz dagegen, das hauptsächlich aus schnellwachsenden, anspruchslosen, ausschlagfreudigen, lichtliebenden und rasch mannbaren Pioniergehölzen wie Aspe (= Zitter-Pappel), Birke, Hasel, Weide, Erle und Hainbuche bestand, wurde etwa alle 15–25 Jahre zur Brennholz- beziehungsweise Holzkohlenverarbeitung geschlagen.

Sehen wir uns noch an, inwieweit diese Schlußfolgerungen mit den historischen Quellen übereinstimmen. Hierzu finden wir einen Bericht von Lohrmann (1939, 92). Er schreibt über das Waldbild des Albuchs im 18. Jahrhundert:

„Aus alten Waldbeschreibungen läßt sich gut nachweisen, daß in den Waldteilen, die auf Feuersteinböden stocken, früher die Birke, Eiche usw. stärker vertreten war, als die Rotbuche; so wird z. B. vom Loosbuch um 1740 berichtet: Ist ein dünnes Gewächs, nicht viel Gutes darinnen, mehren Teils öde Blatten, etwas an raue Bürken, so nicht recht fort wollen, krumme Eichen und etliche Buchenstamm habend;"

Vom Kühholz, das in der Nähe von der Großen Birkenhülbe liegt, bringt derselbe Autor eine Beschreibung von 1846, nach der in dem Oberholz „Eiche, Buche, Birke letztere vorherrschte, während das Unterholz fast durchwegs aus Birken mit Sahlen und Aspen bestand".

Auch konnte er ein Tannenvorkommen auf dem Albuch nachweisen. So wurde im Jahre 1656 südlich von Irmannsweiler (etwa 2 km südlich der Weiherwiesen) ein „Thannenwäldchen" verkauft. Es könnte sich aber dabei auch um Fichten gehandelt haben. Erwiesenermaßen gab es aber damals Weißtannen im nördlichen Härtsfeld.

In weiterer Entfernung wuchsen sogar Wald-Kiefern (= Föhren). So wurde 1706/1707 ein Forchenwäldchen eingetauscht, da es ein sehr guter Auerhahnplatz war.

Wir sehen also, daß der Rekonstruktionsversuch des Waldbildes mit Hilfe von Pollen und Holzkohlenanalyse unter Berücksichtigung der notwendigen Korrekturfaktoren recht gut mit den Literaturangaben übereinstimmt.

Zeitzone	Landschaftsbild auf dem Albuch
Subatlantikum 2 500 v.h.–heute	
Subboreal 5 000–2 500 v.h.	
Atlantikum 8 000–5 000 v.h.	
Boreal 9 000–8 000 v.h.	
Präboreal 10 000–9 000 v.h.	

6. Auswertung

6.1 Die nacheiszeitliche Vegetationsgeschichte

Seit dem Ende der Eiszeit, die auf 10 000 vor heute festgelegt ist,[14] gelang es verschiedenen Baumarten, nicht nur die Schwäbische Alb, sondern ganz Mitteleuropa bis auf wenige Felsköpfe, Steinblockhalden, Moore und Küstenbereiche mit Wald zu überziehen. Hierbei traten mehrfach Veränderungen in der Baumartenzusammensetzung auf. Als Ursachen sind klimatische und bodenkundliche Faktoren, aber auch unterschiedliche Einwanderungs- und Ausbreitungsgeschwindigkeiten der verschiedenen Gehölze anzusehen.

Auf die Schwierigkeiten und Unsicherheiten, die sich für die Altersdatierung auf dem Albuch ergaben, sei hier nicht nochmals eingegangen, sondern auf das Kapitel 5.3 verwiesen.

Da die ältesten auf dem Albuch festgestellten Sedimente nur bis in das jüngere Atlantikum zurückreichen, wurde für die älteren Abschnitte eine Arbeit von Bertsch (1925, 5–58) über die Vegetationsgeschichte der mittleren Schwäbischen Alb herangezogen, um die gesamte nacheiszeitliche Waldentwicklung für das Gebiet vorstellen zu können. Um dem Nichtfachmann die Veränderungen besser verständlich zu machen, wurden außerdem die unterschiedlichen Waldbilder in vereinfachter Form abgebildet.

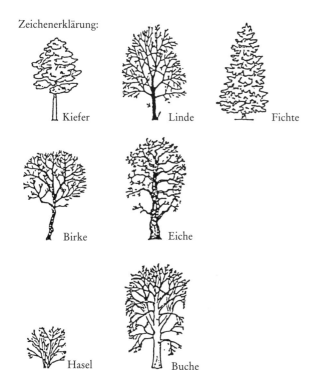

◀ Abb. 47: Die Veränderung des Landschaftsbildes auf dem Albuch in der Nacheiszeit aufgrund von Pollenanalysen in vereinfachter Darstellung.

Präboreal
Vorwärmezeit = Kiefer-Birkenzeit
10 000–9000 vor heute   8300–6800 v. Chr.[15]
Während dieser Zeit dürfte wie auf der mittleren Alb der Albuch von einem lichten, kräuterreichen Kiefernwald mit eingestreuten Birken geprägt worden sein. Allmählich drang in ihn die Hasel *(Corylus avellana)* ein.

Boreal
Frühe Wärmezeit = Hasel-Kieferzeit
9000–8000 vor heute   6800–5500 v. Chr.
Der Beginn dieses Abschnittes ist durch die Massenausbreitung der Hasel gekennzeichnet. Sie wurde vorübergehend zur wichtigsten Gehölzart. Die Baumschicht wurde weiterhin von der Wald-Kiefer *(Pinus sylvestris)* und in weit geringerem Maße von Birken *(Betula pendula* und / oder *B. pubescens)* gebildet.

Atlantikum
Mittlere Wärmezeit = Hasel-Lindenmischwald
8000–5000 vor heute   5500–2700 v. Chr.
Mit dem Beginn der Mittleren Wärmezeit verdrängten anspruchsvolle Laubgehölze die Kiefern auf Sonderstandorte wie z. B. Felsköpfe. Da auf dem Albuch im Atlantikum Bereiche der Rauhen Wiese vermoorten, sind ab diesem Zeitpunkt genauere Aussagen möglich: Im jüngeren Abschnitt der Mittleren Wärmezeit weist der Pollen der sogenannten Eichenmischwaldarten etwa 26% auf (Eiche 12%, Linde 13%, Ulme 1%). Auffällig sind gegenüber dem Neckarland der viel geringere Eichenanteil (im Neckarland 30–40%) und die hohen Lindenwerte. Im Neckarland liegen sie mit 5–8% nur halb so hoch. Berücksichtigt man, daß diese Baumart insektenblütig und deshalb im Pollenniederschlag untervertreten ist, könnte damals jeder zweite Baum auf dem Albuch eine Linde gewesen sein. Derartige hohe Werte wurden schon mehrfach auch aus anderen deutschen Mittelgebirgen (Firbas 1952, 26 ff.) angeführt.

Hauptsächlich die Winter-Linde *(Tilia platyphyllos)* dürfte neben der Sommer-Linde *(Tilia cordata)* während des Atlantikums auf dem Albuch eine ähnliche Bedeutung gehabt haben wie später die Rotbuche *(Fagus sylvatica)*.

Vor allem auf diesen *Tilia*-Arten schmarotzte damals

---

14 Dieses Kapitel folgt der chronostratigraphischen Gliederung nach Mangerud et al., Quaternary stratigraphy of Norden, a proposal for terminology and classification. Boreas 3, 1974, 109 ff.
15 Bei den zuerst genannten Altersangaben (vor heute = BP) handelt es sich um unkalibrierte Radiocarbondaten; bei den zweiten (v./n. Ch.) um aufgrund früherer 14C-Schwankungen korrigierte Werte, die in den bei uns gebräuchlichen Kalender umgerechnet wurden. Näheres siehe Kapitel 4.2, S. 49 f.

die Laubholz-Mistel *(Viscum album)*, während sich der Efeu *(Hedera helix)* wohl mehr an den Eichen hinaufrankte (siehe Tab. 15 mit den Angaben von der Haller Ebene und dem Neckarland nach Smettan 1988, 95–96; 1986, 394 u. Pollendiagramme).

Tabelle 15: Durchschnittliche Pollenzusammensetzung (Prozentsumme bezogen auf die Gesamtpollensumme) während des Atlantikums auf dem Albuch (jüngeres Atlantikum vom NSG Rauhe Wiese), der Haller Ebene (Kupfermoor) und dem mittleren Neckarland (Sersheim). Wegen der nährstoffarmen Feuersteinlehme wuchsen bereits damals im Bereich der Rauhen Wiese viele Birken. Weiterhin fällt der hohe Lindenanteil auf, während die Ulme schon stark zurückgedrängt ist.

	Albuch (%)	Haller Ebene (%)	Neckarland (%)	
Quercetum mixtum	26	40	50	EMW-Arten
Quercus	12	20–30	30–40	Eiche
Tilia	13	10	5–8	Linde
Ulmus	1	5–8	5–15	Ulme
Fagus sylvatica	2–5	1	0–0,5	Rotbuche
Betula	20–30	10–15	5	Birke
Corylus avellana	35–45	30	30	Hasel

Für uns heute kaum mehr vorstellbar war die dichte Haselstrauchschicht (35–45% der Gesamtpollensumme). Sie ließ nur wenige Kräuter und Gräser aufkommen. Eine größere Bedeutung hatten anscheinend nur Tüpfelfarne *(Polypodiaceae)*, von denen zahlreiche Sporen (bis über 18%) gefunden werden konnten. Eine Besonderheit des Albuchs ist der mit 20–30% hohe Birkenanteil zumindest in der Umgebung der Rauhen Wiese. Diese Bäume hatten bereits damals auf den nährstoffarmen, wasserstauenden Feuerlehmen Wettbewerbsvorteile gegenüber den anderen Laubgehölzen.

Bemerkenswert ist außerdem, daß wahrscheinlich in dieser Zeit die Rotbuche (2–5% der Gesamtpollensumme) auf dem Albuch Fuß faßte. In den klimatisch günstigeren Lagen des Neckarlandes und auf der Haller Ebene konnte sie sich erst im Subboreal ausbreiten.

Subboreal
Späte Wärmezeit = Eichen-Buchen-Übergangszeit
5000–2500 vor heute   2700–700 v. Chr.
Während des Subboreals findet man auf dem Albuch kein gleichbleibendes Waldbild, sondern man erkennt einen starken Verdrängungswettbewerb. Wie die Tabellen 16 und 17 aus dem älteren und jüngeren Subboreal zeigen, gelang es der Schattholzart Buche, zur vorherrschenden Baumart aufzusteigen. In der Umgebung der Rötenbacher Streuwiese erreicht sie bis zu 55% der Gesamtpollensumme. Dadurch wurden lichthungrigere Gehölze verdrängt. Der Anteil der Hasel sinkt auf weniger als die Hälfte (unter 25%) und der von der Eiche *(Quercus robur/petraea)* auf ein Drittel, nämlich von 12 im Atlantikum auf 4% ab. Ganz besonders wurde von der Buche die Linde zurückgedrängt. Statt 13% in der Mittleren Wärmezeit findet man im jüngeren Subboreal nur noch 1%.

Allein die Birke konnte sich auf den armen und nassen Böden weiterhin halten; deshalb sind ihre Werte im NSG Rauhe Wiese auch höher als im NSG Rötenbacher Streuwiese, wo in näherer Umgebung stauwasserfreie und nährstoffreichere Böden vorkommen.

Tabelle 16: Durchschnittliche Pollenzusammensetzung (Prozentwerte bezogen auf die Gesamtpollensumme) während des älteren Subboreals.

	Rauhe Wiese (%)	Rötenbacher Streuwiese (%)	Haller Ebene (%)	Neckarland (%)
EMW-Arten	15–20	15–20	35–50	40
Eiche	8–10	2–4	25–40	30–40
Linde	4–8	14–20	10	5–8
Ulme	0,5–1	–	2–4	0–5
Rotbuche	5–20	10–30	1–20	1–5
Birke	15–25	1–4	4–9	5–10
Hasel	40–55	35–50	15–30	15–25

Tabelle 17: Durchschnittliche Pollenzusammensetzung (Prozentwerte bezogen auf die Gesamtpollensumme) während des jüngeren Subboreals.

	Rauhe Wiese (%)	Rötenbacher Streuwiese (%)	Haller Ebene (%)	Neckarland (%)
EMW-Arten	4–12	3–10	8–25	15
Eiche	3–9	2–9	5–20	10
Linde	1–3	1–3	1–8	3–5
Ulme	1	0,5	0,5–1	0–0,5
Rotbuche	20–30	40–55	40–50	30–40
Birke	25–35	4–12	5–9	15
Hasel	15–30	25	10–15	15

Subatlantikum
Nachwärmezeit = durch den Menschen veränderte Vegetation
2500 vor heute – heute   700 v. Chr. – heute
In dieser Zeit griff der Mensch auf dem Albuch so massiv in das natürliche Waldbild ein, daß man pollenanalytisch entweder nur noch unnatürlich zusammengesetzte Wälder oder verschiedene, künstlich entstandene Ersatzgesellschaften nachweisen kann. Diese Ve-

getationsveränderungen werden deshalb im Beitrag zur Besiedlungsgeschichte (Kap. 6.5, S. 111 f.) behandelt.

Erwähnt sei nur, daß mit Beginn des Subatlantikums – wohl unbewußt durch den Menschen gefördert – die Hainbuche *(Carpinus betulus)* auf dem Albuch sich ausbreiten konnte, ohne jedoch größere Bedeutung zu erlangen.

6.2 Die Verlandung der Hülben

6.2.1 Das Alter der Hülben

Wie weiter oben schon angegeben, erscheinen heutzutage die begehbaren Schwingrasen in den untersuchten Hülben als alte Bildungen. Mir wurde deshalb von verschiedenen Seiten vorgeschlagen, hier Pollenanalysen durchzuführen, um Fragen der Vor- und Frühgeschichte zu klären.

Sehen wir uns die Pollenzusammensetzung aus den untersten lehmhaltigen Proben an (Westliche Birkenhülbe Lokale Pollenzone 1 = LPZ 1 und Falchenhülbe LPZ 1), so erkennt man, daß es sich hierbei nicht um muddeartige Ablagerungen handelt, sondern um künstlich eingebrachten Lettenschlag zum Abdichten dieser Wasserbecken. Die Proben sind deshalb nicht nur äußerst pollenarm, sondern enthalten auch eine Mischung verschieden alten Blütenstaubes. Die hohen Anteile von Hasel, Eiche, Linde und Ulme aus der Westlichen Birkenhülbe weisen auf das Atlantikum (= Mittlere Wärmezeit = 8000–5000 vor heute). Die Kulturarten (viel Roggen- und anderer Getreidepollen) zeigen jedoch, daß der Lehm frühestens im hohen Mittelalter, wenn man den Fichtenpollen berücksichtigt, vielleicht erst in der Neuzeit verarbeitet wurde. Das heißt, bei keiner der vier genauer untersuchten Hülben konnte eine vormittelalterliche Entstehung pollenanalytisch nachgewiesen werden.

In dem häufigen Nebeneinander von Hülben und hallstattzeitlichen Grabhügeln vermuten mehrere Autoren (Mattern/Buchmann 1983, 107) einen kausalen Zusammenhang. So ist z. B. Hauff der Auffassung, „die meist sehr kleinen, oft gruppenweise beieinanderliegenden und von Grabhügeln begleiteten Hülben seien Überreste der hallstattzeitlichen Weidewirtschaft im Walde". Man sollte jedoch bedenken, daß an den Orten, wo schon seit dem Mittelalter Ackerbau betrieben wird, sicherlich manche Grabhügel eingeebnet worden sein dürften. In den Hudewäldern dagegen, wo viele Hülben über dem Feuersteinlehm als Viehtränken angelegt wurden, dürften sich die vorgeschichtlichen Grabhügel besser erhalten haben.

6.2.2 Die Verlandung

In der nächsten Pollenzone (Hülbe am Märtelesberg LPZ 1, Neue Hülbe LPZ 1, Westliche Birkenhülbe LPZ 2, Falchenhülbe LPZ 2) nimmt der organische Anteil im Sediment kräftig zu. Es handelt sich um muddeartige Bildungen (humose Schlammböden). In den Hülben stellten sich nämlich sehr rasch verschiedene Wasserpflanzen ein.

Zuerst seien genannt die Armleuchteralgen *(Characeae)*, von denen mehrfach Oogonien gefunden werden konnten. Nach W. Krause u. G. Lang (1977, 78) bilden diese Algen mit Vorliebe Pioniersiedlungen in jungen, wenig gereiften Gewässern, z. B. in frisch gereinigten Weihern. Dies dürfte auch für die untersuchten Hülben zutreffen.

Ebenso ließ sich schon in den untersten Proben Laichkrautpollen *(Potamogeton)* regelmäßig mit 2–20% der Gesamtpollensumme nachweisen. Fruchtfunde dieser Gattung ließen sich als Schwimmendes Laichkraut *(Potamogeton natans)* bestimmen. Aufgrund der Ökologie dieser Pflanze kann man nach Oberdorfer (1990, 106) von einem nährstoffarmen, mehr oder minder nitratreichem Gewässer mit einem pH-Wert von über 5,5 ausgehen.

Gern wächst im Kontakt zum Schwimmenden Laichkraut der Südliche Wasserschlauch *(Utricularia australis)*. Zehn Pollenkörner wurden hiervon in der Hülbe am Märtelesberg gefunden.

In diesen Gewässern laichten damals auch Frösche ab, wie die Hornzähnchen von Kaulquappen aus der Westlichen Birkenhülbe und der Neuen Hülbe belegen.

Wohl mehr im Randbereich wurzelten die Igelkolbenröhrichte. So wurde Pollen vom *Sparganium / Typha angustifolia*-Typ mit 2–5% gefunden. Nach den vegetationskundlichen Beobachtungen von Hauff u. a. (1984, 129 ff.) in der Neuen Hülbe dürfte es sich hierbei um den Ästigen, den Einfachen und den Zwerg-Igelkolben *(Sparganium erectum* agg., *emersum* und *minimum)* gehandelt haben.

Außerdem ist noch der Froschlöffel *(Alisma* cf. *plantago-aquatica)* zu nennen. Er hatte in der Hülbe am Märtelesberg mit bis zu 6% der Gesamtpollensumme eine große Bedeutung.

Für kalkarmen, mäßig sauren Torfschlammboden ist schließlich der Fieberklee *(Menyanthes trifoliata)* und das Blutauge *(Comarum palustre = Potentilla p.)*, das sich wahrscheinlich hinter dem *Potentilla*-Typ überwiegend verbirgt, kennzeichnend. Hauff u. a. (1984, 131) führen beide Arten aus der sumpfigen Randzone der Neuen Hülbe an.

In einem nächsten Schritt (Neue Hülbe LPZ 2, Westliche Birkenhülbe LPZ 3, Falchenhülbe LPZ 3) kann man in den Diagrammen die Schwingrasenverlandung ablesen: Der Anteil der Sauergräser verzehnfacht sich und erreicht bis zu 45% der Gesamtpollensumme. Nach den Fruchtfunden handelte es sich überwiegend um die Schnabel-Segge *(Carex rostrata)*. Diese Art dürfte mit ihren langen Ausläufern vom Ufer aus die Weiheroberfläche langsam überzogen haben. Dies stimmt gut mit den Beobachtungen von Seidel/Winkler (1974, 85 ff.) sowie Hauff u. a. (1984, 129 ff.) überein. Als bemerkenswerte Einzelfunde sind außerdem die Pollenkörner vom Sumpfquendel *(Peplis portula)* und vom Breitblättrigen Rohrkolben *(Typha latifolia)* zu nennen.

Aus der näheren Umgebung der Hülben ist sicherlich der Blütenstaub vom Wiesen-Knöterich *(Polygonum bistorta)*, Großen Wiesenknopf *(Sanguisorba officinalis)*, Mädesüß *(Filipendula)* und Teufelsabbiß *(Succisa pratensis)* hereingeweht worden. All die genannten Arten wurzeln nämlich in sickernassen, mäßigsauren Ton- und Lehmböden.

Im Jahr 1974 erschien von Seidel/Winkler (1974, 85 ff.) eine Arbeit über Verlandungssukzessionen in den Hülben der Ostalb. Es wurde versucht, aus dem Nebeneinander von Pflanzengesellschaften das Nacheinander zu rekonstruieren.

Demnach soll aus einer submersen Flora bzw. Schwimmblattgesellschaft durch Eutrophierung ein Pleuston mit *Lemna minor* entstehen. Nach diesem Maximum der Eutrophierung soll sich durch zunehmende Dystrophierung über einen Seggenbestand ein hochmoorartiger Zustand entwickeln. Die Ausbildung dieses Hochmoorzustandes werde dabei durch die hohen Niederschlagsmengen und das ziemlich kühle Klima ermöglicht (Abb. 48).

Als Endglied der Sukzession sehen die Autoren eine Moorheide, wie sie sich besonders in der Westlichen Birkenhülbe zeige. Durch Düngung soll diese Wiesencharakter annehmen, unter natürlichen Verhältnissen jedoch in Wald übergehen.

Vergleichen wir dies mit den eigenen Befunden, so fehlt bei Seidel/Winkler das Armleuchteralgenpionierstadium. Eine daraufffolgende Eutrophierung kann tatsächlich aufgrund der starken Wasserpflanzenassimilation eintreten (Kap. 5.1.1.2, S. 52), teilweise aber auch eine Folge der Düngung in der Umgebung der Hülben sein. So schreiben Hauff u. a. (1984, 137), daß die Kleine Teichlinse „früher ganz vereinzelt und spärlich in der Randzone, heute im offenen Wasser auf der Westseite massenhaft" vorkomme.

Der hochmoorartige Schwingrasen scheint mir weniger eine Folge hoher Niederschläge zu sein, als vielmehr sich aufgrund der Geländeform (Wasserbecken) und der kalkarmen Böden entwickelt zu haben. Der Verfasser konnte ähnliche Schwingrasen auch im Nekkarland (Smettan 1991, 261) trotz bedeutend geringerer Niederschläge und höherer Verdunstung nachweisen. Man sollte deshalb derartige Bildungen nicht als „Hochmoore", sondern als „Pseudohochmoore" bezeichnen. Sie entwickeln sich nur in Senken (Geländewannen, Dolinen, künstliche Teiche usw.) über wasserstauenden, primär oder sekundär kalkarmen Böden.

So bleibt auch die hochmoorähnliche Flora nicht erhalten, wenn die Hülbe trockenfällt. Dann stellen sich unter den heutigen Bedingungen Arten der Feuchtwiesen ein, wie man dies bei der Östlichen Birkenhülbe und teilweise bei der Westlichen selbst beobachten kann. Die Entwicklung zur Moorheide, wie sie Seidel/Winkler (1974, 98) vor zwanzig Jahren schon in der Westlichen Birkenhülbe sahen, trat – zumindest bisher – nicht ein. Natürlich muß hierbei der heutige Düngungseinfluß berücksichtigt werden.

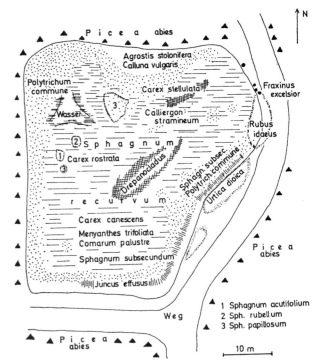

Abb. 48: Aufgrund der festgestellten Hülbenvegetation versuchten D. Seidel und S. Winkler die Sukzession in diesen Weihern nachzuvollziehen. Die Pollenanalyse konnte zwar einige Vermutungen bestätigen, andere mußten jedoch ergänzt oder auch korrigiert werden. Die Abbildung zeigt die Vegetationsdecke von der Hülbe am Märtelesberg vor 20 Jahren nach den Befunden oben genannter Autoren (Seidel/Winkler 1974, 92).

6.2.3 Die Verlandungsgeschwindigkeit

Nicht nur aus naturschützerischen Gründen ist es interessant, wie lange die Entwicklung von der Pioniervegetation bis zum hochmoorartigen Schwingrasen, dem Pseudohochmoor, dauerte.

Hier hilft uns weiter, daß in den Schwingrasen aller Hülben eine deutliche Zunahme des Fichtenpollens von etwa 1–3% auf über 10% feststellbar ist. In den

Sedimenten sind also die Auswirkungen der großen Fichtenaufforstungen ab der Mitte des 19. Jahrhunderts erfaßt. Da die Fichte erst mit 30–40 Jahren blüht, stammen die erhöhten Pollenwerte frühestens aus dem letzten Drittel des 19. Jahrhunderts. Mit anderen Worten, die Bildung des Schwingrasens dürfte in den untersuchten Hülben vor etwa 100 Jahren eingesetzt haben. Seitdem hat sich in den Hülben etwa 60–80 cm wässriger, sehr schwach zersetzter, rezent durchwurzelter Zwischenmoortorf gebildet (siehe Kapitel 5.2). Umgerechnet entstanden pro Jahr ungefähr 0,5–1 cm Sediment.

Ziehen wir zum Vergleich das Bodenseele im Neckarland (Smettan 1991, 280) heran. Dort bildete sich ein 50 cm mächtiger Schwingrasen innerhalb von etwa 80 Jahren. Mit 0,6 cm pro Jahr erhalten wir eine ähnliche Sedimentationsgeschwindigkeit wie auf der Schwäbischen Alb.

Kehren wir zu den Wasserstellen auf der Ostalb zurück. Unter dem Schwingrasen und einem oft noch vorhandenen Wasserkissen finden sich – wie in der Sedimentbeschreibung angegeben – auch noch muddeartige Ablagerungen. Aber auch diese reichen, wie die Pollendiagramme zeigen, nur einige Jahrzehnte weiter zurück. Daß ältere Sedimente fehlen, läßt sich einleuchtend mit der lebenswichtigen Bedeutung der Hülben als Viehtränke und Wasserreserve für den Menschen erklären. Sie wurden deshalb nach Hauff u. a. (1984, 129) durch ein besonderes Amt regelmäßig gereinigt und in Ordnung gehalten. Erst als in der ersten Hälfte des 19. Jahrhunderts die Waldweiderechte abgelöst und die Stallfütterung eingeführt wurde, ging das Interesse an den „Waldhülben" zurück.

Als dann nach K. Oßwald (1990, 314–319) um 1880 die Dörfer auf dem Albuch an eine Wasserleitung angeschlossen wurden, waren auch die Hülben in der Dorf-

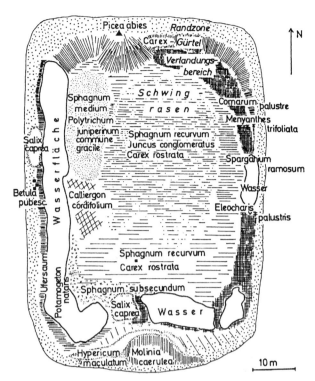

Abb. 50: Im Vergleich zu der obigen Vegetationskarte von Seidel und Winkler aus dem Jahr 1972 gibt es heute eine größere offene Wasserfläche am Süd- und Westrand der Neuen Hülbe. Dies ist eine Folge von Ausbaggerungen im Jahr 1981. Die Angabe „Salix caprea" dürfte auf Fehlbestimmung beruhen.

nähe fast „wertlos" geworden. Seitdem verlandeten sie großenteils, sofern sie nicht aufgefüllt und eingeebnet wurden.

Deshalb fanden auch P. Groschopf in der Schnepfenhülbe auf dem Härtsfeld und R. Hauff[16] in der Feldhülbe bei Hettingen nur Pollen aus dem letzten Abschnitt der Waldgeschichte.

Daß die Verlandung auch seit dieser Zeit durch menschliche Eingriffe immer wieder gestört wurde, zeigen die langfristigen Beobachtungen von R. Hauff (Abb. 49) und die Vegetationsdarstellung (Abb. 50) von Seidel/Winkler (1974, 95), die beide die Neue Hülbe betreffen.

Abb. 49: Die Vegetationsentwicklung in der Neuen Hülbe bei den Heidhöfen/Böhmenkirch wurde immer wieder durch menschliche Eingriffe stark beeinflußt. Die langfristigen Beobachtungen von Hauff (1984, 131) erlaubten, die Zustände der Jahre 1930 – 1971 – 1982 darzustellen.

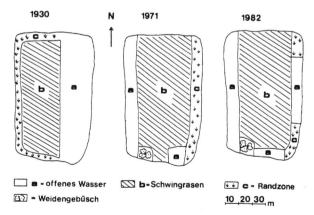

---

16 Die Angabe über die Schnepfenhülbe findet sich in einer Anmerkung von G. Schlenker, Regionalgesellschaft, Standortsgesellschaften und Bodenvegetationstypen. Mitt. Ver. Forstl. Standortskartierung 1, 1951, 23. Die Pollenanalyse aus der Feldhülbe bei Hettingen a. d. Lauchert wurde veröffentlicht von R. Hauff, Nachwärmezeitliche Pollenprofile aus baden-württembergischen Forstbezirken IV. Folge. Mitt. Ver. Forstl. Standortskunde u. Forstpflanzenzüchtung 19, 1969, 32–33, 42.

6.3 Die Geschichte der Rauhen Wiese

6.3.1 Das Alter der Moore

Die ältesten pollenhaltigen Sedimente aus dem Profil von NSG Rauhe Wiese wurden mindestens 5660 Jahre vor heute (unkalibrierte ^{14}C-Daten), das entspricht etwa 4530 v. Chr., gebildet. Dabei wurde eine Wachstumsrate von 1 cm in 222 Jahren und als Bezugspunkt für die Grenze Atlantikum/Subboreal das fast völlige Verschwinden von *Ulmus*-Pollen bei 55,0 cm Tiefe angenommen.

Ob auch die ältesten Proben von der Rötenbacher Streuwiese soweit zurückreichen, ist unklar.

Das für das NSG Rauhe Wiese berechnete Alter fällt in das Atlantikum = Mittlere Wärmezeit, die von 8000 bis 5000 vor heute dauerte. Zu den gleichen Ergebnissen kam schon vor über 50 Jahren Hauff (1937, 79). Er weist dabei darauf hin, daß nur an einzelnen kleinen Stellen die Moorbildungen so weit zurückreichen (Abb. 51).

Die Ausdehnung der Vermoorungen (Transgression) während der „Buchenzeit" (= Subboreal = Späte Wärmezeit) konnte ebenfalls mit Hilfe der eigenen Pollenanalysen bestätigt werden. So stammen die ältesten pollenhaltigen Ablagerungen von der Rötenbacher Streuwiese zumindest aus dem älteren Subboreal und von der Streuwiese bei der Großen Birkenhülbe aus dem jüngeren Subboreal, und zwar etwa aus dem Jahr 2600 v. Chr. Das entspricht ungefähr 3600 vor heute (konventionelles ^{14}C-Datum).

6.3.2 Die Ursachen der Moorentstehung

Das Fehlen von Mudden und Wasserpflanzenpollen sowie der hohe Aschegehalt (70–90%) in den ältesten pollenführenden Ablagerungen zeigt eindeutig, daß die Vermoorungen nicht als Folge einer Gewässerverlandung entstanden sind. Als Ursache ist neben den hohen Jahresniederschlägen von über 1000 mm (S. 42) und der fast horizontalen Oberfläche, die den Wasserabfluß erschwert, insbesondere der während der Eiszeit im Sommer von den umgebenden Kuppen (S. 40) herabgeflossene, feuersteinhaltige Lehm zu nennen. Im Laufe von Jahrtausenden wurden unter dem warmen Klima des älteren Postglazials aus diesem Sediment der wenige Kalk herausgelöst und die Mineralsalze „herausgewaschen". Gleichzeitig verdichtete sich der Unterboden durch Tonverlagerung immer stärker. Dadurch entstanden allmählich als Bodentypen nährsalzarme, kalkfreie, wasserstauende Pseudogleye. An einigen muldenförmigen Stellen entwickelten sich schließlich am Ende des Atlantikums Stagnogleye („Missenböden"). Da an diesen ganzjährig nassen und sauren – und damit sauerstoffarmen – Standorten die Destruenten keine zusagenden Lebensbedingungen mehr vorfanden, konnte das organische Material (Streu, eingewehter Pollen) nicht mehr vollständig abgebaut werden. Die Torfbildung setzte ein.

6.3.3 Die Vegetationsentwicklung

Der hohe Baumpollenanteil in den untersten Proben zeigt, daß während des Atlantikums das Gebiet der Rauhen Wiese bewaldet war. Die Baumschicht setzte sich aus Birken, Erlen, aller Wahrscheinlichkeit nach auch aus Stiel-Eichen, zusammen. In der Strauchschicht wuchsen verschiedene Weiden und der Faulbaum *(Frangula alnus)*. Möglicherweise kam sogar die Hasel hier vor.

Viele Farne (Sporen bei Rötenbach mehrfach über 30%) bildeten neben Doldenblütlern, Mädesüß, Sumpf-Baldrian, Arznei-Baldrian, Wiesen-Knöterich und Teufelsabbiß die Krautschicht. Die Arten weisen auf einen mild bis mäßig sauren, sickernassen bis wechselfeuchten Lehmboden (Gley) hin. Einige Unterschiede gab es bereits damals zwischen dem heutigen NSG Rauhe Wiese und dem NSG Streuwiese bei Rötenbach. Bei letzterer standen wohl die Bäume lichter (85 gegenüber 95% Baumpollen), so daß sich die nässeliebende Krautschicht stärker entwickeln konnte.

In allen Fällen findet man bereits in den ältesten Horizonten die Sporen von Torfmoosen *(Sphagnum)*. Sie sind sicherlich ein Grund, weshalb der Boden allmählich stärker versauerte und das organische Material immer schlechter abgebaut werden konnte. So sinkt etwa ab der Bronzezeit (ca. 2000 v. Chr.) der mineralische Anteil des Bodens von 90 langsam und schrittweise auf 40–20% ab. Gleichzeitig verbessert sich die Pollenerhaltung. Dies ist besonders gut im Diagramm von der Rötenbacher Streuwiese zu sehen.

Durch die verstärkte Torfbildung wurde die mineralische Versorgung der Pflanzen schlechter. Im Pollendiagramm erkennt man dies an einer Abnahme der Pollenkörner und Sporen, die von anspruchsvolleren Arten stammen. Genannt seien die Doldenblütler *(Apiaceae)*, der Sumpf-Baldrian *(Valeriana dioica)*, der Arznei-Baldrian *(Valeriana officinalis)*, die Sumpf-Dotterblume *(Caltha palustris)* und Mädesüß *(Filipendula)*. Eine Zunahme zeigt sich nur beim *Lysimachia*-Typ. Dabei könnte es sich um den Gewöhnlichen Gilbweiderich *(Lysimachia vulgaris)* handeln, der auch auf Torfböden wachsen kann.

Für die weitere Entwicklung war auch entscheidend, daß die Fichte dem Gebiet anscheinend fehlte und die einwandernde Rotbuche auf diese Standorte nicht vordrang, da sie Wasserstau scheut. So konnten die Torfmoose und Kräuter nicht verdrängt werden.

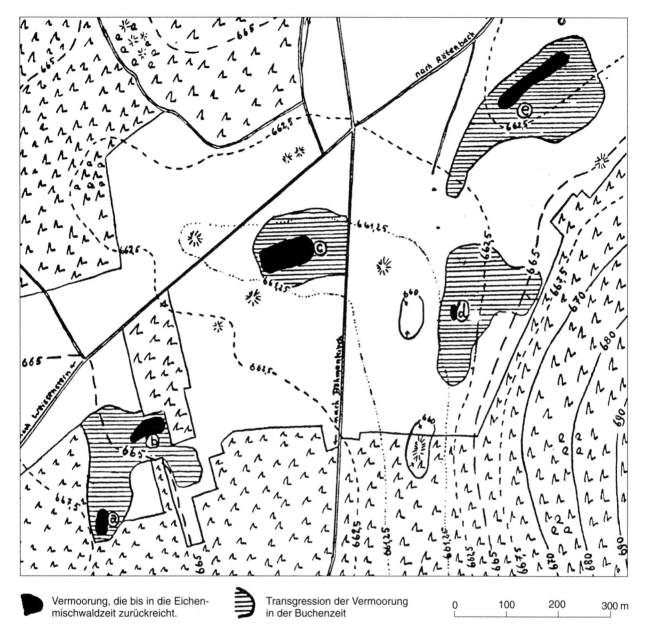

● Vermoorung, die bis in die Eichenmischwaldzeit zurückreicht.

≋ Transgression der Vermoorung
in der Buchenzeit

0   100   200   300 m

Abb. 51: Die Angabe von Hauff (1937, 84), nach der die Moorbildung auf der Rauhen Wiese an einzelnen Stellen bis in die „Eichenmischwaldzeit" (= Atlantikum = Mittlere Wärmezeit) zurückreiche, konnte durch die eigenen Ergebnisse bestätigt werden. Während die Standorte c) und e) durch Entwässerung und Aufforstung inzwischen großenteils zerstört sind, konnten die Vermoorungen a) und b) als Naturschutzgebiet „Rauhe Wiese" und d) als Naturschutzgebiet „Streuwiese bei Rötenbach" erhalten werden.

Lange Zeit blieb dieses Vegetationsbild erhalten. Dann zeigt sich im Diagramm Rauhe Wiese bei etwa 33,0 cm Tiefe und im Diagramm Rötenbacher Streuwiese bei etwa 15,0 cm Tiefe eine unübersehbare Veränderung in der Pollenzusammensetzung: Der Baumpollenanteil sinkt unter 50 bzw. 65 %. Ackerbauanzeigende Pollenkörner nehmen zu. Hochmittelalterliche Rodungen hatten auch das Gebiet der Rauhen Wiese erreicht. Während in einigen Bereichen eine Feld-Graswirtschaft, wie sie im Kapitel 6.5.6 genauer beschrieben wird, entstand, bewirkten an anderen Stellen die Eingriffe in den Baumbestand eine geringere Verdunstungsrate und gleichzeitig eine größere Lichtmenge für die Bodenvegetation. Beides sind Faktoren, die sicherlich die Ausbreitung der Torfmoose über die bisherigen Standorte hinaus begünstigten. Im Nordschwarzwald kam es – bei bedeutend höheren Niederschlägen – deswegen zur gleichen Zeit nach Radke (1973, 107) zu einem starken Torfwachstum auf den Missenmooren und zur Entwicklung der Grindmoore. Die starke Zunahme von Heidekraut *(Calluna vulgaris)* und Blutwurz *(Potentilla erecta)*, die sich hier wohl hinter dem *Potentilla*-Typ verbirgt, lassen außerdem annehmen, daß das Gebiet auch beweidet wurde.

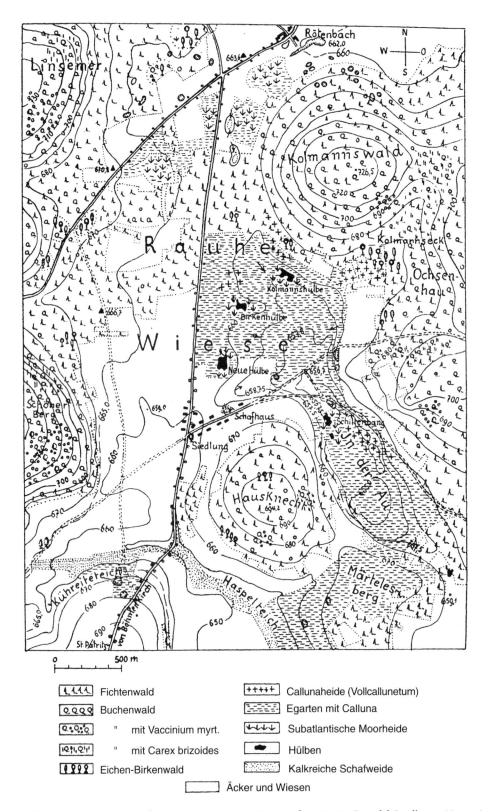

ʟʟʟʟ	Fichtenwald
ǫǫǫǫ	Buchenwald
ǫ·ǫ·ǫ	" mit Vaccinium myrt.
ıǫıı ǫıı	" mit Carex brizoides
ιȣȣȣ	Eichen-Birkenwald
+++++	Callunaheide (Vollcallunetum)
≈≈≈≈	Egarten mit Calluna
⌄⌄⌄⌄	Subatlantische Moorheide
●	Hülben
░░░	Kalkreiche Schafweide
☐	Äcker und Wiesen

Abb. 52: Die Rauhe Wiese um 1930, wie sie in der Dissertation von Hauff (1936, 93) abgebildet ist, bevor die Intensivierung der Landwirtschaft aufgrund der Gründung der Heidhöfe einsetzte. Im Norden (zwischen Linsemer und Kolmannswald) liegen die von Hauff als „subatlantische Moorheide" bezeichneten Gebiete, von denen zwei heute geschützt sind. Im Süden erkennt man das Trockental Haspelteich, den einzigen Ort auf der Karte, wo kalkliebende Pflanzen, so Frühlings-Segge *(Carex caryophyllea)*, Rötliches Fingerkraut *(Potentilla heptaphylla)*, Großer Ehrenpreis *(Veronica teucrium)*, Aufrechte Trespe *(Bromus erectus)*, Kleiner Wiesenknopf *(Sanguisorba minor)*, Quendel-Sandkraut *(Arenaria serpyllifolia)*, Pyramiden-Kammschmiele *(Koeleria pyramidata)*, Hügel-Meister *(Asperula cynanchica)*, Feld-Klee *(Trifolium campestre)*, Nickende Distel *(Carduus nutans)*, Gekräuseltes Spiralzahnmoos *(Tortella tortuosa)*, Becherförmiges Goldhaarmoos *(Orthotrichum cupulatum)* und Gelbliches Krummbüchsenmoos *(Homalothecium lutescens)*, vorkommen. Während damals die unteren Hänge der Kuppen, da sie nicht unter Staunässe litten, intensiv ackerbaulich genutzt wurden, wurde der größte Teil der Rauhen Wiese noch als Egarten (Ausbau) bewirtschaftet.

Dadurch wurden zusätzliche Nährstoffe entzogen. Es entstand eine Pflanzendecke, die Hauff als „Moorheide" bezeichnete (Abb. 52).

Dieser Begriff faßt wohl am besten das Mosaik unterschiedlicher Pflanzengesellschaften, wie sie im Kap. 5.1.2.1 (S. 59 ff.) aufgeführt sind, zusammen.

Die Rauhe Wiese diente jedoch nicht nur als Acker- und Weideland, zur Holz-, Heu- und Streugewinnung, sondern auch der Torf wurde genutzt. So schreibt J. Haid im Jahr 1786:

„*Aber auch auf der rauen Wiese bei Rötenbach scheint mir Torf zu seyn. Er wird nicht nur zum gemeinen Küchenfeuer, sondern auch bey unsern Hammerschmidten mit Nutzen gebraucht. Das Verkohlen desselben ist versucht, aber nicht nützlich befunden worden.*"

In den obersten Proben nehmen die beiden Anzeiger für Magerweiden wieder ab, während der Anteil an Sauer- und Süßgräsern zunimmt. Hierin spiegelt sich der Rückgang der Beweidung und die verstärkte Nutzung als Streuwiese in den letzten einhundert Jahren wider. So liest man bei Hauff (1936, 115–116), daß im strohharmen Jahr 1934 die Rötenbacher Bauern weit über 100 Wagen voll Streu aus diesen Plätzen verkauft hätten.

Aber nicht nur zur Einstreu wurde das moos- und seggenreiche Material verwendet, sondern auch zur Wärmedämmung. Es liegt nämlich zwischen dem Märtelesberg und dem Hausknecht am Feldweg eine vor etwa 60 Jahren errichtete Hütte, in der früher die Pferde während der Mittagspause eingestellt wurden. Deren Wände sind noch mit der ehemaligen Pflanzendecke der Rauhen Wiese ausgefüllt. Außer verschiedenen Gräsern fand M. Nebel in einer Probe die Lebermoose *Lophocolea bidentata* und *Scapania paludicola* sowie die Laubmoose *Aulacomnium palustre, Calliergon stramineum, Drepanocladus exannulatus, Polytrichum commune, Sphagnum fallax, palustre* und *subsecundum*.

Als letztes belegt der rasche Anstieg an Fichtenpollen die großflächigen Aufforstungen im Bereich der ehemaligen Rauhen Wiese ab dem 19. Jahrhundert (Kap. 6.5.8, S. 122 f.). Hierdurch gingen leider große Teile dieses besonderen Lebensraumes zugrunde.

Andrerseits konnten aufgrund der Fichtenanpflanzungen der Rote Fingerhut (*Digitalis purpurea*, Abb. 53) und der Steinpilz (*Boletus edulis*) im Naturschutzgebiet neu Fuß fassen.

Nicht mehr beobachten konnte ich in den letzten Jahren den Rundblättrigen Sonnentau (*Drosera rotundifolia*). Bereits 1934 führte R. Hauff in einem handgeschriebenen Brief an das Württembergische Landesamt für Denkmalpflege diese fleischfressende Pflanze sowie die Rauschbeere (*Vaccinium uliginosum*), die Sparrige Binse (*Juncus squarrosus*), die Stern-Segge

Abb. 53: Mit den Fichtenaufforstungen im 19. Jahrhundert kamen auch einige Neubürger auf den Albuch. So findet man im Herbst auch im Naturschutzgebiet „Rauhe Wiese" den Steinpilz *(Boletus edulis)*, der auf die Fichte angewiesen ist und den Roten Fingerhut *(Digitalis purpurea)*, der vor allem auf Rodungsflächen sich rasch einstellt (Aufnahme vom 9. 7. 1989).

(*Carex echinata* = *C. stelllulata*) und das Sumpf-Läusekraut (*Pedicularis palustris*) von der Rauhen Wiese an. Nach einem Bericht von D. Rodi (1976, 1) war der Sonnentau bereits in den sechziger Jahren vollkommen verschwunden. Mitglieder der Bergwacht von Schwäbisch Gmünd versuchten dann, diese Pflanze sowie Mehl-Primel (*Primula farinosa*), Rosmarinheide (*Andromeda polifolia*) und wohl auch Moosbeere (*Oxycoccus palustris*) anzusiedeln. Anscheinend (Kap. 5.1.2.1, S. 63) hatten sie mit den beiden Heidekrautgewächsen Erfolg.

6.4 Die Entstehung und Entwicklung der Vermoorung auf den Weiherwiesen

Im Gegensatz zu den Moorheiden auf der Rauhen Wiese wurde die Torfbildung auf den Weiherwiesen durch die menschliche Siedlungstätigkeit ausgelöst. Als Zeitpunkt erhält man sowohl nach den ^{14}C-Daten, als auch nach den Pollenanalysen die zweite Hälfte des 16. oder den Beginn des 17. Jahrhunderts. Ursache dürfte sein, daß durch die Anlage des oberen Weihers die Abflußverhältnisse in dieser Senke so verschlechtert wurden, daß das Gebiet versumpfte (Abb. 54).

Die Umgebung dieses Sumpfes war damals bereits gerodet (nur 35–45% Baumpollen) und wurde landwirtschaftlich genutzt (Ackerbau und Viehhaltung). An Gehölzen dürften noch bis in das 18. Jahrhundert einige Schwarz-Erlen (*Alnus* cf. *glutinosa*) und Weiden (*Salix* spp.) hier gestockt haben. Der größte Teil wurde von Seggenrieden (*Cyperaceae* etwa 40% der Gesamtpollensumme) eingenommen. Andere nässeliebende

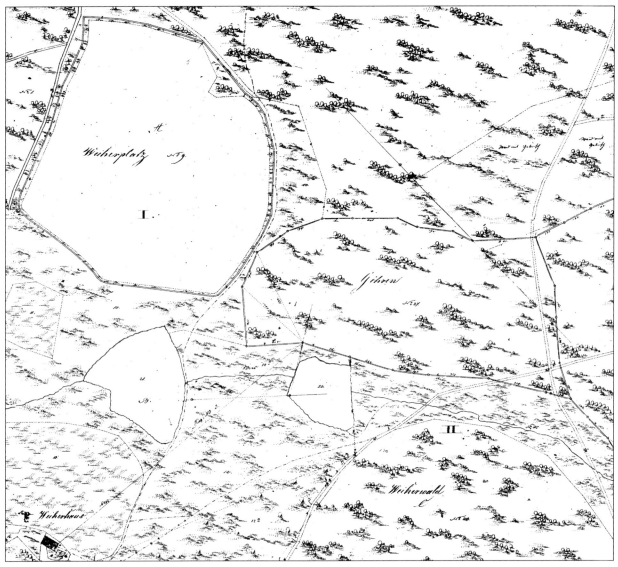

Abb. 54: Der Ausschnitt aus der Urflurkarte von 1830 zeigt unten links das im letzten Jahrhundert abgebrochene Weiherhaus und oben den als Acker genutzten Weiherplatz, wo die archäologischen Grabungen (siehe Beitrag Kempa) durchgeführt wurden. Dazwischen liegt der obere Weiher. Durch seine Anlage versumpfte um 1600 die Senke, durch die der kleine Bach von Westen nach Osten fließt, so daß hier torfhaltige Böden entstanden.

Arten spielten nur eine untergeordnete Rolle. Genannt seien Arznei- und Sumpf-Baldrian (*Valeriana officinalis* und *dioica*), Großer Wiesenknopf (*Sanguisorba officinalis*), Sumpf-Dotterblume (*Caltha palustris*), Mädesüß (*Filipendula*) und Teufelsabbiß (*Succisa pratensis*). Außerdem sind noch die Tüpfelfarne (*Polypodiaceae*) zu nennen, von denen der Sporenanteil bis 5% beträgt. Ähnlich wie in den ältesten Proben auf der Rauhen Wiese wuchsen am Boden auch schon Torfmoose.

Dieses Vegetationsbild ändert sich erst in diesem Jahrhundert. So nimmt in den jüngsten Proben der Anteil der Seggen ab, während der Pollen vom Blutauge (cf. *Comarum palustre*), vom Gewöhnlichen Gilbweiderich (*Lysimachia* cf. *vulgaris*), von der Sumpf-Dotterblume (*Caltha palustris*) und vom Sumpf-Hornklee (*Lotus* cf. *uliginosus*) besonders zunimmt. Hierbei handelt es sich um Arten, die bei der pflanzensoziologischen Aufnahme im Jahr 1990 ebenfalls erfaßt wurden. Möglicherweise zeigen sich darin der Düngungseinfluß und die Neubespannung des oberen Weihers.

Ergänzt sei, daß nach einer neuen Arbeit zur Siedlungsgeschichte auf der Ostalb von Grees (1993, 368) mehrere ein ganzes Jahrhundert oder länger wüstgefallene Weiler auf dem Albuch, wie z. B. Irmannsweiler und Tauchenweiler nach dem ersten Drittel des 16. Jahrhunderts wieder dauernd besiedelt und ackerbaulich genutzt wurden. Wohl zur gleichen Zeit dürften auch die Weiherwiesen von Essingen aus (wieder) intensiver landwirtschaftlich genutzt worden sein. Dies würde sehr gut mit der obigen naturwissenschaftlichen Datierung der Torfbildung zusammenpassen.

6.5 Die Besiedlungsgeschichte des Albuchs aufgrund pollenanalytischer Befunde[17]

6.5.1 Jungsteinzeit   5800–2000 v. Chr.

NSG Rauhe Wiese: 57,7–50,4 cm
NSG Rötenbacher Streuwiese: 36,5–28,3 cm
Eine Besiedlung dieser Epoche läßt sich für die Umgebung der Rauhen Wiese nicht nachweisen. Im Pollenbild sind weder Rodungen noch der Anbau von Kulturpflanzen festzustellen. Einzelne Pollenkörner von Grünlandarten (z. B. Spitz-Wegerich) und Kulturarten müssen als Fernflug weit entfernter Siedlungen, z. B. aus dem Remstal oder von der Flächenalb, gedeutet werden.
Bemerkenswert ist das fast regelmäßige Auftreten von Beifußpollen und anderer licht- und nährstoffliebender Unkräuter (verschiedene Knöterich- und Gänsefußgewächse). Die Aussagekraft dieser Pflanzen darf jedoch nicht zu hoch angesetzt werden, da sie teilweise natürliche Standorte auf Wildlägern oder an Gewässerufern haben, so daß erst eine stärkere Zunahme dieser Pollentypen auf menschliche Aktivitäten schließen läßt.
Man sollte aber trotzdem bedenken, daß vielleicht auch schon in der Jungsteinzeit, spätestens aber ab der Bronzezeit, die weitere Umgebung der Rauhen Wiese von Menschen genutzt wurde. So denke man an die Jagd, das Sammeln von Früchten, an Holznutzung oder Bodenschätze. In allen Fällen entstanden Wege oder kleine Auflichtungen mit Nährstoffanreicherungen (Abfälle, Harn, Kot), auf denen die genannten licht- und nährstoffliebenden Pflanzenarten zum Blühen kommen konnten.
Die Befunde stimmen gut mit den archäologischen Angaben überein, nach denen die Weißjura-Hochfläche der Alb im Neolithikum unbesiedelt blieb. Nur in den von Boden und Klima begünstigten Gebieten wie z. B. dem südlichen Brenztal oder der Flächenalb ist eine neolithische Besiedlung bekannt geworden.

6.5.2 Bronzezeit   2000–700 v. Chr.

NSG Rauhe Wiese: 50,4–45,7 cm
NSG Rötenbacher Streuwiese: 28,3–22,3 cm
Bei der Großen Birkenhülbe: 32,0–29,4 cm
Wegen der Schwierigkeiten bei der Altersbestimmung wurde die Bronzezeit nicht weiter unterteilt. Sie umfaßt also die Frühe, die Mittlere Bronzezeit (= Hügelgräberbronzezeit) und die Urnenfelderzeit.
Ebenso wie in der Jungsteinzeit bleibt in der Umgebung der Untersuchungspunkte das natürliche Waldbild erhalten. Bis auf den weitergehenden Nachweis von Ruderalarten und den wahrscheinlichen Fernflug einiger Besiedlungszeiger läßt sich menschlicher Einfluß nicht erkennen.
Im Gegensatz zum Blütenstaub, der überwiegend im Umkreis einiger Kilometer vom Ursprungsort niedergeht, werden viele Aerosole weiter verfrachtet und spiegeln deshalb weniger die lokalen oder regionalen Verhältnisse als vielmehr großräumliche Auswirkungen wider.
Bei den torfchemischen Untersuchungen (vgl. Kap. 5.5.2.5, S. 87) wurde nämlich eine starke Kupferanreicherung in den Sedimenten vom Beginn der Bronzezeit bis in die Latènezeit gemessen. Dies könnte mit der damaligen Bronzeherstellung (Bronze = Kupferlegierung) in Zusammenhang stehen. Es handelt sich dabei aber nicht um den Nachweis einer lokalen oder regionalen Kupferverarbeitung, sondern um ein allgemeines Phänomen während dieser Kulturepoche, da Kupferpartikel vorwiegend in weit transportierbarem Feinstaub enthalten sind.
Zum Grobstaub gehört dagegen Silicium. Dieses Element weist im Profil der Rötenbacher Streuwiese für die Mittlere und Jüngere Bronzezeit (Hügelgräberzeit) erhöhte Werte auf (Kap. 5.5.2.7, S. 91). Da der Siliciumgehalt anscheinend in enger Beziehung zu Siedlungszeiten (Brandrodungen) steht, dürfte sich darin eine pollenanalytisch nicht erfaßte Siedlungstätigkeit in größerer Entfernung von der Rauhen Wiese widerspiegeln.
Ob auch die größeren Chromwerte während der Bronzezeit mit menschlichen Aktivitäten verknüpft werden können, ist noch unklar.
Wenden wir uns den archäologischen Angaben zu: Aus der Frühen Bronzezeit liegen Funde vom Rosenstein vor. Sie dürfen aber weniger als ein Zeugnis für die Besiedlung der Hochfläche zu werten sein, da es sich um Siedlungen in einer Schutzlage handelt, die eher zum Remstal bzw. zur Aalener Bucht orientiert waren.
Gut belegt ist dagegen die Mittlere Bronzezeit durch Funde im südlichen Brenztal, auf der Flächenalb sowie im Ries und am Riesrand. Überraschend gut läßt sich auch eine Besiedlung auf dem Nordalbuch fassen: Neben Scherben aus den Höhlen am Rosenstein sind zwei Grabhügel bei Essingen-Lauterburg und ein Dutzend Scherben durch die Ausgrabungen vom M. Kempa bei Essingen-Weiherwiesen bekannt geworden. Die erhöhten Werte von Siliciumstäuben könnten also eine Folge dieser Siedlungstätigkeit sein. Trotzdem ist anzunehmen, daß die armen Feuersteinlehmdecken in

---

17 Eine wichtige Hilfe für die folgenden Kapitel waren die Befunde zur vor- und frühgeschichtlichen Besiedlung der östlichen Schwäbischen Alb, die mir freundlicherweise Dr. M. Kempa zur Verfügung stellte.

der Umgebung der Rauhen Wiese weiterhin unbesiedelt blieben, da man ansonsten Veränderungen im Pollenbild erkennen müßte.

Ähnlich wie aus der Mittleren Bronzezeit liegen aus der Urnenfelderkultur zahlreiche Siedlungszeugnisse vor. Als Fundorte seien genannt das Ries, die Kocher-Brenztal-Gasse, das südliche Brenztal und die Flächenalb. Vom nördlichen Albuch sind nochmals der Rosenstein und die Weiherwiesen anzuführen.

Dazu paßt wieder gut der auch während dieser Zeit erhöhte Siliciumgehalt in den Torfproben.

6.5.3 Hallstattzeit 700–480/450 v. Chr.

NSG Rauhe Wiese: 45,7–44,2 cm
NSG Rötenbacher Streuwiese: 22,3–21,3 cm
Bei der Großen Birkenhülbe: 29,4–28,9 cm

Wegen des langsamen Torfwachstumes liegen nur ganz wenige Pollenproben aus diesem Zeitabschnitt – und dies wie auch sonst mit einer zeitlichen Unschärfe – vor.

Die Pollendiagramme zeigen weiterhin einen geschlossenen Wald, und ebenso wie in den vorhergehenden Zeiten läßt sich aus der Umgebung der Rauhen Wiese kein Ackerbau nachweisen. Ob ein erster leichter Anstieg des Birkenanteiles auf eine stärkere Nutzung der Wälder in größerer Entfernung hindeutet, kann zur Zeit noch nicht sicher entschieden werden.

Bemerkenswert ist auf jeden Fall die Abnahme des Tannenpollens (im Profil Rötenbacher Streuwiese von etwa 1 auf 0,5%). Dies steht wahrscheinlich im Zusammenhang mit damaligen Rodungen von Hangwäldern am Albtrauf und einem angrenzenden Streifen von 2–3 km Breite. Darüber hinaus konnte, wie H. Jänichen (1951, 18) schreibt, die Tanne aus klimatischen Gründen auf die Albhochfläche nicht vordringen.

Die vielen Grabhügel, die bisher auf der östlichen Schwäbischen Alb aus der Mittleren und Späten Hallstattzeit gefunden wurden, spiegeln sich in den Pollenanalysen der Rauhen Wiese nicht wider. Wahrscheinlich wurde damals wie in den vorhergehenden Kulturepochen die Vegetation auf den armen Feuersteinlehmdecken durch Rodungen, Ackerbau oder Viehhaltung noch nicht beeinflußt.

Wiederum zeigen die Elementanalysen ein großräumigeres Bild: So sind die Kupferwerte weiterhin erhöht. Dies dürfte darauf hinweisen, daß in der Hallstattzeit die Bedeutung des Kupfers nach wie vor über der des Eisens lag.

Noch offen ist, ob der Anstieg des Bleigehaltes im Profil von der Rötenbacher Streuwiese (Kap. 5.5.2.2, S. 81) ab dieser Zeit auf menschliche Tätigkeiten zurückzuführen ist oder eine Folge pflanzlicher Anreicherungen im Torf ist.

Es sei noch mitgeteilt, daß die Siliciumwerte in den hallstattzeitlichen Sedimenten erniedrigt sind. Gab es weniger Brandrodungen oder ist dies nur lokal bedingt?

6.5.4 Latènezeit, provinzialrömische Zeit und frühalamannische Zeit

480/450 v. Chr.–1. Jh. n. Chr.–260 n. Chr.–450/480 n. Chr.

NSG Rauhe Wiese: 44,2–39,2–37,5 cm
NSG Rötenbacher Streuwiese: 21,3–17,8–16,7 cm
Bei der Großen Birkenhülbe: 28,9–27,5–27,1 cm

Da in der römischen Zeit teilweise nicht einmal ein Zentimeter Torf gebildet wurde und der Unterschied der Pollenzusammensetzung gegenüber Latène und Völkerwanderungszeit nur quantitativ ist, ist es sinnvoll, diese Kulturepochen gemeinsam zu besprechen.

Rodungen, um Ackerland zu gewinnen, lassen sich weiterhin nicht sicher erkennen (Abb. 56). Und die wenigen Pollenkörner von Kulturarten müssen nach wie vor als Fernflug gedeutet werden. Man kann daraus folgern, daß wie in den vorhergehenden Zeiten die Umgebung der Rauhen Wiese ackerbaulich nicht genutzt wurde. Auffällig ist aber eine schrittweise Veränderung der Baumpollenzusammensetzung (Tab. 18; 19). Lag im naturnahen Waldbild der Bronzezeit der Birkenanteil (bezogen auf die Baumpollensumme im Diagramm Rötenbacher Streuwiese) bei 11,2% so steigt er nach einem schon erwähnten ersten Anstieg in der Hallstattzeit in der jüngeren Latènezeit auf 27,3% und wird in der römisch/alamannischen Zeit zum häufigsten Pollenproduzenten mit 37,8%. Zur gleichen Zeit wird die Buche zurückgedrängt: im Latène auf 40,3% und im 3.–4. Jahrhundert nach Christus auf 32,3%. Kennzeichnend ist außerdem eine Zunahme der Hainbuche. Ein ähnliches Bild zeigt die Tabelle von der Rauhen Wiese.

Die Birke kann sich bei den gegenwärtigen Klima- und

Tabelle 18: Pollenwerte von Hänge-/Moor-Birke *(Betula pendula/pubescens)* und Rotbuche *(Fagus sylvatica)* während verschiedener Kulturepochen auf der Rauhen Wiese (NSG).

| Kulturepoche | Birke (%) | Buche (%) | Birke (%) | Buche (%) |
	Gesamtpollen = 100%		Baumpollen = 100%	
Bronzezeit (495–475 mm)	16,1	16,8	16,9	17,7
Latènezeit (425–405 mm)	29,3	26,4	31,9	28,8
Römer/Alamannen (400–380 mm)	31,4	27,1	35,2	30,3
frühes Mittelalter (355–335 mm)	16,8	27,4	21,9	35,9

Tabelle 19: Pollenwerte von Birke und Rotbuche während verschiedener Kulturepochen auf der Rötenbacher Streuwiese. Der hohe Anteil an Birken- gegenüber Buchenpollen ist wahrscheinlich schon ab der Latènezeit, sicher während der Völkerwanderungszeit (Alamannen) als Folge intensiver Holznutzung (Holzkohlengewinnung) für die Eisenerzverhüttung anzusehen. Die Werte aus der Bronzezeit dürften naturnah sein, die aus der Merowingerzeit eine Walderholungsphase widerspiegeln.

Kulturepoche	Birke (%)	Buche (%)	Birke (%)	Buche (%)
	Gesamtpollen = 100%		Baumpollen = 100%	
Bronzezeit (225–230 mm)	10,7	46,7	11,2	48,5
Latènezeit (210–190 mm)	26,3	38,9	27,3	40,3
Römer/ Alamannen (185–170 mm)	35,9	30,6	37,8	32,3
frühes Mittelalter (165–155 mm)	23,3	34,5	26,2	38,8*)

*) bei 160 mm: Buche = 45%

Bodenverhältnissen aber nur durchsetzen, wenn etwa alle 10 bis 20 Jahre abgeholzt wird, bevor die Schattholzart Buche die Pionierart Birke überwächst und anschließend zum Blühen und Fruchten kommt. Denn während die Birke nach Straka (1975, 109; 119) schon im 10. Lebensjahr mannbar ist, trägt die Buche frühestens im 40. Jahr Früchte. Auch die Hainbuche kann bereits mit 20 Jahren Blütenstaub bilden. Deshalb überzeichnet das Pollendiagramm die Artenverschiebung, weil hier ja nur die blühenden Pflanzen und nicht der jüngere Nachwuchs berücksichtigt werden.

Manchen mögen diese Überlegungen nicht überzeugen, deswegen suchte ich zusätzlich nach historischen Belegen. Ich fand sie bei J. Höslin in seinem Buch über die Alb aus dem Jahre 1798. Er schreibt auf Seite 64: *„Endlich bezeugt die Erfahrung, daß ganze Arten von Pflanzen abgegangen, und andere dagegen aufgekommen seyen. Davon nichts zu gedenken, daß, wenn ein Buchenwald abgeholzt ist, anstatt der Buchen im nächsten und in den folgenden Jahren lauter Birken dafür erscheinen. – Dieses ist aber ganz natürlich. So lange nämlich hohe Buchen stehen, so macht das abgefallene Laub die beste Modererde. Eine einzige Birke macht zulänglichen Anflug, da hingegen die Buchen äußerst langsam wachsen. ..."*

Kehren wir nach diesem methodischen Exkurs wieder auf den Albuch zurück, so stellt sich hier die Frage, wozu wurde damals in so großer Menge Holz benötigt, daß sich naturnahe, bodensaure Buchenwälder allmählich zu birkenreichen Niederwäldern entwickelten? Was für Waren entstanden, daß auf Ackerbestellung weitgehend verzichtet werden konnte?

Die Lösung liegt nach den vorhergehenden Beiträgen in diesem Band auf der Hand: Das Holz wurde in riesigen Mengen zu Holzkohle verarbeitet, um das auf dem Albuch und Härtsfeld vorkommende Eisenerz zu verhütten. So berichtet Schurr (1988, 32), daß allein die Königsbronner Hüttenwerke um 1800 jährlich 30 000 bis 40 000 Klafter Holz, das in 2000 Meilern verkohlt wurde, verbrauchten (Abb. 55). R. Pott (1985, 32) schreibt hierzu aus dem Siegerland, „daß die Produktion jeder Tonne Eisen ungefähr eine 15–17fache Gewichtsmenge an Holz erforderlich machte."

Jetzt ist noch offen, ab wann und wielange dies geschah. Leider können dazu keine auf Jahrzehnte genauen Angaben gemacht werden. So liegen die Sedimente der untersuchten Moorheiden etwa 7 km entfernt von den Weiherwiesen, den wohl nächstgelegenen Erzlagerstätten. Man muß deshalb annehmen, daß Eingriffe in das dortige Waldbild sich in den Pollendiagrammen von der Rauhen Wiese nur schwach widerspiegeln. Außerdem beinhaltet eine zeitliche Festlegung mit Hilfe der Arbeiten von der Haller Ebene und dem Neckarland (Smettan 1986, 367 ff. 1988: 81 ff.) aus klimatischen und bodenkundlichen Gründen Schwierigkeiten und Unsicherheiten. Glücklicherweise scheinen für das Profil Rötenbacher Streuwiese die ^{14}C-Datierungen (s. Kap. 5.3, S. 67 f.) brauchbar zu sein. Demnach erfolgte eine eindeutige Veränderung des natürlichen Waldbildes aufgrund niederwaldartiger Holznutzung ab dem 4. Jahrhundert v. Chr., also der Latènezeit. Wäre dieser Wandel auf zunehmende Vermoorung zurückzuführen, dürfte der Birkenanteil im frühen Mittelalter nicht wieder so weit absinken (vgl. Tab. 18; 19). Auch als Folge einer verstärkten Siedeltätigkeit kann der hohe Birkenanteil nicht entstanden sein, da ackerbauanzeigende Pollenkörner fast völlig fehlen. Die wahrscheinlichste Deutung lautet also, daß sich bereits in der Latènezeit auf dem Albuch birkenreiche Niederwälder als Folge der intensiven Holznutzung zur Eisenerzverhüttung entwickelten.

Interessant ist, daß auf der Haller Ebene ebenfalls in der Latènezeit eine ausgeprägte Holznutzungsphase einsetzte (Smettan 1988: 110–111), die dort mit der Salzsiederei zu verknüpfen ist.

Zusätzlich ist zu erwähnen, daß vor einigen Jahren auch im Siegerland die Eisenerzverhüttung pollenanalytisch belegt werden konnte. Pott (1985, 143) schreibt hierzu: *„Aus Holzkohlengewinnungen für die Eisenverhüttung hat sich seit hallstattzeitlichen Epochen (ab 700 v. Chr.) und besonders in der vorrömischen Eisenzeit (Latènezeit, seit 450 v. Chr.) diese spezifische Stockausschlagwirtschaft entwickelt. Pollenanalysen aus den Zentren dieser Wirtschaftsweisen zeigen solche Entwicklungen an."* Auch Lange (1989, 34 ff.) stellte bei einer spätmittelalterlichen Bergbausiedlung in Sachsen eine starke Birkenzunahme aufgrund der übermäßigen Holznutzung fest.

Abb. 55: Zur Verhüttung des auf dem Albuch und dem Härtsfeld gefundenen Eisenerzes wurden schon in vorgeschichtlicher Zeit riesige Mengen an Holzkohlen benötigt. Hierzu wurden etwa alle zehn bis zwanzig Jahre die Gehölze geschlagen. Als Folge entwickelten sich aus naturnahen Buchenwäldern Niederwälder mit hohem Birkenanteil, was man in den Pollendiagrammen ablesen kann. Eine der letzten Köhlereien liegt auf dem Härtsfeld zwischen Rotensohl und Nietheim. Sie wird von einer Köhlerin seit 1932 betrieben (Foto vom 14. 6. 1992).

Für die provinzialrömische Zeit ab Ende des 1. Jahrhunderts n. Chr. läßt sich keine geringere Holznutzungsintensität erkennen. Da – wie schon mehrfach erwähnt – nur sehr wenig Sediment in dieser Zeit gebildet wurde, kann aus methodischen Gründen nicht sicher gesagt werden, ob dies ebenfalls als Eisenerzverhüttungsphase angesehen werden muß.

Ganz eindeutig sind dagegen die Befunde aus dem 3. und 4. Jahrhundert n. Chr., der Alamannenzeit. Hier erkennt man eine maximale Niederwaldausbreitung, so daß selbst in der näheren Umgebung der Rauhen Wiese Holzkohle für die Eisenerzverhüttung hergestellt worden sein muß.

Sehen wir uns als nächstes an, was die torfchemischen Untersuchungen für diesen Zeitraum aussagen.

Wie schon weiter oben beschrieben, steht der Siliciumgehalt in Torfen in enger Beziehung zu menschlichen Aktivitäten. Im Profil von der Rötenbacher Streuwiese zeigt sich ab der Latènezeit eine Anreicherungsphase, die mit stetigem Anstieg bis in die Alamannenzeit reicht. Dies dürfte mit den pollenanalytisch nachgewiesenen Rodungen im Zusammenhang stehen.

Ob die Zunahme des Zinkgehaltes ab der Latènezeit mit einem kleinen Maximum in der Alamannenzeit eine Folge der damaligen Eisenerzverhüttung ist, kann sein, ist aber nicht sicher. Bemerkenswerterweise enthalten nämlich – wie im Kapitel 5.5.2.8, S. 94 angegeben – die Bohnerze und Eisenschwarten von der Ostalb Zink, das bei der Verhüttung freigesetzt worden sein könnte. Die Anreicherung von Blei in den römerzeitlichen Sedimenten ist schon mehrfach (Görres 1991, 157) festgestellt worden. Sie wurde von verschiedenen Autoren als Folge römischer Erzverhüttung gedeutet. Dabei muß aber berücksichtigt werden, daß Blei als Feinstaub über sehr große Entfernungen transportiert wird. Man lese hierzu nochmals die Angaben im Kapitel 5.5.2.2, S. 81.

Inwieweit decken sich diese Befunde mit den archäologischen Belegen?

Hierzu ist anzugeben, daß von der Ostalb nur durch Einzelfunde die ältere, dagegen die jüngere Latènezeit (= Spätlatène) sehr gut belegt ist. Dabei sind jedoch die nachgewiesenen Viereckschanzen sowie die Grab- und Siedlungsfunde sehr ungleich verteilt: Während allein vom inneren und südlichen Härtsfeld neun Viereckschanzen bekannt sind, fehlen entsprechende Nachweise vom nordwestlichen Härtsfeld und ebenso vom Albuch.

Dies stimmt mit den Pollenanalysen überein, denn hier fehlen ebenfalls die Hinweise auf Ackerbau.

Ein Problem stellen dagegen die pollenanalytischen Ergebnisse zur Holznutzung und damit indirekt zur Ei-

senerzverhüttung in vorrömischer Zeit dar. Bisher ist nämlich nur ein einziger Verhüttungsplatz bei Hermaringen im südlichen Brenztal (Beitrag Kempa, S. 167ff.) auf der Schwäbischen Alb aus dieser Zeit nachgewiesen. Man muß aber berücksichtigen, daß viele der ältesten Abbau- und Verarbeitungsspuren nicht nur in der Alamannenzeit, sondern vor allem ab dem späten Mittelalter zerstört worden sein können.
Eine römische Besiedlung der Albhochfläche ist ab dem Ende des 1. Jahrhunderts n. Chr. anzunehmen. Während aus dem Remstal und der Aalener Bucht, dem inneren und südlichen Härtsfeld sowie der Flächenalb eine ganze Anzahl von Fundstellen bekannt sind, sind das nordwestliche Härtsfeld und der Albuch wiederum beinahe ganz siedlungsleer. Dies stimmt aber auch mit dem fast völligen Fehlen von Siedlungszeigern in den Pollendiagrammen überein. Ergänzt muß aber noch werden, daß von archäologischer Seite eine römische Eisenerzverhüttung auf der Ostalb bisher nicht belegt werden konnte.
In der Völkerwanderungszeit besiedeln die Alamannen das Brenztal, das innere und südliche Härtsfeld sowie die Weiherwiesen auf dem Albuch. Damals müssen Härtsfeld und Albuch wichtige Zentren der Eisengewinnung (Beitrag Kempa, S. 167ff.) gewesen sein, denn von zahlreichen Orten liegen entsprechende Funde vor. Dies stimmt mit einer Niederwaldnutzungsphase überein, die nach den Pollenanalysen bedeutend stärker ausgeprägt war als in der Latènezeit.
Zum Schluß sei nochmals festgehalten, daß pollenanalytisch für die Ostalb weder zwischen Latène- und Römerzeit, noch zwischen Römer- und Alamannenzeit ein Besiedlungsabbruch festgestellt werden konnte. Wegen der methodischen Schwierigkeiten sollte man aber nur von einem Hinweis auf Besiedlungskontinuität aufgrund von Holznutzung, aber nicht von einem Beweis sprechen.

6.5.5 Frühes Mittelalter 450/480–910 n. Chr.

NSG Rauhe Wiese: 37,5–33,8 cm
NSG Rötenbacher Streuwiese: 16,7–15,0 cm
Bei der Großen Birkenhülbe: 27,1–24,2 cm
Das Frühe Mittelalter läßt sich in die Merowingerzeit (= Reihengräberzeit) vom Ende des 5. Jahrhunderts bis in die 2. Hälfte des 7. Jahrhunderts und in die Karolingerzeit bis zum Beginn des 10. Jahrhunderts untergliedern.
Mit Beginn der Merowingerzeit erkennt man in den Pollendiagrammen von der Rauhen Wiese und der Rötenbacher Streuwiese, daß die Buche wieder allmählich ihre alte Stellung als Hauptbaumart zurückerobert, während die Birke zurückgedrängt wird. Ihr Anteil fällt unter den in der Latènezeit. Man darf daraus auf eine starke Abnahme oder sogar Aufgabe der Niederwaldnutzung schließen. Dies muß aber als Niedergang oder sogar Ende der Eisenerzverhüttung angesehen werden.
Zur gleichen Zeit lassen sich in den Diagrammen die ersten ackerbau- und grünlandanzeigenden Pollenkörner (Getreide, Süßgräser, Spitz-Wegerich, Sauerampfer, verschiedene Unkräuter) nachweisen. Es drängt sich die Vermutung auf, daß Teile der vorher in der Eisenerzgewinnung und -verarbeitung tätigen Bevölkerung neue oder zusätzliche Lebensgrundlagen suchten. Sie begannen die günstigsten Standorte auf dem Albuch zu roden, um Landwirtschaft zu betreiben. Das Ausmaß ist aber noch sehr gering. So sinkt der Baumpollenanteil um nur wenige Prozent (Abb. 56). Die nähere Umgebung der Rauhen Wiese bleibt unbeeinflußt. Erst mit dem Beginn der Karolingerzeit, also im 8. Jahrhundert, kommt es zu größeren Rodungen. Die Anzahl der Holzkohlenteilchen, deren Anteil in der Völkerwanderungszeit bei durchschnittlich 0,3% lag und während der Merowingerzeit auf 1,4% anstieg, erreicht nun 10,1%. Auch die schrittweise Abnahme des Baumpollens zeigt, daß erst im 8. Jahrhundert umfangreichere waldfreie Flächen entstanden. Der Blütenstaub der Bäume sinkt von 84,6% in der Merowingerzeit auf 75,9% in der Karolingerzeit.
Ziehen wir zum Vergleich die Ergebnisse waldgeschichtlicher Untersuchungen vom nördlichen Härtsfeld heran. Nach Jänichen (1951, 12) kam es dort zwischen 300 und 700 n. Chr. zu einer teilweisen Wiederbewaldung. Er schreibt weiter: „Nach 700 setzte in unserem Gebiet eine starke Rodungstätigkeit ein, die bis ungefähr 1200 andauerte." Abgesehen davon, daß nach den Pollenanalysen die Regeneration des Buchenwaldes auf dem Albuch erst im 5. Jahrhundert, also 150 Jahre später, einsetzte, ähneln sich die Angaben sehr.
Gehen wir noch kurz auf die Elementanalysen ein: Hier zeigt sich ein wohl für ganz Mitteleuropa gültiges Bild. Die Aerosolgehalte liegen deutlich unter denen der Römerzeit und dem sich anschließenden hohen Mittelalter. Man kann daraus wohl folgern, daß die Erzverhüttung – allgemein gesehen – in dieser Zeitepoche weniger umfangreich war.

6.5.6 Hohes und spätes Mittelalter 910–1500 n. Chr.

NSG Rauhe Wiese: 33,8–29,0 cm
NSG Rötenbacher Streuwiese: 15–11 cm
Bei der Großen Birkenhülbe: 27,1–21,7 cm
Da pollenanalytisch keine großen Unterschiede zwischen dem hohen und späten Mittelalter feststellbar sind, werden die beiden Kulturepochen in diesem Kapitel gemeinsam besprochen.

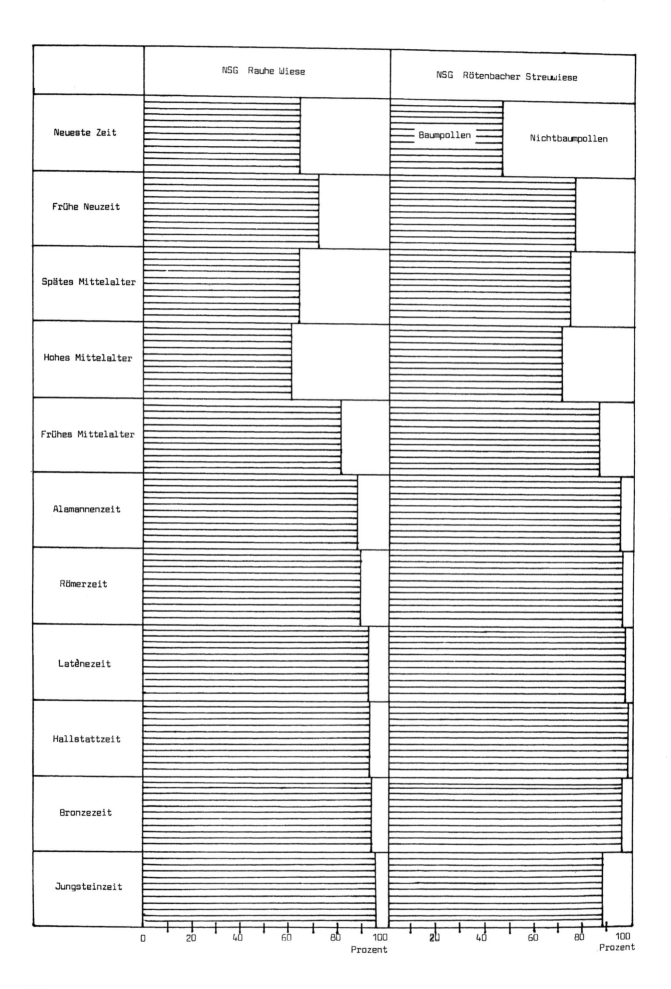

Tabelle 20: Durchschnittliche Getreidepollenwerte des hohen und späten Mittelalters bezogen auf die Gesamtpollensumme in den Profilen von der Rauhen Wiese (33,0–29,5 cm) und der Rötenbacher Streuwiese (15,0–12,0 cm).

	NSG Rauhe Wiese	NSG Rötenbacher Streuwiese
Roggen (%)	0,8	1,3
übriges Getreide (%)	0,4	0,3

Mit dem Beginn des hohen Mittelalters tritt in den Profilen der Rauhen Wiese und der Rötenbacher Streuwiese eine unübersehbare Veränderung im Pollenbild ein: Der Baumpollenanteil nimmt von etwa 80% allmählich auf 50% ab. Dies bedeutet, daß vielleicht schon im 11., sicher im 12. Jahrhundert die Rodungen das Gebiet der Rauhen Wiese erreichten. Auf den dadurch gewonnenen Äckern wurde vor allem Roggen *(Secale cereale)* neben anderen Getreidearten (z. B. Hafer, Gerste, Dinkel) angebaut (vgl. Tab. 20).

Die Unterschiede zwischen den beiden Untersuchungspunkten dürften in der Qualität der angrenzenden Böden sowie in der unterschiedlichen Entfernung der nächsten Getreidefelder begründet sein. Es muß nämlich berücksichtigt werden, daß vom Roggen in viel größerer Menge als von den anderen Getreidearten Blütenstaub freigesetzt wird.

Interessant ist ein Vergleich mit den Befunden aus der Lauffener Neckarschlinge (Smettan 1990 a, 468). Dort wurde im hohen Mittelalter 4,6%, im späten 6,7% Getreidepollen gezählt. In der Umgebung der Rauhen Wiese hatte demnach der Getreideanbau nur ein Viertel von der Bedeutung wie in diesem vom Boden und Klima begünstigten Gebiet.

Auch zeigen sich auffällige regionale Unterschiede in der Getreidepollenzusammensetzung. Während auf dem Albuch und bei Lauffen der Roggen anscheinend die wichtigste Mehlfrucht war, überwogen bei Sersheim (Smettan 1991a, 301), Hochdorf (Smettan 1991 b, 633), Göppingen (Smettan 1992, 17) und Sindelfingen (Smettan 1990b, 304) die anderen Getreidearten.

Ein *Cannabis/Humulus*-Pollengehalt von bis zu 0,8% (Tab. 21) belegt aus dieser Zeit auch den Hanfanbau. Hanf war damals nach dem Lein die zweitwichtigste Faserpflanze. Außerdem spielten die ölreichen Samen eine große Rolle.

Die deutliche Ausweitung des Hanfanbaues ab dem 10. Jahrhundert wurde in Südwestdeutschland bereits

◀ Abb. 56: Erst im Mittelalter nimmt der Baumpollenanteil in der Umgebung der Rauhen Wiese so stark ab, daß man dies als Rodungen für den Ackerbau in der Nähe der Untersuchungspunkte deuten muß.

Tabelle 21: Der Anbau von Kulturarten auf dem Albuch aufgrund von Pollenanalysen im Bereich der Rauhen Wiese (Pollensumme = 100%, Pk = Pollenkorn).
a: NSG Rauhe Wiese; b: NSG Rötenbacher Streuwiese.

	Weizen/Gerste/Hafer %	Roggen %	Buchweizen %	Mais %	Hanf/Hopfen %	Walnuß %	Eßkastanie %
neueste Zeit	a: 0,1–0,5	0–1,1	–	0–0,1	0–0,2	0–0,3	0–0,3
	b: 0–0,5	0,2–1,7	–	0–0,1	0–0,2	0–0,2	0–0,2
frühe Neuzeit	a: 0,2–0,8	0,8–1,8	0–0,1	–	0–0,4	0–0,1	0–0,1
	b: 0,1–0,3	0,8–1,5	–	–	0–0,3	0,1–0,3	0–0,1
spätes Mittelalter	a: 0,2–0,7	0,5–1,0	0–0,1	–	0,1–0,8	0–0,3	0–0,2
	b: 0,2–0,4	0,9–1,4	1 Pk	–	0,2–0,4	0,1–0,2	0–0,1
hohes Mittelalter	a: 0,3–0,7	0,3–1,1	–	–	0–0,8	0–0,1	0–0,1
	b: 0,2–0,4	0,9–1,6	–	–	0–0,3	0–0,1	0–0,1
frühes Mittelalter	a: 0,2–0,5	0,2–1,5	–	–	0–0,2	–	0–0,1
	b: 0–0,3	0,2–1,2	–	–	–	–	–
Alamannen	a: –	–	–	–	1 Pk	–	–
	b: –	1 Pk	–	–	–	–	–
Römerzeit	a: 1 Pk	–	–	–	–	–	–
	b: –	–	–	–	–	–	–
Latènezeit	a: –	–	–	–	–	–	–
	b: –	–	–	–	–	–	–
Hallstattzeit	a: –	1 Pk	–	–	–	–	–
	b: –	–	–	–	–	–	–
Bronzezeit	a: 1 Pk	–	–	–	1 Pk	1 Pk	–
	b: –	–	–	–	–	–	–
Jungsteinzeit	a: 1 Pk	–	–	–	–	–	–
	b: 1 Pk	–	–	–	–	–	–

mehrfach pollenanalytisch nachgewiesen (Smettan 1989, 35).

Etwa ab dem 15. Jahrhundert taucht in den Pollendiagrammen als neue Mehlfrucht der Echte Buchweizen *(Fagopyrum esculentum)* auf. Da dieses Knöterichgewächs kalkmeidend und säurefest ist (Körber-Grohne 1987, 342), wuchs es damals auf den torfigen Böden und dem gerodeten Waldland in der Umgebung der Rauhen Wiese sicher gut. Vielleicht wurde der Buchweizen auch als Zwischenfrucht auf den Roggenfeldern angebaut.

In erster Linie diente das Heidenkorn, wie die Pflanze in Süddeutschland genannt wurde, wegen seiner stärke- und eiweißreichen Früchte für die menschliche Ernährung. Darüber hinaus wurde es als Viehfutter, zur Gründüngung und als Bienenweide angebaut.

Bemerkenswert ist noch, daß der Buchweizenanbau im späten Mittelalter sich in Württemberg wohl rasch ausbreitete. Dies konnte in den letzten Jahren durch die Pollenanalyse wiederholt (Smettan 1990, 468; 1991 a, 302) festgestellt werden.

An Unkräutern (vgl. Tab. 22) konnte die Kornblume *(Centaurea cyanus)* (Abb. 57) nicht nur einmal nachgewiesen werden. Auch heute noch findet man sie auf den Getreidefeldern bei Bartholomä und bei den Heidhöfen.

Abb. 57: Auch heutzutage blühen noch in großer Zahl auf den kalkarmen Äckern des Albuchs Kornblumen *(Centaurea cyanus)*, wie man auf diesem Bild vom 9. 7. 1992 bei Bartholomä erkennt. Pollenanalytisch ließ sich dieses Getreideunkraut aus der Umgebung der Rauhen Wiese bis in das frühe Mittelalter zurückverfolgen.

Tabelle 22: Die Ausbreitung von Unkräutern auf dem Albuch aufgrund von Pollenanalysen im Bereich der Rauhen Wiese (Pollensumme = 100%, Pk = Pollenkorn).
a: NSG Rauhe Wiese; b: NSG Rötenbacher Streuwiese.

		Acker-Spörgel %	Gänsefußgewächse %	Knöterichgewächse %	Winden-Knöterich %	Vogel-Knöterich %	Ampfer-Knöterich %	Beifuß %	Große Brennessel %	Ackerwinde %	Kornblume %
neueste Zeit	a:	–	0–0,4	1 Pk	–	0–0,1	0–0,1	0,2–0,6	0–0,1	1 Pk	0–0,2
	b:	–	0–0,6	1 Pk	–	1 Pk	1 Pk	0–0,4	1 Pk	–	1 Pk
frühe Neuzeit	a:	–	0–0,3	0–0,1	–	0–0,1	–	0,2–0,6	–	1 Pk	0–0,2
	b:	–	0–0,4	0–0,2	–	1 Pk	–	0–0,4	–	–	0–0,1
spätes Mittelalter	a:	–	0–0,4	–	–	0–0,1	–	0,1–0,6	–	–	0–0,1
	b:	–	0,1–0,2	–	–	1 Pk	–	0,2–0,5	–	–	–
hohes Mittelalter	a:	–	1 Pk	–	–	–	–	0–0,8	–	–	0–0,1
	b:	–	0,2–0,3	0–0,1	–	1 Pk	–	0,2–0,7	–	–	0–0,1
frühes Mittelalter	a:	–	0–0,4	0–0,1	–	1 Pk	–	0,1–0,5	–	–	0–0,2
	b:	1 Pk	0–0,2	0–0,2	–	–	–	0,1–0,6	–	–	0–0,2
Alamannen	a:	–	–	1 Pk	–	–	–	0–0,2	–	–	–
	b:	–	–	–	–	–	–	0–0,2	–	–	–
Römerzeit	a:	–	–	0–0,1	–	1 Pk	–	0–0,2	–	–	–
	b:	–	0–0,1	–	–	–	–	0–0,2	–	–	–
Latènezeit	a:	–	0–0,1	–	–	0–0,1	–	0–0,2	–	–	–
	b:	–	–	0–0,1	–	–	–	0–0,4	–	–	–
Hallstattzeit	a:	–	–	–	–	0–0,1	–	0–0,2	–	–	–
	b:	–	0–0,1	0–0,1	–	–	–	0–0,2	–	–	–
Bronzezeit	a:	–	–	–	–	0–0,2	–	0–0,3	–	–	–
	b:	–	1 Pk	0–0,1	–	–	–	0–0,2	–	–	–
Jungsteinzeit	a:	–	0–0,1	0–0,2	1 Pk	0–0,2	–	0–0,5	–	–	–
	b:	–	0–0,2	–	–	–	–	1 Pk	–	–	–

Auf den Hackäckern mögen dagegen hauptsächlich die Gänsefußgewächse *(Chenopodiaceae)* und der Akker-Spörgel *(Spergula arvensis)* gewurzelt haben. Auffällig ist auch das häufige Auftreten von Beifuß-Pollen *(Artemisia)*. Wahrscheinlich hängt dies mit einer umfangreichen Brache zusammen. Das leitet über zum nächsten Punkt: Wie wurden damals die Felder bewirtschaftet? Im Unterschied zu den Ergebnissen, die von den Lößböden des Neckarlandes erhalten wurden, fällt hier der hohe Anteil an Gräsern (Rauhe Wiese etwa 45%), die zahlreichen Birken (etwa 30%) sowie das regelmäßige Auftreten von Heidekraut *(Calluna vulgaris* etwa 0,5%) auf. Wenn man zusätzlich die außerordentlich vielen Holzkohleflitter (22–84%) und den hohen Siliciumgehalt von bis zu 2400 mg je kg Trockensubstanz berücksichtigt, kann man daraus für das Mittelalter eine altertümliche Bewirtschaftungsform, die Feldgraswirtschaft (Abb. 58) ableiten. Sie ist vor allem auf armen Böden, wie den Feuersteinlehmen in der Umgebung der Rauhen Wiese, sinnvoll, war aber darüber hinaus auf der ganzen Schwäbischen Alb weit verbreitet, manchmal sogar vorherrschend.

Zuerst wurde, wenn ein Acker angelegt werden sollte, die Pflanzendecke abgebrannt. Einige Jahre wurden dann auf dem mit Asche gedüngten Feld Roggen, Hafer, Buchweizen und andere Arten angebaut, bis der Boden erschöpft war. Anschließend diente dieses Stück 12 bis 20 Jahre als Wiese (Mähder) oder Viehweide. Dabei kam es nach einer Vergrasungs- und Verheidungsphase zu einer Verbuschung mit Birken und anderen anspruchslosen Gehölzen, bis wieder erneut gerodet wurde.

Diese Wirtschaftsform ähnelt dem Haubergbetrieb, der von R. Pott (1986, 125–134) aus dem Siegerland beschrieben und pollenanalytisch belegt worden ist.

Wie das Abbrennen vor sich ging, finden wir in einer Beschreibung der Landwirtschaft im Oberamt Gmünd von J. Renz aus dem Jahre 1834 auf Seite 205: *„Das Brennen, hier Kohlhaufen genannt, geschieht auf folgende Weise. Im Frühsommer wird bei guter Witterung die Dreische flach geschält, die Rasen in Stücke gehauen und der Sonne zum Abtrocknen ausgesetzt. Hierauf werden kleine Meiler über Wellen von Reisach errichtet, die auf einer Seite Öffnungen haben, wo man das Feuer einlegt, die Stücke selbst aber nicht luftdicht auf einander legt, damit das wohlgenährte innere Feuer auch auf die entfernteren Theile wirken kann. Nach dem Abbrennen ist die Erde wie ein Aschenhaufen, welche sodann mit der Haue oder dem Spaten ausgebreitet und geebnet und unter den Pflug genommen wird. Dieses Verfahren wirkt sehr günstig auf die Erndten, gibt ein reines Feld, und macht der Gerste in der Rotation Platz."*

Nach diesem Bericht dürfte es klar sein, warum bei der Feldgraswirtschaft im Gegensatz zur normalen Ackerbestellung soviel Bodenstaub und hiermit Silicium in die Luft gelangte und damit im Torfprofil nachgewiesen werden konnte.

Der Niedergang der Feldgraswirtschaft in den Pollendiagrammen am Ende des späten Mittelalters hängt möglicherweise mit dem Wüstfallen eines Weilers in der Umgebung des Moores zusammen. Denn im späten Mittelalter wurden viele Niederlassungen auf Grenzertragsböden aufgegeben. So schreibt Jänichen (1951, 12) vom Härtsfeld: „Um 1400 bis 1450 gingen die meisten dieser Waldsiedlungen ab. Die Felder begannen sich durchschnittlich um 1500 zu bewalden."

Es gab z. B. 1,5 bis 2 km nordöstlich von den Bohrpunkten den Weiler „Alde Rödenbach". Als im 16. Jahrhundert (um 1529 und 1569) die Herren von Rechberg und die Freiherren von Woellwarth (Welwarth) Teile im Norden der Rauhen Wiese an die freie Reichsstadt Ulm verkauften, wurde das Gebiet bereits als Mähder (einschürige, ungedüngte Wiese) genutzt.[18] Eine andere Möglichkeit wäre die ehemalige Siedlung am Schönen Berg, der etwa 2 km südlich vom Naturschutzgebiet Rauhe Wiese liegt. Hier befand sich nach

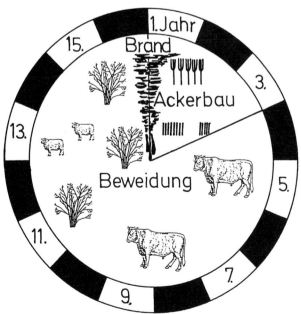

Abb. 58: Während des hohen und späten Mittelalters wurde in der näheren Umgebung der Untersuchungspunkte auf der Rauhen Wiese die Feldgraswirtschaft betrieben. Hierbei wird der erschöpfte Acker 10–20 Jahre als Wiese oder Weide genutzt. Beim anschließenden Abbrennen des aufgekommenen Gehölzes und der Rasensoden werden Mineralstoffe freigesetzt, die einen erneuten Getreideanbau erlauben.

---

18 Diese Aussagen beruhen auf Eintragungen in der Karte von Rötenbach aus dem Jahre 1647. Veröffentlicht wurde sie von H. Grees, Zur Siedlungs- und Landschaftsentwicklung der Ostalb. Karst u. Höhle 1993, 372–374.

E. Lang (1990, 102) ein Ort, der vermutlich im 11./ 12. Jahrhundert entstanden war. Da 1548 bereits nur noch von der „Holtzmark Schönenberg" die Rede ist, muß damals die Siedlung bereits abgegangen gewesen sein. Dies stimmt ebenfalls sehr gut mit den pollenanalytischen Befunden überein.

Schließlich kann man in der Gmünder Oberamtsbeschreibung von 1870 auf Seite 302 lesen, daß etwa eine viertel Stunde südlich von Bartholomä die Flurbenennung „Bärenweiler" vorkomme, was ebenfalls auf einen abgegangenen Ort hindeute.

Da der Blütenstaub der meisten Obstgehölze in der Regel von Insekten übertragen wird, findet man ihn kaum in Sedimentproben. Eine Ausnahme bildet der Pollen von Walnuß *(Juglans regia)* und Eßkastanie *(Castanea sativa)*. Das regelmäßige Auftreten belegt, daß ab dem Hohen Mittelalter auf dem Albuch auch Obstkulturen angelegt worden waren.

Viehhaltung kann pollenanalytisch nur indirekt über die Futterpflanzen nachgewiesen werden. So nimmt der Anteil der Süßgräser, der in der Völkerwanderungszeit bei 10% lag, auf über 40% zu. Der Spitz-Wegerich *(Plantago lanceolata)* erreicht durchschnittlich 1%, und auch der Sauerampfer *(Rumex acetosa*-Typ) ist fast regelmäßig vertreten. Ohne immer wiederkehrenden Verbiß wären diese Arten durch das aufkommende Gehölz – wie in der Völkerwanderungszeit – rasch verdrängt worden.

Nur kurz sei auf das seinerzeitige Waldbild eingegangen. Der starke Rückgang der natürlichen Hauptbaumart Rotbuche *(Fagus sylvatica)* von 30 auf 8%, der gleichbleibende Anteil der Eiche und die Zunahme der Hainbuche zeigen, daß im hohen Mittelalter der Wald sein naturnahes Aussehen wieder verlor. Es entstanden lichte Hudewälder, die aber erst im nächsten Kapitel über die Neuzeit besprochen werden sollen.

Gehen wir statt dessen auf die torfchemischen Untersuchungen ein: Hier fallen die Spitzenwerte von über 100 mg Blei je kg Trockensubstanz aus den hochmittelalterlichen Proben auf. Görres (1991, 139) vermutet, daß dies im Zusammenhang mit Eisenerzverhüttung steht. Unklar ist, weshalb dann die Werte im späten Mittelalter wieder zurückgehen.

Nicht erwiesen ist bisher auch, ob die leicht erhöhten Nickelwerte in dieser Zeit auf anthropogene Emissionen zurückzuführen sind.

6.5.7 Frühe Neuzeit 1500–1800/1850 n. Chr.

NSG Rauhe Wiese: 29,0–24,0 cm
NSG Rötenbacher Streuwiese: 11,0–7,5 cm
Bei der Großen Birkenhülbe: 20,0–17,0 cm
Weiherwiesen: 35,0–20,0 cm

Wie die Pollendiagramme zeigen, beginnt mit dem 16. Jahrhundert zumindest in der Umgebung der Rauhen Wiese und der Weiherwiesen, wahrscheinlich auf dem ganzen Albuch, eine über 300 Jahre andauernde Periode eines mehr oder minder gleichbleibenden Landschaftsbildes.

Der Grund hierfür ist, daß bestimmte Formen der Landwirtschaft verbindlich geworden waren und über Generationen beibehalten wurden. Eine Veränderung durch den Einzelnen war in der Regel nicht möglich. Selbst die Waldnutzung unterlag festen Vorschriften, so daß sich ein ganz bestimmter Waldtyp entwickelte, auf den wir als erstes eingehen wollen.

Schon im letzten Kapitel wurde darauf hingewiesen, daß im Laufe des Mittelalters der naturnahe Buchenwald sein Aussehen stark verändert hatte: Es waren Mittelwälder entstanden. Dabei handelt es sich nicht um geschlossene, sondern lichte Baumbestände, in denen einzelne Bäume, die Bannraitel, geschont wurden. Ihr Holz war ein äußerst begehrter Rohstoff. Er wurde von Zimmerern, Schreinern, Drechslern, Stellmachern, Küfern und anderen benötigt. Außerdem lieferten einige Baumarten mit ihren Früchten (Eicheln, Bucheckern) ein wertvolles Mastfutter vor allem für die Schweine.

Hiermit kommen wir zur zweiten Bedeutung des Mittelwaldes. Wir haben es nämlich mit einem Hudewald zu tun, in dem Rinder, Schafe, Ziegen, Pferde und das Borstenvieh ihr Futter fanden. Da nicht gedüngt wurde, sondern zusätzlich durch das Sammeln von Beeren und Nüssen, dem Entfernen von Hölzern und später durch die Streunutzung dem Boden immer mehr Nährstoffe entzogen wurden, konnten sich allmählich verbißtragende, stachelige und ungenießbare Magerkeitszeiger durchsetzen. Im Pollenbild erkennt man deshalb ab dem Mittelalter eine deutliche Zunahme des Heidekrautes *(Calluna vulgaris)*. Der Anteil dieses Zwergstrauches nahm durch die Waldweide von einzelnen, unregelmäßig auftretenden Pollenkörnern auf über 3% (bis zu 9,5% im Profil Rötenbacher Streuwiese) zu. Zusätzlich konnten sich der Keulen-Bärlapp *(Lyopodium clavatum)* und der Wachtelweizen *(Melampyrum)* ausbreiten.

Eine Sonderform der Streunutzung war das Rupfen von Seegras *(Carex brizoides)* für Matratzenfüllung und Herstellung von Polsterwaren. Tausende von Zentnern wurden jährlich gewonnen. Lohrmann (1939, 90–92) schreibt hierzu: *„Dadurch bietet sich der ärmeren Bevölkerung, der vom Ertrag seiner wenig ergiebigen Scholle nicht leben kann, eine weitere Verdienstmöglichkeit. So ist es in Bartholomä üblich, daß man im Sommer, meist zwischen Heuet und Ernte, ins Seegrasrupfen geht."*

Daß die Wildfrüchte größere Bedeutung hatten, geht aus dem gleichen Aufsatz von Lohrmann hervor: *„Das*

Sammeln von Beeren bringt der Bevölkerung in guten Jahren einen nicht zu verachtenden Verdienst, und wir vom Albuch sind in der glücklichen Lage, unsere Heidelbeeren nicht erst vom Schwarzwald beziehen zu müssen."

Vor allem die Ziegen fraßen am aufkommenden Unterholz, so daß es immer wieder zu Ärger, Streit und Verordnungen kam. Bei dem Unterholz handelte es sich um ausschlagfreudige, anspruchslose, rasch mannbare Gehölze wie Hasel, Birke, Zitter-Pappel = Espe, Sal-Weide, Erle und Hainbuche. Sie dienten der Brennholzgewinnung und wurden dazu alle 15–25 Jahre abgeschlagen. Dabei war das Holz auf der Ostalb schon zu Beginn der Neuzeit knapp geworden, da große Mengen an Holzkohlen für die ab dem späten Mittelalter wieder aufgenommene Eisenerzverhüttung benötigt wurden.

Wenn auch die ältesten Sedimente aus den Hülben nur bis in das 19. Jahrhundert zurückreichen, kann mit ihnen und den Befunden aus den Mooren sehr schön gezeigt werden, wie unterschiedlich in Abhängigkeit von Klima, Boden und Nutzungsrechten die Zusammensetzung dieser lichten Baumbestände aussah. Man vergleiche hierzu die Kreisdiagramme der Abbildung 59.

Sehen wir uns zuerst die Rauhe Wiese an, so stellen wir als häufigste Baumarten Birke und Buche fest. Die Birke (23,9% der Gesamtpollensumme) dürfte auf den stärker vermoorten Böden das wichtigste Gehölz gebildet haben.

Die Bartholomäer waren dafür bekannt, daß sie auf die Birken stiegen, die Äste herunterzogen, um Birkenreis für die Besenherstellung abzuschneiden. Dann ließen sie die Zweige wieder los. Daher erhielten sie, wie mir ein Bauer erzählte, den Namen „Birkenschnapper".

Kleinflächig mögen auf vergleytem Untergrund Birken-Eichenwälder vorgekommen sein. So zeigen zwei fotografische Aufnahmen bei Hauff (1936, 95; 1937, 93) entsprechende Waldgesellschaften vom Kolmannseck (nordöstlich der Heidhöfe) und vom Kühholz (südöstlich vom Inneren Kitzinghof). Daß die Eiche allgemein gefördert wurde, machte sehr schön der Vergleich zwischen Pollen- und Holzkohlenanalyse im Kapitel 5.6 (S. 96 f.) klar. Denn von ihr konnte man zwar Pollen, aber kein verkohltes Holz nachweisen. Man muß deshalb annehmen, daß diese Art geschont wurde. Gleichzeitig ist dies ein Beleg, daß im Gegensatz zur vormittelalterlichen Eisenerzverhüttung die Holzkohlen nicht aus Niederwäldern, sondern aus Mittelwäldern stammten.

Auf den nicht unter Staunässe leidenden Böden war aber auch damals in der Umgebung der Rauhen Wiese die Buche noch weit verbreitet. Sie war mit einzelnen Birken und Hainbuchen vergesellschaftet.

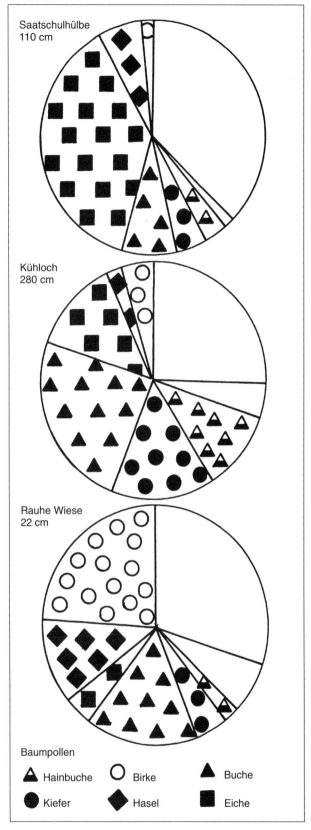

Abb. 59: Wie unterschiedlich die Hudewälder auf der Ostalb zu Beginn des 19. Jahrhunderts aussahen, zeigen die drei Kreisdiagramme: Während z. B. auf den vermoorten Flächen der Rauhen Wiese die Birke die Hauptbaumart war, bildete in der Umgebung der Saatschulhülbe die Eiche das wichtigste Oberholz. (360° bedeuten 100 Prozent der Pollensumme). Verteilung von BP (Sigel) und Nicht-Baumpollen (weiße Fläche).

Ganz anders sah zur gleichen Zeit die Umgebung der Saatschulhülbe (ein Kilometer östlich Schnaitheim) aus: Dort stockte ein Eichenhudewald mit der Pollenzusammensetzung 37,6% Eiche, 8% Buche und 2,9% Hainbuche.

H. Koch (1941, 43) schreibt hierzu für den Heidenheimer Forst: Die Eiche „wurde für das Oberholz besonders angestrebt, war aber nur… in dem wärmeren und niederschlagsärmeren südlichen Teil des Forstes stark vertreten, während sie in dem kühleren Norden großenteils fehlte oder nur in geringem Ausmaß vorhanden war." So ist es verständlich, daß Eichenmittelwälder vor allem im klimabegünstigten Neckarland weit verbreitet waren (z. B. Smettan 1986, 416–417).

Zwei Kilometer westsüdwestlich von Mergelstetten zeigen die untersten Sedimente aus dem Kühloch ein weiteres Waldbild: 12,7% Eiche, 24,4% Buche und 10,8% Hainbuche deuten darauf hin, daß hier die Beweidung wohl schon eingestellt war, und sich eine Entwicklung zum Hochwald anbahnte. Dies leitet bereits zur modernen Forstwirtschaft im nächsten Kapitel über.

Erwähnt sei noch, daß ab dem 16. Jahrhundert der Tannenpollen von 0,5 auf 1,5% im Profil von der Rötenbacher Streuwiese ansteigt. Nach Jänichen (1951, 18) dürfte dies eine Folge eines Tannenvorstoßes sein, der im 15. Jahrhundert insbesondere auf Flächen abgegangener Waldsiedlungen einsetzte. Er schreibt hierzu vom Härtsfeld: *„Kurz, überall dort, so Öden waren, seien es ehemalige Äcker, seien es Platten, die durch Viehherden und anderes hervorgerufen worden waren, siedeln sich Birken an, unter deren Schutz Tannen emporkommen, die bis 1670 die Oberhand gewinnen, so daß die ehemaligen Öden nun Tannenwälder bilden."*

Nach den Pollenanalysen handelte es sich hierbei weniger um einen Vorstoß als zumindest teilweise um eine Wiederbesiedlung alter Standorte, auf denen bereits in der Hallstattzeit (s. Kap. 6.5.3, S. 112 f.) die Tannen gerodet worden waren. Deshalb liegen auch die Pollenwerte im Profil von der viel näher am Albtrauf gelegenen Weiherwiese mit 3% doppelt so hoch wie im Gebiet der Rauhen Wiese.

Wenden wir uns dem Ackerbau zu. Die Zusammensetzung der Kulturarten zeigt keine wesentlichen Veränderungen gegenüber dem Mittelalter. Jedoch wurde auf den besseren Böden statt der Feldgraswirtschaft immer mehr die Dreifelderwirtschaft betrieben.

Hierbei lösen sich Wintergetreide (z. B. Dinkel), Sommergetreide und Brache im dreijährigen Wechsel ab. Von Renz (1834, 203) wurde 1834 für den Albuch angegeben:

„Im 1sten Jahr Roggen
– 2ten Jahr Hafer
– 3ten Jahr Brache gedüngt."

In der Umgebung der Rauhen Wiese (Abb. 52) wurden hauptsächlich die unteren Hänge von Hausknecht, Ochsenhau und Schönenberg mit ihren wertvolleren Braunerden intensiv bestellt. Für Rötenbach ist zum Beispiel die Dreifelderwirtschaft ab 1796 belegt.

Die schweren, wasserstauenden Böden (Gleye) in den Senken wurden aber weiter zur Streugewinnung (Rauhwiesenmähder) und an günstigeren Stellen (pseudovergleyte Braunerden) für die Feldgraswirtschaft bis in das 20. Jahrhundert genutzt. Hierbei wurde aber nicht immer die Pflanzendecke abgebrannt, sondern manchmal wurde das Heidekraut – wie Hauff (1936, 91) zu berichten weiß – auch gemäht und als Streu verwendet oder untergepflügt.

Auf dem Albuch gab es für diese extensive Wirtschaftsform die Bezeichnung „Ausbau". Dies bedeutet, daß die sogenannten Flächen nicht im Rahmen des „Baufeldes", sondern außerhalb der sonst üblichen Dreifelderwirtschaft genutzt wurden (H. Grees 1993, 374–375). Von den Unkräutern konnte zusätzlich die Acker-Winde (*Convolulus arvensis*) bestimmt werden.

Obstkulturen sind ebenfalls aus der frühen Neuzeit durch den Blütenstaub von Walnuß und Eßkastanie belegt.

6.5.8 Neueste Zeit   1800/1850–heute

NSG Rauhe Wiese: 24,0–0 cm
NSG Rötenbacher Streuwiese: 7,5–0 cm
Bei der Großen Birkenhülbe: 17,0–0 cm
Weiherwiesen: 20,0–0 cm
Hülbe am Märtelesberg: 72,0–0 cm
Neue Hülbe: 107,0–0 cm
Westliche Birkenhülbe: 91,0–0 cm
Falchenhülbe: 39,0–0 cm

Ab dem 19. Jahrhundert finden in der Land- und Forstwirtschaft tiefgreifende Veränderungen statt, die selbstverständlich auch schriftlich festgehalten sind. Eine ausführliche Beschreibung des Heidenheimer Forstes liegt hierzu von Koch (1941, 1–114) vor.

Die Pollenanalyse kann deshalb kaum neue Erkenntnisse liefern. Aber wertvoll ist ein Vergleich zwischen den pollenanalytischen Ergebnissen und den schriftlichen Angaben, um Rückschlüsse für die vor- und frühgeschichtlichen Epochen machen zu können.

Gehen wir zuerst auf die Landwirtschaft ein. Da hierzu die Pollendiagramme aus den Hülben zusätzlich ausgewertet werden konnten, konnten auch einige seltenere Pflanzenarten nachgewiesen werden. So ist der Anbau von Flachs (= Lein = *Linum usitatissimum*) aufgrund je eines Pollenkornes aus der Westlichen Birkenhülbe und dem Kühloch für das 19. Jahrhundert belegt.

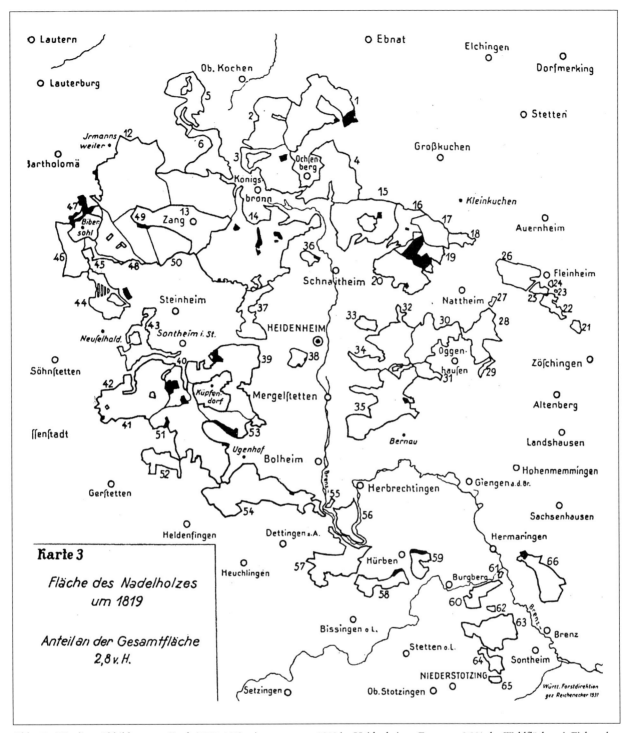

Abb. 60: Wie diese Abbildung von Koch (1941, 100) zeigt, waren um 1819 im Heidenheimer Forst erst 2,9% der Waldfläche mit Fichten bestockt.

Die Bedeutung dieser Faserpflanze war aber wegen des ungünstigen Klimas auf dem Albuch nicht allzugroß. So liest man in der Ortsbeschreibung von Böhmenkirch (OA Geislingen 1842, 163), daß ferner auch Flachs gebaut werde, „doch entsteht bei der rauhen Lage oft Mißwuchs."
Neu sind die Maisfelder. Pollenkörner fanden sich in den jüngsten Sedimenten fast aller Hülben und in allen Mooren.

Bemerkenswert ist auch, daß der Blütenstaub des Roggens zugunsten des Weizen-Types stark zurückging. Einen gewissen Einfluß dürfte hierbei die mineralische Düngung gehabt haben.
Verschwunden von den Feldern sind in diesem Jahrhundert nicht nur nach den Pollendiagrammen Buchweizen und Hanf. Auch der Lein fehlt in den jüngsten Proben.
Außerdem ist schon im 19. Jahrhundert bei der Dreifel-

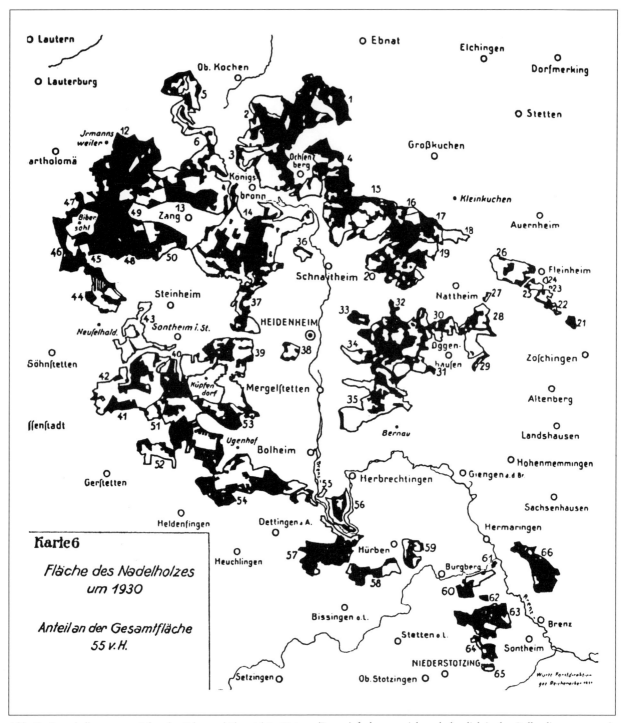

Abb. 61: Innerhalb von etwa einhundert Jahren erhöhte sich im Heidenheimer Forst auf der Ostalb der Nadelholzanteil auf fast das Zwanzigfache, was sich auch deutlich in den Pollendiagrammen widerspiegelt (aus Koch 1941, 103).

derwirtschaft die Brache z. B. mit Klee angeblümt worden. Später wurde der Flurzwang aufgegeben, so daß die heutigen Felder ein ganz anderes Aussehen gegenüber früher haben.

Häufig waren bis in dieses Jahrhundert viele Unkräuter, die heutzutage mit Herbiziden bekämpft werden. Zu den schon in den älteren Sedimenten nachgewiesenen fanden sich Pollenkörner vom Ampfer-Knöterich *(Polygonum lapathifolium)*, Reiherschnabel *(Ero-* *dium)*, Einjähriger Knäuel *(Scleranthus annuus)* und der Großen Brennessel *(Urtica dioca)*. Letztgenannte Art nimmt in den jüngsten Proben zu. Ursache dürfte die Nährstoffanreicherung an Waldrändern und anderen Orten seit dem 2. Weltkrieg sein.

Der immer schlimmer werdende Holzmangel führte am Ende des 18. Jahrhunderts zu einem Umdenken in der Waldbewirtschaftung. Die jahrhundertelang geübte Mehrfachnutzung wurde aufgegeben. Es wurden die Weiderechte abgelöst, die Streunutzung eingestellt, große Flächen überwiegend mit Fichten aufgeforstet und ansonsten der Mittelwald allmählich in Hochwald übergeführt.[19]

In der Gemeinde Böhmenkirch gab es zum Beispiel bereits um 1840 einen 46 5/8 Morgen großen Nadelholzbestand, von dem bereits ein Teil durchforstet worden war (OA Geislingen 1842, 60).

In den Pollendiagrammen erkennt man dies an einer Abnahme aller lichthungrigen, ausschlagfreudigen und anspruchslosen Gehölzarten wie Birke, Erle, Hainbuche und Hasel, während die Buche und ganz besonders die Fichte an Bedeutung gewinnen. Lagen die Pollenwerte dieses Nadelgehölzes auf der Rötenbacher Streuwiese zu Beginn des 19. Jahrhunderts bei etwa 2% der Gesamtpollensumme, so erreichen sie im 20. Jahrhundert fast das Zehnfache hiervon. Dies stimmt gut mit den alten Forstaufzeichnungen (Abb. 60; 61) überein.

Führen wir noch die torfchemischen Ergebnisse an. Hier zeigen die Sedimente ab dem Ende des 18. Jahrhunderts eine deutliche Zunahme bei Blei, Kupfer, Zink und möglicherweise bei Nickel. Wenn auch methodische Fragen noch ungelöst sind (Kapitel 5.5.2, S. 75f.), scheinen mit großer Wahrscheinlichkeit Kohle- und Ölverbrennung, Kraftfahrzeugverkehr sowie verstärkte Erzverhüttung und sonstige Industrie auch auf dem Albuch Spuren hinterlassen zu haben. Dabei dürfte – wie auch in früheren Zeiten – die Zunahme dieser Feinstaubaerosole in den Sedimenten weniger auf regionale Ursachen als vielmehr auf großräumliche Veränderungen zurückzuführen sein.

Die Abbildung 62 zeigt zum Abschluß in vereinfachter Darstellung nochmals den Wandel des Landschaftsbildes auf dem Albuch als Folge unterschiedlicher menschlicher Nutzung.

7. Zusammenfassung

Auf dem Albuch, der östlichen Schwäbischen Alb, konnten mit Hilfe naturwissenschaftlicher Untersuchungen (Vegetationsaufnahmen, Radiocarbondatierungen, torfchemische Messungen, Wasseranalysen, Analysen von Pollen, Holzkohlen und Makroresten) unter anderem folgende Ergebnisse erhalten werden:

Nacheiszeitliche Vegetationsgeschichte
Nachdem im Präboreal ein lichter, kräuterreicher Kiefernwald mit einzelnen Birken das Landschaftsbild gekennzeichnet hatte, breitete sich im Boreal die Hasel aus.

Im Atlantikum verdrängten vor allem Linden und Eichen die lichtliebenden Wald-Kiefern. Im Subboreal konnte schließlich die Rotbuche zur vorherrschenden Baumart aufrücken, so daß seitdem verschiedene Buchenwaldgesellschaften den Albuch prägen würden, wenn nicht ab der vorrömischen Eisenzeit und ganz besonders ab dem Mittelalter der Mensch das Vegetationsbild stark verändert hätte.

Die heutige Vegetation
Wenn auch noch heutzutage der überwiegende Teil des nördlichen Albuchs waldbedeckt ist, so überwiegen nicht mehr naturnahe Waldbilder, sondern Fichtenforste. Der ungewöhnlich hohe Fichtenanteil ist auf die kalkfreien, nährsalzarmen Feuersteinlehme zurückzuführen. Sie bedecken große Bereiche des Albuchs. Deswegen findet man von den potentiell natürlich vorkommenden Waldgesellschaften außer den für die Alb typischen kalkliebenden Buchenwäldern auch bodensaure Assoziationen. Ebenso sind das Grünland und die Äcker von unterschiedlichen, nämlich kalkliebenden und kalkmeidenden Pflanzengesellschaften bewachsen. Da der Feuersteinlehm zum Wasserstau neigt, kam es auch an einigen Stellen zur Entwicklung von Zwischenmoorgesellschaften, die eine große Besonderheit für die Alb darstellen.

Die Verlandung der Hülben
Die Untersuchungen konnten in keinem Fall eine vormittelalterliche Entstehung dieser künstlichen Wasserbecken belegen. Die Sedimente, die die Verlandungsstadien und -geschwindigkeit aufzeigen, reichen in der Regel nicht weiter als bis in das letzte Jahrhundert zurück. Der Grund hierfür ist, daß die Hülben, solange sie zur Wasserversorgung notwendig waren, regelmäßig gereinigt wurden.

Die Geschichte der Rauhen Wiese
Auf dem mäßig sauren, nassen Lehmboden im Bereich der Rauhen Wiese wuchs im Atlantikum ein stauden- und farnreicher Laubwald mit hohem Birkenanteil. Allmählich kam es, insbesondere ab der Bronzezeit, zu einer stärkeren Torfbildung mit entsprechender Vegetationsveränderung. Erst ab dem hohen Mittelalter wurde das natürliche Vegetationsbild durch Rodungen und anschließende Nutzungen (Feldgraswirtschaft, Beweidung, Holz-, Heu- und Streugewinnung sowie Torfabbau) stark verändert. Entwässerungsmaß-

---

[19] Entsprechende Angaben findet man in allen Oberamtsbeschreibungen, die den Albuch betreffen. Genannt seien die vom Königl. Statist.-topograph. Bureau herausgegebenen Bände von Geislingen (1842), Aalen (1854), Heidenheim (1844) und Gmünd (1870).

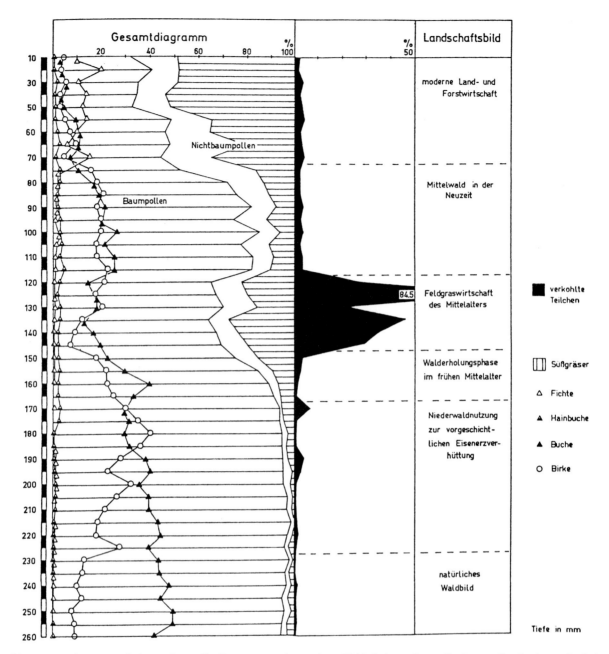

Abb. 62: Veränderter Ausschnitt aus dem Pollendiagramm von der Rötenbacher Streuwiese. Man erkennt ein Zunahme des Birkenpollens ab 225 mm (Latènezeit) mit einem Maximum bei 180 mm (Alamannenzeit) als Folge intensiver, niederwaldartiger Holznutzung, den Buchengipfel bei 160 mm (frühes Mittelalter) als Zeichen einer Walderholungsphase, die Baumpollenabnahme, die hohen Holzkohlen- und Gräserwerte im Mittelalter aufgrund der Feldgraswirtschaft, die Mittelwaldphase und schließlich die starke Zunahme des Fichtenpollens ab 70 mm wegen der umfangreichen Nadelholzaufforstungen ab dem 19. Jahrhundert.

nahmen, mineralische Düngung, Aufforstungen und moderne Bewirtschaftungsmethoden haben in unserem Jahrhundert bis auf einige unter Naturschutz stehende Bereiche die Landschaft völlig umgestaltet.

Die Vermoorung auf den Weiherwiesen
Die Moorbildung auf den Weiherwiesen scheint nicht weiter als bis in das 16. Jahrhundert zurückzureichen. Sie dürfte eine Folge veränderter, das heißt, verschlechterter Abflußverhältnisse sein, die durch die Anlage des oberen Weihers entstanden.

Ergebnisse zur Besiedlungsgeschichte
Eine Besiedlung in der Umgebung der Rauhen Wiese auf dem nördlichen Albuch konnte für die Jungsteinzeit pollenanalytisch nicht nachgewiesen werden.
Auch in der Bronzezeit blieb hier das natürliche Waldbild erhalten. Bemerkenswerterweise zeigen sich aber in den Sedimenten Anreicherungen von Kupfer, die wohl auf weittransportierte Aerosole zurückzuführen sind. Der erhöhte Siliciumgehalt dürfte im Zusammenhang mit einer Siedeltätigkeit in größerer Entfernung (Albtrauf?) stehen.

Ein ähnliches Bild läßt sich für die Hallstattzeit nachweisen.

Von der Latène- bis in die frühalamannische Zeit deutet ein zunehmender Wechsel vom naturnahen Buchenwald zum birkenreichen Niederwald auf eine Phase intensiver Holznutzung hin. Dies ist im vorliegenden Falle mit der Verhüttung von Eisenerzen zu verknüpfen. Dabei kann man für das 3. / 4. Jahrhundert n. Chr. eine maximale Niederwaldausbreitung erkennen, so daß damals selbst in der näheren Umgebung der Rauhen Wiese Holzkohle hergestellt worden sein muß. Torfchemisch fallen in den römerzeitlichen Sedimenten die erhöhten Bleiwerte auf. Außerdem weist auch wieder die Siliciumkurve auf menschliche Aktivitäten in diesen Zeitepochen hin.

Für das frühe Mittelalter kann man eine Walderholungsphase feststellen, was wohl als Niedergang der Eisenerzverhüttung angesehen werden darf.

Zur gleichen Zeit beginnt die landwirtschaftliche Nutzung im Umkreis der Rauhen Wiese. Sie gewinnt ab dem hohen Mittelalter größere Bedeutung. Dabei lassen sich nicht nur verschiedene Kulturarten und Unkräuter nachweisen, sondern auch eine besondere Bewirtschaftungsform, die Feldgraswirtschaft.

Spätestens ab der Neuzeit entwickelten sich auf dem Albuch unterschiedliche Mittelwaldtypen als Folge einer besonderen Waldnutzungsart.

Der Pollen in den jüngsten Sedimenten zeigt schließlich die Veränderungen in der Land- und Forstwirtschaft ab dem 19. Jahrhundert, während die Elementanalysen eine Zunahme an Aerosolen aufgrund der Industrialisierung zu erkennen geben.

8. Literatur

ALEKSEJEW 1982: P. ALEKSEJEW, Beiträge zur Flora der Ostalb. Unicornis 2 (1), 1982, 26–36.

BAUR 1993: A. BAUR, Trinkwasser für die Ostalb – einst und heute –. Karst u. Höhle 1993, 427–442.

BEIJERINCK 1976: BEIJERINCK, Zadenatlas der Nederlandsche Flora (Amsterdam 1976) 316 S.

BERTSCH 1929: K. BERTSCH, Wald- und Florengeschichte der Schwäbischen Alb. Veröff. Staatl. Stelle Naturschutz Württ. Landesamt Denkmalpflege 5, 1929, 5–58.

BEUG 1961: H. J. BEUG, Leitfaden der Pollenbestimmung. 1. Lieferung (Stuttgart 1961) 63 S.

BLEICH 1979: K. E. BLEICH, Landschaftsgeschichte und Böden im Gebiet der Rauhen Wiese. In: K. GÖTTLICH, Das Geifitze-Moor – bei Onstmettingen, Zollernalbkreis – und weitere Vorkommen auf der Schwäbischen Alb. Veröff. Naturschutz u. Landschaftspflege Baden-Württemberg 49 / 50, 1979, 507–510.

BLEICH 1993: K. E. BLEICH, Landoberflächen und Böden der Ostalb – ein Beitrag zur Landschaftsgeschichte. Karst u. Höhle 1993, 95–111.

BLEICH u. a. 1987: K. E. BLEICH / K. H. PAPENFUSS / R. R. VAN DER PLOEG / E. SCHLICHTUNG u. Mitarb., Exkursionsführer zur Jahrestagung 1987 in Stuttgart-Hohenheim. Mitteil. Deutsche Bodenkundliche Gesellschaft 54, 1987, 1–246.

DIERSSEN 1977: K. DIERSSEN, Klasse Oxycocco-Sphagnetea Br.-Bl. et R. Tx. 43. In: E. OBERDORFER (Hrsg.), Süddeutsche Pflanzengesellschaften. Teil 1, 2 (Stuttgart 1977) 311 S.

DÖLER 1988: H. P. DÖLER, Zur Odonatenfauna der Ostalb. Hülben und Weiher als Lebensraum für gefährdete Libellenarten. Veröff. Naturschutz u. Landschaftspflege Baden-Württemberg 63, 1988, 211–235.

DONGUS 1966 a: H. DONGUS, Die Großformen der Landschaft und ihre Entstehung. Jahresh. Karst- u. Höhlenkunde 6, 1966, 1–16.

DONGUS 1966 b: H. DONGUS, Rauhe Wiese und Battenau, ein klimamorphologischer Vergleich. Jahresh. Karst- u. Höhlenkunde 6, 1966, 51–59.

DONGUS 1974: H. DONGUS, Die Kulturlandschaft der Ostalb. Kleine Schr. Karst- u. Höhlenkunde 15, 1974, 2–6.

DONGUS 1975: H. DONGUS, Die geomorphologischen Grundzüge der Ostalb. Mitteil. Verband Deutsch. Höhlen- u. Karstforscher 21, 1975, 2–3.

DONGUS 1977: H. DONGUS, Die Oberflächenformen der Alb und ihres Vorlandes. Marburger Geographische Schr. 72, 1977, 385–408.

EHRENDORFER 1973: F. EHRENDORFER, Liste der Gefäßpflanzen Mitteleuropas (Stuttgart 1973) 318 S.

ERDTMAN u. a. 1963: G. ERDTMAN / J. PRAGLOWSKI / J. NILSSON, An introduction to a scandinavian pollenflora. Vol. 2 (Uppsala 1963) 25 u. 89 S.

FAEGRI / IVERSEN 1964: K. FAEGRI / J. IVERSEN, Textbook of Pollenanalysis 2 (Copenhagen 1964).

FIRBAS 1949–1952: F. FIRBAS, Spät- und nacheiszeitliche Waldgeschichte Mitteleuropas nördlich der Alpen. 2 Bände (Jena 1949–1952) 480 u. 256 S.

FRAHM / FREY 1983: J.-P. FRAHM / W. FREY, Moosflora (Stuttgart 1983) 522 S.

GÖLKEL 1938: W. GÖLKEL, Die Pflanzenwelt des Kreises Heidenheim. In: F. SCHNEIDER (Hrsg.), Heidenheimer Heimatbuch (Heidenheim 1938) 217–247.

GÖRRES 1991: M. GÖRRES, Über den Eintrag anorganischer Nährstoffe in ombrogene Moore als Indikator der ehemaligen Aerosolbelastung. Dissertationes Botanicae 181 (Stuttgart 1991), 1–179 u. Anhang.

GOTTSCHICK / RIEBER 1893: GOTTSCHICK / X. RIEBER, Das Wendthal bei Steinheim am Albuch. Bl. Schwäb. Albverein 5, 1893, 157–160.

GRADMANN 1950: R. GRADMANN, Das Pflanzenleben der Schwäbischen Alb.[4] 2 Bände (Stuttgart 1950) 449 S. u. 74 Taf.; 407 S.

GREES 1993: H. GREES, Zur Siedlungs- und Landschaftsentwicklung der Ostalb. Karst u. Höhle 1993, 363–378.

GROSCHOPF 1976: P. GROSCHOPF, Beobachtungen zur Entstehung von Dolinen und Karstwannen auf der Schwäbischen Alb. Mitteil. Verb. Deutscher Höhlen- u. Karstforscher 22, 1976, 1–6.

GROSCHOPF 1984: P. GROSCHOPF, Karstwannen auf der östlichen Schwäbischen Alb. Laichinger Höhlenfreund 1, 1984, 3–12.

GRUBER 1989: W. GRUBER, Die Köhlerei im Belchengebiet. In: Der Belchen – Geschichtlich-naturkundliche Monographie des schönsten Schwarzwaldberges. Natur- u. Landschaftsschutzgebiete Baden-Württemberg 13 (Karlsruhe 1989) 541–554.

HAID 1786: J. H. HAID, Ulm mit seinem Gebiete (Ulm 1786) 707 S.

HAUFF 1936: R. HAUFF, Die Rauhe Wiese bei Böhmenkirch-Bartholomä. Veröff. Württ. Landesstelle Naturschutz 12, 1936, 78–141.

HAUFF 1937: R. HAUFF, Die Buchenwälder auf den kalkarmen Lehmböden der Ostalb und die nacheiszeitliche Waldentwicklung auf diesen Böden. Jahresh. Ver. Vaterländ. Naturkunde Württemberg 93, 1937, 51–97.

HAUFF 1967: R. HAUFF, Die Hülbe am Märtelesberg. Steinheimer Bote 15, 1967, 387–388.

HAUFF 1969: R. HAUFF, Nachwärmezeitliche Pollenprofile aus baden-württembergischen Forstbezirken IV. Folge. Mitteil. Ver. Forstliche Standortskunde u. Forstpflanzenzüchtung 19, 1969, 29–48.

HAUFF u. a. 1984: R. HAUFF / B. WALDERICH / H. KÖHRER / W. BÜCKING, Die Neue Hülbe bei Böhmenkirch – eine Feldhülbe der Ostalb, seit 50 Jahren unter Naturschutz. Veröff. Naturschutz u. Landschaftspflege Baden-Württemberg 57/58, 1984, 124–156.

HILLEBRECHT 1989: M.-L. HILLEBRECHT, Untersuchungen an Holzkohlen aus frühen Schmelzplätzen. Ergebnisse und Ausblick. In: A. HAUPTMANN (Hrsg.), Archäometallurgie der Alten Welt. Beiträge zum Internationalen Symposium „Old World Archaeometallurgy" Heidelberg 1987 (Bochum 1989) 203–212.

HÖLZER/HÖLZER 1987: A. HÖLZER/A. HÖLZER, Paläoökologische Moor-Untersuchungen an der Hornisgrinde im Nordschwarzwald. Carolinea 45, 1987, 43–50.

HÖLZER/HÖLZER 1990: A. HÖLZER/A. HÖLZER, Paläoökologische und siedlungsgeschichtliche Untersuchungen im Seewadel bei Singen (Hegau). Ber. RGK 71, 1990, 309–333.

HÖSLIN 1798: J. HÖSLIN, Beschreibung der Wirtembergischen Alp mit landwirthschaftlichen Bemerkungen. (Hrsg. von dessen Sohn, M. J. HÖSLIN) (Tübingen 1798) 438 S.

HUZEL 1937: C. HUZEL, Beitrag zur Kenntnis der mikroskopischen Pflanzenwelt der Rauhen Wiese bei Böhmenkirch. Veröff. Württ. Landesstelle Naturschutz 13, 1937, 5–148.

JANDL 1988: I. JANDL, Wälder, Heiden und deren Standorte am Kalten Feld. Unicornis 4, 1988, 5–21.

JÄNICHEN 1951: H. JÄNICHEN, Waldgeschichtliche Untersuchungen im nördlichen Härtsfeld. Mitteil. Ver. Forstl. Standortskartierung 1, 1951, 12–22.

KAHNT 1990: U. KAHNT, Die Verbreitung submerser Makrophyten in den Fließgewässern Brenz, Pfeffer, Hürbe und Lone. Jahresh. Gesell. Naturkunde Württemberg 145, 1990, 87–107.

KAHNT u. a. 1989: U. KAHNT/W. KONOLD/G.-H. ZELTNER/A. KOHLER, Wasserpflanzen in den Fließgewässern der Ostalb. Ökologie in Forschung u. Anwendung 2 (Weikersheim 1989) 148 S.

KOCH 1941: H. KOCH, Die Waldgeschichte des Heidenheimer Forsts. In: H. KOCH/E. SCHAIRER/E. v. GAISBERG, Die Buche der Ostalb. Eine Standortskartierung (Stuttgart 1941) 234 S.

KÖRBER-GROHNE 1987: U. KÖRBER-GROHNE, Nutzpflanzen in Deutschland. Kulturgeschichte und Biologie (Stuttgart 1987) 490 S.

KRAUSE/LANG 1977: W. KRAUSE/G. LANG, Klasse: Charetea fragilis (Fukarek 1961 n.n.) Krausch 1964. In: E. OBERDORFER (Hrsg.), Süddeutsche Pflanzengesellschaften. Teil 1, 2 (Stuttgart 1977) 311 S.

KÜSTER u. a. 1988: H. KÜSTER/R. KAA/K.-E. REHFUESS, Torfchemische Untersuchungen am Auerberg. In: H. KÜSTER, Vom Werden einer Kulturlandschaft. Vegetationsgeschichtliche Studien am Auerberg (Südbayern). Quellen u. Forsch. prähist. u. provinzialröm. Arch. 3 (Weinheim 1988) 165–172.

LANG 1990: E. LANG, Abgegangene Weiler und Höfe. In: Gemeinde Böhmenkirch (Hrsg.), Böhmenkirch. Dorf und Land zwischen Messelberg und Albuch (Weißenhorn Schwaben 1990) 101–104.

LANGE 1989: E. LANGE, Aussagen botanischer Quellen zur mittelalterlichen Landnutzung im Gebiet der DDR. In: B. HERRMANN (Hrsg.), Umwelt in der Geschichte (Göttingen 1989) 26–39.

LIMMEROTH/WIREN 1989: T. LIMMEROTH/N. v. WIREN, Standortskundliche Exkursion am 17. 6. 1988 auf die Ostalb. Bund Naturschutz Alb-Neckar 15, 1989, 70–78.

LOHRMANN 1926: R. LOHRMANN, Vom Albuch. Bl. Schwäb. Albver. 38, 1926, 39–41.

LOHRMANN 1939: R. LOHRMANN, Zur Forstgeschichte des Albuchs, besonders des nordwestlichen Teils. Bl. Schwäb. Albver. 51, 1939, 90–92.

MAHLER 1952: K. MAHLER, Über die Verbreitung einiger Pflanzen auf der Ostalb und ihrem Vorland. Jahresh. Ver. Vaterländ. Naturkunde Württemberg 107, 1952, 176–190.

MAHLER 1953: K. MAHLER, Über die Verbreitung einiger Pflanzen auf der Ostalb und ihrem Vorland. Jahresh. Ver. Vaterländ. Naturkunde Württemberg 108, 1953, 74–89.

MAHLER 1956: K. MAHLER, Über die Verbreitung einiger Pflanzen auf der Ostalb und ihrem Vorland. Nachtrag 1956. Jahresh. Ver. Vaterländ. Naturkunde Württemberg 111, 1956, 141–152.

MAHLER 1962 a: K. MAHLER, Klima und Witterung. In: Bezirksschulamt Heidenheim (Hrsg.), Heimatbuch des Kreises Heidenheim (Heidenheim 1962) 36–39.

MAHLER 1962 b: K. MAHLER, Von der Pflanzenwelt. In: Bezirksschulamt Heidenheim (Hrsg.), Heimatbuch des Kreises Heidenheim (Heidenheim 1962) 39–47.

MANGERUD u. a. 1974: J. MANGERUD/S. ANDERSEN/B. BERGLUND/J. DONNER, Quaternary stratygraphy of Norden, a proposal for terminology and classification. Boreas 3, 1974, 109–128.

MATTERN 1989: H. MATTERN, Die letzten Hülben auf der östlichen Alb – Bestandsaufnahme und Erhaltungsmaßnahmen. Bl. Schwäb. Albver. 95, 1989, 110–114.

MATTERN/BUCHMANN 1983: H. MATTERN/H. BUCHMANN, Die Hülben der nordöstlichen Schwäbischen Alb – Bestandsaufnahme, Erhaltungsmaßnahmen. I. Albuch und angrenzende Gebiete. Veröff. Naturschutz u. Landschaftspflege Baden-Württemberg 55/56, 1983, 101–166.

MATTERN/BUCHMANN 1987: H. MATTERN/H. BUCHMANN, Die Hülben der nordöstlichen Schwäbischen Alb – Bestandsaufnahme, Erhaltungsmaßnahmen. II. Härtsfeld. Veröff. Naturschutz u. Landschaftspflege Baden-Württemberg 62, 1987, 7–139.

MÜLLER u. a. 1974: TH. MÜLLER/E. OBERDORFER/G. PHILIPPI, Die potentielle natürliche Vegetation von Baden-Württemberg. Beih. Veröff. der Landesstelle Naturschutz u. Landschaftspflege Baden-Württemberg 6, 1974, 1–46.

MÜLLER u. a. 1980: TH. MÜLLER/D. RODI/O. SEBALD/S. SEYBOLD u. a., Jahrestagung der Floristisch-soziologischen Arbeitsgemeinschaft in Schwäbisch Gmünd (15. 6. bis 17. 6. 1979). Mitteil. Flor.-soziol. Arbeitsgemeinschaft N. F. 22, 1980, 175–185.

NAUCKE 1990: W. NAUCKE, Chemie in Moor und Torf. In: K. GÖTTLICH (Hrsg.), Moor- und Torfkunde (Stuttgart 1990) 237–261.

OA GEISLINGEN 1842: Beschreibung des Oberamtes Geislingen (Stuttgart, Tübingen 1842).

OA HEIDENHEIM 1844: Beschreibung des Oberamtes Heidenheim (Stuttgart, Tübingen 1844).

OA AALEN 1854: Beschreibung des Oberamtes Aalen (Stuttgart 1854).

OA GMÜND 1870: Beschreibung des Oberamtes Gmünd (Stuttgart 1870).

OBERDORFER 1990: E. OBERDORFER, Pflanzensoziologische Exkursionsflora[6] (Stuttgart 1990) 1050 S.

OBERDORFER 1992: E. OBERDORFER (Hrsg.), Süddeutsche Pflanzengesellschaften. Teil IV Wälder und Gebüsche[2] (Jena 1992).

OSSWALD 1990a: K. OSSWALD, Rundblick. In: Gemeinde Böhmenkirch (Hrsg.), Böhmenkirch. Dorf und Land zwischen Messelberg und Albuch (Weißenhorn 1990) 20.

OSSWALD 1990b: K. OSSWALD, Die Albwasserversorgung – ein Segen für unsere Gemeinde: In: Gemeinde Böhmenkirch (Hrsg.), Böhmenkirch. Dorf und Land zwischen Messelberg und Albuch (Weißenhorn 1990) 314–319.

POTT 1985: R. POTT, Vegetationsgeschichtliche und pflanzensoziologische Untersuchungen zur Niederwaldwirtschaft in Westfalen. Abhandl. Westfälisches Mus. Naturkunde 47, 1985, 1–75.

POTT 1986: R. POTT, Der pollenanalytische Nachweis extensiver Waldbewirtschaftungen in den Haubergen des Siegerlandes. In: K.-E. BEHRE (Hrsg.), Anthropogenic indicators in pollen diagrams (Rotterdam–Boston 1986) 125–134.

PUNT/CLARKE 1976–1984: W. PUNT/G. C. S. CLARKE (Hrsg.), The Northwest European Pollen Flora. I–IV (Amsterdam 1976–1984).

RADKE 1973: G. RADKE, Landschaftsgeschichte und -ökologie des Nordschwarzwaldes. Hohenheimer Arbeiten 68, 1973, 1–121.

REIFF 1993: W. REIFF, Geologie und Landschaftsgeschichte der Ostalb. Karst u. Höhle 1993, 71–94.

REIFF/GROSCHOPF 1979: W. REIFF/P. GROSCHOPF, Geologie und Landschaftsgeschichte. In: R. WÜRZ (Hrsg.), Der Kreis Heidenheim (Stuttgart 1979) 15–52.

RENZ 1834: J. RENZ, Beschreibung der Landwirtschaft und Viehzucht im Oberamt Gmünd. Correspondenzbl. Königl. Württemb. Landwirthschaftlichen Verein N. F. 5, 202–215.

RILK 1991: A. RILK, Zieralgenvorkommen der Falchenhülbe bei Königsbronn-Ochsenberg. Jahresh. Ges. Naturkunde Württemberg 146, 1991, 115–128.

RODI 1976: D. RODI, Zwei für unser Gebiet neue Blütenpflanzen in Naturschutzgebieten. Lupe'76 6, 1976, 1.

RODI 1988: R. RODI, Hecken, Wiesen und Äcker des Kalten Feldes. Unicornis 4, 1988, 21–26.

RODI/ALEKSEJEW 1991: D. RODI/P. ALEKSEJEW, Bargauer Horn. Schwäbische Heimat 42, Sonderheft Nov. 1991, 30–35.

Rodi u. a. 1983: D. Rodi / R. Winkler / P. Aleksejew / M. Walderich, Vegetation und Standorte des Rosensteins. Unicornis 3, 1983, 17–35.

Rösch 1983: M. Rösch, Geschichte der Nußbaumer Seen (Kanton Thurgau) und ihrer Umgebung seit dem Ausgang der letzten Eiszeit aufgrund quartärbotanischer, stratigraphischer und sedimentologischer Untersuchungen. Mitt. Thurgau. Naturforsch. Ges. 45, 1983, 1–110.

Schlenker 1951: G. Schlenker, Regionalgesellschaft, Standortsgesellschaften und Bodenvegetationstypen. Mitteil. Ver. Forstl. Standortskartierung 1, 1951, 22–26.

Schurr 1988: K. Schurr, Die Wälder der Ostalb. In: Albuch-Härtsfeld-Ries (Stuttgart–Aalen 1988) 31–35.

Schütz 1992: W. Schütz, Struktur, Verbreitung und Ökologie der Fließwasserflora Oberschwabens und der Schwäbischen Alb. Dissertationes Botanicae 192, 1992, 1–195.

Seidel / Winkler 1974: D. Seidel / S. Winkler, Verlandungssukzessionen bei den Kleinökosystemen der Hülben (Ostalb, SW-Deutschland). Arch. Hydrobiologie 73, 1974, 84–107.

Smettan 1974: H. Smettan, Zusammenhang zwischen der heutigen Vegetation und dem Pollenniederschlag des Ammergebirges. Wissensch. Arbeit. Univ. Hohenheim (unveröff. 1974) 137 S.

Smettan 1986: H. Smettan, Pollenanalytische Untersuchungen zur Vegetations- und Siedlungsgeschichte der Umgebung von Sersheim, Kreis Ludwigsburg. Fundber. Baden-Württemberg 10, 1986, 367–421.

Smettan 1988: H. Smettan, Naturwissenschaftliche Untersuchungen im Kupfermoor bei Schwäbisch Hall – ein Beitrag zur Moorentwicklung sowie zur Vegetations- und Siedlungsgeschichte der Haller Ebene –. In: Der prähistorische Mensch und seine Umwelt, Festschr. U. Körber-Grohne. Forsch. u. Ber. Vor- u. Frühgesch. Baden-Württemberg 31 (Stuttgart 1988) 81–122.

Smettan 1989: H. Smettan, Der Cannabis / Humulus-Pollentyp und seine Auswertung im Pollendiagramm. Dissertationes Botanicae 133, 1989, 25–40.

Smettan 1990 a: H. Smettan, Naturwissenschaftliche Untersuchungen in der Neckarschlinge bei Lauffen am Neckar. Fundber. Baden-Württemberg 15, 1990, 437–473.

Smettan 1990 b: H. Smettan, Pollenanalytische Beiträge aus Sindelfingen. Sindelfinger Jahrb. 31, 1989 / 1990, 290–306.

Smettan 1991 a: H. Smettan, Die Gipskeuperdolinen in der Umgebung von Sersheim, Kreis Ludwigsburg. Veröff. Naturschutz u. Landschaftspflege Baden-Württemberg 66, 1991, 251–300.

Smettan 1991 b: H. Smettan, Ein pollenanalytischer Beitrag zur Geschichte von Hochdorf, Gde. Eberdingen, Kreis Ludwigsburg. Fundber. Baden-Württemberg 16, 1991, 631–637.

Smettan 1992 a: H. Smettan, Pollenanalysen auf dem Albuch. Ein Beitrag zum Einfluß des vor- und frühgeschichtlichen Menschen auf die Umwelt. In: 5. Heidenheimer Archäologie-Colloquium „Frühe Eisenverhüttung auf der Ostalb" (Heidenheim 1992) 62–80.

Smettan 1992 b: H. Smettan, Was der Blütenstaub unter dem Göppinger Rathaus verrät. Hohenstaufen / Helfenstein. Hist. Jahrb. Kreis Göppingen 2, 1992, 9–20.

Smettan 1993 a: H. Smettan, Wie der Mensch die Pflanzendecke des Albuchs veränderte. – Pollenanalytische Ergebnisse zum Einfluß des vor- und frühgeschichtlichen Menschen auf die Umwelt. Höhle u. Karst 1993, 333–344.

Smettan 1993 b: H. Smettan, Torfchemische Untersuchungen auf den Weiherwiesen / Albuch. Höhle u. Karst 1993, 359–362.

Smettan 1994 a: H. Smettan, Pollenanalysen im Kühloch bei Herbrechtingen-Bolheim. Jahrb. Heimat- u. Altertumsver. Heidenheim an der Brenz 5, 1993/94 231–239.

Smettan 1994 b: H. Smettan, Die Rauhe Wiese im Wandel der Zeit. In: Gemeinde Böhmenkirch (Hrsg.), Böhmenkirch 2. Bd. (1994) 331–345.

Smettan 1994 c: H. Smettan, Das Alpen-Labkraut (Galium anisophyllon Vill.) in Baden-Württemberg. Jahresh. Ges. Naturkunde Württemberg 150, 1994, 129–136.

Straka 1975: H. Straka, Pollen- und Sporenkunde (Stuttgart 1975) 238 S.

Straub 1893: St. Straub, Die Flora des Rosensteins zwischen Heubach und Lautern. Bl. Schwäb. Albverein 5, 1893, 78–79; 170–171; 182–184.

Tscherning 1854: F. A. Tscherning, Beiträge zur Forstgeschichte Württembergs. Ein Programm, ausgegeben bei Gelegenheit der Jahresprüfung an der Königlich Württembergischen land- und forstwirthschaftlichen Akademie zu Hohenheim (Stuttgart 1854).

Wandtner 1981: R. Wandtner, Indikatoreigenschaften der Vegetation von Hochmooren der Bundesrepublik Deutschland für Schwermetallimmissionen. Dissertationes Botanicae 59, 1981, 1–190.

Weiss 1988: A. Weiss, Naturschutzgebiet Weiherwiesen auf dem Albuch. Führer Natur- u. Landschaftsschutzgebiete Baden-Württemberg 16, 1988, 1–120.

Weiss u. a. 1991: A. Weiss / H. Mattern / R. Wolf, Die Weiherwiesen, ein Kleinod des Albuchs. Schwäbische Heimat 42, Sonderheft November 1991, 36–44.

Willkomm 1988: H. Willkomm, Radiokohlenstoffdatierungen im Bereich des Auerberges. In: Küster u. a. 1988, 173–194.

Wöllwarth 1988: Chr. v. Wöllwarth, Landwirtschaft im Wandel. In: Albuch-Härtsfeld-Ries (Stuttgart, Aalen 1988) 52–55.

9. Verzeichnis der Pflanzennamen und -gesellschaften

Wissenschaftliche Namen

Abies alba 99
Abietinella abietina 45
Acer campestre 44
Acer pseudoplatanus 44
Achillea ptarmica 66
Acinos arvensis 44
Aconitum vulparia 43
Aegopodium podagraria 43, 52
Agrostis canina 52, 54, 60, 61, 65
Agrostis capillaris 55, 61
Agrostis stolonifera 52, 104
Agrostis tenuis 45, 55, 61
Ajuga reptans 56, 64
Alchemilla monticola 44, 52, 55, 61, 66
Alchemillo-Arrhenatheretum 44
Alisma plantago-aquatica 51, 55, 57, 69, 103
Allium senescens ssp. montanum 45
Alnus 72, 97, 99
Alnus glutinosa 57, 109
Alopecurus pratensis 52, 56, 61, 64
Alyssum alyssoides 45
Alyssum montanum ssp. montanum 45
Andromeda polifolia 63, 109
Anemone nemorosa 56, 61
Angelica sylvestris 56, 61
Anomodon viticulosus 44
Anthericum ramosum 45
Anthoxanthum odoratum 55, 61, 63, 64
Anthriscus sylvestris 56
Apiaceae 106
Arenaria serpyllifolia 108
Arnica montana 55, 60, 61, 64, 65
Arrhenatheretalia 61
Arrhenatherum elatius 54
Artemisia 49, 119

Arum maculatum 43
Asarum europaeum 43
Asperula cynanchica 108
Asperulo-Fagetum 43
Asplenium ruta-muraria 44
Asplenium viride 44
Aster amellus 45
Athyrium filix-femina 44
Atrichum undulatum 43
Aulacomnium palustre 52, 54, 60, 64, 66, 109
Avena pratensis 44
Avena pubescens 55, 64
Avenella flexuosa 61, 64
Avenochloa pratensis 44
Aveno-Genistetum sagittalis 44

Berberis vulgaris 45
Beta vulgaris 45
Betonica officinalis 64
Betula 69, 70, 72, 102
Betula alba 66, 98, 99
Betula pendula 56, 101, 112
Betula pubescens 61, 101, 105, 112
Boletus edulis 109
Brachythecium rutabulum 43, 55
Bromus erectus 108
Buphthalmum salicifolium 45
Bupleurum falcatum 45
Bupleurum longifolium 45

Calamagrostis epigeios 61
Calamintha acinos 44
Calliergonella cuspidata 51
Calliergon cordifolium 105
Calliergon stramineum 58, 104, 109
Callitriche palustris 64
Calluna vulgaris 45, 55, 61, 64, 69–72, 104, 107, 108, 119, 120
Caltha palustris 65, 106, 110
Campanula persicifolia 44
Campanula rotundifolia 55, 61
Campylopus introflexus 63, 64
Campylopus pyriformis 61, 64
Cannabis 70
Cannabis/Humulus 49, 71, 117
Cardamine pratensis 56, 61, 64
Cardaminopsis arenosa 44
Carduus nutans 108
Carex acuta 51
Carex brizoides 43, 59, 61, 63, 108, 120
Carex canescens 51, 52, 54, 58, 104
Carex caryophyllea 108
Carex curta 51, 52, 54, 56, 58, 67
Carex digitata 44
Carex echinata 51, 52, 61, 64, 109
Carex elata 57
Carex elongata 55, 57, 58
Carex flava 61
Carex fusca 51, 54, 60, 64
Carex gracilis 51
Carex hirta 52, 56
Carex humilis 45
Carex leporina 55, 61, 64

Carex montana 44
Carex nigra 51, 56, 60, 64
Carex ovalis 55, 56
Carex pallescens 61
Carex panicea 64
Carex paniculata 56
Carex pilulifera 55, 61, 64
Carex rostrata 51, 52, 54, 55, 57, 58, 66, 104, 105
Carex stellulata 51, 104, 109
Carex sylvatica 52
Carex vesicaria 54
Caricetum fuscae 54
Caricetum rostratae 52, 58
Carici-Fagetum 44
Carlina acaulis 45
Carlina vulgaris 45
Carpinus betulus 71, 72, 97, 98, 99, 103
Carum carvi 44, 66
Castanea sativa 49, 99, 120
Centaurea cyanus 49, 118
Centaurea jacea-Typ 49
Centaurea scabiosa 45
Centunculus minimus 45
Cephalanthera damasonium 44
Cephalanthera rubra 44
Cerastium arvense 55
Cerastium holosteoides 52, 62, 64
Ceratodon purpureus 55
Chamaespartium sagittale 44, 52, 61
Characeae 103
Chenopodiaceae 49, 119
Chenopodium album 45
Chrysanthemum corymbosum 44
Chrysosplenium alternifolium 43
Cichoriaceae 71
Cicuta virosa 57
Cirriphyllum cirrhosum 43
Cirsium arvense 45, 55, 62, 66
Cirsium palustre 52, 54, 55, 56, 58, 62, 64
Comarum palustre 51, 52, 54, 55, 65, 103–105, 110
Conocephalum conicum 43
Convallaria majalis 44, 61
Convolvulus arvensis 49, 122
Corydalis cava 43
Corylus avellana 56, 71, 72, 99, 101, 102
Cotoneaster integerrimus 45
Crepis praemorsa 44
Ctenidium molluscum 43
Cynosurus cristatus 61
Cyperaceae 69, 109

Dactylis glomerata 52, 56
Dactylorhiza majalis 65
Daphne mezereum 43
Dentaria bulbifera 43
Deschampsia cespitosa 52, 56, 61, 64
Deschampsia flexuosa 61, 64
Dianthus deltoides 65
Dicranella heteromalla 62
Dicranum polysetum 61

Dicranum scoparium 44, 61
Dicranum undulatum 61
Digitalis purpurea 61, 109
Drepanocladus exannulatus 66, 109
Drosera rotundifolia 109
Dryopteris carthusiana 51, 56, 58, 61
Dryopteris dilatata 44, 51
Dryopteris filix-mas 44

Elodea canadensis 51, 52, 53
Eleocharis mamillata 52
Eleocharis palustris ssp. vulgaris 52, 62, 105
Epilobium angustifolium 55, 56, 61
Epilobium palustre 54, 65
Epilobium parviflorum 55
Equisetum fluviatile 57, 59
Equisetum palustre 58
Eriophorum angustifolium 54, 60, 63, 64, 65
Eriophorum gracile 52
Eriophorum vaginatum 59, 60, 63, 64
Eriophorum vaginatum-Gesellschaft 60
Erodium 124
Euphorbia amygdaloides 43
Euphorbia cyparissias 45, 55
Euphorbia exigua 45
Euphrasia rostkoviana 61
Euphrasia stricta 66
Eurhynchium striatum 43

Fabaceae 71
Fagopyrum esculentum 49, 118
Fagus 72
Fagus sylvatica 44, 56, 97–99, 101, 102, 112, 120
Fallopia convolvulus 45
Festuca ovina 55, 56, 64
Festuca pallens 45
Festuca pratensis 61
Festuca rubra 64
Ficaria verna 43
Filipendula 71, 106, 110
Filipendula ulmaria 65
Fragaria vesca 66
Frangula alnus 61, 106
Fraxino-Aceretum pseudoplatani 43
Fraxinus excelsior 52, 99, 104

Galeopsio-Aphanetum arvensis 45
Galeopsio-Sperguletum arvensis 45
Galeopsis tetrahit 55
Galio odorati-Fagetum 43
Galium album 56, 61, 64
Galium aparine 56
Galium anisophyllon ssp. puberulum 45
Galium glaucum 45
Galium harcynicum 61, 64
Galium odoratum 43, 56
Galium palustre 54, 58
Galium pumilum 44, 55
Galium rotundifolium 44, 61

Galium uliginosum 54
Galium verum 55, 66
Genista germanica 44
Genista sagittalis 44, 52, 55, 61, 64
Genista tinctoria 45, 61, 64
Genisto germanicae-Callunetum 44
Gentiana germanica 45
Gentiana lutea 45
Gentiana verna 45
Gentiano-Koelerietum 45
Geranio-Peucedanetum cervariae 45
Geranium robertianum 43
Geranium sanguineum 45
Geranium sylvaticum 44
Geum rivale 61, 64
Glechoma hederacea 52
Globularia punctata 45
Glyceria fluitans 51
Glyceria maxima 51, 55
Gnaphalium uliginosum 45
Grimmia pulvinata 45
Grimmia tergestina 45

Hedera helix 102
Helleborus foetidus 43
Heracleum sphondyleum 52
Herzogiella seligeri 61
Hieracium pilosella 44
Hieracium umbellatum 61
Holcus lanatus 56
Holcus mollis 52, 55, 61
Homalothecium lutescens 108
Hordelymo-Fagetum 43
Hordelymus europaeus 43
Hydrocharis morsus-ranae 57
Hylocomium splendens 61
Hymenostomum tortile 45
Hypericum desentangsii 61, 62
Hypericum humifusum 45
Hypericum maculatum 52, 55, 64, 105
Hypnum cupressiforme 44, 61

Iris pseudacorus 55

Juglans regia 49, 99, 120
Juncetum squarrosi 61
Juncus acutiflorus 64
Juncus bulbosus 62
Juncus conglomeratus 52, 56, 63, 64, 105
Juncus effusus 52, 56, 59, 61, 64, 104
Juncus squarrosus 61, 64, 109
Juncus tenuis 61
Juniperus communis 45

Koeleria pyramidata 45, 108

Lamiastrum montanum 43
Lamium galeobdolon ssp. montanum 43
Lamium purpureum 45
Laserpitium latifolium 45
Laserpitium siler 45
Lathyro-Fagetum 43

Lathyrus linifolius 63
Lathyrus montanus 63
Lathyrus pratensis 55, 56, 61
Lathyrus vernus 43
Lemna minor 51, 55, 57, 59, 62, 64
Lemna trisulca 57
Leontodon autumnalis 61
Leptodictyum riparium 66
Leucanthemum adustum 45
Leucanthemum maximum 45
Ligustro-Prunetum 45
Ligustrum vulgare 45
Lilium martagon 43
Limosella aquatica 45
Linaria vulgaris 55, 66
Linum usitatissimum 122
Lolium perenne 61
Lophocolea bidentata 109
Lotus 73
Lotus uliginosus 63, 64, 65, 110
Lunaria rediviva 43
Luzula luzuloides 43
Luzula multiflora 55, 61, 63, 64
Luzula sylvatica 43
Luzulo-Fagetum 43
Lychnis flos-cuculi 56, 61, 64
Lycopodium clavatum 48, 61, 120
Lycopus europaeus 57
Lysimachia-Typ 73, 106
Lysimachia nummularia 56
Lysimachia vulgaris 58, 65, 106, 110

Marchantia polymorpha 59
Matricaria discoidea 66
Matricaria inodora 45
Matricaria perforata 45
Medicago sativa 45
Melampyrum 120
Melampyrum pratense 43, 61
Melandrium rubrum 54
Melica ciliata 45
Menyanthes trifoliata 51, 52, 55, 58, 103–105
Mercurialis perennis 43
Milium effusum 43
Minuartia verna ssp. hercynica 39
Molinia arundinacea 61
Molinia caerulea 54, 60, 61, 63, 64, 105
Molinietalia 61
Mycelis muralis 44
Myosotis cf. nemorosa 56
Myosotis palustris 61, 64

Nardion 61
Nardus stricta 61, 64
Neckera crispa 44
Neottia nidus-avis 44
Nymphaea alba 57

Odontites vulgaris 66
Ophrys apifera 45
Ophrys holosericea 45
Ophrys insectifera 45
Origanum vulgare 66

Orthotrichum cupulatum 108
Oxalis acetosella 44
Oxycocco-Sphagnetea 60
Oxycoccus palustris 52, 63, 109

Pedicularis palustris 109
Pedicularis sylvatica 61, 64
Pellia neesiana 59
Peplis portula 45
Peucedanum cervaria 45
Phalaris arundinacea 55, 59
Phyllitis scolopendrium 43
Philonotis 66
Phyteuma orbiculare 44
Phyteuma spicatum 43
Picea abies 56, 61, 70, 71, 99, 104, 105
Pimpinella saxifraga 44, 45
Pinus 69, 71
Pinus sylvestris 99, 101
Plagiochila asplenioides 43
Plagiomnium affine 44, 61
Plagiomnium cuspidatum 43
Plagiomnium undulatum 43
Plagiothecium curvifolium 61
Plagiothecium nemorale 59
Plagiothecium ruthei 59
Plantago lanceolata 49, 69–72, 120
Plantago major 52, 61, 66
Plantago major/media-Typ 49
Plantago media 66
Pleurozium schreberi 55, 61, 64
Poa annua 45, 52, 61
Poa chaixii 43, 44
Poa nemoralis 43
Poa pratensis 55, 56, 61, 64
Poa trivialis 52, 57
Poaceae 58, 69, 70, 72
Pohlia nutans 61
Polygala comosa 45
Polygala serpyllifolia 61, 64, 65
Polygala vulgaris 44
Polygonatum odoratum 45
Polygonum aviculare 49
Polygonum bistorta 52, 54, 55, 61, 64, 71
Polygonum convolvulus 45
Polygonum hydropiper 45, 54
Polygonum lapathifolium-Typ 49, 124
Polypodiacae 59, 102, 110
Polytrichum commune 51, 58, 60, 61, 64, 66, 104, 105, 109
Polytrichum formosum 43, 44, 61
Polytrichum gracile (= P. longisetum) 105
Polytrichum juniperinum (wohl P. strictum) 105
Polytrichum strictum 51, 52
Populus 98, 99
Populus tremula 56, 61
Potamogeton 69, 70, 103
Potamogeton natans 55, 62, 64, 66, 103, 105
Potentilla-Typ 70, 73, 103, 107

131

Potentilla anserina 52
Potentilla erecta 45, 51, 55, 56, 60, 61, 64, 107
Potentilla heptaphylla 108
Potentilla palustris 51, 52, 65, 103
Prenanthes purpurea 43
Primula farinosa 109
Primula veris ssp. canescens 44
Prunus spinosa 45, 56
Pseudotsuga menziesii 44
Puccinellia distans 39
Pulmonaria obscura 61
Pulsatilla vulgaris 45

Quercus 99, 102
Quercus petraea 44, 56, 102
Quercus robur 44, 102

Ranunculus acris 52, 55, 56, 61, 64
Ranunculus ficaria 43
Ranunculus repens 52, 56, 62
Rhamnus catharticus 45
Rhinanthus alectorolophus 66
Rhinanthus minor 63
Rhytidiadelphus loreus 59
Rhytidiadelphus squarrosus 55, 61, 64
Rhytidium rugosum 45
Ribes nigrum 52
Riccia fluitans 51, 59, 64
Rosa canina 45
Rosa pimpinellifolia 45
Rubiaceae 73
Rubus idaeus 44, 55, 56, 61, 104
Rumex acetosa(-Typ) 49, 56, 61, 69–71, 120
Rumex acetosella 62
Rumex obtusifolius 52, 66

Salix 98, 99, 109
Salix aurita 55, 57, 61
Salix caprea 59, 105
Salix cinerea 55, 61
Salix purpurea 55
Sambucus racemosa 44
Sanguisorba minor 108
Sanguisorba officinalis 65, 110
Sanionia uncinata 59
Saxifraga decipiens 45
Saxifraga granulata 65
Saxifraga rosacea 45
Scabiosa columbaria 45
Scapania paludicola 109
Schoenoplectus lacustris 57
Scirpus sylvaticus 57, 65
Scleranthus annuus 124
Scorzonera humilis 61
Scrophularia nodosa 52, 56, 64
Secale cereale 49, 59, 69
Sedum acre 45
Sedum album 45
Sedum sexangulare 45
Sedum telephium 55
Senecio erucifolius 66
Senecio fuchsii 52, 61

Senecio sylvaticus 62
Sesleria albicans 44
Silene dioica 54
Sorbus aria 44
Sorbus aucuparia 56, 61
Sparganium emersum 103
Sparganium erectum 52, 103
Sparganium minimum 103
Sparganium ramosum (= S. erectum agg.) 105
Sparganium/Typha angustifolia 57, 69, 70, 103
Spergula arvensis 49, 119
Sphagnum 50, 106
Sphagnum acutifolium 104
Sphagnum capillifolium 61, 64
Sphagnum compactum 61, 64
Sphagnum fallax 52, 58, 60, 109
Sphagnum magellanicum 52, 81
Sphagnum medium 105
Sphagnum nemoreum 61
Sphagnum palustre 59, 61, 64, 109
Sphagnum papillosum 104
Sphagnum recurvum 51, 104, 105
Sphagnum rubellum 81, 104 (wohl Fehlansprache)
Sphagnum russowii 51, 61
Sphagnum squarrosum 51
Sphagnum subsecundum 65, 104, 105, 109
Stachys officinalis 64
Stachys recta 45
Stellaria alsine 52
Stellaria graminea 55, 61
Stellaria media 45
Stellaria uliginosa 52, 59
Stratiotes aloides 57
Succisa pratensis 61, 64, 71, 110
Syntrichia ruralis var. calcicolens 45

Tanacetum corymbosum 44
Taraxacum officinale 52, 61, 64, 66
Tetraphis pellucida 61
Teucrium chamaedrys 44
Thalictrum saxatile 45
Thamnobryum alopecurum 43
Thesium bavarum 45
Thuidium abietinum 45
Thuidium tamariscinum 43, 61
Tilia 59, 99, 102
Tilia cordata 101
Tilia platyphyllos 101
Tortella tortuosa 108
Tortula calcicolens 45
Trifolium-Typ 49, 69, 71
Trifolium campestre 108
Trifolium dubium 66
Trifolium medium 55
Trifolium pratense 45, 56, 64
Trifolium repens 56, 61
Trifolium rubens 45
Trisetum flavescens 44
Triticum aestivum 45
Triticum spelta 45
Triticum/Hordeum/Avena-Typ 49

Trollius europaeus 44, 65
Tussilago farfara 62
Typha latifolia 55, 62

Ulmus 99, 102, 106
Urtica dioica 43, 49, 52, 55, 56, 104
Utricularia australis 51, 59, 103
Utricularia neglecta 51
Utricularia vulgaris 57

Vaccinium myrtillus 43, 52, 55, 61, 64, 108
Vaccinium oxycoccos 52, 63, 81
Vaccinium uliginosum 109
Valeriana dioica 57, 61, 64, 71, 106, 110
Valeriana officinalis 106, 110
Veronica chamaedrys 55, 61, 64
Veronica officinalis 56
Veronica persica 45
Veronica serpyllifolia 52, 61
Veronica teucrium 45, 108
Viburnum lantana 45
Vicia cracca 55, 62
Vicia sepium 56, 61, 64
Vincetoxicum hirundinaria 45
Viola arvensis 45
Viola canina 55, 64, 65
Viola lutea ssp. calaminaria 39
Viola palustris 52, 65
Viola reichenbachiana 43
Viscum album 102

Weisia tortilis 45

Zea mays 45, 49, 71

Deutsche Namen

Ackerkleinling 45
Ahorn 99
Ahorn, Berg- 44
Ahorn, Feld- 44
Ampfer-Knöterich-Typ 49, 124
Ampfer, Stumpfblättriger 52
Armleuchteralgen 66, 103, 104
Arnika siehe auch Berg-Wohlverleih 55
Aronstab 43
Aspe siehe auch Zitter-Pappel 99
Aster, Kalk- 45

Bakterien 52
Baldrian, Arznei- 106, 110
Baldrian, Sumpf- 106, 110
Bärenklau, Wiesen- 52
Bärlapp, Keulen- 120
Bäumchenmoos 43
Beckenmoos 59
Beifuß 49, 111, 118, 119
Berberitze 45
Berg-Ackerknäuel-Gesellschaft 45
Bergglatthaferwiese 44

Bibernelle, Kleine siehe auch Pimpinelle 45
Bingelkraut, Wald- 43
Binse, Flatter- 52, 56
Binse, Knäuel- 52, 56, 63
Binse, Sparrige 109
Binse, Zwiebel- 62
Birke 58, 69–72, 96–102, 106, 112–115, 119, 121, 125, 126
Birke, Hänge- 56, 112
Birke, Moor- 63, 112
Birken-Eichenwald 121
Blaugras, Kalk- 44
Blaualgen 52
Blutauge siehe Sumpfblutauge
Blutwurz 45, 51, 55, 56, 60, 107
Borstgrasmatten, hochmontane 61
Borstgras-Torfbinsenrasen 61
Braunseggensumpf 54
Braunwurz, Knotige 52, 56
Brennessel, Große 43, 49, 52, 55, 56, 118, 124
Brunnenlebermoos 59
Buche siehe Rotbuche
Buchweizen, Echter 49, 68, 117–119, 122
Buschwindröschen 56

Deutschginster-Heide 44
Dinkel (= Spelz) 45, 117, 122
Distel, Nickende 108
Doldenblütler 106
Dornfarn, Breitblättriger 44, 51
Dornfarn, Gewöhnlicher 51, 56, 58
Dotterblume, Sumpf- 106, 110
Douglasie, Grüne 44
Drehzahnmoos 45

Eberesche (= Vogelbeerbaum) 56
Echte Algen 52
Efeu 102
Ehrenpreis, Gamander- 55
Ehrenpreis, Großer 45, 108
Ehrenpreis, Quendel- 52
Ehrenpreis, Persischer 45
Ehrenpreis, Wald (= Echter E.) 56
Eiche 70, 96, 98, 99, 101–103, 120–122, 125
Eiche, Stiel- 44, 106
Eiche, Trauben- 44, 56
Eichenhudewald 122
Eisenhut, Gelber 43
Engelwurz, Wald- 56
Enzian, Deutscher 45
Enzian, Frühlings- 45
Enzian, Gelber 45
Enzian-Schillergrasrasen 45
Erle 57, 58, 97–99, 106, 121, 125
Erle, Schwarz- 109
Esche, Gewöhnliche 52, 70, 99
Eschen-Ahorn-Steinschutthangwald 43
Eßkastanie 49, 99, 117, 120, 122
Espe siehe auch Zitter-Pappel 56, 121

Farne 49, 106
Faulbaum (= Pulverholz) 63, 106
Fetthenne, Purpur- 55
Fettwiesen 61, 63
Fichte (= Rottanne) 44, 51, 54, 56–72, 97–106, 109, 125, 126
Fieberklee 51, 52, 55, 58, 103
Fingerhut, Roter 109
Fingerkraut, Gänse- 52
Fingerkraut, Rötliches 108
Flachse siehe auch Lein 122, 123
Flattergras 43
Flockenblume, Skabiosen- 45
Föhre siehe auch Wald-Kiefer 99
Frauenfarn, Wald- 44
Frauenhaar, Wald- 43, 44
Frauenhaarmoos, Steifes 51, 52
Frauenmantel, Bergwiesen- 44, 52, 55
Froschbiß 57
Froschlöffel, Gewöhnlicher 51, 55, 57–59, 103
Fuchsschwanz, Wiesen- 52, 56
Futterrübe (= Runkelrübe) 45

Gabelzahnmoos, Besenförmiges 44
Gamander, Edel- 44
Gänsefußgewächse 49, 111, 118, 119
Gänsefuß, Weißer 45
Gerste 117, 119
Getreide 45, 57–59, 69, 71, 103, 115, 117, 119
Giersch (= Geißfuß) 43, 52
Gilbweiderich, Gewöhnlicher 58, 65, 106, 110
Ginster, Deutscher 44
Ginster, Färber- 45
Ginster, Flügel- 44, 52, 55, 56
Glockenblume, Pfirsichblättrige 44
Glockenblume, Rundblättrige 55
Golddistel 45
Goldhaarmoos, Becherförmiges 108
Goldhafer, Gewöhnlicher 44
Goldnessel 43
Graslilie, Ästige 45
Greiskraut, Fuchs- 52
Greiskraut, Wald- 62
Gundelrebe 52
Günsel, Kriechender 56

Haargras siehe Waldgerste
Haarstrang, Hirsch- 45
Habichtskraut, Mausohr- (= Langhaariges H.) 44
Hafer, Flaum- 55
Hafer, Saat- 117, 119, 122
Hafer, Trift- (= Wiesen-Hafer) 44
Hahnenfuß, Kriechender 52, 56, 62
Hahnenfuß, Scharfer 52, 55, 56
Hainbuche (= Weißbuche) 58, 68, 71, 97–99, 103, 112, 113, 120–122, 125
Hainsimsen-Buchenwald 43
Hainsimse, Vielblütige 55
Hainsimse, Wald- 43

Hainsimse, Weiße 43
Hanf 117, 122
Hanf/Hopfen 49, 117
Hasel 56, 58, 70, 72, 96, 99–103, 121, 125
Haselwurz 43
Hasenlattich 43
Hasenohr, Langblättriges 45
Hasenohr, Sichelblättriges 45
Heidekraut 45, 55, 107, 119, 120, 122
Heidelbeere 43, 52, 55
Heidenkorn siehe auch Buchweizen 118
Himbeere 44, 55, 56
Hirschwurz-Saum 45
Hirschzunge 43
Hohlzahn, Gewöhnlicher 55
Hohlzahn-Spörgel-Gesellschaft 45
Holunder, Trauben- 44
Honiggras, Weiches 52, 55
Honiggras, Wolliges 56
Hornklee, Sumpf- 63, 65, 110
Hornkraut, Acker- 55
Hornkraut, Gewöhnliches 52, 62
Huflattich 62

Igelkolben 58, 59, 103
Igelkolben, Ästiger 103
Igelkolben, Aufrechter 52
Igelkolben, Einfacher 103
Igelkolben, Zwerg- 103

Johannisbeere, Schwarze 52
Johanniskraut, Desentangs 61, 62
Johanniskraut, Geflecktes 52, 55
Johanniskraut, Niederliegendes 45

Kalk-Buchenwald 43
Kalkmagerwiese 45
Kamille, Geruchlose 45
Kammoos 43
Kammschmiele, Pyramiden- 45, 108
Katharinenmoos, Gewelltes 43
Kegelkopfmoos 43
Kerbel, Wiesen- 56
Kiefer 72, 73, 98, 101
Kiefer, Wald- 44, 57, 69, 99, 101, 121, 125
Kissenmoos, Gemeines 45
Kissenmoos, Triestiner 45
Klebkraut 56
Klee, Feld- 108
Klee, Mittlerer 55
Klee, Purpur- 45
Klee-Typ 49
Kleingabelzahnmoos, Einseitswendiges 62
Knäuel, Einjähriger 124
Knäuelgras, Wiesen- 52, 56
Knöterichgewächse 111, 118
Knöterich, Ampfer- 118
Knöterich, Vogel- 49, 118
Knöterich, Wiesen- 52, 54, 55, 104, 106
Kornblume 49, 118

133

Kranzmoos, Schönes 59
Kratzdistel, Acker- 45, 55, 62
Kratzdistel, Sumpf- 52, 54, 55, 56, 58, 62
Krebsschere (= Wasseraloë) 57
Kresse, Sand- 44
Kreuzblume, Gewöhnliche 44
Kreuzblume, Quendelblättrige 65
Kreuzblume, Schopfige 45
Kreuzdorn, Echter 45
Krummbüchsenmoos, Gelbliches 108
Krummstielmoos, Haartragendes 63
Küchenschelle, Gewöhnliche 45
Kugelblume, Gewöhnliche 45
Kümmel, Wiesen- 44
Kurzbüchsenmoos, Krückenförmiges 43

Labkraut, Alpen- 45
Labkraut, Blaugrünes 45
Labkraut, Echtes 55
Labkraut, Moor- 54
Labkraut, Niederes 44, 55
Labkraut, Rundblättriges 44
Labkraut, Sumpf- 54, 58
Labkraut, Weißes 56
Laichkraut 103
Laichkraut, Schwimmendes 55, 62, 64, 103
Laserkraut, Berg- 45
Laserkraut, Breitblättriges 45
Lauch, Berg- 45
Läusekraut, Sumpf- 109
Lebermoos 109
Lein 117, 122
Leinblatt, Berg- 45
Leinkraut, Gewöhnliches 55
Lerchensporn, Hohler 43
Lichtnelke, Kuckucks- 56
Lichtnelke, Tag- 54
Liguster-Schlehen-Gebüsch 45
Linde 56, 70, 71, 99, 101–103, 125
Linde, Sommer- 101
Linde, Winter- 101
Löwenzahn, Wiesen- 52
Luzerne (= Ewiger Klee) 45

Mädesüß (= Wiesen-Geißbart) 104, 106, 110
Maiglöckchen 44
Mais (= Welschkorn) 45, 49, 117, 123
Mauerlattich 44
Mauerpfeffer, Milder 45
Mauerpfeffer, Scharfer 45
Mauerpfeffer, Weißer 45
Mauerraute 44
Mehlbeere 44
Meister, Hügel- 108
Miere, Harzer Frühlings- 39
Milzkraut, Wechselblättriges 43
Mistel, Laubholz- 102
Moosbeere, Gewöhnliche 52, 63, 109
Moose 49

Neckermoos, Gewelltes 44
Nelke, Heide- 65
Nestwurz 44
Nieswurz, Stinkende 43

Pappel 97, 98, 99
Pappel, Zitter- 56, 99, 121
Perlgras, Wimper- 45
Perlmoos 45
Pfeifengras, Blaues 54, 60, 63
Pfeifengraswiesen 61, 63
Pfennigkraut 56
Pimpinelle, Kleine 44
Pippau, Abgebissener 44
Platterbse, Frühlings- 43
Platterbse, Wiesen- 55, 56
Platterbse-Buchenwald 43
Primel, Mehl- 109

Ragwurz, Bienen- 45
Ragwurz, Fliegen- 45
Ragwurz, Hummel- 45
Rainweide 45
Raps (= Kohl-Reps) 65
Rapunsel, Kugel- 44
Rauschbeere 109
Reiherschnabel 124
Rindsauge, Weidenblättriges 45
Rispengras, Einjähriges 45, 52
Rispengras, Gewöhnliches 52
Rispengras, Hain- 43
Rispengras, Wald- 43, 44
Rispengras, Wiesen- 55, 56
Roggen 49, 58, 59, 68, 69, 103, 117, 119, 122, 123
Rohrglanzgras (= Glanzgras) 55
Rohrkolben, Breitblättriger 55, 62, 104
Rohrkolben, Schmalblättriger 57, 58, 59
Rose, Bibernell- 45
Rose, Hunds- (= Hecken-Rose) 45
Rosmarinheide 63, 109
Rotbuche (= Buche) 43, 44, 56–58, 61, 68–72, 96–102, 106, 112–115, 120–122, 125, 126
Ruchgras, Gewöhnliches 55
Ruhrkraut, Sumpf- 45
Runkelrübe 45
Runzelmoos 45
Ruprechtskraut 43

Sahle siehe auch Sal-Weide 99
Salomonssiegel 45
Salzschwaden, Gewöhnlicher 39
Sandkraut, Quendel- 108
Sauerampfer-Typ 49, 115, 120
Sauerampfer, Kleiner 62
Sauerampfer, Wiesen 56
Sauergräser 104, 109
Sauerklee, Wald- (= Echter S.) 44
Schachtelhalm, Sumpf- 58
Schachtelhalm, Teich- 57
Scharbockskraut 43
Schaumkraut, Wiesen- 56

Schiefbüchsenmoos 59
Schiefmundmoos, Großes 43
Schlafmoos, Echtes 44
Schlammkraut 45
Schlehe (= Schwarzdorn) 45, 56
Schlüsselblume, Arznei- 44
Schmiele, Rasen- 52, 56
Schnabelseggenried 52, 58
Schneeball, Wolliger 45
Schönmoos, Strohgelbes 58
Schönschnabelmoos 43
Schwalb(en)wurz 45
Schwertlilie, Sumpf- 55
Schwingel, Blasser 45
Schwingel, Schaf- 55, 56
Seegras 43, 120
Seerose, Weiße 57
Segge, Berg- 44
Segge, Blasen- 54
Segge, Braune 51, 54, 60
Segge, Erd- 45
Segge, Finger- 44
Segge, Frühlings- 168
Segge, Grau- 51, 52, 58
Segge, Hasen- 55
Segge, Pillen- 55
Segge, Rauhe 52
Segge, Schlanke 51
Segge, Schnabel- 51, 52, 55, 58, 104
Segge, Stern- 51, 52, 109
Segge, Wald- 52
Segge, Walzen- 55, 58
Segge, Zittergras- siehe Seegras
Seggen-Buchenwald 44
Seidelbast (= Kellerhals) 43
Sichelmoos, Hakiges 59
Silberblatt, Ausdauerndes 43
Silberdistel 45
Skabiose, Tauben- 45
Sonnentau, Rundblättriger 109
Spießmoos 51
Spiralzahnmoos, Gekräuseltes 108
Spitzblattmoos, Haartragendes 43
Spörgel, Acker- 49, 118, 119
Steinbrech, Körniger 65
Steinbrech, Rasen- 45
Steinkraut, Berg- 45
Steinkraut, Kelch- 45
Steinpilz 109
Steinquendel 44
Steppenheide-Buchenwald 44
Sternlebermoos, Submerses 51, 64
Sternmiere, Gras- 55
Sternmiere, Quell- (= Sumpf-St.) 52
Sternmoos, Gemeines 44
Sternmoos, Gewelltes 43
Sternmoos, Stachelspitziges 43
Stiefmütterchen, Acker- 45
Stiefmütterchen, Galmei- 39
Storchschnabel, Blut- 45
Storchschnabel, Wald- 44
Straußgras, Hunds- 52, 54, 60, 65
Straußgras, Rotes 45, 55
Straußgras, Weißes 52

Streifenfarn, Grüner 44
Streifensternmoos, Moor- 52, 54, 60
Sumpfbinse, Gewöhnliche 52, 62
Sumpfbinse, Zitzen- 52
Sumpfblutauge 51, 52, 54, 55, 65, 103, 110
Sumpfdotterblume siehe Dotterblume, Sumpf-
Sumpfquendel 45, 104
Süßgras, Flutendes 51
Süßgräser 58, 109, 115, 119, 120

Tännchenmoos 45
Tanne siehe auch Weißtanne 98, 112, 122
Taubnessel, Rote 45
Teichbinse 57
Teichlinse, Kleine siehe auch Wasserlinse 104
Teufelsabbiß, Gewöhnlicher 104, 106, 110
Teufelskralle, Ährige 43
Thujamoos 43
Torfmoos 50, 106, 110
Torfmoos, Einseitswendiges 65
Torfmoos, Gekrümmtes 51, 52, 58, 60
Torfmoos, Russow's 51
Torfmoos, Sparriges 51
Trespe, Aufrechte 108
Trollblume 44
Trugzahnmoos 44
Tüpfelfarne 70, 71, 102, 110
Türkenbund 43

Ulme 68, 70, 71, 99, 101–103

Veilchen, Hunds- 55, 65
Veilchen, Sumpf- (= Moor-V.) 52, 65

Veilchen, Wald- 43
Vergißmeinnicht, Hain- 56
Vogelbeere 56
Vogelmiere 45

Wacholder, Gewöhnlicher 45
Wacholderheide 44, 45
Wachtelweizen 120
Wachtelweizen, Wiesen- 43
Waldgerste 43
Waldgersten-Buchenwald 43
Waldmeister 43, 56
Waldmeister-Buchenwald 43
Waldvögelein, Rotes 44
Waldvögelein, Weißes 44
Walnuß, Echte 49, 99, 117, 120, 122
Wasseraloë 57
Wasserlinse, Dreifurchige 57
Wasserlinse, Kleine 51, 55, 57, 62, 64
Wasserpest, Kanadische 51, 52, 53
Wasserpfeffer 45, 54
Wasserschierling 57
Wasserschlauch 57
Wasserschlauch, Südlicher 51, 103
Wasserschwaden 51, 55
Wasserschwadenröhricht 55
Wasserstern 64
Wegerich, Breiter/Mittlerer 49
Wegerich, Großer 52
Wegerich, Spitz- 49, 111, 115, 120
Weide 97, 98, 99, 109
Weide, Sal- 121
Weidenröschen, Bach- 55
Weidenröschen, Sumpf- 54, 65
Weidenröschen, Wald- (= Schmalblättriges W.) 55, 56
Weißtanne siehe auch Tanne 99
Weißwurz, Echte siehe Salomonssiegel
Weizen 45, 117

Weizen/Gerste/Hafer-Typ 49, 122
Wetterdistel, Große siehe Silberdistel
Wicke, Vogel- 55, 62
Wicke, Zaun- 56
Widertonmoos, Gewöhnliches 51, 58, 60
Wiesen-Flockenblumen-Typ 49
Wiesenhaferreiche-Flügelginster-Weide 44
Wiesenklee, Kriechender (= Weißklee) 56
Wiesenklee, Roter (= Rotklee) 45, 56
Wiesenknopf, Großer 103, 110
Wiesenknopf, Kleiner 108
Wiesenraute, Stein- 45
Winde, Acker- 49, 118, 122
Windenknöterich 45, 118
Wohlverleih, Berg- 60, 65
Wolfsmilch, Kleine 45
Wolfsmilch, Mandelblättrige 43
Wolfsmilch, Zypressen- 45, 55
Wollgras, Scheidiges 59, 60
Wollgras, Schmalblättriges 54, 60, 63, 65
Wollgras, Zartes 52
Wucherblume, Berg- 45
Wucherblume, Straußblütige 44
Wurmfarn, Männlicher 44

Zahnwurz, Zwiebeltragende 43
Zieralgen 55
Ziest, Aufrechter 45
Zipperleinskraut 52
Zwergmispel, Gewöhnliche 45
Zwergstrauchreiche Hochmoor-Torfmoosgesellschaften 60

10. Ortsregister

Aalen 40, 57, 125
Aalener Bucht 111, 115
Albuch 39–47, 59, 74, 75, 89, 94–98, 100–102, 109–122, 125
Alde Rödenbach 119
Äußerer Kitzinghof 43, 47

Bärenberg 40, 47, 59
Bärenweiler 120
Bargauer Horn 44, 45, 47
Bartholomä 39–47, 59, 60, 63, 64, 118–121, 123, 124
Battenau 41
Benzenhauser Teich 41
Bernhardus 39
Bibersohl 123, 124
Birkenhülbe (siehe auch Westl. u. Östl.) 108
Bissingen ob Lontal 123, 124
Bodenseele 105

Böhmenkirch 39–42, 45–47, 52, 54, 59, 62, 105, 108, 123, 125
Böhmenkircher Hau 40
Bolheim 123, 124
Brenz 39, 40, 59
Brenztal 39, 111, 112, 115

Dettingen am Albuch 123, 124
Donau 40, 41

Ebnat 41, 123, 124
Eisengruben 110
Essingen 40, 64, 65, 110
Essingen-Lauterburg 111

Fachensol 96–99
Falchen 41
Falchenhülbe 47, 55, 56, 66–70, 73, 96, 103, 122
Falkenberg 40, 47

Falkenteich 47
Feldhülbe (bei Hettingen) 105
Flächenalb 41–43, 111, 112, 115
Fleinheim 123, 124

Geislingen 40, 123, 125
Geislingen-Stötten 42
Geislingen-Weiler 41
Gerstetten 123, 124
Giengen an der Brenz 123, 124
Gmünd 119, 120, 125
Gnannenweiler 45, 51
Göppingen 47, 52, 54, 117
Große Birkenhülbe 64
Großkuchen 123, 124
Grubenhäule 97, 98, 99
Günzburg 40
Gussenstadt 123, 124

Haidhülm 47, 57

135

Haller Ebene 102, 113
Härtsfeld 39–43, 47, 55–58, 96, 99, 105, 113–115, 119, 122
Haspelteich 41, 108
Hausknecht 40, 41, 47, 108, 109, 122
Heidenheim an der Brenz 39–42, 47, 51, 55–59, 122–125
Heidhöfe 47, 54, 59, 105, 118, 121
Heldenfingen 41, 123, 124
Herbrechtingen 39, 59, 123, 124
Hermaringen 115, 123, 124
Hettingen an der Lauchert 105
Heubach 45, 47
Hirschhülbe 47, 59
Hochdorf 117
Hülbe am Märtelesberg 47, 51, 55, 66–70, 73, 103, 104, 122
Hülbe an der Wintershalde 58
Hürben 123, 124
Hütten 42

In der Au 108
Innerer Kitzinghof 47, 64, 121
Irmannsweiler 47, 99, 110, 123, 124

Judenmahd 59
Judenmahdhülbe 47, 59
Junkershülbe 63

Kirchberg 45
Kitzinghöfe 40, 47
Kleinkuchen 123, 124
Kocher 39, 40, 59
Kochertal 39, 112
Kolmannseck 108, 121
Kolmannshülbe 52, 108
Kolmannswald 40, 41, 108
Königsbronn 47, 55, 113, 123, 124
Kühholz 99, 121
Kühloch 47, 59, 121, 122
Kühreuteteich 41, 108
Küpfendorf 47, 123, 124
Kupfermoor 68, 102
Kuppenalb 40

Lauffener Neckarschlinge 117
Lauterburg 40, 44, 47, 123, 124
Lautern 123, 124
Linsemer 41, 108

Magentäle 43

Mainhardter Wald 42
Märtelesberg 41, 108, 109
Mergelstetten 47, 59, 122, 123, 124
Metzingen 40

Nattheim 56, 57, 123, 124
Neckarland 42, 101–105, 113, 119, 122
Neresheim 46
Neue Hülbe 47, 52–55, 66–70, 73, 96, 103, 105, 108, 122
Niedere Alb 40, 41
Nietheim 47, 96, 114
Nordalbuch 39, 111
Nördlinger Ries 41, 111, 112
Nordostalb 43
Nordschwarzwald 74, 107
Nußbaumer Seen 74

Oberkochen 44, 47
Ochsenberg 41, 47, 55, 56, 123, 124
Ochsenhau 41, 108, 122
Oggenhausen 56, 57, 123, 124
Ostalb 39–42, 46, 81, 103, 105, 110, 114, 115, 119, 121, 124
Östliche Birkenhülbe 54, 104

Patrizkapelle (St. Patriz) 41, 108

Rauhes Ried 59
Rauhe Wiese 39–41, 45–48, 59–70, 73, 74, 96, 102, 106–122, 125–127
Remstal 111, 115
Reutlingen 40
Rhein 41
Ries siehe Nördlinger Ries
Ringhülbe 63, 96
Rosenstein 43, 45, 47, 111, 112
Rötenbach 47, 106–109, 119, 122
Rötenbacher Streuwiese 47, 48, 64–69, 73–75, 78–94, 111–122, 125, 126
Rotensohl 47, 114

Saatschulhülbe 47, 58, 59, 96, 121, 122
Scheuelberg 45, 47
Schiltenbanghülbe 108
Schinderteich 41
Schnaitheim 47, 58, 122–124
Schnepfenhülbe 105
Schöner Berg (= Schönenberg) 40, 41, 47, 119, 120, 122
Schopf 41, 47
Schwäbisch-Fränkischer Wald 42
Schwäbisch Gmünd (siehe auch Gmünd) 40
Schwäbisch Hall 68, 74
Schwarzwald 60, 96, 121
Sersheim 102, 117
Siegerland 113, 119
Sindelfingen 117
Söhnstetten 45, 47, 123, 124
Sontheim im Stubental 47, 123, 124
Steinenkirch 47
Steinheim am Albuch 47, 51, 59, 123, 124
Steinheimer Becken 41
Stiefelzieher 56
Stöckelberg 45
Streuwiese bei der Großen Birkenhülbe 47, 48, 67, 68, 73–76, 79–95, 106, 111, 112, 120, 122
Streuwiese bei Rötenbach (siehe auch Rötenbacher Str.) 59, 62, 63, 67, 71, 74, 106, 107
Strut 41
Stubental 47
Stuttgart 40, 42
Südalbuch 39

Tauchenweiler 47, 64, 97, 98, 110
Teufelsküche 43

Ulm 40, 119

Volkmarsberg 45, 47

Wagnersgrube 47, 56, 57
Waldhausen 57
Weiherhaus 110
Weiherplatz 65, 110
Weiherwiesen 46–48, 64–69, 72–76, 79–99, 109–115, 120, 122, 126
Weiler in den Bergen 44
Weißenstein 39, 47
Wental 40, 44, 47
Westliche Birkenhülbe 47, 54, 66, 68, 70, 73, 74, 96, 103, 104, 122

Zang 41, 47, 123, 124
Zwerenberg 39

IV. Die Verhüttungsplätze

MARTIN KEMPA

1.	Die östliche Schwäbische Alb (Härtsfeld und Albuch)	147
1.1	Landschaft und Besiedlung	147
1.2	Der Verhüttungsplatz auf den „Weiherwiesen" bei Essingen	150
	Historische Überlieferung und Abbauspuren im Gelände	150
	Erzabbauspuren in den Grabungsflächen	153
	Verhüttungsabfälle in archäologischen Befunden	155
	Die Datierung der Verhüttungsabfälle	157
	Schlacken und Ofenreste	159
1.3	Verhüttungsplätze auf dem Albuch	163
	Sontheim im Stubental (Gde. Steinheim am Albuch)	163
	Essingen-Tauchenweiler „Fachensohl"	165
	Bartholomä, Innerer Kitzinghof	167
1.4	Verhüttungsplätze auf dem Härtsfeld und in den angrenzenden Landschaften	167
	Hermaringen „Berger Steig"	167
	Heidenheim-Großkuchen „Gassenäcker"	171
	Heidenheim-Großkuchen, Ortsteil Kleinkuchen	174
	Nattheim „Badwiesen"	174
	Aalen-Unterkochen „Schloßbaufeld"	177
	Lauchheim „Mittelhofen"	178
2.	Verhüttungsplätze der Albhochfläche außerhalb des Arbeitsgebietes	179
2.1	Die Lonetal-Flächenalb: Langenau „Am Öchlesmühlbach"	179
2.2	Die südwestliche Schwäbische Alb	181
2.3	Die mittlere Schwäbische Alb	184
	Lenningen-Schopfloch	185
3.	Das Vorland der mittleren Schwäbischen Alb	187
3.1	Pingen und Schlacken im Braunjura Beta	187
3.2	Die Ausgrabungen in Metzingen „Kurleshau"	189
	Die Lage	189
	Der Befund	189
	Die Funde	191
	Die Datierung	192

1. Die östliche Schwäbische Alb

1.1 Landschaft und Besiedlung

Solange der Mensch seine Lebensgrundlage allein in Ackerbau und Viehzucht fand, gehörte die Albhochfläche zu den armen Gegenden, denn die Voraussetzungen für die Landwirtschaft sind ausgesprochen ungünstig.[1] In besonderem Maße trifft das auf die östliche Schwäbische Alb zu.[2] Niedrige Temperaturen (Jahresdurchschnitt 7 Grad Celsius) bewirken kurze Sommer und lange Winter mit ungewöhnlich vielen Frosttagen (120 Tage im Jahr). Hohe Niederschlagsmengen (jährlich 750 bis 1000 mm) und zahlreiche Nebeltage (50

---

1 Vgl. H. GREES, Geologische Grundlagen der Kulturlandschaft. In: Historischer Atlas Baden-Württemberg (Stuttgart 1975). Beiwort zu Blatt II.3 12, wo dies in einer Kartierung im Vergleich zu anderen Regionen anschaulich hervortritt.
2 Die folgende Darstellung beruht v.a. auf H. MATTERN / H. BUCHMANN, Hülben der nordöstlichen Schwäbischen Alb. Veröff. Na-
Fortsetzung nächste Seite

Tage im Jahr) tun das ihre, der Landschaft einen unwirtlichen Charakter zu verleihen. Das rauhe Klima führt zu kurzen Vegetationszeiten, ein Haupthindernis noch für die moderne Landwirtschaft. Ebenso abträglich waren die armen, sauren Böden, bevor der Einsatz von Kunstdünger erschwinglich wurde. Sehr hemmend wirkte sich der Mangel an Trinkwasser auf die Besiedlung aus. Auf Albuch und Härtsfeld ist die Verkarstung weit fortgeschritten. Quellen treten nur ausnahmsweise zu Tage, und die von ihnen gespeisten Rinnsale versiegen nach kurzem Lauf.

Alle Widrigkeiten hinderten den Menschen nicht, dieses Land zu besiedeln und so gut wie eben möglich zu bewirtschaften. Man läßt sich leicht von den Wäldern täuschen, die heute weite Flächen bedecken. Noch zu Beginn des letzten Jahrhunderts war die Landschaft viel offener. Mancher Weiler, der im Mittelalter bestand, ist abgegangen.[3] Zahlreiche Hülben bezeugen, daß der Mensch auch die entlegensten Winkel erschloß. Hülben sind künstlich angelegte Reservoirs, in denen sich das Oberflächenwasser sammelte. Sie dienten vornehmlich als Viehtränke. Man darf damit rechnen, daß schon während der Hallstattzeit Hülben in Gebrauch standen.[4] Gerade in der unwirtlichsten Gegend, dem nördlichen Albuch, haben sich die meisten Hülben erhalten. Daraus folgt natürlich nicht, daß Albuch und Härtsfeld dicht besiedelt waren. Aber man muß einkalkulieren, daß die knappen Resourcen des Landes restlos ausgenutzt wurden, und daß die menschliche Besiedlung bis an die Grenzen des Möglichen ging.

Vermutlich sind die ungünstigen Seiten des Naturraumes dafür verantwortlich, daß bäuerliche Gruppen zunächst sowohl dem Albuch als auch dem Härtsfeld fernblieben. Jungsteinzeitliche Siedlungsfunde beschränken sich auf die günstigen Regionen: Nördlinger Ries, südliches Brenztal und die Flächenalb südlich der Klifflinie.[5] Die gesamte Kuppenalb bleibt, abgesehen von einzeln aufgesammelten Hornsteinabschlägen, fundleer. Dies trifft auch auf die Bronzezeit zu, doch gibt es Ausnahmen: mittelbronzezeitliche Bestattungen (etwa 15./14. Jh. v. Chr.) wurden im „Oberwehrenfeld" auf dem Nordalbuch ausgegraben, und 1000 m östlich fand sich auf den „Weiherwiesen", Gemarkung Essingen, mittelbronzezeitliche Siedlungskeramik (vgl. zur Lage S. 152 Abb. 2).[6] Frühbronzezeitliche Funde aus einem Abschnittswall bei Aalen-Unterkochen (Ostalbkreis)[7] und bronzezeitliche Funde vom Rosenstein bei Heubach (Ostalbkreis)[8] möchte ich nicht als Siedlungszeugnisse der Hochfläche werten. Beides sind Siedlungen in Schutzlage, die zur Aalener Bucht bzw. zum Remstal orientiert waren. Das gilt auch für die folgende Zeit - der Abschnittswall bei Unterkochen hat noch eine frühlatènezeitliche Phase, und vom Rosenstein liegen Funde aus fast allen Perioden der Vor- und Frühgeschichte vor.

Während der Urnenfelderkultur mehren sich die Funde in den alt besiedelten Landschaften, greifen aber auch auf die obere Kocher- Brenz-Talgasse, das innere und südliche Härtsfeld, das Steinheimer Becken und randlich auf den südlichen Albuch aus. Nordalbuch und nordwestliches Härstfeld bleiben weiterhin fundleer. Die einzige Ausnahme bildet wiederum der Fundplatz Essingen „Weiherwiesen", wo 1990 eine urnenfelderzeitliche Siedlung ausgegraben wurde.[9]

Diese Fundverteilung läßt sich auch in allen folgenden Zeitabschnitten beobachten, angefangen mit Hallstatt- und Latènezeit über die römische Zeit bis zum Ende des frühen Mittelalters. Gut belegt ist jeweils die Besiedlung der günstigen Gebiete wie Ries, südliches Brenztal und Flächenalb; spärlicher wird der Fundanfall auf Härtsfeld, Südalbuch und im Steinheimer Becken; fundleer bleiben das nordwestliche Härtsfeld und, ausgenommen Essingen „Weiherwiesen", der nördliche Albuch.[10]

(Fortsetzung Anmerkung 2)
turschutz u. Landschaftspflege Baden-Württemberg 55/56, 1983, 101 ff. Dies., ebd. 62, 1987, 7 ff. Die Autoren geben eine kurze, sehr informative Darstellung der naturräumlichen Bedingungen und historischen Besiedlungsvorgänge. Außerdem: H. DONGUS, Die naturräumlichen Einheiten auf Blatt 171 Göppingen. Naturräumliche Gliederung Deutschlands (Bad Godesberg 1961). Vgl. des weiteren die ausführlichen Beiträge von S. MÜLLER/D. RODI/J. C. TESDORPF/R. ZEESE in: Naturraum. Regionalverband Ostwürttemberg. Raumordnungsbericht 2 (Schwäbisch Gmünd 1976/77). Zu Klima, Geologie, Böden und landwirtschaftlicher Nutzung im Arbeitsgebiet S. 39 ff. (SMETTAN).

3 Dazu H. JÄNICHEN, Waldwüstungen. Ein methodischer Beitrag zur Wüstungsforschung am Beispiel des Härtsfeldes. Beitr. Landeskunde Arbeitsgebiet Abt. Landeskunde, Statistisches Landesamt Württemberg-Hohenzollern 8, 1958, 156 ff.

4 So möchte ich einen Befund am „Eisenbrunnen" in Heidenheimer-Großkuchen deuten. Vgl. Arch. Ausgr. Baden-Württemberg 1989, 244 ff.

5 Vgl. die Kartierung von E. WAHLE in: Historischer Atlas Baden-Württemberg (Stuttgart 1973) Blatt III.2. Die folgende Darstellung beruht auf den Unterlagen im Ortsarchiv des Landesdenkmalamts. Zur naturräumlichen Gliederung vgl. S. 15 f. (REIFF/BÖHM).

6 Zu den Bestattungen im „Oberwehrenfeld" vgl. S. 196 mit Anm. 9; 10. Zu den mittelbronzezeitlichen Siedlungsspuren auf den „Weiherwiesen": S. 202 f. mit Anm. 31.

7 H. ZÜRN, Fundber. Baden-Württemberg 9, 1984, 279 ff.

8 Sowohl aus den Höhlen als auch von den Befestigungsanlagen: OEFTIGER/WAGNER, Rosenstein 122 Abb. 67.

9 S. 201 ff.

10 Leicht nachprüfbar anhand der Ortsakten. Karten liegen vor für die Urnenfelderkultur (DEHN, Urnenfelderkultur 132 Abb. 27); Hallstattzeit (ZÜRN, Grabfunde 231 Abb. 99); Latènezeit (F. FISCHER, Fundber. Schwaben 18,1, 1967, 82 ff. Abb. 9–12); provinzialrömische Zeit (D. PLANCK, Historischer Atlas Baden-Württemberg [Stuttgart 1979] Blatt III.4); frühalamannische Zeit (Ders., Wiederbesiedlung 70 Abb. 1 – wobei auf der östlichen Schwäbischen Alb Nattheim „Badwiesen" und Essingen „Weiherwiesen" zu ergänzen wären); Merowingerzeit (M. KNAUT, Arch. Ausgr. Baden-Württemberg 1987, 354 Abb. 248).

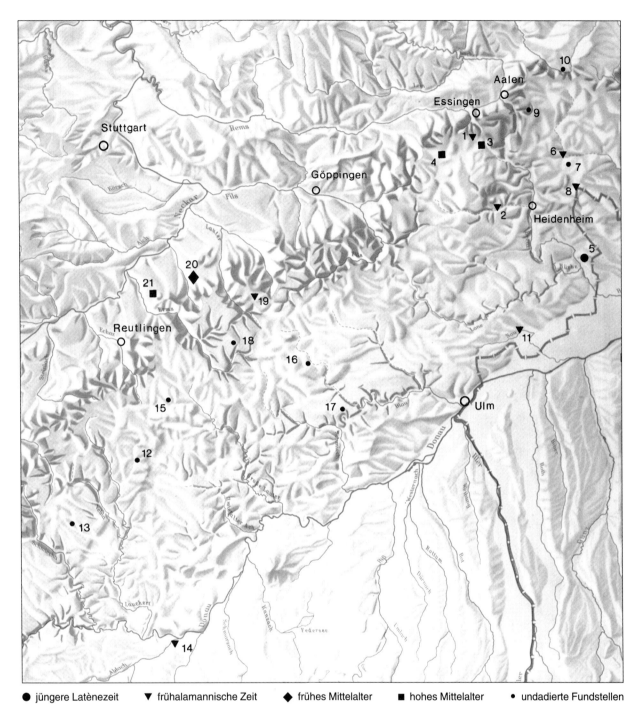

● jüngere Latènezeit   ▼ frühalamannische Zeit   ◆ frühes Mittelalter   ■ hohes Mittelalter   • undadierte Fundstellen

Abb. 1: Vor- und frühgeschichtliche Verhüttungsplätze auf der Hochfläche und im Vorland der Schwäbischen Alb. Kartengrundlage: Ausschnitt aus Reliefkarte Baden-Württemberg 1:600 000. Hrsg. Landesvermessungsamt Baden-Württemberg, Stuttgart. Vervielfältigung genehmigt unter Az.: 5.11/878.
1 Essingen „Weiherwiesen". 2 Sontheim im Stubental. 3 Essingen-Tauchenweiler „Fachensohl". 4 Bartholomä, Innerer Kitzinghof. 5 Hermaringen „Berger Steig". 6 Heidenheim-Großkuchen „Gassenäcker". 7 Heidenheim-Großkuchen, Ortsteil Kleinkuchen. 8 Nattheim „Badwiesen". 9 Aalen-Unterkochen „Schloßbaufeld". 10 Lauchheim „Mittelhofen". 11 Langenau „Am Öchslesmühlbach". 12 Trochtelfingen. 13 Bitz. 14 Mengen. 15 Kohlstetten. 16 Natterbuch. 17 Hausen ob Ursprung. 18 Hengen. 19 Lenningen-Schopfloch. 20 Frickenhausen-Linsenhofen „Benzenhau". 21 Metzingen „Kurleshau".

Etwas abweichende Verbreitungsbilder ergeben sich, wenn man die obertägig sichtbaren Denkmäler, Grabhügel und Viereckschanzen, betrachtet. Auf der östlichen Schwäbischen Alb haben sich außergewöhnlich viele Grabhügel erhalten.[11] Äußere Gestalt – große, aus Lehm aufgeworfene Hügel – sowie Funde sprechen dafür, daß die Masse der sichtbaren Hügel in die Hallstattzeit datiert.[12] Besonders häufig sind Grabhü-

---

11 WAHLE (Anm. 5). Die Karte verzerrt die tatsächliche Fundkonzentration, da Einzelhügel, kleine und große Grabhügelgruppen ungewichtet nebeneinander stehen.
12 Datierbare Funde aufgeführt bei ZÜRN, Grabfunde 73ff. 105ff.

gel auf dem inneren Härtsfeld anzutreffen. Dort bilden sie ungewöhnlich große Grabhügelfelder. Das größte mit 68 Hügeln liegt bei Heidenheim-Großkuchen.[13] Aber auch auf dem nordwestlichen Härtsfeld und dem nördlichen Albuch, Gegenden, die sonst fast keine Funde geliefert haben, herrscht kein Mangel an Grabhügeln. Doch erreichen die Grabhügelgruppen hier nur bescheidene Größen und sind im Vergleich zum inneren Härtsfeld dünn gesät.

Weiterhin findet man auf dem Härtsfeld eine auffällige Häufung spätkeltischer Viereckschanzen.[14] In Ostwürttemberg sind insgesamt 15 dieser Anlagen bekannt, davon liegen neun in einem recht kleinen Gebiet auf dem inneren und südlichen Härtsfeld und dem angrenzenden Streifen der Flächenalb, dagegen keine auf dem nordwestlichen Härtsfeld. Auf dem Albuch ist bislang nicht eine Viereckschanze entdeckt worden. Einerseits muß man das Verbreitungsbild der Grabhügel und Viereckschanzen auf die Überlieferungsbedingungen zurückführen: in den wenig erschlossenen und weithin bewaldeten Landschaften des Härtsfelds und Albuchs bestehen weit bessere Chancen für ihre Erhaltung als in anderen Gebieten wie z. B. im mittleren Neckarland. Andererseits läßt sich an dieser Denkmälergattung ablesen, daß auf dem nordwestlichen Härtsfeld und dem nördlichen Albuch eine deutlich geringere Besiedlung zu erwarten ist, als auf dem etwas günstigeren inneren und südlichen Härtsfeld. Insofern wird das Bild bestätigt, das schon die Verbreitung der meist zufällig zu Tage getretenen Bodenfunde vermittelt. Korrigiert wird der Eindruck, auf Nordalbuch und nordwestlichem Härtsfeld herrsche Siedlungsleere. Auch die Ausgrabungen auf den „Weiherwiesen" bei Essingen haben ja bewiesen, daß die ungünstigen Landstriche zumindest seit der Mittleren Bronzezeit besiedelt wurden. Sicher war diese Besiedlung dünner als in den südlich angrenzenden Landschaften der Alb, und sie beruhte wohl auf einer extensiv betriebenen Wirtschaftsweise.

Vor diesem Hintergrund muß man die Befunde der Verhüttungsplätze sehen, die nun vorgestellt werden.

1.2 Der Verhüttungsplatz auf den „Weiherwiesen" bei Essingen (Ostalbkreis)

Historische Überlieferung und Abbauspuren im Gelände

Die „Weiherwiesen" liegen auf dem Nordalbuch, weitab der klassischen Bohnerzreviere.[15] Den Nordalbuch bedecken mächtige Feuersteinlehmpakete, in denen gar keine ergiebigen Bohnerzvorkommen zu erwarten sind. Dennoch ist hier Eisenerz abgebaut worden.

Vielleicht darf allein aus dem Ortsnamen „Essingen" geschlossen werden, daß Eisenverhüttung oder -verarbeitung in alamannischer Zeit als charakteristisches Merkmal der Siedlung angesehen wurde.[16] Gewöhnlich gehen Ortsnamen mit der Endung „-ingen" auf germanische Personennamen zurück, nach denen der betreffende Ort in der Gründungszeit benannt wurde. Essingen müßte dann von „Atzo / Azzo" abgeleitet werden. Die ältesten Schreibungen vom Ende des 11. und aus dem 12. Jh. überliefern jedoch schon die Form „Essingin / Essingen". Möglich ist, daß man den ursprünglich von einem Personennamen abgeleiteten Ortsnamen frühzeitig an die Bedeutung „Esse" (althochdeutsch „essa" – Esse, Schmelzofen, Blasebalg) anlehnte. Das heißt, mindestens zur Zeit der ältesten überlieferten Schreibungen, die sich auf die Jahre um 1090 n. Chr. beziehen, müßte in oder bei Essingen in größerem Ausmaß Eisen gewonnen oder verarbeitet worden sein. L. Reichardt hält es jedoch für am wahrscheinlichsten, daß der Ortsname von Anfang an auf eine ansässige Eisenverhüttung bezogen wurde, etwa in dem Sinn von „bei den Leuten mit den Rennöfen". In diesem Fall wäre in oder bei dem Ort schon in alamannischer Zeit Eisenverhüttung betrieben worden, und zwar in einem Ausmaß, daß diese Tätigkeit als besonders charakteristisch für den Ort empfunden und daher zur Ortsbezeichnung herangezogen wurde.

Am 16. 10. 1511 erlaubte Herzog Ulrich von Württemberg den in Essingen und Lauterburg ansässigen Freiherren von Woellwarth, auf ihrem Besitz um Heubach, Lauterburg und Essingen nach Erz zu suchen. Die Woellwarths gründeten zusammen mit anderen Interessenten eine Gesellschaft und stellten unterhalb des Dorfes Essingen eine Mühle zur Verfügung, wo die Gesellschafter eine Schmelzhütte errichteten. Das Unternehmen hatte jedoch keinen Bestand. Spätestens 1539 gab man das Vorhaben wieder auf.[17] Für die Jahre 1786 / 87 wird überliefert, daß der Königsbronner Unternehmer Johann Georg Blezinger auf Woellwarth'schem Boden in der Markung Essingen „ohnweit der dem herzoglichen Haus zustehenden alten Erzgruben" noch einmal Erz schürfen ließ. Dem setzte jedoch die fürstlich-württembergische Konkurrenz ein schnelles Ende.[18]

---

13 J. BIEL in: K. BITTEL / W. KIMMIG / S. SCHIEK (Hrsg.), Die Kelten in Baden-Württemberg (Stuttgart 1981) 358 f.
14 BITTEL / SCHIEK / MÜLLER, Viereckschanzen.
15 Ausführlich zu Lage und Landschaft S. 194 ff. (KEMPA).
16 Im folgenden werden sprachwissenschaftliche Überlegungen L. Reichardts referiert. M. KEMPA / L. REICHARDT, Kuchen. Name und Sache. Mit einem Exkurs über Essingen. Zeitschr. Württemberg. Landesgesch. 53, 1994, 1–13.
17 THIER, Schwäbische Hüttenwerke 15; 18; 36.
18 THIER, Schwäbische Hüttenwerke 313 ff.

Der Standort der Schmelzhütte aus der Zeit zwischen 1511 und 1539 ist bekannt. Er wird heute von der „Unteren Mühle" eingenommen. Das Anwesen liegt am nordwestlichen Ortsausgang Essingens an der Straße nach Hermannsfeld (Abb. 2, Nr. 10). Ursprünglich verlief das Bett der Rems südwestlich der „Unteren Mühle". Heute fließt der Bach unmittelbar östlich des Grundstücks und hat an seinem Westufer eine große Schlackenhalde angeschnitten, die aus dem Betrieb des Woellwarth'schen Schmelzofens stammen muß.[19]

Wo genau die Woellwarth'sche Gesellschaft und Blezinger ihr Erz förderten, wird nicht überliefert. Die Gruben werden an zwei Stellen vermutet. Bei Hohenroden, westlich Essingens, tritt die Eisensandsteinserie des oberen Aalenium (Braunjura Beta) zu Tage. An einem Gewann, das sich 850 m westsüdwestlich Hohenroden erstreckt, haftet der Name „Eisenhalde" (Abb. 2). Wahrscheinlich baute die Woellwarth'sche Gesellschaft dort Stuferz ab.[20]

Auf der Albhochfläche direkt nördlich und nordöstlich der „Weiherwiesen" erstreckt sich das Gewann „Eisengrube". Im Wald stößt man auf die gut erhaltenen Spuren alter Gruben, die ausgedehnte Felder bilden. Die Abbauspuren beschränken sich nicht auf die „Eisengrube", sondern sind überall im Umkreis der „Weiherwiesen" anzutreffen (Abb. 2). Geologische Untersuchungen haben, ergänzt durch den archäologischen Befund, die Gewißheit gebracht, daß diese Gruben die Spuren verstürzter und verfüllter Schächte sind. Die Schächte dienten der Förderung von Eisenschwarten, bis zu faustgroßen Erzbrocken, die in Nestern beisammenliegend in den Feuersteinlehm eingelagert sind. Das Erz ist außerordentlich reich an Eisen, durchschnittlich 81% Fe_2O_3.[21]

Ungeklärt bleibt, ob alle oberirdisch faßbaren Abbauspuren auf den überlieferten neuzeitlichen Bergbau zurückgehen. Die Schürfgruben sind nicht alle gleich. Am nördlichen Rand der „Eisengrube" erstrecken sich über eine Fläche von 260×180 m Abbauspuren, die in der topographischen Karte als „ehemalige Erzgruben" vermerkt sind. Die Gruben sind sehr groß. Der Durchmesser beträgt in der Regel zehn Meter und darüber, und die Gruben werden von mächtigen Abbraumhalden mit steilen Böschungen begleitet.

Alle anderen Abbauspuren sind schwächer ausgeprägt und fehlen in den topographischen Karten. Als Beispiel möge das Schürfgrubenfeld in der „Grubenhäule" westlich der „Weiherwiesen" dienen, das parallel zu den Ausgrabungen topographisch aufgenommen wurde (Beilage 1).[22] Dort liegen die Gruben regellos dicht an dicht. Ihre Ausdehnung beträgt fünf bis sieben Meter, oft darunter, selten einmal zehn Meter. Meistens sind sie nicht rund, sondern bilden lang gestreckte Hohlformen und werden von unregelmäßigen Abraumhalden begleitet, die sich vielfach überschneiden. Die Halden erheben sich nur um 60 bis 80 cm über die ungestörte Oberfläche. Am südlichen Rand des Feldes in der „Grubenhäule" liegt im Zwikkel zweier Wege eine Gruppe von Schürfgruben, die sich von den übrigen noch einmal durch besonders niedrige Abraumhalden mit flachen Böschungen unterscheiden. Die Ränder des Schürfgrubenfeldes sind recht scharf begrenzt. In seinem Umkreis findet man zahlreiche Kohlplatten.

Mit Ausnahme der besonders stark ausgeprägten Abbauspuren am Nordrand der „Eisengrube" treffen die beschriebenen Merkmale genauso auf die übrigen Schürfgrubenfelder in der Umgebung der „Weiherwiesen" zu. Man möchte glauben, daß Spuren vom Typ „Eisengrube" jünger sind als die vom Typ „Grubenhäule", entweder, weil weniger Zeit verstrichen ist und sich deshalb das Relief besser erhalten konnte, oder, weil man in jüngerer Zeit mit größerem Aufwand zu Werke ging. Der Name „Eisengrube" hängt sicher mit den neuzeitlichen Aktivitäten zusammen. Doch auch in den Zeiten, die vor jeglicher schriftlicher Überlieferung liegen, wurden Eisenschwarten in der Umgebung der „Weiherwiesen" abgebaut, wie die Ausgrabungen beweisen.

Das Eisenschwartenvorkommen rund um die „Weiherwiesen" ist, verglichen mit den Bohnerzlagerstätten des Härtsfeldes und der Heidenheimer Alb, die über viele Jahrhunderte intensiv ausgebeutet wurden, nur ein kleines Erzrevier. Seine Randlage und geringe Bedeutung in historischer Zeit gewährt den Vorteil, daß sich ältere Spuren besser erhalten konnten. Es ist sicher kein Zufall, daß von allen Verhüttungsplätzen im Arbeitsgebiet nur der auf den „Weiherwiesen" wirklich große Mengen Eisenschlacken geliefert hat. Aus diesen Gründen wurde die Erforschung des Verhüttungsplatzes auf den „Weiherwiesen" im Rahmen des Projekts vorrangig betrieben. Die Randlage versprach gute Erhaltungsbedingungen; das umfangreiche metallurgische Fundmaterial war für die mineralogischen Untersuchungen wertvoll; eine bislang unbekannte Erzlagerstätte verhalf zu neuen geologischen Erkenntnissen. Und schließlich standen von drei Fundpunk-

---

19 Den Hinweis verdanke ich Herrn Zeiher, dem Besitzer des Anwesens „Untere Mühle", Unteres Dorf 26 in Essingen. Seine Angaben ließen sich leicht an Ort und Stelle überprüfen.

20 Beschreibung des Oberamts Aalen (Stuttgart 1854) 64. Zur Geologie vgl. die Geologische Karte Baden-Württemberg 1:25000 Bl. 7126.

21 Zum Erz vgl. S. 24 ff. (REIFF/BÖHM).

22 Die topographische Aufnahme führten J. Musch und O. Schiele, Fachhochschule für Technik, Stuttgart, unter der Aufsicht von Herrn Müller, Landesdenkmalamt Baden-Württemberg, durch. Der Name „Grubenhäule" heißt soviel wie Hau (Holzeinschlagplatz) für die Gruben (mündliche Mitteilung L. Reichardt).

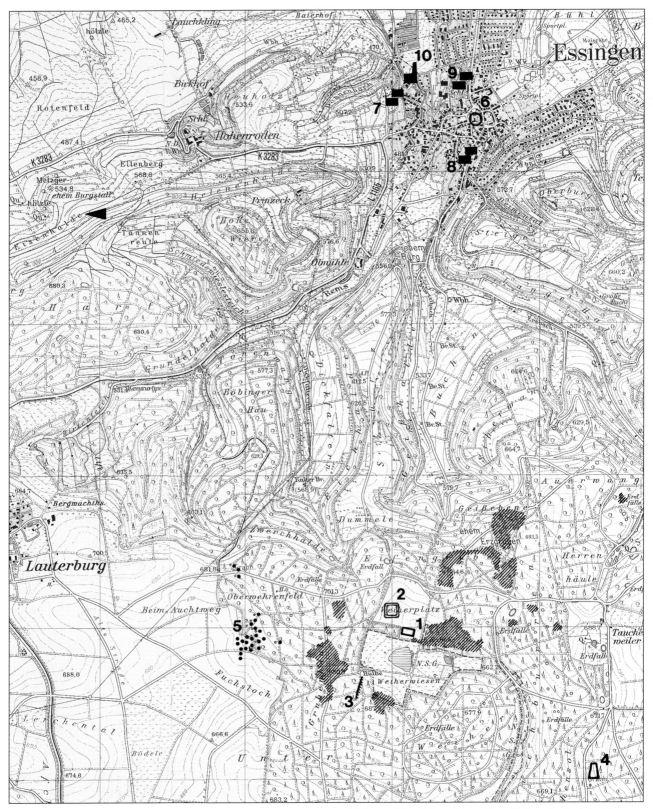

Abb. 2: Essingen, Ostalbkreis. Rund um die „Weiherwiesen" haben sich in den Wäldern zahlreiche Schürfgruben erhalten (schraffiert). Im Westen liegt das Schürfgrubenfeld „Grubenhäule" (vgl. Beilage 1). In der „Eisenhalde" (Pfeil) wurde im 16. Jh. Stuferz abgebaut.
1 Grabung 1 mit vorgeschichtlichen, frühalamannischen und mittelalterlichen Befunden. 2 Römisches Kastell. 3 Damm, römische Straße? 4 Verhüttungsofen bei Tauchenweiler. 5 Bronze- und hallstattzeitliche Grabhügel im „Oberwehrenfeld" und „Fuchsloch". 6 Römische Siedlungsreste westlich der Kirche in Essingen. 7–9 Frühmittelalterliche Reihengräber. 10 Schmelzofen an der Rems bei der Unteren Mühle, bezeugt für das 16. Jh. Kartengrundlage: Topographische Karte 1:25 000, Ausschnitt aus Bl. 7125/7126/7225/7226. Hrsg. Landesvermessungsamt Baden-Württemberg, Stuttgart. Vervielfältigung genehmigt unter Az.: 5.11/878.

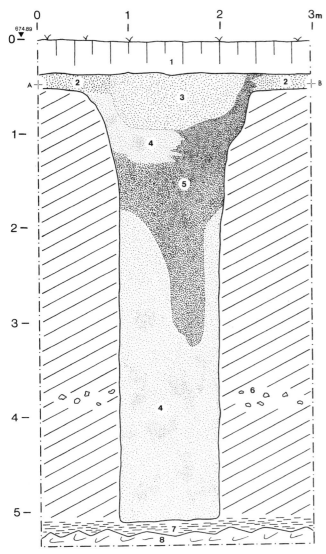

Abb. 3: Erzabbauschicht auf den „Weiherwiesen", Grabung 1, Befund 977. Profil: 1 Humus, durch den Pflug gestört. 2 Befund 801. 3 Jüngere Einfüllung, vermutlich entstanden, als das Material im Schacht nachrutschte. 4 Verfüllung des Schachts mit gelbbraunem Lehm, kaum zu unterscheiden vom anstehenden Feuersteinlehm. 5 Humos verfärbte Verfüllung. 6 Eisenschwarten im anstehenden Feuersteinlehm. 7 Grauer Ton. 8 Kalkfels. M. 1:40.

ten ca. 7 km südwestlich der „Weiherwiesen" Pollenprofile zur Verfügung, die mit den Ausgrabungsergebnissen verglichen werden können.

Alle diese Aspekte haben dazu geführt, daß die Untersuchung der Fundstelle auf den „Weiherwiesen" bei Essingen immer mehr in den Vordergrund unseres Projekts rückte. Dabei wurden natürlich auch zahlreiche Siedlungsspuren ausgegraben, die nichts mit der Eisenverhüttung zu tun haben.

Erzabbauspuren in den Grabungsflächen[23]

Östlich und südlich der Grabung 1 schließt ein Schürfgrubenfeld an, das die gleichen Merkmale aufweist, wie sie im „Oberwehrenfeld" topographisch aufgenommen wurden. Gut erhalten sind die Gruben vor allem im Wald „Oberer Gehren" östlich der „Weiherwiesen", doch gibt es weitere, schwächere Abbauspuren im Trockenrasen des Naturschutzgebietes, das sich unmittelbar südlich und südwestlich der Grabung 1 erstreckt. Im „Oberen Gehren" wurden mit einem Rundbagger mehrere Schurfe angelegt. Dort fand man eingelagert im Feuersteinlehm in unterschiedlicher Tiefe Nester von Eisenschwarten.[24] Einmal schnitt der Bagger zufällig seitlich die Verfüllung eines ehemaligen Abbauschachtes an. Der senkrecht abgeteufte Schacht hatte einen Durchmesser von 1,1 m. Die Tiefe ließ sich nicht feststellen, betrug jedoch mindestens 4 m.

Ebenso konnten wir in den Grabungsflächen sowohl Erz nachweisen als auch Abbauspuren dokumentieren. Unter einem 35–50 cm mächtigen Kolluvium stand der zunächst noch leicht dunkel verfärbte Feuersteinlehm an. Im Feuersteinlehm waren immer wieder kleine Erzbröckchen eingebettet, die beim Abziehen der Flächen oder Schneiden der Befunde zum Vorschein kamen. Die Erzbröckchen fanden sich gleichermaßen in allen Flächen der Grabung 1 und 2. Sie waren in der Regel walnußgroß, selten erreichten sie Faustgröße. Ein faustgroßes Stück wurde nördlich der Grabung 2 an der Parzellengrenze zwischen Wiese und Acker aufgelesen. Es handelt sich um Eisenschwarten der gleichen Art, wie sie im Verlauf der geologischen Untersuchungen in den umliegenden Schürfgrubenfeldern geborgen wurden. Vermutlich war es auch in der Vergangenheit für die Prospektoren nicht schwierig, auf der Oberfläche an einfachen Aufschlüssen das Eisenschwartenvorkommen festzustellen.

In der Nordwestecke der Grabung 1 wurden zwei dicht beieinanderliegende Schächte angeschnitten (Beilage 2, 3: Bef. 977 und 983). Der Schacht Befund 977 lag unmittelbar am Nordrand der Fläche. Bei einem Durchmesser von 1,1 m war er von der heutigen Oberfläche gemessen 5,1 m mit senkrechten Wänden in den Feuersteinlehm abgeteuft (Abb. 3). Seine Sohle lag nur knapp über dem zugrundeliegenden Kalkfels. Die Verfüllung des Schachtes hob sich in den beiden unteren Dritteln kaum vom Feuersteinlehm ab. In etwa 3,5 m Tiefe waren rund um den Schacht Nester mit Eisenschwarten in den Feuersteinlehm eingebettet. Fünf Meter südwestlich dieses Befundes wurde ein zweiter Schacht festgestellt (Bef. 983, Abb. 4), ebenfalls senkrecht abgeteuft bei einem Durchmesser von 1,1 m.

---

[23] In Kap. V, S. 193 ff. werden alle Umstände, die für das Verständnis der Ausgrabungen auf den „Weiherwiesen" bedeutsam sind, ausführlich geschildert. Die folgenden Ausführungen behandeln ausschließlich Befunde und Funde, die mit Erzabbau und Verhüttung zusammenhängen.

[24] Vgl. S. 24 ff. (REIFF/BÖHM).

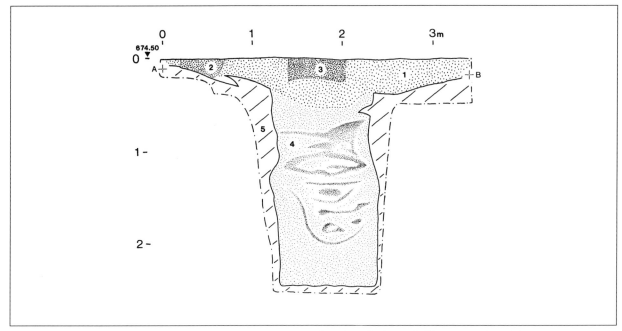

Abb. 4: Erzabbauschacht auf den „Weiherwiesen", Grabung 1 Befund 983. Profil: 1 Befund 801. 2 Befund 827. 3 Befund 828. 4 Verfüllung des Schachts aus hellbraunem Lehm, oft kaum vom Feuersteinlehm zu unterscheiden. 5 Feuersteinlehm. M. 1:40.

Seine Sohle lag jedoch nur 2,75 m unter der heutigen Oberfläche. Auch bei diesem Schacht war die Verfüllung im unteren Bereich nur schwer vom anstehenden Feuersteinlehm zu unterscheiden.

Alle Umstände sprechen dafür, daß die beiden Schächte der Förderung von Eisenschwarten dienten. Anschließend wurden sie offenbar in einem Zuge wieder mit dem Aushub verfüllt. Über beide Schächte zog eine dunkle, stark humose Verfärbung von 8,4×6 m Ausdehnung hinweg (Bef. 801). Im Profil stellte sie sich als eine flache Grube mit sehr unregelmäßiger Sohle dar, stellenweise bis zu einem Meter tief. Am Rand keilte die Verfüllung flach aus. Über dem Schacht Befund 983 betrug die Mächtigkeit bis zu 52 cm, über Befund 977 nur 16 cm (gemessen ab Planum 1, vgl. Abb. 3; 4). Die Entstehung dieser Grube möchte ich so erklären: Sicher achteten die Bergleute beim Zuschütten der Schächte nicht darauf, eine sorgsam planierte Fläche zurückzulassen. Außerdem setzte sich die Verfüllung der Schächte, so daß Hohlformen entstanden, wie sie in den umliegenden Schürfgrubenfeldern anzutreffen sind. In den Hohlformen sammelte sich humoses Material aus der Umgebung, bis sie infolge Besiedlung und Bewirtschaftung gänzlich verschwanden.

Wann sind die Schächte angelegt worden? Im Schacht Befund 983 fand sich in 1,4 m Tiefe eine römische Scherbe. Römische Scherben wurden wahrscheinlich erst in frühalamannischer Zeit aus dem ehemaligen Kastellbereich hierher verschleppt, d. h. vor der frühalamannischen Besiedlungsperiode konnte die Scherbe nicht in den Schacht gelangen.[25] In der Verfüllung, die über die beiden Schächte hinwegzieht (Bef. 801) lagen 150 Scherben vorgeschichtlicher Machart, die allesamt der Urnenfelderzeit zuzuordnen sind. Hinzu kommen vier kastellzeitliche römische Scherben. Acht Scherben gehören in die frühalamannische Besiedlungsphase.[26] Jüngere Funde fehlen. Alles zusammen betrachtet, können die Hohlformen über den beiden Schächten nicht vor der frühalamannischen Besiedlungsphase verfüllt worden sein.

In der Verfüllung Befund 801 hoben sich einige jüngere Befunde ab, so die Pfostengruben Befund 827, 828, und 829. Wichtig ist das Gräbchen Befund 249, das eine quadratische Innenfläche umschloß (Abb. 5 a; Beilage 2, 3.4). Aus dem Gräbchen stammen einige urnenfelderzeitliche und frühalamannische Funde, vor allem aber wurde nachgedrehte glimmerhaltige Ware des 11./12. Jh. geborgen.[27] Demzufolge muß Befund 801 vor dem 11./12. Jh. verfüllt worden sein, wobei, wie wir gesehen haben, nichts in die Verfüllung gelangte, das jünger als frühalamannisch wäre. Vieles spricht dafür, daß die Schächte unter Befund 801 in Verbindung mit der frühalamannischen Besiedlungsperiode auf den „Weiherwiesen" angelegt und auch wieder verfüllt wurden.

Aufgrund der geomagnetischen Prospektionen dürfen

---

25 Dazu S. 223 (Kempa). Aufgrund einer Panne wurde die Scherbe aus dem Schacht Bef. 983 nicht getrennt aufgehoben, so daß sie im römischen Material nicht identifiziert werden kann.
26 Dazu S. 223 f.
27 Zur Datierung S. 227 f.

im Naturschutzgebiet etwa 30 m südwestlich der Grabung 1 weitere Abbauschächte vermutet werden. Während der geomagnetischen Messungen in Grabung 1 erzeugten die Schächte, insbesondere Befund 983, leicht verwaschene, rundliche Anomalien (S. 198 Abb. 4).[28] Ganz ähnliche Anomalien konnten im Naturschutzgebiet erfaßt werden (zur Lage der Messung vgl. S. 197 Abb. 3 Nr. 4). Dort ist im Gelände eine ovale Schürfgrube von 30 m Länge und 13 m Breite als schwache, sumpfige Vertiefung mit niedrigen Abraumhalden entlang des Grubenrandes ausgeprägt. Im Magnetogramm erscheint die Schürfgrube etwas dunkler als die Umgebung (Abb. 12 Nr. 1). Im Bereich dieser Pinge wurden vier rundliche Anomalien gemessen, die ganz der Anomalie entsprechen, welche der Schacht Befund 983 in Grabung 1 erzeugte. Es liegt nahe, diese vier Anomalien, die dazu noch im Bereich einer Schürfgrube liegen, ebenfalls als Schächte zu interpretieren (Abb. 12 Nr. 2). Weitere Anomalien im Bereich der Pinge, die als Dipole ausgebildet sind, gehören nicht zu dieser Gattung: es muß sich um Eisengegenstände handeln (Abb. 12 Nr. 5).

Verhüttungsabfälle in archäologischen Befunden

In Grabung 1 wurden nur aus einigen Pfostengruben größere Schlackenmengen geborgen (Bef. 42; 65; 165; 172; 177; 178; 685). Die zumeist etwa kopfgroßen Schlackenbrocken dienten dazu, den Pfosten in der Grube zu verkeilen. Es fällt auf, daß sich diese Pfostengruben am südlichen Rand der Grabung 1 konzentrieren. Hier liegen auch hochmittelalterliche Gruben (Beilage 2, 4). Anscheinend wurden einige der Pfostengruben in Verbindung mit Zaungräbchen in hochmittelalterlicher Zeit angelegt. Die Schlacken aus den Pfostengruben sind somit in hochmittelalterlicher Zeit in den Boden gekommen. In der Pfostengrube Befund 685 sind außer Schlacke hochmittelalterliche Scherben (nachgedrehte, glimmerhaltige Ware) gefunden worden.[29]

Auch aus einigen Siedlungsgruben wurden eine größere Anzahl bis zu faustgroßer, selten kopfgroßer Schlackenbrocken geborgen. In die Pfostengruben hatten die Siedler die Schlacken absichtlich eingebracht. In die Siedlungsgruben sind sie zufällig während der Verfüllung zusammen mit anderen, gleichzeitig umherliegenden Abfällen hineingeraten. Vergleichsweise viel Schlacke wurde aus den Gruben Befund 39 und 50 sowie dem Graben Befund 249 geborgen. Aus den Gruben Befund 29, 119 und 650 stammen jeweils nur wenige Stücke. Alle aufgeführten Befunde wurden im 11./12. Jh., Befund 29 im Verlauf des 13. Jh. verfüllt. Undatiert ist Befund 660, in dem ein kopfgroßer Schlackenbrocken lag. In Gruben des 14./15. Jh. (Bef. 512; 600) ist gar keine Schlacke gefunden worden. Offenbar gab es im 11./12. Jh. noch größere Schlackenkonzentrationen an der Oberfläche, im 14./15. Jh. dagegen nicht mehr.

Des weiteren lagen Schlacken in allen frühalamannischen Befunden, die am Nordrand der Grabung 1 do-

---

28 Zu den verschiedenen Messungen vgl. S. 198 f. Die Messungen H. van der Ostens sind gegenüber denen Faßbinders gerade umgekehrt dargestellt, d. h. was dort schwarz ist, erscheint hier weiß und umgekehrt.
29 Zur Datierung S. 227 f.

Abb. 5a: Essingen „Weiherwiesen", Grabung 1, Befund 801 u. 249. Das unregelmäßige Relief über den Erzabbauschächten verfüllte sich in frühalamannischer Zeit mit Siedlungsmaterial (flächige Verfärbung Befund 801). Diese Verfüllung wird von dem hochmittelalterlichen Gräbchen Befund 249 gestört.

kumentiert wurden (Beilage 2, 3). Sie fanden sich in der großen, über die Erzabbauschächte hinwegziehenden Verfärbung Befund 801, im Graben Befund 850 und in der Grube Befund 860. Aufgrund der Verteilung in den Befunden der Grabung 1 kann man folgende Aussagen zur Datierung der Verhüttungsabfälle treffen: Verhüttungsabfälle gelangten bereits in frühalamannischer Zeit in den Boden. Noch im 11./ 12. Jh. lagen zahlreiche Schlacken umher, so daß sie in alle großen Gruben dieser Zeit gerieten und darüber hinaus große Schlackenbrocken als Keilsteine in Pfostengruben verwendet wurden. Dagegen sind die Befunde des 14./15. Jh. frei von Verhüttungsabfällen. Offenbar lagen zu dieser Zeit keine größeren Schlackenkonzentrationen mehr auf der Oberfläche des Siedlungsareals.

Über das Gebiet, in dem sich das römische Kastell erstreckt, sind große Schlackenmengen verteilt. Die geomagnetischen Prospektionen erfaßten starke, flächige Anomalien, die in einem breiten Band von Osten nach Westen mitten über das Kastell ziehen und zu beiden Seiten weiter fortsetzen (S. 209 Abb. 9). Für diese Anomalien gibt es keine andere Erklärung, als daß sie durch Schlackenansammlungen verursacht werden.

Große Schlackenbrocken wurden auch auf der Kastellinnenfläche in Grabung 2 angetroffen. Kopfgroße Schlackenbrocken steckten in den Pfostengruben Befund 28 und 35, die zwischen den Schwellbalkenbauten und dem Entwässerungsgraben Befund 17 im Intervallum eingetieft waren (S. 213 Abb. 13: Bef. 28; 35). Analog zu den entsprechenden Befunden in Grabung 1 dienten sie zum Verkeilen der Pfosten und man darf vermuten, daß diese Pfostengruben ebenfalls in hochmittelalterlicher Zeit angelegt wurden. Auf jeden Fall stehen sie in keinem baulichen Zusammenhang mit dem Kastell. In keinem der Befunde, die im Zuge der Erbauung oder Instandhaltung des Kastells verfüllt worden waren, fanden sich Schlacken. Das betrifft die Schwellbalkengräben der Innenbebauung, die Pfostengruben des Eckturmes und das Fundamentgräbchen vor der Wehrmauer. Es gilt ebenfalls für die Entwässerungsgräben im Bereich des Intervallum (S. 210 Abb. 10: Bef. 10; 17), in denen sich ab der Aufgabe des Kastells Sediment ansammelte. Die kastellzeitlichen Befunde werden von einem 35–50 cm mächtigen Kolluvium bedeckt. Aus dem untersten Bereich dieser Schicht kam, verteilt über den ausgegrabenen Ausschnitt der Kastellinnenfläche, die Masse der römischen Funde. Diese Schicht begann sich um die Mitte des 2. Jh., nach der Auflassung des Kastells, zu bilden.[30] Das Kolluvium enthielt auffallend wenig Schlacke: vier kastaniengroße Stückchen auf einer Fläche von 30×9 m können auch durch nachträgliche Einwirkungen, z. B. Trockenrisse, in das Kolluvium gelangt sein.[31] Alle diese Feststellungen zusammengenommen beweisen, daß die Schlacken erst eine Weile nach der Auflassung des Kastells erzeugt wurden.

Große Mengen metallurgischen Fundmaterials wurden aus dem Wehrgraben geborgen. Der Zeitraum, in dem der Graben verfüllt wurde, läßt sich leicht bestimmen: alle Verfüllungsschichten von Planum 1 bis Schicht 9 (S. 211 Abb. 11) lieferten frühalamannische Scherben. Der Graben lag noch lange nach der Aufgabe des Kastells offen und wurde erst im Verlauf der frühalamannischen Besiedlungsphase verfüllt. Nur in den Schichten 10 und 11 in der Grabenspitze fehlten frühalamannische Scherben. Diese Schichten wurden höchstwahrscheinlich nach der Aufgabe des Kastells und vor dem Einsetzen der frühalamannischen Phase eingeschwemmt, wobei auch hier hervorzuheben ist, daß sich nicht das kleinste Schlackenbröckchen in der Grabenspitze fand.[32]

Die Schlacken lagen in den Schichten 3 und 4, aus denen auch ein großer Teil der frühalamannischen Keramik geborgen wurde. Etwa zehn bis zu kopfgroße Brocken fanden sich in dem Grabenabschnitt am Westrand der Grabung 2 (S. 210 Abb. 10). Die Masse der Verhüttungsabfälle, die auf den „Weiherwiesen" geborgen wurden, stammt jedoch aus Schnitt 3. Während der geomagnetischen Prospektionen wurden in dem nach Süden abschließenden Teil des Kastellgrabens an drei Stellen extreme Anomalien gemessen. Diese Anomalien erstreckten sich jeweils über einen acht bis zehn Meter langen Abschnitt an der Südwestecke, der Südostecke und in der Mitte westlich des zu vermutenden Südtores (S. 209 Abb. 9). Schnitt 3 wurde mitten durch die neun Meter lange Anomalie westlich des Südtores gelegt (S. 197 Abb. 3 Nr. 3). Unter der 30 cm starken humosen Deckschicht zeichnete sich die Verfüllung des hier fünfeinhalb Meter breiten Grabens ab. In der Mitte über der tiefsten Stelle des Grabens erstreckte sich von Profilkante zu Profilkante ein 2,3 bis 2,5 m breites Schlackenpflaster, scharf abgegrenzt von der seitlich flach auskeilenden, lehmigen Grabenverfüllung (Abb. 5b). Die zumeist kopfgroßen, zum Teil noch größeren Schlackenbrocken lagen dicht gepackt. Die Zwischenräume waren mit verziegelten Lehmbrocken und Lehm ausgefüllt, der zum Teil von den Schlacken bräunlich und rötlich, zum Teil durch Holzkohle schwarz verfärbt war. Die Schlackenpackung reichte bis 60 cm Tiefe, wobei ihre Dichte deutlich abnahm. Die Schichtenfolge entspricht im Prinzip dem Profil, das am Westrand der Grabung 2 aufgenommen

---

30 Zu den Bodenverhältnissen vgl. S. 199 f. (KEMPA).
31 Zum Verschleppen von Funden durch Bioturbation und Trockenrisse vgl. S. 202 (KEMPA).
32 Zur Verfüllung des Kastellgrabens vgl. S. 222 f. (KEMPA).

Abb. 5b: Essingen „Weiherwiesen", Schnitt 3. In der Verfüllung des Kastellgrabens lagen dicht gepackt bis zu kopfgroße Eisenschlacken.

wurde (S. 211 Abb. 11). Die Schlacken lagen in den Schichten 3 und 4, besonders konzentriert auf Schicht 4. Dazwischen fanden sich frühalamannische Scherben. Die Schlacken gelangten während der frühalamannischen Besiedlungsphase in den Graben. Sicherlich wurden sie absichtlich hineingeworfen, vielleicht um den Untergrund über der weichen Verfüllung zu befestigen.

Die Datierung der Verhüttungsabfälle

Die Eisenschlacken aus der Grabung Essingen „Weiherwiesen" wirken im Aussehen sehr einheitlich. Sie teilen charakteristische Merkmale, die sie zu einer homogenen Gruppe zusammenschließen und von Schlacken anderer Fundplätze deutlich unterscheiden.[33] Ich gehe davon aus, daß die Schlacken von den „Weiherwiesen", obwohl sie aus unterschiedlichen Fundzusammenhängen stammen, alle die Überreste ein- und derselben Verhüttungsphase sind.

Im folgenden sind noch einmal die Hinweise zusammengestellt, die sich aus den archäologischen Befunden für die Datierung der Verhüttungsabfälle ergeben:
1. Einige Pfostengruben (Bef. 42; 65; 165; 172; 177; 178; 685), in denen große Schlackenbrocken zum Verkeilen der Pfosten lagen, wurden offenbar während der hochmittelalterlichen Besiedlungsphase (11./12.

Jh.) angelegt. Ebenso geriet auffallend viel Schlacke in hochmittelalterliche Siedlungsgruben (Bef. 29; 39; 50; 119; 249; 650). Dagegen fehlen sie in Gruben des 14./15. Jh. (Bef. 512; 600).
2. Alle Befunde in Grabung 1, die während der frühalamannischen Besiedlungsperiode verfüllt wurden, enthielten ebenfalls Schlacke (Bef. 801; 850; 860).
3. Keiner der römischen Befunde lieferte Schlackenfunde, obwohl im Kastellbereich sehr große Schlackenmengen im Boden liegen. Offenbar war die Schlacke zu der Zeit, als das Kastell bestand, noch nicht vorhanden. Weiterhin fehlt Schlacke in dem Kolluvium, daß sich unmittelbar nach der Aufgabe des Kastells über den römischen Befunden ansammelte. Zumindest direkt nach der Auflassung des Kastells existierte also immer noch keine Schlacke im Kastellbereich.
4. Sehr große Schlackenmengen wurden während der frühalamannischen Besiedlungsphase in die oberen Bereiche des Kastellgrabens verfüllt.
5. Möglicherweise stehen die beiden Erzabbauschächte Befund 977 und 983 mit der Verhüttung in Zusammenhang. Sie wurden nicht vor der frühalaman-

---

33 Zu den Schlakentypen von verschiedenen Fundplätzen zusammenfassend S. 322 f. (KEMPA).

nischen Besiedlungsperiode angelegt und müssen älter als der hochmittelalterliche Befund 249 sein.

Die Untersuchung, wie sich die Verhüttungsabfälle in den archäologischen Befunden verteilen, führt zu einer eindeutigen Datierung: die Verhüttungsöfen müssen während der frühalamannischen Besiedlungsphase betrieben worden sein.

Um eine Datierung unabhängig von den archäologischen Befunden zu gewinnen, wurde das Alter von acht Holzkohleproben aus Schlacken mit der Radiokarbonmethode bestimmt. Die Messungen führte B. Kromer am Institut für Umweltphysik der Universität Heidelberg durch.[34] Die Holzkohle wurde aus dem Inneren etwa kopfgroßer Schlackenbrocken entnommen.[35] Die Schlacken stammten aus Pfostengruben der Grabung 1 (Probe 4, 7 und 8 aus Bef. 65, 172 und 178) und der Grabung 2 (Probe 2 und 5 aus Bef. 28 und 35), in die sie wahrscheinlich während des hohen Mittelalters gelangten. Drei Schlackenbrocken, aus denen Proben gewonnen wurden, waren aus der Schlackenkonzentration im römischen Wehrgraben in Schnitt 3 (Probe 1, 3 und 6 aus Grabung 2, Bef. 2).

Die Meßergebnisse sind in Abbildung 6 zusammengefaßt. Unten sind die Werte für einen Vertrauensbereich von 1 sigma dargestellt, d. h. die Probe fällt mit einer Wahrscheinlichkeit von 68,3% in die angegebene Zeitspanne. Zur Sicherheit sind oben die gleichen Proben berechnet für 2 sigma aufgeführt, d. h. dort liegt das wahre Alter mit einer Wahrscheinlichkeit von 98,5% im gemessenen Bereich. Sieht man einmal von einem Ausreißer (Probe Nr. 1) ab, bilden alle Messungen eine Gruppe und überschneiden sich in den Jahrzehnten um 200 (1 sigma) bzw. in der zweiten Hälfte des 2. und der ersten Hälfte des 3. Jh. (2 sigma). Das arithmetische Mittel beträgt 161 (1 sigma) bzw. 175 (2 sigma) n. Chr.[36] Durch die langen Zeitspannen, welche die Proben 2, 4 und 6 umfassen, wird der Mittelwert gedrückt und liegt deshalb deutlich vor dem Überschneidungsbereich um das Jahr 200 n. Chr. Als Ergebnis kann man zunächst festhalten, daß die Schlacken gleichzeitig sind, und daß sie jünger als das römische Kastell sein müssen.

Die Meßwerte für den Vertrauensbereich 1 sigma nähern sich der frühalamannischen Zeit, und die gesplitteten Werte des Bereiches für 2 sigma reichen sogar deutlich über das Jahr 260 n. Chr. hinaus. Doch die Zeitspanne, in der sich alle Werte überschneiden und insbesondere die Mittelwerte sind bedeutend älter als der frühestmögliche Beginn der frühalamannischen Besiedlung. Hier muß man berücksichtigen, daß die Radiokarbonmethode den Zeitpunkt bestimmt, an dem das Holz abstarb, bevor sich der nächste Jahrring bildete. Bestimmt wird das Alter des einzelnen Jahrringes, nicht das Fälldatum des Baumes. In einer Holzkohlenprobe sind alle möglichen Teile versammelt, angefangen vom Kernholz alter Bäume bis zu ganz jungen, dünnen Zweigen. Das Alter der Probe ist somit zwangsläufig deutlich höher, als der Zeitpunkt des Fällens, geschweige denn der Zeitpunkt, an dem das Holz verkohlt wurde.[37]

Allerdings erscheint der zeitliche Abstand zum Beginn der frühalamannischen Phase trotz dieses methodischen Fehlers sehr groß. Man kann sich vorstellen, daß die Proben im Schnitt 20 bis 30 Jahre älter als der aktuelle Zeitpunkt von Verkohlung und Verhüttung sind, doch der gemessene Abstand beträgt fast 100 Jahre. Hinzu kommt das Alter der Probe 1: es ist un-

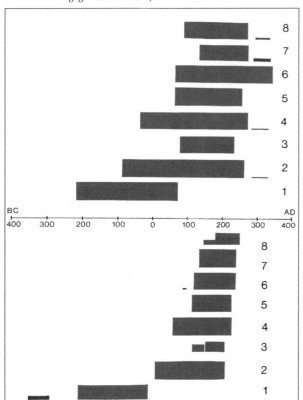

Abb. 6: Essingen „Weiherwiesen", kalibrierte Radiokarbonaten von Holzkohleproben aus Eisenschlacken (BC – Before Christ; AD – Anno Domini).
a) Alter berechnet mit 1 sigma Vertrauensbereich (in 68,3% der Fälle liegt das Alter im angegebenen Bereich).
b) Alter mit 2 sigma Vertrauensbereich (in 95,4% der Fälle liegt das Alter im angegebenen Bereich).

---

34 Vgl. S. 267 (Kromer).
35 Für methodische Ratschläge und Hilfe bei der Probengewinnung möchte ich Herrn G. Gassmann, Freiburg, danken.
36 Das arithmetische Mittel wurde aus den Minimum bzw. Maximum-Altersbereichen (minimum/maximum of cal age ranges) berechnet.
37 Diesen Effekt kann man mildern, indem man für die Proben Holzkohleteile auswählt, die erkennbar von jungen, dünnen Bäumen oder Ästen stammen. Wir mußten, um überhaupt genügend Probenmaterial zusammenzubringen, darauf verzichten.

möglich, daß diese Probe aus Holz besteht, das während der frühalamannischen Phase geschlagen wurde. Es gibt jedoch eine andere Möglichkeit, diese Abweichung zu erklären. Sowohl die Wehrbauten als auch die Innenbebauung des römischen Kastells waren aus Holz errichtet. Schwellbalken und tragende Pfosten bestanden aus dem Kernholz mächtiger Bäume – man denke an die Eckpfosten der Türme.[38] Das Datum der Probe 1 könnte von diesen Bauhölzern stammen, die vor Baubeginn, am Ende des 1. Jh. n. Chr., geschlagen wurden. Sollten die frühalamannischen Siedler die Kastellruine auf den „Weiherwiesen" ausgeschlachtet, und sollten ihre Hüttenleute altes Holz vorgefunden haben, das sie für die Verhüttung verwenden konnten? Die starke Abweichung der Probe 1 erklärte sich dann daraus, daß bei der Erzeugung der betreffenden Schlacken zufällig überwiegend altes Bauholz aus dem Kastell verwendet worden ist. Darüber hinaus muß man davon ausgehen, daß alle Proben, wenn wirklich Bauholz aus dem Kastelle verwertet wurde, im Alter gedrückt werden.

Um hier Klarheit zu gewinnen, führten I. und G. Wagner Thermolumineszenzmessungen durch. Untersucht wurden fünf Proben verziegelter Reste der Ofenwand und Bruchstücke von Düsenziegeln, die alle aus dem Kastellgraben in Schnitt 3 geborgen wurden. Die Messungen gestalteten sich recht aufwendig, so daß bislang erst für zwei Proben Daten vorliegen, die einen Mittelwert von 285 n. Chr. ± 180 Jahre ergeben.[39] Das Thermolumineszenzverfahren bietet den großen Vorteil, daß nun unmittelbar Überreste der Verhüttung datiert sind, während z. B. bei der Holzkohle die Herkunft des datierten Materials im einzelnen unbekannt bleibt. Das Ergebnis bestätigt die Erwartung, daß die Verhüttungsabfälle in der frühalamannischen Besiedlungsphase erzeugt wurden. Des weiteren weisen die Radiokarbon- und TL-Daten darauf hin, daß die Verhüttung innerhalb des frühalamannischen Phase recht früh einsetzte, vielleicht schon am Ende des 3., spätestens aber zu Beginn des 4. Jahrhunderts.

Schlacken und Ofenreste

Fast alle Schlacken sind in mehr oder weniger große Bruchstücke zerschlagen. Diejenigen, die als Keile in Pfostengruben dienten und die Funde aus Schnitt 3 sind besonders gut erhalten, doch auch hier handelt es sich nur um Bruchstücke, die meist etwa Kopfgröße erreichen. Nur zwei ungewöhnlich große Brocken aus Schnitt 3 blieben offensichtlich ganz erhalten.

Ein in der Aufsicht ungefähr halbkreisförmiger Schlackenbrocken mißt 23×35 cm und ist in der Mitte bis zu 12 cm stark. Er wiegt 8,5 kg. Zu den Rändern wird das Stück schwächer, doch nicht überall gleichmäßig. Überhaupt fällt seine Asymmetrie auf, besonders von

Abb. 7: Schlackenbrocken aus dem Kastellgraben in Schnitt 3, 23 × 35 cm, Gewicht 8,5 kg.

der Seite betrachtet (Abb. 7). Auf der leicht nach außen gewölbten Unterseite sind Fließstrukturen erkennbar. Kleine, schmale und stark gegliederte Wülste mit glatter, grauschwarzer Oberfläche rufen den Eindruck einer zähflüssigen Schmelze hervor. Einzelne tropfenartige Fortsätze ragen über die sonst weitgehend gleichmäßige Unterseite hinaus. Stellenweise sind Feuersteine aus dem anstehenden Lehm in die Unterseite eingebacken. Die Oberseite ist muldenförmig eingedellt und von rostig-brauner Farbe, die offensichtlich durch die Korrosion metallischer Einschlüsse verursacht wird. Die Oberfläche ist hier sehr grob und unregelmäßig gestaltet. Häufig finden sich Abdrücke von Holzkohlestückchen, die bis zu 6 cm lang und 2,5 cm breit sein können.

Der zweite ganz erhaltene Schlackenbrocken ist noch stärker asymmetrisch gestaltet (Abb. 8). Das Stück mißt 20×38 cm und wiegt 6,1 kg. Seine Dicke beträgt in der Mitte 15 cm und nimmt zu den Rändern etwas ab. Auch hier wird die Unterseite durch kleine Fließwülste gekennzeichnet, während die rostig-braune Oberseite gleichmäßig eingedellt ist, wobei auf der zakkigen Oberfläche zahlreiche Abdrücke von Holzkohlen sichtbar sind. Seitlich ist eine 3 bis 5 mm starke Lehmschicht angesintert, die zwei Drittel der Längsseite bedeckt. Der Lehm stammt wohl von der Wand einer Grube, in der die Schlacke erstarrte.

Die beschriebenen Merkmale treffen auch auf die übrigen Schlacken zu. Soweit Ober- und Unterseite erhalten sind, erreicht die Stärke der Brocken etwa 15 cm. Auch die Unterscheidung einer Unterseite mit Fließstrukturen, in der Feuersteine eingebacken sind, und einer rostig-braunen Oberseite mit Holzkohleabdrücken läßt sich überall nachvollziehen. Ebenso kann

---
38 Vgl. z. B. die Eichenständer der Principia-Vorhalle im Kastell Aalen: Fundber. Baden-Württemberg 6, 1981, 385 Abb. 9.
39 Vgl. S. 263 ff. (WAGNER/WAGNER).

Abb. 8: Schlackenbrocken aus dem Kastellgraben in Schnitt 3, 20 × 38 cm, Gewicht 6,1 kg.

man wiederholt an den Rändern und der Unterseite verschlackte, angesinterte Lehmreste beobachten.

Man möchte glauben, daß an der rostig-braunen Oberseite der Schlacken einst die Luppe haftete, durch deren Entfernung in den sonst so unregelmäßigen Stücken eine merkwürdig regelmäßige Eindellung entstand. Einige Stücke zeigen auch die Spuren stumpfer Gegenstände, die sich in der noch weichen Oberfläche der Schlacke eindrückten. Die Oberseite eines gut kindskopfgroßen Bruchstücks, Gewicht 3,3 kg, trägt einen deutlichen, rechtwinkligen Abdruck (Abb. 9). Diese Spuren sind wohl entstanden, als die Luppe, die auf dem noch nicht erstarrten Schlackenklotz saß, gezogen wurde.

Abb. 9: Schlackenbrocken aus dem Kastellgraben in Schnitt 3. Auf der Oberseite sind Abdruckspuren erkennbar. Gewicht 3,3 kg.

In den grau- bis schwarzgraubraunen Bruchstellen frisch aufgeschlagener Schlacken fallen neben zahlreichen feinen Bläschen häufig auch größere, unregelmäßige Hohlräume und viele Holzkohlestückchen auf (S. 276 Abb. 6). Die Struktur ist recht inhomogen. Dies weist die Bruchstücke als Ofenschlacken aus, das heißt, die Schlacken sind im Ofeninneren erstarrt. Dagegen fehlen auf den „Weiherwiesen" Fließschlacken, wie sie in typischer Form aus Heidenheim-Großkuchen oder Nattheim vorliegen (Abb. 22). Folglich wurden auf den „Weiherwiesen" keine Öfen mit Schlackenabstich betrieben und die Ofenschlacken dürfen nicht als der am Schluß des Ofenganges zurückgebliebene Rest interpretiert werden. Vielmehr muß man Öfen mit eingetieftem Herd voraussetzen, wo sich die Schlacke in einer Grube unter dem Reduktionsraum ansammelte. Die besser erhaltenen Schlacken lehren, daß diese Grube etwa 15 cm eingetieft war und möglicherweise nicht exakt unter dem Ofeninneren lag, sondern irgendwie asymmetrisch gestaltet war. Von der Gestalt der Schlacken, die ja nur einen Eindruck von der Form der Grube vermitteln, kann man nicht auf Durchmesser und Form des Ofenschachtes schließen. Soviel ist sicher: es kann sich nur um recht kleine Schmelzapparate handeln. Die Grube, in der sich die Schlacke sammelte, war einfach in den anstehenden Feuersteinlehm eingetieft. Die an Rand und Unterseite mancher Schlacken haftenden Lehmreste scheinen jedenfalls unmittelbar vom Anstehenden herzurühren und nicht von einer besonderen Auskleidung der Grube.

Zwischen den Eisenschlacken in Schnitt 3 lagen 28 Wandbruchstücke aus verziegeltem, teils verschlacktem Lehm. Die Wandstärke beträgt 4,5–5,5 cm. Die meisten Bruchstücke sind etwa faustgroß, das größte mißt 18×19 cm. Die Fragmente besitzen eine ebene Seite aus dunkelgrauem, porösem Lehm, aus dem Feuersteine hervorschauen. Die andere Seite ist sehr unregelmäßig und stark verschlackt. Die Verschlackung trägt häufig Rostanflüge, enthält also Eisen. Einmal haftet an der verschlackten Seite ein Holzkohlebröckchen. Die Wandbruchstücke müssen als die Überreste einer Auskleidung des Ofeninnenraumes (Ofenfutter) – nicht der Schlackengruben – angesehen werden. Die verschlackte Seite war dem Reduktionsraum zugekehrt, die ebene Seite haftete an der Innenseite des Schachtes. Insgesamt muß der Ofenmantel stärker als die Wanddicke des erhaltenen Ofenfutters gewesen sein. Die Tatsache, daß man den Ofeninnenraum extra auskleidete, spricht für wiederholte Verwendung der Schmelzöfen.

In Schnitt 3 fanden sich zwischen den Schlacken und Ofenwandresten zahlreiche Bruchstücke von Düsenziegeln. Zwei Hälften lassen sich zu einem fast vollstän-

Abb. 10: Düsenziegel aus dem Kastellgraben in Schnitt 3. a) Ofenwärtige Seite mit vorgestülptem Düsenkanal, 9 × 11 cm. b) Seitenansicht mit schräg abwärts gerichtetem Düsenkanal, 10 × 11 cm.

dig erhaltenen Exemplar zusammenfügen (Abb. 10). Die Grundfläche des quaderförmigen Stücks beträgt 9×10 cm, die Höhe 11 cm. Der Düsenkanal, der auf knapp 11 cm Länge erhalten ist, hat eine lichte Weite von 2,5 cm. Der Ziegel ist aus dem anstehenden Feuersteinlehm geformt, zumindest sind Feuersteine in den grau- bis schwarzgraubraunen Ton eingebacken. Die Rückseite, d. h., die zur Außenseite des Ofens weisende Seite, ist unregelmäßig ausgebrochen. Die Vorderseite, also der in das Ofeninnere ragende Bereich, ist durch die Hitzeeinwirkung stark verschlackt und mit einer harten, schwarz glänzenden Kruste überzogen. Die Düsenmündung ist etwas Richtung Ofeninneres ausgestülpt, der Düsenkanal hellrot verfärbt. Die oxidierend gebrannte Zone reicht um den Kanal über einen Zentimeter tief in den Ton hinein. An der Oberfläche des Kanals bemerkt man Hitzerisse.

Die Verschlackung auf den Außenseiten des Ziegels erstreckt sich über dessen vordere Hälfte. Auf beiden Seiten zieht die Grenze zwischen dem verschlackten und dem nicht verschlackten Bereich leicht schräg von unten vorne nach oben hinten. Vermutlich war der Ziegel geneigt in die Ofenbrust eingebaut, dergestalt, daß der Düsenkanal etwa 20–25 Grad nach unten einwärts wies. Auf diese Weise konnte die Hitze im oberen Bereich des Ziegels weiter auf die rückwärtigen Teile einwirken als unten.

Weitere Fragmente müssen von ganz ähnlichen Düsenziegeln stammen. Vor allem die Vorderseite mit der ausgestülpten Düsenmündung hat sich häufiger erhalten, da die starke Verschlackung diesen Bereich widerstandsfähiger gegen Verwitterungseinflüsse machte. Manchmal haften unterhalb der Düsenmündung auch bis zu faustgroße Schlackenbrocken. Die lichte Weite des Kanals beträgt bei den verschiedenen Bruchstükken zwischen zwei und drei Zentimetern. Die Breite der Ziegelfragmente mit zwei erhaltenen Seiten liegt zwischen acht und neun, die Länge bei bis zu elf Zentimetern, wobei die Rückseite (Außenseite) immer unregelmäßig ausgebrochen ist. Ein Ziegel besitzt einen auffallend hohen und schmalen Körper, Breite 6,7 cm (Abb. 11).

Insgesamt sind 18 größere Bruchstücke soweit erhalten, daß sie aufgrund der beschriebenen Formmerkmale eindeutig bestimmt werden können. Weitere 42 Fragmente können anhand einzelner Merkmale wie

Abb. 11: Düsenziegel aus dem Kastellgraben in Schnitt 3 mit hohem, schmalem Körper, Beite 6,7 cm.

Tonbeschaffenheit, Flächen mit rechten Winkeln, Spuren des Kanals, insbesondere der oxidierend gebrannten Zone, mit ziemlicher Sicherheit ebenfalls als Überreste von Düsenziegeln angesprochen werden.

Aus der Beschaffenheit des metallurgischen Fundmaterials kann man auf die Konstruktion der Schmelzöfen schließen. Die Schlacke wurde nicht abgestochen. Unter dem Ofenraum war eine Grube eingetieft, in der sich die Schlacke sammelte und zu einem Klotz erstarrte. Die Grube war etwa 15 cm tief und maximal 40 cm breit. Sie war offensichtlich unregelmäßig gestaltet. Die Luppe bildete sich auf dem Schlackklotz, knapp darüber ist wohl die Windformebene zu suchen. In die Ofenbrust war ein Düsenziegel so eingebaut, daß der Luftstrom in einem Winkel von 20 bis 25 Grad schräg abwärts in den Ofeninnenraum geführt wurde. Auf diese Weise genügend Wind zuzuführen erforderte sicher einen Blasebalg. Die größte erhaltene Länge der Düsenziegel, zehn bis elf Zentimeter, läßt sich auf die Stärke der Ofenbrust übertragen. Vom Ofenaufbau haben sich nur Reste des Ofenfutters erhalten. Die sorgfältige Auskleidung des Reduktionsraumes läßt vermuten, daß die Schmelzöfen mehrmals benutzt wurden.

Die beiden größten, offenbar ganz erhaltenen Schlackenklötze wiegen 6,1 bzw. 8,5 kg. Das Mengenverhältnis vom Ausgangsmaterial Erz zum Abfallprodukt Schlacke wird in der Literatur unterschiedlich eingeschätzt. Die Angaben reichen von fast 1:1 über 1:2 bis 1:3. Gewiß wurden auf den „Weiherwiesen" ausgesprochen kleine Rennöfen betrieben, in denen während eines Ofenganges nicht mehr als 15 bis 25 kg Erz verhüttet und vielleicht 1–2 kg metallisches Eisen ausgebracht werden konnten.[40]

Wo standen die Schmelzöfen, deren Überreste und Abfallprodukte geborgen wurden? Befunde, die als Überreste von Rennöfen angesprochen werden können, gibt es weder in Grabung 1 noch auf der allerdings begrenzten Fläche der Grabung 2. Zumindest in der Grabung 2 waren die Erhaltungsbedingungen so gut, daß die Schlackengrube oder wenigstens die mit dem Betrieb eines Ofens verbundene Verziegelung des umgebenden Erdreichs hätte gefunden werden müssen.[41] Geomagnetische Messungen sind anerkanntermaßen das beste Verfahren, Überreste von Verhüttungsöfen aufzuspüren, da sie auf verziegelte Strukturen empfindlich ansprechen. Doch in der ausgedehnten Prospektionsfläche um das Kastell (S. 197 Abb. 3) wurde keine Anomalie gemessen, die als Schmelzofen interpretiert werden könnte. Möglich ist, daß die zahlreichen flächigen Anomalien, die durch Schlackenkonzentrationen hervorgerufen wurden, Ofenstrukturen überdecken (S. 209 Abb. 9).[42]

Anders verhält es sich in der Meßfläche im Naturschutzgebiet südlich des Kastells (Abb. 12): hier wurden mehrere Anomalien aufgenommen, die als Verhüttungsöfen interpretiert werden können. Es handelt sich um extrem starke Anomalien, erkennbar an den ganz weißen Flecken, wobei sich um die nördliche Hälfte mehr oder weniger hufeisenförmig eine Schwärzung legt (Abb. 12 Nr. 4). Gewiß ist, daß diese Anomalien auf stark verziegelte Lehmstrukturen, die noch in situ liegen, zurückzuführen sind. Die Wahrscheinlichkeit ist groß, daß dort Überreste von Verhüttungsöfen im Boden liegen. Leider kann man von der Ausdehnung der Anomalien nicht unmittelbar auf die Größe der Strukturen schließen.

Im Nordwesten der Meßfläche, 10 bis 15 m von den mutmaßlichen Öfen entfernt, erstreckt sich eine Anomalie über ca. 80 qm (Abb. 12 Nr. 3). Diese Anomalie ist zwar auch sehr stark, aber diffus und ohne ausgeprägten Extremwert im Norden. Das entspricht dem Bild, das die Messungen im Kastellbereich erzeugten, insbesondere die Schlackenkonzentrationen im römischen Graben (S. 209 Abb. 9). Nichts spricht dagegen, die flächige Anomalie im Naturschutzgebiet auf eine entsprechende Schlackenkonzentration zurückzuführen. Dies um so mehr, als gerade an dieser Stelle in Maulwurfshaufen wiederholt kleine Schlackenstückchen festgestellt werden konnten.

Die Schlacken, die aus dem kurzen Grabenabschnitt in Schnitt 3 geborgen wurden, nehmen ein Volumen von 0,3–0,4 m³ ein. H.-G. Bachmann hat eine Formel zur Schätzung von Schlackenmengen vorgelegt, bei der sich das Gewicht in Tonnen aus dem Produkt von Volumen, durchschnittlicher Schüttungsdichte (Faktor 0,8) und dem durchschnittlichen spezifischen Gewicht von Eisenschlacken (Faktor 3,5) ergibt. Danach kann man das Gewicht der Schlacken, die aus Schnitt 3 geborgen wurden, auf 0,84–1,1 Tonnen schätzen. Sicherlich verbergen sich in dieser Schätzung Fehlerquellen. Das Volumen konnte auf der Grabung nur ungefähr bestimmt werden. Die Schüttungsdichte lag möglicherweise unter 0,8, da zwischen den ungewöhnlich großen Schlackenbrocken auch größere Hohlräume unausgefüllt blieben. Dennoch vermittelt der errechnete Wert wenigstens eine Vorstellung von den Größenordnungen.

Man kann noch einen Schritt weitergehen und auf der

---

40 Allgemein geht man von einem Verhältnis von 1:3 aus. M. Radwan/R. Pleiner kamen bei ihren Versuchen auf 1:2: Arch. Rozhledy 15, 1963, 56. Holsten/Nikulka, Eisenerzverhüttung 391 f. mit Tab. 2 kamen auf fast 1:1.

41 Zu den Erhaltungsbedingungen der Befunde in Grabung 2 vgl. S. 199 ff. (Kempa).

42 Die magnetische Intensität der Schlackenkonzentrationen war so hoch, daß sie jenseits des meßbaren Bereichs lag. Unterschiede können dann natürlich nicht mehr festgestellt werden.

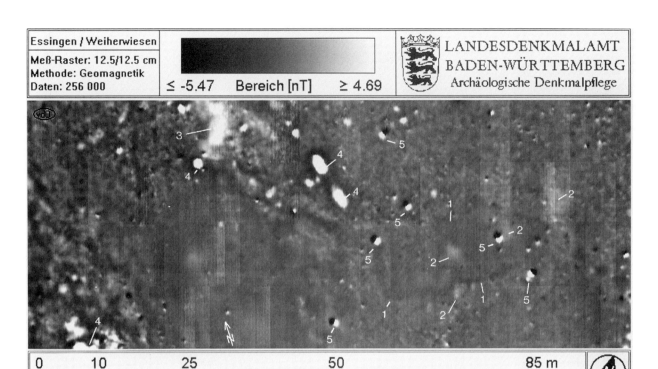

Abb. 12: Geomagnetische Messungen im Naturschutzgebiet „Weiherwiesen" (vgl. S. 197 Abb. 3 Nr. 4).
1 Große ovale Anomalie, schwach dunkler als die Umgebung – es handelt sich um eine Pinge, die im Gelände erkennbar ist. 2 Rundliche, schwache, helle Anomalien, wahrscheinlich Erzabbauschächte. 3 Flächige, starke Anomalie, sicher Schlackenkonzentration im Boden. 4 Verziegelter Lehm in situ, vermutlich Verhüttungsöfen. 5 Dipole mit ausgeprägten Minima und Maxima – es handelt sich sicher um Eisengegenstände. Messung von H. von der Osten, LDA, 1992.

gewonnenen Grundlage die gesamte Schlackenmenge im Kastellgraben einschließlich der nicht ausgegrabenen Bereiche ausrechnen. Die geomagnetischen Messungen zeigten in drei Abschnitten des südlichen Wehrgrabens auf insgesamt 27 m Länge Anomalien vergleichbarer Intensität an, die auf eine vergleichbare Schlackenkonzentration schließen lassen (S. 209 Abb. 9). Vorausgesetzt, die Schlacken erreichen tatsächlich überall die gleiche Konzentration wie in dem ausgegrabenen Abschnitt, bietet sich folgende Rechnung an: auf 2,2 m Grabenlänge wurden 0,84–1,1 Tonnen Schlacke geborgen, also sind in den drei Grabenabschnitten mit insgesamt 27 m Länge 10,3–13,5 Tonnen zu erwarten. Überträgt man die Rechnung auf die Anomalie im Naturschutzgebiet (Abb. 12 Nr. 3), die eine Fläche von 80 qm einnimmt, kommt man dort auf 12–16 Tonnen.[43] Schließlich erstrecken sich eine Reihe von flächigen, diffusen Anomalien hoher Intensität mitten über das Kastell, die zum größten Teil sicherlich ebenfalls durch Schlackenkonzentrationen hervorgerufen werden (S. 209 Abb. 9). Eine rechnerische Bestimmung möchte ich hier nicht versuchen, aber aufgrund der bisher geschätzten Größenordnungen können dies auch nicht mehr als 10 bis 20 Tonnen sein.
Bei allen Vorbehalten, die man gegenüber diesen Zahlenspielen hegen muß, wird doch eines klar: die Gesamtmenge an Schlacken, die auf den „Weiherwiesen" faßbar wird, ist nicht sehr groß. Rechnet man alle Maximalwerte zusammen, kommt man auf 50 Tonnen. Soviel wiegt eine einzige gut erhaltene Schlackenhalde von durchschnittlicher Größe.[44]

1.3 Verhüttungsplätze auf dem Albuch

Sontheim im Stubental (Gde. Steinheim am Albuch, Kr. Heidenheim) (Abb. 1 Nr. 2)
Sontheim liegt am Südrand des Steinheimer Beckens. Eine Senke gibt südlich des Ortes einen bequemen Weg zwischen den schmalen Bergrücken frei, die das Steinheimer Becken vom südlich vorbeiziehenden Stubental trennen (Abb. 13). Das nahezu kreisrunde Becken liegt mitten in der Kuppenalb an der Grenze zwischen nördlichem und südlichem Albuch. Der Untergrund besteht aus tertiären Süßwasserkalken und kalkreichen eiszeitlichen Sedimenten.
Durch das in Ost-West-Richtung vorbeiziehende Stubental verlief in römischer Zeit eine Straße zwischen Heidenheim im Brenztal und Ursprung am Loneur-

---

43 H.-G. Bachmann, Schlacken: Indikatoren archäometallurgischer Prozesse. In: N. W. Hennicke (Hrsg.), Mineralische Rohstoffe als Informationsquelle (Hagen 1978) 68 ff.
44 So die Schlackenhalde in Metzingen „Kurleshau", S. 190.

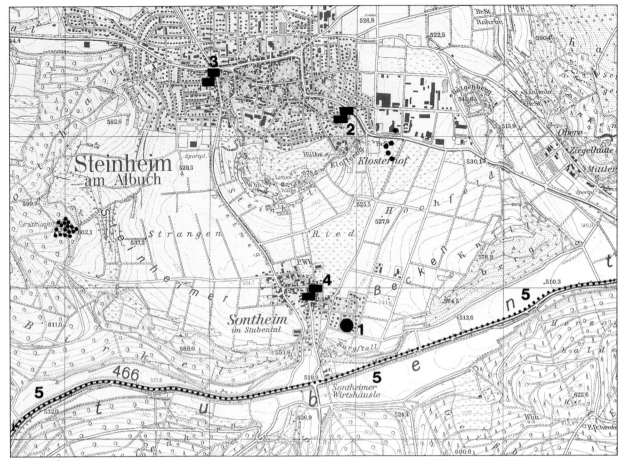

Abb. 13: Sontheim im Stubental, Gde. Steinheim am Albuch, Kr. Heidenheim. 1 Frühalamannische Siedlung mit Verhüttungsabfällen. 2–4 Frühmittelalterliche Reihengräber. 5 Römische Straße Heidenheim-Ursprung. Kartengrundlage: Topographische Karte 1:25 000, Ausschnitt aus Bl. 7326. Hrsg. Landesvermessungsamt Baden-Württemberg, Stuttgart. Vervielfältigung genehmigt unter Az.: 5.11/878.

sprung bzw. weiter zum Filstal (Abb. 13 Nr. 5). Die römischen Verkehrswege werden heute von den Bundesstraßen 466 und 10 nachgezeichnet. Spärliche römische Scherben wurden in einem Neubaugebiet am östlichen Ortsrand von Sontheim geborgen. Die Scherben stammen aus dem unmittelbaren Umkreis einer frühalamannischen Siedlung, auf die noch einzugehen ist.[45]
In der weiteren Umgebung Steinheims wurden auffallend viele römische Münzen gefunden: vier Prägungen Trajans und eine von Gordianus III.[46]
Ein ausgedehntes Reihengräberfeld des 6. und 7. Jh. erstreckt sich über den Nordostabhang des Klosterberges am östlichen Rand von Steinheim.[47] Am Nordwestrand des Ortskernes wurden 16 Gräber eines weiteren frühmittelalterlichen Friedhofes aufgedeckt.[48] Schließlich traten jüngst einzelne Körpergräber eines Reihengräberfeldes im Ortsbereich von Sontheim auf (Abb. 13 Nr. 2–4)[49].
Etwa 700 m südöstlich von Steinheim innerhalb des Beckens wurden 1913 aus einem Grabhügel Funde der Stufe Hallstatt C geborgen. Weitere Grabhügel liegen auf den bewaldeten Kuppen des Albuch, die das Steinheimer Becken umgeben.[50]

In den Jahren 1973/74 und 1981 hat D. Planck eine frühalamannische Siedlung am Südostrand von Sontheim in den Fluren „Hochfeld" und „Hohe Beet" ausgegraben (Abb. 13 Nr. 1).[51] Das Siedlungsareal wird im Süden von dem Bergrücken begrenzt, der Steinheimer Becken und Stubental trennt. Auf dieser Erhe-

---

45 Einzelne römische Scherben wurden während der Ausgrabungen 1973/74 geborgen; vgl. Anm. 51. Die römische Fundstelle ist aufgrund neuer Lesefunde unmittelbar am Rand der ausgegrabenen frühalamannischen Siedlung zu vermuten: Fundber. Baden-Württemberg 2, 1974, 701.
46 Fundber. Schwaben N.F. 13, 1956, 84; ebd. 14, 1957, 23 f.; ebd. 18,2, 1967, 190. Fundber. Baden-Württemberg 2, 1975, 347.
47 Veeck, Alamannen 178. Fundber. Schwaben N.F. 9, 1938, 139; ebd. 12, 1938/51 (1952) 131; ebd. 14, 1957, 213; ebd. 15, 1959, 192; ebd. 16, 1962, 287; ebd. 18,2, 1967, 152.
48 Fundber. Schwaben N.F. 9, 1938, 139.
49 Fundber. Baden-Württemberg 8, 1983, 419; 9, 1984, 741.
50 F. Hertlein, Die Altertümer des Oberamtes Heidenheim (Eßlingen 1912) 15; 18 f. Zürn, Grabfunde 81 f.
51 D. Planck, Eine frühalamannische Siedlung in Sontheim im Stubental, Gde. Steinheim am Albuch, Kreis Heidenheim. Fundber. Baden-Württemberg 3, 1977, 539 ff. Ders., Neue Untersuchungen in der frühalamannischen Siedlung von Sontheim im Stubental, Gde. Steinheim am Albuch, Kreis Heidenheim. Arch. Ausgr. Baden-Württemberg 1981, 182 ff.

bung thronte im Mittelalter ein Burgstall. Das Siedlungsgelände steigt gen Osten leicht an, im Westen schließt sich eine sumpfige Niederung mit der heute verfüllten Dorfhülbe an.

Vermutlich wählten die frühalamannischen Siedler diesen Platz im Hinblick auf die römische Straßenverbindung von Heidenheim nach Ursprung.[52] Eine Palisade, die allerdings nicht ganz erfaßt werden konnte, friedete eine Fläche von 65×63 m ein. Sowohl inner- als auch außerhalb der Einfriedung standen Pfostenbauten. Funde aus der Verfüllung des Palisadengräbchens und aus einem Rundspeicherbau, der außerhalb der Palisade lag, datieren diese Bauten in frühalamannische Zeit.[53]

Über 40 m westlich des eingefriedeten Geländes wurden große, sehr unregelmäßig gestaltete und teils ineinander übergehende Gruben freigelegt. Die Gruben erstrecken sich am westlichen Rand zwischen Siedlung und sumpfiger Niederung, offenbar bereits weit außerhalb der eingefriedeten Fläche – die Einfriedung konnte am Westrand nicht ausgegraben werden. Die größte dieser Gruben dehnte sich über eine Fläche von 30×14 m aus. Hier wurde der größte Teil der Funde geborgen. Neben wenigen urnenfelderzeitlichen Scherben und einem größeren Anteil jüngerlatènezeitlicher Funde besteht die Masse des Materials aus frühalamannischen Scherben. Hinzu treten drei bronzene Fibeln des 4. Jh. n. Chr. Die frühalamannischen Funde wurden in der gesamten Grubenverfüllung beobachtet, besonders aber konzentrierten sie sich im oberen Bereich. Zwischen den Scherben lagen, ebenfalls vornehmlich im oberen Bereich, große Mengen Eisenschlacke. Die unregelmäßigen Gruben deutete der Ausgräber als Materialentnahmegruben und nahm an, daß sie in einem Zuge verfüllt wurden. Gewiß ist, daß dies während der frühalamannischen Besiedlungsperiode geschah und dabei die Schlacken in den Befund gelangten. Die Eisenschlacken sind somit frühalamannisch oder möglicherweise auch älter. Durch unglückliche Umstände sind die Schlacken verschollen.[54] Es handelte sich um zahlreiche bis zu kopfgroße Brocken, die äußerlich den Schlacken aus Essingen „Weiherwiesen" glichen. Nach einigen Analysen, die in einem Schriftwechsel festgehalten wurden, sind sie als eisenreiche Rennfeuerschlacken anzusprechen.[55]

Gleich in mehrfacher Hinsicht stimmen die Befunde von Sontheim mit denen aus Essingen „Weiherwiesen" überein. Hier wie da setzten sich frühalamannische Siedler an einem Punkt fest, der in römischer Zeit verkehrsgeographisch bedeutsam war. An beiden Fundstellen lagen die Verhüttungsabfälle sekundär im oberen Bereich großer Gruben bzw. Gräben, in die sie sichtlich intentional verfüllt worden sind. Die Datierung der Sontheimer Schlacken läßt sich zwar nicht

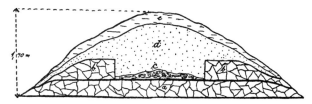

Abb. 14: Ausgrabung eines Verhüttungsofens durch W. Scheuthle im Jahr 1896 im „Fachensohl" südlich Essingen-Tauchenweiler. a Kreisförmige Steinlage aus Kalkstein. b Ringförmiger Aufbau aus Steinen und Lehm (durch Hitze verziegelt). c Eisenschlacken. d Ehemalige Lehmüberwölbung des Ofens. e Humus. Nach Scheuthle, Fundber. Schwaben 5, 1897, 28 ff.

auf die frühalamannische Zeit beschränken, doch spricht für diesen Zeitansatz, daß sie anscheinend erst am Schluß des Verfüllungsvorganges in die große Grube gelangten. Vermutlich lag in Sontheim der gleiche Schlackentyp vor wie in Essingen „Weiherwiesen".

Essingen-Tauchenweiler „Fachensohl" (Ostalbkreis) (Abb. 1 Nr. 3)

Unmittelbar östlich des Weges von Tauchenweiler nach Irmannsweiler trifft man im Fichtenhochwald auf eine Erhebung von acht Meter Durchmesser, die in der topographischen Karte als „Grabhügel" eingetragen ist. Von hier zu den „Weiherwiesen", die in nordwestlicher Richtung liegen, beträgt die Entfernung 1,7 km (Abb. 2 Nr. 4). Das Gelände fällt sanft gen Westen ab. Der Untergrund besteht aus gelbbraunem Kalkverwitterungslehm. Der Hügel hat unter verschiedenen Ausgrabungen stark gelitten. Da der Aushub seinerzeit zum Teil seitlich angeschüttet, zum Teil auf den Hügel aufgetürmt wurde, ist der ursprüngliche Erhaltungszustand nicht mehr nachzuvollziehen.

Im Jahr 1896 öffnete der Essinger Lehrer W. Scheuthle den vermeintlichen Grabhügel, um alsbald festzustellen, daß er einen Verhüttungsofen vor sich hatte. Die Abmessungen des Hügels betrugen damals 8,5 m im Durchmesser und 1,7 m in der Höhe. Im Inneren traf Scheuthle auf ein Steinpflaster mit einer ringförmig überhöhten Begrenzung, die den Innenraum von angeblich 1,7 m Durchmesser umschloß (Abb. 14).

---

52 D. PLANCK, Fundber. Baden-Württemberg 3, 1977, 539 mit Anm. 3 weist in diesem Zusammenhang darauf hin, daß sowohl in Ursprung als auch in Heidenheim frühalamannische Funde bekannt sind.
53 Zur Datierung vgl. PLANCK (Anm. 51). Ein Gesamtplan wurde jüngst publiziert: PLANCK, Wiederbesiedlung Abb. 10.
54 Der Bearbeiter, Prof. Löhberg, ist inzwischen verstorben. Auch sein Institut besteht nicht mehr in der alten Form. Nachforschungen beim Nachfolgeinstitut zum Verbleib der Schlacken verliefen ergebnislos.
55 Die Daten stammen aus einem Schriftwechsel zwischen Prof. Raub, Schwäbisch Gmünd, und Prof. Löhberg, Berlin. Der Schriftwechsel befindet sich bei den Ortsakten des LDA, Stuttgart.

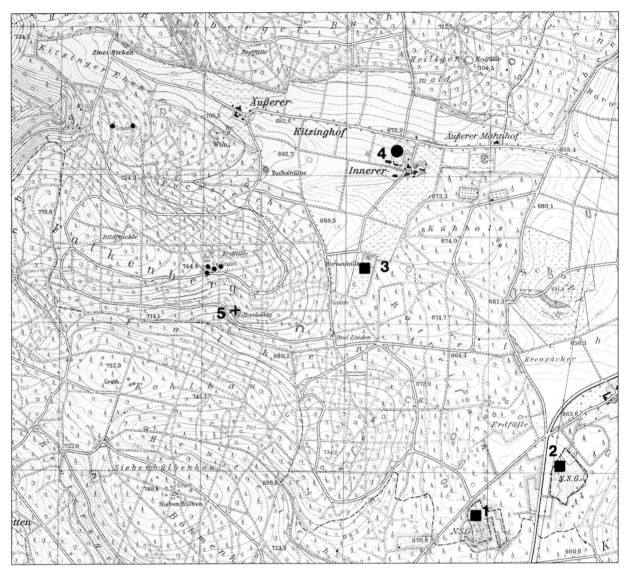

Abb. 15: Bartholomä, Kitzinghöfe, Ostalbkreis. Südöstlich der Kitzingebene liegen die Restmoore, in denen H. Smettan Pollenprofile aufnehmen konnte. 1 Rauhe Wiese. 2 Rötenbacher Streuwiese. 3 Streuwiese bei der Großen Birkenhülbe. 4 Überrest eines mittelalterlichen Verhüttungsofens? 5 Römische Scherben vor der Falkenhöhle. Kartengrundlage: Topographische Karte 1:25 000, Ausschnitt aus Bl. 7225. Hrsg. Landesvermessungsamt Baden-Württemberg, Stuttgart. Vervielfältigung genehmigt unter Az.: 5.11/878.

Darin lag eine sechs bis zehn Zentimeter starke Schlackenschicht. Nach Westen, also hangabwärts, konnte der Ausgräber eine Art Vorgrube oder Abstichkanal feststellen. An Funden nennt er einige Scherben aus „ganz dunklem Thon mit ziemlich viel Quarzkörnern". Scheuthle glaubte, den Schmelzofen in die Latènezeit datieren zu müssen.[56]

Im Jahr 1962 veranlaßte U. Zwicker eine Nachgrabung, zu der nur spärliche Angaben vorliegen.[57] Danach konnte der Befund, wie ihn Scheuthle beschrieben hatte, bestätigt werden. Des weiteren wurden Proben für metallurgische Untersuchungen und Holzkohleproben aus dem Ofeninneren entnommen, deren Alter mit der Radiokarbonmethode bestimmt worden ist:

H 2583–2939: 1095 n. Chr. ± 40 Jahre
H 2586–1952: 1005 n. Chr. ± 40 Jahre

Nach diesen unkalibrierten Daten zu urteilen wurde der Ofen irgendwann zwischen dem 10. und 12. Jh. betrieben.

Durch die Frühjahrsstürme des Jahres 1990 wurden in der Umgebung des Ofens zahlreiche Bäume entwurzelt, was einen guten Einblick in die oberste Bodenschicht erlaubte. Man konnte feststellen, daß keine Schlackenkonzentrationen und schon gar keine Halden erhalten sind. Im Umkreis des Ofens bemerkt

---

56 Fundber. Schwaben 5, 1897, 28 ff. Die Darstellung Scheuthles wurde von WEIERSHAUSEN, Eisenhütten 66 ff. übernommen.
57 U. ZWICKER in: Die Bedeutung der Eisenherstellung im süddeutschen Raum in der Vor- und Frühgeschichte. 12. Werkstoffkolloquium des Lehrstuhls für Werkstoffwissenschaft (Metalle) Erlangen (Erlangen 1983) 8–106 ff.

man flache, wellige, anscheinend künstliche Erhebungen. Sie bestehen aus hellem Lehm, in den hin und wieder ein Schlackenbröckchen eingelagert ist. Unter dem Humus findet man in einem Umkreis von 25 m überall einzelne Schlackenbrocken bis Kindsfaustgröße. Sie zeigen deutliche Fließstrukturen und dürfen als Fließschlacken angesprochen werden. Oft wirken sie auffallend leicht.

50 m westlich des Ofens lagen in der Baumscheibe einer entwurzelten Kiefer in einem 30 cm starken Kolluvium zwei faust- und ein kopfgroßer Schlackenbrocken, daneben auch einige Bohnerzkügelchen. Die schweren, eisenreichen Schlacken besitzen eine unregelmäßige, zackige Oberfläche mit eingebackenen Holzkohlebröckchen. Sicher handelt es sich um Ofenschlacken. Trotz der Entfernung ist anzunehmen, daß sie zu dem angegerabenen Ofen gehören.

Vorausgesetzt, die Datierung läßt sich aufrechterhalten, haben wir in Tauchenweiler einen der letzten Öfen vor uns, die noch auf der Hochfläche betrieben wurden. Die schriftliche Überlieferung seit dem 14. Jh. kennt von Anfang an „Mühlen und Hämmer an Kocher und Brenz",[58] das heißt Anlagen, die zur Ausnutzung der Wasserkraft in den Tälern errichtet wurden.

Bartholomä, Innerer Kitzinghof (Ostalbkreis)
(Abb. 1 Nr. 4)

Der Innere Kitzinghof liegt dreieinhalb Kilometer westlich von Bartholomä. Die bewirtschaftete Flur nimmt eine schmale, flache Wanne ein, die sich auf 3,5 km Länge bei 200–300 m Breite zwischen bewaldeten Bergrücken gen Westen erstreckt. Stellenweise erreicht sie eine Breite von 1,5 km. Die Kitzing-Ebene wird von drei Aussiedlerhöfen bewirtschaftet, Innerer und Äußerer Kitzinghof und Äußerer Möhnhof, deren Wasserversorgung einst zahlreiche Hülben sicherstellten.[59]

Unmittelbar südlich der Flur trifft man an den bewaldeten Hängen des Falkenberges auf drei kleine Grabhügelgruppen. Auf der anderen Seite des Berges öffnet sich nach Süden die Falkenhöhle, in deren Eingangsbereich römische Scherben aufgelesen wurden (Abb. 15 Nr. 5).[60]

110 m nördlich des alten Forsthauses beim Inneren Kitzinghof erhebt sich auf einer Schafweide ein flacher Hügel, Durchmesser acht Meter, erhaltene Höhe dreißig Zentimeter (Abb. 15 Nr. 4). Während einer Sondage im Jahr 1940 fanden sich Eisenschlacken und hochmittelalterliche Scherben. Die Ausgräber beschrieben den Befund wie folgt:[61]

„Die Bedeckung des Hügelchens bildete etwa 30 cm tiefer, leicht holzkohlegemischter, etwas dunklerer Boden, darunter folgten dicht aneinandergelagerte kopfgroße und noch etwas größere Steine, z. T. bis zu 40 cm Durchmesser messende Brocken von Jurakalkgestein. Unter diesen Steinen zog sich eine unregelmäßig dichte, 5–20 cm dicke schwarze Brandschicht mit viel Holzkohle und gerötetem Lehm durch den Hügel, im Ostteil lag innerhalb dieser Schicht eine mattbrandrote, etwa 1 m große unregelmäßig abgegrenzte mörtelartige Lehmplatte in handgroße Stücke zerfallen, von denen einige auf einer Seite, aber verkantet daliegend, groben Glattstrich aufweisen. In der Mitte unter den größeren Steinen und in der Holzkohlebrandschicht, auf dem Grund des Hügels, und gegen dessen Westteil zu, fanden sich mehrere Dutzend mittelalterliche Scherben verschiedener Formung. Am Rand des Hügels fanden sich etwa 30 cm unter der Oberfläche rund 1 Dutzend Eisenschlacken."

Eine handschriftliche Notiz vermerkt, daß bei den Scherben auch Zähne und Knochen lagen. Da weitere Informationen fehlen, darf dieser Befund nur unter großem Vorbehalt als Schmelzofen angesehen werden. Interessant ist der Umstand, daß der Hügel den gleichen Durchmesser wie der hochmittelalterliche Verhüttungsofen von Tauchenweiler hat und ebenfalls Steinsetzungen überdeckte.

1.4 Verhüttungsplätze auf dem Härtsfeld und in den angrenzenden Landschaften

Hermaringen „Berger Steig" (Kreis Heidenheim)
(Abb. 1 Nr. 5)

Hermaringen liegt im südlichen Brenztal. Das südliche Brenztal zählt zu den günstigeren Landschaften des Arbeitsgebietes und war intensiver besiedelt, wie zahlreiche Funde aus allen Epochen von der Bronzezeit bis zum frühen Mittelalter bezeugen. Genau hier weitet sich das bisher eng eingeschnittene Tal der Brenz zu einer breiten Niederung, deren Untergrund aus Auelehm besteht. Etwa 500 m weiter südlich beginnt das um zwei bis fünf Meter tiefer liegende Ried, ein Niedermoor, das sich auch nach Westen entlang der unteren Hürbe ausdehnt.

Im Jahr 1986 wurde südlich des Ortsausgangs Hermaringen eine Siedlungsgrube angeschnitten. Aus dieser Grube konnte J. Biel eine eiserne Tüllenspitzhacke, Scherben der jüngeren Latènezeit und mehrere Hände voll Eisenschlacken bergen (Abb. 17; 18). Die Fund-

---

58 THIER, Schwäbische Hüttenwerke 1.
59 MATTERN / BUCHMANN (Anm. 2) 128 ff.
60 Zu den Grabhügelgruppen: Fundber. Schwaben N.F. 1, 1922, 36. Zu den römischen Scherben: Fundber. Baden-Württemberg 2, 1975, 135.
61 Beschreibung im Ortsarchiv des LDA, Stuttgart. Sonst wurden keine Unterlagen oder Funde aufbewahrt.

stelle liegt am „Berger Steig" in der Brenzaue auf einer kaum wahrnehmbaren Kuppe nahe der westlich vorbeifließenden Brenz (Abb. 16 Nr. 1). Die Grube war in mächtige Kalktuffablagerungen eingetieft.

Etwa 40 m südlich der Fundstelle wurde 1992 im Zuge einer Baumaßnahme der Humus großflächig abgeschoben. Auch dort hatte sich auf dem dunklen Auelehm hier und da Kalktuff gebildet, der bis zu mehreren Dezimetern mächtig war. Abgesehen von einer Randscherbe der Stufe Hallstatt B3/C fanden sich verlagerte Wandscherben, die in ihrer Machart zur unten beschriebenen spätkeltischen Ware aus der erwähnten Grube passen. In dem durch die Brenz vielfach verlagerten Auelehm hatten sich keine archäologischen Befunde erhalten.

Nördlich von Hermaringen sind zwei weitere latènezeitliche Fundstellen bekannt. In der Flur „Taublingen" (Abb. 16 Nr. 2), anderthalb Kilometer nordwestlich des „Berger Steigs", wurde eine Siedlung nachgewiesen, die sowohl älter- als auch jüngerlatènezeitliches Material umfaßt.[62] Am Nordwestabhang des Benzenberges, der noch einmal einen Kilometer weiter nördlich zu finden ist, wurde das Bruchstück eines lichtgrünen Glasarmringes mit D-förmigem Querschnitt aufgelesen (Abb. 16 Nr. 3).[63] Beide Fundstellen sind auf das Brenztal orientiert.

Alle Scherben aus der Siedlungsgrube „Berger Steig" stammen von handgemachten Gefäßen. Es herrschen Kümpfe oder tonnenförmige Gefäße mit einbiegendem und einfach abschließendem Rand vor, daneben flau profilierte Gefäße mit schwach verdicktem, aus-

---

62 Sondiert im Jahr 1990 durch H. Huber, Giengen. Altfunde: Fundber. Baden-Württemberg 2, 1975, 78; ebd. 8, 1983, 183.

63 Fundber. Schwaben N.F. 18,2, 1967, 71 mit Taf. 99 C. Das Stück entspricht der Gruppe Haevernick 3a und datiert in die Stufe Latène D. Vgl. Th. Haevernick, Die Glasarmringe und Ringperlen der Mittel- und Spätlatènezeit auf dem europäischen Festland (Bonn/Mainz 1960) 498 f.

Abb. 16: Hermaringen, Kr. Heidenheim. 1 Spätlatènezeitliche Grube mit Eisenschlacken „Am Berger Steig". 2 Latènezeitliche Siedlung „Taublingen". 3 Einzelfund eines spätlatènezeitlichen Glasarmrings. 4.5 Frühmittelalterliche Reihengräber. 6 Hallstattzeitliche Grabhügel mit römischen Nachbestattungen. 7 Römische Brandgräber. Kartengrundlage: Topographische Karte 1:25 000, Ausschnitt aus Bl. 7426/7427. Hrsg. Landesvermessungsamt Baden-Württemberg, Stgt. Vervielfältigung genehmigt unter Az.: 5.11/878.

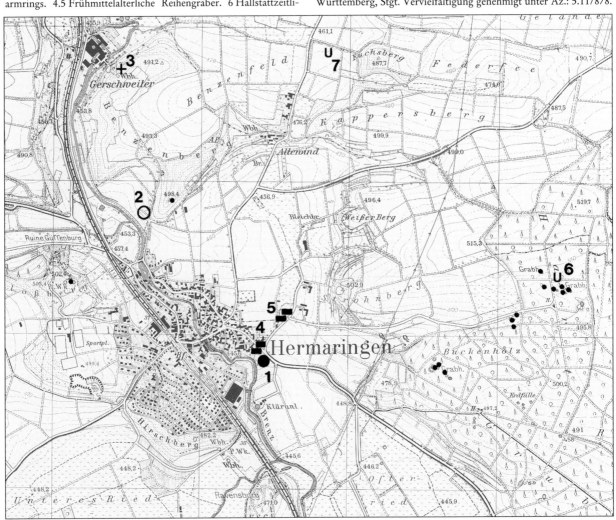

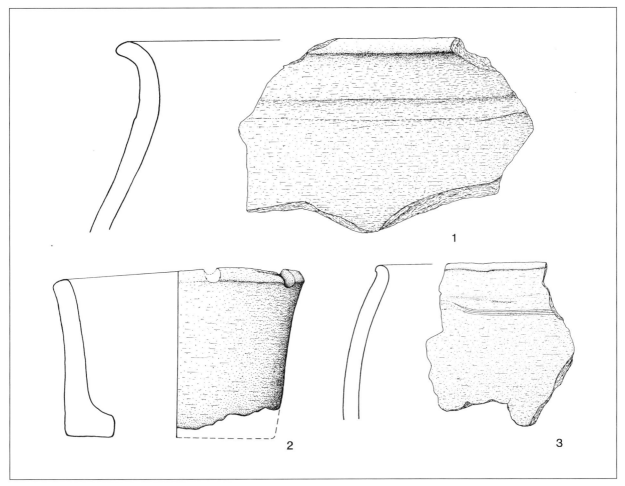

Abb. 17: Spätlatènezeitliche Keramik aus einer Siedlungsgrube „Am Berger Steig" bei Hermaringen. M. 1:2.

biegendem Rand. Häufig sind sie mit flächendeckenden Mustern verziert – gereihte oder in Feldern angeordnete Eindrücke, wellenförmige Furchen, Kreuzschraffur, waagrechte Furchen, schmale Kammstrichbänder (Abb. 17; 18).

Zweifellos gehören die Scherben in die jüngere Latènezeit, doch in mancher Hinsicht unterscheiden sie sich von anderen süddeutschen Fundkomplexen, die gewöhnlich den Stufen Latène C2/D1 zugeordnet werden können. Zum Vergleich kann die Keramik aus der Viereckschanze von Tomerdingen dienen, die F. Fischer kürzlich vorgelegt hat.[64] Formen und Verzierungen sind dort wesentlich anders zusammengesetzt. Nur einige verzierte Scherben lassen sich an das Material aus Hermaringen anschließen. Auch diese Vergleichsstücke stehen außerhalb des gängigen jüngerlatènezeitlichen Spektrums, weshalb Fischer „späte Zeitstellung" vermutet.[65]

Gut vergleichen läßt sich ein Keramikkomplex aus Gerichtstetten im Neckar-Odenwald-Kreis, den R.-H. Behrends in die beiden Jahrhunderte um die Zeitenwende datierte.[66] Da Leitformen fehlen, richtet sich die Einordnung von Gerichtstetten, Hermaringen und vergleichbaren Komplexen mehr nach dem Gesamteindruck, der durch folgende Merkmale bestimmt wird: Drehscheibenware fehlt; flächendeckende Verzierungen mit Tupfen, Kerben, gebogenen Riefen, schmalen Kammstrichbändern und ähnlichem überwiegen; neben zahlreichen kumpf- und tonnenförmigen Töpfen kommen nur flau profilierte Gefäße vor. Behrends zog zur Datierung der Keramik aus Gerichtstetten Parallelen aus Mainfranken heran (Acholsheim und Baldersheim), die heute leichter zu beurteilen sind, da Ch. Pescheck diese Funde inzwischen ausführlich publiziert hat.[67] Die mainfränkischen Fundstellen haben alle ne-

---

64 Vgl. H. Zürn / F. Fischer, Die keltische Viereckschanze von Tomerdingen. Materialh. Vor- u. Frühgesch. Baden-Württemberg 14 (Stuttgart 1991) 44 f.

65 Zürn / Fischer (Anm. 64) Taf. 36,2–8.

66 Die Funde aus der Viereckschanze von Gerichtstetten, Gemeinde Hardheim, Neckar-Odenwald-Kreis. Fundber. Baden-Württemberg 6, 1981, 311 ff.

67 Pescheck, Mainfranken Taf. 32–34 (Acholshausen); Taf. 36–54 (Baldersheim). Nun lassen sich noch weitere Vergleichsfunde anführen: ebd. Taf. 77–79 (Hallstadt); Taf. 89, 1–12 (Schwalbheim); Taf. 106 (Würzburg, Marienburg).

169

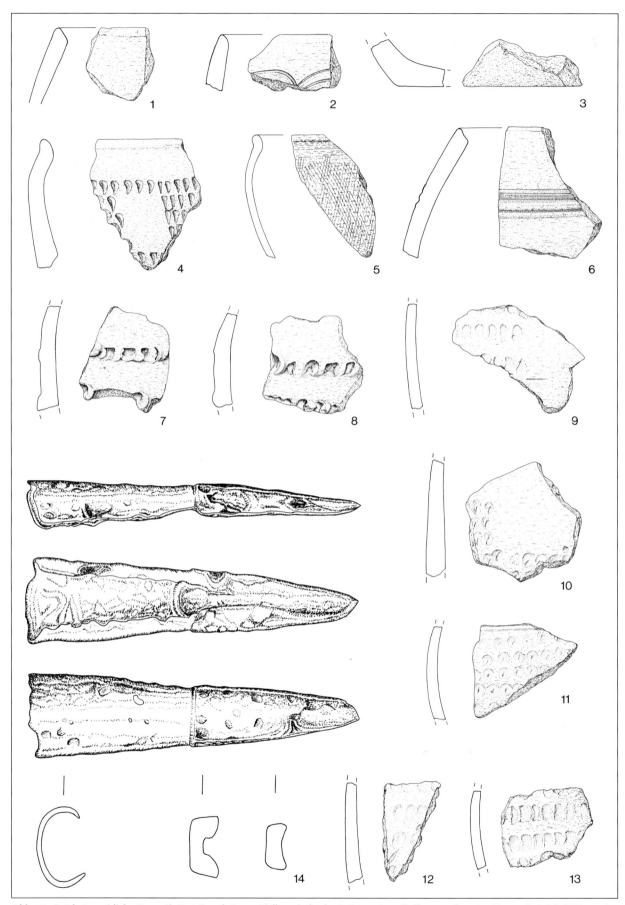

Abb. 18: Spätlatènezeitliche Keramik (1–13) und eiserne Tüllenspitzhacke (14) aus einer Siedlungsgrube „Am Berger Steig" bei Hermaringen. M. 1:2.

ben elbgermanischem Material vom Ende der Latènezeit (Eggers Stufe A) auch Funde der fortgeschrittenen Kaiserzeit (Eggers Stufe B2 und C) geliefert. Offenkundig verkörpern Funde wie Gerichtstetten und Hermaringen eine stilistische Entwicklung, die am Ende der Latènezeit begann und sich außerhalb der römischen Provinzen tief in die Kaiserzeit fortsetzte. Die Funde von Hermaringen sind bereits jünger als das kennzeichnende Material der Stufen Latène C2/D1, reichen aber nicht über das Ende des ersten Jahrhunderts nach Christus hinaus, denn ab diesem Zeitraum sind dort römische Funde zu erwarten.

Es spricht nichts dagegen, auch die eiserne Tüllenspitzhacke, die zusammen mit der Keramik in der Grube gefunden wurde, diesem Zeitabschnitt zuzuweisen (Abb. 18,14). G. Jacoby weist in seiner Besprechung der Tüllenspitzhacken von Manching darauf hin, daß diese Geräte weniger bei der Feldarbeit als für Bauarbeiten beim Anlegen von Gruben und Gräben zum Aufbrechen des harten Bodens benutzt wurden.[68] Vielleicht wurde die Hacke aus Hermaringen auch zum Erzabbau verwendet.

Unklar bleibt der Verwendungszweck eines manschettenförmigen Keramikgegenstandes (Abb. 17,2). Das Gebilde besteht aus dem gleichen Ton wie die Gefäßscherben und ist leicht asymmetrisch geformt, Höhe 8 bis 9 cm, Mündungsdurchmesser 13,6 cm, Bodendurchmesser 11,5 cm. Der abgestrichene Rand ist mit drei Ausschnitten, Breite 8 bis 9 mm, versehen, die über einen Viertelkreis verteilt sind. Im Boden ist ein rundes Loch eingelassen, Durchmesser 7 cm. Der Rand des Bodendurchbruchs ist beschädigt, doch an einer Stelle scheint ein geglätteter Abschluß vorhanden zu sein. Sehr wahrscheinlich ist der Durchlaß am Boden von vornherein geformt und nicht erst nachträglich angebracht worden. Parallelen sind mir nicht bekannt. Da der Gegenstand in Zusammenhang mit Verhüttungsschlacken gefunden wurde, geht auch mein Erklärungsversuch in diese Richtung. Möglicherweise war die Manschette Bestandteil eines Blasebalges, etwa ein Verbindungsstück zwischen Balg und Düsenrohr.

Die Schlacken aus der Grube, alles Fließschlacken, sind in meist kindsfaustgroße Bruchstücke zerbrochen, deren Gewicht zwischen 50 und 150 Gramm schwankt. Die Außenseite ist jeweils zu ausgeprägten Wülsten mit glatter, grauschwarzer Oberfläche aufgeworfen. Im Bruch werden zahlreiche Bläschen sichtbar, die bis zu Erbsengröße erreichen.

Festzuhalten bleibt, daß in Hermaringen Fließschlacken eines Rennfeuerprozesses gefunden wurden, die am Ende der Latènezeit, noch vor der Ausweitung der römischen Zivilisation auf das Gebiet nördlich der Donau, in den Boden gelangten. Auf der Schwäbischen Alb ist dies bislang der einzige Nachweis eines Eisenverhüttungsplatzes der vorrömischen Zeit.

Heidenheim-Großkuchen „Gassenäcker"
(Abb. 1 Nr. 6)

Großkuchen liegt im Südwestzipfel des inneren Härtsfeldes. Der Ortskern ist auf einem Sporn aus Massenkalk erbaut, der gen Nordosten abfällt und von einem Kalkschuttboden unterschiedlicher Mächtigkeit bedeckt wird. Nordöstlich und südlich begrenzen Trockentäler den Sporn, das Krätzental und der Zittergrund, die sich im Osten zum Neresheimer Tal vereinigen und ihre Fortsetzung im Tal der Egau finden. Unmittelbar nordwestlich der Ortschaft erstreckt sich eine kleine Zementmergelschüssel, mitten darin die Flur „Eisenbrunnen". Dieser Bereich wird intensiv landwirtschaftlich genutzt. Östlich des Ortes dehnen sich die Mergel und Schichtkalke des inneren Härtsfeldes aus.

In der Umgebung haben sich in ungewöhnlich großer Zahl Grabhügel erhalten. Im Wald „Badhäule", ca. zwei Kilometer östlich des Ortes, liegt mit 68 Hügeln das größte Feld der östlichen Schwäbischen Alb (Abb. 19 Nr. 9).[69] Bei Sondagen in den Hügeln entdeckte man auch spärliche römische Funde. Sie sind wohl mit der römischen Straße von Heidenheim nach Oberdorf am Ipf in Verbindung zu bringen, die knapp drei Kilometer östlich Großkuchens das Neresheimer Tal überquert (Abb. 19 Nr. 5).[70]

Unmittelbar bei Großkuchen liegen drei frühmittelalterliche Friedhöfe. Das Gräberfeld „Pfaffensteig" östlich des Ortes wurde ab der Mitte des 6. bis in die erste Hälfte des 7. Jh. belegt (Abb. 19 Nr. 3). Ab dem späten 6. Jh. setzten zusätzlich die Bestattungen am „Kappelberg" westlich des Ortes ein (Abb. 19 Nr. 2). Neben diesen Altfunden wurde 1978/79 ein 25 Gräber umfassender Friedhof in der Flur „Gassenäcker" nordwestlich des Ortskernes ausgegraben (Abb. 19 Nr. 1). Dieses Gräberfeld wurde in der zweiten Hälfte des 5. und im frühen 6. Jh. belegt.[71]

Seit den 70er Jahren wurde in Großkuchen mehrfach ausgegraben:[72]

---

68 JACOBY, Werkzeug 73 f. Taf. 28,495. In römischer Zeit wurden ganz andere Hacken hergestellt: M. PIETSCH, Saalburg-Jahrb. 39, 1983, 18 ff. mit Taf. 3; 4.
69 S. 149 f. mit Anm. 12; 13.
70 Römische Funde in Grabhügeln: Fundber. Schwaben 17, 1909, 14 (unter Elchingen).
71 Alle drei Friedhöfe publizierte A. HEEGE, Grabfunde der Merowingerzeit aus Heidenheim-Großkuchen. Materialh. Vor- u. Frühgesch. Baden-Württemberg 9 (Stuttgart 1987).
72 Vorberichte: D. PLANCK, Arch. Ausgr. Bodendenkmalpflege Reg.-Bez. Stuttgart und Tübingen 1978 (1979) 86 ff. J. BIEL, Arch. Ausgr. Baden-Württemberg 1986, 184 ff. KEMPA, ebd. 1989, 244 ff.

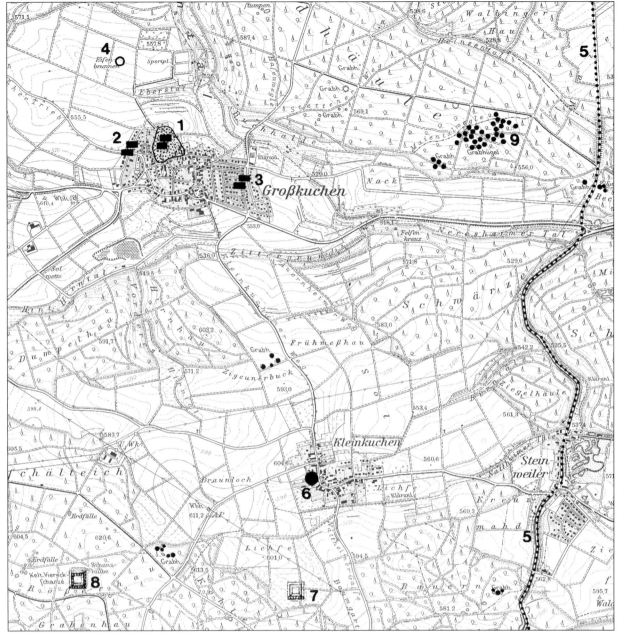

Abb. 19: Großkuchen und Kleinkuchen, Stadt Heidenheim. 1 Frühalamannische Siedlung mit Verhüttungsschlacken im „Gassenäkker". Während der 2. Hälfte des 5. und des beginnenden 6. Jh. wurden im nördlichen Bereich des Areals Reihengräber angelegt. 2 Reihengräber des späten 6. Jh. am „Kappelberg". 3 Reihengräberfeld von der Mitte des 6. bis in die 1. Hälfte des 7. Jh. im „Pfaffensteig". 4 Eisenbrunnen. 5. Römische Straße Heidenheim-Oberdorf am Ipf. 6 Zerstörte Schlackenfundstelle in der Ortsmitte von Kleinkuchen. 7 Spätkeltische Viereckschanze „Lichse". 8 Spätkeltische Viereckschanze „Röserhau" (Markung Schnaitheim). 9 Großes Grabhügelfeld der Hallstattzeit mit römischen Nachbestattungen im „Badhäule". Kartengrundlage: Topographische Karte 1:25000, Ausschnitt aus Bl. 7227. Hrsg. Landesvermessungsamt Baden-Württemberg, Stuttgart. Vervielfältigung genehmigt unter Az.: 5.11/878.

1976/77: Sondage auf den „Hinteren Wiesen" nördlich des Anwesens Rosenbergstraße 20; Siedlungsreste der Stufen Hallstatt B3/C und der frühalamannischen Zeit.

1978/79: Ausgedehnte Grabung im Neubaugebiet „Gassenäcker" am nordwestlichen Ortsrand; Siedlungsreste der Stufen Hallstatt B3/C, Einzelfunde aus Latène- und provinzialrömischer Zeit, zahlreiche frühalamannische Siedlungsspuren, frühmittelalterliches Gräberfeld mit 25 Bestattungen.

1986: Erweiterung des Neubaugebiets auf die „Hinteren Wiesen"; Siedlungsreste der Stufen Hallstatt B3/C, provinzialrömische Funde, frühalamannische und frühmittelalterliche Siedlungsfunde, die bis ins 7. Jh. reichen. Im gleichen Jahr erfolgte eine erste Sondage am „Eisenbrunnen".

1989: Ausgrabung am „Eisenbrunnen" einen Kilometer nordwestlich des Ortes; Nachweis einer Wasserstelle, die wohl kontinuierlich seit der Hallstattzeit genutzt wurde.

In den Jahren 1976 bis 1979 und 1986 wurde am nordwestlichen Rand von Großkuchen eine weitgehend zusammenhängende Fläche von ungefähr einem dreiviertel Hektar aufgedeckt. Im Bereich der Ausgrabungsfläche fielen ungewöhnlich große Mengen von Eisenschlacken auf. Leider hatten sich keine Befunde erhalten, die von Verhüttungseinrichtungen stammten. Als man während der Ausgrabung des Jahres 1978 eine Reihe von Herden aufdeckte, hat man sie zunächst als Schmiedeplätze angesprochen. Es handelte sich um flache, rechteckige Gruben, Länge 2–2,5 m, Breite 1–1,5 m, mit angeziegelten Rändern und verbrannten Steinen in der Verfüllung. Insgesamt 20 dieser Herde konzentrierten sich am Ostrand der Grabung, zumeist in Reihen angeordnet. Es wurden jedoch weder Schlacken noch Hammerschlag noch sonst etwas, das mit Schmieden zu tun hat, in den Herden gefunden. Es gibt Befunde aus anderen Siedlungen, wo vergleichbare Herde ebenfalls in Reihen geordnet angetroffen wurden. Soweit datierbar, handelt es sich um hallstattzeitliche Anlagen. In keinem Fall können sie mit einer Schmiede in Verbindung gebracht werden.[73]

Die Beurteilung der Eisenverhüttung in Großkuchen hängt allein davon ab, in welchen Zusammenhängen die zahlreichen Eisenschlacken angetroffen wurden. Das ausgegrabene Areal war von einer 70 bis 80 cm mächtigen humosen Schicht von auffallend dunkler Farbe überdeckt. Ein Teil der Funde lag verstreut in dieser Schicht, die offenbar von weiter oberhalb angeschwemmt wurde. Im Liegenden dieser Schicht konnte ein Horizont mit Fundanhäufungen - Steinsetzungen, Knochen, Scherben – herauspräpariert werden, in dem auch Eisenschlacken lagen. Anhand der Keramik wird dieser Horizont in frühalamannische Zeit datiert. Weitere Schlacken fanden sich in vier Gruben, deren Verfüllung ebenfalls in frühalamannischer Zeit erfolgte.[74] Es spricht somit einiges dafür, daß die Eisenschlacken bereits in frühalamannischer Zeit vorhanden waren. Da sie in hallstattzeitlichen Befunden fehlen und Latènezeit sowie provinzialrömische Zeit nur durch Streufunde vertreten sind, dürften die Schlacken auch nicht älter als frühalamannisch sein.

Die Schlacken sind in bis zu kindsfaustgroße Brocken, Gewicht 50 bis 120 Gramm, zerbrochen, nur selten etwas größer bis knapp Faustgröße, Gewicht um 300 Gramm.[75] Sie sind grauschwarz bis bräunlich und zeigen fast immer Fließstrukturen. Oft kann man eine Oberseite unterscheiden, die zu glatten, grauschwarzen Wülsten aufgeworfen ist, während an der verhältnismäßig ebenen, aber rauhen, graubraunen Unterseite Verunreinigungen haften. Im Bruch sind die Schlacken schwarzgrau, wobei sie manchmal ins Violette spielen, und zeigen bis zu erbsengroße Bläschen. Stellenweise gibt es rostige Partien. Einige inhomogene Brocken mit deutlichen Rostanflügen und Holzkohleabdrücken sind wohl Überreste von Ofenschlacken.

Das Gebiet, über das die Schlacken streuen, reicht über die ausgegrabene Fläche hinaus und ist im einzelnen schwer abgrenzbar. Größere Schlackenmengen findet man auch weiter entfernt auf den Äckern der Fluren „Karl", „Eisenbrunnen" und nördlich des „Hagenbucher Triebs". In allen drei Fällen ließ es sich erweisen, daß die Schlacken mit Bauaushub vom Ortsinneren im Umkreis der Siedlungsgrabung „Gassenäcker" dorthin verschleppt worden sind.

An sich liegt Großkuchen etwas abseits der reichen Bohnerzlagerstätten um Nattheim. Aber vielleicht hat gerade dieser Umstand die Erhaltung begünstigt. Hervorzuheben sind die großen Mengen Eisenschlacken, auf die man während der Grabungen stieß, und die auch heute noch in der nördlichen Ortshälfte im Boden liegen. Auf dem Härtsfeld gibt es keinen zweiten Platz, an dem sich Verhüttungsabfälle in diesem Ausmaß erhalten hätten.

Nach L. Reichardt kann man den Ortsnamen Kuchen auf germanisch *kokam, althochdeutsch kuohhom (Dativ Plural) mit der Bedeutung „bei den Kuchen" zurückführen. Das germanische Wort bezeichnet etwas rundes, klumpiges und lebt im deutschen „Kuchen" fort. Es liegt nahe, anzunehmen, daß die germanischen Siedler von Großkuchen den Ort nach den runden, klumpigen Schlacken oder auch Luppen benannten, welche die in frühalamannischer Zeit betriebenen Rennöfen erzeugten. Diese Ableitung kann man ge-

---

73 Beispiele gibt es aus Langenau, Alb-Donau-Kreis: F. KLEIN, Arch. Ausgr. Baden-Württemberg 1987, 68. Klein zitiert dort weitere Befunde aus Ulm-Eggingen (C.-J. KIND, Arch. Ausgr. Baden-Württemberg 1985, 49) und Hienheim, Kr. Kelheim (R. MODDERMANN, Ber. Bayer. Bodendenkmalpflege 24/25, 1983/84, 7 ff.). Gleichartige Herde traten auch bei Grabungen in Heidenheim-Schnaitheim, „Seewiesen" (Ausgrabung J. Biel 1983) sowie unter einem römischen Gebäude in Heidenheim (Ausgrabung B. Rabold 1991) auf.

74 Grabung 1978/79 Bef. 867, Fundbuch-Nr. 215; Grabung 1986 Bef. 48; 108; 168; Fundbuch-Nr. 5; 6; 10. Das Material liegt im Württembergischen Landesmuseum Stuttgart und wurde von mir durchgesehen.

75 Die Schlacken aus den Grabungen der Jahre 1978/79 untersuchte Prof. Pohl, Schwäbische Hüttenwerke Wasseralfingen. Vgl. ders. in: Die Bedeutung der Eisenherstellung im südwestdeutschen Raum in der Vor- und Frühgeschichte. 12. Werkstoffkolloquium des Lehrstuhls für Werkstoffwissenschaft (Metalle) Erlangen (Erlangen 1983) 4–1 ff. Die Proben wurden nicht aufgehoben. Das Material für die Untersuchungen von Hauptmann/Yalçin stammt aus neuen Aufsammlungen.

nauso auf die Ortsnamen Kleinkuchen und Kuchen im Filstal anwenden.[76]

Heidenheim-Großkuchen, Ortsteil Kleinkuchen
(Abb. 1 Nr. 7)

Kleinkuchen liegt auf dem Weg von Großkuchen nach Nattheim etwa an der Grenze zwischen innerem und südlichem Härtsfeld. Der Untergrund besteht aus Zementmergel, die benachbarten Höhen sind von Kalkverwitterungslehm bedeckt. In der Umgebung haben sich zahlreiche Grabhügel erhalten. 750 m südsüdwestlich der Ortschaft wurde in der Flur „Lichse" eine Viereckschanze entdeckt, eine weitere liegt von dort noch einmal anderthalb Kilometer weiter bereits auf der Markung Schnaitheim (Abb. 19 Nr. 7. 8).

Im Zentrum des Ortes gegenüber der Kirche steht der Hof des Landwirts Leonhard Hieber (Abb. 19 Nr. 6). Als der Hofherr vor einigen Jahren einen neuen Stall baute, bemerkte er im Aushub zahlreiche Eisenschlakken.[77] Die Fundstelle ist heute unter dem Stallneubau und einem betonierten Abstellplatz verschwunden. In dem zum Hof gehörenden Vorgarten kann man noch Schlacken auflesen, des weiteren auf einem von Herrn Hieber bewirtschafteten Acker an der Fuhrgasse. An beiden Stellen verteilte er den Aushub mitsamt den Schlacken, der beim Stallbau anfiel.

Auf dem Acker wurden mehrere Hände voll Fließschlacken geborgen, die in bis zu kindsfaustgroße Stücke (50 bis 150 Gramm) zerbrochen waren. Die Oberfläche der Schlacken ist zu grauschwarzen, glatten Fließwülsten aufgeworfen. Im Bruch sind feine Bläschen erkennbar. Stücke, die eindeutig als Ofenschlacken anzusprechen wären, fehlen. Es ist nicht möglich, die Verhüttungsrückstände zu datieren.

Nattheim „Badwiesen" (Kreis Heidenheim)
(Abb. 1 Nr. 8)

Nattheim liegt im Zentrum des südlichen Härtsfeldes. Von Heidenheim im Westen kommend erklimmt, genau wie die moderne B 466, eine römische Straße die Weißjurahöhen, um bei Nattheim nach Norden Richtung Oberdorf am Ipf umzubiegen (Abb. 20 Nr. 3). In östlicher Richtung gelangt man über Fleinheim nach Dischingen in das Egautal. Im Süden führt der Weg über Oggenhausen nach Giengen.

Die Ortschaft und die umgebende Feldgemarkung erstrecken sich in einer seichten Senke. Der Untergrund besteht aus Zementmergel, überlagert von Lehm und Weißjuraschutt, die von den umliegenden Höhen angeschwemmt wurden. Die bewaldeten Höhen sind mit bohnerzführenden Lehmen bedeckt. Überall haben sich Spuren des Erzabbaus erhalten. Die ehemaligen Gruben sind im Gelände leicht zu erkennen und ausnahmslos in die topographischen Karten eingetragen.

Sie messen im Durchmesser meist 20 bis 30 m bei etwa 5 m Tiefe. Neben den Gruben liegt in einiger Entfernung gewöhnlich eine gewaltige Waschhalde. Flurnamen wie „Erzweg" und „Arzhalde" belegen ebenfalls den alten Bergbau (Abb. 20). Als 1844 die Oberamtsbeschreibung Heidenheim verfaßt wurde, lag hier das Zentrum der Bohnerzförderung auf dem Härtsfeld. Die Arbeit in den Gruben war für die Mehrzahl der Einwohner Nattheims die Haupterwerbsquelle.[78]

In den umliegenden Wäldern wie auch auf der Feldflur Nattheims haben sich hallstattzeitliche Grabhügelgruppen erhalten (Abb. 20 Nr. 6). Auf einem Sporn 1000 m östlich des Ortes liegt eine Viereckschanze (Abb. 20 Nr. 5). Eineinhalb Kilometer südlich am Weg nach Oggenhausen wurden in der Lehmgrube der oberen Ziegelhütte römische Brandgräber gefunden (Abb. 20 Nr. 4). Im „Hitzäcker", 700 m westlich des Ortskernes, wurden frühmittelalterliche Gräber angeschnitten (Abb. 20 Nr. 2).[79]

Eine frühalamannische Fundstelle erstreckt sich in der Flur „Badwiesen", 400 m westsüdwestlich des Ortskernes am Fuß eines leicht gen Norden geneigten Hanges (Abb. 20 Nr. 1). Aus dem Aushub zweier nebeneinanderliegender Baugruben wurden größere Mengen Eisenschlacken sowie frühalamannische Keramik geborgen.[80] Der Untergrund bestand aus Zementmergel. Darüber lag eine 1,2–1,4 m mächtige, humose Lehmschicht von schwarzbrauner Farbe, die mit Holzkohlepartikeln durchsetzt war. In den Lehm waren ab und an Bohnerzkügelchen eingelagert. An der Basis der Schicht konzentrierten sich Kalksteinbrocken, die bis zu Kindskopfgröße erreichten. Zahlreiche Schlacken, einige Scherben, Tierknochen und eine bronzene Nadel waren unregelmäßig verteilt in die Schicht eingebettet. Stellenweise schob sich zwischen den Zementmergel und das beschriebene Lehmpaket noch eine weitere Schicht, die aus graubraunem, tonigem Lehm bestand, ebenfalls durchsetzt mit Holzkohlepartikeln. Auch hier fanden sich einige wenige Scherben, Tierknochen und kleinere Schlackenbröckchen.

Die Fundstelle dehnt sich noch mindestens 100 m gen Westen aus, wie eine Fundmeldung aus dem Jahr 1960 zeigt.[81] Schon damals fielen die zahlreichen Eisenschlacken auf. Sie wurden jedoch nicht aufbewahrt.

---

76 Vgl. Anm. 16.
77 Die Fundstelle verdanken wir H. Huber aus Giengen, der die Schlacken auf dem erwähnten Acker an der Fuhrgasse entdeckte.
78 Beschreibung des Oberamts Heidenheim (Stuttgart 1844) 259.
79 Römische Brandgräber: Fundber. Schwaben 16, 1908, 71. Frühmittelalterliche Gräber: Fundber. Baden-Württemberg 5, 1980, 273.
80 Die Fundstelle entdeckte H. Huber aus Giengen.
81 H. Zürn, Fundber. Schwaben N.F. 16, 1962, 244 (dort noch fälschlich als Spätlatène angesprochen).

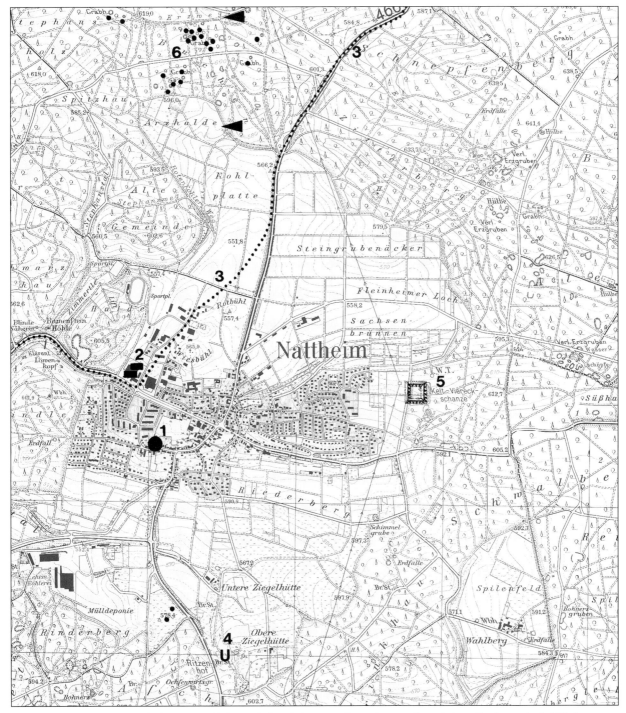

Abb. 20: Nattheim, Kr. Heidenheim. 1 Frühalamannische Siedlungsreste und Eisenschlacken. 2 Frühmittelalterliche Reihengräber. 3 Römische Straße Heidenheim-Oberdorf am Ipf. 4 Römische Brandgräber. 5 Spätkeltische Viereckschanze. 6 Hallstattzeitliches Gräberfeld. Überall in der Umgebung Nattheims haben sich die Spuren alter Bohnerzgruben erhalten, die allesamt in die TK eingetragen sind. Man beachte die Flurnamen „Arzhalde" und „Erzweg" (Pfeil). Kartengrundlage: Topographische Karte 1:25 000, Ausschnitt aus Bl. 7227/7327. Hrsg. Landesvermessungsamt Baden-Württemberg, Stuttgart. Vervielfältigung genehmigt unter Az.: 5.11/878.

Insgesamt streuen die Funde über eine Fläche von ungefähr 60 mal 180 m. Offensichtlich sind sie zusammen mit dem Lehm, der das mächtige Schichtpaket über dem Mergel bildet, von weiter oberhalb (südlich) durch Erosion abgetragen und hierher verlagert worden.

Etwa 200 Scherben wurden zum größten Teil im Aushub, zum kleineren Teil aus den primären Schichten in den Baugrubenwänden geborgen (Abb. 21). Die vorwiegend dunkeltonige Ware ist sehr stark mit bis zu mittelgrobem, scharfkantigem Gesteinsgrus durchsetzt. Oft enthält der Ton auffallend viel Glimmer. Zweifellos handelt es sich um frühalamannische Keramik des späten 3. bis 5. Jh. n. Chr.[82] Eingliedrige Scha-

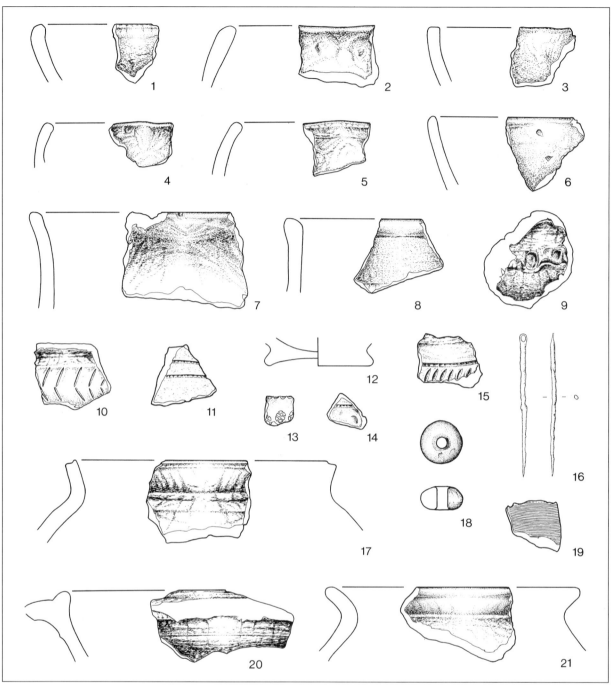

Abb. 21: 1–15 Keramik aus frühalamannischen Fundschichten in Nattheim „Badwiesen". 16 Bronze. M. 1:2.

len und Töpfe mit einbiegendem Rand herrschen vor (Abb. 21,1–6). Charakteristisch sind Schüsseln mit schwach ausbiegender Randlippe (Abb. 21,7.8), Standringe (Abb. 21,12) und einige verzierte Scherben (Abb. 21,9–15). Eine Scherbe, die in ihrer Machart ganz mit dem übrigen Material übereinstimmt, ist mit gegitterten Einzelstempeln verziert (Abb. 21,13). In Gräbern tauchen solche Gefäße bis in das frühe 6. Jh. auf.[83]

Einige römische Scherben gehören noch in das 2. Jahrhundert: die Randscherbe eines rauhwandigen Topfes mit ausbiegendem Rand (Abb. 21,21), eine mit waagrechten Rillen verzierte Wandscherbe gleicher Machart (Abb. 21,19) sowie die Randscherbe einer tongrundig-glattwandigen Reibschale (Abb. 21,20). Die Bron-

---

[82] Zur Einordnung der Keramik vgl. die Besprechung der frühalamannischen Funde aus Essingen, „Weiherwiesen" S. 223 ff.

[83] HEEGE (Anm. 71) 108 Abb. 43,6; zur Dat. 112 ff. Ähnliche Stempel gibt es von der frühalamannischen Fundstelle bei Hengen, Kr. Reutlingen. Vgl. M. KNAUT in: Der Runde Berg bei Urach. Führer Arch. Denkmäler Baden-Württemberg 14 (Stuttgart 1991) 133 Abb. 64 oben rechts.

zenadel (Abb. 21,16) ist eine reine Zweckform und kann nicht näher datiert werden. Eine Scherbe stammt von einem Topf der nachgedrehten, glimmerhaltigen Ware des 11./12. Jh. n. Chr. (Abb. 21,17). Diese Scherbe wurde etwas abseits auf einem Abraumhaufen gefunden und hat offenbar nichts mit den Fundschichten zu tun.

Alle Scherben, die aus den primären Fundschichten kamen, gehören zur frühalamannischen Ware. Offenbar haben sich die Schichten in frühalamannischer Zeit gebildet, wobei die Eisenschlacken und die älteren römischen Scherben hineingerieten.

Neben 60 kindsfaustgroßen Stücken, alles Fließschlacken, wurden zwei größere Schlackenbrocken geborgen. Das eine Stück ist gut faustgroß und wiegt 900 Gramm. Es ist etwa 7 cm dick, wobei die Oberfläche zu glatten, schwarzgrauen Fließwülsten aufgeworfen ist. Stellenweise sind kleine Bohnerzkügelchen eingebacken. Das andere Stück ist flach und mißt 14 mal 12,5 cm bei einer Stärke von 5,5 cm, Gewicht 750 Gramm (Abb. 22). Die Oberseite ist von Fließwülsten zerfurcht, deren schwarzgraue Farbe teilweise ins Violette sticht. An der ebenen Unterseite haften kleine Steinchen, Lehm und Bohnerzkügelchen. Offensichtlich stammen die unaufgeschmolzenen Fremdkörper vom Untergrund, auf den die Schlacke nach dem Abstechen floß. Im Bruch zeigen die Schlacken zahllose Bläschen, die bis zu Erbsengröße erreichen können.

Nattheim „Badwiesen" gleicht in mancher Hinsicht Großkuchen „Gassenäcker". Beide Male fand sich frühalamannisches Material in einem Ort, der auf eine frühmittelalterliche Gründung zurückgeht, wie Name und Reihengräberfunde belegen. In beiden Fällen ist zumindest Platzkontinuität von der frühalamannischen Zeit bis ins frühe Mittelalter gegeben. Die Schlacken stammen jeweils aus verlagerten Schichten, die sich in frühalamannischer Zeit bildeten, wobei im Falle von Nattheim nur ein Terminus post quem non gegeben ist, d. h., die Schlacken können nicht jünger als frühalamannisch, doch sie können älter sein.

Aalen-Unterkochen „Schloßbaufeld" (Abb. 1 Nr. 9)

Östlich der Aalener Bucht erheben sich die spornartig vorgeschobenen Ausläufer des nordwestlichen Härtsfeldes. Auf dem Westende eines dieser Ausläufer, dem „Schloßbaufeld", thront oberhalb von Unterkochen die Kocherburg (Abb. 23 Nr. 3). Nach Osten zur Albhochfläche wird der Bergrücken durch einen Abschnittwall mit bronze-, frühlatènezeitlichen und eventuell auch mittelalterlichen Bauphasen abgeriegelt (Abb. 23 Nr. 2).[84] Nach Norden fällt der Bergrücken steil zum Quellgebiet des Weißen Kocher ab. In diesem Tal wurden seit 1540 jahrhundertelang die Eisenwerke von Unterkochen betrieben (Abb. 23 Nr. 4).[85]

Auf dem „Schloßbaufeld" bei Unterkochen spürte ein Schatzsucher mit Hilfe eines Metallsuchgeräts zwei Luppen auf, die in einem Rennofen erzeugt worden sind (Abb. 23 Nr. 1).[86] Beide Gebilde haben die Form

---

84 H. Zürn, Eine Abschnittbefestigung bei Unterkochen, Stadt Aalen, Ostalbkreis. Fundber. Baden-Württemberg 9, 1984, 279 ff.
85 Thier, Schwäbische Hüttenwerke 39 ff. 186 ff. 343 ff.
86 Daß die Funde doch noch bekannt wurden, ist der Vermittlung von D. Eberth aus Königsbronn zu verdanken.

Abb. 22: Fließschlacken aus frühalamannischen Fundschichten in Nattheim „Badwiesen", 14 × 12,5 cm.

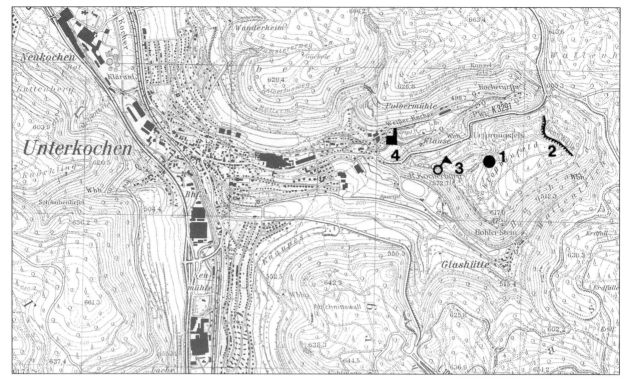

Abb. 23: Aalen-Unterkochen, Ostalbkreis. 1 Fund zweier Luppen auf dem „Schloßbaufeld". 2 Abschnittwall mit bronzezeitlichen, latènezeitlichen und vermutlich auch mittelalterlichen Bauphasen. 3 Ruine der mittelalterlichen Kocherburg. 4 Standort von Schmelz- öfen am Ursprung des Weißen Kocher, bezeugt seit dem 16. Jh. Kartengrundlage: Topographische Karte 1:25 000, Ausschnitt aus Bl. 7126. Hrsg. Landesvermessungsamt Baden-Württemberg, Stuttgart. Vervielfältigung genehmigt unter Az.: 5.11/878.

eines kleinen, runden Brotlaibs (Abb. 24). Sie wiegen 540 (Dm. 8,2 cm, Stärke 4,3 cm) bzw. 3400 Gramm (Dm. 14 cm, Stärke 6,5 cm). Die unregelmäßige, narbige Oberfläche ist rostig braun. Auf dem größeren Stück sind an zwei Stellen Spuren eines stumpfen Gegenstandes abgedrückt. Beide Luppen sind stark magnetisch.

Abb. 24: Zwei Luppen vom „Schloßbaufeld", Dm. 14 bzw. 18,2 cm. Deutlich ist das hellglänzende, metallische Eisen im Schnitt der durchtrennten Stücke erkennbar.

Trotz intensiver Nachsuche konnten auf dem „Schloßbaufeld" weder Schlacken noch andere Hinweise auf einen Verhüttungsplatz gefunden werden. Ebenso fehlen Abbauspuren. Die Luppen können nicht datiert werden. Vielleicht waren sie das Rohmaterial für eine Schmiede der Kocherburg. Die Burg bestand bereits 1147 und wurde im Dreißigjährigen Krieg endgültig zerstört.[87] Möglich ist auch, daß die Luppen mit der frühlatènezeitlichen Bauphase des Abschnittwalles zusammenhängen.

Lauchheim „Mittelhofen" (Ostalbkreis) (Abb. 1 Nr. 10)

Lauchheim liegt unmittelbar nördlich des steil abfallenden Albtraufs, hinter dem sich die Hochfläche des nordwestlichen Härtsfeldes ausdehnt. Vor dem Albtrauf verläuft durch Lauchheim der natürlich vorgegebene Weg von der Aalener Bucht in das Nördlinger Ries. Östlich schließen entlang der nach Osten fließenden Jagst die Fluren „Breite" und „Mittelhofen" an den Ort an. Dort gräbt I. Stork seit Jahren eine früh-

---

[87] Beschreibung des Oberamts Aalen (Stuttgart 1854) 311. Einen Wirtschaftshof, der sich bei der Burg nachweisen läßt, erwähnt H. JÄNICHEN, Waldwüstungen. Ein methodischer Beitrag zur Wüstungsforschung am Beispiel des Härtsfeldes. Beitr. Landeskunde, Arbeitsgebiet Abt. Landeskunde, Statistisches Landesamt Württemberg-Hohenzollern 8, 1958, 157 Nr. 3.

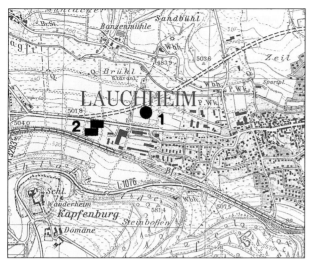

Abb. 25: Lauchheim, Ostalbkreis. 1 Früh- bis hochmittelalterliche Siedlung „Mittelhofen". 2 Frühmittelalterliches Reihengräberfeld „Wasserfurche". Kartengrundlage: Topographische Karte 1:25 000, Ausschnitt aus Bl. 7127. Hrsg. Landesvermessungsamt Baden-Württemberg, Stuttgart. Vervielfältigung genehmigt unter Az.: 5.11/878.

bis hochmittelalterliche Siedlung aus, die sich auf der aus Weißjuraschottern gebildeten Niederterasse entlangzieht.[88] Aufgedeckt wurden zahlreiche Gehöfte des 7. bis 12. Jahrhunderts. Nördlich der Siedlung am steilen Hang unterhalb des Weißjuraplateaus liegt das frühmittelalterliche Gräberfeld „Wasserfurche" (Abb. 25 Nr. 2). Im Hangschutt aus Kalkverwitterungslehm und Kalkschotter, in den die Gräber eingetieft waren, fanden sich immer wieder Erzbrocken. Äußerlich entsprechen sie ganz den Eisenschwarten, die in der Umgebung der „Weiherwiesen" bei Essingen untersucht wurden.

Im Bereich der Siedlungsgrabung traten immer wieder einzelne Eisenschlacken zu Tage, wobei offen bleiben muß, in welchem zeitlichen Verhältnis die metallurgischen Funde zu den Siedlungsbefunden stehen. Neben nahezu handtellergroßen, kalottenförmigen Gebilden, die als Schmiedeschlacken anzusprechen sind, fanden sich auch mehrere Bruchstücke von typischen Fließschlacken genau der gleichen Art, wie sie aus Großkuchen, Nattheim und Hermaringen beschrieben wurden. Am Nordrand der Siedlung, zur Jagstniederung hin, wurde ein Befund ausgegraben, der deutliche Spuren von Feuereinwirkung zeigte (Abb. 25 Nr. 1). Eine Verfärbung von 1 m Durchmesser und 30 cm Tiefe war mit zahlreichen verziegelten Lehmbröckchen, Holzkohle und Sandknollen durchsetzt. Darüber waren Kalksteine gesetzt, die ebenfalls Spuren von Hitzeeinwirkung zeigten. Hart verziegelte oder gar verschlackte Lehmstrukturen wurden nicht beobachtet. Der Befund ist schwer anzusprechen. Ich möchte jedoch ausschließen, daß es sich um den Überrest eines Verhüttungsofens handeln könnte. Allerdings stam-

men aus dem Befund sechs kindsfaustgroße Schlackenbrocken, die zum Teil deutliche Fließstrukturen aufweisen und im Bruch mit feinen Bläschen durchsetzt sind. Dazu kommen zwei etwa faustgroße Schlackenbrocken von graubrauner Farbe. Sie sind sehr unregelmäßig und zerklüftet sowie mit zahlreichen Holzkohlebröckchen durchsetzt. Vermutlich handelt es sich um Überreste von Ofenschlacken. Eine Datierung mit der Radiokarbonmethode war nicht möglich.

2. Verhüttungsplätze der Albhochfläche außerhalb des Arbeitsgebietes

2.1 Die Lonetal-Flächenalb

Langenau „Am Öchslesmühlbach" (Alb-Donau-Kreis) (Abb. 1 Nr. 11)

Langenau liegt im Alb-Donau-Kreis am südlichen Rand der Stotzinger Flächenalb. Die Stotzinger Flächenalb erstreckt sich vom Lonetal im Norden bis zur Donauniederung im Süden. In den Verwitterungslehmen, die über weite Strecken die schwach reliefierte Hochfläche bedecken, findet man stellenweise Bohnerz, so zum Beispiel bei Tomerdingen zwischen Bernstadt und Beimerstetten.[89] Durch Langenau fließt die Nau, deren Niederung zweieinhalb Kilometer südwestlich des Ortes in die Donauaue übergeht. Der Untergrund besteht in der Umgebung aus den jüngeren Verwitterungslehmen der Zetakalke, auf denen eingewehter Löß liegt. Der gute Boden und das im Vergleich zur Kuppenalb milde Klima begünstigen die Landwirtschaft. Die Besiedlung setzt bereits im Neolithikum ein. Besonders zahlreich sind römische Fundstellen vertreten, des weiteren liegen im Weichbild der Ortschaft fünf frühmittelalterliche Reihengräberfelder (Abb. 26 Nr. 2–6).[90]

Westlich von Langenau wurden an einem nach Süden zur Nau abfallenden Hang ausgedehnte Siedlungsspuren aufgedeckt, die vom Neolithikum bis in die jüngere Latènezeit reichen (Abb. 26 Nr. 1). Daneben gibt es auch römische Befunde.[91] In eine durch Erosion ent-

---

88 Arch. Ausgr. Baden-Württemberg 1990, 209 ff. mit weiterer Lit.
89 Die Kenntnis der recht ergiebigen Stellen verdanke ich Herrn G. Wieland aus Tomerdingen.
90 Fundber. Baden-Württemberg 2, 1975, 249 ff. („Kiesgräble"). Chr. SEEWALD, Der Stadt- und Landkreis Ulm. Amtliche Kreisbeschreibung. Archäologische Fundkartierung (Ulm 1972) 55 f. („Rudelberg"). VEECK, Alamannen 340 („Burghof"; „Mühlbeundle"); Fundber. Schwaben N.F. 18,2, 1967, 142 („Hinter dem Kirchbühl").
91 J. HEILIGMANN, Arch. Ausgr. Baden-Württemberg 1986, 61 ff. F. KLEIN ebd. 1987, 65 ff.

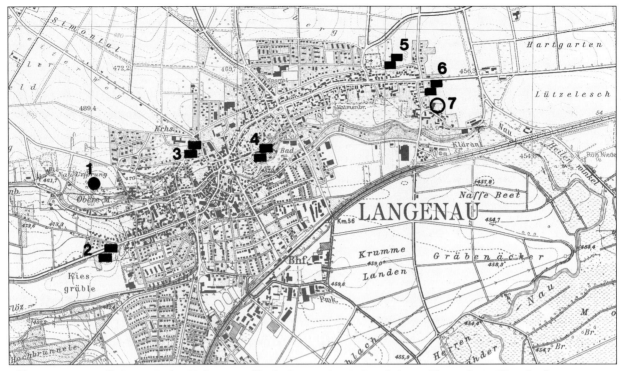

Abb. 26: Langenau, Alb-Donau-Kreis. 1 Verhüttungsrelikte im Bereich der vorgeschichtlichen Siedlung „Am Öchslesmühlbach". 2–6 Frühmittelalterliche Reihengräberfelder. 7 Alamannische Siedlungsreste des 3. bis 7. Jh. Kartengrundlage: Topographische Karte 1:25 000, Ausschnitt aus Bl. 7426/7526. Hrsg. Landesvermessungsamt Baden-Württemberg, Stuttgart. Vervielfältigung genehmigt unter Az.: 5.11/878.

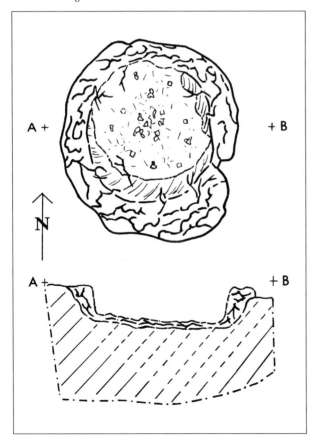

Abb. 27: Langenau „Am Öchslesmühlbach". Verziegelte Reste vom Herd eines Rennofens, Dm. 40 cm, Tiefe 10 cm. Unter dem Herd war der gewachsene Boden bis zu 15 cm tief rot verfärbt.

standene, lehmige Kulturschicht waren auf halber Höhe die Herde zweier Rennöfen eingetieft. Der Herd des ersten Ofens hatte einen runden Umriß mit einem inneren Durchmesser von bis zu 40 cm. Er war noch 10 cm tief erhalten (Abb. 27). Boden und Seitenwände bestanden aus schwarzgrau verfärbtem, sehr hart verziegeltem Lehm. Die Stärke der Verziegelung betrug an der Sohle mindestens 3 cm, an der Seitenwand bis zu 15 cm. Unter der Sohle war der anstehende Lehm durch die Hitzeeinwirkung bis zu 15 cm tief halbkreisförmig gerötet. Der Herd war mit verziegelten Lehmbruchstücken, kleinen Schlackenbröckchen und holzkohledurchsetzter Erde verfüllt. Der zweite Ofen war noch stärker zerstört. Erhalten blieb die südöstliche Hälfte der verziegelten Wandung, die ebenfalls bis zu 15 cm Stärke erreichte. Offensichtlich war diese Struktur der Überrest eines Herdes der gleichen Form und Größe wie der zuerst beschriebene.

Aus der unmittelbaren Umgebung der beiden Befunde stammen 14 etwa faustgroße Schlackenbrocken und zahlreiche kleinere Stückchen. Die sehr unregelmäßig geformten Stücke haben eine oft scharfkantig zerklüftete, graubraune Oberfläche. Manche Teilbereiche zeigen schwach modellierte, schlierenartige Wülste mit glatter Oberfläche. Man kann sie jedoch keinesfalls als Fließschlacken bezeichnen. Vielmehr gleichen die größeren Bruchstücke im Aussehen den Schlacken aus Essingen „Weiherwiesen". Frische Bruchstellen sind grauschwarz und von Blasen durchsetzt. Alle Schlacken sind leicht magnetisch. Ein etwa kindsfaustgroßes Stück mit rostigbrauner Oberfläche ist stark magnetisch. Vermutlich besteht es aus metallischem Eisen. Vier hart verziegelte Lehmbrocken von gelblicher und rötlicher Farbe besitzen ebene Flächen, die in rechten Winkeln zueinander stehen. Es handelt sich um Bruchstücke von Düsenziegeln, wie sie uns schon in Essingen „Weiherwiesen" begegnet sind.[92] Bei dem größten Bruchstück hat sich ein Rest des Düsenkanals erhalten, dessen lichte Weite mit 2,0 bis 2,5 cm bestimmt werden kann (Abb. 28).

Aufgrund der archäologischen Funde und Befunde ist keine überzeugende Datierung möglich. Die meisten Funde aus der Grabungsfläche um die Ofenreste gehören in die jüngere Latènezeit.[93] Aus der erodierten Schicht, in der die Herde eingetieft waren, wurde nahe der Oberkante der verziegelten Ofenwand eine Eisenfibel vom Mittellatèneschema geborgen. Dieser Fund ergibt jedoch nur einen Terminus post quem. Die Schicht, in der die Fibel lag, hat sich frühestens während der jüngeren Latènezeit gebildet. Dann erst konnten die Ofenherde in diese Schicht eingetieft werden.

Aus dem größten Schlackenbrocken konnte ausreichend Holzkohle für eine Radiokarbonbestimmung gewonnen werden. Das Ergebnis lautet:

AD 210 bis 670 (1 sigma)[94]

Die angeschnittenen Verhüttungsöfen haben nichts mit der jüngerlatènezeitlichen Besiedlung zu tun. Man muß sie im Zusammenhang der gut belegten alamannischen Besiedlung von Langenau sehen. In diesem Licht betrachtet gewinnt die Übereinstimmung der frühalamannischen Verhüttungsabfälle aus Essingen „Weiherwiesen" mit den Funden aus Langenau eine besondere Bedeutung. Auch in Langenau fanden sich ausschließlich Ofenschlacken, dagegen keine Fließschlacken. Angesichts der schlechten Erhaltungsbedingungen und der geringen Fundmenge darf dies nicht überbewertet werden. Doch kommt hinzu, daß in Langenau Fragmente von Düsenziegeln geborgen wurden. Man möchte vermuten, daß die alamannischen Schmelzer in Langenau und Essingen ähnliche Rennöfen benutzten. Die Ofenschlacken aus Essingen „Weiherwiesen" könnten durchaus in Ofenherden erstarrt sein, wie sie in Langenau nachgewiesen wurden.

2.2 Die südwestliche Schwäbische Alb

Die Bohnerzlagerstätten der südwestlichen Schwäbischen Alb dehnen sich über ein beträchtlich größeres Gebiet aus als die der Ostalb, und sie waren wohl auch ergiebiger als jene. Die meisten Angaben zu den Lagerstätten, die der Literatur entnommen werden können,

Abb. 28: Langenau „Am Öchslesmühlbach". Bruchstück eines Düsenziegels mit Resten des Windkanals. Aufsicht und ofenwärtige Seite.

fußen auf den Untersuchungen des preußischen Berggeschworenen Achenbach aus Siegen, der in den Jahren 1852/53 in Hohenzollern tätig war.[95] Die Bohnerzvorkommen trifft man in einem breiten Streifen des Weißen Jura beiderseits der Donau nördlich der Grenze zur Molasse an. Von der Markung Inneringen berichtet Achenbach, man fördere häufig zentnerschwere Klumpen aus Bohnerz zutage.[96] Mit dem Erz wurden eine Reihe von Hüttenwerken beliefert, die zur Ausnutzung der Wasserkraft für Verhüttung und Weiterverarbeitung in den Tälern angelegt worden waren. Ihre Gründung geht auf die Zeit nach dem Drei-

---

92 S. 160 ff.
93 Die Informationen zu Funden und Befunden verdanke ich Herrn F. Klein, LDA Baden-Württemberg, Außenstelle Tübingen.
94 Vgl. S. 267 f. (KROMER).
95 J. MAIER, Geschichte des Fürstlich Hohenzollerischen Hüttenwerks Laucherthal. Hohenzollerische Jahresh. 18, 1958, 128 ff. mit weiterer Lit. und ausführlichen Zitaten aus dem unpubl. Bericht Achenbachs.
96 Ebd. 140.

ßigjährigen Krieg, vor allem das späte 17. und das frühe 18. Jh. zurück.⁹⁷

Trotz reicher Erzvorkommen gewann keines dieser Werke die Bedeutung, wie sie auf der östlichen Schwäbischen Alb die Hüttenwerke von Königsbronn und Wasseralfingen erlangten. Dies beruht zum einen auf der politischen Zersplitterung der südwestlichen Alb, zum anderen auf den Stuferzvorkommen der Aalener Bucht, die den Schwäbischen Hüttenwerken einen zusätzlichen Standortvorteil verschafften. So wurde auf der Südwestalb das Graben nach Bohnerz vornehmlich als schlecht entlohnte Saisonbeschäftigung ausgeübt, während zum Beispiel in Nattheim auf dem Härtsfeld im frühen 19. Jh. die Mehrzahl der Bürger hauptberuflich als Bergleute in den Bohnerzgruben arbeitete.⁹⁸ Etwa ab 1870 stellten die Werke der Südwestalb eines nach dem anderen ihren Betrieb um und gaben die Verhüttung auf. Dies bedeutete das Ende des Bohnerzabbaus.

Vor dem Dreißigjährigen Krieg fließen die historischen Quellen sehr spärlich. Die älteste Urkunde, die den Bergbau betrifft, wurde am 19. 8. 1471 ausgestellt. Damals erneuerte Kaiser Friedrich III. die Verleihung des Bergregals an den Grafen Jos Niclas von Zollern.⁹⁹ In der Markung Ringingen kennt man eine Flur „Am Eisenloch", die schon im Jahr 1530 vorkommt.¹⁰⁰ In Bingen, unweit des 1707 gegründeten Hüttenwerks Laucherthal, wurde angeblich bereits im 15. und 16. Jh. Eisen hergestellt und weiterverarbeitet.¹⁰¹

Die Bohnerzvorkommen der Südwestalb sind ebenso leicht zu finden und einfach auszubeuten wie die der östlichen Schwäbischen Alb. Man sollte meinen, daß sich auch hier die vor- und frühgeschichtlichen Siedler das Erz zunutze machten. Nördlich Hundersingen erhebt sich links der Donau die Heuneburg, während der Späthallstattzeit und am Beginn der Frühlatènezeit Sitz einer befestigten Siedlung von überregionaler Bedeutung. In der Stufe Ha D1 errichteten die Bewohner eine für mitteleuropäische Verhältnisse äußerst ungewöhnliche Wehrmauer, die aus Lehmziegeln gebaut war. E. Gersbach wies darauf hin, daß diese Ziegel aus Bohnerzton gefertigt wurden, der in der Umgebung der Heuneburg ansteht.¹⁰² In der Tat erstreckt sich nördlich und westlich der Heuneburg das Erzrevier von Riedlingen.¹⁰³ Im Inneren der Befestigung wurden Abfälle von metallverarbeitenden Werkstätten geborgen, darunter Schmiedeschlacken und ein doppelpyramidenförmiger Eisenbarren, der eingebettet in eine Schicht der Stufe Ha D3/Lt A lag.¹⁰⁴ Der Gedanke liegt nahe, daß man hier Eisen weiterverarbeitete, welches in der näheren Umgebung gewonnen wurde.

Bereits im Kreis Reutlingen liegt Trochtelfingen (Abb. 1 Nr. 12), wo G. Kraft 1925/26 eine Kulturschicht mit unklaren Siedlungsstrukturen und Material der Stufe Ha C aufdeckte. Dort fanden sich Eisenschlacken und Bruchstücke verziegelten Lehms, die Kraft als Überreste eines Schmelzofens interpretierte.¹⁰⁵ Problematisch ist die Datierung, denn die Schlacken lagen etwas abseits und müssen nicht zwingend zu den hallstattzeitlichen Schichten gehören. Auch läßt sich nicht ausschließen, daß die von Kraft beschriebenen metallurgischen Funde aus einer Schmiede stammen. Laut Achenbach trifft man auf der Gemarkung Trochtelfingen nur noch vereinzelt Bohnerzlagerstätten an.¹⁰⁶

Auf ungewöhnlich große Schlackenmengen in Bitz, Zollernalbkreis, wies J. Binder hin (Abb. 1 Nr. 13).¹⁰⁷ Die Schlacken bildeten Schichten oder „Lager" von bis zu drei Metern Mächtigkeit. Sie kamen im ganzen Ortsinneren vor, zum Teil waren Gebäude darauf errichtet. Die Schlacken wurden wiederverwertet, indem man sie zerkleinerte und die Wege damit schotterte. Auf diese Weise wurden die Schlacken auf alle Felder in der Umgebung des Ortes verschleppt. Bitz liegt am Südrand eines besonders reichen Erzreviers, daß sich über die Markungen Salmendingen, Ringingen und Burladingen erstreckt.¹⁰⁸

Eine Fundstelle, die bemerkenswerte Parallelen zum frühalamannischen Verhüttungsplatz Essingen „Weiherwiesen" auf der Ostalb zeigt, soll im folgenden ausführlicher vorgestellt werden.

Mengen liegt rechts der Donau, die nur wenige Kilometer weiter westlich den Gesteinskörper der Alb verläßt und in die eiszeitlich überprägte Landschaft Oberschwabens eintritt (Abb. 1 Nr. 14). Etwa vier bis sechs Kilometer nordwestlich des Ortes erstreckt sich im Grenzbereich der Gemeinden Sigmaringen, Sigmaringendorf und Bingen über eine Fläche von 25 Hektar

---

97 E. REINERT, Schwäbisch Eisenerze. Jahrb. Statistik und Landeskunde Baden-Württemberg 2, 1956, 107 ff. bes. 111 f. gibt eine allgemeine Übersicht. Eine anschauliche Karte der Lagerstätten und Hüttenstandorte findet man bei H.-J. BAYER, Zur früheren Eisengewinnung aus der Schwäbischen Alb. Bl. Schwäb. Albver. 94, 1988, 200 ff. mit Abb. 1. Vgl. weiter E. ZILLENBILLER, Bohnerzgewinnung auf der Schwäbischen Alb (Gammertingen 1975).
98 S. 174 mit Anm. 78.
99 MAIER (Anm. 95) 9 mit Abb. 3; 4.
100 Ebd. 138 ff.
101 Ebd. 12 f.
102 Vortrag gehalten auf der Jahrestagung 1990 des West- und Süddeutschen Altertumsverbandes in Pottenstein.
103 REINERT (Anm. 97) 111 Nr. 4.
104 W. KIMMIG, Die Heuneburg an der oberen Donau. Führer Arch. Denkmäler Baden-Württemberg 1 (Stuttgart 1983) 119 f. mit Abb. 72; zur Lehmziegelmauer 70 ff.; zur Stratigraphie 63.
105 G. KRAFT, Die Siedlung an der Schönen Hülb auf der Trochtelfinger Haid. Prähist. Zeitschr. 17, 1926, 220 ff. bes. 229.
106 MAIER (Anm. 95) 140.
107 J. BINDER, Aus Bitz. Alte Eisenschmelzstätten. Bl. Schwäb. Albver. 15, 1903, 50 ff.
108 MAIER (Anm. 95) 140.

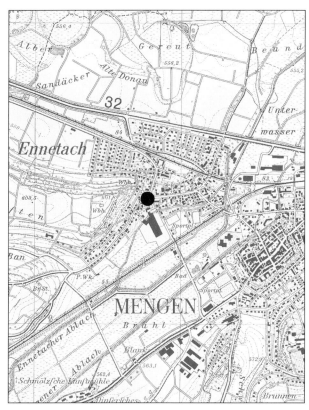

Abb. 29: Mengen, Kr. Sigmaringen. Mutmaßliche Fundstelle der frühalamannischen Lesefunde und Verhüttungsrelikte aus Mengen. Kartengrundlage: Topographische Karte 1:25 000, Ausschnitt aus Bl. 7921. Hrsg. Landesvermessungsamt Baden-Württemberg, Stuttgart. Vervielfältigung genehmigt unter Az.: 5.11/878.

ein Bohnerzrevier, das nach dem Urteil Achenbachs unstreitig als das reichste Vorkommen in Hohenzollern anzusehen ist. Abbauwürdiges Bohnerz findet man auch rechts der Donau auf der Markung Sigmaringendorf „An der Hochwaag", etwa fünf Kilometer westlich Mengen.[109]

Unter der Ortsbezeichnung Mengen werden in der Au-

Abb. 30: Mengen. Mundstück eines Düsenziegels (links) mit anhaftender Schlacke. M. 1:2.

ßenstelle Tübingen des Landesdenkmalamtes Schlacken und weitere Funde aufbewahrt, die von einem Verhüttungsplatz stammen müssen. Die genaue Fundstelle ist unbekannt.[110] Unter den Funden befindet sich ein faustgroßes Stück Schillkalk, das möglicherweise der Molasse zuzuordnen ist. Unmittelbar südlich und westlich von Mengen tritt die Untere Süßwassermolasse entlang der Ablach unter den eiszeitlichen Moränen hervor.[111] Möglicherweise ist hier die Fundstelle zu suchen (Abb. 29).

Drei Schlackenbruchstücke, deren schwerstes etwa Faustgröße erreicht, wiegen 680, 470 und 260 Gramm. Die stellenweise erhaltene Oberfläche ist sehr rostig und hat dementsprechend eine rötlichbraune Farbe angenommen. Unaufgeschmolzene Quarzsteinchen bis zu 2 cm Größe sind in die Schlacke eingeschlossen. Im schwarzgraubraunen Bruch erkennt man zahllose Bläschen von 1 bis 2 mm Durchmesser, daneben auch kleine, unregelmäßige Hohlräume. Weiter fallen Abdrücke von Holzkohlen auf. Die Schlacken ähneln äußerlich sehr denen aus Essingen „Weiherwiesen".

Es liegen auch zwei Bruchstücke von Düsenziegeln vor. Bei einem kindsfaustgroßen Fragment sind zwei rechtwinklig aneinanderstoßende Außenseiten erhalten, die 4 bis 6 mm tief verschlackt sind. Des weiteren hat sich ein Fragment vom ofenseitigen Bereich eines Düsenziegels erhalten (Abb. 30). Die Breite des Ziegelkörpers betrug ca. 7 cm. Der Düsenkanal ist soweit erhalten, daß die lichte Weite mit etwa 2,5 cm bestimmt werden kann. Am ofenseitigen Ausgang des Kanals und an der Unterseite des Ziegelbruchstücks haftet ein etwa kindskopfgroßer Schlackenbrocken von 920 Gramm Gewicht. Die Schlacke entspricht den oben beschriebenen Bruchstücken und weicht nur insofern ab, als an der Oberfläche stellenweise schwache Fließstrukturen ausgeprägt sind. Der Düsenkanal setzt sich in der Schlacke durch eine unregelmäßige Rinne fort. Vermutlich hat man gegen Ende des Ofenganges den Kanal durchstoßen, um ihn von Schlacke freizuhalten. An einer Stelle greift die Schlacke etwa einen halben Zentimeter weit auf die Bruchstelle des Düsenziegels über. Offensichtlich hat man die Ofenbrust unmittelbar nach Abschluß des Ofenganges aufgerissen. Dabei

---

109 Ebd. 128 f. 142.

110 Alle Funde liegen beisammen in einer Kiste mit der Aufschrift „Mengen, Kr. Saulgau. Nr. 16". Heute gehört Mengen zum Kreis Sigmaringen. Das Fundmaterial verdanke ich der Aufmerksamkeit von F. Klein, LDA Tübingen.

111 Vgl. Geologische Übersichtskarte von Südwestdeutschland. In: Historischer Atlas Baden-Württemberg (Stuttgart 1975) Blatt II.3. Gerade in diesem Bereich wird nördlich der Ablach ein frührömisches Kastell vermutet. Vgl. Ph. Filtzinger, Die militärische Inbesitznahme durch die Römer. In: Historischer Atlas Baden-Württemberg (Stuttgart 1978) Blatt III.3. Vgl. auch Heiligmann, „Alb-Limes" Beilage 1. Auffallenderweise befindet sich unter den Funden aus Mengen ein römischer Ziegel.

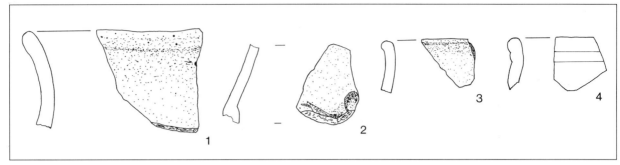

Abb. 31: Frühalamannische Keramik aus Mengen, geborgen zusammen mit Verhüttungsrelikten. M. 1:2.

zerbrach der eingesetzte Düsenziegel. Die daranhaftende Schlacke war noch so weich, daß sie etwas über die soeben entstandene Bruchfläche laufen konnte.
Einige verziegelte Brocken, darunter solche mit Rutenabdrücken, haben nichts mit Verhüttung zu tun. Dazwischen liegt auch das Bruchstück eines römischen Leistenziegels. Zusammen mit den Verhüttungsabfällen wird noch frühalamannische Keramik aufbewahrt. Zwei Scherben mit ausbiegendem Rand gehören zu schalenurnenartigen Gefäßen (Abb. 31,1.3), wie sie aus der Grabung Essingen „Weiherwiesen" in großer Zahl vorliegen.[112] Eine Wandscherbe stammt von einem Gefäß, dessen Umbruch durch Kanneluren gegliedert war (Abb. 31,2). Vergleichsstücke gibt es in frühalamannischen Siedlungen des Breisgaus.[113] Insgesamt 21 unverzierte Wandscherben mit auffallend starker Magerung und hohem Glimmeranteil im Ton dürfen ebenfalls in die frühalamannische Zeit eingeordnet werden.[114] Die Scherbe eines scheibengedrehten Gefäßes mit rundlich verdicktem Rand und einfach gerippstem Hals (Abb. 31,4) gehört zu einer gängigen Variante der spätrömischen Terra nigra-Schüsseln, die in alamannischen Gräbern der ersten Hälfte des 4. Jh. gefunden werden.[115] Weiter liegt noch eine Terra nigra-Wandscherbe vor.
Man kann davon ausgehen, daß frühalamannische Keramik und Verhüttungsabfälle zusammen am gleichen Fundplatz geborgen wurden. Damit ist natürlich noch keine gesicherte Datierung gewonnen. Doch dürfen die Bruchstücke von Düsenziegeln und die Art der Schlacken, da sie den Funden aus Essingen „Weiherwiesen" gleichen, als zusätzliche Indizien für eine Datierung der Verhüttungsabfälle in frühalamannische Zeit gewertet werden.

2.3. Die mittlere Schwäbische Alb

Über Bohnerzlagerstätten auf der mittleren Schwäbischen Alb ist wenig bekannt. Ein kleines Erzrevier, das sich über einen Teil der Reutlinger Alb westlich der Echaz erstreckt, wurde während der Neuzeit ausgebeutet. Es umfaßt das Gebiet von Sonnenbühl-Undingen, -Willmandingen, -Erpfingen (alle Kreis Reutlingen) und Burladingen-Melchingen (Zollernalbkreis). Doch blieb dieses Revier unbedeutend, was man an der geringen jährlichen Fördermenge ablesen kann.[116] Die Entfernung zum nächsten Hochofen war sehr groß: das Erz der Reutlinger Alb wurde zum Werk Friedrichstal bei Freudenstadt verfrachtet. Offenbar lohnte es sich nicht, im Einzugsgebiet der mittleren Schwäbischen Alb Schmelzhütten zu bauen. Das war in älteren Zeiten vermutlich anders.
P. Goeßler berichtet „... die dem Verfasser vom Schultheisen in Gächingen mündlich mitgeteilte Tatsache, daß eine ganze Scheuer in Kohlstetten (Flads Witwe) auf einem in Lehm gebetteten Schlackenlager ruht".[117] Kohlstetten, heute zur Gemeinde Engstingen im Kreis Reutlingen gehörend, liegt noch auf der Reutlinger Alb, doch bereits etwas abseits des neuzeitlichen Abbaugebiets westlich der Echaz (Abb. 1 Nr. 15).
Weit außerhalb aller in der Literatur aufgeführten Bohnerzlagerstätten liegt eine Fundstelle auf dem „Natterbuch" bei Feldstetten, Stadt Laichingen, Alb-Donau-Kreis. A. Hedinger berichtet 1898 von einem Schlackenplatz, der sich am Westrand des Quellsees auf dem Natterbuch erstreckte (Abb. 1 Nr. 16).[118] Neben sehr eisenreichen Schlacken – angeblich mit 70% Eisenoxid –, Holzkohle und verbrannten Kalksteinen erwähnt er auch verziegelte Lehmbrocken. An der

---
112 Zum Typ vgl. S. 224f. (Kempa).
113 Abgebildet bei Fingerlin, Frühe Alamannen 113 Abb. 10,2 (Mengen im Breisgau); 114 Abb. 12 (Jechtingen). Von der östlichen Schwäbischen Alb kenne ich nur eine primitivere Variante aus Sontheim im Stubental, wo die plastischen Kanneluren durch breite Riefen ersetzt sind. Vgl. D. Planck, Fundber. Baden-Württemberg 3, 1977, 564 Abb. 15,4.
114 Zur Machart der frühalamannischen Keramik vgl. S. 223f. (Kempa).
115 R. Koch, Fundber. Baden-Württemberg 6, 1981, 592f. mit Abb. 6,1 (Typ 6).
116 Reinert (Anm. 97) 112; Bayer (Anm. 97).
117 P. Goessler, Die vor- und frühgeschichtlichen Altertümer des Oberamtes Urach. In: Beschreibung des Oberamtes Urach (Stuttgart 1909) 136f.
118 Fundber. Schwaben 6, 1898, 61f.

Fundstelle wurden Scherben geborgen, die Paulus als alamannisch bestimmte, wobei Hedinger sie ohne nähere Erläuterung in das späte 3./4. Jh. einordnet. Hedinger weist darauf hin, daß in der Umgebung reichlich Bohnerz vorhanden sei. Natürlich ist die Datierung mittels einiger Scherben, deren Zusammenhang mit den Schlacken unklar bleibt, und deren Ansprache nicht nachvollzogen werden kann, nichts weniger als sicher. Man kann auch nicht ausschließen, daß Hedinger nur Schmiedeschlacken gefunden hat, doch klingt seine Beschreibung mehr nach Fließschlacken, die in einem Verhüttungsofen erzeugt wurden.

Bereits auf der mittleren Flächenalb liegt eine Fundstelle bei Hausen ob Urspring, Stadt Schelklingen im Alb-Donau-Kreis (Abb. 1 Nr. 17). 500 m östlich des Ortes südlich der Flur „Grubenacker" kann man Eisenschlacken auflesen, die über mehrere Äcker streuen. Es handelt sich um Bruchstücke von Fließschlacken. In der Ackerkrume findet man auch Bohnerz. Es ist nicht ausgeschlossen, daß die Schlacken zusammen mit Erdaushub von dem nahegelegenen Ort hierher angefahren wurden.[119]

Auf der Vorderen Alb, ebenfalls abseits der bekannten Bohnerzreviere, liegt Hengen, Stadt Bad Urach, Kreis Reutlingen (Abb. 1 Nr. 18). Ch. Bizer beobachtete in Aushubmaterial, das aus dem Ortskern Hengens stammte, auffällige Schlackenkonzentrationen. Dazwischen fanden sich frühalamannische Scherben der Art, wie sie auf dem Runden Berg bei Urach bekannt sind.[120]

Bei den aufgeführten Fundstellen lassen sich einige Gemeinsamkeiten erkennen. Aus Kohlstetten wurde ein mächtiges Schlackenlager gemeldet. Vergleichbare Fundumstände kennen wir schon aus Bitz auf der südwestlichen Schwäbischen Alb. Aber auch die Lesefunde aus der Umgebung Hengens und Hausens stammen offenbar aus Schlackenkonzentrationen, die im Inneren der Ortschaften zu suchen sind. Wiederum erinnert man sich an die analogen Verhältnisse in Bitz, wo die Schlacken erwiesenermaßen aus dem Ortskern auf die umliegenden Felder verschleppt worden sind. An keiner der Fundstellen können die Verhüttungsabfälle datiert werden, doch fällt auf, daß wiederholt über alamannische bzw. frühalamannische Funde berichtet wird.

Der einzige Verhüttungsplatz der Mittleren Alb, an dem die Verhüttungsabfälle aus zweifelsfrei datierbaren Zusammenhängen geborgen werden konnten, wird im folgenden besprochen.

Lenningen-Schopfloch „Kreuzäcker", Kreis Eßlingen

Schopfloch liegt dicht am Trauf der mittleren Kuppenalb (Abb. 1 Nr. 19). Der Ort erstreckt sich auf dem Ansatz einer Bergzunge, die, umgeben von den Tälern der Lauter und der Lindach, sich bis zu 5 km gen Norden

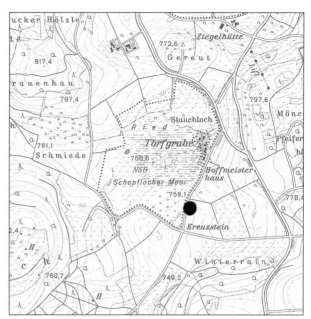

Abb. 32: Lenningen-Schopfloch, Kr. Esslingen. Frühalamannische Grubenhütte mit Verhüttungsabfällen südlich der Schopflocher Torfgrube. Kartengrundlage: Topographische Karte 1:25 000, Ausschnitt aus Bl. 7423. Hrsg. Landesvermessungsamt Baden-Württemberg, Stuttgart. Vervielfältigung genehmigt unter Az.: 5.11/878.

ins Vorland vorschiebt mit der Teck als nördlichstem Ausläufer. Mitten auf der Bergzunge, ca. 2,7 km nördlich von Schopfloch, erfüllt ein kleines Torfmoor eine rings von Kuppen umgebene Senke aus, die Schopflocher Torfgrube.

Am Südostrand des Moores (Abb. 32) wurde 1980 während des Baus einer Wasserleitung ein Grubenhaus angeschnitten.[121] Der Leitungsgraben verlief in Nord-Süd-Richtung entlang des Weges vom Kreuzstein zum Otto-Hofmeister-Haus. Dabei wurde mitten durch den Befund gebaggert, so daß nur ein kleiner Rest der westlichen Schmalseite sowie das östliche Drittel des Grubenhauses für eine Untersuchung übrig blieben (Abb. 33). Die Größe des in Ost-West-Richtung orientierten Befundes kann mit 4,5 × 3,5 m angegeben werden. Er war bis zu 20 cm in den anstehenden Kalkverwitterungslehm eingetieft. Zwei kräftige Firstpfosten an den Schmalseiten reichten bis zu 70 cm unter die Grubensohle. Auch an den Längsseiten ließ sich jeweils ein Pfosten der Dachkonstruktion

---

119 Die Kenntnis der Fundstelle verdanke ich R. Kreutle, LDA Tübingen. Sie wurde 1990 von Herrn Honold aus Ulm gemeldet. Fließschlacken konnte ich selbst im Sommer 1991 am Fundort aufsammeln.

120 Ch. Bizer/U. Gross, Völkerwanderungszeitliche und frühmittelalterliche Funde aus Hengen, Stadt Urach, Kreis Reutlingen. Arch. Ausgr. Baden-Württemberg 1991, 233 ff. Die Informationen zu den Schlacken verdanke ich einer mündlichen Mitteilung von Ch. Bizer.

121 J. Biel, Fundber. Baden-Württemberg 10, 1986, 598 Taf. 81A.

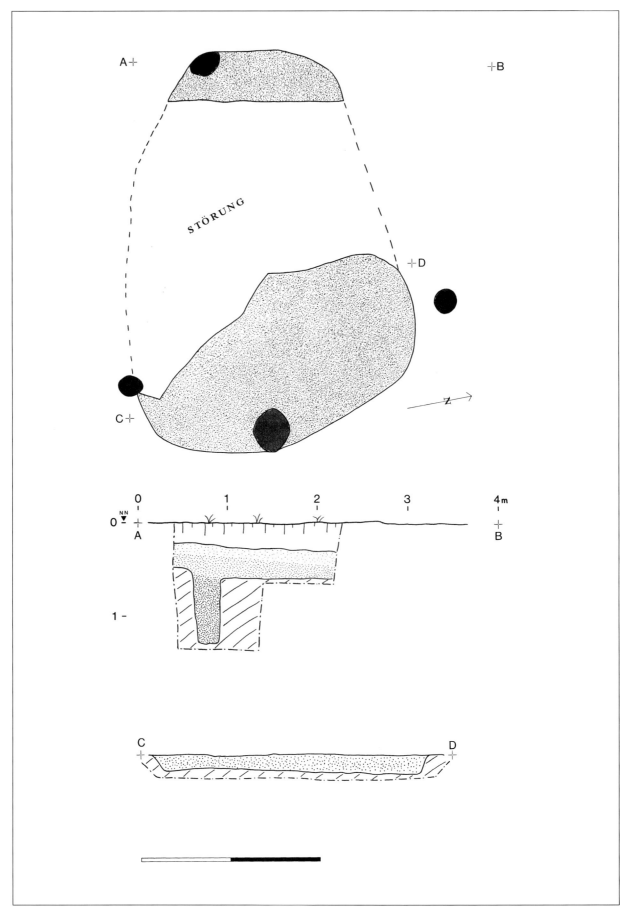

Abb. 33: Planum und Profil der frühalamannischen Grubenhütte bei Schopfloch.

nachweisen. Auf der Sohle der eben noch erhaltenen westlichen Schmalseite fielen starke Holzkohlekonzentrationen auf. Etwa 3 m nordöstlich der östlichen Schmalseite wurde ein weiterer Befund festgestellt. Der nur flach erhaltene Rest eines 30 cm breiten Gräbchens war auf 1,5 m Länge zu verfolgen, bis es unter einer jüngeren Schuttschicht verschwand.

Aus dem Grubenhaus wurden rund 90 Scherben handgemachter Keramik geborgen, die stark verwittert und nur zum kleinen Teil näher ansprechbar sind. Ein fast vollständig erhaltenes Gefäß mit Trichterhals, auf dessen Umbruch vier Knubben sitzen, gehört in die frühalamannische Zeit.[122] Das gleiche gilt für eine kleine Bodenscherbe mit Standring und 15 Wandscherben, deren ziemlich hart gebrannter Ton stark mit mittelgrobem Gesteinsgrus und Glimmer durchsetzt ist. Eine Scherbe mit scharf abgesetztem, innen gekehltem Rand ist urnenfelderzeitlich (Ha B1). Weitere 16 weich gebrannte Wandscherben sind ebenfalls vorgeschichtlich und gehören wohl in die gleiche Zeit wie die urnenfelderzeitliche Randscherbe. Daneben liegen ca. 50 römische Wandscherben vor, die allesamt sehr schlecht erhalten sind. Die Randscherbe einer tongrundig-glattwandigen Reibschale[123] sowie zwei Randscherben und einige rillenverzierte Wandscherben von rauhwandigen Töpfen mit ausbiegendem Rand[124] datieren in das 2. Jh. Zu erwähnen sind noch fünf Bruchstücke römischer Ziegel. Das Grubenhaus ist offensichtlich in frühalamannischer Zeit verfüllt worden, wobei auch die älteren römischen und vorgeschichtlichen Funde hineingerieten.

Die Verfüllung barg zahlreiche Eisenschlacken, desgleichen wird auch Bohnerz erwähnt. Als Probe wurde eine große Kiste voll Schlacken aufbewahrt. Die Schlacken sind in meist faust- bis maximal kindskopfgroße Stücke zerschlagen. Ihre Farbe ist grauschwarz bis rostigbraun, manchmal spielt sie auch ins Violette. Oft haften verschlackte Lehmreste an der Außenseite. Der Bruch ist blasig, häufig sind Holzkohlebröckchen eingebacken. Die Schlacken gleichen den Ofenschlacken aus Essingen „Weiherwiesen". Charakteristische Fließschlacken fehlen.

Weiterhin fanden sich in der Verfüllung viele hart verziegelte, teils verschlackte Lehmknollen bis etwa Kindsfaustgröße. Vier dieser Bruchstücke haben jeweils eine grauschwarze Zone mit verschlackter Außenseite und eine oxidierend gebrannte Seite ohne Spuren von Verschlackung. Sehr wahrscheinlich handelt es sich um die schlecht erhaltenen Überreste von Düsenziegeln, wie sie ebenfalls aus Essingen „Weiherwiesen" bekannt sind.

Nach dem Befund zu urteilen gelangten die Verhüttungsabfälle während der frühalamannischen Zeit in den Boden, können aber theoretisch schon vorher erzeugt worden sein. Da sie mit den gesichert frühalamannischen Funden aus Essingen „Weiherwiesen" verglichen werden können, gewinnt die Datierung in frühalamannische Zeit an Wahrscheinlichkeit.

3. Das Vorland der mittleren Schwäbischen Alb

3.1 Pingen und Schlacken im Braunjura Beta

P. Goeßler richtete bereits zu Beginn unseres Jahrhunderts sein Augenmerk auf die Verhüttungsplätze im Vorland der mittleren Schwäbischen Alb. Ihm waren mehrere Schlackenhalden aus dem Waldgebiet zwischen Metzingen und Reutlingen bekannt.[125] Auch die Spuren von Erzschürfgruben blieben ihm nicht verborgen.[126] Weiterhin kannte Goeßler die Fundkonzentration östlich von Frickenhausen und Linsenhofen.[127] Er hatte jedoch noch keine Anhaltspunkte für die Datierung.

In den Jahren 1963 bis 1965 untersuchte L. Szöke im Auftrag von H. Zürn die Eisenerzvorkommen des Albvorlandes zwischen Reutlingen und Weilheim an der Teck. Das Ergebnis legte er im Rahmen einer Diplomarbeit vor.[128] Das Arbeitsgebiet umfaßte die Albvorberge mit den ausstreichenden Schichten des Braunjura Beta. Besonders detailliert wurde das Gebiet zwischen Erms und Lauter untersucht, wobei der Gedanke im Hintergrund stand, daß die Zeugnisse der Eisenverhüttung mit dem spätkeltischen Oppidum bei Grabenstetten in Zusammenhang stehen könnten. Für diese Vermutung fanden sich jedoch keine Belege.

---

122 BIEL (Anm. 121) Taf. 81A. Zur Form vgl. S. SPORS-GRÖGER in: Der Runde Berg bei Urach. Führer Arch. Denkmäler Baden Württemberg 14 (Stuttgart 1991) 163.
123 Form wie HEILIGMANN, „Alb-Limes" Taf. 40,6.
124 Wie HEILIGMANN, „Alb-Limes" Taf. 29; 30; 69; 70, wo Vertreter der sehr variantenreichen Gruppe abgebildet sind. Vgl. auch S. 218.
125 P. GOESSLER in: Beschreibung des Oberamtes Urach (Stuttgart 1909) 136 f. zählt sechs Fundstellen auf. Er beruft sich auf SPEIDEL, Bl. Schwäb. Alberv. 10, 1898, 154, der vier Fundstellen kannte. Leider wird nicht in jedem Fall klar, welche Fundstelle Speidels Goessler jeweils meint, ja, ob er überhaupt alle berücksichtigt.
126 Vgl. SPEIDEL (Anm. 125). Er meint gewiß die Gruben, die SZÖKE, Schlackenhalden Abb. 2, Karte 2 am „Hohenrain" und am „Hohenraintöbele" kartierte. GOESSLER (Anm. 125) lokalisierte sie fälschlich am „Gunzentobel".
127 SZÖKE, Schlackenhalden Abb. 2 Nr. 10.
128 Vorbericht: L. SZÖKE, Frühgeschichtliche Eisenverhüttung im Vorland der Schwäbischen Alb zwischen Weilheim an der Teck und Metzingen. In: Vita pro ferro (Festschr. R. DURRER) (Schaffhausen 1965) 103 ff. Endgültige Publikation, redigiert von H. Zürn: SZÖKE, Schlackenhalden.

Das Hauptanliegen der Arbeit Szökes war es, die Erzlagerstätten zu identifizieren. Zu diesem Zweck kartierte er die Schürfgruben. Die Gruben sind im Gelände als verstürzte Trichter ausgeprägt. Man trifft die Abbauspuren ausschließlich im Braunjura Beta zwischen dem oberen Donzdorfer Sandstein und der Grenze zum Braunjura Gamma an. Auf dem oberen Donzdorfer Sandstein liegt eine aufgearbeitete Dachbank aus Toneisensteinlaiben und -platten. Im Hangenden folgen 12 bis 13 m mächtige, bröckelige Lehme, so daß die erzführenden Schichten leicht erreichbar sind. Liegen die Lagerstätten unter ebenem Gelände, sind die Schürfgruben flächig über die ganze Ebene verteilt und bilden Felder; keilt die erzführende Schicht am Hang aus, folgen die Gruben kettenförmig den Höhenlinien. Liegt der erzführende Horizont tiefer als 2,5 m unter der Oberfläche, wurde er laut Szöke angeblich nicht weiterverfolgt. Die Toneisensteine erreichen meist Faust- bis Kindskopfgröße.[129]

Szöke fand im Gelände insgesamt etwa 100 Schlackenhalden. Gewöhnlich handelt es sich um flache Hügel von drei bis sechs Metern Durchmesser, manchmal auch um kompakte Schichten, sogenannte Schlackenlager. Hinzu kamen verschleppte Funde, die ohne deutliche Konzentration über ein größeres Areal streuten, vor allem auf Äckern und an Wasserläufen. Fast alle kartierten Schlackenplätze liegen in einem kleinen Gebiet östlich von Frickenhausen und Linsenhofen.[130]

Im restlichen Arbeitsgebiet stellte Szöke ab und zu Streufunde von Schlacken, aber nur ganz vereinzelt Schlackenhalden fest. Die Konzentration der Fundstellen bei Frickenhausen-Linsenhofen ist zumindest teilweise darauf zurückzuführen, daß Szöke seine Begehungen auf ausgewählte Gebiete beschränken mußte. Die schon bei Goeßler erwähnten Funde südlich Metzingen und neu gemeldete Schlackenhalden lehren, daß in der Region mehr Verhüttungsplätze erhalten sind, als es nach den Karten Szökes den Anschein hat.[131] Dabei fällt auf, daß nicht alle Schlackenplätze in unmittelbarer Nähe der Schürfgruben liegen. Abgesehen von Fundstellen an Bachläufen am Rande des Braunjura Beta gibt es auch Verhüttungsplätze im Lias, kilometerweit entfernt von den Erzvorkommen, die Szöke beschrieb.[132]

Szöke sondierte mehrere Verhüttungsplätze mittels kleiner Grabungsschnitte, alle im Verbreitungsschwerpunkt der Schlackenhalden östlich der Orte Frickenhausen und Linsenhofen. Das bei dieser Gelegen-

---

129 Zum Erz vgl. S. 31 f. (REIFF/BÖHM); S. 274 (YALÇIN/HAUPTMANN).
130 SZÖKE, Schlackenhalden Abb. 2 Nr. 10.
131 So wurden mir allein während der Ausgrabungen in Metzingen vier Schlackenhalden im Raum Grafenberg/Metzingen/Neuhausen gemeldet, die bei Szöke fehlen.
132 Vgl. PLANCK, Eisen 58 Abb. 10.

Abb. 34: Metzingen, Kr. Reutlingen. 1 Schlackenhalde und Verhüttungsofen des hohen Mittelalters im „Kurleshau". 2 Schlackenhalde, schon auf Gemeinde Grafenberg. 3 Schürfgruben im Braunjura Beta am Floriansberg. Kartengrundlage: Topographische Karte 1:25 000, Ausschnitt aus Bl. 7421. Hrsg. Landesvermessungsamt Baden-Württemberg, Stuttgart. Vervielfältigung genehmigt unter Az.: 5.11/878.

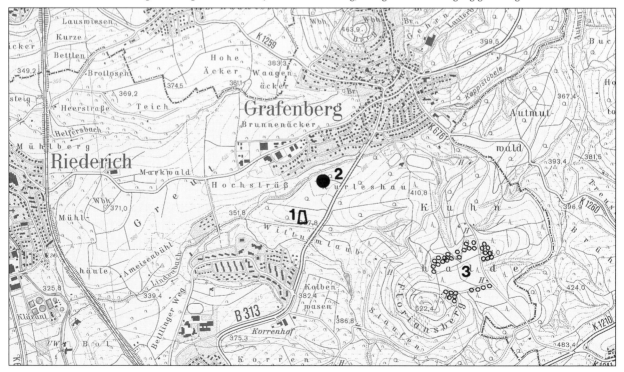

heit geborgene Fundmaterial wird im Württembergischen Landesmuseum in Stuttgart aufbewahrt. Szöke fand einen Rennofentyp mit flachem Herd von ca. 70 cm Durchmesser, zu dem charakteristische Windformen gehören, die aus röhrenartigen Düsen bestehen. Soweit datierende Hinweise vorliegen, sind seine Befunde in die Merowinger- und die Karolingerzeit einzuordnen.[133] Ganz anders sieht dagegen ein Schmelzofen aus, der im Jahr 1990 in Metzingen „Kurleshau" freigelegt wurde und der im folgenden vorgestellt wird.

3.2 Die Ausgrabungen in Metzingen „Kurleshau" (Kreis Reutlingen)

Die Lage

Bei Metzingen (Abb. 1 Nr. 21) tritt die Erms zwischen den stark zerlappten Albvorbergen in das Nekkarland über. Die Erms hieß in römischer Zeit Armissa. In Metzingen bestand wahrscheinlich ein Heiligtum der confanesses Armisses.[134] Im Ort erstreckt sich ungefähr 900 m nördlich der Kirche St. Martin ein ausgedehntes, frühmittelalterliches Gräberfeld.[135] Die nähere Umgebung war im frühen Mittelalter dicht besiedelt, wie zahlreiche Reihengräberfunde belegen. Auch frühalamannische Siedlungsspuren fehlen nicht. Knapp acht Kilometer südöstlich liegt der Runde Berg bei Urach, der wiederholt Sitz befestigter Siedlungen war: eine in frühalamannischer Zeit beginnende Phase dauerte vom 4. bis in das frühe 6. Jh.; eine weitere beginnt in der Mitte des 7. und endet im frühen 8. Jh.; die letzte setzt im Laufe des 9. Jh. ein und dauert bis etwa 1000 n. Chr.[136]
Als im Februar 1990 bei Waldarbeiten 2,5 km nordnordöstlich von Metzingen eine gut erhaltene Schlakkenhalde entdeckt wurde, bot sich die Gelegenheit zu einer Ausgrabung. Die Grabungen wurden im März des gleichen Jahres unter der Mitwirkung zahlreicher freiwilliger Helfer durchgeführt.[137]
Die Schlackenhalde liegt im Gewann „Kurleshau" am südlichen Abhang eines bewaldeten Spornes, der sich zwischen die Ortschaften Metzingen und Grafenberg schiebt (Abb. 34 Nr. 1). Ein Quellbach des Lindenbaches, der 700 m weiter östlich entspringt, fließt entlang des Spornes 35 m südlich der Fundstelle vorbei. Das Gelände fällt im Bereich des Verhüttungsplatzes zunächst sanft, dann zum Bachufer plötzlich steil ab. Der Höhenunterschied zwischen Verhüttungsplatz und Bachspiegel beträgt 14 m. Südlich des Bachs schließt in der Flur „Wittumlaub" eine sanft geneigte Wiese an. Unter dem humosen Waldboden steht Opalinuston an (Braunjura Alpha). Erst in einem Abstand von 600 m Luftlinie beginnt auf dem Floriansberg der Braunjura

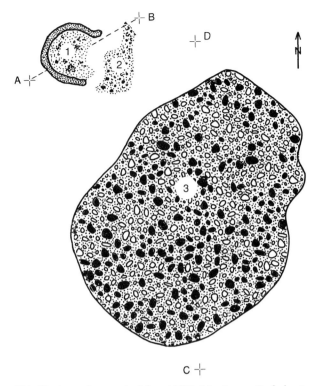

Abb. 35: Ausgrabungen des Jahres 1990 in Metzingen „Kurleshau". 1 Verhüttungsofen. 2 Arbeitsplatz vor dem Ofen. 3 Schlackenhalde. M. 1:100.

Beta mit seinen erzführenden Schichten. Dort trifft man 980 m ostsüdöstlich des Verhüttungsplatzes auf Schürfgruben (Abb. 34 Nr. 3).[138]

Der Befund

Die Schlackenhalde war als schwache Erhebung ausgeprägt. Unter einer dünnen Laub- und Reisigschicht schauten die Schlacken hervor. Sie bedeckten ein unregelmäßiges Oval von acht mal sechs Metern Ausdeh-

---

133 Vgl. 330 f. mit Abb. 4.
134 Fundber. Schwaben 16, 1908, 70.
135 VEECK, Alamannen 309. Vgl. weiter Fundber. Schwaben N.F. 8, 1935, 132; ebd. 15, 1959, 190. 136. Der Runde Berg bei Urach. Führer Arch. Denkmäler Baden-Württemberg 14 (Stuttgart 1991). Speziell zur frühalamannischen und frühmittelalterlichen Besiedlung der Umgebung vgl. M. KNAUT ebd. 128 ff. mit den Karten Abb. 67; 68; 140 ff. (Fundstellennachweis).
136 Der Runde Berg bei Urach. Führer Arch. Denkmäler Baden-Württemberg 14 (Stuttgart 1991). Speziell zur frühalamannischen und frühmittelalterlichen Besiedlung der Umgebung vgl. M. KNAUT ebd. 128 ff. mit den Karten Abb. 67; 68; 140 ff. (Fundstellennachweis).
137 Die Fundstelle wurde von Herrn Fischer aus Metzingen entdeckt. Die Ausgrabung stand unter der Leitung des Verfassers unter Mitwirkung von Frau B. Kochler, Grabungstechnikerin des LDA. Die Ausgrabungen waren nur möglich durch die tatkräftige Unterstützung freiwilliger Helfer. Besonders gedankt sei P. Rogosch und seinen Mitarbeitern vom Arbeitskreis Stadtgeschichte Metzingen.
138 SZÖKE, Schlackenhalden Abb. 2 Nr. 4.

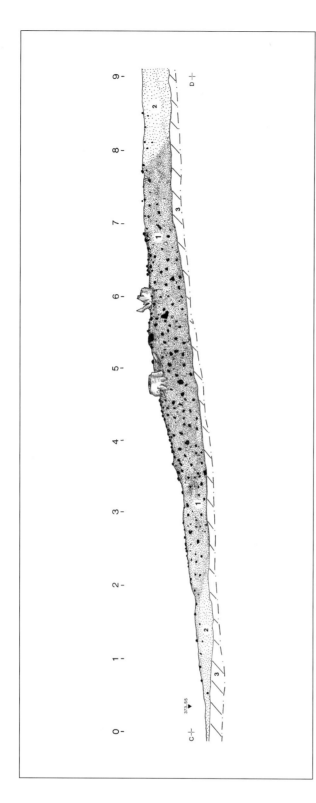

nung und waren entsprechend dem Gefälle in südlicher Richtung verzogen (Abb. 35 Nr. 3). Dies wird besonders im Profil deutlich (Abb. 36). Die Halde saß auf dem anstehenden Opalinuston und war in der Mitte 60 cm mächtig. Während sie nach Süden, hangabwärts, auskeilte hatte sich hangaufwärts vor der markant aufgeworfenen Halde verlagerter Lehm angesammelt. Die Schlackenmenge kann man auf 40 bis 50 Tonnen schätzen.[139]

Eineinhalb Meter nordwestlich der Schlackenhalde wurden die Überreste eines Verhüttungsofens erfaßt (Abb. 35 Nr. 1). Der Sumpf des Schmelzofens hatte einen Durchmesser von 1,64 m und war im Zentrum 16 cm stark, um sich zu den Rändern bis auf 4 cm Dicke zu verjüngen (Abb. 37). Er bestand aus grauschwarzem, hart verziegeltem Lehm, der stark mit Holzkohlepartikeln durchmischt war. Der Ofensumpf saß unmittelbar auf dem Opalinuston, der durch die Hitzeeinwirkung 8 bis 14 cm tief rötlich verfärbt war.

Die Wandung des Ofens hatte sich bis zu 8 cm Höhe erhalten. Sie bestand aus graubraunem bis grauschwarzem, hart verziegeltem Lehm. Stellenweise war noch eine besondere Auskleidung mit Lehm vorhanden, das Ofenfutter. Das Ofenfutter bestand aus einer 7 cm starken Lehmschicht, die durch die Hitzeeinwirkung vielfach geborsten und auf der stark verschlackten Innenseite verglast war (Abb. 38). Einschließlich der Auskleidung betrug die Stärke der Ofenwand 30 cm. Die lichte Weite des Ofeninnenraums kann mit etwa einem Meter angegeben werden. Das Ofeninnere war mit ein-

---

139 Zur Berechnung S. 163 f. mit Anm. 43. Problematisch ist die Bestimmung des Volumens, da die Schlacken in der Halde unregelmäßig dicht verteilt sind.

Abb. 36: Metzingen „Kurleshau". Profil der Schlackenhalde (vgl. Abb. 35 C–D): 1 Schlacken. 2 Kolluvium. 3 Anstehender Opalinuston. M. 1:40.

Abb. 37: Metzingen „Kurleshau". Profil des Verhüttungsofens (vgl. Abb. 35 A–B): 1 In den Ofeninnenraum eingeschwemmte Verfüllung. 2 Hart verziegelter, grauschwarzer Lehm, durchmischt mit Holzkohle. 3 Rot verfärbter Opalinuston. 4 Opalinuston. 5 Kolluvium. 6 Tiergang. M. 1:40.

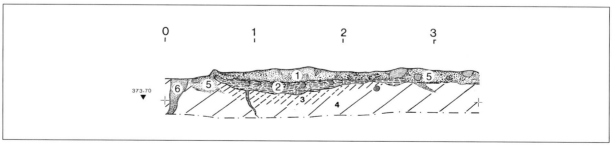

Abb. 38: Metzingen „Kurleshau". Ofenfutter mit verglaster Fläche von der Innenseite der Ofenwand. Größe 12 × 12 cm, Stärke 7 cm.

Abb. 39: Metzingen „Kurleshau". Bruch eines Fließschlackenfragments, 15 × 6 cm. Links oben ist gut die glasige Struktur des muscheligen Bruchs erkennbar.

Abb. 40: Metzingen „Kurleshau". Etwa kopfgroßes Ofenschlackenbruchstück aus der Halde.

geschwemmtem Lehm verfüllt, in dem einzelne Bruchstücke der Ofenwandung lagen. Außerhalb des Ofens bestand der Boden aus verlagertem Lehm, in den einzelne Holzkohlebröckchen, verziegelte Lehmknollen und Schlackenstückchen eingeschlossen waren. Entlang der Außenseite des Ofens war der Lehm auf 20 cm Breite rötlich verfärbt.

An der Ostseite des Ofens war die Wand vollständig ausgebrochen. Vor diesem Bereich war der Lehm flächig von kleinen, verziegelten Partikeln durchsetzt (Abb. 35 Nr. 2). Unmittelbar südöstlich dieses Platzes schloß die Schlackenhalde an. Offenbar wurde der Ofen von hier aus bedient, insbesondere wurde an dieser Stelle die Schlacke abgestochen, nach Beendigung des Ofengangs die Brust aufgerissen, der Ofen ausgeräumt und wiederhergestellt.

Die Funde

Neben Schlacken fanden sich Teile der Ofenwand und Fragmente von Windformen. Bis auf einige Bruchstücke der Ofenwand und wenige Schlackenbrocken, die im Ofeninneren und auf dem Arbeitsplatz vor der aufgebrochenen Ofenwand lagen, stammt das gesamte Material aus der Schlackenhalde. Datierbare Funde, insbesondere Scherben von Tongefäßen, wurden nicht geborgen.

In der Halde findet man zweierlei Schlacken. Die Masse besteht aus meist kindsfaustgroßen Bruchstücken von Fließschlacken. Die größeren Fragmente sind flach und plattig und zeigen deutliche Fließstrukturen. Nicht selten umschließen sie gleichmäßige Hohlräume, die so groß wie Tischtennisbälle sein können.

Beim Aufschlagen zersplittern sie wie Glas. Die Bruchflächen sind dicht und glasig, in der Farbe dunkelgrün bis schwarzgrün (Abb. 39). Zwischen den Fließschlacken lagen etwa kopfgroße Bruchstücke von Ofenschlacken, Gewicht meist etwa 1,5 bis 2 kg, alle mit äußerst unregelmäßiger, zerklüfteter Oberfläche (Abb. 40). Im Bruch glänzen sie schwarzgrau und zeigen neben zahlreichen kleine Bläschen Holzkohleabdrücke. Auch die Ofenschlacke ist sehr spröde und splittert beim Aufschlagen.

19 bis zu faustgroße Brocken sind auffallend schwer und stark magnetisch. Ihre unregelmäßig zerklüftete Oberfläche besitzt eine rostigbraune Farbe. Ein in der Aufsicht annähernd dreieckiges Stück mißt 19 mal 14 mal 19 cm und wirkt wie das herausgebrochene Segment einer runden Scheibe, Stärke 5 cm. Die Stücke bestehen offensichtlich aus metallischem Eisen. Die Eisenfragmente wurden in der Schlackenhalde gefunden. Weiter lagen in der Halde bis zu kopfgroße Brocken aus hart verziegeltem, graubraunem Lehm, die oft eine

Abb. 41: Metzingen „Kurleshau". Vier Bruchstücke von Windformen aus der Halde, Außen- und Innenseite. Innerer Durchmesser ca. 6 cm.

ebene Seite aufweisen. Vermutlich sind dies Bruchstücke der Ofenbrust, die nach jedem Aufreißen des Ofens zusammen mit der Schlacke auf die Halde geworfen wurden.

Wichtig sind 19 Scherben von Windformen (Abb. 41). Die größte Scherbe mißt 9 mal 7 cm. Die Wandstärke beträgt zwischen 1,8 und 2,2 cm. Die Scherben sind aus sehr dichtem, ziegelhart gebranntem Ton gefertigt. Die zernarbte, von Hitzerissen durchzogene Außenseite ist orangefarben, manchmal ins Violette spielend. Bei zwei Fragmenten trägt die Außenseite jeweils Spuren von Verschlackung. Die Innenseite zeigt eine hellorangerote Färbung und ist ebenfalls rissig. Gleichmäßige Streifen in Längsrichtung sind bei der Herstellung, vermutlich beim Glätten, entstanden. Ein wenig wirken diese Scherben wie Bruchstücke von Drainageröhren, denen sie auch in der Größe entsprechen. Der Durchmesser der Windformen kann aufgrund der Krümmung mit 8,5 bis 9, die lichte Weite mit etwa 6 cm angegeben werden.

Die Datierung

Zwei Holzkohleproben wurden mit der Radiokarbonmethode datiert. Je eine Probe stammt aus dem Ofeninneren und aus einem Schlackenbrocken, der in der Schlackenhalde lag:[140]

1. Probe aus dem Ofeninneren
   1 sigma: cal. AD 1189 bis 1259
   2 sigma: cal. AD 1160 bis 1283

2. Probe aus der Halde
   1 sigma: cal. AD 1045 bis 1102 (51%)
   1113 bis 1146 (29%)
   1152 bis 1174 (20%)
   2 sigma: cal. AD 1034 bis 1214

Um das Ergebnis abzusichern, wurden Proben aus der verziegelten Ofenwand und dem Ofensumpf mit der Thermolumineszenzmethode datiert:[141]

1. Probe aus dem verziegelten Ofensumpf:
   1027 n. Chr. ± 121 Jahre

2. Probe aus der verziegelten Ofenwand:
   973 n. Chr. ± 105 Jahre

Die beiden TL-Werte ergeben gemittelt 996 n. Chr. ± 105 Jahre. Alle Daten überschneiden sich im 11. und 12. Jahrhundert. Der Ofen muß irgendwann in dieser Zeit betrieben worden sein.

Die Untersuchungen der Schlacken und Eisenbrocken aus der Schlackenhalde führten zu dem Ergebnis, daß die mittelalterlichen Schmelzer mit dem Metzinger Ofen regelmäßig hoch aufgekohltes Roheisen herstellen konnten.[142] Hierzu mußten sie eine höhere Temperatur erzeugen, als im gewöhnlichen Rennofen erreicht werden kann. Sowohl der große Innendurchmesser der Windformen (6 cm) als auch die ungewöhnliche Weite des Reduktionsraums im Ofen (an der Basis 1 m) lassen vermuten, daß dem Ofen nur mit Hilfe mechanisch angetriebener Blasebälge genügend Wind zugeführt werden konnte. Vielleicht hat man zu diesem Zweck das südlich der Fundstelle vorbeifließende Rinnsal aufgestaut. Das war 150 m östlich jenseits der Straße Metzingen-Grafenberg möglich, wo auch künstliche Eintiefungen und Bodenwellen am Bach erhalten sind. Diese Spuren können allerdings auch auf Erdbewegungen beim Bau der Straße zurückgehen.

Verzeichnis der abgekürzt zitierten Literatur s. S. 335 f.

---

140 Vgl. S. 267 (Beitrag Kromer).
141 Vgl. S. 262 ff. (Beitrag Wagner/Wagner).
142 Dazu S. 289 ff. (Beitrag Yalçın/Hauptmann).

V. Die Ausgrabungen auf den „Weiherwiesen" bei Essingen (Ostalbkreis)

MARTIN KEMPA

1.	Die „Weiherwiesen" und ihre Umgebung	193
1.1	Anlaß der Ausgrabung	193
1.2	Die Landschaft	194
1.3	Ältere Funde	196
2.	Die archäologischen Ausgrabungen	196
2.1	Die Ausdehnung der Fundstelle	196
2.2	Die geomagnetischen Messungen	198
2.3	Durchführung der Grabungen	199
2.4	Die Bodenverhältnisse	199
3.	Die vorgeschichtlichen Funde und Befunde	201
3.1	Die bronze- und urnenfelderzeitliche Besiedlungsspuren	201
3.2	Die hallstattzeitlichen Brandgräber	204
3.3	Die vorgeschichtliche Besiedlung auf dem Albuch	206
4.	Das römische Kastell	208
4.1	Gestalt und Größe des Kastells	208
4.2	Die römischen Befunde	209
4.3	Die römischen Funde	214
4.4	Datierung und Zweck des Kastells	219
5.	Die frühalamannische Besiedungsphase	222
5.1	Die Verteilung der Funde und Befunde	222
5.2	Die frühalamannischen Funde	223
5.3	Datierung und Funktion der Siedlung	226
6.	Die früh-, hoch- und spätmittelalterliche Besiedung	227
6.1	Frühmittelalterliche Funde	227
6.2	Das hohe Mittelalter	227
6.3	Das späte Mittelalter	228
7.	Katalog der Funde und Befunde der Ausgrabung Essingen „Weiherwiesen"	229
7.1	Vorbemerkung zum Katalog	229
7.2	Die Funde und Befunde der Grabung 1	229
7.3	Die Funde und Befunde der Grabung 2	253

1. Die „Weiherwiesen" und ihre Umgebung

1.1 Anlaß der Ausgrabung

Die Entdeckung der archäologischen Fundstelle auf den „Weiherwiesen" geht auf das Jahr 1979 zurück, als Herr L. Mack aus Heidenheim auf den Äckern der Flur erstmals vorgeschichtliche und römische Funde auflas.[1] Hinzu kam, daß O. Braasch 1987 aus der Luft den Umriß einer rechteckigen Grabenanlage fotografierte und – wie sich später herausstellte zutreffend –

---

[1] L. MACK, Bohnerzförderung und -verhüttung auf der östlichen Schwäbischen Alb. Jahrb. Heimat- und Altertumsverein Heidenheim an der Brenz 1989/90, 19.

Abb. 1: Die „Weiherwiesen" bei Essingen. Im Süden (unten) der zugefrorene Weiher inmitten des Naturschutzgebietes. Im Norden (oben) der unter dem Pflug liegende „Weiherplatz" mit dem Umriß des römischen Kastells. Aufnahme O. Braasch, LDA.

als römisches Kastell ansprach (Abb. 1).[2] Große Eisenschlackenbrocken, die im Bereich der späteren Grabung 1 (zur Lage der Grabungsflächen vgl. Abb. 3) herausgepflügt wurden, ließen darüber hinaus auf einen alten Verhüttungsplatz schließen.

Die Fundstelle wurde 1990 im Laufe eines halben Jahres ausgegraben. Zu klären waren nicht nur die Datierung und die näheren Umstände der Verhüttung,[3] sondern auch die Besiedlungsgeschichte des Platzes und die Frage, wie die aus der Luft entdeckte Grabenanlage einzuordnen sei.

1.2 Die Landschaft[4]

Die „Weiherwiesen" liegen dreieinhalb Kilometer südlich der Gemeinde Essingen auf der Hochfläche des Albuch. Unmittelbar nördlich schließen die Rosensteinrandhöhen an, die den Albtrauf bilden. An den stark zertalten Abhängen der Randhöhen entspringen die Quellbäche der Rems. Dem Albtrauf vorgelagert verläuft gen Westen das Remstal, während sich gen Nordosten die Aalener Bucht erstreckt.

Die vom Weißen Jura gebildete kuppige Hochfläche des nördlichen Albuch wird von bis zu vierzig Meter mächtigen Feuersteinlehmen bedeckt. Die Feuersteinlehme tragen in der unmittelbaren Umgebung der „Weiherwiesen" lößhaltige Schuttdecken periglazialen Alters, das Ausgangsmaterial für die Bodenbildung.[5] Die tiefgründig entkalkten Böden sind für jeglichen Ackerbau ungünstig, weshalb ausgedehnte Wäl-

---

2 Arch. Ausgr. Baden-Württemberg 1990, 308 Abb. 199; 311 Abb. 201.
3 Zur Eisenverhüttung auf den „Weiherwiesen" S. 150 ff. (Kempa).
4 Zu den naturräumlichen Gegebenheiten auf der östlichen Schwäbischen Alb: S. 15 f. (Reiff/Böhm); S. 39 ff. (Smettan); S. 147 ff. (Kempa), jeweils vom geologischen, botanischen und archäologischen Standpunkt.
5 Hinweis von Prof. Dr. Pfeffer, Geographisches Institut Tübingen, während einer gemeinsamen Geländebegehung. Vgl. auch S. Schweizer, Schwermetalle in ausgewiesenen Ökosystemeinheiten des nördlichen Albuches/östliche Schwäbische Alb (unpubl. Diplomarbeit Univ. Tübingen 1991).

der die Landschaft bestimmen. Wie Inseln liegen in diesen Wäldern die bewirtschafteten Fluren von Essingen „Weiherwiesen", Tauchenweiler, Irmannsweiler und Zang. Anders sieht es in der 1000 m westlich der „Weiherwiesen" beginnenden Lauterburger Markung aus. Dort steht der Kalkfels knapp unter der Oberfläche an und trägt flachgründige Rendzinen.

Der gesamte Nordalbuch ist vollständig verkarstet. Hohe Niederschläge – um 1000 mm jährlich auf der „Rauhen Wiese" – niedrige Temperaturen und zahlreiche Frosttage (120 Frosttage im Jahr) kennzeichnen das Klima. Besonders die kurze Vegetationsperiode wirkt sich noch heute ungünstig auf den Anbau von Nutzpflanzen aus.

Eine Fichtenanpflanzung teilt die „Weiherwiesen" in eine nördliche und eine südliche Hälfte (Abb. 1). Die nördliche Hälfte wird landwirtschaftlich genutzt. Bis auf wenige Wiesenparzellen liegt sie unter dem Pflug. Im Südosten schließt die beackerte Fläche eine große Doline ein. Laut Flurkarte heißt der nördliche, heute noch bewirtschaftete Teil eigentlich „Weiherplatz" und nur die südliche Hälfte der Flur trägt den Namen „Weiherwiesen". Im örtlichen Sprachgebrauch ist die Bezeichnung „Weiherwiesen" für die gesamte Flur einschließlich des „Weiherplatzes" üblich und soll auch hier beibehalten werden.

Die südliche Hälfte der Flur ist in ein Naturschutzgebiet umgewandelt worden. Sie fällt zu einer Senke ab, auf deren Sohle bei 670 m über NN zwei Weiher aufgestaut sind. Nach Norden, Westen und Süden steigt die Umgebung auf 680 bis 700 m Höhe an. Nur gen Osten fällt die Senke weiter zum „Wasserfall" hin ab und mündet in ein nach Süden und Südwesten verlaufendes Trockental, das sich schließlich im Wental fortsetzt. Am Westrand des Naturschutzgebietes entspringt eine Quelle, die in einer Hülbe gefaßt ist. Quellwasser tritt auch im gesamten Streifen zwischen der Hülbe und dem oberen (westlichen) Weiher an die Oberfläche und speist die beiden Weiher. Das Wasser fließt aus dem unteren (östlichen) Weiher nach Osten ab und versickert 1000 m östlich der Quelle im „Wasserfall". In der verkarsteten Umgebung gibt es sonst keine fließenden Gewässer. Der Wasserreichtum war von jeher der Hauptanreiz für die Besiedlung und landwirtschaftliche Nutzung des Platzes.

Der Untergrund besteht auf der gesamten Flur aus Feuersteinlehm. In der Nordwestecke der Grabung 1 wurde einmal bis auf den anstehenden Kalkfels gebaggert. Dort betrug die Mächtigkeit des Feuersteinlehms einschließlich der humosen Bedeckung 5,3 m (vgl. S. 153 Abb. 3). Im Bereich der beiden Weiher besteht der Untergrund aus Feuersteinrotlehm mit hohem Tonanteil und ist wasserundurchlässig. Er erreicht hier eine Mächtigkeit von bis zu 30 m.[6]

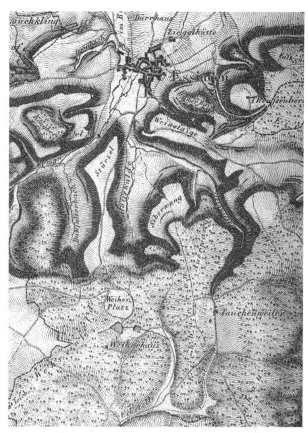

Abb. 2: Die „Weiherwiesen" zu Beginn des 19. Jh. Bereits damals bestanden der obere und der untere Weiher. Im Norden ist der „Weiherplatz" eingefriedet. Der kürzeste Weg von Essingen aus führt über den „Stürzel". Kartengrundlage: Ausschnitt aus Top. Atlas Württemberg, 1:50 000, Bl. XXIII (1838; Nachdruck 1983). Hrsg. Landesvermessungsamt Baden-Württemberg, Stuttgart. Vervielfältigung genehmigt unter Az.: 5.11/878.

Westlich des oberen Weihers hat sich im Quellgebiet eine Vermoorung gebildet, die offenbar durch die Anlage der Weiher verursacht wurde.[7] Beide Weiher bestanden bereits zu Beginn des 19. Jahrhunderts. Sie sind im Topographischen Atlas des Königreichs Württemberg eingezeichnet. Weiter geht aus dem Kartenwerk hervor, daß der nördliche Teil der Flur, der auch in dieser Karte als „Weiherplatz" bezeichnet wird, eingefriedet war. Der südliche Abschluß dieser Einfriedung wurde in Grabung 1 erfaßt und als Befund 3 beschrieben (Abb. 2 und Beilage 2, 4: Bef. 3). Am Südrand der „Weiherwiesen" betrieb die Gemeinde Essingen noch in der Mitte des 19. Jh. ein Viehhaus.[8] Die kürzeste Verbindung von Essingen zu den „Weiherwiesen" führt über den Stürzel, gewiß der bequemste Auf-

---

[6] Festgestellt während der Wiederherstellung der Weiher in den Jahren 1969 und 1977 durch A. Weiss. Vgl. ders., Naturschutzgebiet Weiherwiesen auf dem Albuch. Führer Natur- und Landschaftsschutzgebiete Baden-Württemberg 16 (Karlsruhe 1988) 11.

[7] S. 109f. (SMETTAN). Danach wurde der obere Weiher in der 2. Hälfte des 16. oder zu Beginn des 17. Jh. angelegt.

[8] Beschreibung des Oberamts Aalen (Stuttgart 1854) 239.

stieg zur Albhochfläche in der gesamten Umgebung. Heute wird gewöhnlich der längere und steilere, doch asphaltierte Weg durch das Ersbachtal, der zunächst nach Tauchenweiler führt, benutzt.

1.3 Ältere Funde (vgl. S. 152 Abb. 2)

Nur 900 m westlich der „Weiherwiesen" stößt man im Wald „Oberwehrenfeld" auf 22 gut erhaltene, große Grabhügel, die aus Lehm aufgeworfen sind. Einige Hügel griffen auf die Flur „Fuchsloch" in der benachbarten Markung Lauterburg über, wo sie durch die Bewirtschaftung zerstört wurden. Die heute noch erhaltenen Grabhügel gehören wohl allesamt in die Hallstattzeit.[9] Daneben wurden am Waldsaum bzw. schon im Fuchsloch am Ende des 19. Jh. aus zwei kleinen Steinhügeln mittelbronzezeitliche Bestattungen geborgen. Die beigegebenen Bronzen zweier Gräber lassen sich in die Stufen Reinecke Bronze C1 und C2 einordnen.[10] 250 m nördlich des „Oberwehrenfeldes" trifft man in der „Zwerchhalde" auf drei weitere Hügel. Das Gräberfeld im „Oberwehrenfeld" und sein Ausläufer in der „Zwerchhalde" werden von den „Weiherwiesen" durch eine Kuppe getrennt, die auch ohne Bewaldung keine Sichtverbindung zuließ. Vermutlich gehören die Grabhügel zu Siedlungen, die auf der Lauterburger Markung zu suchen sind.
Eine weitere Gruppe von sieben Grabhügeln, die 3,5 km nordöstlich der „Weiherwiesen" im Wald „Eichert" liegt, kann in die Hallstattzeit datiert werden.[11] Kleinere Grabhügelgruppen gibt es noch auf den benachbarten Gemarkungen von Heubach, Bartholomä, Königsbronn und Steinheim am Albuch. Abgesehen von diesen Grabhügeln bleibt der gesamte nördliche Albuch fundleer.[12] Daß dieses Gebiet dennoch zumindest seit der Mittleren Bronzezeit besiedelt war, lehren erst die Ergebnisse der Ausgrabungen auf den „Weiherwiesen" bei Essingen in Verbindung mit den Pollenprofilen von „Rauher Wiese" und „Rötenbacher Streuwiese".
Auch römische und frühmittelalterliche Funde kannte man bislang nur in den Tallagen vor dem Albtrauf um Essingen. Hier fällt für die römische Zeit sogar eine gewisse Fundkonzentration auf.[13] Römische Siedlungsreste sind westlich der Kirche von Essingen und 400 m südwestlich des Hofes Dauerwang nachgewiesen.[14] Offenbar wurden in dem Seitentälchen „Kügeles Teich" gut einen Kilometer östlich des Ortes römische Gräber zerstört.[15] Sowohl im Hof Teußenberg als auch in der Kirche St. Quirinus waren römische Spolien verbaut.[16] Die Hinweise auf römische Besiedlung verwundern nicht 4 km südlich des Limes, unmittelbar an der Militärstraße, die vom Kastell Schwäbisch Gmünd-Schirenhof über Böbingen zum Kastell der Ala milliaria in Aalen führte.
In Essingen sind zwei frühmittelalterliche Reihengräberfelder nachgewiesen: eines im Schloßgarten nördlich des Ortskerns, ein weiteres südlich des Ortskernes an der Tauchenweiler Straße.[17] Einzelfunde lassen einen dritten Bestattungsplatz am nordöstlichen Ortsausgang Richtung Hermannsfeld vermuten.[18] Ortsnamen mit der Endung -ingen gehen gewöhnlich auf Personennamen zurück, nach denen der Ort in frühmittelalterlicher Zeit benannt wurde. Essingen müßte dann von dem germanischen Personennamen „Atzo/Azzo" abgeleitet werden. Allerdings könnte es sich im Falle von Essingen auch anders verhalten.[19]

2. Die archäologischen Ausgrabungen

2.1 Die Ausdehnung der Fundstelle

Bodenmerkmale, die in Luftbildern festgehalten wurden, über Jahre hinweg aufgesammelte Lesefunde und geomagnetische Prospektionen ermöglichen es, die Ausdehnung der erhaltenen archäologischen Spuren im Gelände festzulegen.
Auf den beackerten Flächen in der nördlichen Hälfte der Flur gestaltet sich dies recht einfach. Im Luftbild sind außer den Gräben des Kastells weitere Erdverfärbungen sichtbar (Abb. 1). Diese Spuren greifen im Westen und Norden kaum über den Umriß des Kastells hinaus, dagegen erstrecken sie sich im Osten von der Nordostecke bis hinunter auf die Parzelle, die unmittelbar an das Naturschutzgebiet grenzt. Gen Osten reichen sie bis zur Mitte dieses 150 m langen Ackers. Zumindest ein Teil der Merkmale, die als kleine, scharf begrenzte Flecken ausgeprägt sind, darf auf Gruben zurückgeführt werden.[20]

---

9 Zürn, Grabfunde 109.
10 Zu den Ausgrabungen: W. Scheuthle, Fundber. Schwaben 2, 1894, 3 ff.; ein Beil der Stufe Bz C1 ebd. Abb. 4; eine Radnadel der Stufe Bz C2 ebd. Abb. 1.
11 Zürn, Grabfunde 108 f.
12 Vgl. S. 147 f. (Kempa).
13 Besonders augenfällig in der Karte von D. Planck, Zivile römische Besiedlung. In: Historischer Atlas Baden-Württemberg (Stuttgart 1980) Blatt III,4.
14 Scheuthle, Fundber. Schwaben 4, 1896, 33.
15 Scheuthle (Anm. 14) 34.
16 W. Scheuthle (Anm. 14). Fundber. Schwaben N.F. 18,2, 1967, 86.
17 Veeck, Alamannen 162. Neufunde: Fundber. Baden-Württemberg 9, 1984, 716.
18 Fundber. Baden-Württemberg 8, 1983, 383 f.
19 Die namenkundlichen Überlegungen verdanke ich L. Reichardt. Vgl. dazu S. 150; 329.
20 Vgl. S. 198 Abb. 4.

Die Äcker wurden über Jahre hinweg von ehrenamtlichen Mitarbeitern des Landesdenkmalamtes begangen.[21] Auch während der Grabungen des Jahres 1990 wurde das Gelände immer wieder abgesucht. Die Lesefunde bleiben klar auf das Gebiet beschränkt, das durch die im Luftbild erfaßten Merkmale abgegrenzt wird. Dabei häuften sie sich im Zentrum, d. h. am Westrand der späteren Grabung 1 und in der südlichen Hälfte des Kastells, und dünnten zu den Rändern nach Norden und Osten merklich aus. Diese Beobachtung wurde durch die Grabung 1 bestätigt: innerhalb der ausgegrabenen Fläche nahmen die Funde von Westen nach Osten rapide ab; auch waren die Befunde im östlichen Viertel nur noch schlecht erhalten.

Nach Süden erstreckt sich die Fundstelle ein Stück weit in das Naturschutzgebiet hinein. Geomagnetische Messungen erfaßten eine Reihe von Anomalien, die als archäologische Überreste interpretiert werden können (vgl. S. 163 Abb. 12).[22] Genau in diesem Bereich kommen in Maulwurfshaufen hin und wieder kleine Scherben und Schlackenstückchen zum Vorschein. Die Erde hat dort eine grauschwarze, aschige Farbe. Erst am Ostrand des geomagnetisch untersuchten Areals ist sie wieder gelbbraun wie gewöhnlich. Nach Süden läßt sich dies über die prospektierte Fläche hinaus nicht verfolgen, da der Trockenrasen dort in ein Feuchtgebiet übergeht. Eine natürliche Grenze ergibt sich durch eine Senke, die nach Osten abfällt. An ihrem Westrand erstreckt sich der Quellhorizont, der die beiden Weiher speist. Die Weiher wurden in der Senke angelegt, die den natürlichen Weg für das abfließende Wasser vorgibt. Zwar ist die Vermoorung westlich des oberen Weihers jüngeren Ursprungs,[23]

---

[21] L. Mack suchte die Fundstelle, seit er sie 1979 entdeckt hatte, häufig auf. Weitere Informationen verdanke ich den Herren D. Eberth (Königsbronn) und H. Kaiser (Schwäbisch Gmünd).
[22] S. 162 (KEMPA) zur Interpretation der geomagnetischen Messungen im Naturschutzgebiet.
[23] Vgl. Anm. 7.

Abb. 3: Prospektions- und Grabungsflächen auf den „Weiherwiesen" 1 Grabung 1 mit Befunden von der Bronzezeit bis in das hohe Mittelalter. 2 Grabung 2 im römischen Kastell; eingetragen ist weiterhin das Areal der geomagnetischen Prospektion im Kastell. 3 Schnitt durch die Schlackenkonzentration im Kastellgraben. 4 Geomagnetische Prospektion im Naturschutzgebiet. M. 1:2500.

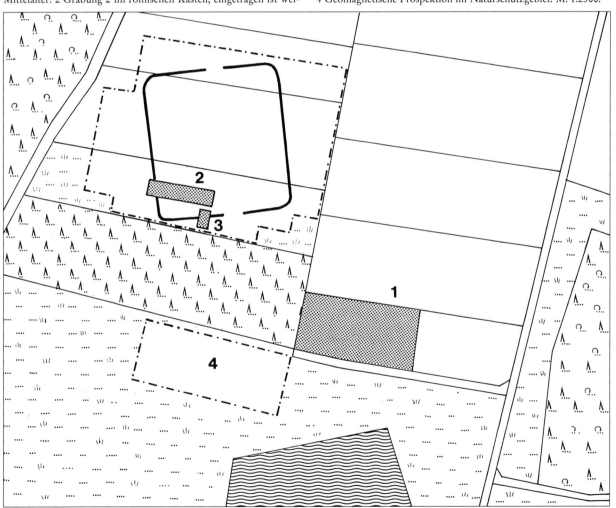

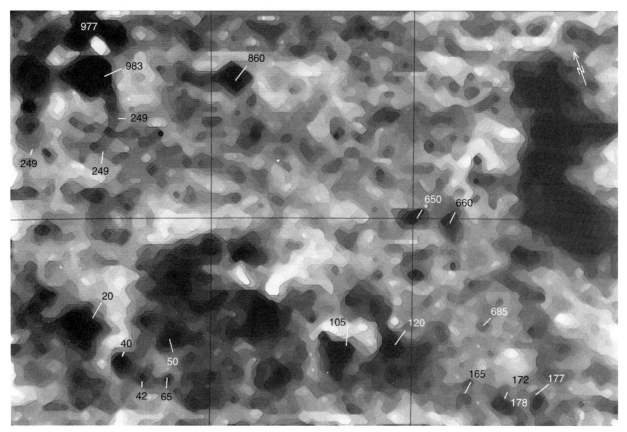

Abb. 4: Geomagnetische Prospektion in Grabung 1 mit den identifizierbaren Befunden (vgl. Beilage 2). Seitenlänge des Gitters 20 m. Aufnahme J. Faßbinder, München.

doch war das Gebiet sicher zu keiner Zeit geeignet, bewohnt zu werden. Die südliche Grenze der Fundstelle ist somit am Rand der Senke zu suchen, etwa auf der Höhe des nördlichen Weiherufers.

Faßt man alle Beobachtungen zur Ausdehnung der Fundstelle zusammen, ergibt sich ein Oval von etwa 200 × 250 m mit einer Fläche von annähernd fünf Hektar. In diesem Areal haben sich archäologische Spuren aus mehreren Epochen erhalten.

2.2 Die geomagnetischen Messungen

In drei Teilbereichen der Fundstelle wurden mittels geomagnetischer Verfahren die Störungen des Erdmagnetfeldes gemessen (Abb. 3).

Im Herbst 1989 untersuchte J. Faßbinder mit einem Caesium-Magnetometer[24] eine Fläche von 0,24 ha, die sich fast genau mit der späteren Grabung 1 deckt, nur daß die Grabung siebzehn Meter weiter nach Osten reichte. Die Ausgrabungen erlauben eine gute Kontrolle der Meßergebnisse (Abb. 4). Den großen urnenfelderzeitlichen Gruben Befund 20, 105 und 120 entsprechen Anomalien, die sich deutlich abzeichnen. Nicht zu identifizieren ist der ganz flach erhaltene Grubenrest Befund 473 (vgl. Abb. 4 und Beilage 2/2). Offensichtlich war es viel schwieriger, auch die jüngeren Befunde geomagnetisch zu erfassen. Die hallstattzeitlichen Befunde (Beilage 2/2) fehlen wohl deshalb, weil sie alle zu flach erhalten waren. Von den frühalamannischen Befunden (Beilage 2/3) ist nur die Grube Befund 860, die sehr tief in den Boden eingriff, erkennbar; von den hochmittelalterlichen Befunden (Beilage 2/4) wurden die Grube Befund 50 und der Graben Befund 249 erfaßt. Möglicherweise erzeugten die Befunde 50, 249 und 860 nur deshalb Anomalien, weil in der Verfüllung verteilt jeweils vergleichsweise viel Eisenschlacke lag. Sehr starke Anomalien produzierten einige Pfostenlöcher, in denen kopfgroße Eisenschlacken steckten (Abb. 4 Nr. 42, 65, 165, 172, 177, 178, 685) sowie eine flache Grube mit verziegelten Lehmbröckchen (Abb. 4 Nr. 40). Die große Grube Befund 660 wurde wohl ebenfalls nur aufgrund eines kopfgroßen Schlackenbrockens in der Verfüllung angezeigt. Der undatierte Befund 650 war sehr tief und enthielt ebenfalls größere Schlackenbrocken. Besonders gut ließ sich der Schacht Befund 983 durch die Magnetik

---

24 Die Meßapparatur stellte Herr Becker, Bayer. Landesamt für Denkmalpflege, München, zur Verfügung. Dort erfolgte auch die Auswertung der Messungen durch J. Faßbinder.

fassen, während der nördlich benachbarte Schacht 977 keine so klare Anomalie erzeugte, vermutlich weil er ganz am nördlichen Rand lag und nur teilweise in die Meßfläche reichte. Einer großflächigen Anomalie am Ostrand der Meßfläche entsprechen keine archäologisch faßbaren Strukturen. Zusammenfassend läßt sich feststellen: die geomagnetischen Messungen erkannten vor allem alte Grubenverfüllungen (Urnenfelderkultur), sehr tiefe Gruben (Schächte Bef. 983 und 977, Gruben Bef. 650 und 860) sowie Eisenschlacken. Zweimal wurden in und um das Kastell Messungen durchgeführt. Im Mai 1988 untersuchte H.-G. Jansen (Sindelfingen) mit einem Protonenmagnetometer unmittelbar den Abschnitt, den das Grabenwerk des Kastells einnimmt. Dabei gelang es ihm, den Umriß im Süden, wo die Struktur auf den Luftbildern in einer Wiese verschwindet, zu vervollständigen.

Weitere Informationen lieferten Messungen, die Faßbinder im Frühjahr 1990 durchführte.[25] Er untersuchte eine Fläche von 1,5 ha, die im Westen 20 und im Osten 30–40 m über das Kastell hinausgriff. Der Umriß tritt deutlich hervor (Abb. 9). Stellenweise fallen extrem starke Anomalien auf, die als Ansammlungen von Eisenschlacken im Boden erklärt werden können. Problematisch bleibt, inwieweit das Magnetogramm auch Innenstrukturen wiedergibt. Östlich des Kastells konnte ein weiterer Graben erfaßt werden, der parallel zum Kastellgraben verläuft.

Dreimal wurden Messungen am Nordrand des Naturschutzgebietes vorgenommen. Im Juli 1989 untersuchte ein Team des Deutschen Bergbau-Museums Bochum mit einem Protonenmagnetometer eine Fläche von 60 × 30 m.[26] Faßbinder prospektierte im März 1990 das gleiche Areal, allerdings im Westen um 20 m verlängert, wobei eine Meßfläche von 0,41 ha entstand (S. 163 Abb. 12). Es zeigten sich zahlreiche Anomalien, die man aufgrund der in Grabung 1 und 2 gewonnenen Erfahrungen mit einiger Sicherheit als Relikte von Verhüttung und Bergbau interpretieren kann.[27] Schließlich untersuchte im April 1992 noch einmal H. von der Osten (Landesdenkmalamt) die gleiche Fläche. Durch eng gewählte Meßpunkte erreichte er ein Ergebnis, das die Messungen Faßbinders bestätigt und in Einzelheiten klarer darstellt.

2.3 Durchführung der Grabungen

Die Ausgrabungen auf den Weiherwiesen dauerten vom 17. 4.–28. 9. 90. Zwei Teilbereiche der Fundstelle wurden untersucht (Abb. 3). Grabung 1 erfaßte den Acker, der unmittelbar an das Naturschutzgebiet grenzt. Im westlichen Teil dieses Ackers häuften sich Lesefunde und Eisenschlacken, des weiteren hatte die geomagnetische Prospektion hier zahlreiche Anomalien ergeben.

Grabung 2 und Schnitt 3 wurden auf den Wiesenparzellen am Südrand des Kastells angelegt. Sie erfaßten Abschnitte der Umwehrung und einen Ausschnitt aus der Innenfläche, des weiteren eine Schlackenkonzentration, die durch geomagnetische Prospektion angezeigt worden war.

Aus organisatorischen Gründen wurden beide Grabungen getrennt durchgeführt mit unabhängiger Numerierung der Flächen, Befunde und Funde. Die Grabungsmannschaft bestand aus fünf bis acht Arbeitern, die über eine Arbeitsbeschaffungsmaßnahme des Arbeitsamtes Aalen beschäftigt wurden, des weiteren aus bis zu zwei regulär eingestellten Arbeitern. Diese Kräfte wurden fast ausschließlich in der Grabung 1 eingesetzt. Die technische Leitung oblag Frau B. Kochler.[28] Vom 6. 8. bis 14. 9. 90 wurden zusätzlich „Ausgrabungskurse für Laien" angeboten. Diese Kurse dauerten jeweils zwei Wochen und waren im Durchschnitt mit zwölf Personen besetzt. Sie wurden von Frau Dr. G. Kurz aus Tübingen betreut. Die Kursteilnehmer arbeiteten vornehmlich im Bereich der Grabung 2. Die Gesamtleitung lag in den Händen des Verfassers.

2.4 Die Bodenverhältnisse

Das Grabungsgelände fällt sanft gen Südosten ab, etwa 1 m auf einer Strecke von 35 m. Über dem in knapp sechs Meter Tiefe beginnenden Kalkfels (S. 153 Abb. 3) steht Feuersteinlehm an, der wiederum von einem 35–50 cm mächtigen Kolluvium bedeckt wird. Das Kolluvium konnte M. Böhm auch in der Fichtenanpflanzung westlich der Grabung 1 bzw. südlich der Grabung 2 durch Bohrungen nachweisen.

Herr Böhm bestimmte an acht Profilen den pH-Wert des Bodens. Jedes Profil wurde in engen Abständen sowohl im Pflughorizont als auch im ungestörten Kolluvium und anstehenden Feuersteinlehm bis ca. 1 m Tiefe beprobt. Die Werte bewegen sich zwischen 4,9 und 4,4, ausnahmsweise auch um 5,0, d. h. der Boden

---

25 Dazu Arch. Ausgr. Baden-Württemberg 1990, 172 ff.
26 Das Ergebnis ist im Vergleich zu den beiden nachfolgenden Messungen wenig aufschlußreich: der Abstand der Meßpunkte war mit 1 m zu groß gewählt, die Darstellung des Ergebnisses in Isolinien ist wenig anschaulich, und schließlich reichte die Messung nicht weit genug nach Westen.
27 Vgl. S. 167 ff. (KEMPA).
28 Da Frau Kochler, Grabungstechnikerin des Landesdenkmalamtes, in den Monaten August und September erkrankte, wurde sie zeitweise von dem Auszubildenden B. Häck vertreten.

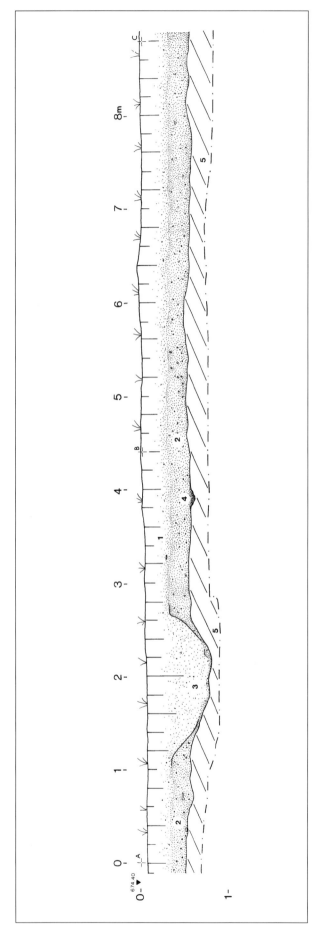

ist tiefgründig entkalkt. Das stark saure Milieu hat sich negativ auf den Erhaltungszustand der Funde ausgewirkt.

Archäologische Befunde hoben sich nach der Entfer-

Abb. 5: Westprofil der Fläche 1: Der neuzeitliche Graben (3) durchschlägt das Kolluvium (2). 1 Durch den Pflug gestörter Bereich des Kolluviums. 4 Rest eines Pfostenlochs. 5 Feuersteinlehm. M. 1:40.

Abb. 6: Ausschnitt des Nordprofils der Flächen 1 (bis B) und 2 (ab B). Das Kolluvium (2) geht fließend in den urnenfelderzeitlichen Befund 20 (3) und die hochmittelalterliche Grube Befund 29 (4) über. 1 Kolluvium, durch den Pflug gestört. 5 Feuersteinlehm. 6 Pfostenloch Befund 363. M. 1:40.

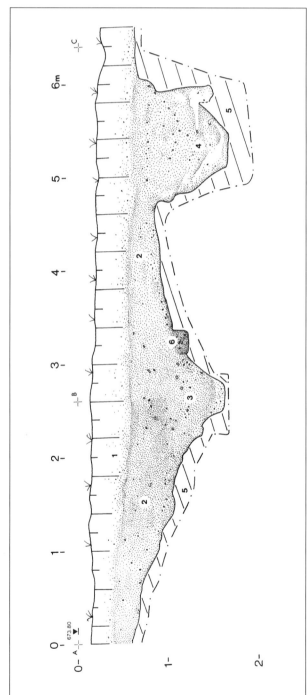

nung des Kolluviums in 35–50 cm Tiefe vom Feuersteinlehm ab. In den oberen Dezimetern ist der Feuersteinlehm von grauer Farbe, sehr steinig und durch zahllose Tiergänge zerwühlt. In 60–100 cm Tiefe geht er allmählich in den charakteristischen, satt gelben, tonigen Lehm über. Der Erhaltungszustand der Befunde war in Grabung 2 gut, wurde dagegen in Grabung 1 nach Osten hin zunehmend schlechter.

Der Pflug hat das 35–50 cm mächtige Kolluvium 25–30 cm tief gestört. Besonders gut hat sich das Kolluvium in Grabung 2 (Abb. 11) und in der Südwestecke der Grabung 1 in den Flächen 1 und 2 erhalten (Abb. 5;6). Weiter östlich war es weniger mächtig und weitgehend durch den Pflug verworfen.

Im liegenden Bereich des Kolluviums unmittelbar über dem Feuersteinlehm konzentrierten sich stellenweise die Funde:[29] so auf den Flächen 46 bis 48 der Grabung 2 neben 15 frühalamannischen 178 römische Scherben; in Grabung 1 auf den Flächen 1 und 2, in geringerem Maße entlang des gesamten West- und Südrandes der Grabungsfläche ca. 1000 urnenfelderzeitliche Scherben, vereinzelte frühalamannische und römische Funde sowie rund 40 Scherben der hochmittelalterlichen Glimmerware. Dagegen wurde nichts Spätmittelalterliches oder Neuzeitliches im ungestörten Kolluvium gefunden.

Einige weitere Beobachtungen helfen, die Zeitspanne einzugrenzen, in der sich das Kolluvium bildete. Der neuzeitliche Graben Befund 3 durchschlug das Kolluvium, dessen Bildung somit spätestens im 17. Jh. abgeschlossen war (Abb. 5). Dagegen setzten in Grabung 1 alle Befunde, die hochmittelalterlich (12./13. Jh.) oder älter waren, an der Unterkante des Kolluviums an (Urnenfelderkultur: Befund 20, Abb. 6; frühalamannisch: Befund 801 mit 977, S. 153 Abb. 3; hohes Mittelalter: Befund 29 und 249, Abb. 6). In der Regel war zu beobachten, daß die Verfüllung der Gruben ausgesprochen fließend in das Kolluvium überging.

Auch die römischen Befunde setzten an der Unterkante des Kolluviums an, d. h. sie wurden zu einer Zeit eingetieft, als sich das heute erhaltene Kolluvium noch nicht gebildet hatte. Doch gibt es in Grabung 2 einige zusätzliche Beobachtungen:

1. Über dem Schwellbalkengräbchen Befund 4, weniger deutlich auch über den Befunden 19, 88 und 94 eines Schwellbalkenbaus auf der Kastellinnenfläche, waren Spuren vergangener Holzkonstruktionen im Kolluvium zurückgeblieben (Abb. 11, 12).

2. Auf der Kastellinnenfläche fanden sich im untersten Bereich des Kolluviums ausschließlich römische Funde. Die wenigen frühalamannischen Scherben lagen zusammen mit zahlreichen weiteren römischen stets einige Zentimeter höher.

3. Das Kolluvium zieht über den im Verlauf der frühalamannischen Besiedlungsphase verfüllten Graben hinweg.

Aus diesen Beobachtungen folgt, daß die Bildung des Kolluviums unmittelbar nach der Auflassung des Kastells begann, wobei noch Teile der aufgehenden römischen Holzbauten aufrecht in dem sich akkumulierenden Bodenmaterial standen. Die Bildung des Kolluviums setzte sich auch nach der Verfüllung des Grabens in frühalamannischer Zeit fort. Wie lange, läßt sich aus den Verhältnissen in Grabung 1 folgern, nämlich bis in das hohe Mittelalter hinein. Gleichzeitig ist festzustellen, daß nach der Auflassung des Kastells kaum noch Material abgetragen wurde, denn die Ränder des Kastellgrabens keilten sehr flach aus, und die römischen Schwellbalkengräbchen waren gut erhalten.

Dagegen müssen zumindest in den beiden westlichen Dritteln der Grabung 1 nach der Späthallstattzeit erhebliche Materialmengen verlagert worden sein. Die späthallstattzeitlichen Brandgräber und der zugehörige Kreisgraben waren nur noch ganz flach erhalten. Hier fehlen mindestens 30 bis 40 cm bis zur alten Oberfläche. In Grabung 1 blieb die Bildung des Kolluviums bis in das hohe Mittelalter in Gang, wie die Funde zeigen.

Zusammenfassend kann man folgendes feststellen: Auf den „Weiherwiesen" wurden über längere Zeit hinweg die oberen Bodenschichten durch Wassereinwirkung umgelagert, wobei sich Abtragung und Aufschwemmung die Waage hielten. Besonders stark war die Abtragung irgendwann nach der Späthallstattzeit. Die Bildung des Kolluviums, so wie es heute ausgeprägt ist, begann am Ende der kastellzeitlichen Besiedlungsperiode und dauerte bis in das hohe Mittelalter an. Sicher sind auch die Scherben, die in den unteren Schichten des Kolluviums geborgen wurden, bis zu einem gewissen Grad umgelagert. Sie konzentrierten sich an bestimmten Stellen, wo sie sich vermutlich in ehemals vorhandenen Mulden, z. B. über großen Gruben, ansammelten.

3. Die vorgeschichtlichen Funde und Befunde

3.1 Die bronze- und urnenfelderzeitlichen Besiedlungsspuren

Machart und Verteilung der Keramik

Die Keramik der Bronze- und Urnenfelderkultur kann allein aufgrund ihrer Machart sowohl von der handgemachten frühalamannischen Ware als auch von

---

29 Zur Verteilung der Funde vgl. S. 201 f. 214 f. 222.

der Keramik aus den hallstattzeitlichen Brandgräbern leicht unterschieden werden. Sie ist stets weich gebrannt und wirkt im Bruch sehr inhomogen. Fast immer kann man im Ton Hornsteinsplitter feststellen. Selbst in Scherben dünnwandiger Gefäße findet man nicht selten Partikel, die 10 mm Kantenlänge erreichen; die dickwandigere Grobkeramik enthält noch größere Steinchen. Offenbar hat man die Keramik einfach aus dem anstehenden Feuersteinlehm hergestellt und bei der Aufbereitung des Tones nur die allergröbsten Bestandteile ausgelesen. Der Ton wurde nicht selten mit Keramikbruch gemagert. Der saure Boden hat die Oberfläche der Scherben stark angegriffen, so daß die äußere Schicht als mehliger Staub abgerieben werden kann oder gar in Schuppen abblättert. Selten haben sich bei feinkeramischen Formen Reste der geglätteten oder polierten Oberfläche erhalten.

2280 Scherben lassen sich aufgrund ihrer Machart der Bronze- und Urnenfelderzeit zuweisen. Davon stammen nur 150 aus dem Kastellbereich (Grabung 2), wo sie im Kolluvium (Schicht 2), zu einem geringeren Teil auch in römischen Befunden, geborgen wurden. Die Reste vorgeschichtlicher Siedlungen wurden wohl bei der Anlage des Kastells restlos zerstört.

Von den 2130 Scherben aus Grabung 1 fand sich ein gutes Viertel – insgesamt 563 Scherben – im unteren Bereich des Kolluviums (Schicht 2). 343 Scherben waren in Gruben und Pfostenlöcher der frühalamannischen Zeit und des hohen Mittelalters geraten. Über die Hälfte lag dagegen in vier großen Gruben, die während der Urnenfelderzeit verfüllt worden sind:

Befund 20:	752 Scherben
Befund 105:	136 Scherben
Befund 120:	131 Scherben
Befund 473:	205 Scherben
Gesamt:	1224 Scherben

Die Gruben werden im Katalog näher beschrieben. Sie sind sehr unregelmäßig gestaltet und unterschiedlich tief. Ihre Funktion im Siedlungszusammenhang bleibt unklar (Beilage 2,2). Die umfangreichen Keramikkomplexe erlauben es, die Verfüllung der vier Gruben innerhalb des Zeitraumes der Urnenfelderkultur näher zu bestimmen.

Abgesehen von dem Grubenrest Befund 473, der nur 30 cm tief erhalten war, enthielt die Verfüllung aller Gruben einige wenige frühalamannische und hochmittelalterliche Scherben sowie Eisenschlacken. Die Eisenschlacken waren walnuß-, vereinzelt auch kindsfaustgroß. Die jüngeren Einschlüsse fanden sich ausnahmslos im oberen Bereich der Verfüllung bis maximal 30 cm Tiefe. Zweifellos wurden alle Gruben während der Urnenfelderzeit verfüllt und die jüngeren Scherben und Schlacken müssen nachträglich in die Verfüllung gelangt sein. Da die obere Bodenschicht sehr stark von Tiergängen durchwühlt war, wurden sie vielleicht durch Bioturbation verschleppt. Auch Trockenrisse im Erdreich könnten die Ursache sein, daß Gegenstände aus dem Kolluvium oder dem Humus tiefer rutschten: während des trockenen Sommers 1990 entstanden in den umliegenden Wiesen stellenweise breite Risse, in die man mühelos mit dem Arm bis zur Schulter hineinlangen konnte.

Datierung der Keramik

Einige Scherben unterscheiden sich durch ihre Randbildung von der Masse der urnenfelderzeitlichen Keramik. Sie besitzen einen nicht weiter abgesetzten, meist kolbenförmig verdickten Rand, der im einzelnen unterschiedlich ausgeprägt sein kann. Vier Randscherben lagen im Kolluvium (Abb. 15,6; 16,8; 17,2; eine aus Fläche 3 ist nicht abgebildet), fünf in der Grube Befund 20 (Abb. 18,1–3). Ihre Machart entspricht den übrigen Scherben bis auf den Umstand, daß der Ton noch gröber ist, und die Oberfläche oft aus einer orangebraunen Rinde besteht, die schuppig abblättert. Das gleiche gilt für 29 Wandscherben, die aufgesetzte Leisten tragen, welche glatt (Abb. 15,3; 24,13) oder mit Fingertupfen verziert sein können (Abb. 15,6; 16,3.8.9; 17,2.6; 24,9; 29,13.14; 18,4–7). Auch die Wandscherben fanden sich entweder im Kolluvium oder in der Grube Befund 20, dagegen nicht in den drei übrigen urnenfelderzeitlichen Gruben.

Jüngst hat J. Rehmet entsprechende Formen aus Treffensbuch im Alb-Donau-Kreis besprochen und erneut ihre Datierung in die Mittlere Bronzezeit herausgearbeitet.[30] In Treffensbuch fehlen die charakteristischen Verzierungen der früh- bis mittelbronzezeitlichen Siedlungskeramik (Reinecke Bronzezeit Stufe A2/B). Dagegen sind Formen und Verzierungen der Späten Bronzezeit (Bronzezeit D) gut vertreten. Rehmet sieht darin ein Indiz, daß die vorhandenen mittelbronzezeitlichen Formen und Verzierungen einem jüngeren Stadium der Mittleren Bronzezeit angehören und schließt nicht aus, daß sie bis in die Späte Bronzezeit andauern könnten.[31]

Genau wie in Treffensbuch vermißt man in Essingen Verzierungen vom Beginn der Mittleren Bronzezeit, doch fehlt hier jeder Hinweis auf die Späte Bronzezeit.

---

30 J. Rehmet, Eine bronze- und eisenzeitliche Fundstelle in Treffensbuch, Gde. Berghülen, Alb-Donau-Kreis. Fundber. Baden-Württemberg 14, 1989, 204 ff. mit Abb. 15–18, hier auch die ältere Lit. zu dieser Keramikgattung.

31 Ebd. Vgl. auch Chr. Unz, Die spätbronzezeitliche Keramik in Südwestdeutschland, in der Schweiz und in Ostfrankreich. Prähist. Zeitschr. 48, 1973, 46 ff. (zur Abgrenzung von mittel- und spätbronzezeitlichen Siedlungskomplexen).

Abgesehen von den aufgeführten Formen der Mittleren Bronzezeit setzt das Material erst in der voll entwickelten Urnenfelderkultur (Hallstatt A2) ein. Man möchte deshalb glauben, daß diese Gruppe von insgesamt 38 Scherben die Überreste einer mittelbronzezeitlichen Besiedlungsphase repräsentiert, die wohl der Stufe Bronzezeit C1/2 entspricht.

Alle anderen bestimmbaren Scherben sind urnenfelderzeitlich. Glücklicherweise hat R. Dehn die Urnenfelderkultur in Nordwürttemberg bearbeitet und bei der Besprechung der Keramik eine Typeneinteilung entwickelt, die sich leicht auf das Siedlungsmaterial von Essingen anwenden läßt. Man findet im Material die von Dehn herausgearbeiteten Zeitgruppen a (Ha A2), b (Ha B früh) und c (Ha B spät) wieder.[32]

Die Keramik wird im folgenden getrennt nach urnenfelderzeitlichen Gruben vorgestellt, da die umfangreichen Komplexe sich zeitlich unterscheiden. Den besprochenen Formen wird jeweils die Zeichenkombination zugesetzt, mit der Dehn seine Formen benannt hat.[33]

Befund 20

Von 752 Scherben sind 119 näher bestimmbar, der Rest besteht aus unverzierten Wand- und Bodenscherben. Nach Ha A gehört ein Becher mit abgesetztem Halsfeld und kantig ausgelegtem Schrägrand (Abb. 19,11: Typ Dehn ICa), ebenso die Randscherbe eines weiteren Bechers (Abb. 19,10: Dehn IIIa). Zwei Becher mit weich abgesetztem bzw. innen kanneliertem Schrägrand (Abb. 19,7–8: Dehn IIIb) sind erst in Ha B denkbar, ebenso ein flau profiliertes, randloses Zylinderhalsgefäß (Abb. 21,2: Dehn IAb).

Die größte Gruppe bilden grobe Schrägrandgefäße, z. T. mit verziertem Randabschluß (Abb. 18,8–15; 19,1–6; 20,10.13; 21,1.4; 41 nicht abgebildete Fragmente). Hier gibt es alle Übergänge zwischen den eher kantigen, frühen Formen der Gruppe a (Dehn II1–4) und den jüngeren, gerundeten der Gruppe b (Dehn II4–6). Sicher erst nach Ha B gehören Scherben wie Abb. 18,12 mit innen kanneliertem Rand, Abb. 18,8 mit gerundetem, weich abgesetztem Rand oder die Randscherbe Abb. 20,10, die mit verwaschenen Eindrücken im Randknick verziert ist.

Scherben von Knickwandschalen liegen sowohl mit scharf abgesetztem Rand und kantigem Wandknick der Gruppe a vor (Dehn VAa: Abb. 20,7.8.12; ein nicht abgebildetes Fragment wie Abb. 20,7), als auch mit einfach gerundetem Rand und flauem Wandknick der Gruppe b (Dehn VAb3: Abb. 20,9.11; ein nicht abgebildetes Fragment wie Abb. 20,11).

Nicht näher datierbar sind einfache konische und gewölbte Schalen (Dehn VI: Abb. 20,14–18.20; 21,3.5), darunter eine mit waagrecht abgestrichenem, verbreitertem Randabschluß (Abb. 20,19), weiter die Randscherbe einer Henkeltasse wie Abb. 22,10 und ein Spinnwirtel (Abb. 20,6).

An Verzierungen treten vor allem waagrechte Riefen auf (Abb. 19,13–16.18.19; 20,1.2; fünf nicht abgebildete Wandscherben). Vier Wandscherben sind durch breite Kanneluren gegliedert (Abb. 19,12; 20,5; 2 nicht abgebildete), einmal kombiniert mit einer schräg verlaufenden Rillengruppe (Abb. 20,5). Wenige Scherben sind mit gebogenen Riefen verziert (Abb. 19,17; 20,3). Alle Verzierungen sind charakteristisch für Ha A und frühes Ha B. Eine Wandscherbe mit gerafften Riefen (Abb. 20,4) gehört nach Ha A. Ein kleines, flächig graphitiertes Wandfragment der Stufe Ha B spät paßt nicht zu den übrigen Funden.

Das Material aus Befund 20 verteilt sich zu etwa gleichen Teilen auf die Stufen Ha A und Ha B früh.

Befund 473

Unter den 205 Scherben der Grube befinden sich 25 Rand- und verzierte Wandscherben. Zwei Randscherben stammen von Bechern mit kurzem Schrägrand: Abb. 26,5 (Dehn IIIa2/b2) besitzt bereits einen leicht verrundeteten Rand und steht am Übergang zwischen Gruppe a und b; Abb. 26,4 (Dehn IIIb4) mit gekehltem Innenrand gehört zur Gruppe b.

Auch die groben Schrägrandgefäße lassen sich eher der Gruppe b zuordnen (Dehn II4 bis 6: Abb. 26,1–3.6; acht Fragmente nicht abgebildet), wobei ein Bruchstück Tendenzen zu den Trichterrändern der Gruppe c zeigt (Abb. 26,3).

Die Knickwandschale Abb. 26,12 darf aufgrund des verrundeteten Wandknicks trotz ihres kantigen Randes ebenfalls eher der Gruppe b zugewiesen werden (Dehn VAa/b2). Eine weitere mit völlig verschliffenem Umbruch ist nicht vor Ha B möglich (Abb. 26,11: Dehn VAc/c3). Drei Scherben vertreten die einfachen, gewölbten Schalen (Abb. 26,7.8: Dehn VI). Vier Wandscherben sind mit waagrecht umlaufenden Riefen verziert (Abb. 26,9), drei mit breiten Kanneluren wie Abb. 19,12. Hinzu kommt eine Wandscherbe mit gereihten, verwaschenen Tupfen (Abb. 26,10).

Das Material entspricht der Gruppe b, zeigt jedoch auch Tendenzen zur Gruppe c. Es ist innerhalb der Stufe Ha B noch dem älteren Abschnitt zuzuweisen.

---

32 Dehn, Urnenfelderkultur 14 ff. (zu den Keramikformen); 56 ff. (zur Datierung der Siedlungsfunde). Vgl. ergänzend die Einteilung der urnenfelderzeitlichen Siedlungsfunde in Gruppen bei M. Hoppe, Siedlungsfunde aus dem Taubergrund. Fundber. Baden-Württemberg 7, 1982, 90 ff.

33 Zitate können im folgenden entfallen, da es leicht möglich ist, anhand der Zifferkombinationen bei Dehn, Urnenfelderkultur Abb. 1–6 die Formen zu identifizieren.

Befund 105

Von 136 Scherben sind 10 näher ansprechbar. Drei Scherben haben ausgeprägte Trichterränder der Gruppe c (Abb. 22,6.8.9: Dehn IIIc), einer davon ist innen flächig graphitiert (Abb. 22,8).
Die groben Schrägrandgefäße sind mit einfach abschließenden Rändern versehen; zwei eher markant abgesetzte Ränder dürften wohl der Gruppe b zugeordnet werden (Abb. 22,1.5: Dehn II6), ein weniger stark abgesetzter Rand steht am Übergang zur Gruppe c (Abb. 22,2: Dehn II6/9).
Eine Knickwandschüssel, deren Rand außen gerundet in den Gefäßkörper übergeht, gehört in die Gruppe b (Abb. 22,7: Dehn Vb3). Nicht näher zu datieren sind eine gewölbte Schale mit auffällig verdicktem Rand (Abb. 22,4: Dehn VI) und eine Henkeltasse (Abb. 22,10: Dehn VIID).
Das Material trägt Züge der Gruppen b und c. Die Grube wurde sicher erst in einem fortgeschrittenen Abschnitt der Stufe B verfüllt.

Befund 120

Im Befund lagen 131 Scherben, darunter 17 Rand- und verzierte Wandscherben sowie 14 flächig graphitierte Wandscherben. Die Schrägrandgefäße feiner Machart besitzen alle deutlich ausgeprägte Trichterränder der Gruppe c und sind zum Teil innen flächig graphitiert (Abb. 23,1.5; zwei nicht abgebildete Randscherben wie Abb. 22,8). Vermutlich stammt die Randscherbe Abb. 23,1 mit innen grieftem und graphitiertem Rand von einem späten Gefäß mit abgesetztem Halsfeld der Form Dehn IAc. Auch die groben Schrägrandgefäße dürften der Gruppe c zugewiesen werden (Dehn II7: Abb. 23,4; ein Fragment nicht abgebildet).
Eine Knickwandschale muß noch der Gruppe b zugeordnet werden (Abb. 23,2: Dehn VAb). Dagegen gehört ein weiteres Fragment mit trichterartigem Rand wieder zur Gruppe c (Abb. 23,9: Dehn VAc). Neben einfachen gewölbten Schalen (Abb. 23,8.13.14: Dehn VI) gibt es eine Sonderform mit Wandknick und verbreitertem, waagrecht abgestrichenem Rand (Abb. 23,3). Zwei Wandscherben sind mit horizontalen Riefen (Abb. 23,3.7), eine mit wellenförmigen Riefen (Abb. 23,11) verziert. Zur Gruppe c gehören 14 flächig graphitierte Wandscherben.
Das Fundensemble entspricht der Gruppe c und kann in einen fortgeschrittenen Abschnitt der Stufe Ha B datiert werden.
Die vier großen Grubenkomplexe umfassen in jeweils unterschiedlicher Zusammensetzung die Keramikgruppen a, b und c der Stufen Ha A, B1 und B3:
Befund 20: Gruppe a und b, verfüllt während Ha B 1;
Befund 473: Gruppe b mit Tendenzen zur Gruppe c, verfüllt am Ende von Ha B1;
Befund 105: Gruppe b und c, verfüllt während Ha B 3;
Befund 120: Gruppe c, verfüllt während der Stufe Ha B 3.
Abgesehen von den Grubenkomplexen wurden 563 Scherben im Kolluvium der Grabung 1 gefunden. Weitere 343 waren sekundär in die Verfüllung jüngerer Befunde geraten. Hinzu kommen 150 Scherben aus Grabung 2, zum Teil aus dem Kolluvium, zum Teil aus römischen Befunden. Auch dieses Material verteilt sich, wie ca. 120 näher ansprechbare Scherben zeigen, auf die Gruppen a, b und c der Stufen Ha A2, Ha B1 und Ha B3. Die Keramik entspricht den schon besprochenen Formen aus den Gruben, so daß eine kurze Auflistung und Ansprache mit Hilfe der Typenbezeichnungen nach Dehn genügen mag:
Randloses Zylinderhalsgefäß: Dehn IAb (Abb. 17,1);
Becher mit kantig abgesetztem, kurzem Schrägrand: Dehn IIIa (Abb. 15,1; 16,11; 24,7; 29,5);
Becher mit gekehltem Innenrand: Dehn IIIb4 (Abb. 15,5);
Becher mit weich abgesetztem Rand: Dehn IIIb (Abb. 15,8);
Randscherbe mit Tendenz zum Trichterrand: Dehn IIIc (Abb. 17,3);
Grobe Schrägrandgefäße der Form Dehn II (Abb. 15,7.9.10; 16,10; 17,4.10; 24,2–3.10; 29,1–2.7-8.11–12; 55 nicht abgebildete Fragmente, davon acht am Randabschluß verziert), darunter alle Übergänge der Gruppen a, b und c; z. B. Abb. 24,2 (Dehn II2, Gruppe a), Abb. 15,7 (Dehn II4, Gruppe a/b), Abb. 16,10 (Dehn II6, Gruppe b) und Abb. 24,2 (Dehn II7, Gruppe c);
Knickwandschalen, kantig: Dehn VAa (Abb. 15,11; zwei nicht abgebildete Wandscherben) oder weicher profiliert wie Dehn VAb (Abb. 17,7.9) bzw. mit Trichterrand wie Dehn VAc3 (Abb. 29,10); Schalen mit abgesetztem Schrägrand, Dehn VBa3 (Abb. 29,4) und Dehn VBb/c (Abb. 29,3.6); einfache konische und gewölbte Schalen, Dehn VI (Abb. 14,12.14; 16,4–6.12-13; 24,6.14; 37,15–16.18; sieben Fragmente nicht abgebildet), darunter eine rot überfangene Scherbe (Abb. 16,6);
Eine Henkeltasse: Dehn VIID (Abb. 17,11);
Wandscherben verziert mit Riefen (Abb. 15,13.15; 16,1–2.7; 17,8.10; 24,5; sechs Fragmente nicht abgebildet) und eine flächig graphitierte Wandscherbe.

3.2 Die hallstattzeitlichen Brandgräber

In Grabung 1 wurden vier Brandgräber erfaßt: Bef. 208, 388, 434 und 499 (Beilage 2,2). Am besten war Grab 1 (Bef. 434) erhalten (Abb. 7). Die Grabgrube war im Umriß 99 × 77 cm groß und reichte noch 11 cm

Abb. 7: Das späthallsteinzeitliche Brandgrab Befund 434. Planum 2 nach Entfernen einer Kalksteinplatte über der Urne. Die Grabgrube erstreckt sich bis an den rechten Bildrand, wo Scherben des Gefäßes Abb. 25.3 erkennbar sind. Norden ist unten.

in die Tiefe. Ihre Verfüllung war stark mit Holzkohle und Leichenbrandsplittern durchsetzt. Darin stand auf einer Kalksteinplatte mit der Mündung nach oben die völlig zerdrückte Urne (Abb. 25,2). Die Mündung war mit einer weiteren Kalksteinplatte abgedeckt. In der Urne lagen 285 g Leichenbrand und ein bronzener Armring (Abb. 25,3).

Unmittelbar neben der Urne lagen die Reste eines Topfes, der ursprünglich ebenfalls aufrecht mit der Mündung nach oben in der Grabgrube stand (Abb. 25,4). In dem Topf lag eine Tasse mit randständigem Henkel, ebenfalls mit der Mündung nach oben (Abb. 25,1). Etwas abseits am Grubenrand fanden sich Scherben, die sich zu einem Gefäß zusammenfügen ließen, das zu einem Drittel erhalten ist (Abb. 25,5).

Die Außenseite des gegossenen Bronzearmringes ist mit plastischen Rippen verziert, wobei immer eine breite und zwei schmale Rippen abwechseln (Abb. 25,3). Die Enden sind alt beschädigt, und über ein Drittel des Ringkörpers hinweg ist die plastische Verzierung fast vollständig abgeschliffen – offenbar abgenutzt durch langes Tragen. Der Ring gehört zur Gruppe der Melonenarmbänder. Ein sehr ähnliches Stück wurde in Tannheim, Kr. Biberach, gefunden.[34]

Melonenarmbänder werden ab und zu in Süddeutschland und der Schweiz, häufig dagegen in Burgund gefunden. Sie datieren in die Stufe Ha C/D1.[35]

Die Keramik aus diesem Grab ist durchweg gut geglättet, aus feinem Ton hergestellt und weich gebrannt. Im Ton fehlen Hornsteinsplitter, doch ist häufig Glimmer festzustellen. In der gleichmäßig dunklen Oberfläche fallen viele kleine Poren auf, vermutlich verursacht durch herausgelöste Kalkpartikel.

Die Urne (Abb. 25,2) gehört zur Gruppe der Kragenrandschüsseln. Ungewöhnlich ist der plastisch verzierte Bandhenkel. Der innen graphitierte Rand ist zweifach durchbohrt. Parallelen findet man in großer Zahl in Gräbern der Stufe Ha C/D1, häufig verziert mit Kerbschnitt oder Ritzlinien. Daneben gibt es Gefäße, bei denen wie in Essingen der Rand graphitiert,

---

34 ZÜRN, Grabfunde Taf. 49 F.
35 Beispiele aus Süddeutschland und der Schweiz: H.-E. NELLISSEN, Hallstattzeitliche Funde aus Nordbaden (Bonn 1975) Taf. 36, B 1; W. DRACK, Jahrb. SGUF 55, 1970, 23 f. 26 Abb. 4. Burgund: G. WAMSER, Zur Hallstattkultur in Ostfrankreich – Die Fundgruppen im Jura und in Burgund. Ber. RGK 56, 1975, 73 ff.; zur Datierung 83 ff. mit 95 Tab. 12.

manchmal auch durchbohrt ist.³⁶ Die Tasse (Abb. 25,1) kann nicht näher datiert werden. Das Gefäß Abb. 25,5 entspricht im Aufbau einem Kegelhalsgefäß der Stufe Ha C/D1, doch legen der kaum merkliche Halsabsatz und der weich ausbiegende Rand eine Datierung nach Ha D nahe. Das Gleiche gilt für das weich profilierte Gefäß Abb. 25,4. Sehr wahrscheinlich wurde dieses Grab am Beginn der späten Hallstattzeit (Ha D1) angelegt. Die drei übrigen Brandgräber waren viel schlechter erhalten. Die Befunde 208 und 388 bestanden aus Verfärbungen von nur noch zwei Zentimeter Tiefe, die mit Holzkohle und einzelnen Leichenbrandsplittern durchsetzt waren. In Befund 208 fand sich eine Scherbe (Abb. 24,8), die aufgrund ihrer Randbildung an die Hochhalsgefäße der Stufe Ha D1 angeschlossen werden kann.³⁷ Aus Befund 388 wurden nur Wandscherben geborgen, die in ihrer Machart jedoch gut mit den oben beschriebenen Gefäßen aus Befund 434 übereinstimmen. Das Grab Befund 499 war elf Zentimeter tief erhalten. In der Verfüllung lagen neben Holzkohlepartikeln und 66 g Leichenbrand die Scherben eines Gefäßunterteils, Form wie das Unterteil auf Abbildung 25,2.

Die vier Gräber verteilen sich über eine weite Fläche mit großen Abständen untereinander (Beilage 2,2). Zwei Randscherben aus Fläche 41 (Abb. 17,5; 24,11) passen in Form und Machart zu dem späthallstattzeitlichen Material aus den Gräbern. Vermutlich stammen sie aus weiteren, zerstörten Gräbern.

Sicher ist auch der Kreisgraben Befund 475 Bestandteil des hallstattzeitlichen Gräberfeldes. Er hatte einen Durchmesser von 13,5 m. Der Grabenrest war noch 20 cm breit und bis zu 7 cm tief erhalten.³⁸

3.3 Die vorgeschichtliche Besiedlung auf dem Albuch

Sieht man einmal von den Ausgrabungen auf den „Weiherwiesen" und unbedeutenden Einzelfunden ab, sind aus vorgeschichtlicher Zeit auf dem Nordalbuch nur zwei mittelbronzezeitliche Bestattungen und mehrere hallstattzeitliche Grabhügelgruppen bekannt. Auch sonst gibt es auf der östlichen Schwäbischen Alb nördlich der Klifflinie weder neolithische noch bronzezeitliche Spuren. Erst für die Urnenfelderkultur lassen sich einige Siedlungszeugnisse anführen, die man in den weniger ungünstigen Regionen findet, nämlich auf dem südlichen und mittleren Härtsfeld sowie im Steinheimer Becken.

Dagegen bleiben der nördliche Albuch und das nordwestliche Härtsfeld auch in den folgenden Epochen einschließlich des frühen Mittelalters frei von Siedlungszeugnissen. Die Verbreitung der Grabhügel bezeugt jedoch, daß auch diese besonders ungünstigen Teillandschaften der Hochfläche zumindest während der Hallstattzeit besiedelt waren, wenn auch dünner als die vergleichsweise günstigeren Nachbargebiete.³⁹

Trotz der allgemein festzustellenden Fundarmut setzt die Besiedlung des Nordalbuch schon in der Mittleren Bronzezeit ein. Zwei Grabkomplexe aus Hügeln im „Oberwehrenfeld" 900 m westlich der „Weiherwiesen" lassen sich in die Stufen Bronzezeit C1 und C2 nach Reinecke einordnen. Die zugehörige Siedlung ist westlich der Gräber auf der Lauterburger Markung zu suchen.

Auf den „Weiherwiesen" kennen wir nunmehr eine weitere mittelbronzezeitliche Siedlung, die vermutlich ebenfalls in die Stufen Bronzezeit C1/2 fällt. Sehr gut läßt sich die gesamte Spanne der Urnenfelderkultur ab Ha A2 belegen. Schließlich gehörte auch das späthallstattzeitlichen Brandgräberfeld zu einer Siedlung, die aus topographischen Gründen im unmittelbaren Bereich der „Weiherwiesen" zu suchen ist. Funde der Latènezeit fehlen. Ich wage jedoch nicht zu behaupten, daß es auf den „Weiherwiesen" in dieser Zeit keine Besiedlung gab, hat doch die sicher vorauszusetzende hallstattzeitliche Siedlung ebenfalls keine Spuren hinterlassen, die in den Flächen der Grabungen 1 und 2 erfaßt worden wären.

Zweifellos stellte die Quelle am Westrand der Flur den wichtigsten Anreiz für die Besiedlung dar. Doch Wasser allein konnte auch den Menschen der Vorgeschichte nicht ernähren. Es stellt sich die Frage, worauf die Siedler in diesem ungünstigen Lebensraum ihre Existenz gründeten. Konkret heißt dies: welche Formen von Ackerbau und Viehzucht waren damals auf den „Weiherwiesen" möglich? Eine Antwort auf diese Frage erhofft man sich von der Untersuchung der Pollenprofile.

Drei Pollenprofile, die in die fragliche Zeit zurückreichen, wurden untersucht. (Dazu Beitrag von H. Smettan, S. 111 ff.) Die Proben wurden auf der „Rauhen Wiese", der Rötenbacher Streuwiese und auf der Streuwiese bei der Großen Birkenhülbe genommen. Alle drei Entnahmestellen liegen sechs bis sieben Kilometer südwestlich der Ausgrabungen, so daß sie die Vegetation der „Weiherwiesen" selbst nicht oder nur am

---

36 z. B. ZÜRN, Grabfunde Taf. 111,4; 255,4; 256,1; 342,7; 370,2; 438, E3; 460, A1. Zur Datierung vgl. J. BIEL, Vorgeschichtliche Höhensiedlungen in Südwürttemberg-Hohenzollern. Forsch. u. Ber. Vor- u. Frühgesch. Baden-Württemberg 24 (Stuttgart 1987) 93 ff., bes. 95 f. zu den Schüsseln der Gruppe 2.

37 BIEL (Anm. 36) 103 mit Abb. 27,1.

38 Zum Zusammenhang von Kreisgräben und hallstattzeitlichen Gräberfeldern J. REHMET, Neues zur Kreisgrabenfrage. In: Opuscula, Festschr. F. FISCHER. Tübinger Beitr. Vor- u. Frühgesch. 2 (Tübingen 1987) 71 ff.

39 Vgl. S. 147 ff. (KEMPA).

Rande widerspiegeln.[40] Leider sind die einzelnen Zonen innerhalb der Profile zeitlich nur vage einzuordnen.[41] Das macht es schwer, die Vegetationsgeschichte mit der archäologisch belegten Besiedlungsgeschichte zu vergleichen.

Überraschenderweise ergaben die botanischen Untersuchungen, daß bis an die Schwelle des Frühen Mittelalters weder Ackerbau noch Viehzucht nachzuweisen sind. Selbst wenn die Datierung der Pollenzonen unsicher ist: für die gesamte Zeitspanne von Bronzezeit, Urnenfelderkultur und Hallstattzeit gilt die Aussage, daß im Umkreis der genommenen Profile ein weitgehend natürlicher Wald die Landschaft beherrschte.

Geht man einmal davon aus, daß die interpolierten Datierungen der Pollenstraten korrekt sind, ergeben sich wenigstens einige Hinweise auf menschliche Eingriffe in diesen Urwald. In den mutmaßlich bronze- und urnenfelderzeitlichen Schichten des Profils von der Rötenbacher Streuwiese steigt der Siliciumgehalt signifikant an. H. Smettan wertet dies als Indiz für Brandrodungen in der weiteren Umgebung.[42] Vielleicht kann man aus diesem Befund noch einen weiteren Schluß ziehen. Da die ältesten archäologischen Funde auf dem Nordalbuch in die Bronzezeit fallen und im Pollenprofil erst ab dieser Zeitspanne Hinweise auf Brandrodungen vorliegen, während vorher überhaupt keine anthropogenen Einwirkungen faßbar sind, darf man vermuten, daß damit tatsächlich der früheste Beginn dauerhafter Ansiedlungen erfaßt wird.

In den hallstattzeitlichen Pollenstraten fallen die Siliciumwerte wieder auf den natürlichen Wert zurück – offenbar waren keine Brandrodungen mehr erforderlich. Statt dessen werden andere Eingriffe in den Wald erkennbar. Ein leichter Birkenanstieg geht möglicherweise auf eine Bewirtschaftung des Waldes in größerer Entfernung zurück. Der Anteil der Tannenpollen fällt von 1,0 auf 0,5 %, also um 50 % des ursprünglich vorhandenen Bestandes. Tannen wuchsen am Steilabfall der Albstirnseite und in einem 2–3 km breiten Streifen auf der Hochfläche entlang des Traufs. Offenbar wurde genau in diesem Bereich während der Hallstattzeit gerodet.[43]

In der Tat gibt es dort – aber auch weiter südlich – eine Reihe hallstattzeitlicher Grabhügelgruppen. Einmal liegt das Brandgräberfeld auf den „Weiherwiesen" in der tannenbewachsenen Zone; weiterhin das größte Grabhügelfeld des Albuch im „Oberwehrenfeld" und eine weitere kleine Gruppe nördlich davon in der „Zwerchhalde"; schließlich noch eine Gruppe im „Eichert" 3,5 km nordöstlich der Weiherwiesen. Rodungen im Umkreis der „Weiherwiesen" haben sich jedoch kaum in den Pollenprofilen niedergeschlagen, da die Entnahmestellen für die Profile im Osten gegen die Hauptwindrichtung liegen.

Zu erwähnen sind auch die Befestigungsanlagen auf dem Rosenstein bei Heubach und den bewaldeten Höhen des Mittel- und Hochberges. Vom Rosenstein liegen Funde der Stufe Ha C/D1 aus dem Bereich des Walles C vor, und auf dem Hochberg fanden sich kürzlich frühlatènezeitliche Scherben.[44] Die Befestigungen auf dem Rosenstein und seinen Nachbarbergen müssen zwar nicht als Besiedlung der Hochfläche gewertet werden, doch war ihre Errichtung und Unterhaltung gewiß mit starken Eingriffen in den Wald am Albtrauf verbunden.

Schließlich sind drei kleine Grabhügelgruppen zu nennen, die südlich der Kitzingebene und nur 2 bis 3,7 km südöstlich der Pollenentnahmestellen liegen (S. 166 Abb. 15). Die zugehörigen Siedlungen und Wirtschaftsflächen können eigentlich nur auf der Kitzingebene gelegen haben. Heute noch wirkt die landwirtschaftlich genutzte Fläche der Kitzingebene wie eine Insel in den umgebenden Wäldern. Es ist sehr verwunderlich, daß Eingriffe in die Vegetation, die mit der hallstattzeitlichen Besiedlung verbunden gewesen sein müssen, nicht deutlicher in den Pollenprofilen hervortreten. Man möchte doch meinen, daß die Grabhügel an Stellen aufgeschüttet wurden, an denen sie eine optische Wirkung erzielten, also auf weithin unbewaldeten Kuppen und Hängen oder wenigstens in einer großen Lichtung.

Aber vielleicht ist diese Voraussetzung falsch. Vielleicht ist es auch ein Vorurteil, Ackerbau und Viehzucht als die entscheidende Lebensgrundlage der vorgeschichtlichen Albbewohner anzusehen. Man könnte an eine Spezialisierung denken und postulieren, daß die Wirtschaft vielleicht auf Überschüssen aus der Ausbeutung der Erzresourcen beruhte.

Doch wovon lebten die Siedler der Mittleren Bronzezeit und der Urnenfelderkultur? Die bronzezeitlichen Fundstellen beweisen, daß man sein Leben auch ohne Rückgriff auf die Erzresourcen fristen konnte. Darüber hinaus gibt es nicht den geringsten Hinweis, daß die Erzvorkommen schon während der Hallstattzeit genutzt, geschweige denn, daß Überschüsse an Eisen erzeugt und verhandelt worden wären.[45]

Ich glaube, daß trotz des negativen Befundes in den Pollenprofilen auch die vorgeschichtlichen Siedler auf dem Nordalbuch ihr Überleben sicherten, indem sie

---

40 Vgl. S. 47 Abb. 6,1–4.
41 Zur Datierung S. 67 (SMETTAN).
42 S. 91 ff. mit Abb. 40.
43 S. 112.
44 Zum Rosenstein: OEFTIGER/WAGNER, Rosenstein 108; 122 Abb. 67. Die Funde vom Hochberg hat W. Scharff aufgelesen, Verbleib: LDA, Stuttgart.
45 Vgl. S. 317 f. (KEMPA).

eine den Gegebenheiten angepaßte Form der Landwirtschaft betreiben. Den Umfang dieser landwirtschaftlichen Tätigkeit muß man sich wohl äußerst bescheiden und die Besiedlung sehr dünn vorstellen.

4. Das römische Kastell

4.1 Gestalt und Größe des Kastells

Im Dezember 1987 fotografierte O. Braasch aus der Luft den Umriß eines römischen Kastells auf den „Weiherwiesen" (Abb. 8). Nach leichtem Schneefall hatte es zu tauen begonnen. Über den verfüllten Kastellgräben blieb der Schnee länger liegen, so daß sie sich von der Ackeroberfläche als helles Band abhoben.[46] Das Luftbild erfaßt drei Viertel des Kastells. Man erkennt eine Erdbrücke vor dem Nordtor und die beiden abgerundeten Ecken der Nordseite sowie die Fortsetzung der Gräben auf der Ost-und Westseite, die ohne Unterbrechung bis zu einer südlich anschließenden Wiese ziehen. In der Wiese lassen sich die Spuren nicht weiterverfolgen. Die Hauptachse des Kastells, markiert durch den Eingang im Norden, ist Nord-Süd orientiert.

Abb. 8: Das Kastell auf den „Weiherwiesen". Im Norden (oben) ist eine Erdbrücke erkennbar. Aufnahme O. Braasch, LDA.

Der Umriß konnte mit Hilfe geomagnetischer Messungen ergänzt werden (Abb. 9).[47] Auf dem Ergebnis dieser Messungen beruhen die folgenden Größenangaben. Die magnetischen Anomalien waren allerdings nicht überall gleich deutlich ausgeprägt und unterlagen stellenweise starken Störungen durch Schlackenansammlungen. Besonders in der Nordwestecke vereitelten die Störungen den Versuch, den genauen Grabenverlauf nachzuvollziehen. Folglich können die Maßangaben aufgrund der Anomalien nicht exakt sein.

Die maximale Ausdehnung des Kastells beträgt in Ost-West-Richtung 89,2 m und in Nord-Süd-Richtung 93,3 m, jeweils gemessen von Grabenmitte zu Grabenmitte. Die Breite der Erdbrücke im Norden kann mit 6,6 m angegeben werden. Das Tor sitzt nicht genau in der Mittelachse, sondern ist um ca. 2,3 m nach Osten verschoben, so daß der westliche Grabenschenkel länger als der östliche ist. Während die Gräben im Osten und Westen durchlaufen, erwartet man in der Mitte der Südseite einen zweiten Tordurchlaß. Das Magnetogramm zeigt dort eine großflächige Störung. Im Gelände ist genau an dieser Stelle eine große Mulde ausgebildet, die sicher künstlich angelegt wurde.

Wir wissen aufgrund der Befunde aus Grabung 2 (s.u.), daß die Wehrmauern fünf Meter breit waren, und ihre Innenkante etwa in neun Meter Abstand von der Grabenmitte zu suchen ist. Legt man diese Zahlen zugrunde, kann man die Fläche des Kastells ab Innenkante Wehrmauer mit 0,67 ha angeben.

Südlich der Erdbrücke zeichnet sich eine Torkonstruktion ab. Starke Anomalien links und rechts der mutmaßlichen Tordurchfahrt enden genau auf der Höhe der Grabenköpfe. Dazwischen, in der Mitte der Durchfahrt, verläuft eine Reihe schwächerer Anomalien. Diese Anomalien decken sich in Lage und Ausdehnung mit der Wehrmauer, deren Position sich aus dem Befund der Grabung 2 ergibt. Man möchte diese Anomalien als Tor mit flankierenden Türmen interpretieren, das in zwei Durchfahrten von drei Meter Breite unterteilt war, über die ein Wehrgang lief.

Weitere Spuren findet man im nordwestlichen Sektor des Kastells. Auf bis zu 20 m Länge erstrecken sich zwei Reihen schwacher Anomalien parallel zum westlichen Graben. Die Position der inneren Reihe entspricht dem westlichen Außenrand der Schwellbalkenkonstruktionen, die in Grabung 2 festgestellt wurden (vgl. Abb. 10: Bef. 19). Die äußere, nur vage erkennbare Spur muß knapp innerhalb der Wehrmauer im Intervallum liegen. Vielleicht ist sie auf Entwässerungsgräben zurückzuführen, die ebenfalls in Grabung 2

---

46 Positives Schneemerkmal; O. BRAASCH, Arch. Ausgr. Baden-Württemberg 1990, 308 f.
47 S. 198 f.

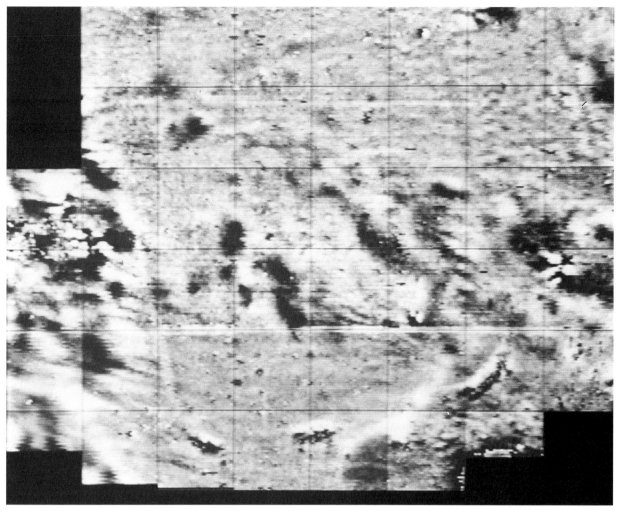

Abb. 9: Geomagnetische Prospektion des Kartells auf den „Weiherwiesen". Gitterbreite 10 m, Norden ist oben. Deutlich tritt der Umriß des Kastellgrabens hervor. Ein vorgelagerter Graben verläuft parallel dazu im Osten. Starke, flächige Anomalien, die über das Areal hinwegziehen, stammen von Schlackenkonzentrationen. Aufnahme J. Faßbinder, München.

nachgewiesen werden konnten (vgl. Abb. 10: Bef. 10 und 17).

Im Osten liegt ein weiterer Graben vor dem Kastell, der in 31 m Abstand genau parallel zum Wehrgraben verläuft. Diese Spur erkennt man auch ganz schwach auf manchen Luftbildern (Abb. 1). Der vorgelagerte Graben kann im Magnetogramm auf 42 m Länge verfolgt werden. Möglicherweise biegt er zur Nordostecke des Kastells um, sodaß es sich um einen Annex handeln könnte. An der Südostecke ist nichts Entsprechendes zu erkennen, da dort Eisenschlacken das Magnetfeld großflächig stören. Innerhalb des Annexes, wie ich dieses Gebilde im folgenden nennen möchte, fallen zahlreiche gedrückt-ovale Anomalien auf, die nicht näher interpretiert werden können. Der Annex gehört möglicherweise nicht zum Kastell, sondern in die frühalamannische Besiedlungsphase.[48]

Die großflächigen, extrem starken Anomalien, die auf Schlackenansammlungen zurückzuführen sind, werden an anderer Stelle besprochen.[49]

4.2 Die römischen Befunde

Auf der Wiesenparzelle am Südende des Kastells wurde eine Fläche von 10 m Breite und 40 m Länge aufgemacht (Abb. 3 u. 10, Grabung 2). Der westliche Teil der Fläche erfaßte den Kastellgraben wenige Meter nördlich der Südwestecke. Östlich des gegenüberliegenden Flächenendes ist in 8,5–10,5 m Abstand die etwas nach Osten verschobene Mittelachse der Anlage zu suchen. Außerdem wurde ein Schnitt von 7 m Länge und 1,3 m Breite durch den südlichen Kastellgraben gelegt, um die dort vermuteten Schlackenschichten zu erfassen (Abb. 3 u. 10, Schnitt 3). Dieser Schnitt lag 12,5 m westlich der Mittelachse bzw. 9 m westlich des Grabenkopfes am mutmaßlichen südlichen Tordurchlaß.

---

48 Zur Datierung des Annexes S. 223.
49 Vgl. S. 156 (KEMPA).

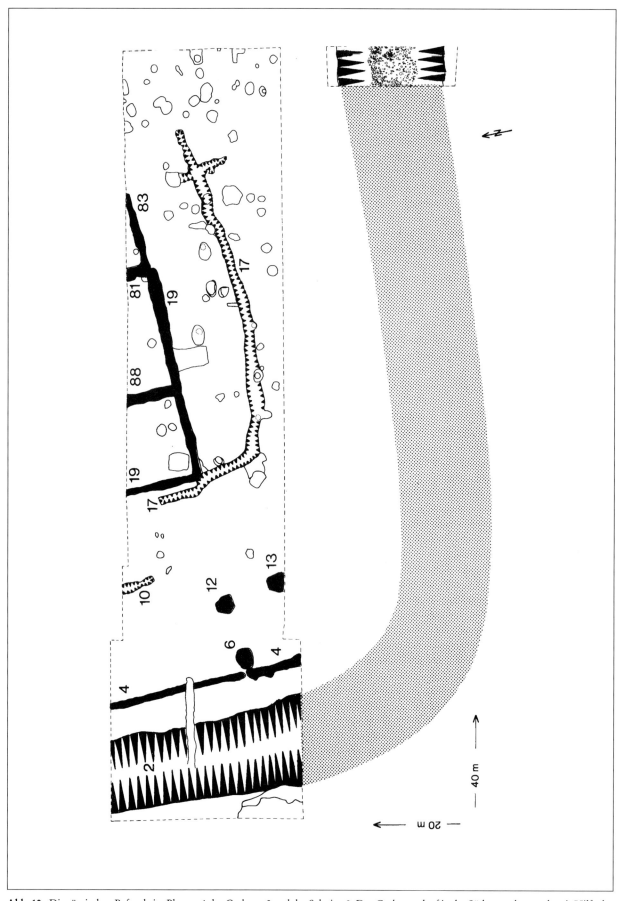

Abb. 10: Die römischen Befunde im Planum 1 der Grabung 2 und des Schnitts 3. Der Grabenverlauf in der Südwestecke wurde mit Hilfe der geomagnetischen Messungen ergänzt.

Nachdem das 35 bis 50 cm mächtige Kolluvium abgetragen war, zeichneten sich im anstehenden Feuersteinlehm die Befunde ab (Abb. 10).[50] Der Wehrgraben hatte im Planum eine Breite von 4–5,5 m. Das Profil zeigt einen Spitzgraben mit einer 20 cm breiten Sohle (Abb. 11). Die Tiefe unter der heutigen Oberfläche betrug 2,2 m (Grabung 2) bzw. 1,8 m (Schnitt 3), gemessen ab Unterkante Kolluvium 1,8 bzw. 1,5 m. Aus allen Verfüllungsschichten, ausgenommen Schicht 10 in der Grabenspitze, wurden frühalamannische Scherben geborgen. Es ist fraglich, ob sich in dem Graben überhaupt kastellzeitliche Verfüllungsschichten erhalten haben.[51]

Nach einer Berme von 1,5–2 m Breite folgte ein Schwellbalkengräbchen (Bef. 4), das genau parallel zum Spitzgraben verlief. Das Gräbchen besaß ein scharf rechteckiges Profil (Abb. 11 Nr. 12), war 30–50 cm breit und 20–30 cm tief. In der Südwestecke wurden drei Pfosten eines Turmes erfaßt. Die grabenwärtige Pfostengrube (Bef. 6) berührte das Schwellbalkengräbchen. Gerade dort, wo die nördliche Turmwand zu vermuten ist, setzte das Gräbchen auf 14 cm Breite aus. Die Pfostengruben des Turmes hatten einen Durchmesser von ca. 1 m und waren zwischen 0,3 und 0,9 m tief in den Gewachsenen eingelassen. Untereinander betrugen die Abstände der Gruben 3,2 m. Ein vierter Pfosten ist unter dem Profilsteg zu ergänzen. Der Abstand zwischen dem südöstlichen Pfosten (Bef. 12), der gerade noch an der südlichen Flächengrenze erfaßt wurde, und dem im Süden liegenden Wehrgraben beträgt 6 m. Entweder stand der Turm etwas exzentrisch nördlich der Ecke, oder in dem nicht ausgegrabenen Bereich befindet sich ein drittes Pfostenpaar, so daß sich ein Turmfundament von sechs Pfosten auf 3,2 × 6,4 m Fläche ergäbe.

Das Schwellbalkengräbchen (Bef. 4) gehört sicher zur grabenwärtigen Front einer Wehrmauer. Weitere Spuren – etwa Pfostengruben einer Holz-Erde-Mauer – hat die Wehrmauer nicht hinterlassen. Vielleicht war sie aus Rasensoden erbaut, und das Gräbchen Befund 4 diente als Fundament für eine Verschalung der Vorderseite. Die Rückseite der Wehrmauer ist auf der Höhe der beiden inneren Turmpfosten zu vermuten, wodurch sich eine Gesamtbreite von 5 m ergibt.

Im Inneren konnten Schwellbalkenkonstruktionen festgestellt werden. Die Grabungsfläche erfaßte gerade noch die Südwestecke eines Baus, dessen Schwellbalken in die nördliche Flächenwand liefen (Abb. 10; 12). Die Westseite des Baus wurde über 4,5 m, die Südseite über 16,2 m Länge aufgedeckt. Aufgrund der Innenaufteilung kann man von einem äußeren (westlichen), mittleren und inneren Abschnitt des Baus sprechen. Der innere und der mittlere Abschnitt waren zweiphasig, während im äußeren Abschnitt nur die jüngere Bauphase nachgewiesen werden konnte.

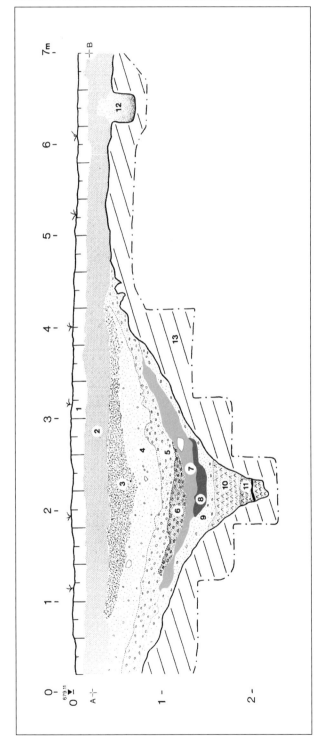

Abb. 11: Profil durch den römischen Spitzgraben. 1 Kolluvium, gestört durch den Pflug. 2 Ungestörtes Kolluvium. 3–9 Verfüllungsschichten mit frühalamannischen und römischen Funden. 10.11 Fundfreie Verfüllungsschichten. 12 Schwellbalkengräbchen Befund 4 vor der Wehrmauer. 13 Anstehender Feuersteinlehm.

---

50 Zu den Bodenverhältnissen S. 199 f.
51 Zur Verfüllung des Wehrgrabens S. 222 f.

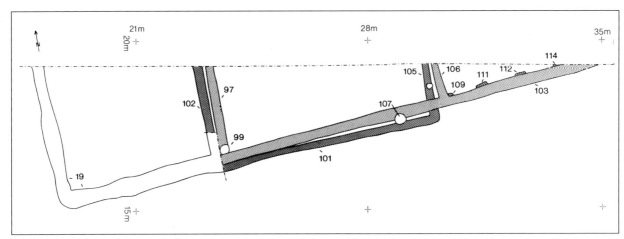

Abb. 12: Planum 2 der zweiphasigen Schwellbalkenkonstruktion in Grabung 2. Ältere Phase: Befund 101, 102, 105, 109, 111, 112, 114. Jüngere Phase: Befund 19, 97, 99, 103, 106.

Schwellbalkenbau der jüngeren Phase
(Abb. 12: Bef. 19; 97; 99; 103; 106)

Die Gräbchen zur Aufnahme der Balken waren im Profil rechteckigkastenförmig, Tiefe 20–24 cm, Breite 26–28 cm. Der Bau wurde durch zwei Wände (Bef. 97 u. 106) in drei Räume unterteilt: einen Raum an der Westseite von 4,2 m Breite (zwischen Bef. 19 u. 97), einen mittleren Raum von 6 m Breite (zwischen Bef. 97 u. 106) und einen östlich anschließenden Raum, der nicht mehr ganz erfaßt wurde. Dort, wo die westliche Zwischenwand (Bef. 97) an die südliche Außenwand (Bef. 103) anschloß, war ein Pfosten eingelassen (Bef. 99), wohl zur Verstärkung der Verbindungsstelle.

Schwellbalkenbau der älteren Phase
(Abb. 12: Bef. 101; 102; 105; 109; 111; 112; 114)

Ältere Schwellbalkengräbchen konnten im Bereich des mittleren Raumes nachgewiesen werden. Gegenüber der jüngeren Phase war der Raum um rund 30 cm nach Westen versetzt, sodaß er ebenfalls exakt 4,2 m breit war. Die Außenwand (Bef. 101) ist auch etwas nach Süden verschoben, läuft aber im Westen mit derjenigen der jüngeren Phase zusammen. Die Gräbchen der älteren Phase zeigten ein mehr muldenförmiges Profil und waren bei 20–26 cm Breite nur 12–14 cm tief. Im westlichen Abschnitt konnte die ältere Phase nicht nachgewiesen werden. Entweder war der Bau einfach kürzer und der äußere Raum fehlte, oder die Schwellbalkengräbchen der jüngeren Phase (Bef. 19/103) überlagerten die älteren in diesem Bereich so exakt, daß keine Spuren der älteren Phase zurückblieben.
Auch im östlichen Abschnitt setzte das Schwellbalkengräbchen der älteren Phase aus. Dort lagen etwas zurückgesetzt vier Pfostengruben (Bef. 109; 111; 112; 114). Die Pfosten hatten untereinander einen Abstand von 1,2 m und wurden alle durch die Außenwand der jüngeren Phase (Bef. 103) geschnitten. Offenbar bestand die Konstruktion der älteren Phase aus einem westlichen Kopfbau, der über Schwellbalken errichtet war, an dem sich nach Osten ein etwas schmälerer Pfostenständerbau anschloß.

Die Schwellbalken der Außenwände verlaufen parallel zum Wehrgraben in einem Abstand von etwa 15 m zur Grabenmitte bzw. 7 m zur mutmaßlichen Innenkante der Wehrmauer. Der Bau wurde in Ost-West-Richtung auf einer Länge von 16,2 m erfaßt. Gerechnet vom westlichen Abschluß der jüngeren Phase konnte sich das Gebäude maximal auf 28 m Länge in östlicher Richtung erstrecken, da dort die Lagerstraße entlang der Mittelachse zu erwarten ist.

Zwischen der mutmaßlichen Wallinnenseite und der Außenwand des Schwellbalkenbaus bleibt ein Raum von 7 m Breite, in der die Via sagularis vermutet werden darf. In diesem Bereich wurden kleine Gräbchen angetroffen, die wohl der Entwässerung dienten. Unmittelbar vor der westlichen Außenwand des Schwellbalkenbaus begann ein Gräbchen (Bef. 17), daß sechs Meter nach Süden reichte, dann umbog und sich etwa am südlichen Rand des Intervallums auf eine Länge von 18 m nach Osten erstreckte. Das Gräbchen war im Mittel 0,6 m breit und muldenförmig eingetieft. Während es im Westen 20 cm tief war, keilte es im Osten ganz flach aus, wobei es sich in mehrere Ausläufer aufteilte. Scherben beweisen, daß der Befund in römischer Zeit verfüllt wurde. Vermutlich sammelte das Gräbchen Wasser vom Dachtrauf des Schwellbalkenbaus und führte es dem natürlichen Gefälle folgend nach Osten ab.

Ein ähnliches Gräbchen wurde am nördlichen Flächenrand, ebenfalls im Intervallum, erfaßt (Bef. 10). Es reichte 1,8 m weit in die Fläche um dann flach auszukeilen. Auch dieses Gräbchen möchte ich als Überbleibsel des Entwässerungssystems ansprechen.

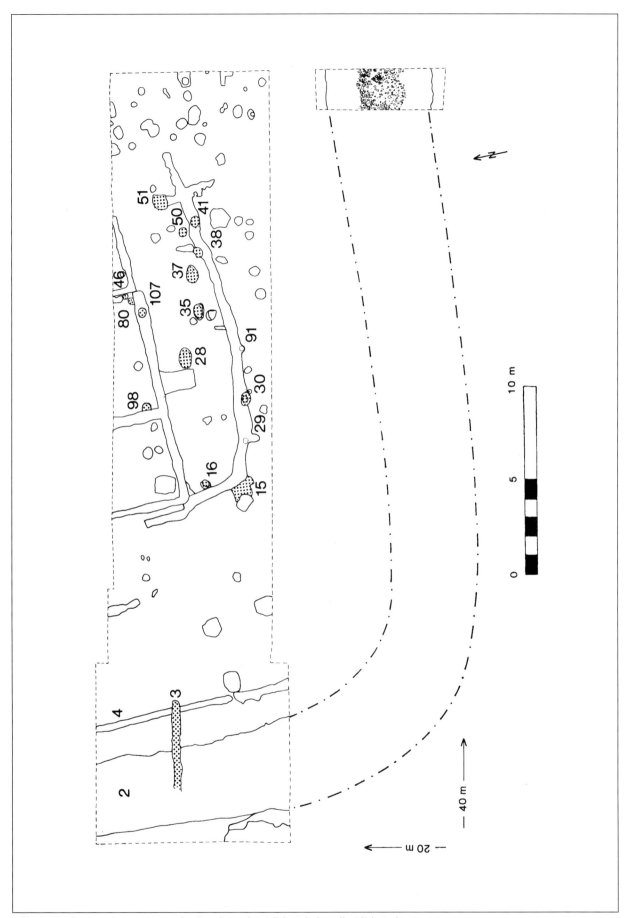

Abb. 13: Grabung 2 Planum 1 mit Befunden, die nachweislich nicht kastellzeitlich sind.

Zahlreiche Pfostengruben lassen sich in keinen sinnvollen Zusammenhang mit den besprochenen kastellzeitlichen Befunden bringen (Abb. 13). Drei Gruben wurden von dem Schwellbalkengräbchen (Bef. 80 u. 99) bzw. dem Entwässerungsgraben (Bef. 15) geschnitten, sind also älter als die kastellzeitliche Innenbebauung.[52] Acht Pfostengruben sind jünger als der Schwellbalkenbau (Bef. 46 und 107), bzw. der römische Entwässerungsgraben (Bef. 29; 38; 41; 51; 90; 91). Hinzu kommt eine ganz flach erhaltenen Störung (Bef. 3), die über das Fundamentgräbchen Befund 4 und die oberste Schicht des Kastellgrabens hinwegzieht. Diese Störung kann erst nach der vollständigen Verfüllung des Grabens in frühalamannischer Zeit entstanden sein. Aus weiteren Pfostengruben wurden nachrömische Funde geborgen: Befund 16 und 37 lieferten je eine frühalamannische Wand- bzw. Bodenscherbe; in den Befunden 28 und 35 steckten kopfgroße Eisenschlackenbrocken zum Verkeilen der Pfosten, was für hochmittelalterliche Zeitstellung spricht;[53] aus Befund 26 stammt eine hochmittelalterliche Wandscherbe (nachgedrehte, glimmerhaltige Ware) und aus Befund 50 eine neuzeitliche Wandscherbe mit Glasurresten.

4.3 Die römischen Funde

Zusammensetzung und Verteilung der Funde

Abgesehen von zwei Münzen und dem Lesefund einer eisernen Hacke haben sich nur Tonscherben erhalten. Metallgegenstände hat der stark saure Boden offenbar restlos zerstört. Auch die Keramik befindet sich in schlechtem Zustand. Das saure Milieu hat die Oberfläche der Scherben angegriffen, so daß von Glanztonüberzügen meist nur kleine Reste übriggeblieben sind. Besonders schlecht ist die feinere tongrundige Ware wie z. B. Krüge erhalten.

Tabelle 1 gibt eine Übersicht, aus welchen Gattungen sich die römische Keramik zusammensetzt und wie sich die Scherben auf die Befunde der beiden Grabungen verteilen. Unter Terra sigillata (TS) und Terra nigra (TN) sind jeweils alle Scherben aufgeführt einschließlich kleiner, unverzierter Fragmente. Berücksichtigt wird auch eine spätrömische Terra nigra-Scherbe aus Grabung 1, Bef. 20. Als „glattwandige Ware" wird die tongrundige Ware feinerer Machart zusammengefaßt – Krüge und einige verzierte Sonderformen. Mitgezählt wurden alle Randscherben, verzierte Wandscherben und näher ansprechbare Fragmente wie Krughälse und -henkel. Entsprechend findet man bei der rauhwandigen Ware die gröbere tongrundige Keramik: Kugeltöpfe mit verdicktem oder bandförmig ausgelegtem Rand, Töpfe mit einbiegendem Rand, Bandrandschüsseln, Deckel und Teller. Unverzierte Wandscherben der tongrundigen Ware bzw. Wandscherben, die aufgrund ihres Erhaltungszustands nicht bestimmbar, aber sicher römisch sind, werden unter der Rubrik Wandscherben (WS) zusammengefaßt.

In der letzten Spalte kann man die Anzahl der frühalamannischen Scherben aus dem entsprechenden Fundzusammenhang vergleichen. Da die frühalamannische Ware aufgrund ihrer Machart leicht von den älteren und jüngeren Funden der Grabungen zu unterscheiden ist, sind auch unverzierte Wandscherben mitgezählt worden. Um die Gesamtmenge der frühalamannischen Scherben einzubeziehen, ohne die Tabelle unübersichtlich zu machen, werden in der letzten Reihe frühalamannische Scherben aus sekundären Zusammenhängen und einzelne Funde aus Pfostenlöchern zusammengefaßt.

Die Mehrzahl der römischen Scherben wurde in Grabung 2 auf der Kastellinnenfläche gefunden, vornehmlich im Bereich der Schwellbalkenkonstruktion und im Intervallum südlich des Baus. Mehr als die Hälfte, nämlich 91 Scherben, lagen nestartig beisamman über dem Entwässerungsgraben (Bef. 17) unmittelbar vor der Südwestecke des Schwellbalkenbaus (Bef. 19). Die Scherben aus der Innenfläche steckten im unteren Bereich des Kolluviums (Abb. 11: Schicht 2) unmittelbar über dem Planum 1, in dem sich nach Abtragen der fundreichen Schicht die Befunde abzeichneten. Die Funde konnten sich erst zu einem Zeitpunkt dort ansammeln, als der Entwässerungsgraben Bef. 17 schon weitgehend verfüllt war, also am Ende der kastellzeitlichen Phase.

Auch ein großer Teil der Streufunde dürfte aus dem Kolluvium in diesem Bereich stammen, da sie fast alle aus dem Abraum gelesen wurden, der über dem Planum 1 der Innenfläche abgetragen worden war.

Drei römische Scherben fanden sich in der Pfostengrube Bef. 41, die den Entwässerungsgraben Bef. 17 störte. Vermutlich gerieten die Scherben während der Anlage der Pfostengrube aus der Verfüllung des Entwässerungsgrabens in den nachkastellzeitlichen Befund. Die Scherbe in Befund 37 fand sich ebenfalls in einem sekundären Zusammhang.

Knapp ein Drittel der Scherben aus Grabung 2 wurde in den ausgegrabenen Abschnitten des Wehrgrabens gefunden. In dem fast elf Meter langen Abschnitt am Westende der Grabung lag die Masse der Scherben in den beiden oberen Schichten (Abb. 11: Schicht 3 u. 4). Nur neun verwitterte Wandscherben verteilten sich auf die darunterliegenden Schichten 5–8. Die insge-

---

[52] Die spärlichen vorgeschichtlichen Funde aus Grabung 2 sind alle urnenfelderzeitlich: vgl. S. 202.
[53] Zur Dat. der Pfostengruben mit großen Schlackenbrocken S. 155 f.

Tabelle 1: Zusammensetzung und Verteilung der römischen Keramik in Grabung 1 und 2. * Scherben zusammengefaßt aus den Befunden 50 (2), 105 (1), 216 (1), 249 (10), 272 (1), 316 (2), 343 (1), 351 (2), 377 (1), 382 (2), 547 (2), 796 (1), 828 (5), 830 (1), 866 (1), 880 (1), 894 (1).

	TS	TN	glattwandige Ware	rauhwandige Ware	Reibschalen	WS	Summe	alamann. Keramik
Grabung 1								
Bef. 20	–	1	–	–	–	–	1	2
Bef. 232	–	–	–	–	–	1	1	–
Bef. 342	–	–	–	–	–	1	1	1
Bef. 357	–	–	–	–	–	2	2	3
Bef. 801	–	–	–	3	–	1	4	8
Bef. 838	–	–	–	–	1	–	1	–
Bef. 850	–	2	2	–	1	1	6	3
Bef. 860	4	9	1	1	1	16	32	6
Bef. 886	–	4	–	–	–	–	4	–
Bef. 966	2	–	–	–	–	–	2	–
Streufunde	–	–	–	–	–	3	3	8
sonstige Befunde*	–	–	–	–	–	–	–	36
Grabung 1, gesamt	6	16	3	4	3	25	57	67
Grabung 2								
Innenfläche	2	–	5	8	8	155	178	15
Graben	5	1	3	5	4	71	89	606
Bef. 16	–	–	–	–	–	–	–	4
Bef. 17	1	–	1	–	–	5	7	–
Bef. 37	–	–	–	–	–	1	1	1
Bef. 41	1	–	–	1	–	1	3	–
Streufunde	3	2	5	9	2	4	25	14
Grabung 2, gesamt	12	3	14	23	14	237	303	640
Gesamtsumme	18	19	17	27	17	262	360	707

samt viel zahlreicheren frühalamannischen Scherben traten in allen Schichten des Grabens mit Ausnahme der fundfreien Verfüllung in der Grabenspitze (Schicht 10 u. 11) auf. Etwas anders verteilten sich die Funde in Schnitt 3. Hier lagen die römischen Scherben etwa zu gleichen Teilen in den Schichten 3 u. 4 bzw. 5–8.

Alle römischen Scherben aus der Grabenverfüllung sind stark verwittert und besitzen verrundete Bruchkanten. Vermutlich lagen sie eine Zeit lang an der Oberfläche und waren Witterungseinflüssen ausgesetzt. Die große Zahl und die Verteilung der frühalamannischen Funde zeigt, daß die römischen Scherben erst nachträglich während der frühalamannischen Zeit mit dem Verfüllungsmaterial in den Wehrgraben gelangten.[54]

Ein Sechstel der römischen Funde wurde in Grabung 1 geborgen. In der Regel handelte es sich um besonders kleine, schlecht erhaltene Fragmente. Die Funde konzentrierten sich im nordwestlichen Viertel der Grabung auf den Flächen 44 und 62–65. Den gleichen Schwerpunkt ergibt die Verteilung der frühalamannischen Funde. 44 der insgesamt 57 römischen Scherben in Grabung 1 stammen aus den Befunden 801, 850 u. 860, die alle in frühalamannischer Zeit verfüllt wurden. Anscheinend sind die römischen Scherben im Laufe der frühalamannischen Besiedlungsphase vom Kastell zum Nordrand der Grabung 1 verschleppt worden. Wie die folgende Besprechung ergibt, gehört die römische Keramik, abgesehen von einer spätantiken Terra nigra-Scherbe, einem einheitlichen Horizont an und darf als Gesamtheit behandelt werden.

Die Funde[55]

Keramik mit rotem Glanztonüberzug (Terra sigillata) Achtzehn Scherben wurden geborgen, darunter sechs

---

54 Zu den Verfüllungsschichten S. 222 f.
55 Für die Hilfe und viele wertvolle Hinweise zur Bestimmung der römischen Keramik möchte ich den Herren Prof. Dr. D. Planck und Dr. R. Sölch sehr danken.

sehr kleine Fragmente aus Grabung 1. Die Terra sigillata ist schlecht erhalten, insbesondere ist der Überzug fast immer abgeplatzt. Alle Scherben stimmen in ihrer Machart überein. Im homogenen, zart mattbräunlichroten Ton sind feine, weißliche Einschlüsse erkennbar. Davon hebt sich, soweit erhalten, der sehr feste Überzug durch seine satte, glänzend schwarzorangerote Farbe ab. Die Scherben dürfen der südgallischen Ware zugerechnet werden.

Form Dragendorff 37 (Abb. 32,3; 33,23; 34,7)

Eine Randscherbe (Abb. 33,23) und ein Standring (Abb. 34,7) wurden im Kastellgraben gefunden. Ein kleines Fragment (Abb. 32,3) stammt aus Grabung 1, Bef. 860.

Die sehr schlecht erhaltene Randscherbe Abb. 33,23 gibt einen Teil des Bildfrieses wieder. Erkennbar ist eine nach rechts gewandte Venus mit Spiegel. Der Typ ist aus Banassac bekannt.[56] Ein gutes Vergleichsstück findet sich im Kastell Ebingen-Lautlingen, Zollernalbkreis. J. Heiligmann ordnet die Scherbe der südgallischen Stilgruppe 7 nach Planck zu. Diese Gruppe nimmt in domitianischen bis frühtrajanischen Gründungen zu und lebt vielleicht bis in späthadrianische Zeit.[57]

Auf dem kleinen Fragment Abb. 32,3 ist ein nach links orientierter Hase mit aufgerichteten Löffeln und geöffnetem Maul erkennbar. Ein entsprechendes Stück fand sich im Kastell „Häsenbühl", Geislingen am Riedbach, Zollernalbkreis. Heiligmann weist das Fragment der südgallischen Stilgruppe 3 (La Graufesenque) nach Planck zu, Datierung allgemein Ende 1. und beginnendes 2. Jh. nach Chr.[58]

Die Bodenscherbe Abb. 34,7 kann aufgrund ihres zierlichen Standringes auch nicht jünger als die 1. Hälfte des 2. Jh. sein.

Form Dragendorff 18 (Abb. 33,1.2; 34,1)

Zwei Randscherben (Abb. 33,1; 34,2) lagen im Kastellgraben; das Bruchstück eines Standrings (Abb. 33,2) wurde vom Abraum gelesen. Eine Randscherbe, Form wie Abb. 33,1, ebenfalls aus dem Kastellgraben, und eine weitere Bodenscherbe wie Abb. 33,2 aus dem Entwässerungsgraben Bef. 17 werden aufgrund ihres schlechten Erhaltungszustands nicht abgebildet.

Das kurze Oberteil und die zierliche Lippe sprechen dafür, die Randscherben der frühen Form Dragendorff 18 zuzuweisen. Hierzu passen auch die Bodenscherben. Allenfalls das Stück Abb. 33,1 könnte noch der Übergangsform Dragendorff 18/31 zugerechnet werden. Die Funde sind somit flavisch-trajanisch, keinesfalls später als hadrianisch.[59] Vertreter der Form 18/31 findet man sehr häufig in den frühen Kastellgründungen auf der Schwäbischen Alb.[60]

Form Dragendorff 36 (Abb. 34,10)

In der Pfostengrube Befund 41, die den römischen Entwässerungsgraben Befund 17 störte, fand sich das große, gut erhaltene Bruchstück einer Schale der Form Dragendorff 36 (Abb. 34,10). Die Form lebt von flavischer Zeit bis in den Niederbieberhorizont, doch spricht die weite, niedrige Gestalt und insbesondere der Ton dafür, das Stück noch vor der Mitte des 2. Jh. anzusiedeln.[61]

Sonstige Terra sigillata-Funde

Eine Reihe sehr kleiner Fragmente kann nichts zur Datierung beitragen. Zwei unverzierte Wandscherben wurden im Kastellgraben gefunden, fünf weitere in Grabung 1 – zwei in Befund 966 und drei in Befund 860. Als Streufund liegt eine kleine Scherbe mit Ratterdekor vor. Schließlich wurde auf der Kastellinnenfläche ein kleines Fragment vom Kragen einer Schüssel der Form Dragendorff 38 gefunden.

Terra nigra

Eine rädchenverzierte Wandscherbe (Abb. 33,6) und die Randscherbe einer Tasse der Form Dragendorff 27 (Abb. 33,3) sind Streufunde aus der Kastellinnenfläche. Hinzu kommt eine Bodenscherbe aus dem Kastellgraben in Schnitt 3. Die übrigen Scherben wurden aus Befunden am Nordrand der Grabung 1 geborgen: neben zumeist kleinen Wandfragmenten die Randscherbe einer Kragenrandschüssel (Abb. 32,2) aus Befund 860 und die Bodenscherbe einer weiteren Kragenrandschüssel aus Befund 886. Schließlich fand sich in der obersten Schicht der urnenfelderzeitlichen Grube Befund 20 die Randscherbe einer spätrömischen Terra nigra-Schüssel (Abb. 30,9), die nachträglich in den Befund gelangt sein muß.[62] Die grauschwarze bis schwarzgraubraune Oberfläche der Scherben ist schlecht erhalten. Der feine Ton ist grau oder graubraun und enthält viel Glimmer.

---

56 F. Oswald, Index of Figure-Types on Terra sigillata. Suppl. Ann. Arch. and Anthr. 23–24 (Liverpool 1936/37) Nr. 335.

57 Heiligmann, „Alb-Limes" 145ff. mit Taf. 50,7.

58 Ebd. mit Taf. 6,22. R. Sölch wies mich auf ein unpubliziertes Fragment mit der gleichen Punze aus dem Kastell Heidenheim hin, das von A. W. Mees, Offenburg, als La Graufesenque-Ware des Biragillus oder Calvinus bestimmt wurde.

59 Zur Entwicklung der Form Planck, Arae Flaviae 155 mit Taf. 84–86; vgl. Taf. 84,2 und Essingen Abb. 23,5; 24,8. Gut vergleichbar ist auch Baatz, Hesselbach 86f. mit Taf. 15,T1a-b.

60 Heiligmann, „Alb-Limes" a.a.O. Taf. 19,1.2.4.6 (Häsenbühl); Taf. 51,7.8 (Ebingen-Lautlingen); Taf. 65,5–7 (Burladingen-Hausen).

61 Zur Form: Heiligmann, „Alb-Limes" 165f.; Planck, Arae Flaviae 154. Baatz, Hesselbach 88 mit Taf. 15,T8. H. Schönberger / G. Simon, Das Kastell Okarben und die Besetzung der Wetterau seit Vespasian. Limesforsch. 19 (Berlin 1980) 246 mit Taf. 57,C612–654.

62 Zu jüngeren Funden in den urnenfelderzeitlichen Gruben S. 202.

Die nicht ganz geringe Anzahl der Terra nigra-Scherben – ohne die spätrömische Schüssel 18 von insgesamt 360 Scherben – spricht dafür, das Kastell früh zu datieren. Terra nigra findet sich in rätischen Anlagen vor allem im 1. und beginnenden 2. Jh., dagegen kaum einmal später.[63] Kragenrandschüsseln haben ihren Schwerpunkt im 3. Viertel des 1. Jahrhunderts. Die Randscherbe aus Essingen (Abb. 32,2) gehört sicher auch ins 1. Jh. – jüngere Vertreter unterscheiden sich durch den plumperen, rechteckigen Rand.[64] Das Bruchstück Abb. 33,3 gehört zu einer Schüssel der Form Dragendorff 27, die in Terra nigra-Technik hergestellt wurde. Die Form war über die Mitte des 2. Jh. hinaus in Gebrauch,[65] doch stammen alle Beispiele in Terra nigra-Technik aus Zusammenhängen des 1. Jh.[66] Abb. 33,6 zeigt ein Schachbrettmuster aus gegenständig angeordneten, schrägen Schraffen, das mit einem Rollrädchen erzeugt wurde. Die Gefäßform kann nicht bestimmt werden. Die Verzierung erlebt ihre Blüte in claudisch-neronischer Zeit, in flavischer Zeit findet man sie nur noch vereinzelt.[67]

Spätrömische Terra nigra

In Grabung 1 Befund 20 wurde die Randscherbe einer spätrömischen Terra nigra-Schüssel gefunden (Abb. 30,9). Schüsseln dieser Form sind häufig in frühalamannischen Fundzusammenhängen des Neckarlandes anzutreffen. R. Koch hat sie zusammengestellt und als Typ 6 der Terra nigra-Keramik bezeichnet.[68] Kennzeichnend ist der markant abgesetzte, senkrechte Hals, der durch zwei Rippen gebildet wird und in einem nach außen verbreiterten Rand endet. Koch wies darauf hin, daß diese Variante schon in Grab 1 und 4 von Haßleben auftritt. Ein weiteres Beispiel aus Grab 1 von Lauffen am Neckar kam in der Mitte des 4. Jh. in den Boden.[69] Eng verwandt ist der Typ 8 nach Koch, der zweimal in Gräbern der 1. Hälfte des 4. Jh. gefunden wurde.[70]

Tongrundige Feinkeramik

Als tongrundige Feinkeramik werden außer Krügen eine Reihe von Scherben zusammengefaßt, die sich von der gröberen Gebrauchsware durch den feinen Ton, zum Teil auch durch die besonders dünne Wandung unterscheiden. Vermutlich waren alle Gefäße dieser Gruppe ursprünglich glattwandig.
Die meisten Scherben sind von sehr einheitlicher Machart. Der feine Ton ist mattbräunlichrot und enthält manchmal feinen Glimmer. Die stark angegriffene Oberfläche fühlt sich mehlig an. Außer der Randscherbe eines Topfes aus der Kastellinnenfläche (Abb. 33,26) können alle ansprechbaren Scherben Krugformen zugewiesen werden. Die Randscherbe eines Einhenkelkruges (Abb. 34,8) und zwei Bruchstücke von Krughälsen wurden im Kastellgraben geborgen. Auf der Innenfläche fanden sich die Randscherbe eines Zweihenkelkruges (Abb. 33,20) und zahlreiche Rand-, Wand- und Bodenscherben eines weiteren, verzierten Zweihenkelkruges (Abb. 33,28–30). Weiter liegen aus dem Kastellbereich als Streufunde eine Wandscherbe eines Zweihenkelkruges (Abb. 33,14) sowie zwei Bruchstücke von Bandhenkeln vor. In frühalamannischen Gruben der Grabung 1 wurden ein Krughals (Bef. 850) und zwei Bruchstücke von Bandhenkeln (Bef. 850 u. 860) gefunden.

Die Randscherbe Abb. 34,8 gehört zu einem Einhenkelkrug, der in die vielgestaltige Ahnenreihe der Form Niederbieber 62a eingereiht werden kann. Diese Vorformen mit breitem, bandförmigem Randwulst und mehr oder minder trichterförmigem Hals kommen in der 2. Hälfte des 1. Jh. auf und leben das ganze 2. Jh. fort.[71] Bei Abb. 33,20 kann nicht entschieden werden, ob die Randscherbe eher von einem Ein- oder Zweihenkelkrug stammt. Krüge mit vergleichbaren, kantig ausgezogenen Rändern kommen in der 2. Hälfte des 1. und im 2. Jh. vor.[72]

Zu einem Zweihenkelkrug gehören die Scherben

---

63 WALKE, Straubing 40. Auch auf der Schwäbischen Alb sind größere Mengen Terra nigra nur in den früh gegründeten Anlagen vom „Häsenbühl" (Geislingen am Riedbach) und in Ebingen-Lautlingen zu finden: HEILIGMANN, „Alb-Limes" Taf. 22–24; 52–54.

64 Parallelen zu Essingen und zur Entwicklung der Form bei PLANCK, Arae Flaviae 167. BAATZ, Hesselbach 98 mit Taf. 15, N6. J. GARBSCH in: SCHÖNBERGER, Oberstimm 263 mit Taf. 67. ETTLINGER/SIMONETT, Vindonissa 18 Nr. 68 Abb. 4b; 26. Parallelen aus den Albkastellen bei HEILIGMANN, „Alb-Limes" Taf. 24, 5–8 (Häsenbühl); Taf. 53, 13 (Ebingen-Lautlingen).

65 HEILIGMANN, „Alb-Limes" 164; PLANCK, Arae Flaviae 153 f.

66 HEILIGMANN, „Alb-Limes" Taf. 53, 11 (Ebingen-Lautlingen). U. FISCHER, Cambodunumforschungen 1953-II. Keramik aus den Holzhäusern zwischen der 1. und 2. Querstraße. Materialh. Bayer. Vorgesch. 10 (Kallmünz 1957) Taf. 9, 11. J. GARBSCH in: SCHÖNBERGER, Oberstimm 263 mit Taf. 69, D143. Fundber. Baden-Württemberg 15, 1990, 616, Nr. 8 Taf. 93,3 (Baden-Baden). ULBERT, Aislingen Taf. 5,2; 44,4.

67 PLANCK, Arae Flaviae 164 f. mit Taf. 12,6; 20,11. ULBERT, Aislingen 46 Abb. 7,33. HEILIGMANN, „Alb-Limes" Taf. 32,11 (Häsenbühl); Taf. 57,7 (Ebingen-Lautlingen).

68 R. KOCH, Terra nigra-Keramik und angebliche Terra-Ware aus dem Neckargebiet. Fundber. Baden-Württemberg 6, 1981, 579 ff. 590 f. mit 583 Abb. 2,8; 585 Abb. 3,1.

69 H. SCHACH-DÖRGES, Fundber. Baden-Württemberg 6, 1981, 621 Abb. 6,9; 654 (zusammenfassend zur Datierung).

70 KOCH (Anm. 68) 592 f. Eine Scherbe des Typs 8 wurde zusammen mit Verhüttungsschlacken in Mengen, Kreis Sigmaringen, gefunden. Vgl. S. 184.

71 PLANCK, Arae Flaviae 168, bes. Taf. 43,7. BAATZ, Hesselbach 100 mit Taf. 16, E3. R. NIERHAUS, Das römische Brand- und Körpergräberfeld „Auf der Steig" in Stuttgart-Bad Cannstatt. Veröff. Staatl. Amt Denkmalpflege Stuttgart A5 (Stuttgart 1959) 63 f. zu Einhenkelkrügen mit der Randform 2.

72 Vgl. bes. NIERHAUS (Anm. 71) 63 f. zu den Einhenkelkrügen der Randform 1 mit nach außen kantigem Ringwulst. Außerdem BAATZ, Hesselbach 101 mit Taf. 16,E11; HEILIGMANN, „Alb-Limes" Taf. 37,2.4 (Häsenbühl).

Abb. 33,28–30, die vor der Südwestecke des römischen Schwellbalkenbaus über dem Entwässerungsgraben Bef. 17 gefunden wurden. Insgesamt 88 Wand- und Bodenscherben gehören sicher zum gleichen Gefäß. Vom Rand hat sich kein Bruchstück erhalten. Dennoch läßt sich die Form eindeutig bestimmen. Die Scherben stammen von einem Doppelhenkelkrug mit Wulstrand, Halsring und Mehrfachbandhenkel mit Rädchenverzierung auf der Schulter. Die verzierte Wandscherbe Abb. 33,14 gehört zu einem weiteren Gefäß der gleichen Form mit plastischer Schulterzier.[73] Wenig läßt sich über eine Scherbe mit unterschnittenem, ausbiegendem Rand sagen, die in der Machart genau mit den beschriebenen Krugformen übereinstimmt (Abb. 34,9).[74]

Drei Scherben von verzierten Gefäßen der Feinkeramik muß man als Sonderformen bezeichnen. Die Randscherbe Abb. 33,4 (Streufund Kastellbereich) gehört zu einem Becher aus homogenem, graubraunem Ton. Die Scherbe ist so mit regelmäßig umlaufendem Ratterdekor verziert, daß der Eindruck schräg über den Gefäßkörper verlaufender Riefen hervorgerufen wird. In genau der gleichen Manier ist eine Terra sigillata-Schüssel aus dem Kastell Heidenheim verziert.[75] Eine Randscherbe stammt von einem Gefäß mit geknicktem Umbruch, dessen Oberteil ebenfalls mit Ratterdekor verziert ist (Abb. 34,9, aus dem Kastellgraben). Genaue Parallelen können nicht beigebracht werden.[76] Eine dünnwandige Wandscherbe (Streufund Kastellbereich) (Abb. 33,5) aus sehr feinem, mattbräunlichrotem Ton mit braunem Überzug ist mit plastischen Auflagen versehen. Die Scherbe erinnert an die frühe, geometrisch verzierte rätische Ware.

Tongrundige Grobkeramik

Unter dem Sammelbegriff tongrundige Grobkeramik werden Kochtöpfe mit bandförmigem oder verdicktem, ausbiegendem Rand sowie solche mit einbiegendem Rand zusammengefaßt, weiter Schüsseln mit Horizontalrand, Teller und Deckel. Fast alle Scherben bestehen aus graubraunem Ton, der stark mit feinem Gesteinsgrus durchsetzt ist und häufig Glimmer enthält. Die Oberfläche ist gewöhnlich rauhwandig und grau- bis schwarzgraubraun. Die Töpfe sind oft fleckig und tragen Spuren von Ruß.

Die Kochtöpfe mit ausbiegendem Rand liegen in folgenden Varianten vor:

a) Drei Randscherben mit unverdicktem, bandförmig ausgelegtem Rand, davon zwei mit feinen, waagrechten Rillen verziert (Abb. 33,25, Streufund Kastellinnenfläche; Abb. 33,9, Streufund Kastell; Abb. 30,7, Streufund Grabung 1).

b) Eine Randscherbe mit spitz ausgezogener Randlippe (Abb. 34,6, Kastellgraben).

c) Zwei Randscherben mit waagrecht abgestrichenem Randabschluß (Abb. 33,12.13, Streufunde Kastell).

d) Eine Randscherbe eines kugeligen Topfes mit abgesetztem, leicht verdicktem Rand (Abb. 31,6, Grabung 1, Bef. 801).

Schließlich ist noch das Unterteil eines Topfes aus Grabung 1, Bef. 801 zu erwähnen.

In den frühen Kastellen der Schwäbischen Alb gibt es zahlreiche Funde mit übereinstimmenden Randbildungen, wobei dort je nach Fundmenge noch bedeutend mehr Varianten auftreten.[77] Man kann diese Kochtöpfe zu einer Gruppe zusammenfassen, die ihren Schwerpunkt in vespasianischer Zeit hat, doch auch im 2. Jh. in Gebrauch bleibt.[78] Scharfkantige und insbesondere innen gekehlte oder unterschnittene Randformen, die erst im fortgeschrittenen 2. Jh. aufkommen, fehlen in Essingen.[79] Nur allgemein dem 2. und 3. Jh. können zwei Randscherben eiförmiger Töpfe zugewiesen werden (Abb. 33,8.10, Streufunde). Vergleichbare Formen treten öfter in den frühen Kastellen der Schwäbischen Alb auf.[80] Elf rillenverzierte Wandscherben – vier Streufunde aus dem Kastell (Abb. 33,15–17), drei Scherben aus dem Wehrgraben (Abb. 34,3), drei von der Innenfläche (Abb. 33,22) und eine aus Grabung 1, Bef. 801 – können sowohl von Kochtöpfen mit ausgelegtem Bandrand (vgl. Abb. 30,7; 33,9) als auch von eiförmigen Töpfen (vgl. Abb. 33,10) stammen.

Drei Randscherben von Schüsseln mit Horizontalrand (Abb. 33,18.21, Kastellinnenfläche; Abb. 32,1, Grabung 1, Bef. 860) unterscheiden sich durch einen hohen Glimmeranteil im zum Teil oxidierend gebrann-

---

73 WALKE, Straubing 47 mit Taf. 61,3. BAATZ, Hesselbach 101 mit Taf. 17,E14a.b. HEILIGMANN, „Alb-Limes" Taf. 101,13–16 (Donnstetten); Taf. 139,3.4 (Heidenheim).

74 In Randbildung und Ton stimmt eine Scherbe bei ETTLINGER/SIMONETT, Vindonissa Taf. 2,30 überein.

75 HEILIGMANN, „Alb-Limes" Taf. 125,1. Allerdings dort fälschlich als Rollrädchenverzierung angesprochen (Hinweis R. Sölch). Ein ähnliches Gefäß aus Passau wird als kerbbandverziert bezeichnet: H. SCHÖNBERGER, Saalburg-Jahrb. 15, 1956, Abb. 17,21.

76 Ähnlich gestalteter Umbruch, doch anders verziert: PLANCK, Arae Flaviae Taf. 12,3.6.7. Übereinstimmende Randbildung: HEILIGMANN, „Alb-Limes" Taf. 98,10 (Donnstetten). Außerdem gibt es eine vergleichbare, bislang unpubl. Scherbe aus Grube 15 in Heidenheim (Hinweis R. Sölch).

77 HEILIGMANN, „Alb-Limes" Taf. 28–30 (Häsenbühl); Taf. 56,5–16 (Ebingen-Lautlingen); Taf. 69,6–71,7 (Burladingen-Hausen); Taf. 99,4–13 (Donnstetten); Taf. 131,15–134,6; Taf. 144,4–17 (Heidenheim).

78 Zur Datierung: BAATZ, Hesselbach 103 mit Taf. 18, R6.R7. PLANCK, Arae Flaviae 164 f. zu den Töpfen mit Trichterrand.

79 Zur Entwicklung: H. J. KELLNER, Die römische Ansiedlung bei Pocking. Bayer. Vorgeschbl. 25, 1960, 151. S. RIECKHOFF, Römische Siedlungs- und Grabfunde aus Künzing, Ldkr. Deggendorf (Niederbayern). Bayer. Vorgeschbl. 44, 1979, 94; bes. 98 Nr. 83.

80 HEILIGMANN, „Alb-Limes" Taf. 28,1–4 (Häsenbühl); Taf. 98,10.11 (Donnstetten); Taf. 131,5–13 (Heidenheim). Zu Datierung und Verbreitung RIECKHOFF (Anm. 79) 94 Nr. 62; 96 Nr. 77.

ten Ton von den Kochtöpfen. Gute Parallelen findet man fast nur in den frühen Kastellgründungen der Schwäbischen Alb auf dem „Häsenbühl" und in Ebingen-Lautlingen.[81] Die Varianten aus Essingen gehören zu der Gruppe mit einfach ausgelegtem, innen verdicktem Rand, die bereits während der 1. Hälfte des 2. Jh. verschwindet.[82]

Ferner gehören zur rauhwandigen Keramik das Bruchstück eines Tellers aus der Kastellinnenfläche (Abb. 33,19) und ein Deckelbruchstück aus dem Wehrgraben (Abb. 34,5). Je ein weiteres Deckelfragment wurden auf der Innenfläche und in Befund 41 gefunden.

Reibschalen

Die meisten Bruchstücke können als rätische Reibschalen mit eingeschnürtem Gefäßkörper angesprochen werden: Abb. 33,24.27 sowie fünf Wandscherben aus der Kastellinnenfläche; Abb. 34,1.4 aus dem Wehrgraben; Abb. 33,7 und ein schlecht erhaltenes Bruchstück geborgen als Streufunde im Kastellbereich. Die Scherben bestehen aus feinem, gelb- bis mattbraunem Ton, der manchmal etwas Glimmer enthält. Fast immer haben sich geringe Reste eines orangebraunen Glanztonüberzuges erhalten. Nur Abb. 33,24 scheint tongrundig zu sein. Zahlreiche Parallelen findet man in den Kastellen auf der Schwäbischen Alb.[83] Diese Varianten können allgemein in das 2. Jh. datiert werden.[84] Formen des späten 2. und 3. Jh. fehlen in Essingen.[85] Im Kastell wurde als Streufund eine weitere tongrundige Randscherbe geborgen (Abb. 33,7), die eine langlebige Form verkörpert.[86] Schließlich sind noch fünf Wandscherben aufzuzählen, die keinem bestimmten Typ zugeordnet werden können: zwei aus dem römischen Wehrgraben und je eine aus Grabung 1, Bef. 838, 850 u. 860.

Sonstige Funde

Auf der Kastellinnenfläche wurde ein republikanischer Denar gefunden. Auf der Vorderseite des stark abgegriffenen Stücks ist eine Schiffsdarstellung zu erahnen, auf der Rückseite sind drei Feldzeichen mit dem Legionsadler in der Mitte erkennbar. Es handelt sich um einen Legionsdenar, eine Münze, die Marcus Antonius vor der Entscheidungsschlacht von Actium 32/31 v. Chr. in großen Mengen prägen ließ. Die Legionsdenare blieben sehr lange im Umlauf.[87] Ferner las L. Mack im Umkreis des Kastells einen Dupondius des Hadrian auf (Regierungszeit 117 bis 138 n. Chr.). Die stark korrodierte Münze konnte nicht näher bestimmt werden.[88]

Schließlich barg Mack aus dem Bereich der späteren Grabung 1 noch eine Hacke mit zwei Querschneiden.[89] Das Stück fällt in die Variationsbreite der römischen Steinhacken, die gewöhnlich eine Querschneide und eine Spitze, selten auch zwei Querschneiden aufweisen.[90]

4.4 Datierung und Zweck des Kastells

Obwohl die Fundmenge gering ist, fällt die Datierung nicht schwer. Die Terra sigillata besteht ausschließlich aus südgallischer Ware. Mittel- und ostgallische Erzeugnisse, die um 120 n. Chr. aufkommen, fehlen.[91] Sowohl die beiden verzierten Scherben von Bilderschüsseln als auch die Tellerformen lassen sich auf flavisch-trajanische, allenfalls noch hadrianische Zeit eingrenzen. Auch die Menge und Zusammensetzung der Terra nigra paßt zu einer Datierung in die 2. Hälfte des 1. und den Beginn des 2. Jh. Die Zusammensetzung der tongrundigen Ware spricht nicht gegen diesen Ansatz. Insbesondere fehlen bei Kochtöpfen, Reibschalen und Schüsseln mit horizontalem Bandrand jüngere Entwicklungen, die im fortgeschrittenen 2. Jh. einsetzen. Zweifellos wurde Essingen gleichzeitig mit den übrigen frühen Anlagen auf der Schwäbischen Alb in flavischer Zeit gegründet. Noch in hadrianischer Zeit ging eine Münze verloren, doch darf man aufgrund der Zusammensetzung der Keramik davon ausgehen, daß das Kastell auf den „Weiherwiesen" während des 2. Jh. nicht mehr allzu lange bestand und insbesondere die Jahrhundertmitte nicht erreichte.

Das Kastell Essingen „Weiherwiesen" nimmt eine Flä-

---

81 Zu Essingen Abb. 33,6: HEILIGMANN, „Alb-Limes" Taf. 33,13.14; 34,1 (Häsenbühl); Taf. 57,13.15 (Ebingen-Lautlingen); Taf. 135,3 (Heidenheim). – Zu Essingen Abb. 33,4: HEILIGMANN a.a.O. Taf. 26,10; 34,6.8.11 (Häsenbühl). – Zu Essingen Abb. 33,12: HEILIGMANN a.a.O. Taf. 34,17 (Häsenbühl).

82 BAATZ, Hesselbach 103 f. mit Taf. 18,R8. RIECKHOFF (Anm. 79) 92 mit 93 Abb. 8,1–7. J. GARBSCH in: SCHÖNBERGER, Oberstimm 268 f. mit Taf. 80–86.

83 HEILIGMANN, „Alb-Limes" Taf. 24,5–8; 27,10; 39,2; 85,12.13; 86,1; 98,6–9; 103,2.5.6; 113,13–16; 115,2; 130,3–11; 143,9–12; 156,1–3; 158,19.20.

84 Zur Datierung BAATZ, Hesselbach 107 mit Taf. 20,S7a-b. WALKE, Straubing Taf. 56,1.4.5.8.

85 WALKE, Straubing Taf. 56,9–13; KELLNER (Anm. 79) 158 mit Abb. 16,11–23.

86 Vergleichsfunde von der Alb: HEILIGMANN, „Alb-Limes" Taf. 88,12; 102,4.5; 158,17. Zur Datierung „Hofheim bis Niederbieber": BAATZ, Hesselbach 107 mit Taf. 20,S1–3.

87 M. R.-ALFÖLDY, Antike Numismatik 1. Kulturgeschichte der Alten Welt 2 (Mainz 1978) 147 Abb. 258.259; 159.

88 Vgl. L. MACK, Jahrb. Heimat- und Altertumsver. Heidenheim an der Brenz 1989/90, 19 f. mit Abb. 10.

89 Ebd. Abb. 9.

90 M. PIETSCH, Die römischen Eisenwerkzeuge von Saalburg, Feldberg und Zugmantel. Saalburg-Jahrb. 39, 1983, 18 Taf. 3,49.

91 Vgl. die Definition der Phase A1 (80–120 n. Chr.) bei TH. FISCHER, Das Umland des römischen Regensburg. Münchner Beitr. Vor- u. Frühgesch. 42 (München 1990) 34 ff.

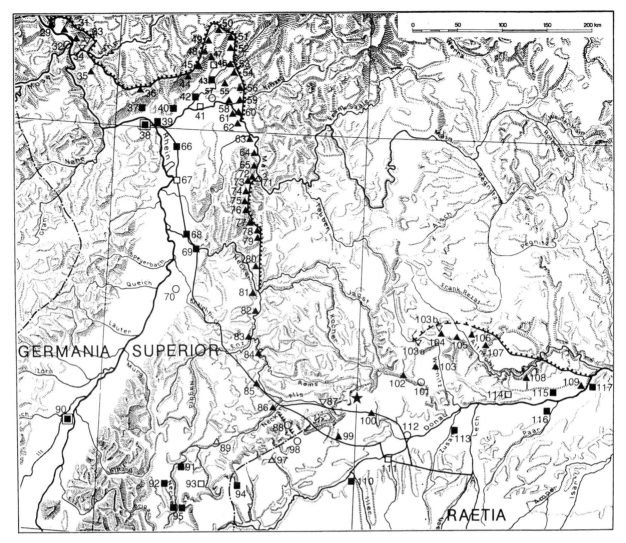

- ■ Weiterhin besetzte ältere Anlagen
- □ Größe unbekannt, aufgrund von Funden und Befunden erschlossen
- ▲ Unter Domitian oder Trajan gegründet, (ab 0,6 ha Fläche)
- △ Größe unbekannt, aufgrund von Funden und Befunden erschlossen
- ▽ Vielleicht erst nach Trajan gegründet
- ■ □ Legionslager
- ○ Mögliche Militäranlagen oder andere im Text genannte Orte
- — Rhein-Donau-Straße Mogontiacum – Augusta Vindelicum (A)

Abb. 14: Römische Kastelle am Ende des 1. und am Beginn des 2. Jh. Nach Schönberger, 1985, ergänzt um Kastell Essingen ★. A Augsburg, 38 Mainz, 85 Stuttgart-Bad Cannstatt, 86 Köngen, 87 Eislingen-Salach, 88 Dettingen/Teck, 94 Burladingen-Hausen, 97 Gomadingen, 98 Donnstetten, 99 Ursprung, 100 Heidenheim, 101 Nördlingen, 102 Oberdorf am Ipf, 103 Munningen, 104 Unterschwanheim, 105 Gnotzheim, 107 Weißenburg, 108 Pfünz, 111 Günzburg.

che von 0,8 ha bei einem nutzbaren Innenraum von 0,67 ha ein. In der Größe kann es mit einem Numeruskastell verglichen werden und konnte wohl eine entsprechende Einheit von 100 bis maximal 150 Mann aufnehmen. Falls der durch geomagnetische Messungen erfaßte vorgelagerte Graben kastellzeitlich ist, käme ein Annex von knapp 0,28 ha hinzu.[92] Gewiß war die Anlage über einen längeren Zeitraum mit Truppen belegt, wie die Erneuerung der Schwellbalkenkonstruktion auf der Innenfläche zeigte.

Was war der Zweck der Anlage?[93] Das Kastell bestand gleichzeitig mit einer Reihe von Truppenlagern, die in domitianisch-trajanischer Zeit auf der Schwäbischen Alb zwischen Burladingen und Nördlinger Ries eingerichtet wurden: Donnstetten, Ursprung, Heidenheim, Oberdorf am Ipf (Abb. 14).[94] Das Kastell auf den „Wei-

---

[92] Zur Mannschaftsstärke vgl. D. Baatz in: D. Baatz / F.-R. Herrmann (Hrsg.), Die Römer in Hessen (Stuttgart 1982) 139f. Ph. Filtzinger in: Ph. Filtzinger / D. Planck / B. Cämmerer (Hrsg.), Die Römer in Baden-Württemberg (Stuttgart 1986) 71f.

[93] Mit den Erzlagerstätten hat die Anlage des Kastells nichts zu tun. Vgl. S. 157ff. S. 319f.

[94] Heiligmann, „Alb-Limes" 194 Abb. 64. Ph. Filtzinger, Die militärische Besitznahme durch die Römer. In: Historischer Atlas Baden-Württemberg (Stuttgart 1972–1988) Blatt III,3 (Phasen grün und rot). H. Schönberger, Ber. RGK 66, 1985, Karte D Nr. 88.97–100.102.

herwiesen" mußte sicher eine Aufgabe in Zusammenhang mit diesen Anlagen, insbesondere mit der nahegelegenen Ala equitata milliaria in Heidenheim, erfüllen. J. Heiligmann hat sich ausführlich mit der Frage beschäftigt, welche militärische Absicht der Kastellkette des „Alb-Limes" zugrunde liegen könnte.[95] Der Grundgedanke lautet: die Kastelle sicherten die wichtige Fernverbindung von der rätischen Hauptstadt Augsburg zu den Legionsstandorten Straßburg und Mainz in Obergermanien. Die römische Militärverwaltung war bestrebt, den Weg zwischen den Truppen an Oberer Donau und Rhein zu verkürzen. Das geschah in Etappen: zunächst führte der Weg in frühflavischer Zeit über das obere Neckarland (Rottweil) durch das Kinzigtal in die Oberrheinebene; dann in domitianisch-trajanischer Zeit über Urspring und Donnstetten in das Lautertal und weiter nach Köngen, zu dem sich eine scheinbar etwas jüngere Variante der Streckenführung gesellte, die von Urspring oder Heidenheim durch das Filstal verlief.[96] Die Nordwestgrenze Rätiens vermutet Heiligmann entlang des Albtraufes, der zwischen Donnstetten und Nördlinger Ries gleichzeitig auch die Scheidelinie zwischen Imperium und Barbaricum bildete.[97] Das nördlich der östlichen Schwäbischen Alb liegende Remstal und die Aalener Bucht spielten verkehrsgeographisch vor der Errichtung des rätischen Limes in der Mitte des 2. Jh. keine Rolle. Die berittene Einheit in Heidenheim hatte in diesem Zusammenhang nicht nur die Kocher-Brenz-Talgasse zu sperren, sondern auch die Verbindung zwischen der Kastellkette im Westen (Urspring) und dem Nördlinger Ries (Oberdorf) herzustellen.

Das Kastell auf den „Weiherwiesen" kontrollierte unmittelbar an der vermuteten Reichsgrenze die Steigen, über die der nördliche Albuch vom oberem Remstal und die Aalener Bucht erreichbar ist. Der Ort Essingen liegt nördlich des Albtraufs auf einer Wasserscheide zwischen dem nach Westen umbiegenden Quellbach der Rems und dem die Aalener Bucht nach Norden entwässernden Kocher. Von hier führt ein alter Weg über den Stürzel, eine dem Albtrauf vorgelagerte Bergzunge, zu den „Weiherwiesen" (vgl. Abb. 2), der etwa 200 Höhenmeter überwindet. Weiter westlich beträgt der Höhenunterschied zwischen Albhochfläche und vorgelagerter Talsohle oft ca. 350 m. Der Weg über den Stürzel ist sicherlich der bequemste und gleichzeitig kürzeste Aufstieg zur Hochfläche der östlichen Schwäbischen Alb, den es in dieser Region gibt.[98]

Das Kastell auf den „Weiherwiesen" liegt 600 m hinter dem Trauf. Verlängert man die Lagerstraße nach Norden, trifft sie genau auf die Stelle, wo der Weg vom Stürzel den Trauf erklimmt. Die Nordwestecke des Kastells liegt auf der Isohypse in 680 m Höhe, etwa fünf Meter tiefer als der Trauf, der von den nördlichen Ecktürmen des Kastells sicher leicht beobachtet werden konnte.[99]

Darüber hinaus war es möglich, von dieser Stelle aus weitere Steigen zu kontrollieren: 1,5 km östlich des Kastells münden bei Tauchenweiler zwei Wege auf die Hochfläche. Einer beginnt bei Essingen und folgt dem Ersbachtal – dies ist heutzutage der gewöhnliche Aufstieg. Der zweite bietet einen Zugang von der Kocher-Brenz-Talgasse unmittelbar südlich des Kocherursprungs über das „Tiefe Tal". 2,5 km westnordwestlich der „Weiherwiesen" enden bei Lauterburg zwei weitere Albaufstiege. Der eine folgt von Essingen kommend dem Quellbach der Rems, der andere steigt von Lautern über das Tal des Wäschbachs auf. Diese Wege bieten jedoch eine bedeutend längere und ungünstigere Trasse als der Zugang über den Stürzel. Noch steiler und ungünstiger sind die Steigen, die bei Heubach (5,5 km westlich) und Bargau (8,5 km westlich) die Hochfläche erreichen.

400 m südsüdöstlich des Kastells beginnt im Wald ein Damm, der über eine Strecke von ca. 300 m in südsüdöstlicher Richtung verfolgt werden kann (S. 152 Abb. 2; Beilage 1). Dieser Damm trifft in seiner nördlichen Verlängerung genau auf das Kastell, nach Süden etwa auf den südlich Bartholomä gelegenen Amalienhof. Der Damm hat eine Breite von acht bis neun Metern und ist 30–40 cm hoch aufgeworfen. Möglicherweise handelt es sich um den Überrest einer römischen Straße.[100] Eine Straße, die das Kastell auf den „Weiherwiesen" mit Essingen im Albvorland verband, muß vorausgesetzt werden. Die römische Ost-West-Verbin-

---

95 HEILIGMANN, Der Alblimes. In: Studien zu den Militärgrenzen Roms III. Forsch. u. Ber. Vor- u. Frühgesch. Baden-Württemberg 20 (Stuttgart 1986) 175 ff. Ders., „Alb-Limes" 187 ff. Zustimmend H. SCHÖNBERGER, Zum Verlauf des obergermanisch-rätischen Limes. In: Zivile und militärische Strukturen im Nordwesten der römischen Provinz Rätien. 3. Heidenheimer Archäologisches Kolloqium am 9. und 10. Okt. 1987 (Heidenheim 1988) 92 ff., bes. 94.

96 Dazu ausführlich HEILIGMANN, „Alb-Limes" 187 ff. Anschauliche Darstellung der erzielten Streckenverkürzung bei G. WALSER, Die römischen Straßen und Meilensteine in Rätien. Kleine Schr. Kenntnis röm. Besetzungsgesch. Südwestdeutschland 29 (Stuttgart 1983) 9 ff.

97 HEILIGMANN, „Alb-Limes" 196.

98 Auf die Bedeutung des Weges in Verbindung mit dem Kastell auf den „Weiherwiesen" wies mich H. Kaiser aus Schwäbisch Gmünd hin. Nach zahlreichen Spaziergängen und Fahrradwanderungen, in denen ich notgedrungen die verschiedensten Albaufstiege erprobte, kann ich bestätigen, daß dies tatsächlich der bequemste Zugang zur Hochfläche weit und breit ist.

99 Ein weiterer Grund für die Gründung des Kastells gerade an dieser Stelle ist natürlich die Quelle. Dazu S. 195 (KEMPA).

100 Den Damm entdeckte Herr Müller, Vermessungsingenieur des Landesdenkmalamtes. M. Böhm nahm mittels Handbohrer ein Profil auf. Eine endgültige Klärung, ob es sich um eine römische Straße handeln könnte, war damit nicht möglich, doch zeichneten sich im Profil Verfärbungen ab, die möglicherweise auf Straßengräben zurückzuführen sind.

dung von Heidenheim nach Urspring bzw. über Donzdorf in das Filstal verlief in 12 km Luftlinie südlich der „Weiherwiesen" durch das Stubental. Prinzipiell gibt es drei Möglichkeiten, diese Straße zu erreichen: in südöstlicher Richtung durch das Steinheimer Becken, was der bequemste Weg wäre, um Heidenheim zu erreichen; genau nach Süden über Bibersohl und Gnannenweiler nach Söhnstetten; oder in südwestlicher Richtung über das Lautertal ins Filstal. Diese Nord-Süd-Verbindungen hatten jedoch zu keinem Zeitpunkt Bedeutung für den Durchgangsverkehr, weder in römischer Zeit von 150–260 n. Chr., als Remstal und Aalener Bucht militärisch kontrolliert wurden, noch in Mittelalter und Neuzeit.[101]

Die Funktion des Kastells auf den „Weiherwiesen" bei Essingen ergibt sich mit hinreichender Klarheit aus den topographischen Gegebenheiten und der römischen Straßenführung. Der Zweck des Kastells war die Kontrolle der Steigen, die bei Essingen auf den Nordalbuch führten. Dabei ging es nicht so sehr um die Grenzsicherung zum Barbaricum als vielmehr darum, die 12 km südlich verlaufende Straße Heidenheim-Urspring bzw. Heidenheim-Filstal zu schützen. Es ist zu vermuten, daß die Besatzung des Kastells Essingen dabei mit der Ala milliaria in Heidenheim kooperierte, vielleicht sogar von dort aus militärisch geführt wurde.

5. Die frühalamannische Besiedlungsphase

5.1 Die Verteilung der Funde und Befunde

Der weit überwiegende Teil der frühalamannischen Funde – 606 von insgesamt 707 Scherben – wurde aus der Verfüllung des Kastellgrabens geborgen (Tabelle 1). Die Scherben verteilten sich gleichmäßig auf die freigelegten Grabenabschnitte: 475 stammen aus dem Grabenstück am Westrand der Grabung 2 (Fl. 44 / 45) und 131 aus Schnitt 3 (Fl. 29), was 50 bis 60 Scherben auf einen Meter Grabenlänge ergibt.

Besonders gut konnte die Verteilung im Grabenabschnitt am Westrand der Grabung 2 (Fl. 44/45) beobachtet werden. 23 Scherben lagen in der obersten Verfüllungsschicht 3 bzw. in den in Planum 1 auskeilenden Teilen der Schicht 4, 69 Scherben in den Schichten 7, 8 und 9, die Masse jedoch – insgesamt 383 Scherben – in den Schichten 4 bis 6 (Abb. 11). Römische Scherben, die einen viel geringeren Anteil am Fundmaterial aus dem Wehrgraben ausmachen, gelangten ebenfalls während der frühalamannischen Besiedlungsphase zusammen mit den frühalamannischen Scherben in den Graben.[102]

Der Ablauf der Grabenverfüllung läßt sich folgendermaßen rekonstruieren (Abb. 11): Die Schichten 10 und 11 in der Grabenspitze hoben sich vom Anstehenden nur durch eine leichte Graufärbung ab. Offenbar hatte sich in der Grabenspitze im Laufe der Zeit Feuersteinlehm angesammelt, der von den Grabenwänden heruntergebrochen war. Ein dünnes Tonband in Schicht 11 setzte sich wohl ab, als über längere Zeit Wasser im Graben stand. In den Schichten 10 und 11 fand sich keine einzige Scherbe. Vermutlich entstanden sie, nachdem das Kastell aufgelassen worden war und der Wehrgraben nicht mehr gesäubert wurde. Jedenfalls war die Verfüllung der Grabenspitze abgeschlossen, bevor frühalamannisches Siedlungsmaterial hineingelangen konnte.

Die Schichten 7–9 mit insgesamt 69 frühalamannischen und neun verwitterten römischen Scherben bestanden aus tonigem Lehm mit unterschiedlichen humosen Anteilen und waren nur mit wenigen Steinen durchsetzt. Das Material wurde offensichtlich eingeschwemmt, und zwar während der frühalamannischen Besiedlungsphase. Besonders Schicht 8, die sehr tonig war, entstand sicher durch Wassereinwirkung.

In den lehmigen Schichten 4–6 fand sich die Masse der frühalamannischen Scherben und ein großer Teil der römischen Funde. Ich vermute, daß diese Schichten absichtlich eingefüllt wurden, wobei große Mengen Siedlungsabfälle hineingerieten. In Schnitt 3 konzentrierten sich in entsprechender Lage auf der Oberkante der Schicht 4 zahlreiche, kopfgroße Schlackenbrocken. Gerade die Schlacken wurden gewiß bewußt eingebracht, wohl um den weichen Untergrund über dem frisch verfüllten Graben zu befestigen.

In der verbleibenden bzw. durch Nachsacken der Verfüllung entstandenen Mulde wurde Schicht 3 eingeschwemmt. Auch aus Schicht 3 wurde kein Fund geborgen, der jünger als frühalamannisch wäre. Die Abwesenheit jüngerer Funde ist jedoch kein sicheres Kriterium, um den Zeitpunkt festzulegen, an dem die Verfüllung des Grabens abgeschlossen war. Angesichts der geringen Zahl frühmittelalterlicher Scherben im gesamten Fundbestand ist es möglich zu behaupten, der Graben könne genauso gut in frühmittelalterlicher Zeit verfüllt worden sein und aufgrund der geringen Fundmenge dieser Periode sei eben zufällig nichts hineingekommen.

Gegen diese Möglichkeit spricht folgende Beobachtung: das Kolluvium (Schicht 2), das über die oberste Verfüllungsschicht (Schicht 3) hinwegzieht, begann

---

101 Zum Verlauf der Fernverbindungen in diesem Gebiet vgl. M. SCHAAB, Geleitstraßen von 1550. In: Historischer Atlas Baden-Württemberg. Beiwort zur Karte X,1 (Stuttgart 1982); vgl. auch ebd. die Karten X,2 und 3.
102 S. 214 f.

sich zu bilden, als noch aufgehende Teile der römischen Holzbauten standen (Abb. 11 Nr. 12).[103] Von den aufgehenden römischen Holzbauten war jedoch spätestens nach der frühalamannischen Phase nichts mehr übrig.[104] Das heißt, das Kolluvium begann sich vor dem Ende der frühalamannischen Besiedlungsperiode zu bilden, als es noch möglich war, daß aufgehende Holzbauten Spuren hinterlassen konnten. Zu diesem Zeitpunkt war aber der Graben schon vollkommen verfüllt.

Nachdem der Verfüllungsvorgang des römischen Wehrgrabens geklärt ist, kann auch die Datierung des vorgelagerten Grabens eingeschränkt werden, der als geomagnetische Anomalie parallel zum östlichen Kastellgraben nachgewiesen wurde (Abb. 9).[105] Der Graben verläuft in 31 m Abstand und konnte auf 42 m Länge verfolgt werden. Offenbar wurde er weniger stark eingetieft als der Wehrgraben, da die Anomalie schmäler und schwächer ausgeprägt ist. Da sich der Graben des Annexes exakt am Kastell orientiert, müssen die Kastellgräben zum Zeitpunkt seiner Anlage noch sichtbar gewesen sein. Der Annex kann somit in der Zeit ab der Errichtung des Kastells bis zur vollständigen Verfüllung der Wehrgräben in frühalamannischer Zeit errichtet worden sein. Vielleicht fassen wir mit diesem vorgelagerten Graben eine sekundäre Nutzung der Kastellruine in frühalamannischer Zeit.

Im Bereich der ausgegrabenen Kastellinnenfläche wurden aus dem Liegenden des Kolluviums (Schicht 2) nur 15 frühalamannische Scherben geborgen. Hinzu kommen fünf Scherben aus den Befunden 16 und 37, die wohl sekundär in diese Pfostengruben gelangten. Der größte Teil der 14 Streufunde dürfte ebenfalls aus der Innenfläche stammen.

Sehr spärlich war der Fundanfall in Grabung 1, wobei sich die frühalamannischen ebenso wie die römischen Funde im nordwestlichen Viertel in den Flächen 41–45 und 61–65 konzentrierten (Beilage 2,3). Dort lagen auch die während der frühalamannischen Besiedlungsphase verfüllten Befunde 801, 850 und 860, aus denen 17 frühalamannische Scherben stammen. 42 Funde gelangten sekundär in jüngere Befunde, meist Pfostengruben, nur neun wurden aus dem Kolluvium in Grabung 1 geborgen. Hinzu kommen 57 römische Scherben, die offensichtlich während der frühalamannischen Besiedlungsphase aus dem Kastellbereich in das nordwestliche Viertel der Grabung 1 verschleppt worden sind. Der Löwenanteil, insgesamt 42 römische Scherben, fand sich in den frühalamannischen Befunden 801, 850 und 860, der Rest im Kolluvium und sekundär in jüngeren Befunden.

In der Nordwestecke der Grabung 1 lagen die beiden Erzabbauschächte Befund 977 und 983 (Beilage 2,3). Über beide Schächte zog die große unregelmäßige Grube Befund 801 hinweg, die mit humosem Material und Siedlungsabfällen verfüllt war. Diese Grube entstand, nachdem die Schächte zugeschüttet waren und ihre Verfüllung sich gesetzt hatte. Die so gebildeten Hohlformen verfüllten sich mit dem in der Umgebung liegenden Material, darunter zahlreiche Scherben. Es wurde bereits dargelegt, daß dies während der frühalamannischen Besiedlungsphase geschah.[106]

Durch die Flächen 63 und 64 zog sich in Ost-West-Richtung das Gräbchen Befund 850 von 40 cm Breite und bis zu 10 cm Tiefe. Zwischen den beiden abgerundeten Ecken im Osten und Westen betrug der Abstand 21,7 m. Der östliche Schenkel war 3,3 m, der westliche 6,1 m lang erhalten. An beiden Enden keilt das Gräbchen nach Süden ganz flach aus. Die jüngsten Funde in dem Gräbchen waren frühalamannisch. In Fläche 64 störte die Grube Befund 860 das Gräbchen. Nach den Funden zu urteilen, wurde auch diese Grube noch während der frühalamannischen Besiedlungsphase verfüllt. In Fläche 51 wurden die Reste eines Gräbchens aufgedeckt, daß dem Befund 850 gleicht, jedoch keine Funde lieferte. Der Befund 494 war 20–35 cm breit und muldenförmig bis zu 6 cm eingetieft. Die beiden Enden keilten flach aus. In Nord-Süd-Richtung war der Befund 5,9 m lang, der südliche Schenkel 2,5 m lang erhalten. Beide Gräbchen (Bef. 494 u. 850) wurden ausgeschält. Auf der Sohle des Befundes 850 fanden sich an zwei Stellen flach erhaltene Pfostenstandspuren: Befund 975 reichte 3 cm unter die Sohle der Gräbchens, Befund 976 noch 8 cm. Möglicherweise sind die Gräbchen 850 und 494 Reste von Einfriedungen einzelner Häuser oder gar Wandreste.

5.2 Die frühalamannischen Funde

Die Machart der Keramik

Abgesehen von zwei Glasfunden besteht das Material der frühalamannischen Phase aus stark zerscherbter, handgemachter Keramik. Die Oberfläche der Tonscherben ist meist schlecht erhalten oder ganz abgeplatzt. Einige Scherben sind mit kleinen Hohlräumen übersät. Sie enthielten ursprünglich Kalkpartikel, die der saure Boden im Laufe der Zeit herausgelöst hat.[107] Gewöhnlich ist der Ton stark mit feinem bis mittelgrobem oder auch grobem, scharfkantigem Gesteinsgrus

---

103 S. 201.
104 Vgl. S. 159 (KEMPA) zur Verwendung evtl. noch vorhandener Holzreste in frühalamannischer Zeit für die Rennfeuerverhüttung.
105 Zur geomagnetischen Messung im Kastell S. 208 f.
106 Vgl. S. 154.
107 Diesen Hinweis verdanke ich W. Scharff, Schwäbisch Gmünd.

durchsetzt. Bei genauer Betrachtung findet man fast immer Glimmer im Ton. Dabei gibt es graduelle Unterschiede. So sind die eingliedrigen Kümpfe oft aus gröberem Ton hergestellt, der nur selten einen höheren Glimmeranteil aufweist. Dagegen bestehen andere Formen, insbesondere die Schüsseln mit verdickter Randlippe und ein Teil der verzierten Scherben aus feinem Ton, der häufig mit auffallend viel Glimmer durchsetzt ist. Als Beispiel für besonders sorgfältig hergestellte Feinkeramik mögen die verzierten Wandscherben Abb. 36,15.20.22 dienen. Ihr gleichmäßig grau- bis schwarzgraubrauner Ton ist stark mit feinem Gesteinsgrus und Glimmer durchsetzt.

Die frühalamannische Keramik ist von festerer Konsistenz als die vorgeschichtliche. Fährt man mit der Hand über die Oberfläche, läßt sich, anders als bei der vorgeschichtlichen Ware, nur wenig mehlige Keramiksubstanz abreiben. Aufgrund eigener Anschauung kann ich frühalamannische Keramik von fünf Verhüttungsplätzen der Schwäbischen Alb mit dem Komplex aus Essingen vergleichen.[108] Überall läßt sich die gleiche, charakteristische Machart feststellen. Offenkundig wurde die frühalamannische Keramik nicht wie die vorgeschichtliche einfach aus dem anstehenden Feuersteinlehm hergestellt. Der hohe Glimmeranteil spricht dafür, daß man Tone der Molasse bevorzugte. Kleinere Tonvorkommen der Molasse können lokal nördlich der Klifflinie auf der Albhochfläche vorkommen.[109]

Die charakteristische Beschaffenheit der Keramik erlaubt es, auch unverzierte Wandscherben der frühalamannischen Ware zuzuordnen. Von den insgesamt 707 Scherben lassen sich 112 Rand- und verzierte Wandscherben näher ansprechen. Davon gehören über die Hälfte zu eingliedrigen Kümpfen und Schalen. Abgesehen von sehr kleinen Fragmenten und diesen eingliedrigen Gefäßen wurden alle bestimmbaren Scherben gezeichnet.

Eingliedrige Gefäße (Kümpfe und Schalen)

Mit insgesamt 61 Scherben gehört über die Hälfte der näher bestimmbaren Scherben zur Gruppe der eingliedrigen Gefäße. Die Scherben stammen von Gefäßen sehr verschiedener Größe, die, soweit feststellbar, einen Mündungsdurchmesser zwischen 14 und 24 cm hatten.

Die Mehrzahl der Kümpfe besitzt einen einbiegenden, einfach abschließenden Rand (Abb. 30,2.3.8; 31,1; 35,1.2.4–7.9.10.12.13). Bei einigen besonders weitmundigen Vertretern biegt der Rand kaum oder gar nicht ein (Abb. 35,3.14; 37,1). Weitere Scherben unterscheiden sich durch ihren leicht verdickten oder abgestrichenen Rand (Abb. 30,4; 35,8.11.16; 37,3.9). Hinzu kommen 31 kleine Randfragmente, die nicht abgebildet wurden.

Schalen und Kümpfe oder „spätrömische Töpfe" treten uns in allen frühalamannischen Siedlungen und häufig auch in Grabfunden entgegen. In Sontheim im Stubental und Heidenheim-Großkuchen, wo vergleichbare Keramikkomplexe geborgen wurden, zeigen diese Gefäße die gleiche Variationsbreite und stellen ebenfalls jeweils etwa die Hälfte des ansprechbaren Materials.[110] Gewiß lebte diese unspezifische Form über einen langen Zeitraum. Immerhin lassen sich ältere, jüngerkaiserzeitliche Funde (Stufe C1 nach Eggers) anhand der Gesamtform des Gefäßkörpers und der Randbildung oft gut von den frühalamannischen Vertretern unterscheiden. Dies läßt sich besonders in Mainfranken nachvollziehen, wo genügend Fundmaterial aus jüngerer Kaiserzeit und Völkerwanderungszeit vorliegt. Die typischen jüngerkaiserzeitlichen Beispiele haben ihre größte Gefäßbreite oft knapp unterhalb des immer deutlich einbiegenden, oft daumenförmig verdickten Randes. Häufig tragen sie charakteristische Verzierungen. Sie gleichen der Form V nach der Typologie R. von Uslars. Die jüngeren Beispiele dagegen sind plumper mit breitem Boden, tiefliegender größter Breite und wenig sorgfältiger Randbildung – genau wie die Funde aus Essingen „Weiherwiesen".[111]

Scherben mit einziehendem Hals und einfach abschließendem Rand

Zehn Randscherben gehören zu Schüsseln mit einziehendem Hals und schwach ausbiegendem, einfach abschließendem Rand (Abb. 31,2; 36,2.4–8; drei kleine, nicht abgebildete Fragmente aus dem Kastellgraben Fl. 44/45). Soweit bestimmbar, betrug der Mündungsdurchmesser 13–14 cm. Die erhaltenen Scherben erlauben keinen sicheren Rückschluß auf die Gesamtform des jeweiligen Gefäßes, doch besteht kein Zweifel, daß

---

108 Heidenheim-Großkuchen und Sontheim im Stubental, Verbleib: Württembergisches Landesmuseum Stuttgart. Nattheim und Lenningen-Schopfloch, Verbleib: LDA Stuttgart. Mengen, Verbleib: LDA Tübingen. Vgl. zu den einzelnen Fundorten Kap. IV, S. 163 ff.

109 Auch diesen Hinweis verdanke ich W. Scharff. Zum Glimmer im Ton der frühalamannischen Keramik von Sontheim im Stubental W. REIFF, Der geologische Befund im Bereich der frühalamannischen Siedlung von Sontheim, Kreis Heidenheim. Fundber. Baden-Württemberg 3, 1977, 577 f.

110 Das Material aus Großkuchen und Sontheim liegt im Württembergischen Landesmuseum und wurde von mir durchgesehen. Zu Sontheim im Stubental vgl. D. PLANCK, Fundber. Baden-Württemberg 3, 1977, 552 ff. Abb. 7; 8; 9,1. Entsprechende Formen in Gräbern z. B. in Lauffen am Neckar: H. SCHACH-DÖRGES, Fundber. Baden-Württemberg 6, 1981, 621 Abb. 6,8 (Grab 1); 634 Abb. 18,5 (Grab 2); dort auch Funde in einer Siedlung 657 f. Abb 20; 21,6.13.14.19.20.

111 PESCHECK, Mainfranken 61 f. Zur Form V R. von USLAR, Westgermanische Bodenfunde des ersten bis dritten Jahrhunderts nach Christus aus Mittel- und Westdeutschland. Germanische Denkmäler Frühzeit 3 (Berlin 1938) 21 f.

die meisten der variantenreichen Gruppe der Schalenurnen zuzuweisen sind. Schalenurnen mit vergleichbarer Randbildung werden häufig in frühalamannischen Fundzusammenhängen angetroffen,[112] ohne daß ihre Laufzeit innerhalb der späten Kaiser- und Völkerwanderungszeit näher eingegrenzt werden könnte.[113] Nicht auszuschließen ist, daß die eine oder andere Scherbe auch vom Rand eines flaschenartigen Gefäßes stammen könnte. Gewiß ist dies bei Abb. 36,8 der Fall. Flaschenartige Gefäße, die in der Gesamtform übereinstimmen, können in die Stufe C3 nach Eggers datiert werden und treten sowohl in der Gruppe der südlichen Elbgermanen als auch vereinzelt in Süddeutschland auf.[114]

Scherben mit ausgeprägter Randlippe

Elf Scherben mit ausgeprägter Randlippe stammen von Schüsseln mit unterschiedlicher Halsbildung. Man kann sie als Schalenurnen im weiteren Sinne bezeichnen. Die gleiche Variationsbreite wie in Essingen trifft man im unpublizierten Material von Heidenheim-Großkuchen an. Parallelen sind häufig in spätkaiser- bis völkerwanderungszeitlichen Siedlungen Südwestdeutschlands vertreten. Bei drei Scherben sitzt die Randlippe direkt auf dem Gefäßkörper bzw. ist durch eine kräftige Furche abgesetzt (Abb. 32,4; 37,13.14).[115] An einer Randscherbe ist gerade noch der Ansatz eines straffen, zylindrischen Halses erkennbar (Abb. 36,11).[116] Der S-förmig gebogene Hals einer weiteren Scherbe ist nur ornamental abgesetzt (Abb. 37,7).[117] Schließlich gibt es eine Randscherbe, deren Hals fließend in den Gefäßkörper übergeht (Abb. 30,15).[118] Weitere Randscherben mit zum Teil eher S-förmigem, zum Teil eher straffem Hals sind zu klein, um einer bestimmten Variante zugewiesen zu werden (Abb. 30,16.17; 36,3; 37,8.10).[119] Zwei Randscherben mit abgesetztem, leicht überquellendem Rand (Abb. 31,3; 37,12) dürfen trotz ihrer unspezifischen Form ebenfalls der Gruppe der Schalenurnen zugewiesen werden.[120]

Verschieden Keramikformen

Zu einer groben Randscherbe unspezifischer Form (Abb. 36,9) gibt es einige Parallelen aus frühalamannischen Fundzusammenhängen.[121] Dagegen sind mir zu dem trichterartigen Profil Abb. 32,6 keine schlagenden Entsprechungen bekannt. Aufgrund des Tones gehört auch diese Scherbe zur frühalamannischen Ware. Bruchstücke von Standringen (Abb. 30,12; 36,10) treten sehr oft in frühalamannischen Fundkomplexen auf. Gewöhnlich gehören sie zu Schalen.[122] Zwei Spinnwirtel (Abb. 30,19; 36,16) sind aus dem gleichen Ton wie die frühalamannische Gefäßkeramik hergestellt.

---

112 Vgl. z. B. E. Keller, Bayer. Vorgeschbl. 35, 1970, 150 Abb. 1,3 (aus der Wörnitz bei Nördlingen). Bayer. Vorgeschbl. 33, 1968, 204 f. mit Abb. 39,10 (Pförring, Kr. Ingolstadt); Fingerlin, Frühe Alamannen 113 Abb. 10,1; 120 Abb. 20,1 (Mengen im Breisgau). R. Koch, Fundber. Baden-Württemberg 3, 1977, 531 Abb. 2,5 (Kirchheim unter Teck). D. Planck, Fundber. Baden-Württemberg 3, 1977, 568 Abb. 19,1. Ders., Arch. Ausgr. Baden-Württemberg 1981, 184 Abb. 155,5 (Sontheim im Stubental). Fundber. Schwaben N.F. 18,2, 1967, 154, Nr. 1 Taf. 140,D5 (Ursprung, Alb-Donau-Kreis). Pescheck, Mainfranken Taf. 6,1; 7,18; 11,6.10; 21,16; 22,1; 98,8; 102,11; 103,1 (Gräber aus Altendorf und Kleinlangheim sowie verschiedenen Siedlungen in Tauberbischofsheim).

113 Pescheck, Mainfranken 64 f. E. Keller, Zur Chronologie der jüngerkaiserzeitlichen Grabfunde aus Südwestdeutschland und Bayern. In: Studien zur vor- und frühgeschichtlichen Archäologie. Festschr. J. Werner. Münchner Beitr. Vor- u. Frühgesch. Ergänzungsbd. 1,1 (München 1974) 262 ff.; zur Form Abb. 2,10.12.

114 Zu einem vergleichbaren flaschenartigen Typ: E. Keller, Das spätrömische Gräberfeld von Neuburg an der Donau. Materialh. Bayer. Vorgesch. A 40 (Kallmünz 1979) 33 ff. mit Karte 34 Abb. 3 und Taf. 2,6; 6,2 (Typ A). Eine entfernt ähnliche Flasche aus Lauffen am Neckar: Schach-Dörges, Fundber. Baden-Württemberg 6, 1981, 658 Abb. 21,11.12.

115 Variante ohne Hals: R. Koch, Fundber. Baden-Württemberg 3, 1977, 536 Abb. 4 (Kirchheim unter Teck). D. Planck, Fundber. Baden-Württemberg 3, 1977, 562 Abb. 14,14 (Sontheim im Stubental). H. Schönberger, Bayer. Vorgeschbl. 20, 1954, 129 Abb. 1,11 (Stockstadt am Main). Pescheck, Mainfranken Taf. 16,4; 51,18; 111,19; 117,3; 126,2; 133,7; 143,7; 146,14.19.19.

116 Variante mit straffem, abgesetztem Hals: H. Schönberger, Bayer. Vorgeschbl. 20, 1954, 132 Abb. 4,3. D. Planck, Fundber. Baden-Württemberg 3, 1977, 562 Abb. 14,15. Pescheck, Mainfranken z. B. Taf. 1,1; 2,12.15; 3,10; 7,28; 14,19; 16,1; 34,8; 38,6.8; 39,1.2.4.8; 82,14; 85,23; 101,13; 126,8; 137,1.

117 Variante mit ornamental abgestztem Hals: D. Planck, Arch. Ausgr. 1978. Bodendenkmalpflege Bezirke Stuttgart und Tübingen (Stuttgart 1979) 86 Abb. 50 (Heidenheim-Großkuchen). Fingerlin, Frühe Alamannen 113 Abb. 10,5; 120 Abb. 20,3 (Mengen im Breisgau). Pescheck, Mainfranken Taf. 5,18; 52,10.13; 84,2; 85,20; 115,1; 146,2.7.

118 Variante mit fließendem Übergang zwischen Gefäßkörper und Hals: J. Werner, Bayer. Vorgeschbl. 25, 1960, 164 ff. Taf. 12,1 (Spielberg bei Erbach, Donau-Ries-Kreis). Pescheck, Mainfranken Taf. 9,10; 18,4; 19,21; 26,2; 34,12; 84,4.

119 Allgemein S-förmiges Profil: H. Schönberger, Bayer. Vorgeschbl. 20, 1954, 132 Abb. 4,5 (Stockstadt am Main). D. Planck, Fundber. Baden-Württemberg 3, 1977, 562 Abb. 14,12 (Sontheim im Stubental). Pescheck, Mainfranken Taf. 20,16.18; 24,4; 88,10; 98,1; 137,11.

120 Parallelen zu Abb. 31,3: H. Schönberger, Bayer. Vorgeschbl. 20, 1954, 132 Abb. 4,4. D. Planck, Fundber. Baden-Württemberg 3, 1977, 562 Abb. 14,11.13. Zu Abb. 37,12: Planck ebd. 554 Abb. 8,2.6. B. Engelhardt in: K. Spindler (Hrsg.), Vorzeit zwischen Main und Donau (Erlangen 1980) 277 Abb. 3,4.5 (Kelheim). Bayer. Vorgeschbl. 33, 1968, 206 Abb. 39,5 (Pförring, Kr. Ingolstadt).

121 D. Planck, Fundber. Baden-Württemberg 3, 1977, 554 Abb. 8,2; 560 Abb. 12,1 (Sontheim im Stubental). Weitere Vergleichsstücke kenne ich aus dem unpublizierten Material von Heidenheim-Großkuchen.

122 Vgl. z. B. H. Schach-Dörges, Fundber. Baden-Württemberg 6, 1981, 621 Abb. 6,6; 634 Abb. 13,3.4.

Verzierte Scherben

Bündel parallel verlaufender Rillen stellen die häufigste Verzierung dar. Entweder laufen die Rillenbündel waagrecht um das Gefäß, oft am Umbruch oder am Halsabsatz (Abb. 36,12.14.18.22), oder sie bilden schräg gestellte, gegenständige Paare (Abb. 36,17.22; evtl. 30,14; 31,4). Bei einigen läßt sich kein eindeutiges Anordnungsprinzip nachvollziehen (Abb. 31,5; 32,5; 36,13). Einmal sind Rillenbündel mit dellenförmigen Eindrücken kombiniert (Abb. 30,14), ein weiteres Mal mit einer breiten, wellenförmig umlaufenden Kannelur (Abb. 36,12). Alle Varianten treten häufig in frühalamannischen Fundzusammenhängen auf, gewöhnlich auf Schalenurnen.[123]

Fast ebenso häufig findet man waagrecht umlaufende Kerben, meist kombiniert mit begleitenden Furchen, einmal auch mit plastischen Wülsten (Abb. 36,15.19–21; 37,4). In einem Fall werden die Kerben durch rundliche Stiche ersetzt (Abb. 37,6). Auch diese Verzierungen sind typisch für schalenurnenartige Gefäße der späten Kaiser- und Völkerwanderungszeit Südwestdeutschlands.[124]

Keine genaue Entsprechung gibt es für eine Schale, die mit kräftigen, waagrechten Riefen verziert ist, an denen von Doppelriefen begleitete Kanneluren hängen (Abb. 37,4). Allgemein sind frühalamannische Gefäße häufig mit plastischen Verzierungen und Kanneluren, darunter auch senkrechte Kanneluren, versehen.[125] Auch Knubben (Abb. 30,6) treten oft auf.[126] Ungewöhnlich wirkt im Vergleich zum übrigen Material aus Essingen eine Wandscherbe, die mit einem komplexen Muster aus keilförmigen Einstichen, Leiterbändern und gestempelten Kreisaugen verziert ist (Abb. 30,5). Alle diese Verzierungsarten findet man als Einzelelemente auf frühalamannischen Scherben, manchmal auch zu ähnlich komplexen Mustern vereint.[127]

Glas

In Grabung 1 wurden zwei Glasfunde geborgen. Aus Befund 50 stammt eine Scherbe aus durchsichtigem, hellgrünem Glas (Abb. 30,10). Sie gehört zu einem Glasbecher mit Fadendekor (Snartemo-Typ). Die wenigen datierbaren Parallelen aus Gallien und Rätien waren in der 1. Hälfte des 5. Jh. in Gebrauch.[128]

Eine Perle aus Befund 249 (Abb. 30,11) besteht aus opakem, grünem Glas mit schlierigen, rotbraunen Spuren um das Bohrloch. Auf der Perle sitzen opake, weiße Punktauflagen. Parallelen aus der variantenreichen Gruppe der Perlen mit Punktauflagen datieren in das 4. und frühe 5. Jh.[129]

5.3 Datierung und Funktion der frühalamannischen Siedlung

Selbst wenn die frühalamannischen Siedlungsfunde Südwestdeutschlands bereits vollständig aufgearbeitet und vorgelegt wären, die unscheinbare handgemachte Keramik von den „Weiherwiesen" böte dennoch kaum Anhaltspunkte für eine exakte Datierung. Man muß sich mit der Aussage begnügen, daß dieses Material allgemein in den Zeitraum ab der Aufgabe der römischen Militäreinrichtungen am rätischen Limes (260 n. Chr.) bis zum Einsetzen der Reihengräberfelder in der 2. Hälfte des 5. Jh. einzuordnen ist.

Die Scherbe eines Glasbechers (Abb. 30,10) zeigt, daß

---

123 Waagrecht umlaufende Rillenbündel: D. PLANCK, Arch. Ausgr. 1978. Bodendenkmalpflege Bezirke Stuttgart und Tübingen (Stuttgart 1979) 86 Abb. 50 (Heidenheim-Großkuchen). H. TH. FISCHER, Archäologische Funde der römischen Kaiserzeit und der Völkerwanderungszeit aus der Oberpfalz (nördlich der Donau). Verhandl. Hist. Ver. Oberpfalz u. Regensburg 121, 1981, 381 Abb. 9,2 (Wenzenbach, Kr. Regensburg). H. SCHÖNBERGER, Bayer. Vorgeschbl. 20, 1954, 129 Abb. 1,11 (Stockstadt am Main). H. DANNHEIMER, Bayer. Vorgeschbl. 32, 1967, 99 Abb. 3,2 (Barbing, Kr. Regensburg). FINGERLIN, Frühe Alamannen 113 Abb. 10,5; 114 Abb. 11;12; 119 Abb. 19,13; 120 Abb. 20,3.5 (Breisgau). H. SCHACH-DÖRGES, Fundber. Baden Württemberg 6, 1981, 621 Abb. 6,3.7 (Lauffen am Neckar).
Schräg gestellte Rillenbündel: FINGERLIN, Frühe Alamannen 113 Abb. 10,5. Fundber. Schwaben N.F. 18,2, 1967, Taf. 140, C1 (Ursping, Alb-Donau-Kreis). R. KOCH, Fundber. Schwaben N.F. 19, 1971, 147 Abb. 23,3 (Ingelfingen, Hohenlohekreis). PESCHECK, Mainfranken Taf. 49,5; 73,18; 87,1:
Kombination Rillen und Dellen: PESCHECK, Mittelfranken Taf. 85,14; 89,16; 139,21.

124 Vgl. z. B. Fundber. Baden-Württemberg 2, 1975, 200 Abb. 117, A1 (Rommelshausen, Rems-Murr-Kreis); R. KOCH, Fundber. Baden-Württemberg 3, 1977, 536 Abb. 4 (Kirchheim unter Teck). D. PLANCK, Fundber. Baden-Württemberg 3, 1977, 564 Abb. 15,2–4.6-8; 565 Abb. 16,1.3.4 (Sontheim im Stubental). PESCHECK, Mainfranken Taf. 1,15; 5,18; 6,1; 19,21; 53,1.6; 54,7; 68,9; 84,17; 85,20.

125 PESCHECK, Mainfranken Taf. 27,10; 54,4.22; 83,15; 85,11; 90,7; 115,1.

126 Knubben auf Schalenurnen vgl. PESCHECK, Mainfranken Taf. 11,10. Auf flaschenartigen Gefäßen vgl. J. BIEL, Fundber. Baden-Württemberg 10, 1986, 598 Taf. 81A. Gebogene Rillen, die von Eindrücken begleitet werden, findet man bei D. PLANCK, Arch. Ausgr. 1978. Bodendenkmalpflege Bezirke Stuttgart und Tübingen (Stuttgart 1979) 86 Abb. 50 (Heidenheim-Großkuchen). H. SCHACH-DÖRGES, Fundber. Baden-Württemberg 6, 1981, 658 Abb. 21,2 (Lauffen am Neckar).

127 S. SPORS-GRÖGER in: Der Runde Berg bei Urach. Führer Arch. Denkmäler Baden-Württemberg 14 (Stuttgart 1991) 162 Abb. 81.

128 U. KOCH, Die Glas- und Edelsteinfunde aus den Plangrabungen 1967–1980. Der Runde Berg bei Urach 6 (Sigmaringen 1987) 111 ff. Ergänzungen zur Verbreitungskarte 113 Abb. 45: Essingen „Weiherwiesen"; Heidenheim-Großkuchen „Hintere Wiesen" Ausgrabung 1986; Heubach, Rosenstein, vor der Höhle Haus (gemeldet 1990).

129 KOCH (Anm. 124) 324 f. zu Perlen mit gelber und roter Punktauflage. Vgl. auch M. TEMPELMANN-MACZYNSKA, Die Perlen der römischen Kaiserzeit und der frühen Phase der Völkerwanderungszeit im mitteleuropäischen Barbaricum. Röm.-Germ. Forsch. 43 (Mainz 1985) 62 mit Taf. 13; 53 (zur Gruppe 24).

die „Weiherwiesen" in der 1. Hälfte des 5. Jh. noch besiedelt waren. Ob die Besiedlung kontinuierlich bis in das Frühe Mittelalter andauerte, kann nicht entschieden werden. Einzelne Scherben sind frühmittelalterlich, und es ist bekannt, daß Siedlungen dieses Zeitraums kaum Keramik liefern.[130]

Doch wann setzte die frühalamannische Phase ein? Die benachbarten, großflächig ausgegrabenen Siedlungen Heidenheim-Großkuchen und Sontheim im Stubental, die vergleichbare Keramikkomplexe geliefert haben, bestanden jedenfalls schon im 4. Jahrhundert. Darüber hinaus gibt es in Sontheim Fibeln, die wohl schon in der 1. Hälfte des 4. Jh. in den Boden kamen.[131] Auch die „Weiherwiesen" wurden wohl noch während der 1. Hälfte des 4. Jh. besiedelt. Dafür spricht der Fund einer Terra nigra-Scherbe (Abb. 33,9), die zu einer Form gehört, welche vom Ende des 3. bis in die Mitte des 4. Jh. gebräuchlich war.[132] Gleichzeitig mit der frühalamannischen Besiedlung setzten Erzabbau und -verhüttung ein. Aufgrund der Verteilung der Verhüttungsabfälle in den Befunden läßt sich beweisen, daß die Rennöfen, die diese Abfälle erzeugten, während der frühalamannischen Besiedlungsphase betrieben wurden.[133] Die Verhüttungsabfälle können auch unabhängig von den archäologischen Befunden durch Radiokarbon- und Thermolumineszenzmessungen zeitlich eingeordnet werden. Zieht man diese naturwissenschaftlich gewonnenen Daten wiederum zur Datierung der frühalamannischen Phase heran, so zeigt es sich, daß die Besiedlung auf den „Weiherwiesen" nicht allzu lange nach der Aufgabe des Limes, vielleicht sogar noch während des späten 3. Jh. einsetzte.[134]

Über die Struktur der Siedlung läßt sich wenig sagen. Offenbar nutzten die frühalamannischen Siedler die Kastellruine als Rohstoffquelle – Holz für die Verhüttung und vielleicht auch für Bauten.[135] Die noch intakten Kastellgräben dienten wahrscheinlich als Einfriedung, möglicherweise in Verbindung mit dem geomagnetisch erfaßten Annex.[136] Irgendwann wurde der Kastellgraben eingeebnet, wohl um den Weg für eine geänderte Nutzung freizumachen.

Welche Bedeutung die Ausbeutung der Eisenerzvorkommen für die Siedlung hatte, wird an anderer Stelle diskutiert.[137]

6. Die früh-, hoch- und spätmittelalterliche Besiedlung[138]

6.1 Frühmittelalterliche Funde

Nur vier Scherben können in die Merowinger- und Karolingerzeit datiert werden. Alle vier fanden sich im südwestlichen Viertel der Grabung 1, wo sich auch die Befunde des Hohen Mittelalters konzentrierten.

Aus einer Pfostengrube (Fl. 2, Bef. 38) stammt die Wandscherbe vom Halswulst eines reduzierend gebrannten Knickwandtopfes (Abb. 28,6). Die Scherbe kann nur unscharf in die 2. Hälfte des 6. und ins 7. Jh. datiert werden. Eine Randscherbe aus dem Kolluvium der Fläche 1 (Abb. 28,3) ist der „rauhwandigen Drehscheibenware" zuzuweisen. Die überaus einfache Randgestaltung ist im gesamten frühen Mittelalter – Merowinger- und Karolingerzeit – möglich.[139] Eine weitere Randscherbe (Abb. 28,4) und eine Bodenscherbe aus dem Kolluvium der Fläche 4 gehören ebenfalls zur „rauhwandigen Drehscheibenware". Das Profil der Randscherbe (Abb. 28,4) ist charakteristisch für die karolingische Keramik des späten 7. bis 10. Jh. n. Chr.[140]

Der geringe Fundanfall weckt Zweifel, ob die „Weiherwiesen" im 6. bis 10. Jh. überhaupt besiedelt waren. Allerdings wird auch an anderen Siedlungsplätzen trotz ausgedehnter Grabungen kaum Material dieser Zeitstellung geborgen.[141]

6.2 Das hohe Mittelalter

Insgesamt 97 Scherben lassen sich der sogenannten „nachgedrehten" Keramik zuweisen, die im 7. bis 12/13. Jh. je nach Region unterschiedlich stark vertreten ist.[142] Die nachgedrehte Ware von den „Weiherwiesen" ist sehr einheitlich gefertigt. Die Scherben besitzen eine sandig rauhe, graubraune Oberfläche, oft mit

---

130 Vgl. Anm. 141.
131 D. Planck, Fundber. Baden-Württemberg 3, 1977, 571 f.
132 S. 217 mit Anm. 68–70.
133 Zur Datierung der Bergbauspuren in Grabung 1 S. 153 f. (Kempa). Zur Datierung der Verhüttungsabfälle aufgrund der Fundverteilung S. 158 f.
134 Zu den Radiokarbondaten S. 158 f. (Kempa).
135 Zur möglichen sekundären Verwendung des Bauholzes durch die frühen Alamannen vgl. S. 159.
136 Vgl. die Einfriedung, die D. Planck in Sontheim im Stubental freilegte: Plan publiziert bei Planck, Wiederbesiedlung Abb. 10.
137 S. 328 f. (Kempa).
138 Das Material wurde von Herrn U. Gross, Heidelberg, durchgesehen, für dessen Hinweise ich an dieser Stelle danken möchte.
139 Zu dieser Ware U. Gross, Mittelalterliche Keramik zwischen Neckar und Schwäbischer Alb. Forsch. u. Ber. Arch. Mittelalter Baden-Württemberg 12 (Stuttgart 1991) 26 ff.
140 Vgl. z. B. die Gruppe 13 bei B. Kaschau, Die Drehscheibenkeramik aus den Plangrabungen 1967–1972. Der Runde Berg bei Urach 2 (Heidelberg 1976) 46 mit Taf. 17–21.
141 So z. B. während der sehr ausgedehnten Ausgrabungen in der früh- bis hochmittelalterlichen Siedlung von Lauchheim „Mittelhofen" (Ostalbkreis) (mündliche Mitteilung I. Stork).
142 Zur Terminologie und Abgrenzung gegenüber der jüngeren „echten" Drehscheibenkeramik Gross (Anm. 139) 21. Zur regionalen Differenzierung ebd. 52 ff.

fleckigen Rußspuren. Der Ton ist stark mit feinem bis mittelgrobem Gesteinsgrus durchsetzt, darunter auffallend viel Glimmer. Die Keramik ist nur mäßig hart gebrannt. Manche Scherben sind etwas feiner gemagert und härter gebrannt.

Die nachgedrehte Ware konzentrierte sich im südwestlichen Viertel der Grabung 1 in den Flächen 1 bis 6 und 21 bis 24 (vgl. auch Beilage 2,4). 35 Scherben wurden aus dem Kolluvium geborgen (Fl. 1; 2; 4–8; 22; 30). Zehn Scherben lagen in jüngeren Befunden (Bef. 3 und Bef. 600) oder sind durch Bioturbation oder Trockenrisse nachträglich in die oberste Verfüllungsschicht urnenfelderzeitlicher Gruben gelangt (Bef. 20; 105; 120).[143] Weitere neun Scherben lagen einzeln in Pfostenlöchern oder Gruben (Bef. 75; 170; 299; 419; 568; 650). Folgende Befunde sind aufgrund der Fundzusammensetzung mit Sicherheit im hohen Mittelalter verfüllt worden: Bef. 29; 39; 50; 119; 249; 526; 685 (Beilage 2,4). In diesen Befunden lagen insgesamt 43 Scherben der nachgedrehten glimmerhaltigen Ware.

Abgesehen von einem einfach ausbiegendem Rand (Abb. 28,14) sind die meisten Ränder leicht verdickt und profiliert, oft am Randabschluß gekehlt (Abb. 28,2.8.11.13.15). Eine Scherbe besitzt einen rundlich verdickten Leistenrand (Abb. 28,9). Außer einem Wandfragment, das mit wellenförmigen Furchen verziert ist (Abb. 28,10), und einem weiteren, das Spuren einer Kammstrichverzierung trägt (Bef. 105), liegen noch sechs Bruchstücke von „Linsenböden" vor. Die nachgedrehte Glimmerware aus Essingen läßt sich sehr gut mit Keramik aus der Nikolauskapelle auf dem Grünen Hof in Ulm vergleichen, die B. Scholkmann publizierte.[144] Beide Fundkomplexe stimmen in Machart und Gestaltung der Randprofile überein.[145] Scholkmann setzte die Ulmer Funde in das 11. bis beginnende 13. Jahrhundert. Ganz ähnliche Randbildungen findet man bei der „älteren gelbtonigen Drehscheibenware" des 12./13. Jh. im Remstal.[146] Es besteht kein Zweifel, daß die nachgedrehte Glimmerware aus Essingen ebenfalls in den Zeitraum vom 11. bis zum beginnenden 13. Jh. zu setzen ist.

In der Grube Befund 29 lag, abgesehen von nachgedrehter Glimmerware, auch das Bruchstück eines Lampenschälchens (Abb. 28,7), das der „rot bemalten Feinware" angehört. Zwei weitere Wandscherben „rot bemalter Feinware" wurden aus dem Kolluvium der Fläche 2 geborgen. Die „rot bemalte Feinware" setzt Ende 12./Beginn 13. Jh. ein und lebt im 14. Jh. fort.[147] Wenn man den Plan Beilage 2,4 betrachtet, fällt auf, daß die hochmittelalterlichen Gruben Bef. 39 und 50 in einer Flucht ausgerichtet sind. In der gleichen Richtung von Südwesten nach Nordosten verlaufen die Zaungräbchen Bef. 116, 244 und 510, bzw. rechtwinklig dazu die Befunde 174, 966 und 968. Es gibt noch einen Hinweis, der nahelegt, daß diese Zaungräbchen gleichzeitig mit den hochmittelalterlichen Gruben bestanden. Das Pfostenloch Bef. 685 liegt exakt in der Flucht des Zaungräbchens Bef. 174 und ist wohl Bestandteil dieses Zaunes. Im Befund 685 lagen drei Wandscherben der nachgedrehten glimmerhaltigen Ware sowie kopfgroße Schlackenbrocken zum Verkeilen des Pfostens. Am Südende des Zaungräbchens Bef. 174 schließen sich die Pfostenlöcher Bef. 172 und 178 an, in denen ebenfalls kopfgroße Schlackenbrocken zum Verkeilen der Pfosten steckten. Offensichtlich gehören die Gruben Bef. 39 und 50 sowie die Zaungräbchen und zugehörigen Pfostenlöcher mit Schlackenbrocken allesamt zu Siedlungseinheiten, die im hohen Mittelalter errichtet wurden. Bei weiteren Pfostengruben, in denen ebenfalls große Schlackenbrocken steckten (Bef. 42; 65; 165; 177), ist zu vermuten, daß sie ebenfalls im hohen Mittelalter angelegt worden sind.[148]

6.3 Das späte Mittelalter

Fast alle der insgesamt 99 Scherben, die der „jüngeren Drehscheibenkeramik" angehören, fanden sich in den beiden spätmittelalterlichen Gruben Bef. 512 und 600 (Abb. 27,1–6; 28,12). Davon abgesehen lag je eine Randscherbe in Befund 20 (Abb. 28,5), im Kolluvium der Fläche 21 (Abb. 28,1) und im Kastellbereich (Abb. 37,19). Zu erwähnen ist noch eine Wandscherbe aus dem Pfostenloch Bef. 861.

Es handelt sich um klingend hart gebrannte, „jüngere Drehscheibenkeramik" mit fein rauher, gleichmäßig grauer bis grauschwarzer Oberfläche. Das Material umfaßt ein Deckelbruchstück (Abb. 28,6), Karniesränder (Abb. 27,1; 28,5; 37,19) und unterschnittene Leistenränder (Abb. 27,2–5; 28,1). Die Scherben der „jüngeren Drehscheibenkeramik" sind in das 13. bis 15. Jh. zu datieren.[149]

Verzeichnis der abgekürzt zitierten Literatur s. S. 335 f.

---

143 Dazu S. 202.
144 B. Scholkmann in: E. Schmidt/B. Scholkmann, Die Nikolauskapelle auf dem Grünen Hof in Ulm. Ergebnisse einer archäologischen Untersuchung. Forsch. u. Ber. Arch. Mittelalter Baden-Württemberg 7 (Stuttgart 1981) 334 ff. mit Abb. 17–19.
145 Vgl. z. B. Abb. 27,7 mit Scholkmann (Anm. 144) Abb. 17,3. Abb. 27,5 mit ebd. Abb. 17,5–8; 18,20.21; 19,33. Abb. 27,11 mit ebd. Abb. 19,33.
146 Gross (Anm. 139) Taf. 161; 162 (Weinstadt-Beutelsbach); Taf. 166 (Winterbach).
147 Zur Ware Gross (Annm. 144) 80 ff.; zu den Lampenschälchen 124 f. vgl. bes. Taf. 83; 153,3.
148 Zu diesen Pfostengruben vgl. auch S. 157 (Kempa).
149 Scholkmann (Anm. 144) 339 ff. mit Abb. 19; 20. Zur Ware, Datierung und besonders zur Unterteilung in eine ältere Gruppe mit Karniesrändern und eine jüngere mit unterschnittenen Leistenrändern: Gross (Anm. 139) 62; 85 ff.

7. Katalog der Funde und Befunde der Ausgrabung Essingen „Weiherwiesen"

7.1 Vorbemerkung zum Katalog

Die Funde werden getrennt nach den Rubriken Vorgeschichte, Frühalamannisch, Römisch sowie Früh- bis Hochmittelalter vorgelegt. Natürlich lassen sich die mittelalterlichen Funde problemlos weiter aufteilen, doch lohnt es sich wegen der geringen Anzahl nicht, so viele Rubriken einzurichten. Unter Sonstiges fallen alle übrigen, nicht von vorneherein datierbaren Funde, insbesondere Eisenschlacken.

Funde und Befunde werden getrennt nach Grabung 1 und Grabung 2 aufgeführt (Abb. 3), da aus organisatorischen Gründen die Befunde beider Grabungen unabhängig voneinander numeriert wurden. Eine Befundnummer ergibt also nur dann eine eindeutige Zuordnung, wenn klar ist, ob der Befund in Grabung 1 oder in Grabung 2 liegt. Vorangestellt werden die Streufunde aus dem Bereich der jeweiligen Grabung, es folgen geordnet nach Flächen die Funde aus dem Kolluvium, zum Schluß kommen die Befunde.

Von den fast 1100 Befunden wurden nur diejenigen in den Katalog aufgenommen, die Funde erbrachten oder die irgendwelche Aussagen von Bedeutung zulassen bzw. auf die im Text Bezug genommen wird. Soweit Befunde im Text ausführlich beschrieben werden, sind sie im Katalog nur knapp angesprochen. Tiefenangaben beziehen sich, wenn nichts anderes angegeben wird, auf Planum 1.

7.2 Die Funde und Befunde der Grabung 1

Lesefunde aus den Flächen 1 bis 71

Vorgeschichte
Abb. 15,1: Dünnwandige Randscherbe, erg. Dm. 11,1 cm, leicht rauh, fleckig grauschwarz, feiner, grauer Ton.
Abb. 15,2: Randscherbe, außen narbig, innen geglättet, braunschwarzer, inhomogener Ton mit einzelnen groben Hornsteinsplittern.
Abb. 15,3: Wandscherbe, außen ockerbraun und gleichmäßig rauh, Verz. gleichmäßige, scharfgratige Leisten, grober, graubrauner Ton.
Abb. 15,4: Gut geglättete Randscherbe schwarzgraubrauner Ton mit sehr groben Hornsteinsplittern und etwas Keramikbruch.

Römisch
Abb. 30,7: Randscherbe eines tongrundig-rauhwandigen Topfes, erg. Dm. 12,3 cm, schwarzgraubraun, feiner Ton, verz. mit horizontalen Rillen.

Früh- bis Spätmittelalter
Eine verwitterte Wandscherbe, grau- bis ockerbraun, Ton stark mit feinem Sand gemagert, nachgedrehte Ware.

Fläche 1

Vorgeschichte
Abb. 15,5: Dünnwandige Randscherbe, gut geglättet, schwarzgraubraun, Ton fein bis mittelgrob.
Abb. 15,6: Unterhalb des Randes ist der ausgebrochene Ansatz eines Grifflappens erkennbar, Oberfläche verwittert, gelbbraun, innen geglättet und braun, Ton graubraun mit groben Hornsteinsplittern und Keramikbruch.
Abb. 15,7: Randscherbe, Verz. kräftige Tupfen auf dem Randabschluß, bröckelige, orangebraune Rinde, im Ton Keramikbruch und einzelne grobe Hornsteinsplitter.
Abb. 15,8: Verwitterte Randscherbe, feiner Ton, schwarzgraubraun.
Abb. 15,9: Randscherbe, die gelbbraune Oberfläche sehr uneben und rauh, innen grob geglättet und braunschwarz, im Ton Hornsteinsplitter bis 8 mm Kantenlänge.
Abb. 15,10: Randscherbe, seichte und verwitterte Tupfen auf dem Randabschluß, gelbbraun, im Ton Keramikbruch und grobe Hornsteinsplitter.
Abb. 15,11: Randscherbe einer Knickwandschale, erg. Dm. 14,7 cm, gut geglättet und eben, fleckig graubraun, innen gelbbraun, Ton schwarzgraubraun mit einzelnen groben Hornsteinsplittern.
Abb. 15,12: Randscherbe, erg. Dm. 23,8 cm, grob geglättet, aber sehr uneben und narbig, graubraun, inhomogener Ton.
Abb. 15,13: Verwitterte Wandscherbe, Verz. vier seichte Riefen, feiner, graubrauner Ton.
Abb. 15,14: Zwei Randscherben einer Schale, erg. Dm. 15,5 cm, geglättet, aber uneben, braunschwarz, inhomogener Ton mit einzelnen groben Hornsteinsplittern.
Abb. 15,15: Gut geglättete Wandscherbe, Verz. kräftige Riefen, inhomogener, graubrauner Ton.
Abb. 15,16: Verwitterte Wandscherbe, Verz. seichte Riefen, feiner, graubrauner Ton.
Abb. 16,1: Fünf aneinanderpassende Wandscherben, Verz. breite, seichte Kanneluren, im Zwickel eine Delle; Oberfläche geglättet, außen graubraun, innen schwarz, inhomogener, schwarzgraubauner Ton, grobe Hornsteinsplitter.
Abb. 16,2: Verwitterte, ursprünglich wohl geglättete Wandscherbe, verz. mit kräftiger Riefe, mittelgrober, schwarzgraubrauner Ton.
Abb. 16,3: Wandscherbe mit verwitterter, rissiger, orangebrauner Oberfläche, Verz. plastische Leiste mit runden Eindrücken, im Ton Keramikbruch und grobe Hornsteinsplitter.
Abb. 16,4: Stark verwitterte Randscherbe, graubraun, feiner Ton, darin einzelne sehr grobe Hornsteinsplitter.
Abb. 16,5: Zu einem Viertel erhaltenes, ergänzbares Schälchen, Mündungsdm. 7,5 cm, H. 3,9 cm, Oberfläche gut geglättet, aber etwas uneben, schwarzgraubraun, Ton mittelgrob.

18 Randscherben von Schrägrandgefäßen mit abgesetztem, mehrfach abgestrichenem Rand, davon zwei am Randabschluß mit Tupfen bzw. Kerben verziert.
Vier kleine Randscherben von einfachen konischen Schalen, zwei Wandscherben von Knickwandschalen wie Abb. 15,11.
Vier kleine Wandscherben verziert mit getupften plastischen Leisten wie Abb. 16,9.
217 unverzierte Wand- und Bodenscherben.

Römisch
Zwei völlig verwitterte Wandscherben, Ton mattbräunlichrot.

Frühalamannisch
Abb. 30,1: Randscherbe einer Schale mit narbiger Oberflä-

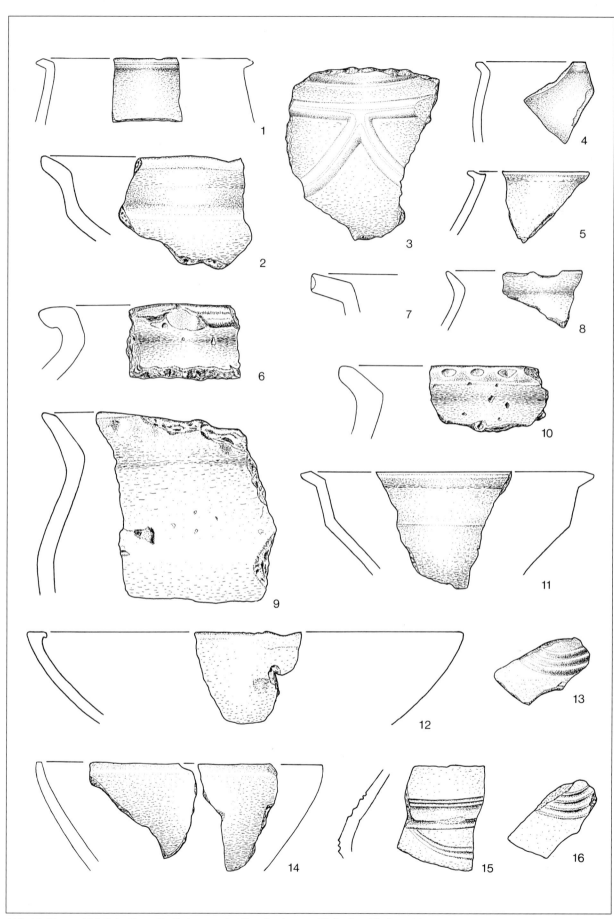

Abb. 15: Vorgeschichtliche Keramik, Grabung 1. 1–4 Streufunde. 5–16 Kolluvium Fläche 1. M. 1:2.

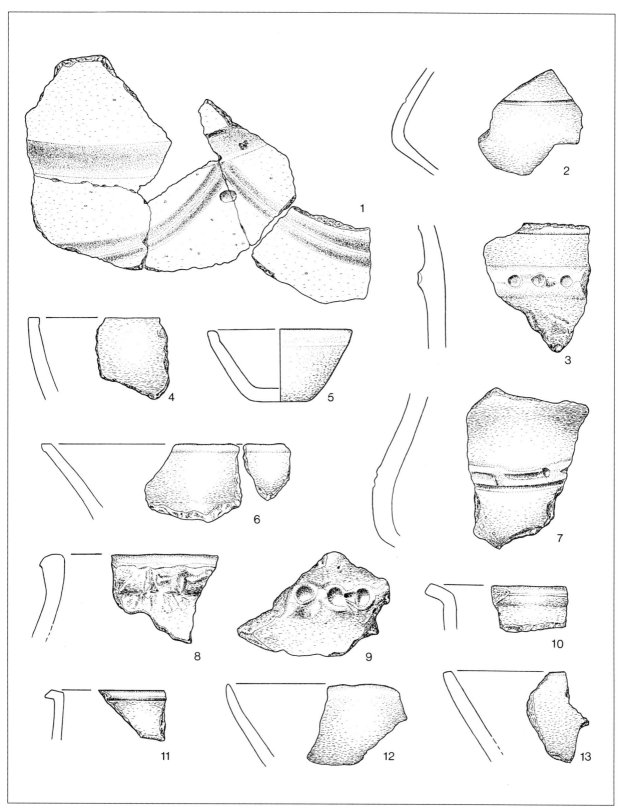

Abb. 16: Vorgeschichtliche Keramik, Grabung 1. 1–5 Kolluvium Fläche 1. 6–13 Kolluvium Fläche 2. M. 1:2.

che, schwarzgraubraun, Ton stark mit mittelgrobem, scharfkantigem Gesteinsgrus durchsetzt, etwas feiner Glimmer.
Abb. 30,3: Stark verwitterte Randscherbe, graubrauner Ton mit feinem Glimmer.

Früh- bis Spätmittelalter
Abb. 28,3: Randscherbe, scheibengedreht, sehr rauh, mittelgrober Ton, braunschwarz, „rauhwandige Drehscheibenware".
Sieben Wand- und eine Bodenscherbe, feinsandig rauh, hellgraubraun, Ton stark mit feinem Sand durchsetzt, Glimmer, nachgedrehte Ware.

Fläche 2

Vorgeschichte
Abb. 16,6: Geglättete Randscherbe, außen flächig rot bemalt, inhomogener, gelblicher Ton mit einzelnen Hornsteinsplittern.
Abb. 16,7: Wandscherbe, Verz. zwei waagrechte Riefen, wobei die obere stellenweise unterbrochen ist; Oberfläche teilweise abgewittert, geglättet, braunschwarz, inhomogener Ton mit Keramikbruch und sehr groben Hornsteinsplittern.
Abb. 16,8: Gelbbraune Randscherbe mit unebener und rauher Oberfläche, im Ton Hornsteinsplitter mit bis zu 1 cm Kantenlänge.
Abb. 16,9: Verwitterte Wandscherbe, Verz. plastische Leiste mit runden Eindrücken, rissige, orangebraune Oberfläche, im Ton grobe Hornsteinsplitter und Keramikbruch.
Abb. 16,10: Schwarzgraubraune Randscherbe mit rissiger, rauher Oberfläche, im braunen Ton Keramikbruch.
Abb. 16,11: Verwitterte Randscherbe, ursprünglich wohl geglättet, Ton schwarzgraubraun, fein bis mittelgrob.
Abb. 16,12: Rauhe, graubraune Randscherbe, Ton schwarzgraubraun, inhomogen.
Abb. 16,13: Geglättete Randscherbe, braune Oberfläche wittert schuppig ab, Ton braunschwarz, einzelne grobe Hornsteinsplitter.
Eine Wandscherbe, verz. mit breiter, seichter Riefe.
Drei kleine Wandscherben verz. mit getupfter, plastischer Leiste wie Abb. 16,9.
59 unverz. Wand-und Bodenscherben.

Frühalamannisch
Abb. 30,6: Stark verwitterte Wandscherbe mit Buckel auf dem Umbruch, Verz. mit Riefen und schräg geführte Stiche, feiner, graubrauner Ton.

Früh- bis Spätmittelalter
Acht Wand- und eine Bodenscherbe, hellbraun, feinsandig rauh, im Ton Glimmer, nachgedrehte Ware.
Zwei Wandscherben „rot bemalter Feinware", dünnwandig, Ton hellchromgelb, sehr homogen, schwache Spuren der braunroten Bemalung erhalten.

Fläche 3

Vorgeschichte
Eine Randscherbe mit kolbenförmig verdicktem Rand wie Abb. 16,8.
Eine Randscherbe mit einfach ausgelegtem Schrägrand wie Abb. 22,6.
Eine Wandscherbe, verz. mit schmalen, seichten Riefen; zwei unverz. Wandscherben.

Fläche 4

Vorgeschichte
Eine Scherbe mit mehrfach abgestrichenem, abgesetztem Schrägrand.
Drei unverz. Wandscherben.

Früh- bis Spätmittelalter
Abb. 28,4: Grob geglättete Randscherbe, im Randbereich Drehrillen, mittelgrober Ton, schwarzgraubraun, viel feiner Glimmer, nachgedrehte Ware.
Eine Bodenscherbe, Machart genau wie Abb. 28,4.

Fläche 5

Vorgeschichte
Abb. 17,8: Gut geglättete Wandscherbe, Verz. kräftige Riefen, feiner, braunschwarzer Ton, vgl. Abb. 24,5 (Bef. 110).
Drei verwitterte Wandscherben.

Früh- bis Spätmittelalter
Eine Wandscherbe, feinsandig rauh, Ton graubraun, stark mit feinem Sand und Glimmer durchsetzt, nachgedrehte Ware.

Fläche 6

Vorgeschichte
Abb. 17,10: Wandscherbe mit abgebrochenem Schrägrand, Oberfläche mürbe und rissig, ursprünglich sicher glatt, inhomogener, graubrauner Ton; Ausbruchstellen eines kleinen Henkels, der auf der Schulter knapp über dem Randknick ansetzte; verz. mit zwei seichten Riefen, die durch den unteren Ansatz des Henkels unterbrochen werden.
Eine Scherbe mit abgesetztem, mehrfach abgestrichenem Schrägrand. 22 unverz. Wandscherben.

Früh- bis Spätmittelalter
Sechs Wandscherben feinsandige Ware, Ton gelbbraun, nachgedrehte Ware.

Fläche 7

Vorgeschichte
Abb. 17,3: Gut geglättete Randscherbe, flächig graphitiert, Ton schwarzbraun, homogen. Ein kleines Randfragment und eine Wandscherbe flächig graphitiert wie Abb. 17,3 vermutlich vom gleichen Gefäß.
Sechs unverz. Wandscherben.

Früh- bis Spätmittelalter
Zwei Bodenscherben, feinsandig rauh, Ton gelblichbraun mit Glimmer, nachgedrehte Ware.

Fläche 8

Vorgeschichte
Eine Randscherbe mit einfach ausgelegtem Schrägrand, Form genau wie Abb. 22,6.
Eine Wandscherbe, verz. mit Furche.

Früh- bis Spätmittelalter
Eine Wandscherbe, feinsandig rauh, Ton graubraun, glimmerhaltig, nachgedrehte Ware.

Fläche 11

Vorgeschichte
Fünf unverz. Wandscherben.

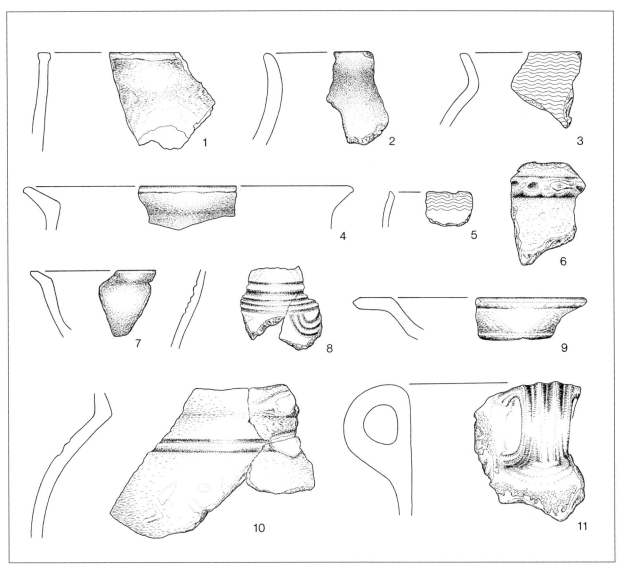

Abb. 17: Vorgeschichtliche Keramik, Grabung 1, Kolluvium. 1.9 Fläche 62. 2 Fläche 50. 3 Fläche 7. 4 Fläche 21. 5 Fläche 41. 6.7.11 Fläche 48. 8 Fläche 5. 10 Fläche 6. M. 1:2.

Fläche 21

Vorgeschichte

Abb. 17,4: Grob geglättete Randscherbe, erg. Dm. 17,5 cm, fleckig schwarzgraubraun, Ton inhomogen, Keramikbruch. Eine Randscherbe mit mehrfach abgestrichenem Schrägrand, Randabschluß getupft.
16 unverz. Wandscherben.

Früh- bis Spätmittelalter

Abb. 28,1: Scherbe mit stark unterschnittenem Leistenrand, erg. Dm. 19,9 cm, sandig rauh, graubrauner Ton, stark mit feinem Gesteinsgrus durchsetzt, hart gebrannt, „jüngere Drehscheibenware".
Drei kleine Wandfragmente, gelbtonige, feinsandige Ware.

Fläche 22

Früh- bis Spätmittelalter

Abb. 28,2: Randscherbe, fein-rauh, feiner, graubrauner Ton, viel Glimmer, nachgedrehte Ware.
Drei kleine Wandfragmente, Machart wie Abb. 28,2.

Fläche 27

Frühalamannisch

Abb. 30,16: Randscherbe, gut geglättet, schwarzgraubraun, fein porös, feiner Ton mit einzelnen mittelgroben Partikeln.

Sonstiges

Länglich-quaderförmiges Schleifsteinbruchstück aus sehr feinem Sandstein, 7,4 x 3,4 x 2,5 cm.

Fläche 30

Früh- bis Spätmittelalter

Eine stark verwitterte Wandscherbe, graubrauner Ton, Glimmer, nachgedrehte Ware.

Fläche 41

Vorgeschichte

Abb. 17,5: Verwitterte Randscherbe, im Randbereich außen schwache Graphitspuren, feiner, schwarzer Ton.
Elf unverz. Wandscherben.

Fläche 42

Römisch
Eine völlig verwitterte Wandscherbe, Ton braunocker.

Fläche 43

Vorgeschichte
Vier unverzierte Wand- und Bodenscherben.

Fläche 44

Frühalamannisch
Abb. 30,5: Kleines Wandfragment, rauh, schwarzgraubraun, feiner Ton mit Glimmer, Verz. mit tiefen Rillen, gestempelten Kreisaugen und dreieckigen, kerbschnittartigen Eindrücken.

Fläche 47

Vorgeschichte
Eine Randscherbe einer einfachen Schale wie Abb. 24,7.
Sieben unverz. Wandscherben.

Frühalamannisch
Abb. 30,2: Randscherbe eines Kumpfes, rauh, gelbbraune Rinde, Ton schwarz, stark mit mittelgrobem Gesteinsgrus durchsetzt.
Abb. 30,4: Randscherbe eines Kumpfes, völlig verwittert, feiner, hellgrauer Ton.

Fläche 48

Vorgeschichte
Abb. 17,6: Stark verwitterte und verrundete Wandscherbe, Ton graubraun, Verz. plastische Leiste mit verwaschenen Eindrücken.
Abb. 17,7: Randscherbe mit glatter, schwarzer Oberfläche, Ton graubraun, inhomogen.
Abb. 17,11: Randscherbe einer Tasse mit randständigem Henkel, die Außenseite des Henkels durch regelmäßige, senkrechte Riefen gegliedert; schwarze, ursprünglich glatte Oberfläche, jetzt rissig und stellenweise abgewittert, darunter gelbbraune Rinde, inhomogener, graubrauner Ton.
39 unverz. Wand- und Bodenscherben.

Fläche 50

Vorgeschichte
Abb. 17,2: Randscherbe, außen bröckelige, orangebraune Rinde, innen rissig und fleckig graubraun, Ton inhomogen mit sehr groben Hornsteinsplittern und Keramikbruch.
Eine Scherbe mit scharf abgesetztem, mehrfach abgestrichenem Schrägrand.
Eine Wandscherbe, verz. mit breiten Riefen.
Acht unverz. Wand- und Bodenscherben.

Fläche 51

Vorgeschichte
Neun unverz. Wandscherben.

Fläche 61

Vorgeschichte
Zwei Randscherben mit abgesetztem, mehrfach abgestrichenem Schrägrand.

Eine Wandscherbe mit dem abgebrochenen Ansatz eines Schrägrandes.
20 unverz. Wand- und Bodenscherben.

Fläche 62

Vorgeschichte
Abb. 17,1: Grob geglättete Randscherbe, schwarzgraubraun, inhomogener Ton mit einzelnen sehr groben Hornsteinsplittern.
Abb. 17,9: Geglättete Randscherbe, fleckig gelbbraun, Ton schwarzgraubraun mit einzelnen groben Hornsteinsplittern.
Zwei Scherben mit scharf abgesetztem, mehrfach abgestrichenem Schrägrand.
Eine Randscherbe einer einfachen Schale wie Abb. 15,14.
Ein verz. Fragment mit breiter Riefe.
Zwei Wandscherben, verz. mit plastischer, tupfenverz. Leiste wie Abb. 16,9.
38 unverz. Wand- und Bodenscherben.

Fläche 65

Vorgeschichte
Zwei unverz. Wandscherben.

Frühalamannisch
Eine Bodenscherbe, stark mit feinem bis mittelgrobem Gesteinsgrus durchsetzt.

Fläche 68

Vorgeschichte
Zwei unverz. Wandscherben.

Befunde

Befund 3

Neuzeitlicher Begrenzungsgraben parallel zum Südrand der Grabungsfläche, L. 75 m, B. bis zu 1,4 m, T. bis zu 20 cm, Profil vgl. Abb. 5.

Früh- bis Spätmittelalter
Abb. 28,8: Rauhwandige Randscherbe, mittelgrober Ton, hellgraubraun, viel Glimmer, nachgedrehte Ware.
Drei Wandscherben, feinsandig rauh, Glimmer, Ton graubraun, nachgedrehte Ware.
Eine grün glasierte Wandscherbe, Steinzeug.
Reste hart gebrannter, neuzeitlicher Ziegel.
Sonstiges Abb. 24,1: Untere Hälfte eines Spinnwirtels, größter Dm. 3 cm, stark verwittert, mittelgrober, graubrauner Ton.

Befund 10 (Fl. 1)

Ovale Grube, 60 x 70 cm, T. 34 cm.

Vorgeschichte
Abb. 24,3: Randscherbe, leicht rauh, außen gelb, innen schwarzgraubraun, Ton sehr grob mit Hornsteinsplittern.
Eine Randscherbe mit scharf abgesetztem, mehrfach abgestrichenem Schrägrand, Randabschluß durch Kerben verziert.
Sieben unverz. Wandscherben.

Befund 20 (Fl. 1, 2, 21 und 22)

Ovale Grube mit ganz flach auskeilenden Rändern, 400 x 500 cm, trichterförmig eingetieft, T. bis zu 133 cm, gestört durch Bef. 29 (Beschreibung s. S. 200 mit Abb. 6). Ausgr. der nördlichen Grubenhälfte (Fl. 21/22) in drei Abträgen: Ab-

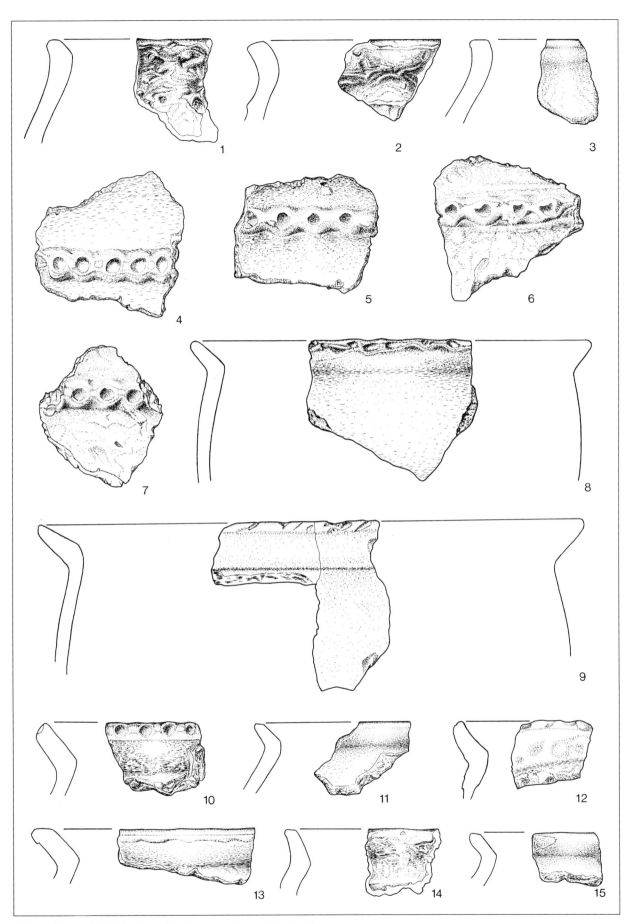

Abb. 18: Vorgeschichtliche Keramik, Grabung 1, Befund 20. M. 1:2.

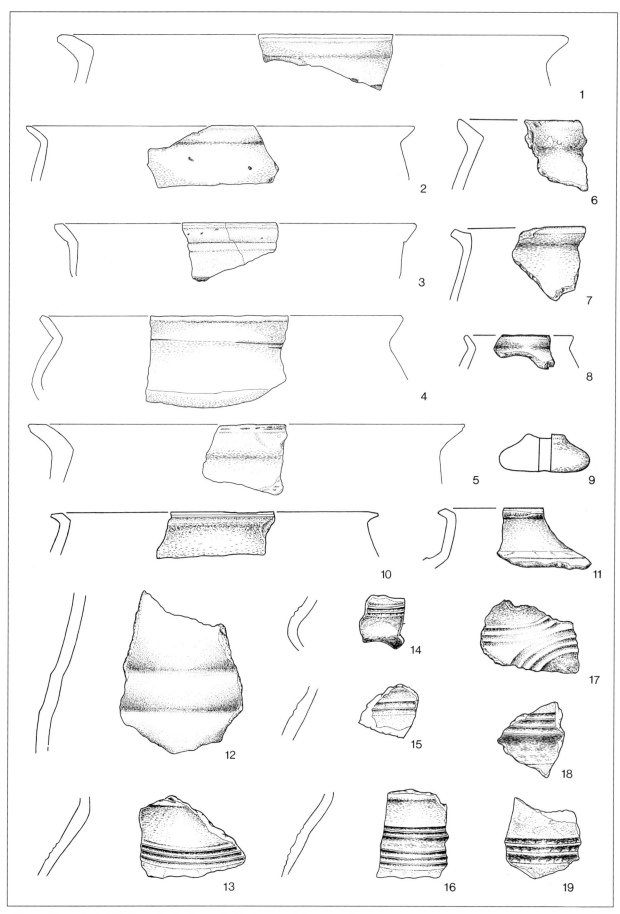

Abb. 19: Vorgeschichtliche Keramik, Grabung 1, Befund 20. 1–5 M. 1:3, 6–19 M. 1:2.

trag A 0–30 cm unter Pl. 1, Abtrag B 30–117 cm, Abtrag C 117–133 cm.

Vorgeschichte

Abb. 18,1: Randscherbe, Machart wie Abb. 18,3 (Abtrag B).
Abb. 18,2: Randscherbe, Machart wie Abb. 18,3 (Abtrag B).
Abb. 18,3: Randscherbe, außen mit sehr rauher und unregelmäßiger Oberfläche, innen geglättet, orangebraun, im Ton sehr grobe Hornsteinsplitter.
Abb. 18,4: Wie Abb. 18,5 (Abtrag A).
Abb. 18,5: Wandscherbe, Verz. mit plastischer Leiste mit runden Tupfen; außen braune Rinde, zum Teil schuppig abgeplatzt, innen grob überglättet, Ton orangebraun mit Keramikbruch und vielen, sehr groben Hornsteinsplittern.
Abb. 18,6: Wie Abb. 18,5, nur stärker verwittert.
Abb. 18,7: Wandscherbe, Machart wie Abb. 18,3, Verz. mit plastischer Leiste mit runden Eindrücken (Abtrag B).
Abb. 18,8: Randscherbe, auf dem Abschluß mit Tupfen verziert, erg. Dm. 21,8 cm; rauhe, unregelmäßige Oberfläche, fleckig braun, inhomogener Ton mit Keramikbruch und sehr groben Hornsteinsplittern.
Abb. 18,9: Zwei Randscherben eines Schrägrandtopfes, erg. Dm. 21,4 cm, Verz. durch verwaschene Kerben auf dem Randabschluß, Ton orangebraun, etwas Keramikbruch und zum Teil sehr grobe Hornsteinsplitter (Abtrag B).
Abb. 18,10: Randscherbe, am Abschluß runde Tupfen, außen rauh und gelbbraun, innen geglättet und schwarz, im Ton sehr grobe Hornsteinsplitter.
Abb. 18,11: Randscherbe mit gut geglätteter, schwarzer Oberfläche, Ton schwarzgraubraun, mit Keramikbruch und Hornsteinsplittern.
Abb. 18,12: Verwitterte Randscherbe, grober, matt- bis gelbbrauner Ton, auf dem Randabschluß verwaschene Tupfen (Abtrag B).
Abb. 18,13: Leicht rauhe Randscherbe, gelbbraun, im Ton grobe Hornsteinsplitter.
Abb. 18,14: Verwitterte Randscherbe, mattbraun, im Ton sehr grobe Hornsteinspitter (Abtrag A).
Abb. 18,15: Geglättete Randscherbe, schwarzgraubraun, im Ton Keramikbruch und grobe Hornsteinsplitter.
Abb. 19,1: Randscherbe, erg. Dm. 40,9 cm, außen grob verstrichen, aber leicht rauh, fleckig graubraun, innen geglättet und schwarzgraubraun, inhomogener graubrauner Ton mit einzelnen sehr groben Hornsteinsplittern und Keramikbruch (Abtrag B).
Abb. 19,2: Randscherbe, erg. Dm. 31,6 cm, außen rauh und schwarzgraubraun, innen grob verstrichen und schwarz, Ton grauschwarz, sehr grobe Hornsteinsplitter (Abtrag B).
Abb. 19,3: Stark verwitterte Randscherbe, erg. Dm. 29,1 cm, inhomogener, schwarzgraubrauner Ton.
Abb. 19,4: Randscherbe, erg. Dm. 29 cm, außen rauh und fleckig schwarzgraubraun, innen grob geglättet und schwarzbraun, graubrauner Ton mit Hornsteinsplittern (Abtrag B).
Abb. 19,5: Randscherbe, erg. Dm. 35,3 cm, rauh, orangebraun, sehr inhomogener graubrauner Ton mit sehr groben Hornsteinsplittern.
Abb. 19,6: Grob überglättete Randscherbe, schwarzgraubraun, im Ton Keramikbruch und mittelgrobe Hornsteinsplitter.
Abb. 19,7: Randscherbe, Reste der polierten, schwarzen Oberfläche erhalten, feiner, braunschwarzer Ton mit einzelnen Hornsteinsplittern.
Abb. 19,8: Randscherbe eines dünnwandigen Schrägrandtöpfchens, erg. Dm. 5,8 cm, Oberfläche fein rauh und eben, mittelgrober Ton, schwarzgraubraun, etwas Keramikbruch.

Abb. 19,9: Ganz erhaltener Spinnwirtel, Dm. 4,9 cm, rauh, schwarzgraubraun.
Abb. 19,10: Randscherbe eines Topfes, erg. Dm. 16,7 cm, Oberfläche eben, aber leicht rauh, fleckig grauschwarz, feiner Ton (Abtrag B).
Abb. 19,11: Randscherbe mit ebener, aber leicht rauher Oberfläche, schwarzgraubraun, feiner, grauschwarzer Ton.
Abb. 19,12: Geglättete Wandscherbe, fleckig graubraun, Verz. breite, durch scharfe Grate getrennte Riefen, im Ton Hornsteinsplitter und Keramikbruch.
Abb. 19,13: Wandscherbe mit leicht rauher, schwarzer Oberfläche, Verz. regelmäßige, schmale Riefen, getrennt durch scharfe Grate, inhomogener, graubrauner Ton (Abtrag A).
Abb. 19,14: Wandscherbe, Oberfläche abgeplatzt, feiner, grauschwarzer Ton, Verz. markante Riefen (Abtrag B).
Abb. 19,15: Geglättete Wandscherbe, Verz. markante Riefen, inhomogener, graubrauner Ton (Abtrag B).
Abb. 19,16: Geglättete Wandscherbe, fleckig schwarzgraubraun, Verz. Riefen mit dazwischenliegenden, scharfen Graten, inhomogener Ton (Abtrag B).
Abb. 19,17: Gut geglättete Wandscherbe, Verz. durch seichte Riefen, dazwischen abgerundet dachförmige Stege, feiner, schwarzgraubrauner Ton mit einigen groben Hornsteinsplittern.
Abb. 19,18: Schwarze Wandscherbe, leicht rauh, Verz. seichte Riefen, inhomogener, graubrauner Ton (Abtrag B).
Abb. 19,19: Rauhwandige Wandscherbe, gelbbraun, Verz. breite, seichte Riefen, mittelgrober, grauer Ton (Abtrag A).
Abb. 20,1: Grau- bis mattbraune Wandscherbe, Oberfläche eben, aber leicht rauh, Verz. gleichmäßige, seichte Riefen, im Ton mittelgrobe bis grobe Hornsteinsplitter.
Abb. 20,2: Wandscherbe, leicht rauh, Verz. getreppte Riefen, mittelgrober, grauschwarzer Ton (Abtrag A).
Abb. 20,3: Wandscherbe, Oberfläche abgeplatzt, Verz. schmale Riefen, inhomogener, schwarzgraubrauner Ton (Abtrag A).
Abb. 20,4: Gut geglättete Wandscherbe, Verz. drei kräftige Riefen, feiner, grauschwarzer Ton (Abtrag A).
Abb. 20,5: Verwitterte Wandscherbe, Verz. breite Horizontalriefen, daranhängend ein nur schwach erkennbares, schräg gestelltes Riefenbündel, mittelgrober, schwarzgrauer Ton (Abtrag B).
Abb. 20,6: Scherbe einer Knickwandschale mit beschädigtem Randabschluß, Oberfläche rauh und schwarz, mittelgrober, gelbbrauner Ton (Abtrag A).
Abb. 20,7: Wandscherbe vom Umbruch einer Knickwandschale, verwittert, gelbbraun, inhomogener Ton mit Keramikbruch (Abtrag B).
Abb. 20,8: Glattwandige Randscherbe, fleckig graubraun, mittelgrober, schwarzgrauer Ton mit etwas Keramikbruch (Abtrag C).
Abb. 20,9: Randscherbe, leicht rauh, inhomogener, schwarzgraubrauner Ton (Abtrag B).
Abb. 20,10: Stark verwitterte Randscherbe, inhomogener, gelbbrauner Ton (Abtrag A).
Abb. 20,11: Randscherbe, rauh, mittelgrober, gelbbrauner Ton mit etwas Keramikbruch.
Abb. 20,12: Wandscherbe vom Umbruch einer Knickwandschale, geglättet, schwarzgraubraun, feiner, graubrauner Ton (Abtrag A).
Abb. 20,13: Grob geglättete Randscherbe, schwarz, inhomogener, grauer Ton mit etwas Keramikbruch (Abtrag C).
Abb. 20,14: Dickwandige Randscherbe, uneben und leicht rauh, fleckig graubraun, grober, inhomogener Ton.
Abb. 20,15: Dickwandige Randscherbe, rauh und uneben,

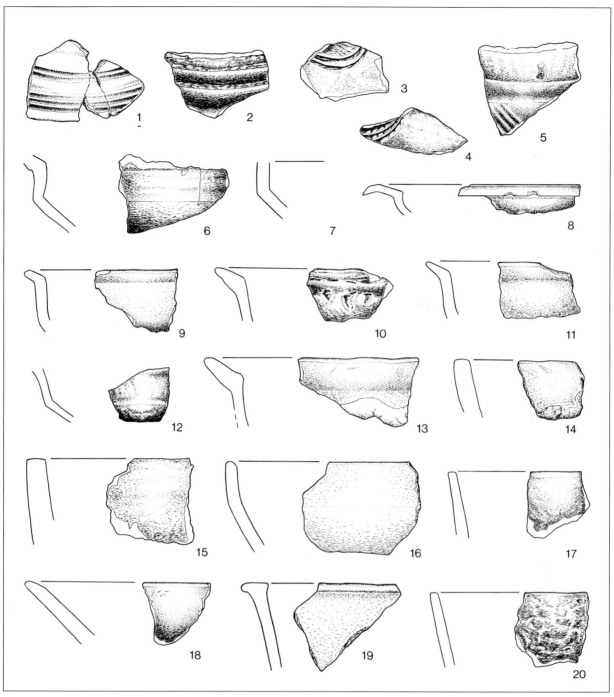

Abb. 20: Vorgeschichtliche Keramik, Grabung 1, Befund 20. M. 1:2.

schwarzgraubraun, inhomogener Ton mit sehr groben Hornsteinsplittern und Keramikbruch (Abtrag A).
Abb. 20,16: Verwitterte Randscherbe, ursprünglich gut geglättet, grau- bis schwarzgraubraun, im Ton einige grobe Hornsteinsplitter.
Abb. 20,17: Grob geglättete Randscherbe, gelbbraun, inhomogener, grober Ton (Abtrag B).
Abb. 20,18: Graubraune Randscherbe, leicht rauh, feiner bis mittelgrober Ton mit etwas Glimmer (Abtrag A).
Abb. 20,19: Geglättete Randscherbe, außen schwarz, innen gelbbraun, im Ton einzelne grobe Hornsteinsplitter.
Abb. 20,20: Grob überglättete Randscherbe, inhomogener, graubrauner Ton mit etwas Keramikbruch (Abtrag B).

Abb. 21,1: Randscherbe, deren Oberfläche in mattbraunen Schuppen abblättert, inhomogener, schwarzer Ton.
Abb. 21,2: Randscherbe mit rauher, fleckiger Oberfläche, Ton gelbbraun, darin Hornsteinsplitter bis 5 mm Kantenlänge (Abtrag A).
Abb. 21,3: Verwitterte Randscherbe, ursprünglich wohl geglättet, siena, feiner, graubrauner Ton, auch etwas Keramikbruch.
Abb. 21,4: Rauhe Randscherbe, grau- bis gelbbraun, im Ton etwas Keramikbruch und zahlreiche Hornsteinsplitter.
Abb. 21,5: Randscherbe eines Schälchens, erg. Dm. 7,4 cm, poröse Oberfläche, fleckig grau- bis schwarzgraubraun, feiner bis mittelgrober Ton (Abtrag B).

Zwei Randscherben mit kolbenförmig verdicktem Rand, Form und Machart wie Abb. 18,1.
Eine Randscherbe einer Schüssel mit kurz ausgelegtem Schrägrand wie Abb. 20,11.
41 Randscherben mit scharf abgesetztem, mehrfach abgestrichenem Schrägrand, davon 12 auf dem Randabschluß getupft oder gekerbt; eine Randscherbe einer einfachen Schale wie Abb. 24,24.
Eine Wandscherbe einer Knickwandschale wie Abb. 20,7.
Ein Henkelbruchstück wie Abb. 22,10.
Vier Wandscherben, verz. mit plastischen, getupften Leisten wie Abb. 18,5.
Zwei Wandscherben, Wand gegliedert durch breite Riefen wie Abb. 19,12.
Fünf Wandscherben, verz. mit schmalen, z. T. gebogenen Riefen.
Eine kleine Wandscherbe flächig graphitiert.
633 unverz. Wand- und Bodenscherben.

Römisch
Abb. 30,9: Randscherbe einer Terra Nigra-Schüssel, erg. Dm. 17,9 cm, Oberfläche völlig verwittert, feiner, hellgraubrauner Ton mit feinem Glimmer.

Frühalamannisch
Abb. 30,8: Randscherbe eines Kumpfes, fein-rauh, fleckig grau- bis gelbbraun, mittelgrober Ton, darin grober Glimmer.
Eine Wandscherbe.

Früh- bis Spätmittelalter
Abb. 27,5: Eine Randscherbe eines Topfes mit Karniesrand, fleckig grau- bis schwarzgraubraun, fein gemagert, „jüngere Drehscheibenware" (Abtrag A).
Eine völlig verrundete Bodenscherbe, graubrauner Ton, stark mit feinem Sand durchsetzt, Glimmer, nachgedrehte Ware.

Sonstiges
Ein faustgroßes und fünf kleine Schlackenstücke (Abtrag A).

Befund 29 (Fl. 2)
Grube von gedrückt ovalem Umriß, 142 x 112 cm, T. 36 cm, stört Bef. 20 (Abb. 6).

Vorgeschichte
Abb. 24,4: Ursprünglich wohl glattwandige Randscherbe, fleckig schwarzgraubraun bis gelbbraun, verwittert, feiner Ton.
Eine Randscherbe mit scharf abgesetztem, mehrfach abgestrichenem Schrägrand.
Eine Wandscherbe, verz. mit seichten Rillen.
20 unverz. Wand- und Bodenscherben.

Früh- bis Spätmittelalter
Abb. 28,7: Scherbe eines Lampenschälchens, hellchromgelb, körnig rauh, mittelgrob gemagert, „rot bemalte Feinware".
Eine rauhwandige Wandscherbe, gelbbrauner, feiner Ton, Glimmer.
Drei kleine Wandfragmente, rauhwandig, hart gebrannt, alles nachgedrehte Ware.

Sonstiges
Drei kleine Schlackenstücke.

Befund 38 (Fl. 2)
Pfostengrube mit Einschnürung im nördlichen Drittel, 91 x 65 cm, T. 20 cm, in der Verfüllung Spur des 24 bis 28 cm breiten Pfostens erkennbar.

Früh- bis Spätmittelalter
Abb. 28,6: Wandscherbe vom Schulterabsatz eines reduzierend gebrannten Knickwandtopfes, glattwandig und gleichmäßig schwarz, feiner Ton.

Abb. 21: Vorgeschichtliche Keramik, Grabung 1, Befund 20. M. 1:2.

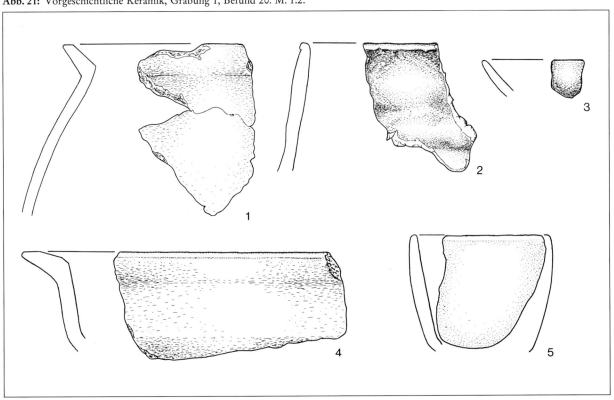

Befund 39 (Fl. 2)

Große Grube von unregelmäßig rechteckigem Umriß, 311 x 250 cm, muldenförmig eingetieft, T. bis 20 cm, geht am Nordrand in den flachen Bef. 40 über, dessen Verfüllung stark mit verziegelten Lehmbröckchen durchsetzt war.

Vorgeschichte
Eine Randscherbe mit scharf abgesetztem Schrägrand.
Fünf unverz. Wandscherben.

Früh- bis Spätmittelalter
15 feinsandig rauhe Wandscherben, Glimmer, gelbbrauner Ton, stark mit feinem Sand durchsetzt, nachgedrehte Ware.

Sonstiges
Ein schlecht erhaltenes Eisenmesser.
Ein faustgroßes und zehn kleine Schlackenstücke.

Befund 42 (Fl. 2)

Pfostengrube, Dm. 49 cm, T. 22 cm.

Sonstiges
Ein kopfgroßer Schlackenbrocken.

Befund 50 (Fl. 3)

Große Grube, 300 x 260 cm, T. 20 bis 24 cm.

Vorgeschichte
Eine Randscherbe eines groben Schrägrandgefäßes, Randabschluß mit Tupfen verziert.
13 unverz. Wandscherben.

Frühalamannisch
Abb. 30,10: Scherbe eines Glasbechers mit aufgelegten Wülsten, durchscheinend hellgrün.
Eine Wandscherbe, Ton stark mit feinem bis mittelgrobem, scharfkantigem Gesteinsgrus durchsetzt.

Früh- bis Spätmittelalter
Abb. 28,9: Randscherbe mit sandig rauher Oberfläche, feiner, gelbbrauner Ton mit viel Glimmer, nachgedrehte Ware.
10 Wandscherben der gleichen Machart.

Sonstiges
Zwölf kleine Schlackenstücke.

Befund 65 (Fl. 3)

Rechteckige Pfostengrube, 20 x 40 cm, T. 20 cm, berührt den Graben Bef. 3.

Sonstiges
Ein kindskopf- und ein faustgroßer Schlackenbroken.

Befund 75 (Fl. 4)

Pfostengrube, 80 x 60 cm, T. 18 cm.

Früh- bis Spätmittelalter
Zwei Wandscherben, Glimmer, fein rauh, Ton graubraun, stark mit feinem Sand durchsetzt, nachgedrehte Ware.

Befund 77 (Fl. 4)

Kleine, ovale Grube, 56 x 44 cm, T. 25 cm.

Vorgeschichte
Abb. 24,2: Randscherbe mit rissiger, orangebrauner Rinde, Ton graubraun, durchsetzt mit groben Hornsteinsplittern und Keramikbruch.
Vier unverzierte Wandscherben.

Befund 105 (Fl. 5)

Große Grube von unregelmäßigem Umriß, 370 x 250 cm,

Abb. 22: Vorgeschichtliche Keramik, Grabung 1, Befund 105. 1–2 M. 1:3; 3–10 M. 1:2.

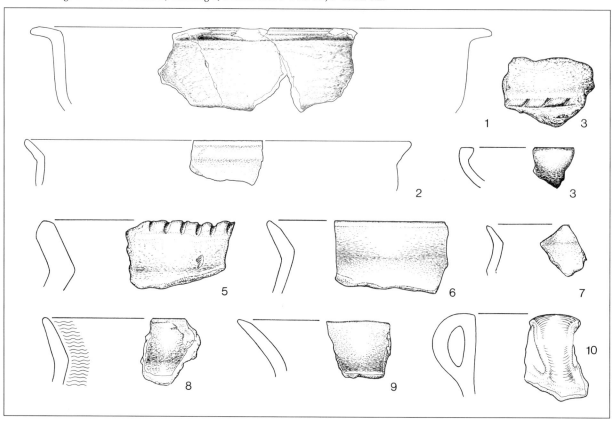

sackförmig eingetieft, T. 108 cm (Beschreibung vgl. S. 204). Ausgegraben in fünf Abträgen (Abtrag A bis F) von je 20 cm Stärke (Abtrag F 100 bis 108 cm unter Pl. 1).
Vorgeschichte
Abb. 22,1: Randscherbe, Dm. 36,3 cm, Oberfläche grob geglättet, schwarzer, inhomogener Ton mit einzelnen, groben Hornsteinsplittern.
Abb. 22,2: Randscherbe, Dm. 31,5 cm, stark verwittert, stellenweise Reste eines geglätteten Überzuges erkennbar, feiner, graubrauner Ton mit Keramikbruch.
Abb. 22,3: Völlig verwitterte Wandscherbe mit rötlicher Rinde, Verz. plastische Leiste mit kaum erkennbaren Kerben, graubrauner Ton mit viel Keramikbruch (Abtrag A).
Abb. 22,4: Völlig verwitterte Randscherbe, mittelgrober, schwarzgraubrauner Ton.
Abb. 22,5: Verwitterte Randscherbe mit rissiger Oberfläche, fleckig gelbbraun, grober Ton mit Keramikbruch, Verz. ovale Kerben auf dem Randabschluß.
Abb. 22,6: Randscherbe, Oberfläche abgeplatzt, feiner bis mittelgrober, gelbbrauner Ton mit etwas Keramikbruch (Abtrag E).
Abb. 22,7: Sehr ebene, gut geglättete Randscherbe, außen mattbraun, innen schwarz, feiner Ton (Abtrag D).
Abb. 22,8: Verwitterte Randscherbe, ursprünglich glattwandig, fleckig mattbraun bis schwarzgraubraun, mittelgrober Ton, innen flächig graphitiert.
Abb. 22,9: Randscherbe mit schlecht erhaltener, orangebrauner Oberfläche, mittelgrober Ton (Abtrag F).
Abb. 22,10: Scherbe einer Tasse mit randständigem Henkel, glatter, schwarzbrauner Überzug, im schwarzgraubraunen Ton grobe Hornsteinsplitter.
125 unverz. Wand- und Bodenscherben.

Frühalamannisch
Eine Wandscherbe, stark mit mittelgrobem, scharfkantigem Gesteinsgrus durchsetzt.

Früh- bis Spätmittelalter
Drei feinsandig rauhe Wandscherben, Ton graubraun mit Glimmer, stark mit feinem Sand durchsetzt, darunter eine Scherbe mit Kammstrichverzierung, alle Scherben aus den Abträgen A und B, nachgedrehte Ware.

Sonstiges
13 bis zu faustgroße Schlackenstücke in Abtrag A.

Befund 110 (Fl. 5)
Unregelmäßige Eintiefung zwischen der großen urnenfelderzeitlichen Grube Bef. 105 und dem neuzeitlichen Graben Bef. 3, 128 x 44 cm, T. bis zu 18 cm.
Vorgeschichte
Abb. 24,5: Gut geglättete Wandscherbe, Verz. kräftige Riefen, schwarz, feiner Ton, möglicherweise vom gleichen Gefäß wie Abb. 17,8 aus Fläche 5.
Drei unverz. Wand- und Bodenscherben.

Befund 119 (Fl. 6)
Pfostengrube, 80 x 44 cm, T. 34 cm.
Früh- bis Spätmittelalter
Eine feinsandig rauhe Bodenscherbe, Ton graubraun, stark mit feinem Sand durchsetzt, viel feiner Glimmer, nachgedrehte Ware.
Sieben hart gebrannte, rauhwandige Wandscherben.
Sonstiges
Ein kleines Schlackenstück.

Befund 120 (Fl. 6)
Unregelmäßig ovale Grube, 270 x 192 cm, T. bis zu 45 cm.
Vorgeschichte
Abb. 23,1: Randscherbe mit narbig rauher Oberfläche, innen flächig graphitiert, Randinnenseite durch regelmäßige Furchen verziert, im Ton viel feiner bis mittelgrober Keramikbruch.
Abb. 23,2: Randscherbe mit leicht rauher, grob verstrichener Oberfläche, braunschwarzer Ton mit groben Hornsteinsplittern.
Abb. 23,3: Geglättete Wandscherbe, mattbraun, feiner Ton mit einzelnen groben Hornsteinsplittern, Verz. scharf eingedrückte Furchen.
Abb. 23,4: Randfragment, innen glatt, außen rauh, mittelgrober, braunschwarzer Ton.
Abb. 23,5: Grob geglättete Wandscherbe, gelb- bis schwarzbraun, inhomogener, graubrauner Ton mit grobem Keramikbruch.
Abb. 23,6: Randscherbe mit geglätteter, aber unebener Oberfläche, graubraun, schwarzgraubrauner Ton mit viel Keramikbruch.
Abb. 23,7: Geglättete Wandscherbe, grauschwarz, Verz. regelmäßige Furchen, feiner Ton mit einzelnen groben Partikeln.
Abb. 23,8: Geglättete Randscherbe, fleckig braun, im Ton viel mittelgrober Keramikbruch.
Abb. 23,9: Gut geglättete Randscherbe, stellenweise Reste einer schwarzen Politur erkennbar, mittelgrober, braunschwarzer Ton mit Hornsteinsplittern.
Abb. 23,10: Stark verwitterte Wandscherbe, orangebraune Rinde, Verz. plastische Leiste mit verwaschenen Kerben, graubrauner Ton mit groben Hornsteinsplittern und Keramikbruch.
Abb. 23,11: Wandscherbe, außen rauh, innen geglättet, mattbraun, Verz. seichte Riefen, im schwarzgraubraunen Ton Hornsteinsplitter mit bis zu 8 mm Kantenlänge.
Abb. 23,12: Zur Hälfte erhaltenes, ergänzbares Schälchen, H. 6,8 cm, Dm. der Mündung 10,4 cm, sehr uneben, aber geglättet, fleckig schwarzbraun, im Ton Hornsteinsplitter und Keramikbruch.
Abb. 23,13: Grob geglättete Randscherbe, gelbbraun bis schwarzgraubraun, im Ton viel mittelgrober Keramikbruch.
Abb. 23,14: Geglättete Randscherbe, graubraun, inhomogener Ton mit Keramikbruch.
Ein kleines Fragment mit schräg ausgelegtem Rand wie Abb. 22,8, außen flächig graphitiert; eine kleine Randscherbe, ebenfalls wie Abb. 22,8, jedoch ohne Graphitspuren; eine grobe Scherbe mit abgesetztem Schrägrand.
14 Wandscherben mit Spuren flächiger Graphitierung innen und außen.
100 unverz. Wand- und Bodenscherben.

Früh- bis Spätmittelalter
Eine feinsandig rauhe Wandscherbe, Glimmer im graubraunen Ton, stark mit feinem Sand durchsetzt, nachgedrehte Ware.

Befund 122 (Fl. 6)
Pfostengrube, Dm. 40 cm, nur 2 bis 3 cm tief erhalten.
Vorgeschichte
Abb. 24,6: Dünnwandige Randscherbe, gut geglättete, schwarze Oberfläche, feiner Ton, doch einzelne mittelgrobe Hornsteinsplitter.

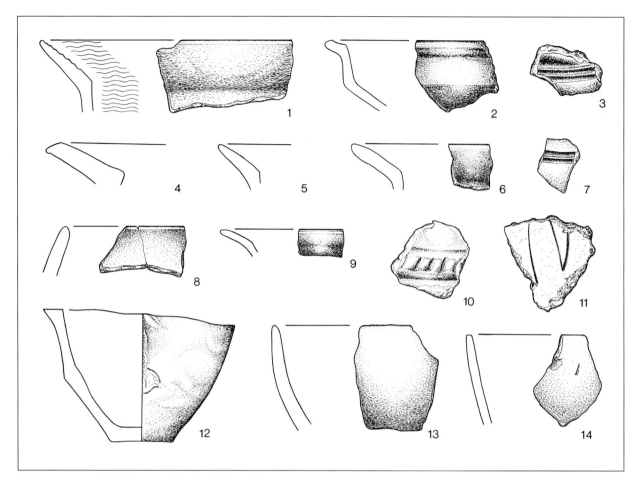

Abb. 23: Vorgeschichtliche Keramik, Befund 120. M. 1:2.

Zehn unverz. Wand- und Bodenscherben, davon neun vermutlich vom gleichen Gefäß wie Abb. 24,6.

Befund 136 (Fl. 6)

Pfostengrube, 39 x 23 cm, T. 18 cm.

Vorgeschichte
Abb. 24,7: Dünnwandige Randscherbe, Oberfläche völlig verwittert, feiner, schwarzgraubrauner Ton.

Befund 165 (Fl. 7)

Pfostengrube, Dm. 32 cm, T. 24 cm.

Sonstiges
Drei Schlackenbrocken von Kindskopfgröße, des weiteren zwei faustgroße und vier kleine Stücke.

Befund 170 (Fl. 8)

Pfostengrube, Dm. 60 cm, T. bis zu 36 cm.

Früh- bis Spätmittelalter
Eine feinsandig rauhe Wandscherbe, im graubraunen Ton Glimmer, stark durchsetzt mit feinem Sand, nachgedrehte Ware.

Befund 172 (Fl. 8)

Pfostengrube, T. 10 cm, offensichtlich Ausbuchtung des Gräbchens Bef. 174, Sohle geht in Bef. 174 über. Auch die Verfüllung beider Befunde kann nicht getrennt werden, wohl gleichzeitig.

Sonstiges
Ein kopfgroßer und vier kleinere Schlackenstücke.

Befund 177 (Fl. 8)

Pfostengrube, Dm. 30 cm, T. 11 cm.

Sonstiges
Ein kopfgroßer und zwei faustgroße Schlackenbrocken.

Befund 178 (Fl. 8)

Pfostengrube, Ausbuchtung des Gräbchens Bef. 174, T. 24 cm. Offensichtlich gleichzeitig mit Bef. 174 verfüllt.

Sonstiges
Zwei kopfgroße Schlackenbrocken.

Befund 208 (Fl. 9)

Brandgrab, im Planum 1 ovale Verfärbung von 48 x 36 cm Ausdehnung, Verfüllung stark mit Holzkohle durchsetzt, dazwischen 19 winzige Leichenbrandsplitter, nur noch 2 cm tief erhalten.

Vorgeschichte
Abb. 24,8: Verwitterte Randscherbe mit rissiger Oberfläche, fleckig matt bis graubraun, feiner Ton.
Vier Wandscherben der gleichen Machart.

Befund 215 (Fl. 9)

Pfostengrube mit etwa dreieckigem Umriß, Seitenlänge 60 cm, T. 26 cm.

Vorgeschichte
Abb. 24,9: Wandscherbe, Verz. plastische Leiste mit kräftigen Fingereindrücken, Oberfläche rauh und mit orangebrauner Rinde, Ton braunschwarz mit zahlreichen groben Hornsteinsplittern.
Fünf unverz. Wandscherben.

Befund 216 (Fl. 9 und 10)

Pfostengrube, Dm. 20 cm, T. 34 cm.

Frühalamannisch
Eine Wandscherbe, gut geglättet, grauschwarz, Ton stark mit feinem, scharfkantigem Gesteinsgrus durchsetzt.

Befund 232 (Fl. 11)

Pfostengrube, 56 x 40 cm, T. 26 cm.

Vorgeschichte
Abb. 24,10: Verwitterte Wandscherbe, fleckig mattbraun, Ton grauschwarz mit Keramikbruch.
Zwei unverz. Wandscherben.

Römisch
Eine völlig verwitterte Wandscherbe, Ton mattbräunlichrot.

Befund 249 (Fl. 41, 42, 61 und 62)

Gräbchen von 50 bis 70 cm B., das eine annähernd quadratische Fläche von 760 x 690 cm umschließt, Profil muldenförmig, T. 18 bis 24 cm. Eine Lücke von 124 cm Länge im S ist sicherlich erhaltungsbedingt. Das Gräbchen stört den in frühalamannischer Zeit verfüllten Bef. 801.

Vorgeschichte
Abb. 24,13: Rauhe Wandscherbe, verz. mit unregelmäßiger, horizontal umlaufender Leiste, orangebraune Rinde, inhomogener Ton mit Keramikbruch und einzelnen groben Hornsteinsplittern.
Abb. 24,14: Verbrannte Randscherbe, Oberfläche abgeplatzt, im Ton einzelne grobe Hornsteinsplitter.
27 unverz. Wand- und Bodenscherben.

Frühalamannisch
Abb. 30,11: Glasperle, Dm. 9 mm, B. 6 mm, opak grün, innen schlierig rotbraun, plastische Auflagen opak weiß.
Neun Wandscherben, stark mit feinem bis mittelgrobem, scharfkantigem Gesteinsgrus durchsetzt, viel Glimmer.

Früh- bis Spätmittelalter
Abb. 28,14: Randscherbe, erg. Dm. 13,1 cm, körnig rauh,

Abb. 24: Vorgeschichtliche Keramik, Grabung 1. 1 Befund 3. 2 Befund 77. 3 Befund 10. 4 Befund 29. 5 Befund 110. 6 Befund 122. 7 Befund 136. 8 Befund 208. 9 Befund 215. 10 Befund 232. 11.12 Befund 273. 13.14 Befund 249. M. 1:2.

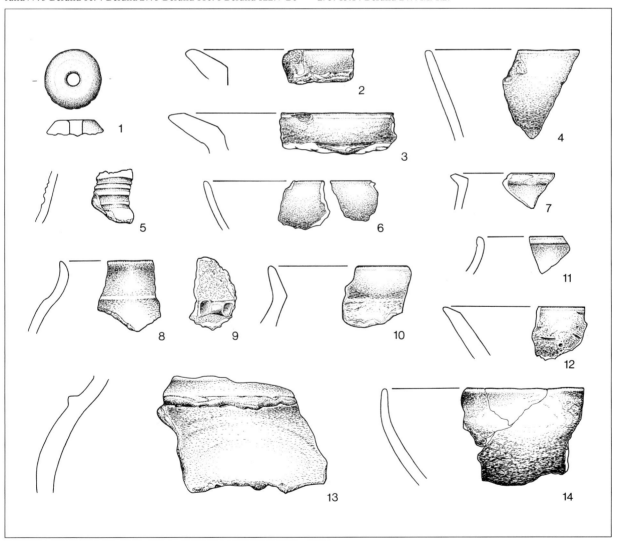

fleckig graubraun, feiner Ton mit starkem Glimmeranteil, nachgedrehte Ware.
Abb. 28,15: Randscherbe, erg. Dm. 12,8 cm, leicht körnig rauh, fleckig hellgraubraun, im feinen Ton hoher Glimmeranteil, nachgedrehte Ware.
Vier Wand- und eine Bodenscherbe der gleichen Machart wie Abb. 28,14.
Sonstiges
34 kleine Schlackenstücke.

Befund 272 (Fl. 41)

Pfostengrube, Dm. 30 cm, T. 4 cm.

Frühalamannisch
Eine Wandscherbe, stark mit feinem bis mittelgrobem, scharfkantigem Gesteinsgrus durchsetzt.

Befund 273 (Fl. 21, 41 und 42)

Schmales, seichtes Gräbchen, stellenweise mit Ausbuchtungen, zu verfolgen auf 11,5 m L., B. bis zu 20 cm, muldenförmig 3–5 cm eingetieft.

Vorgeschichte
Abb. 24,11: Randscherbe, Oberfläche abgeplatzt, grauer, feiner Ton, etwas Glimmer.
Abb. 24,12: Rauhe, unebene Randscherbe, fleckig graubraun, im Ton sehr grobe Partikel.
1 unverz. Wandscherbe.

Befund 294 (Fl. 42)

Pfostengrube, Dm. 30 cm, T. 16 cm.

Frühalamannisch
Abb. 30,12: Bruchstück einer Bodenscherbe mit Standring, erg. Dm. 7 cm, fein rauh, braunschwarz, Ton stark mit feinem bis mittelgrobem, scharfkantigem Gesteinsgrus durchsetzt.

Befund 299 (Fl. 42)

Quadratische Pfostengrube, Seitenlänge 34 cm, T. 8 cm.

Früh- bis Spätmittelalter
Eine feinsandig rauhe Wandscherbe, Glimmer, graubrauner Ton, stark mit feinem Sand durchsetzt, nachgedrehte Ware.

Befund 316 (Fl. 43)

Pfostengrube, Dm. 30 cm, T. 16 cm.

Frühalamannisch
Abb. 30,13: Randscherbe einer Schale mit abgestrichenem Rand, Oberfläche abgeplatzt, Ton sehr porös, gelb- bis schwarzgraubraun, stark mit mittelgrobem Gesteinsgrus durchsetzt.
Eine kleine Wandscherbe, Machart wie Abb. 30,13.

Befund 324 (Fl. 43)

Pfostengrube, Dm. 24 cm., T. 26 cm.

Vorgeschichte
Eine Randscherbe eines groben Schrägrandgefäßes.
Ein kleines, unverz. Wandfragment.

Befund 342 (Fl. 44)

Pfostengrube, Dm. 40 cm, T. 39 cm.

Römisch
Ein kleines, dünnwandiges Wandfragment, Ton sehr fein, okker.

Frühalamannisch
Abb. 30,19: Ganz erhaltener Spinnwirtel, Dm. 3,9 cm, H. 2,1 cm, sorgfältig geformt und geglättet, schwarzgraubraun, Ton stark mit feinem Gesteinsgrus durchsetzt, dazwischen viel Glimmer.

Befund 343 (Fl. 44)

Pfostengrube, Dm. 36 cm, T. 29 cm.

Frühalamannisch
Eine gut geglättete, schwarzgraubraune Wandscherbe, Ton stark mit feinem bis mittelgrobem, scharfkantigem Gesteinsgrus durchsetzt.

Befund 348 (Fl. 44)

Pfostengrube, 70 x 50 cm, T. 26 cm.

Vorgeschichte
Eine schlecht erhaltene Scherbe mit abgesetztem Schrägrand.
Drei unverz. Wandscherben.

Befund 351 (Fl. 44)

Pfostengrube, 42 x 32 cm, T. 16 cm.

Frühalamannisch
Abb. 30,15: Randscherbe mit schwach ausgebildeter Lippe, sorgfältig geglättet, schwarzgraubraun, fein porös, feiner Ton mit einzelnen mittelgroben Partikeln.
Eine verwitterte Wandscherbe, Ton stark mit feinem bis mittelgrobem Gesteinsgrus durchsetzt.

Befund 357 (Fl. 44)

Pfostengrube, 120 x 66 cm, T. 21 cm, über der ebenen Sohle kleine Hüttenlehm- und Holzkohlebröckchen in der Verfüllung, gestört durch die kleine Pfostengrube 356.

Römisch
Zwei verwitterte Wandscherben, Ton mattbraun bzw. mattbräunlichrot.

Frühalamannisch
Eine kleine Randscherbe eines Kumpfes, rauh, braun, Ton schwarz, stark durchsetzt von mittelgrobem Gesteinsgrus und feinem Glimmer.
Zwei Wandscherben der gleichen Machart.

Befund 377 (Fl. 45)

Rechteckige Pfostengrube, 50 x 40 cm, T. 38 cm.

Vorgeschichte
Eine Randscherbe mit abgesetztem, mehrfach abgestrichenem Schrägrand.

Frühalamannisch
Eine Wandscherbe, sorgfältig geglättete, grauschwarze Oberfläche, Ton stark mit feinem bis mittelgrobem, scharfkantigem Gesteinsgrus durchsetzt, viel feiner Glimmer.

Befund 382 (Fl. 44)

Pfostengrube, Dm. 38 cm, T. 18 cm.

Frühalamannisch
Zwei Wandscherben der gleichen Form und Machart wie Abb. 30,15 (Bef. 351), Rand jedoch nicht erhalten, möglicherweise vom gleichen Gefäß.

Befund 388 (Fl. 45)

Brandgrab, in Planum 1 ovale Verfärbung von 40 x 30 cm Ausdehnung, nur noch 2 cm tief erhalten, die Verfüllung durchsetzt mit Holzkohle, darin ein einzelner Leichenbrandsplitter.

Vorgeschichte
19 Wandscherben, offenbar alle vom gleichen Gefäß mit gut geglätteter, graubrauner Oberfläche, im Ton nur wenige grobe Partikel, viel feiner Glimmer, auffallend weich gebrannt.

Befund 419 (Fl. 42)

Pfostengrube, Dm. 40 cm, T. 4 cm.
Früh- bis Spätmittelalter

Eine Wandscherbe, feinsandig rauhe Oberfläche, Ton gelbbraun, Glimmer, nachgedrehte Ware.

Befund 434 (Fl. 46)

Planum 1
Brandgrab von unregelmäßig ovalem Umriß, 99 x 77 cm, mit leichten Einbuchtungen an den Längsseiten, die den Befund in eine Ost- und eine Westhälfte unterteilen (Abb. 7). Die Verfüllung war mit zahlreichen erbsen- bis haselnußgroßen Holzkohlebröckchen durchsetzt. Über der Urne (Abb. 25,2) lag eine flache Kalksteinplatte von 36 x 22 cm Größe.
Planum 2-3
Planum 2 wurde 6 cm unter Planum 1 angelegt. Hier zerfiel

Abb. 25: Hallstattzeitliches Brandgrab, Grabung 1, Befund 434. 3 Bronze, M. 2:3; 1.2.4-5 M. 1:3.

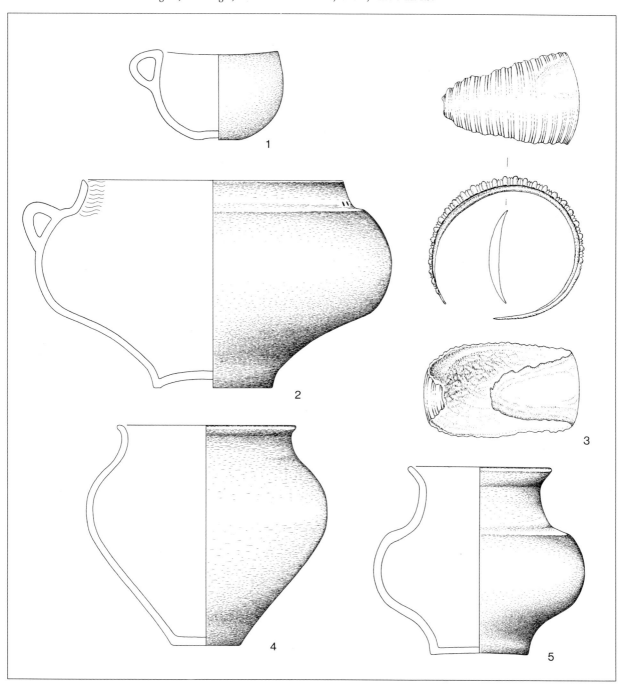

die Verfärbung in zwei deutlich getrennte Hälften im Osten und Westen.
Ostteil: in der Nordostecke stand die stark zerdrückte Urne mit der Mündung nach oben (Abb. 25,2), darin der Leichenbrand von insgesamt 285 g und etwa in der Mitte der Mündung ein bronzener Armring (Abb. 25,3). Die Urne stand mit dem Boden auf einer weiteren flachen Kalksteinplatte von 10 x 10 cm Größe. Die Gesamttiefe der Verfärbung von Planum 1 bis zur Sohle betrug 11 cm. Direkt neben der Urne in der Südostecke des Grabes stand ein weiteres zerdrücktes Gefäß, ebenfalls mit der Mündung nach oben (Abb. 25,4). Darin lag eine Tasse (Abb. 25,1), wiederum mit der Mündung nach oben.
Westteil: Reste der Verfüllung des Grabes mit einzelnen Holzkohlebröckchen und Leichenbrandsplittern, dazwischen die Scherben eines zu einem Drittel erhaltenen Gefäßes (Abb. 25,5).

Funde
Abb. 25,2: Aus Scherben vollständig zusammengesetztes Gefäß, H. 16,6 cm, Dm. der Mündung 21 cm, Dm. des Bodens 9,6 cm; auf der Schulter Henkel, dessen Außenseite durch gleichmäßige Riefen plastisch gegliedert ist, B. 4,2 cm; leicht versetzt auf der dem Henkel gegenüberliegenden Seite ist die Gefäßwand an zwei Stellen durchbohrt, Dm. der Durchbohrungen 3 mm, Abstand untereinander 1,8 cm; Oberfläche gut geglättet, leicht porös, schwarzgraubraun, feiner Ton; der Rand ist innen flächig graphitiert.
Abb. 25,3: Bronzener Armring, 6,4 mal 5,7 cm, B. des massiv gegossenen Körpers 3,8 cm, ein Ende abgebrochen, das andere ebenfalls alt beschädigt; der Körper außen durch plastische Rippen gegliedert, wobei jeweils eine breite und zwei schmale Rippen abwechseln; über ein Drittel des Ringkörpers hinweg sind die Rippen durch Tragen fast völlig abgeschliffen.
Abb. 25,1: Aus Scherben vollständig zusammengesetzte Tasse mit randständigem Henkel, H. 6,8 cm, Dm. der Mündung 10 cm, Dm. des leicht eingedellten Bodens 3,4 cm; innen und außen geglättet, schwarzgraubraun, feiner Ton; Henkel durch einen schwach ausgeprägten Mittelgrat profiliert.
Abb. 25,4: Aus Scherben vollständig zusammengesetztes Gefäß, leicht verzogen, H. 17,8 cm, B. der Mündung 13,8 cm, Dm. des Bodens 6 cm; Oberfläche leicht porös, gut geglättet, braunschwarz.
Abb. 25,5: Gefäß zu einem Drittel erhalten, zeichnerisch ergänzt, H. 17,6 cm, Dm. der Mündung 14,2 cm, Dm. des Bodens 5,6 cm; Oberfläche innen und außen glatt, fein porös, orangebraun bis mattbräunlichrot mit dunkleren Flecken; Ton im Kern schwarz, fein, aber einzelne Hornsteinsplitter.

Befund 473 (Fl. 49)

Längliche, sehr unregelmäßige Grube, L. 400 cm, B. bis 120 cm, T. der ebenfalls sehr unregelmäßigen Sohle bis 30 cm.

Vorgeschichte
Abb. 26,1: Randscherbe, Dm. 38,5 cm, außen rissig und rauh, innen gut geglättet, braunschwarz bis schwarzgraubraun, Ton im Kern graubraun, außen rötliche Schale, mittelgrobe Hornsteinsplitter.
Abb. 26,2: Unebene Randscherbe, mattbräunlichrote Rinde, im schwarzen Ton Hornsteinsplitter mit bis zu 5 mm Kantenlänge.
Abb. 26,3: Fleckig dunkelockerbraune Randscherbe, außen grob verstrichen, innen gut geglättet, Ton ockerbraun, grobe Hornsteinsplitter und Keramikbruch.
Abb. 26,4: Dünnwandige Randscherbe, geglättet, gelbbraun, mittelgrober Ton.
Abb. 26,5: Dünnwandige Randscherbe, gut geglättet, gelbbraun, feiner Ton mit etwas Keramikbruch.
Abb. 26,6: Grob geglättete Randscherbe, ockerbraun, inhomogener, graubrauner Ton.
Abb. 26,7: Grob geglättete Randscherbe, grober, graubrauner Ton.
Abb. 26,8: Geglättete Randscherbe, grauschwarz, inhomogener, grober Ton.
Abb. 26,9: Gut geglättete Wandscherbe, grauschwarz, Verz. breite Riefen mit dachförmigen Graten dazwischen, grauer, inhomogener Ton.
Abb. 26,10: Verwitterte Wandscherbe, orangebraun, Ton stark mit sehr groben Hornsteinsplittern durchsetzt, Verz. verwaschene Tupfen.
Abb. 26,11: Gut geglättete, ebene Randscherbe, fleckig schwarzgraubraun, feiner bis mittelgrober graubrauner Ton.
Abb. 26,12: Randscherbe mit geglätteter, fleckig dunkelockerbrauner Oberfläche, im ockerbraunen Ton viele grobe Hornsteinsplitter und Keramikbruch.
Acht Scherben mit scharf abgesetzten, mehrfach abgestrichenen Schrägrändern, einmal der Randabschluß getupft.
Eine Randscherbe einer einfachen Schale wie Abb. 26,8.
Eine Wandscherbe verz. mit Riefen wie Abb. 26,9.
Drei Wandscherben verz. mit breiten Riefen wie Abb. 19,12.
181 unverz. Wand- und Bodenscherben.

Befund 474 (Fl. 49)

Pfostengrube, 50 x 30 cm, T. 22 cm.

Vorgeschichte
Abb. 29,1: Randscherbe, außen rauh und gelbbraun, innen glatt und braunschwarz, im schwarzgraubraunen Ton Keramikbruch und grobe Hornsteinsplitter.
Zwei Fragmente von scharf abgesetzten Schrägrändern; zwei unverz. Wandscherben.

Befund 475 (Fl. 49 bis 51 und 69 bis 71)

Reste eines Kreisgrabens, der aufgrund seiner schlechten Erhaltung stellenweise aussetzt; Dm. 13,5 m, B. im Planum 1 20 cm, Profil V-förmig mit abgerundeter Sohle, bis zu 7 cm tief erhalten, verfüllt mit mittelbraunem Lehm.

Vorgeschichte
Sieben grobe Wandscherben, rauhwandig, im graubraunen Ton Hornsteinsplitter.

Befund 499 (Fl. 51)

Brandgrab von rundlichem Umriß, Dm. 55 cm, muldenförmiges Profil, noch 11 cm tief erhalten; verfüllt mit schwarz verfärbtem Lehm, der mit zahlreichen Holzkohlebröckchen durchsetzt ist, dazwischen Leichenbrandsplitter (66 g); auf Planum 1 die Reste eines zerscherbten Gefäßunterteils.

Vorgeschichte
Scherben eines Gefäßunterteils, Form wie Abb. 25,2, grob geglättet, braunschwarz, leicht poröser, feiner Ton.

Befund 512 (Fl. 21)

Unregelmäßige Grube, 240 x 182 cm, T. 38 cm, überschneidet Bef. 799, von dem nur noch ein kleiner Rest unter der Sohle von Bef. 512 erhalten ist.

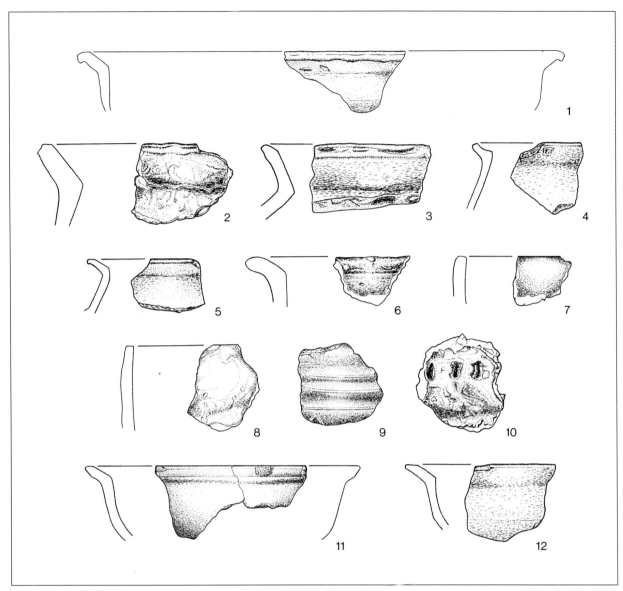

Abb. 26: Vorgeschichtliche Keramik, Grabung 1, Befund 473. 1 M. 1:3; 2–12 M. 1:2.

Vorgeschichte
Abb. 29,2: Gut geglättete Randscherbe, schwarz, Ton graubraun, fein bis mittelgrob.
Abb. 29,3: Geglättete, mattbraune Randscherbe, mittelgrober, graubrauner Ton, feiner Glimmer.
19 unverz. Wandscherben.

Früh- bis Spätmittelalter
Abb. 27,1: Karniesrand, erg. Dm. 17,5 cm, feinkörnig rauh, feiner, grauschwarzer Ton, hart gebrannt.
Abb. 27,2: Unterschnittener Leistenrand, erg. Dm. 17,8 cm, schwarzgraubraun, feine Drehrillen auf der leicht rauhen Oberfläche, feiner, graubrauner Ton, hart gebrannt.
Abb. 27,3: Unterschnittener Leistenrand, erg. Dm. 19,1 cm, fleckig graubraun bis grauschwarz, fein rauh und eben mit deutlichen Drehrillen, feinsandiger Ton, hart gebrannt.
Abb. 27,4: Karniesrand, erg. Dm. 17,7 cm, fleckig graubraun, Oberfläche leicht rauh mit deutlichen Drehrillen, im feinen Ton auch einzelne grobe Partikel, hart gebrannt.
Abb. 27,5: Erg. Oberteil eines Gefäßes mit unterschnittenem Leistenrand, Dm. 19,5 cm, leicht rauhe Oberfläche mit deutlichen Drehrillen, fleckig grau- bis schwarzgraubraun, innen weißolivbraun, feiner Ton mit einzelnen mittelgroben Partikeln, hart gebrannt.
Abb. 27,6: Fragment eines Topfdeckels, fein rauh, schwarzgraubraun, feiner Ton, hart gebrannt.
Ein Gefäßunterteil, insgesamt 62 Wand- und Bodenscherben mit zum Teil verrundeten Bruchkanten, Machart wie Abb. 27,5, eventuell vom gleichen Gefäß; zwei kleine Fragmente von unterschnittenen Leistenrändern weiterer Gefäße; vier kleine, hart gebrannte Wandfragmente, alles jüngere Drehscheibenware.

Befund 526 (Fl. 22)

Pfostengrube, 54 x 41 cm, T. 15 cm, geht im S ohne erkennbare Grenze in die Pfostengrube Bef. 527 über.

Früh- bis Spätmittelalter
Abb. 28,10: Kleines Wandfragment, verz. mit wellig geführten, parallelen Furchen, Oberfläche fein rauh, schwarzgrau, feiner, grauer Ton mit viel Glimmer, nachgedrehte Ware.
Vier Wandscherben der gleichen Machart.

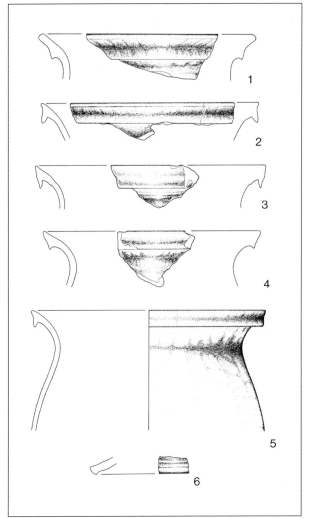

Abb. 27: Mittelalterliche Keramik, Grabung 1, Befund 512. M. 1:3.

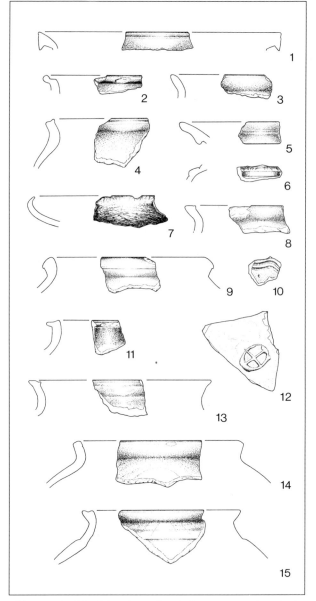

Abb. 28: Mittelalterliche Keramik, Grabung 1. 1–4 Streufunde. 5 Befund 20. 6 Befund 38. 7 Befund 29. 8 Befund 3. 9 Befund 50. 10 Befund 526. 11 Befund 568. 12.13 Befund 600. 14.15 Befund 249. M. 1:3.

Befund 547 (Fl. 22)

Pfostengrube, Dm. 40 cm, T. 10 cm.

Frühalamannisch
Zwei Wandscherben, schwarzgraubrauner Ton, stark mit feinem Gesteinsgrus durchsetzt.

Befund 568 (Fl. 23)

Unregelmäßige Verfärbung, 100 x 40 cm, T. 7 cm, vermutlich Rest einer Pfostengrube.

Früh- bis Spätmittelalter
Abb. 28,11: Feinsandige, rauhe Randscherbe, mattbrauner Ton mit viel feinem Glimmer, nachgedrehte Ware.
Eine Wandscherbe der gleichen Machart.

Befund 600 (Fl. 24)

Abgerundet-rechteckige Grube, 520 x 506 cm, angelegt über dem älteren Befund 585 (ohne Funde), ebene Sohle, schräg ansteigende Seitenwände, T. 31 cm.

Früh- bis Spätmittelalter
Abb. 28,12: Völlig plane Scherbe mit plastisch aufgebrachtem Zeichen (Kreis mit einbeschriebenem Kreuz), fein rauh, stark mit feinem Sand durchsetzter, graubrauner Ton, hart gebrannt.
Abb. 28,13: Randscherbe, erg. Dm. 14,8 cm, fleckig schwarzgrau, leicht rauh, stark mit feinem Sand durchsetzter, dunkelgrauer Ton.
20 klingend hart gebrannte Wandscherben, alles „jüngere Drehscheibenware".

Befund 605 (Fl. 25 u. 26)

Rest einer Pfostengrube, 69 x 50 cm, nur ganz flach erhalten.

Vorgeschichte
Vier unverz. Wandscherben.

Befund 620 (Fl. 25)

Pfostengrube, Dm. 34 cm, T. 22 cm.

Vorgeschichte
Eine Scherbe mit scharf abgesetztem Schrägrand eines sehr groben Gefäßes, Randabschluß gekerbt.

Befund 646 (Fl. 26)

Pfostengrube, Dm. 34 cm, T. 28 cm.

Vorgeschichte
Eine Scherbe mit scharf abgesetztem, sehr breitem Schrägrand.
Zwei unverz. Wandscherben.

Befund 650 (Fl. 27)

Schachtartige Grube von unregelmäßigem Umriß, 204 x 228 cm, T. bis 175 cm, erweitert sich nach oben trichterartig, zur Sohle treppenförmig abgestuft.

Früh- bis Spätmittelalter
Eine kleine, feinsandig rauhe Wandscherbe, graubrauner Ton mit feinem Glimmer, nachgedrehte Ware.

Befund 660 (Fl. 27/28)

Rechteckige Grube mit abgerundeten Ecken, 506 x 282 cm, T. 6–8. cm

Sonstiges
Ein kopfgroßer Schlackenbrocken in der Verfüllung.

Befund 685 (Fl. 27)

Pfostengrube, Dm. 29 cm, T. 4 cm.

Früh- bis Spätmittelalter
Drei feinsandig rauhe Wandscherben, fleckig graubraun, der stark mit feinem Sand und Glimmer durchsetzte Ton ebenfalls graubraun, nachgedrehte Ware.

Sonstiges
Zwei faustgroße Schlackenbrocken.

Befund 796 (Fl. 22)

Pfostengrube von dreieckigem Umriß, Seitenlänge 21 cm, T.

Abb. 29: Vorgeschichtliche Keramik, Grabung 1. 1 Befund 474. 2.3 Befund 512. 4 Befund 838. 5 Befund 797. 6 Befund 799. 7–14 Befund 801. M. 1:2.

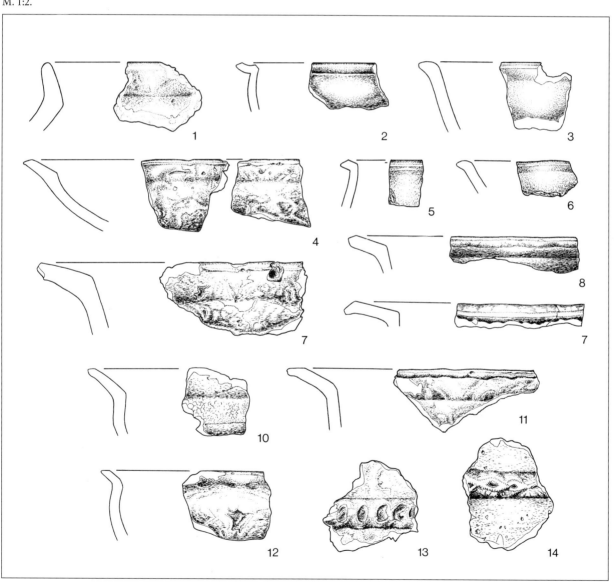

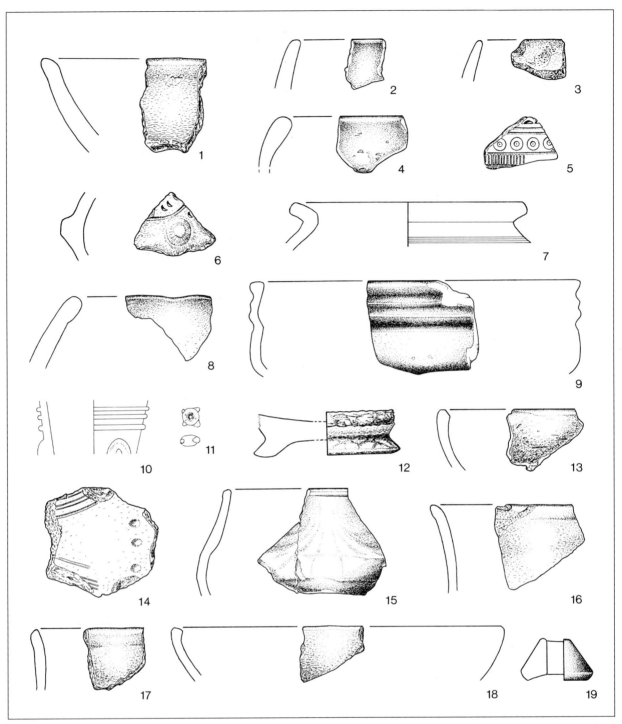

Abb. 30: Römische und frühalamannische Keramik, Grabung 1. 1.3 Fläche 1. 2.4 Fläche 47. 5 Fläche 44. 6 Fläche 2. 7 Streufund. 8.9 Befund 20. 10 Befund 50. 11 Befund 249. 12 Befund 294. 13 Befund 316. 14 Befund 894. 15 Befund 351. 16 Fläche 27. 17 Befund 866. 18 Befund 796. 19 Befund 342. 10.11 Glas. M. 1:2.

13 cm, eingetieft im Randbereich der Grube Bef. 20, Beziehung unklar.

Frühalamannisch
Abb. 30,18: Randscherbe einer Schale, erg. Dm. 18 cm, leicht rauh, feiner bis mittelgrober, graubrauner Ton.

Befund 797 (Fl. 22)

Pfostengrube, 42 x 25 cm, T. 10 cm, im Randbereich der Grube Bef. 20 eingetieft, Beziehung unklar.

Vorgeschichte
Abb. 29,5: Oberfläche völlig verwittert, Ton schwarzgrau, fein gemagert.

Befund 799 (Fl. 21)

Rest einer Grube, die sich unter der Sohle des mittelalterlichen Befundes 512 noch 10 cm tief erhalten hatte, 90 x 44 cm, T. der Sohle 60 cm unter Pl. 1.

Vorgeschichte
Abb. 29,6: Grob geglättete Randscherbe, grauschwarz, Ton gelbbraun, inhomogen.
Vier unverz. Wandscherben.

Befund 801 (Fl. 61 und 62)

Große, unregelmäßige Verfärbung, 600 x 840 cm, zieht in die nördliche Grabungsgrenze, T. der sehr unregelmäßigen Sohle bis zu 100 cm, die Verfüllung stark mit Holzkohle und Hüttenlehm durchsetzt. Unter Bef. 801 setzten die beiden Schächte Bef. 977 und 983 an (Abb. 3, weitere Beschreibung vgl. S. 153f.)

Vorgeschichte
Abb. 29,7: Scherbe eines groben Schrägrandgefäßes, auf dem Randabschluß ein einzelner Tupfen, die orangebraune Oberfläche uneben und rissig, sehr inhomogener Ton mit Keramikbruch und groben Hornsteinsplittern.
Abb. 29,8: Gut geglättete gelbbraune Randscherbe, graubrauner, feiner bis mittelgrober Ton.
Abb. 29,9: Geglättetes Randfragment, fleckig grauschwarz, Ton graubraun, sehr inhomogen mit groben Hornsteinsplittern.
Abb. 29,10: Randscherbe mit rissiger, gelbbrauner Oberfläche, ursprünglich wohl glatt, feiner bis mittelgrober Ton, grauschwarz.
Abb. 29,11: Fleckig schwarzgraubraune Randscherbe, außen rauh, innen grob geglättet, Ton grauschwarz.
Abb. 29,12: Randscherbe, Oberfläche abgeplatzt, im schwarzgraubraunen Ton mittelgrober Keramikbruch und einzelne grobe Hornsteinsplitter.
Abb. 29,13: Orangebraune Wandscherbe mit rissiger, sehr unebener Oberfläche, im Ton sehr grobe Hornsteinsplitter, Verz. wie Abb. 29,14.
Abb. 29,14: Rauhe Wandscherbe, sehr inhomogener Ton mit Hornsteinsplittern, Verz. plastische Leiste mit verwaschenen Eindrücken.
Sechs Scherben mit scharf abgesetztem, mehrfach abgestrichenem Schrägrand.
Vier Scherben mit scharf abgesetztem Schrägrand, davon zwei am Randabschluß mit Tupfen verziert.
Eine Wandscherbe mit plastischer, tupfenverz. Leiste wie Abb. 16,9.
134 unverz. Wand- und Bodenscherben.

Römisch
Abb. 31,6: Randscherbe eines tongrundigen Topfes, feine Drehrillen auf der fleckig graubraunen Oberfläche, feiner, graubrauner Ton mit feinem Glimmer.
Abb. 31,7: Boden eines tongrundig-rauhwandigen Topfes, Dm. 6,7 cm, graubraun, feiner bis mittelgrober Ton.
Eine tongrundige Wandscherbe verz. mit feinen, waagrechten Rillen wie Abb. 33,22; eine unverz. Wandscherbe, tongrundig-glattwandige Ware, mattbräunlichroter Ton.

Frühalamannisch
Abb. 31,1: Randscherbe eines Kumpfes, rauh, fleckig grau- bis schwarzgraubraun, Ton stark mit feinem bis mittelgrobem Gesteinsgrus, u. a. feinem Glimmer, durchsetzt.
Abb. 31,2: Gut geglättete Scherbe eines Topfes mit ausbiegendem Rand, grauschwarz, feiner, graubrauner Ton mit Glimmer.
Abb. 31,3: Scherbe mit abgestrichenem Rand, geglättet, schwarzgrau, Oberfläche zum Teil abgeplatzt, Ton grau, homogen und fein, etwas Glimmer.
Abb. 31,4: Gut geglättete Wandscherbe, verz. mit drei feinen Rillen, grauschwarz, der feine bis mittelgrobe Ton graubraun.
Abb. 31,5: Wandscherbe, verz. mit kräftigem Kammstrich, grauschwarzer Ton, stark durchsetzt von mittelgrobem Gesteinsgrus.
Drei unverz. Wandscherben stark durchsetzt von mittelgrobem Gesteinsgrus.

Sonstiges
14 nuß- bis kindsfaustgroße Schlackenstücke.

Befund 828 (Fl. 61)

Pfostengrube, Dm. 84 cm, T. 24 cm, eingetieft in die Verfüllung des Bef. 801 genau über dem Schacht Befund 983.

Vorgeschichte
Drei Wandscherben, jeweils Ansatz eines scharf abgesetzten Schrägrandes erhalten.
Sieben weitere unverz. Wandscherben.

Frühalamannisch
Fünf unverz. Wandscherben, mittelgrober Ton stark mit Gesteinsgrus durchsetzt.

Abb. 31: Römische und frühalamannische Funde, Grabung 1, Befund 801. 1–5 M. 1:2; 6.7 M. 1:3.

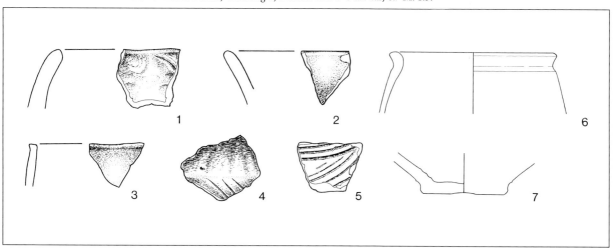

Befund 830 (Fl. 62)

Pfostengrube, 36 x 24 cm, T. 14 cm.

Frühalamannisch
Eine Wandscherbe, Ton stark mit feinem bis mittelgrobem Gesteinsgrus durchsetzt.

Befund 838 (Fl. 63)

Pfostengrube, 94 x 64 cm, T. bis 15 cm, durch einen Tierbau stark gestört.

Vorgeschichte
Abb. 29,4: Randscherbe, Oberfläche durch Brandeinwirkung zerstört, inhomogener Ton mit groben Hornsteinsplittern. Sechs unverz. Wandscherben.

Römisch
Eine völlig verwitterte Randscherbe einer Reibschale, graubrauner Ton, Kragen und Randbildung wie Abb. 33,24.

Befund 850 (Fl. 63–66)

Gräbchen, erhalten über eine Strecke von 21,7 m, an den beiden Enden abgerundet rechtwinklig einbiegend und flach auskeilend, B. 40 cm, muldenförmig eingetieft, T. 7 bis 9 cm; geht ohne erkennbare Grenze in die Grube Bef. 860 über, läßt sich in der Verfüllung von 860 jedoch nicht nachweisen, also vermutlich älter als 860.

Römisch
Zwei Wandscherben von Terra nigra-Gefäßen, grauschwarze Oberfläche, feiner Ton.
Eine verwitterte Wandscherbe vom Hals eines Kruges, steiler, wohl ziemlich scharf abgesetzter Hals, Ton mattbräunlichrot, Oberfläche zerstört.
Ein Bruchstück eines dreistabigen Bandhenkels, verwittert, Ton mattbräunlichrot.
Ein kleines Wandfragment einer Reibschale, graubrauner Ton.
Eine völlig verwitterte Wandscherbe, feiner, mattbräunlichroter Ton.

Frühalamannisch
Drei unverz. Wandscherben, stark mit grobem Gesteinsgrus durchsetzt, eine zusätzlich mit sehr hohem Glimmeranteil.

Sonstiges
Zwei Schlackenstücke.

Befund 860 (Fl. 64)

Große Grube mit unregelmäßigen Ausbuchtungen, 283 x 187 cm, T. der ungleichmäßigen Sohle bis 162 cm. Die Verfüllung geht ohne erkennbaren Unterschied in das in West-Ost-Richtung verlaufende Gräbchen Bef. 850 über, vermutlich stört die Grube 860 das Gräbchen 850 (s.o.).

Römisch
Abb. 32,1: Scherbe einer Schüssel mit Horizontalrand, erg. Dm. 25 cm, tongrundig rauhwandig, schwarzgrauer, feiner Ton, viel feiner Glimmer.
Abb. 32,2: Eine Randscherbe einer Kragenrandschüssel, Terra nigra, erg. Dm. 15,5 cm, Oberfläche zerstört, feiner und homogener, grauer Ton.
Abb. 32,3: Ein Fragment einer TS-Schüssel Dragendorff 37, Punze eines sitzenden Hasen nach links mit aufgerichteten

Abb. 32: Römische und frühalamannische Funde, Grabung 1, Befund 860. 1.2 M. 1:3; 3–6 M. 1:2.

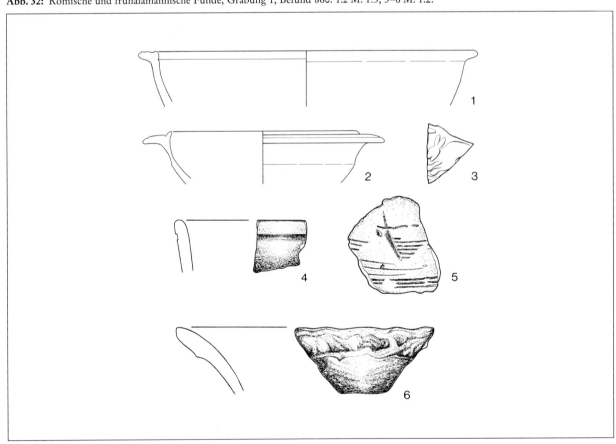

Ohren und geöffnetem Maul; schwarzorangeroter Überzug nur in kleinen Resten erhalten, homogener, hellorangeroter Ton mit feinen, weißlichen Einschlüssen.
Drei kleine, verwitterte Fragmente von TS-Gefäßen, Ton südgallisch wie Abb. 32,3.
Acht verwitterte Wandscherben von Terra nigra-Gefäßen, feiner, graubrauner Ton.
Fünf tongrundige Wandscherben, gelbbrauner Ton, ein Fragment eines dreistabigen Bandhenkels der gleichen Machart.
Elf tongrundige, rauhwandige Wandscherben.
Eine Wandscherbe einer Reibschale, graubrauner Ton.

Frühalamannisch
Abb. 32,4: Scherbe mit einer außen durch eine Riefe abgesetzten Randlippe, Oberfläche abgeplatzt, feiner, grauschwarzer Ton mit hohem Glimmeranteil.
Abb. 32,5: Wandscherbe, Oberfläche verwittert, verz. mit breiten Kammstrichbahnen, feiner, schwarzgraubrauner Ton mit Glimmer.
Abb. 32,6: Trichterartiger Rand, außen unregelmäßig gestaltete Randverdickung, rauh, feiner, graubrauner Ton mit Glimmer.
Drei Wandscherben, Ton stark mit mittelgrobem Gesteinsgrus durchsetzt.

Sonstiges
Sechs faustgroße und zwölf kleine Schlackenstücke.

Befund 861 (Fl. 63)

Pfostengrube, 63 x 53 cm, T. 15 cm.

Vorgeschichte
Ein kleines Fragment mit scharf abgesetztem Schrägrand.
Eine Scherbe mit scharf abgesetztem, mehrfach abgestrichenem Schrägrand.
Eine Wandscherbe mit plastischer, tupfenverzierter Leiste.
Vier unverz. Wandscherben.

Früh- bis Spätmittelalter
Eine feinsandig rauhe Wandscherbe, graubrauner Ton, hart gebrannt, nachgedrehte Ware.

Befund 866 (Fl. 64)

Pfostengrube, Dm. 29 cm, T. 19 cm, schneidet das Gräbchen Bef. 850.

Frühalamannisch
Abb. 30,17: Scherbe mit schwach abgesetzter Randlippe, glatt, sehr porös, schwarzbraun, Ton stark mit feinem bis mittelgrobem scharfkantigem Gesteinsgrus durchsetzt.

Befund 880 (Fl. 65)

Pfostengrube, Dm. 47 cm, T. 19 cm.

Frühalamannisch
Eine Wandscherbe, stark mit feinem Gesteinsgrus durchsetzt.

Befund 886 (Fl. 65)

Pfostengrube, Dm. 65 cm, T. 36 cm.

Römisch
Eine Scherbe vom Standring einer Terra nigra-Kragenrandschale und drei wohl zum gleichen Gefäß gehörende Wandscherben.

Befund 894 (Fl. 66)

Pfostengrube, Dm. 33 cm, T. 15 cm.

Frühalamannisch
Abb. 30,14: Wandscherbe, rauh und gelbbraun, verz. mit Riefen und seichten Grübchen, der schwarze Ton stark mit feinem bis mittelgrobem Gesteinsgrus durchsetzt.

Befund 966 (Fl. 51 und 71)

Zaungräbchen, B. 24–34 cm, 18–20 cm tief, erfaßt auf 10,6 m Länge; ungefähr parallel dazu im Abstand von 1,5 m verläuft das Gräbchen Bef. 968.

Römisch
Zwei kleine TS-Fragmente, stellenweise der schwarzorangerote Glanztonüberzug erhalten, Ton orangebraun, sehr fein und mit vielen weißlichen Einschlüssen durchsetzt.

7.3 Die Funde und Befunde der Grabung 2

Streufunde im Kastellbereich

Vorgeschichte

Drei Fragmente von Gefäßen mit scharf abgesetztem Schrägrand; eine Randscherbe einer konischen Schale wie Abb. 37,16; 60 unverz. Wand- und Bodenscherben, alle sehr inhomogen im Ton, häufig mit Hornsteinsplittern oder Keramikbruch durchsetzt.

Römisch
Abb. 33,1: Randscherbe eines TS-Tellers Dragendorff 18, erg. Dm. 17,3 cm, sehr verwittert, Überzug vollständig abgeplatzt, Ton mattbräunlichrot mit sehr feinen, weißlichen Partikeln.
Abb. 33,2: Bodenscherbe eines TS-Tellers Dragendorff 18, erg. Bodendm. 8 cm, stellenweise der orangebraune Überzug erhalten, Ton hellrotorange, darin sehr feine, weißliche Partikel.
Abb. 33,3: Randscherbe eines Terra nigra-Schälchens, Form wie Dragendorff 27, Oberfläche durch Verwitterung völlig zerstört, Ton grau, homogen und sehr fein, mit Glimmer.
Abb. 33,4: Völlig verwitterte Randscherbe eines Bechers, erg. Dm. 12 cm, kaum erkennbarer Ratterdekor spiralig umlaufend, homogener, graubrauner Ton mit feinem Glimmer.
Abb. 33,5: Wandscherbe mit plastischen Auflagen, brauner Überzug stellenweise abgeplatzt, sehr homogener, mattbräunlichroter Ton.
Abb. 33,6: Stark verwitterte Wandscherbe, Rädchenverz., Schachbrettmuster aus gegenständigen, schrägen Schraffen, feiner, gelbbrauner Ton mit feinem Glimmer.
Abb. 33,7: Randscherbe einer tongrundigen Reibschale, erg. Dm. 21 cm, rauhwandig, poröser, mattbräunlichroter bis graubrauner Ton.
Abb. 33,8: Randscherbe eines eiförmigen Topfes, erg. Dm. 14,2 cm, Oberfläche völlig verwittert, Ton fein bis mittelgrob, schwarzgraubraun.
Abb. 33,9: Randscherbe eines tongrundigen Topfes, erg. Dm. 13,8 cm, sehr verwittert, auf der Oberfläche schwach erkennbar feine, horizontale Rillen, feiner, grauer Ton mit feinem Glimmer.
Abb. 33,10: Randscherbe eines eiförmigen Topfes, erg. Dm. 13 cm, auf der schwarzbraunen Oberfläche feine, horizontale Rillen, Ton schwarzgraubraun mit feinem Glimmer.
Abb. 33,11: Randscherbe einer Reibschale, winzige Reste eines orangebraunen Glanztonüberzuges, erg. Dm. 22,6 cm, feiner, gelbbrauner Ton.

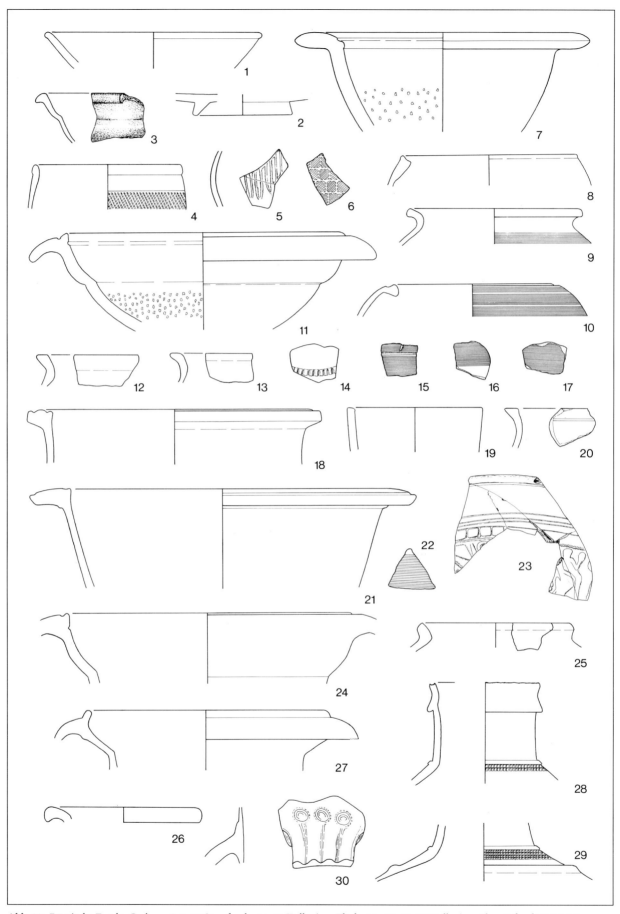

Abb. 33: Römische Funde, Grabung 2. 1–17 Streufunde. 18–26 Kolluvium Fläche 46–49. 27–30 Kolluvium über Befund 17. M. 1:3.

Abb. 33,12: Randscherbe eines tongrundig rauhwandigen Topfes, völlig verwittert, feiner, graubrauner Ton.
Abb. 33,13: Randscherbe eines tongrundig rauhwandigen Topfes, feiner, schwarzbrauner Ton, Glimmer.
Abb. 33,14: Tongrundige Wandscherbe, völlig verwittert, plastische Leiste gegliedert duch arkadenartige Kerben, feiner, mattbrauner Ton, Glimmer.
Abb. 33,15: Wie Abb. 33,17.
Abb. 33,16: Wie Abb. 33,17.
Abb. 33,17: Tongrundige Wandscherbe, verz. mit feinen, horizontalen Rillen, feiner, scharzgraubrauner Ton.
Ein TS-Fragment mit Ratterdekor, stark verwittert, sehr dunkler, braunroter Überzug, Ton mattbräunlichrot.
Ein Bruchstück eines zweistabigen Bandhenkels, ein weiteres eines vierstabigen Bandhenkels, mattbräunlichroter Ton.
Ein Bruchstück einer Reibschale mit Resten eines orangebraunen Glanztonüberzuges.
Drei völlig verwitterte tongrundige Wandscherben, davon eine mit feinen Rillen verz. wie Abb. 33,15–17.

Frühalamannisch
Abb. 37,14: Randscherbe, deren Lippe durch eine Rille abgesetzt ist, gut geglättete, tiefschwarze Oberfläche, feiner, graubrauner Ton.
Eine Randscherbe eines Kumpfes, Form wie Abb. 37,2, und zwölf Wandscherben, Ton stark mit mittelgrobem Gesteinsgrus durchsetzt, zum Teil auch Glimmer.

Früh- bis Spätmittelalter
Abb. 37,19: Bruchstück eines Karniesrandes, rauh, hellchromgelb, hart gebrannt, „jüngere Drehscheibenware".
Eine kleine Wandscherbe der gleichen Machart.

Fläche 46 bis 49, Schicht 2 (Kolluvium Kastellinnenfläche)

Vorgeschichte
Abb. 37,15: Randscherbe einer Schale, verbrannt, inhomogener, gelbbrauner Ton.
Abb. 37,17: Randscherbe mit abgesetztem Schrägrand, Rand waagrecht abgestrichen und innen getreppt, rauh, leicht porös, fleckig graubraun, der graubraune Ton inhomogen, etwas Keramikbruch.
Abb. 37,18: Randscherbe einer Schale, grob geglättet, schwarzgraubraun, inhomogener Ton.
Fünf Scherben von Gefäßen mit scharf abgesetztem Schrägrand, dazu 66 unverz. Wand- und Bodenscherben, inhomogener Ton zum Teil mit Hornsteinsplittern und Keramikbruch.

Römisch
Abb. 33,18: Randscherbe einer tongrundigen Schüssel mit Horizontalrand, fein rauh, erg. Dm. 22 cm, homogener Ton mit hohem Glimmeranteil. Drei kleine Wand- und eine Bodenscherbe der gleichen Machart gehören sicher zum gleichen Gefäß.
Abb. 33,19: Randscherbe eines tongrundig rauhwandigen Tellers, erg. Dm. 10,9 cm, fleckig grau- bis schwarzgraubraun, stark mit feinem Sand durchsetzt.
Abb. 33,20: Randscherbe eines tongrundigen Kruges, stark verwittert, Ton mattbräunlichrot.
Abb. 33,21: Drei Randscherben einer Schüssel mit Horizontalrand, erg. Dm. 25,2 cm, Bruchkanten stark verrundet, Oberfläche verwittert, mattbräunlichroter Ton mit graubraunem Kern, feiner Glimmer.
Abb. 33,22: Tongrundige Wandscherbe, verz. mit feinen, horizontalen Rillen, schwarzgraubrauner Ton mit feinem Glimmer.
Abb. 33,23: Scherben einer TS-Schüssel Dragendorff 37, der schwarzorangerote Überzug bis auf geringe Reste zerstört, hellorange- bis mattbräunlichroter Ton, homogen mit feinen, weißlichen Partikeln.
Abb. 33,24: Randscherbe einer Reibschale, erg. Dm. 23,2 cm, Kragen abgebrochen, fleckig grau- bis schwarzgraubraun, feiner Ton.
Abb. 33,25: Randscherbe eines tongrundigen Topfes, rauhwandig, außen fleckig schwarz und rußig, innen gleichmäßig grau, feiner Glimmer.
Abb. 33,26: Randscherbe eines Topfes, erg. Dm. 12,1 cm, völlig verwittert und verrundet, homogener mattbräunlichroter Ton.
Zwei weitere Wandscherben wie Abb. 33,22.
Ein kleines Deckelbruchstück, tongrundig rauhwandig, fleckig grauschwarz.
Fünf Kragenfragmente von Reibschalen, Form wie Abb. 33,11, stark verwittert.
64 tongrundige Wandscherben unterschiedlicher Machart.

Frühalamannisch
Abb. 37,13: Randscherbe, Lippe durch Riefe abgesetzt, sandig rauh, stellenweise tiefschwarze Oberfläche erhalten, homogener, feiner Ton mit mittelgrobem Glimmer.
14 Wandscherben, stark mit feinem bis mittelgrobem Gesteinsgrus gemagert, davon 10 auch mit feinem Glimmer.

Sonstiges
Eine silberne Münze, Dm. 17 mm, stark abgerieben, Beschreibung S. 219.

Fläche 46, Schicht 2 über Bef. 17
(Kolluvium, Scherbenkonzentration vor der SW-Ecke des Bef. 19)

Römisch
Abb. 33,27: Randscherbe einer Reibschale, Kragen abgebrochen, erg. Dm. 19,8 cm, stellenweise rotbrauner Glanztonüberzug erhalten, homogener, mattbrauner Ton mit feinem Glimmer.
Abb. 33,28: Bruchstück vom Hals eines Zweihenkelkruges, Randpartie abgebrochen, Dm. des Halses 8,7 cm, stark verrundete Bruchkanten und völlig verwitterte Oberfläche, Ton mattbräunlichrot mit feinem Glimmer; Verz.: Hals abgesetzt durch plastische Leiste, darunter zweizeiliges Rollrädchenband. Zum gleichen Gefäß gehören Abb. 33,29: Wandscherbe von Hals und Schulter des gleichen Kruges.
Wie Abb. 33,28; Verz.: zwischen horizontalen plastischen Leisten zweizeilige Rollrädchenbänder.
Abb. 33,30: Henkelbruchstück vom gleichen Gefäß wie Abb. 33,28.
Ein TS-Fragment vom Kragen eines Schälchens Dragendorff 38, stark verwittert und verrundet; eine tongrundige Wandscherbe verz. mit Ratterdekor.

Befund 2 (Fl. 29, Kastellgraben in Schnitt 3)

Römischer Spitzgraben, Beschreibung S. 209 ff. mit Abb. 12; zu den Schlackenkonzentrationen S. 156 f.

Römisch
Abb. 34,1: Völlig verwitterte und verrundete Randscherbe einer Reibschale, Oberfläche nicht erhalten, erg. Dm. 20,2 cm, mattbräunlichroter Ton mit feinem Glimmer (Schicht 5).

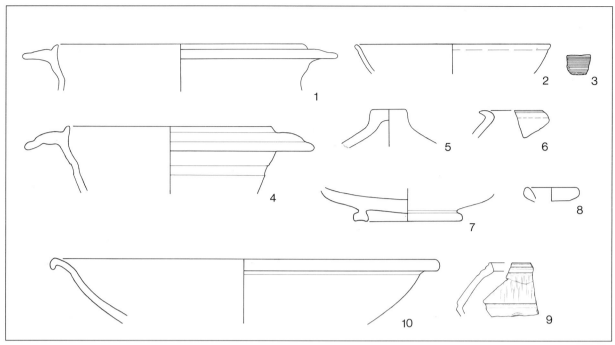

Abb. 34: Römische Funde, Grabung 2. 1–3 Wehrgraben Fläche 29, Befund 2. 4–8 Wehrgraben Fläche 44/45 Befund 2. 9 Befund 17. 10 Befund 41. M. 1:3.

Abb. 34,2: Randscherbe eines TS-Tellers Dragendorff 18, Überzug vollständig abgeplatzt, orangebrauner Ton mit sehr feinen, weißlichen Partikeln, erg. Dm. 15,7 cm (Schicht 3-4).
Abb. 34,3: Tongrundige Wandscherbe, verz. mit feinen, waagrechten Rillen, grauschwarz, Ton fein, graubraun (Schicht 3-4).
Ein kleines TS-Fragment, stark verwittert, orangebrauner Ton.
Eine Bodenscherbe eines Terra nigra-Bechers, verwittert, Bruchkanten stark verrundet, Oberfläche grauschwarz, feiner, grauer Ton mit feinem Glimmer.
Eine Wandscherbe vom straffen Hals eines Kruges, völlig verwittert und verrundet, mattbräunlichroter Ton mit feinem Glimmer.
Zwei Wandscherben von Reibschalen, völlig verwittert und verrundet.
Zwei kleine tongrundige Wandscherben, feine Rillenverzierung wie Abb. 34,3.
30 völlig verwitterte und verrundete tongrundige Wandscherben.

Frühalamannisch
Abb. 37,1: Scherben eines Kumpfes, grob überglättet, graubrauner Ton stark mit feinem bis mittelgrobem, scharfkantigem Gesteinsgrus durchsetzt (Schicht 5).
Abb. 37,2: Randscherbe einer Schale, Oberfläche leicht rauh mit feinen Rissen, grauschwarz, Ton stark mit feinem bis mittelgrobem, scharfkantigem Gesteinsgrus durchsetzt (Schicht 5).
Abb. 37,3: Randscherbe eines Kumpfes, Oberfläche abgeplatzt, schwarzgraubrauner Ton, stark mit feinem bis mittelgrobem, scharfkantigem Gesteinsgrus durchsetzt (Schicht 5).
Abb. 37,4: Wandscherbe mit gut geglätteter, etwas narbiger Oberfläche, gelbbraun, Verz. waagrechte Riefen, daranhängend senkrechte, plastisch herausgetriebene Buckel, begleitet von Doppelriefen, Ton stark mit feinem Gesteinsgrus und Glimmer durchsetzt (Schicht 5).

Abb. 37,5: Gut geglättetes, schwarzgraubraunes Wandfragment, Verz. zwei seichte Furchen, dazwischen schräge, seichte Kerben, darunter ein schacher Wulst, der graubraune Ton stark mit feinem Gesteinsgrus und Glimmer durchsetzt (Schicht 3-4).
Abb. 37,6: Gut geglättetes, schwarzgraubraunes Wandfragment, Verz. rundliche Eindrücke in schwach ausgeprägtem Wulst, darunter kräftige Furche, der graubraune Ton stark mit feinem Gesteinsgrus und Glimmer durchsetzt (Schicht 3-4).
Abb. 37,7: Randscherbe mit durch eine verwaschene Kante abgesetzter Lippe, die grauschwarze Oberfläche gut geglättet und eben, doch stellenweise abgeplatzt, verz. mit breiter Furche, stark mit feinem Gesteinsgrus und Glimmer durchsetzter, graubrauner Ton (Schicht 5).
Abb. 37,8: Randscherbe mit rundlich verdickter Lippe, gut geglättete und ebene, aber sehr porige, grauschwarze Oberfläche, feiner, schwarzgraubrauner Ton (Schicht 3-4).
Abb. 37,9: Dickwandige Randscherbe eines Kumpfes, feinsandig rauh, ockerbraun, stark mit feinem bis mittelgrobem Gesteinsgrus durchsetzt (Schicht 5).
Abb. 37,10: Randscherbe mit kantig abgesetzter Lippe, gut geglättete, braunschwarze bis gelbbraune Oberfläche, der gelbbraune Ton stark mit feinem Gesteinsgrus und Glimmer durchsetzt (Schicht 5).
Abb. 37,11: Wandscherbe, verziert mit seichten Furchen, Oberfläche gut geglättet, zum Teil abgeplatzt, feiner, graubrauner Ton, viel feiner Glimmer (Schicht 5).
Abb. 37,12: Scherbe mit abgestrichenem, etwas überquellendem Randabschluß, grob geglättet, schwarzgrau, der graubraune Ton stark mit feinem Gesteinsgrus und Glimmer durchsetzt (Schicht 5).
Drei kleine Randscherben von Kümpfen wie Abb. 35,3. 107 Wandscherben, alle stark mit feinem bis mittelgrobem Gesteinsgrus, häufig auch Glimmer durchsetzt.

Sonstiges
Zahlreiche, meist kopfgroße Schlackenbrocken, Volumen ca. 0,3 bis 0,4 Kubikmeter.
28 Wandbruchstücke aus verziegeltem Lehm, zum Teil verschlackt.
62 Bruchstücke von Düsenziegeln.

Befund 2 (Fl. 44 und 45, Kastellgraben am W-Rand der Grabung 2):

Römischer Spitzgraben (Beschreibung S. 209 ff. mit Abb. 11)

Vorgeschichte
Abb. 37,16: Randscherbe einer konischen Schale, erg. Dm. 11,5 cm, grob geglättet, braunschwarz, inhomogener Ton mit einzelnen Hornsteinsplittern bis 5 mm Kantenlänge (Schicht 3).

Römisch
Abb. 34,4: Völlig verwitterte und verrundete Randscherbe einer Reibschale, erg. Dm. 16,8 cm, gelbbrauner Ton mit etwas feinem Glimmer (Schicht 3).
Abb. 34,5: Bruchstück eines tongrundig rauhwandigen Deckels, völlig verwittert, verrundete Bruchkanten, feiner, orangefarbener Ton (Schicht 3–4).
Abb. 34,6: Randscherbe eines tongrundigen Topfes, völlig verwitterte Oberfläche, homogener, gelbbrauner Ton (Schicht 3).
Abb. 34,7: Bodenscherbe einer TS-Schüssel Dragendorff 37, Dm. des Standringes 8,5 cm, Überzug nicht erhalten, im orangebraunen Ton sehr feine, weißliche Einschlüsse (Schicht 4).
Abb. 34,8: Scherbe von der Mündung eines tongrundigen Einhenkelkruges, erg. Dm. 4 cm, Oberfläche zerstört, homogener, mattbräunlichroter Ton (Schicht 4).
Eine völlig verwitterte Randscherbe eines TS-Tellers Dragendorff 18/31, Form wie Abb. 33,2, hellorangeroter Ton mit sehr feinen, weißlichen Einschlüssen.
Ein dünnwandiges TS-Fragment, schwarzorangeroter Überzug, hellorangeroter Ton mit sehr feinen, weißlichen Einschlüssen.
Eine Wandscherbe vom Hals eines Kruges, völlig verwittert, mattbräunlichroter Ton.
41 völlig verwitterte und verrundete Wandscherben.

Frühalamannisch
Abb. 35,1: Zwei Randscherben eines Kumpfes, erg. Dm. 19,9 cm, grob geglättete, unebene und poröse Oberfläche, gelb- bis schwarzgraubraun, inhomogener Ton, fein bis mittelgrob (Schicht 4/5).
Abb. 35,2: Rauhwandige Randscherbe, gelbbraun, im graubraunen Ton stark mit feinem bis mittelgrobem, scharfkantigem Gesteinsgrus durchsetzt (Schicht 3–4).
Abb. 35,3: Randscherbe eines Kumpfes, sehr rauh, der graubraune Ton stark mit feinem bis mittelgrobem, scharfkantigem Gesteinsgrus durchsetzt (Schicht 7–8).
Abb. 35,4: Randscherbe eines Kumpfes, verzogen, die gelbbraune Oberfläche rauh und sehr porös, schwarzgraubrauner, feiner bis mittelgrober Ton, darin ein Bohnerzkügelchen eingeschlossen (Schicht 3–4).
Abb. 35,5: Randscherbe eines Kumpfes, Oberfläche geglättet, aber uneben und porig, im graubraunen, feinen bis mittelgroben Ton vereinzelt auch grobe Partikel (Schicht 4).
Abb. 35,6: Randscherbe eines Kumpfes, Oberfläche leicht rauh und sehr porös, gelbbraun bis schwarzgraubraun, feiner bis mittelgrober Ton (Schicht 4/5).
Abb. 35,7: Randscherbe eines dickwandigen Kumpfes, Oberfläche leicht rauh und porös, fleckig schwarzbraun, stark mit mittelgrobem bis grobem, scharfkantigem Gesteinsgrus durchsetzt (Schicht 4).
Abb. 35,8: Randscherbe eines Kumpfes, nur stellenweise gut geglättete Oberfläche erhalten, mattbraun, im homogenen Ton feiner Glimmer (Schicht 4/5).
Abb. 35,9: Randscherbe eines Kumpfes, rauh, schwarzgraubraun, Ton stark mit feinem bis mittelgrobem, scharfkantigem Gesteinsgrus durchsetzt (Schicht 3–4).
Abb. 35,10: Randscherbe eines Kumpfes, Oberfläche zerstört und rissig, orangebraun, der braunschwarze Ton stark mit feinem bis mittelgrobem, scharfkantigem Gesteinsgrus durchsetzt, einzelne Partikel sehr grob (Schicht 4/5).
Abb. 35,11: Randscherbe eines Kumpfes, eben und gut geglättet, innen fein rauh, narbige Oberfläche aufgrund Verwitterung, Ton dunkelockerbraun mit feinem Glimmer (Schicht 4/5).
Abb. 35,12: Randscherbe eines Kumpfes, rauh, fleckig schwarzgraubraun, der Ton stark mit feinem bis mittelgrobem, scharfkantigem Gesteinsgrus durchsetzt (Schicht 4/5).
Abb. 35,13: Randscherbe eines Kumpfes, gut geglättet, stellenweise tiefschwarze Politur erhalten, der graubraune Ton stark mit feinem Gesteinsgrus durchsetzt (Schicht 4).
Abb. 35,14: Randscherbe eines Kumpfes, erg. Dm. 17,2 cm, Oberfläche vollständig abgeplatzt, der schwarze bis schwarzgraubraune Ton stark mit grobem, scharfkantigem Gesteinsgrus durchsetzt (Schicht 3).
Abb. 35,15: Randscherbe einer Schale, grob überglättet, im schwarzgraubraunen Ton einzelne sehr grobe Partikel (Schicht 3).
Abb. 35,16: Randscherbe eines Kumpfes, grob geglättete, poröse Oberfläche, feiner, schwarzer Ton (Schicht 4/5).
Abb. 36,1: Randscherbe eines Kumpfes, Oberfläche grob geglättet und porös, im braunschwarzen Ton feiner Glimmer (Schicht 4).
Abb. 36,2: Scherbe mit ausbiegendem Rand, erg. Dm. 13,6 cm, leicht abgesetzte Lippe, grob geglättet, schwarzbraun, der schwarzgraubraune Ton stark mit mittelgrobem bis grobem, scharfkantigem Gesteinsgrus durchsetzt, dazwischen auch grober Glimmer (Schicht 3–4).
Abb. 36,3: Scherbe mit abgesetzter Lippe, braunschwarz bis gelbbraun, im Ton feiner Glimmer (Schicht 4–5).
Abb. 36,4: Scherbe mit ausbiegendem Rand, erg. Dm. 13,6 cm, Oberfläche zerstört, im ockerbraunen Ton mittelgrober Gesteinsgrus und Glimmer (Schicht 4).
Abb. 36,5: Scherbe mit ausbiegendem Rand, erg. Dm. 13,7 cm, die ursprünglich geglättete Oberfläche weitgehend abgeplatzt, der graubraune Ton stark mit mittelgrobem, scharfkantigem Gesteinsgrus durchsetzt (Schicht 4).
Abb. 36,6: Scherbe mit ausbiegendem Rand, Oberfläche völlig verwittert, der poröse Ton stark mit mittelgrobem bis grobem, scharfkantigem Gesteinsgrus durchsetzt (Schicht 4). Zwei weitere Randscherben und vier Wandscherben aufgrund Form und Machart vermutlich vom gleichen Gefäß.
Abb. 36,7: Scherbe mit ausbiegendem Rand, Oberfläche abgeplatzt, jetzt porig rauh, der schwarzgraubraune Ton stark mit mittelgrobem bis grobem, scharfkantigem Gesteinsgrus durchsetzt (Schicht 3).
Abb. 36,8: Scherbe mit ausbiegendem Rand, auf der Schulter umlaufende plastische Leiste, Oberfläche sehr porös, der schwarzgraubraune Ton stark mit feinem bis mittelgrobem, scharfkantigem Gesteinsgrus durchsetzt (Schicht 4–5).
Abb. 36,9: Randscherbe mit sehr poröser Oberfläche, in der bis zu 1 mm große Löcher ausgewittert sind, im schwarz-

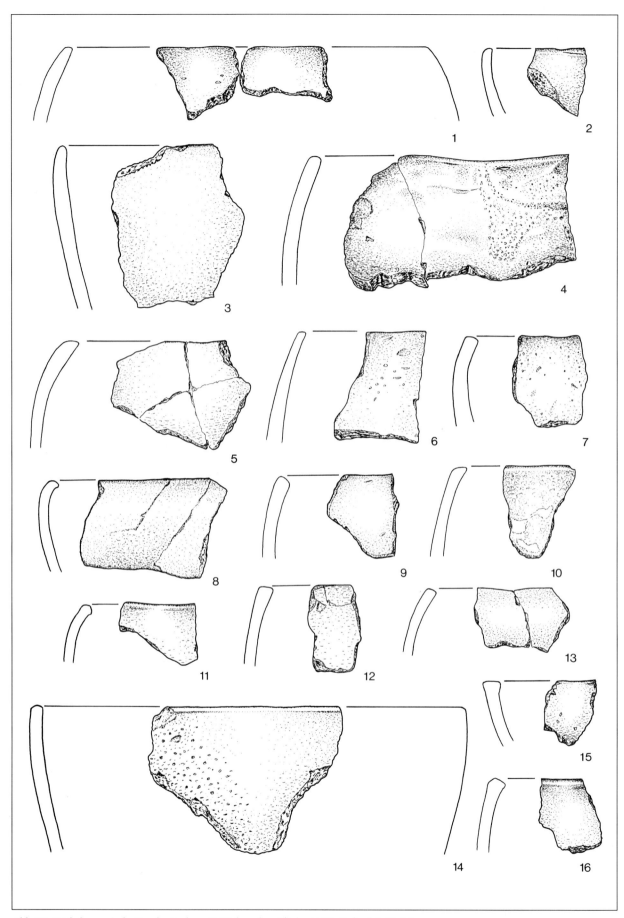

Abb. 35: Frühalamannische Funde, Grabung 2, Wehrgraben Fläche 44/45, Befund 2. M. 1:2.

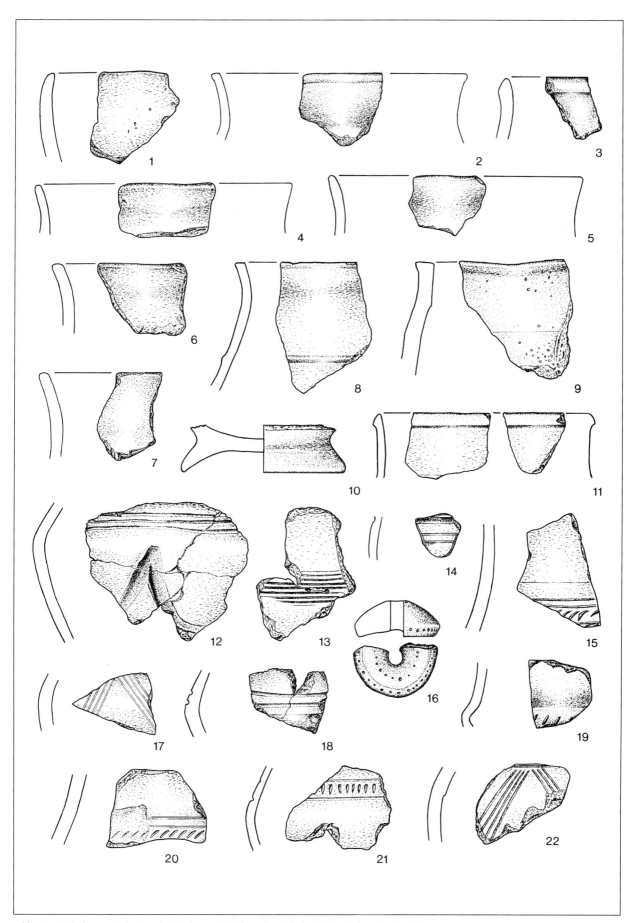

Abb. 36: Frühalamannische Funde, Grabung 2, Wehrgraben Fläche 44/45, Befund 2. M. 1:2.

graubraunen Ton einzelne sehr grobe Partikel (Schicht 4–5).
Abb. 36,10: Standring, Dm. 8,6 cm, feinsandig rauh, im graubraunen Ton feiner Glimmer (Schicht 3).
Abb. 36,11: Randscherben mit kantig abgesetzter Lippe, erg. Dm. 11,4 cm, gut geglättete, braunschwarze Oberfläche, der graubraune Ton stark mit feinem, scharfkantigem Gesteinsgrus und Glimmer durchsetzt (Schicht 4–5).
Abb. 36,12: Wandscherbe, sehr porös, gelbbraun, feiner, schwarzgraubrauner Ton, Verz. waagrechte, unregelmäßige Rillen, darunter bogenförmige, breite Riefen (Schicht 3).
Abb. 36,13: Sehr rauhe, leicht poröse Wandscherbe, der okkerbraune Ton stark mit mittelgrobem, scharfkantigem Gesteinsgrus durchsetzt, Verz. breites Kammstrichband (Schicht F).
Abb. 36,14: Wandscherbe mit gut geglätteter, braunschwarzer Oberfläche, im feinen, graubraunen Ton feiner Glimmer (Schicht 4–5).
Abb. 36,15: Genau wie Abb. 36,20 (Schicht 3).
Abb. 36,16: Zur Hälfte erhaltener Spinnwirtel, erg. Dm. 4,5 cm, H. 2 cm, verz. mit tiefen, rundlichen Einstichen (Schicht 4–5).
Abb. 36,17: Wandscherbe wie Abb. 36,20, Verz. feine Rillenbündel (Schicht 4).
Abb. 36,18: Gut geglättete, braunschwarze Wandscherbe, der Ton stark mit feinem bis mittelgrobem, scharfkantigem Gesteinsgrus durchsetzt, Verz. kräftige Riefen, darunter eine runde Delle (Schicht 7).
Abb. 36,19: Geglättete, schwarzbraune Wandscherbe, stark mit feinem bis mittelgrobem, scharfkantigem Gesteinsgrus durchsetzt, verz. mit kräftigen Kerben auf dem Umbruch (Schicht 3).
Abb. 36,20: Wandscherbe, Oberfläche eben und gut geglättet, gleichmäßig grau, verz. mit seichten Furchen und Kerben, feiner, grauer Ton mit feinem Glimmer (Schicht 4).
Abb. 36,21: Wandscherbe mit grob geglätteter, poröser Oberfläche, fleckig schwarzgraubraun, feiner Ton, Verz. kräftige Riefen, dazwischen tropfenförmige, tiefe Einstiche mit Resten einer weißlichen Inkrustation (auf Schicht 3).
Abb. 36,22: Wandscherbe wie Abb. 36,17 (Schicht 3–4).
Eine kleine Scherbe mit ausbiegendem Rand wie Abb. 36,7.
27 kleine Fragmente von Kümpfen mit einfach abschließendem, zumeist einbiegendem Rand.
403 Wand- und Bodenscherben, Ton meist stark mit feinem bis mittelgrobem, scharfkantigem Gesteinsgrus und Glimmer durchsetzt.

Sonstiges
Abb. 37,20: Bruchstück eines quaderförmig zugeschliffenen, feinen Sandsteines mit eingeschliffenen Rillen, 6,5 x 5,3 x 3,8 cm. Ein weiteres Bruchstück eines einfachen, länglichquaderförmigen Wetzsteines aus feinem Sandstein.
Splitter einer Bernsteinperle, Form nicht mehr nachvollziehbar. Zehn faust- bis kopfgroße Schlackenbrocken.

Befund 13 (Fl. 45)

Pfostengrube des römischen Eckturmes, Dm. 110 cm, T. 81 cm.

Vorgeschichte
Drei unverz. Wandscherben, der inhomogene Ton durchsetzt mit zum Teil sehr groben Hornsteinsplittern.

Befund 16 (Fl. 46)

Pfostengrube, Dm. 50 cm, T. 39 cm.

Frühalamannisch
Eine Boden- und drei kleine Wandscherben, gut geglättet, schwarzgraubraun, der Ton stark mit feinem bis mittelgrobem, scharfkantigem Gesteinsgrus durchsetzt.

Befund 17 (Fl. 46 bis 49)

Gräbchen, an den Enden flach auskeilend, L. der Westseite 6 m, dann nach Osten umbiegend und noch 18 m lang erhalten, B. 40 bis zumeist um 60 cm; muldenförmiges Profil bis zu 20 cm T. (vgl. S. 217); stört Bef. 15 und wird seinerseits von den Bef. 29; 38; 41; 51; 90; 91 gestört.

Vorgeschichte
Sechs unverz. Wandscherben, inhomogener Ton durchsetzt mit groben Hornsteinsplittern.

Römisch
Abb. 34,9: Randscherbe eines tongrundigen Topfes mit geknickter Wandung, Oberfläche verwittert, feiner, graubrauner Ton mit hohem Glimmeranteil, auf dem Unterteil Ratterdekor.
Eine Wandscherbe eines TS-Tellers Dragendorff 18/31, vor dem Standring abgebrochen, schwarzorangeroter Überzug, orangebrauner Ton mit sehr feinen, weißlichen Einschlüssen.
Fünf stark verwitterte Wandscherben, Ton gelb- bis mattbraun. Vgl. Bef. 41.

Befund 26 (Fl. 47)

Pfostengrube, Dm. 28 cm, T. 16 cm.

Früh- bis Spätmittelalter
Eine völlig verwitterte Wandscherbe, feinsandig rauh, mattbrauner Ton mit viel feinem Glimmer, nachgedrehte Ware.

Befund 28 (Fl. 47)

Pfostengrube, 110 x 70 cm, T. bis 30 cm.

Sonstiges
Ein kopf- und zwei faustgroße Schlackenstücke.

Befund 35 (Fl. 48)

Pfostengrube, 100 x 65 cm, T. 30 cm.

Sonstiges
Zwei kopf- und drei faustgroße Schlackenstücke.

Befund 37 (Fl. 48)

Pfostengrube, Dm. 50 cm, T. 39 cm.

Römisch
Eine tongrundige Wandscherbe, mattbräunlichroter Ton.

Frühalamannisch
Eine Wandscherbe, leicht rauh, der schwarzgraubraune Ton stark mit feinem bis mittelgrobem, scharfkantigem Gesteinsgrus durchsetzt.

Abb. 37: Grabung 2. 1–12 Frühalamannische Funde, Wehrgraben Fläche 29, Befund 2. 13 Frühalamannische Scherbe, Kolluvium Fläche 46–49. 14 Frühalamannischer Streufund. 15.17.18 Vorgeschichtliche Keramik, Kolluvium Fläche 46–49. 16 Vorgeschichtliche Scherbe, Wehrgraben Fläche 44/45, Befund 2. 19 Mittelalterlicher Streufund. 20 Stein, Wehrgraben Fläche 44/45, Befund 2. 1 M. 1:3; 2–20 M. 1:2.

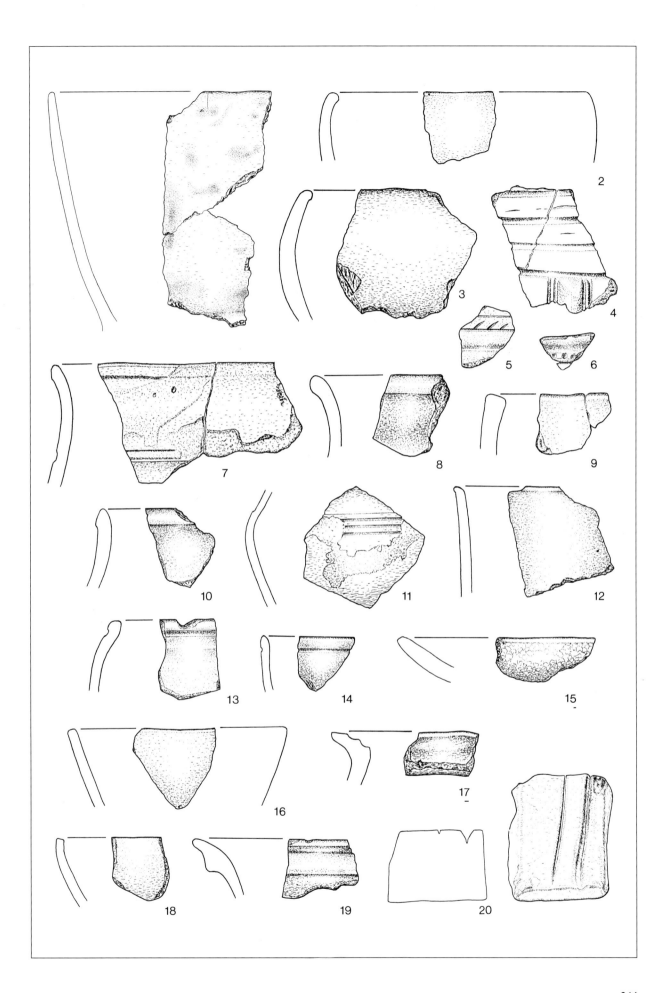

Befund 41 (Fl. 48)

Pfostengrube, Dm. 60 cm, T. 11 cm, stört das römische Gräbchen Bef. 17.

Vorgeschichte
Zwei Wandscherben verz. mit getupften, plastischen Leisten, inhomogener Ton durchsetzt mit Hornsteinsplittern.

Römisch
Abb. 34,10: Randscherbe einer TS-Schüssel Dragendorff 36, erg. Dm. 24,6 cm, schwarzorangebrauner Überzug gut erhalten, im mattbräunlichroten Ton sehr feine, weißliche Einschlüsse.

Eine tongrundige Wandscherbe, mattbräunlichroter Ton. Ein kleines Deckelfragment, tongrundig rauhwandig, graubraun, im orangebraunen Ton viel feiner Glimmer.

Befund 50 (Fl. 48)

Pfostengrube, 52 x 42 cm, T. 21 cm.

Früh- bis Spätmittelalter
Eine Boden- und eine Wandscherbe mit gelblichen Glasurresten, feiner, mattbrauner Ton, darin einzelne grobe Partikel und etwas Glimmer.

VI. Thermolumineszenz-Datierung

GÜNTHER und IRMTRUD WAGNER

1. Thermolumineszenz-Datierung der Verhüttungsreste auf den „Weiherwiesen" bei Essingen 263
2. Thermolumineszenz-Datierung an einem Eisenverhüttungsofen im Gewann „Kurleshau", nordöstlich von Metzingen 264

1. Thermolumineszenz-Datierung der Verhüttungsreste auf den „Weiherwiesen" bei Essingen

Für die Thermolumineszenz(TL)-Datierung der Verhüttungsreste wurde der Fundplatz Essingen „Weiherwiesen" im September 1991 aufgesucht. Da die Ausgrabungsstellen bereits wieder verfüllt und mit Gras überwachsen waren, mußten an den jeweiligen Fundpunkten des zu datierenden Materials Löcher für die Meßsonden des γ-Szintillators und γ-Spektrometers ausgehoben werden. Die Messungen der Umgebungsdosisleistung konnten also nicht mehr in situ durchgeführt werden, sondern mußten im Verfüllungsmaterial erfolgen. Der Vergleich mit Messungen in dem benachbarten, ungestörten Fundzusammenhang ergab allerdings nur unbedeutende Unterschiede, so daß die Umgebungsmeßergebnisse als zuverlässig gelten können. Die Proben für die TL-Datierung wurden aus dem Fundmaterial der Ausgrabung 1990 ausgewählt. Es handelt sich um vier Proben Ofenkeramik, z. T. mit anhaftender Schlacke und um eine Probe aufgeschmolzene Ofenwand. Die Proben sind im einzelnen zusammen mit ihren Fund-Nummern und Flächen in Tabelle 1 aufgelistet.

Im Thermolumineszenz-Labor wurden die Proben nach der Bestimmung des Porenvolumens für die Feinkorn- und die Quarzeinschlußtechnik aufbereitet.[1] Es sind bisher alle Feinkornfraktionen und die Quarzfraktionen der Proben K-630A und K-631A bearbeitet worden.[2] An fünf Feinkorn- und zwei Quarzfraktionen wurden die TL-Messungen durchgeführt.[3] Wegen mangelnder TL-Eigenschaften mußten alle Feinkornfraktionen verworfen werden.[4] Sie zeigten starkes anomales Ausheilen, oder es konnte kein Plateau ermittelt werden. Die TL-Eigenschaften der beiden Quarzfraktionen genügten den Anforderungen, und es wurden die in Tabelle 2 aufgeführten Werte erhalten.

Für die Bestimmung der internen natürlichen Dosisleistung wurden an den Proben α-Zählung und Atomabsorptionsspektroskopie auf Kalium durchgeführt. Die Ergebnisse dieser Analysen, das Porenvolumen der Proben und die daraus und aus der Umgebungsdosisleistung errechneten Werte der Gesamtdosisleistung

Tabelle 1: Die bearbeiteten Proben mit Fund-Nummer und Materialbezeichnung.

TL-Labor-Nr.	Fund-Nummer	Fläche	Material
K-630 A	41	2-30	Ofenkeramik
K-630 B	41	2-30	Ofenkeramik
K-631 A	34	2-29	Ofenkeramik
K-631 B	34	2-29	Ofenkeramik
K-632 B	20	2-29	aufgeschmolzene Ofenwand

---

1 Beide Techniken sind bei M. J. AITKEN, Thermoluminescence Dating (London 1985) 12 f. mit Angaben der Originalliteratur beschrieben.
2 Die Ergebnisse der Quarzfraktionen der Proben K-630B, K-631B und K632B liegen noch nicht vor, werden aber zu gegebener Zeit an dieser Stelle nachgereicht.
3 Die Messung der Thermolumineszenz erfolgte in reinster Stickstoffatmosphäre nach Evakuieren des Ofenraums auf 0,1 mbar. Es wurde mit einer Heizrate von 10 °C/s aufgeheizt. Zur künstlichen Bestrahlung wurden eine 40 mCi ^{90}Sr/^{90}γ-β-Quelle verwandt. Die additive Wachstumskurve zur Bestimmung der Äquivalenzdosis ($ED_β$) setzte sich aus 7 Messungen der natürlichen TL und 2×7 Messungen von additiv mit 2 verschiedenen β-Dosen bestrahlten Teilproben zusammen. Zur Bestimmung der Interzeptkorrektur (I_o) wurden 3×4 ausgeheizte Teilproben mit 3 verschiedenen β-Dosen regenerativ bestrahlt. Das Verfahren ist bei M. J. AITKEN (Anm. 1) 17 ff. ausführlich beschrieben.
4 Die Kriterien für die Eignung einer Probe zur TL-Datierung folgten den Empfehlungen von M. J. AITKEN (Anm. 2).

Tabelle 2: Die Ergebnisse aus den TL-Messungen (ND = natürliche Dosis)

Probe	Plateau	ED_β (Gy)	I_o (Gy)	ND (Gy)
K-630AQu	360–400 °C	2,41	2,02	4,43
K-631AQu	310–370 °C	2,75	1,11	3,86

Tabelle 3: Die Ergebnisse aus den Analysen sowie die daraus errechneten Werte der natürlichen Gesamtdosisleistung für Quarzeinschlüsse sind aufgeführt (NDL_γ = natürliche γ-Dosisleistung, NDL_{Qu} = natürliche Dosisleistung für Quarzeinschlüsse).

Probe	in situ NDL_γ (mGy/a)	Porosität (%)	Kalium (Gew. %)	α-Zählrate (ks^{-1})	NDL_{Qu} (mGy/a)
K-630AQu	1,15	19,93	0,94	12,996	2,46
K-631AQu	1,15	10,26	0,55	13,223	2,32

Tabelle 4: Die TL-Alter und -Daten mit ihren 1 σ-Fehlern sind angegeben.

Probe	TL-Alter	1 σ-Fehler			TL-Daten ± 1 σ-Gesamtfehler
		zufällig	system.	gesamt	
K-630A	1780 a	9,7%	8,4%	12,8%	212 n. Chr. ± 212 a
K-631A	1645 a	8,9%	7,6%	11,7%	346 n. Chr. ± 192 a

sind in Tabelle 3 aufgeführt.[5] Es wurde eine natürliche Sättigung von 75%±25% veranschlagt.

Aus der natürlichen Dosis (siehe Tabelle 2) und der natürlichen Dosisleistung (siehe Tabelle 3) wurden die Thermolumineszenz-Alter und -Daten errechnet (siehe Tabelle 4). Der angegebene 1 σ-Gesamtfehler[6] entspricht einem Vertrauensbereich von 68,3%. Die beiden TL-Alter stimmen innerhalb dieser Fehlergrenzen überein. Da die beiden datierten Proben aufgrund des archäologischen Befundes als gleichzeitig anzusehen sind, kann aus beiden Daten ein fehlergewichteter Mittelwert angegeben werden:

285 n. Chr. ± 180 a (K-630A, K631A)

Das TL-Datum datiert die letzte Erhitzung auf ≥500 °C, d. h. in diesem Fall die Eisenverhüttung. Das Ergebnis stimmt mit dem archäologischen Befund überein, der die Eisenverhüttung auf den Weiherwiesen bei Essingen in die frühalamannische Zeit datiert. Es besteht die Hoffnung, daß die Fehlergrenzen des TL-Datums durch die noch ausstehenden drei Quarz-Datierungen verkleinert werden können.

2. Thermolumineszenz-Datierung an einem Verhüttungsplatz im Gewann „Kurleshau", nordöstlich von Metzingen

Im November 1990 wurden an dem Eisenverhüttungsofen im Gewann Kurleshau bei Metzingen zwei Proben Ofenlehm für TL-Datierungen entnommen. Die erste Probe (unsere Nr. K-583A) bestand aus einem Teil der Bodenplatte des Ofens, die zweite Probe (K-583B) war ein Stück Ofenkeramik der inneren Ofenwand. An beiden Entnahmestellen wurde die externe Dosisleistung mit einem 4-Kanal-γ-Spektrometer gemessen.

Im TL-Labor wurden die beiden Proben nach der Bestimmung des Porenvolumens für die TL-Messungen aufbereitet. Bei Probe K-583B konnten die Feinkorn- und die Quarzeinschlußtechnik angewandt werden, bei Probe K-583A wurde wegen fehlender Grobkornfraktion nur die Feinkorntechnik angewandt (vgl. Anm. 1). Durch die Messung der Thermolumineszenz konnten die in Tabelle 1 aufgeführten Werte ermittelt werden (vgl. Anm. 3).

Tabelle 5: Die Ergebnisse aus den TL-Messungen (ND = natürliche Dosis, Fk = Feinkornfraktion, Qu = Quarzeinschlußfraktion).

Probe	Plateau	a-Wert[7]	ED_β (Gy)	I_0 (Gy)	ND (Gy)
K-583A(Fk)	400–460 °C	0,081	3,97	– 0,46	3,51
K-583A(Fk)	380–440 °C	0,162	3,38	0,77	4,15
K-583B(Qu)	320–400 °C		0,72	1,25	1,97

---

5 Es wurden die Umrechnungsfaktoren aus K. S. V. NAMBI / M. J. AITKEN, Annual conversion factors for TL and ESR dating. Archaeometry 28, 1986, 202–205 verwandt.

6 Der angegebene zufällige 1 σ-Fehler setzt sich aus der 1 σ-Standardabweichung bei der Bestimmung der natürlichen Dosis (= $ED_\beta+I_o$) und den zufälligen Fehlern von α-Zählung, Atomabsorptionsspektroskopie und in situ-γ-Spektrometrie zusammen. In den systematischen Fehler gehen die Eichfehler der β-Quelle, der systematische Fehler der Analysenwerte und die Unsicherheit im Feuchtigkeitsgehalt von Probe und Umgebung ein. Der Gesamtfehler ergibt sich aus zufälligem und systematischem Fehler. Die Berechnung der Fehler erfolgte nach M. J. AITKEN, Thermoluminescent age evaluation and assessment of error limits: revised system. Archaeometry 18, 1976, 233–238.

7 Für die Bestimmung des probenspezifischen a-Wertes wurden 2×3 Teilproben mit 2 verschiedenen α-Dosen additiv bestrahlt. Bei der verwendeten α-Quelle handelt es sich um eine 5 mC^{241}Am-α-Quelle.

Tabelle 6: Die Ergebnisse aus den Analysen sowie die daraus errechneten Werte der natürlichen Gesamtdosisleistung (NDL_{ges}) sind aufgeführt (NDL_γ = natürliche γ-Dosisleistung).

Probe	in situ NDL_γ (mGy/a)	Porosität (%)	Kalium (Gew. %)	α-Zählrate (ks^{-1})	NDL_{ges} (mGy/a)
K-583A(Fk)	1,1	21,46	1,56	12,510	3,65
K-583B(Fk)	1,1	15,73	0,81	8,859	3,80
K-583B(Qu)					2,12

Tabelle 7: Die TL-Alter und -Daten mit ihren 1 σ-Fehlern sind angegeben.

Probe	TL-Alter	1 σ-Fehler			TL-Daten ± 1 σ-Gesamtfehler
		zufällig	system.	gesamt	
K-683A	963%	6,4%	10,8%	12,5%	1027 n. Chr. ± 121 a
K-683B	1015%	4,1%	9,5%	10,3%	973 n. Chr. ± 105 a

Die Bestimmung der internen natürlichen Dosisleistung erfolgte durch α-Zählung und Kaliumanalysen mittels Atomabsorptionsspektrometrie an beiden Proben. Die Ergebnisse dieser Analysen, das Porenvolumen der Proben und die daraus und aus der Umgebungsdosisleistung errechneten Werte der Gesamtdosisleistung sind in Tabelle 6 aufgeführt (vgl. Anm. 5). Es wurde eine natürliche Sättigung von 75%±25% veranschlagt.

Aus der natürlichen Dosis (siehe Tabelle 5) und der natürlichen Dosisleistung (siehe Tabelle 6) wurden die Thermolumineszenz-Alter und -Daten errechnet (siehe Tabelle 7). Der angegebene 1 σ-Gesamtfehler (vgl. Anm. 6) entspricht einem Vertrauensbereich von 68,3%. Die beiden TL-Alter stimmen innerhalb dieser Fehlergrenzen überein. Da die beiden datierten Proben aufgrund des archäologischen Befundes als gleichzeitig anzusehen sind, kann aus beiden Daten ein fehlergewichteter Mittelwert angegeben werden:

996 n. Chr. ±105 a (K-583A, K583B)

Dieses Datum datiert die letzte Erhitzung und legt damit die Eisenverhüttung ins Hochmittelalter, was mit archäologischen Alterabschätzungen und den ^{14}C-Daten übereinstimmt.

VII. Die Radiokarbondaten

BERND KROMER

Die Proben wurden, wie bei Holzkohle üblich, nach der „AAA"-Methode behandelt (Acid-Alkali-Acid), d. h. Einlegen in verdünnte Salzsäure bzw. Natronlauge. Die $\delta^{13}C$-Werte sind vollständig in dem für Holz zu erwartenden Bereich. Teilweise waren die Probenmengen sehr gering, was zwar die Glaubwürdigkeit der Daten in keiner Weise beeinträchtigt, wohl aber den statistischen Fehler sehr in die Höhe treiben kann, obwohl wir solche Proben über wesentlich längere Zeit gemessen haben als üblich. Die ^{14}C-Daten wurden entsprechend den Konventionen gerundet. Die Kalibrierung basiert auf den exakten Daten.

Übersicht über die Daten (kalibrierte Daten angegeben mit einem Vertrauensbereich von 1 σ, d. h. 68,3 %):

Essingen „Weiherwiesen", Ausgrabung 1990

Probe	Labornr.	Konv.^{14}C-Alter BP	Kalibr. Alter	$\delta^{13}C$
1	14034	2125 ± 105	cal BC 356-4	−24.38
2	14528	1925 ± 85	cal AD 4-215	−25.42
3	14529	1875 ± 35	cal AD 86-216	−25.05
4	14560	1900 ± 80	cal AD 27-231	−24.77
5	14526	1870 ± 50	cal AD 84-231	−25.16
6	14437	1850 ± 60	cal AD 87-244	−25.42
7	14602	1815 ± 35	cal AD 145-311	−25.22
8	14054	1835 ± 50	cal AD 127-244	−25.13

Langenau „Am Öchslesmühlbach", Ausgrabung 1986

Probe	Labornr.	Konv.^{14}C-Alter BP	Kalibr. Alter	$\delta^{13}C$
1	14180	1590 ± 230	cal AD 227-665	−24.52

Metzingen „Kurleshau", Ausgrabung 1990

Probe	Labornr.	Konv.^{14}C-Alter BP	Kalibr. Alter	$\delta^{13}C$
1 (Ofen)	13338	835 ± 40	cal AD 1191-1258	−24.83
2 (Halde)	13395	910 ± 40	cal AD 1041-1188	−26.75

Im folgenden wird für den Fundort Essingen „Weiherwiesen" noch die Aufteilung der Daten in Kalibrationsabschnitte aufgelistet, und zwar sowohl mit einem Vertrauensbereich von 1 σ (68,3 %) wie auch mit 2 σ (95,4 %) (vgl. S. 158 Abb. 6). Weiterhin wird die Verteilung der Wahrscheinlichkeit auf die Kalibrationsabschnitte in Prozent angegeben.

	Kalibr. Alter (1σ)		Kalibr. Alter (2σ)	
1	cal BC 350–290	19 %	cal BC 380–AD 70	100 %
	cal BC 210–10	80 %		
2	cal AD 10–210	100 %	cal BC 110–AD 260	97 %
			cal AD 280–330	3 %
3	cal AD 89–93	4 %	cal AD 77–232	100 %
	cal AD 116–150	39 %		
	cal AD 153–212	57 %		
4	cal AD 60–230	100 %	cal BC 50–AD 270	95 %
			cal AD 280–330	5 %
5	cal AD 89–94	4 %	cal AD 58–255	98 %
	cal AD 116–223	96 %	cal AD 298–318	2 %
6	cal AD 90–100	6 %	cal AD 60–340	100 %
	cal AD 120–140	94 %		
7	cal AD 146–189	37 %	cal AD 125–264	84 %
	cal AD 190–250	63 %	cal AD 281–329	16 %
8	cal AD 133–240	100 %	cal AD 81–262	91 %
			cal AD 285–326	9 %

VIII. Archäometallurgie des Eisens auf der Schwäbischen Alb

ÜNSAL YALÇIN und ANDREAS HAUPTMANN

Zusammenfassung 269
1. Einführung 269
2. Die Erzbasis 271
3. Abfallprodukt der Eisenverhüttung: die Schlacken 274
4. Chemismus der Schlackenphasen 281
5. Vergleich Erz-Schlacke 287
6. Die Produkte: Eisen und Eisenlegierungen 289
7. Diskussion der Ergebnisse 296
Danksagung 298
Exkurs: Das Rennfeuerverfahren (Ünsal Yalçin) 298
Literatur 309

Zusammenfassung

Im Rahmen des Forschungsvorhabens zur frühen Eisengewinnung auf der östlichen Schwäbischen Alb wurden Erze, Schlacken und Metallstücke chemisch, mineralogisch und metallographisch untersucht, um angewandte Prozeßtechniken zu rekonstruieren. Das Fundspektrum umfaßt den Zeitraum von der Latènezeit bis in das Mittelalter und bietet Gelegenheit, die technologische Entwicklung der Eisenmetallurgie in diesem Zeitraum auszuarbeiten. Bis in die frühalamannische Zeit (3.-4. Jahrhundert) wurden Bohnerze und Eisenschwarten, z. T. vermischt mit Doggererzen, nach dem Rennfeuerverfahren verhüttet. Dabei wurde kohlenstoffarmes Schmiedeeisen produziert sowie eisenreiche Silikatschlacke, wie sie in der Alten Welt für diesen Zeitraum typisch ist. Im 7.-8. Jahrhundert deutet ein niedriger Eisengehalt in den Schlacken auf eine effizientere Verfahrenstechnik, gleichzeitig tritt vereinzelt höher aufgekohltes Eisen auf. Als Flußmittel wird Kalk verwendet. Eine drastische Weiterentwicklung der Eisentechnologie setzt im 11.-12. Jahrhundert ein, als Doggererze unter Kalkzusatz verhüttet wurden. Die Untersuchung von Funden aus Metzingen ergab eine fast vollständige Separation des Eisens verbunden mit der Bildung von Ca-Al-Si-Schlakken, vergleichbar mit der Zusammensetzung moderner Stahlschlacken. Die Metallographie der Metallstücke belegt die Produktion von phosphorhaltigem, hoch kohlenstoffhaltigem Roheisen. Ca. 100 Tonnen Schlacke schließen eine Zufallproduktion aus. Hiermit wird für Metzingen die früheste Roheisenproduktion in Mitteleuropa postuliert. Weiterverwendung und wirtschaftliche Bedeutung des Roheisens sind noch nicht geklärt.

1. Einführung

Im letzten Jahrzehnt wurden von Archäologen und Naturwissenschaftlern zunehmend Forschungen zur Bedeutung früh genutzter Rohstoffquellen, Problemen des Metallhandels und der Entwicklung der Metalltechnologie durchgeführt. Feldforschungen konnten schnell belegen, daß die Produktion und Verarbeitung von Metall in der Antike in einem Ausmaß betrieben worden ist, das alle Erwartungen überstieg. Die Ausdehnung vieler alter Hüttenplätze in den vegetationsarmen Gebieten des Vorderen Orients, aber auch in manchen Gegenden Mitteleuropas belegt eindrucksvoll, daß die Verhüttung vor allem von Kupfer- und Eisenerzen bereits in der Antike in einem Umfang betrieben worden ist, der durchaus an die moderne Industrie heranreichen kann. Augenfälligste Zeugnisse hierfür sind in erster Linie Schlackenhalden, die nahe den ausgebeuteten Lagerstätten auftreten, z. T. in ungeheuren

Massen, wie auf der Insel Zypern, in Anatolien, im Sultanat Oman oder in Rio Tinto in Spanien.

Auch die Eisenerze der Schwäbischen Alb wurden bereits früh abgebaut und verhüttet. Dieses Lagerstättenrevier, das sich östlich des Schwarzwaldes nach Nordosten zieht und in der Fränkischen Alb seine Fortsetzung findet, zählte bis in die jüngste Vergangenheit zu den wichtigsten Rohstoffvorkommen Mitteleuropas. Auf der Schwäbischen Alb gibt es eine große Zahl archäologischer Funde wie Waffen, Geräte und vor allem Eisenbarren, durch die eine Verarbeitung des Metalls in vorrömischer und besonders intensiv in römischer Zeit belegt werden kann (Planck 1983, 1.1–1.27). Nach den Erfahrungen an vielen anderen Lokalitäten früher Eisenproduktion überrascht es aber kaum, daß der Nachweis einer Erzverhüttung für das frühe erste Jahrtausend schwierig ist. In Deutschland sind bislang nur in Hillesheim im Hunsrück / Eifel-Raum, einer Region, in der zahlreiche kleinere Eisenerzlagerstätten auftreten, Spuren einer hallstattzeitlichen (HD) Herdgrube gefunden worden (Haffner 1971, 21–29), deren Verbindung zu einer Verhüttung jedoch nicht unumstritten ist (Pleiner 1980, 386). Aktivitäten aus der Latènezeit sind dagegen auf der Schwäbischen Alb belegbar (vgl. Beitrag Kempa, S. 317ff.) und lassen sich gut in das Gesamtbild der Eisenmetallurgie der Kelten in Mitteleuropa einordnen, die mit dem Rennfeuerverfahren weite Verbreitung gefunden hat. Eine Nutzung der lokalen Eisenerze auf breiter Basis ist jedoch erst nach einer Unterbrechung während der Römerzeit für die Völkerwanderungszeit und das Mittelalter belegbar: Schlackenfunde von zahlreichen Fundorten, Relikte von Schmelzöfen und Pingenfelder (sog. Trichtergruben, also verfüllte Schächte) (Szöke 1990) belegen das. Hier scheinen sich Parallelen zum Raum Kelheim anzudeuten: Die mit der Schwäbischen Alb vergleichbaren Eisenerze sind zwar bereits in der Latènezeit verhüttet worden, der deutliche Schwerpunkt der Eisengewinnung liegt aber auch hier erst in frühmittelalterlicher Zeit (Geisler 1988, 557). Für die Römerzeit sind aber weder Bergbau noch Eisenproduktion im Kelheimer Gebiet belegbar. Insgesamt sind auf der Alb auch keine Schlackenhalden in Größenordnungen gefunden worden, wie sie von anderen Lokalitäten vor allem im römischen Imperium kennzeichnend sind: Mengenberechnungen erreichen das Ausmaß von vielen Tausenden und mehr Tonnen (Tylecote 1976, 53). Eindrucksvolle Beispiele hierfür sind die Schlackenhalden im Gebiet des Département Yonne (ca. 300 000 Tonnen) (Monot 1964), aus der Montagne Noir in Zentralfrankreich (ca. 3 Mio Tonnen) (Krawczyk 1991, 2), im Gebiet des Morvan und Haut-Auxois (Burgund) (Birke u. a. 1988, 597–601), im Heilig-Kreuz-Gebirge oder in Masowien in Polen (Bielenin 1989). Auch die Produktion des „Ferrum Noricum" im heutigen Kärnten, erlangte im Römischen Imperium große wirtschaftliche Bedeutung. Die Qualität dieses berühmten „Eisens", so konnte durch zahlreiche metallographische Analysen nachgewiesen werden, beruhte auf einer primären Aufkohlung bei der Verhüttung, so daß eigentlich nicht Eisen, sondern Stahl produziert worden ist (Straube u. a. 1964, 26–34. Straube 1989, 43–52). Es bleibt zukünftigen Untersuchungen vorbehalten zu klären, warum nicht auch die Eisenerze auf der Schwäbischen (und Fränkischen) Alb in dieser Zeit genutzt wurden. Wie in der „Germania" des Tacitus vermerkt, wurde zwar in der römischen Welt das Ausmaß der germanischen Eisengewinnung nicht sehr hoch eingeschätzt. Doch im Falle der Schwäbischen Alb ist es kaum anzunehmen, daß hierfür allein der geochemische Charakter der Lagerstätten (z. B. der relativ hohe Phosphor- oder der z. T. niedrigere Eisengehalt der Erze) ausschlaggebend gewesen ist, da beispielsweise auch im Haut-Auxois vergleichbare sedimentäre Erze verarbeitet wurden. Daß die eisenreichen Schlacken des früheren Rennfeuerverfahrens in den Hochöfen der jüngeren Eisenindustrie als willkommener Rohstoff allenthalben wiederaufgearbeitet worden sind, ist allgemein bekannt. Dabei wurde das Eisenoxid durch Zusatz von Kalk ersetzt, so daß Ca-Silikatschlacken produziert wurden. Frühe Hüttenplätze auf der Schwäbischen Alb sind so sicherlich in der Umgebung von Aalen und Wasseralfingen zerstört worden. Andere Beispiele sind aus dem Siegerland bekannt (Weisgerber, mdl. Mitt.). Sicher ist jedenfalls, daß im Römischen Imperium in der Eisenproduktion und im Schmiedehandwerk eine weitgefächerte Verbreitung und Konzentration der in der römischen Welt verfügbaren Spitzentechnologien eingesetzt hat (Tylecote 1976, 55ff. Pietsch 1983, 82f. Maddin u. a. 1991, 19–21), die ohne Zweifel auch zu einer Neuorientierung bestehender Handelsrouten in der Rohstoffversorgung geführt hat.

Eine umfassendere Bearbeitung des archäometallurgischen Fundmaterials von der Schwäbischen Alb mit naturwissenschaftlichen Methoden ist bislang nicht durchgeführt worden. Aus organisatorischen und forschungspolitischen Gründen mußten sich bisherige Studien auf Teilaspekte konzentrieren. So haben Schulz u. a. (1983, 8; 108ff.) u. a. einige mittelalterliche Schlacken (11. Jahrhundert n. Chr.) von Essingen-Tauchenweiler untersucht, in denen sie neben ferritischem Eisen auch auf Einschlüsse von phosphor- und kohlenstoffhaltigem Eisen („Stahl") aufmerksam machten. Umfangreichere Geländearbeiten zur Lokalisierung von Bergbauspuren und Schlackenplätzen wurden in den 60er Jahren von L. Szöke im Gebiet zwischen Reutlingen und Weilheim an der Teck unternommen.

Durch die Untersuchung von Schlacken und eines Metallstückes im Labor gelang es ihm, auch in Linsenhofen (Kr. Esslingen) P- und C-haltiges Eisen mit der Zusammensetzung von Stahl bis hin zu Roheisen für das 8. Jahrhundert n. Chr. nachzuweisen (Szöke 1990). Dieses Eisen wurde noch als Produkt eines Rennfeuerverfahrens angesprochen.

Die jüngsten Grabungen, die vom Landesdenkmalamt Baden-Württemberg im Rahmen des von der Volkswagen-Stiftung geförderten Forschungsprojektes durchgeführt wurden, sind ein Beispiel für die deutliche Intensivierung archäologischer Forschung im Bereich der frühen Metallurgie. Jetzt konnte erstmals umfangreiches stratifiziertes Material von verschiedenen Fundplätzen geborgen werden, an denen man eine Metallgewinnung vermutet hatte. Dies waren ganz überwiegend Abfallprodukte wie Schlacken, Metall- und Erzstücke aus dem ersten Arbeitsschritt der Metallurgiekette, nämlich der Verhüttung der Eisenerze (Abb. 1). Nur in Ausnahmefällen wurden Funde geborgen, aus denen eine Weiterverarbeitung des Rohmaterials, also der Luppe, hervorging. Im Beitrag von Kempa (S. 317 ff.) ist die zeitliche Einordnung der einzelnen Fundorte ausführlich beschrieben: Sie datieren vor allem in die Latènezeit, die Völkerwanderungszeit und das Mittelalter.

Es bot sich nun eine gute Chance, in enger Abstimmung mit den gleichzeitig durchgeführten Geländearbeiten an den Erzvorkommen, an alten Bergwerken (Reiff / Böhm, S. 32 ff.) und anderen Schlackenplätzen, die metallurgischen Funde auch im Labor mit naturwissenschaftlichen Methoden zu analysieren. Ziele dieser Untersuchungen waren, Rückschlüsse zu ziehen auf Art und Qualität der eingesetzten Erze sowie metallurgische Verfahrenstechniken zu rekonstruieren – ein Gesichtspunkt, der in Anbetracht der behandelten Zeitspanne von rund 1500 Jahren während der Arbeiten entscheidende Bedeutung gewann. So gelang es schließlich auch, durch die Untersuchung der Funde eine technologisch-chronologische Entwicklung herauszuarbeiten, die vom Rennfeuerverfahren bis hin zur Produktion von Roheisen reichte.

2. Die Erzbasis

Grundlage der frühen Eisenverhüttung auf der Schwäbischen Alb war die große Zahl sedimentärer Eisenerzlagerstätten, die im Kontext mit den Kalken auf der Albhochfläche (im Malm oder Weiß-Jura) sowie in den Doggerschichten (Braun-Jura) im Albvorland auftreten. Diese Vorkommen sind Bestandteil eines der größeren Erzdistrikte Mitteleuropas, der sich mit den jurassischen Kalken vom Klettgau östlich des Schwarzwaldes bis in die Oberpfalz erstreckt. Die Schwäbische Alb wird dabei östlich des Rieskraters von der Fränkischen Alb fortgeführt.

Stratigraphisch lassen sich die Eisenerze der Schwäbischen Alb in zwei Gruppen zusammenfassen (vgl. Beitrag Reiff / Böhm, S. 16 ff.; vgl. auch Frank u. a. 1975, 8–16). Die erste Gruppe umfaßt tertiäre Bohnerze und Eisenschwarten, die im Verwitterungslehm des Malm auf der Albhochfläche eingelagert sind. In den Ablagerungen der Urbrenz bei Königsbronn treten brecciös ausgebildete Eisenerze auf, die ebenfalls tertiären Ursprungs, aber nicht abbauwürdig und nicht verhüttungsfähig sind. Die zweite Gruppe umfaßt Eisenerze aus dem Braunen Jura oder Dogger. Hierzu gehören vor allem die Doggererze, die oolithischen Eisenerzflöze des Braunjura-β bei Aalen und Geislingen an der Steige sowie des Braunjura-α (z. T. oberste Partien von Lias) bei Blumberg im Bereich der Westalb. Als Erze fanden ferner die Toneisensteingeoden des Opaliniustons (Braunjura-α) bei Metzingen und die Toneisensteingeoden und Eisenkrusten im Donzdorfer Sandstein (Braunjura-β) bei Frickenhausen-Linsenhofen Verwendung.

Für die geochemische und mineralogische Charakterisierung der Erze wurden insgesamt 47 Proben analysiert.[1] Sie wurden entweder als faustgroße Handstücke oder als angereicherte Konzentrate aus dem Anstehenden in unmittelbarer Umgebung des archäologischen Kontext geborgen oder sie stammen aus den Grabungen selbst. Die chemische Zusammensetzung der Proben ist in Tabelle 1 wiedergegeben.

Im Heidenheimer Raum (Abb. 1) und in Essingen waren es vor allem tertiäre *Bohnerze,* die, dispers oder in Lagen im Verwitterungslehm eingebettet, aus Dolinen und Karstschlotten nahe der Erdoberfläche abgebaut wurden. Sie treten als millimeter- bis erbsengroße Einzelbohnen (Pisoide) auf oder sie bilden bis faustgroße Konkretionen, die wiederum aus konzentrisch-schaligen Pisoiden bestehen (Abb. 2;3). Allenthalben kommen auch eisenschüssige Lehmknollen vor, die möglicherweise ebenfalls als Rohstoff Verwendung fanden. Haupteisenmineral der Bohnerze ist Goethit (FeOOH), der sowohl die Pisoide, als auch einen Teil der Matrix bildet. Untergeordnet ist ferner Hämatit (Fe_2O_3) beteiligt. Frank u. a. (1975, 88) beschreiben weiterhin als untergeordneten Eisenträger Pyrit (Fe_2S), der zwar nicht in den Erzen, wohl aber in den

---

[1] Die Erze wurden in Form von Boratgießlingen mittels Röntgenfluoreszenz-Spektrometrie im Mineralogischen Institut der Ruhr-Universität Bochum gemessen. Zur Eichung wurden Referenzmuster der Firma British Chemical Standards sowie institutsinterne Standards verwendet.

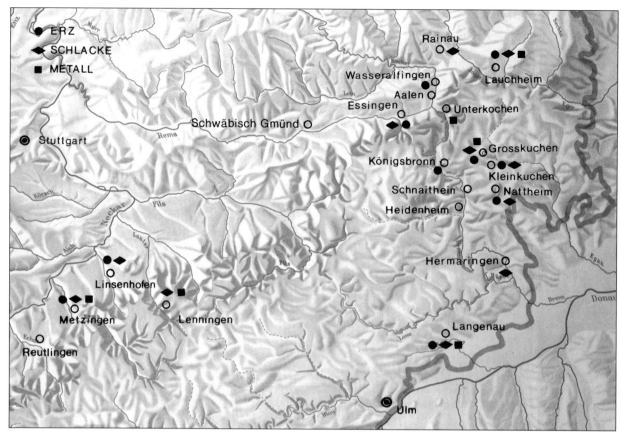

Abb. 1: Geographische Übersicht der östlichen und mittleren Schwäbischen Alb mit den Fundorten, von denen Erz-, Schlacken- und Metallproben für die Untersuchungen genommen wurden. Kartengrundlage: Ausschnitt aus Reliefkarte Baden-Württemberg 1:600 000. Hrsg. Landesvermessungsamt Baden-Württemberg, Stuttgart. Vervielfältigung genehmigt unter Az.: 5.11/878.

Schlacken und im Eisen gefunden worden ist. Mit rund 60 Gew.% Fe_2O_3 (in Einzelfällen sogar bis 72 Gew.%!) stellen die Bohnerze ein ausgesprochen reiches Eisenerz dar, das vermutlich auch relativ mühelos aus dem Lehm ausgewaschen werden konnte. Reine Bohnerze enthalten relativ wenig Nebenbestandteile, allenfalls Al_2O_3 und SiO_2 (beide um 12 Gew.%) durch Anteile an Kaolinit ($Al_4Si_4O_{10}(OH)_8$) und Gibbsit (AlOOH). Diese steigen aber in Konglomeraten und Lehmknollen auf Kosten des Fe-Gehaltes an, so daß

Abb. 2: Heidenheim-Nattheim, Probe D-2/9c. Konzentrisch-schalige Ooide aus Goethit in Bohnerz, die sich um einen ebenfalls aus Eisenhydroxid bestehenden Keim entwickelt haben. Die Matrix zwischen den Pisolithen besteht ebenfalls überwiegend aus Eisenhydroxid. Polierter Dünnschliff. Durchlicht, Nicols leicht gekreuzt. Maßs: 0,2 mm.

Abb. 3: Heidenheim-Nattheim, Probe D-2/10. Konzentrisch-schalige Ooide in Bohnerz, bestehend aus einer Wechsellagerung von reinem Goethit (hell) sowie Goethit mit Kaolinit (dunkel). In der Matrix Eisenhydroxid, Kaolinit und Quarzkörner. Polierter Dünnschliff, Nicols leicht gekreuzt. Maßstab: 0,1 mm.

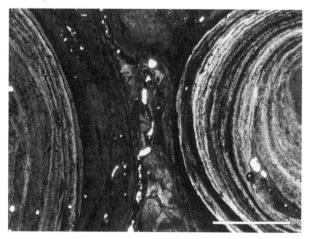
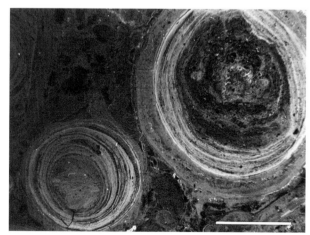

Tabelle 1: Mittlere chemische Zusammensetzung der Eisenerze von der Schwäbischen Alb (Haupt- und Nebenkomponenten in Gew.%, Spurenelemente in ppm.).
n.b.: nicht bestimmt; n. n.: nicht nachgewiesen.

+ = Bei der Mittelwertberechnung wurde der hohe CaO-Wert der Probe D-4/3 (2.35 Gew.%) nicht berücksichtigt.
++ = Co kann durch die Aufbereitung angereichert sein.
* = stark schwankende Konzentrationen (vgl. Tabelle 12).

	Tertiär		Jura				Tertiär (?)
			Dogger-α		Dogger-β		
	Bohnerze (21 Proben)	Eisenschwarten (8 Proben)	Toneisenstein (6 Proben)	Eisenkrusten (4 Proben)	Eisensandstein (4 Proben)	Eisenoolith (2 Proben)	Königsbronn (1 Probe)
SiO_2	12,66	9,15	18,00	32,15	65,18	35,05	62,20
TiO_2	0,89	0,17	0,34	0,36	0,33	0,50	0,05
Al_2O_3	12,10	2,63	8,63	6,53	6,13	5,72	1,10
Fe_2O_3	61,10	78,11	52,94	44,63	19,43	36,85	27,20
MnO	0,21	2,10	0,44	0,43	0,35	0,29	0,06
MgO	0,18	0,12	0,67	0,46	0,37	0,56	0,03
CaO	0,23+	0,10	2,80*	3,36*	2,35*	13,88*	0,04
Na_2O	0,07	0,01	n.n.	0,03	0,12	n.b.	0,12
K_2O	0,11	0,12	0,66	0,69	0,82	0,27	0,16
P_2O_5	0,48	0,34	3,62*	2,67*	2,14	1,06	1,26
Summe:	88,03	92,88	88,10	91,31	97,22	94,18	92,22
Ba	70	322*	74	116	118	7	119
Cr	307	98	67	88	49	101	26
V	780	110	240	252	102	440	43
Co++	130	364	38	34	41	16	130
Ni	190	333	97	116	58	58	34
Cu	119	138	90	60	43	33	89
Zn	317	587	373	252	170	100	57
Rb	17	8	27	31	16	11	10
Sr	26	18	90*	117	50	88	15
Y	118	111	97*	128*	86	113	45
Zr	200	19	79	134	178	315	18
Nb	10	2	3	5	4	2	n.n.
Pb	89	27	57	29	42	13	16
Ga	43	7	9	10	10	6	n.n.

Erze mit SiO_2-Überschuß vorliegen können. Weitere Nebenbestandteile des Erzes wie Mangan, Magnesium und vor allem Calcium sind unter 0,5%. Auf den relativ hohen TiO_2-Gehalt wird weiter unten eingegangen, ebenso auf die Spurenelementgehalte. Der im Vergleich zu den anderen Erzen der Alb niedere Phosphorgehalt (im Durchschnitt bei 0,5 Gew.%) war vermutlich ein Qualitätsmerkmal, das bei der Verhüttung von Bohnerzen ebenso wie bei der von Eisenschwarten Beachtung fand.

Den Bohnerzen sehr ähnlich sind die Vorkommen der *Eisenschwarten,* die u. a. in Essingen-Weiherwiesen abgebaut wurden (Reiff u. a. 1991). Die bis 20 cm mächtigen Konkretionen oder schwartenartigen Krusten (Name!) bestehen ebenfalls aus Goethit und Hämatit, erreichen aber mit durchschnittlich 78 Gew.% Fe_2O_3 noch höhere Eisengehalte als die Bohnerze. Sie stellen damit die reichhaltigsten Eisenerze auf der Schwäbischen Alb dar. Eine geochemische Differentiation zu den Bohnerzen ist durch erhöhten MnO-Gehalt festzustellen, der hier auf rund 2 Gew.% ansteigt. Gleichzeitig enthalten die Eisenschwarten weniger TiO_2 und P_2O_5 (Abb. 4). Verfahrenstechnisch von Bedeutung jedoch war in erster Linie der niedrige Gehalt an SiO_2 (Abb. 5), der bei der Verhüttung einen Zusatz von Flußmitteln, wie z. B. SiO_2, erforderlich machte. Die Vorkommen von Bohnerzen und Eisenschwarten sind begrenzt und haben lediglich für die frühe Verhüttung bis in die Neuzeit eine Rolle gespielt.

Am Albtrauf, dem markanten Steilanstieg der Schwäbischen Alb im Norden und im Westen, sind in den Dogger-β-Schichten *oolithische Eisenerzflöze* vom Mi-

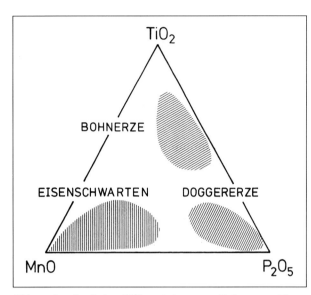

Abb. 4: Geochemische Differentiation von Bohnerzen, Eisenschwarten und Doggererzen nach ihren Gehalten an MnO, TiO_2 und P_2O_5. Verfahrenstechnisch bedeutsam sind die hohen Phosporgehalte der Doggererze, auf die vor allem in Kapitel VI. eingegangen wird. Angaben in Gewichtsprozent.

nette-Typ eingelagert. Dieses sogenannte Stuferz ist anders zusammengesetzt als die bereits beschriebenen Erze. Neben dem Haupterzträger Goethit enthält es zusätzlich auch etwas Eisen in silikatischer und karbonatischer Form (Chamosit, Fe-Chlorit, und Siderit). Die Eisenoxidgehalte erreichen nur 36 Gew.% (Fe_2O_3), womit das Erz für die frühe Verhüttung nach dem Rennfeuerverfahren ohne einen vorhergehenden Aufbereitungsprozeß kaum von Interesse war. Die Eisenerzflöze stellen aber den weitaus größten Teil des gesamten Erzbezirkes der Schwäbischen Alb dar und waren vom Mittelalter an bis in die jüngste Zeit die Hauptrohstoffbasis der Eisenindustrie vor allem in Wasseralfingen und im Brenz- und Kochertal. Wichtig für verfahrenstechnische Überlegungen ist dagegen der hohe SiO_2-Gehalt des Erzes (durchschnittlich 35 Gew.%) und sein deutlicher Phosphorreichtum, der mit gut 1 Gew.% P_2O_5 etwa doppelt so hoch liegt wie bei den Bohnerzen und Eisenschwarten (Abb. 4). Bemerkenswert ist zudem, daß die Erze deutlich mehr CaO enthalten als andere Erzsorten der Schwäbischen Alb (3–25 Gew.%).

Weitere Eisenerze im Vorland der mittleren Alb sind die *Toneisensteine* in den Leioceraten-Schichten (Dogger-α) sowie die *Eisenkrusten* in den Ludwigien-Schichten (Dogger-β). Sie sind insgesamt eisenreicher als die Eisenoolithe (44–53 Gew.% Fe_2O_3) und somit durchaus auch für eine Eisengewinnung nach dem Rennfeuerverfahren geeignet. Beide Erzsorten weisen stark variierende SiO_2-Gehalte auf (Abb. 5) und enthalten im Gegensatz zu den tertiären Eisenerzen mehrere % CaO und bis zu 6 Gew.% P_2O_5 und gehören damit zu den phosphorreichsten Eisenerzen der Schwäbischen Alb (vgl. Abb. 4). Die Verwendung von Eisenerzen aus dem Braunen Jura oder Dogger setzt nachweislich erst im Mittelalter ein und ist im Zusammenhang mit der Eisengewinnung in Linsenhofen und Metzingen von Bedeutung. Eisenoolithe, Toneisensteine und Eisenkrusten waren neben den reichhaltigen Bohnerzen bis in die jüngste Vergangenheit die wichtigste Rohstoffbasis für die Eisenverhüttung auf der Schwäbischen Alb.

Insgesamt sind alle Eisenerze der Alb, verglichen mit anderen Eisenerzlagerstätten z. B. hydrothermalen Ursprungs, als phosphorreich einzustufen.

3. Abfallprodukt der Eisenverhüttung: die Schlacken

Schlacken sind bewußt produzierte Abfallprodukte bei der Verhüttung, deren Aufgabe es ist, unerwünschte Bestandteile des Erzes, evtl. unter Zusatz von Flußmitteln, vom entstehenden Metall zu trennen. Sie bleiben in der Regel als wertloser Müll am Ort ihrer Entstehung liegen. Gerade dies ist der Grund, warum sie zu den wichtigsten Informationsträgern für die Rekonstruktion von Verfahrenstechniken zählen. Während der Ausgrabungen auf der Schwäbischen Alb ergab sich die Schwierigkeit, daß vor allem an frühen Fundplätzen nurmehr verstreute Schlackenfunde gemacht wurden; die Proben konnten kaum mehr aus dem geschlossenen Kontext ungestörter Hüttenplätze

Abb. 5: Eisenerze der Schwäbischen Alb im Konzentrationsdreieck Fe_2O_3-SiO_2-Al_2O_3. Deutlich erkennbar ist der höhere Eisenoxidgehalt von Bohnerzen und Eisenschwarten, die ihrerseits sehr wenig SiO_2 enthalten. Bohnerze unterscheiden sich durch ihre höhere Al_2O_3-Gehalte von den Eisenschwarten. Angaben in Gewichtsprozent.

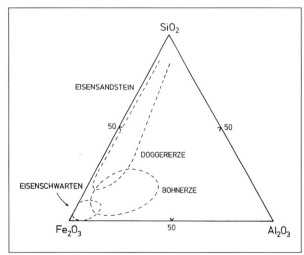

entnommen werden.[2] Dies erschwerte eine potentielle Rekonstruktion handwerklicher Details ebenso wie eine Abschätzung produzierter Metallmengen erheblich, erlaubte aber dennoch die Rekonstruktion grundlegender Prozeßtechniken. Unter Berücksichtigung dieser Fundumstände wird deshalb im folgenden das Schwergewicht darauf gelegt, eine zeitübergreifende technologische Entwicklungslinie herauszuarbeiten, wie sie sich aus der stofflichen Zusammensetzung der Schlacken und im Anschluß daran aus den untersuchten Metallen ergibt. Wichtigste Kriterien hierfür sind: Rekonstruktion der Chargenzusammensetzung (Erzsorte + Zuschlagstoffe), Effektivität des Verfahrens (Metallausbringen) und Charakterisierung des Endproduktes. Hierfür wurde zunächst der Pauschalchemismus von 59 Schlackeproben aus 10 verschiedenen Lokalitäten analysiert.[3] Die Ergebnisse sind in Tabelle 2 zusammengestellt (vergl. auch Anhang, Tabelle 2). Der mineralogische Phasenbestand und das Gefüge der Schlacken wurde lichtmikroskopisch sowie unter Einsatz des Rasterelektronenmikroskopes und der Elektronenstrahl-Mikrosonde bestimmt.[4]

Historische Schlacken können durchaus als Artefakte betrachtet werden (Bachmann, 1978, 66), da es sich um

---

[2] Zur Fundsituation der Schlacken und der wenigen Ofenreste oder Düsenziegel vgl. Beitrag KEMPA, S. 315 ff.
[3] Die Schlacken wurden wie die Erze mittels Röntgenfluoreszenz-Spektrometrie im Institut für Mineralogie der Ruhr-Universität Bochum gemessen.
[4] Halbquantitative Mikroanalysen wurden im Institut für Archäometallurgie am Energiedispersiven System des JEOL-Rasterelektronen-Mikroskopes durchgeführt. Diese Analysen sind hier nicht mit aufgeführt. Mikrosondenanalysen wurden am Institut für Mineralogie der RUB sowie an der Universität in Bonn durchgeführt.

Tabelle 2: Mittlere chemische Zusammensetzung der Schlacken von der Schwäbischen Alb (Haupt- und Nebenkomponenten in Gew.%, Spurenelemente in ppm angegeben). Zusammenstellung einzelner Pauschalanalysen in Tabelle 13. Bei den Proben aus Metzingen sind hierbei nur die glasigen Schlacken berücksichtigt. n. b. = nicht bestimmt; n. n. = nicht nachgewiesen.

	Hermaringen 2 Proben	Langenau 2 Proben	Nattheim 2 Proben	Großkuchen 11 Proben	Kleinkuchen 2 Proben	Essingen 16 Proben	Lenningen 4 Proben	Lauchheim 2 Proben	Linsenhofen 7 Proben	Metzingen 6 Proben
SiO_2	12,48	8,42	10,65	20,66	14,55	17,27	15,03	26,25	26,89	43,13
TiO_2	1,17	0,46	0,66	0,91	1,05	0,36	0,62	0,24	0,68	0,56
Al_2O_3	13,60	6,12	7,89	10,95	13,25	5,22	5,93	3,61	12,27	11,95
FeO	57,15	74,05	64,65	52,83	59,20	60,98	67,38	59,40	39,24	8,58
MnO	0,41	0,63	0,35	0,49	0,60	4,19	0,06	1,34	0,69	0,86
MgO	0,42	0,40	0,27	0,43	0,33	0,30	0,66	0,24	1,90	4,52
CaO	3,23	6,25	4,29	2,82	2,19	0,62	4,43	0,98	8,80	22,95
Na_2O	0,19	0,05	0,13	0,16	n.n.	0,08	0,04	0,01	0,07	0,31
K_2O	0,48	0,22	0,50	1,02	0,47	0,38	0,65	0,89	1,27	2,14
P_2O_5	0,44	1,26	0,53	0,62	0,43	0,69	0,57	1,11	1,35	1,49
S	0,02	0,02	0,01	0,01	n.n.	0,01	<0,01	0,01	0,02	0,08
Cl	0,02	0,05	0,01	0,01	n.n.	0,01	<0,01	n.n.	0,02	0,01
Summe:	89,60	97,85	89,90	90,94	92,05	90,11	95,38	94,08	93,20	97,25
Ba	130	70	84	198	135	294	180	295	331	85
Cr	805	41	517	525	640	152	86	93	366	34
Co	49	143	144	62	31	62	120	23	17	378
V	1565	654	760	1192	1290	120	338	88	993	309
Ni	43	24	126	67	29	59	98	75	28	14
Cu	92	68	80	140	92	182	75	72	120	34
Zn	47	61	109	89	121	110	71	303	76	12
Rb	16	13	22	34	26	15	23	25	41	60
Sr	48	36	37	53	31	26	31	31	223	423
Y	200	92	137	166	180	89	36	63	104	100
Zr	370	118	170	283	240	63	83	60	187	187
Nb	25	5	14	8	13	6	6	1	12	10
Pb	5	n.b.	10	18	9	16	n.b.	18	7	4
Ga	61	25	41	39	47	9	18	5	25	6

Abb. 6: Essingen-Weiherwiesen, Probe D-3/22. Fragment einer Ofenschlacke. Deutlich erkennbar sind reichliche Holzkohleeinschlüsse.

Objekte handelt, die durch „beabsichtigte" menschliche Tätigkeit produziert werden; sie müssen nach Fundumständen (geographische Lage, stratigraphische und zeitliche Einordnung usw.) und äußeren Eigenschaften (Typologie) festgehalten werden. Die Schlacken können durch ihre äußere Form, Farbe, Dichte, Magnetisierbarkeit, Kristallinität etc. charakterisiert werden.

Die frühzeitlichen bis mittelalterlichen Schlacken, die im europäischen Raum bei der Verhüttung von Eisenerzen nach dem *Rennfeuerverfahren* anfielen, werden nach Sperl (1980, 14f.) eingeteilt in die Luppe, Ofenschlacke, Laufschlacke und Schlackenkuchen. In dieser Arbeit werden die Funde grundsätzlich in *Fließschlacke*, *Ofenschlacke* und – „Zielprodukt der Verhüttung" – in die aus Metall bestehende *Luppe* unterteilt. Als Fließschlacken bezeichnen wir Schlackenschmelzen, die aufgrund ihrer geringen Viskosität vom Schmelz- und Reduktionsraum des Ofens z. B. durch Abstich getrennt wurden und außerhalb erstarrt sind. Sie weisen in der Regel charakteristische Fließstrukturen auf (vgl. Abb. 7; 8) und sind durch ihre rasche Abkühlung oft glasig ausgebildet.

Ofenschlacken erstarren dagegen nach der Beendigung des Schmelzprozesses im Ofen selbst. Dieser Schlackentypus ist meistens mit Holzkohle durchsetzt und enthält verbackene, partiell aufgeschmolzene Erzstücke, Ofenwandmaterial, Erde und Gesteinspartikel. Das Produkt der Verhüttung im Renn- bzw. Stuckofen, das Metall selbst, wird als *Luppe* bezeichnet. Obgleich äußerlich kaum von Schlacken zu differenzieren, ist sie durch ihr hohes spezifisches Gewicht meist ohne Probleme zu erkennen. Sie ist reichlich von Schlacke durchsetzt und zeigt oft eine schwammige Ausbildung, die einer langwierigen Weiterbehandlung zur Verdichtung bedarf.

An vielen Fundorten der Schwäbischen Alb, die in die Zeit vom späten *1. Jahrtausend v. Chr. bis in die Völkerwanderungszeit* datieren (Essingen-Weiherwiesen, Großkuchen, Hermaringen, Langenau, Lauchheim,

Abb. 7: Heidenheim-Großkuchen, Probe D-5/11. Kleinstückige Fließschlacke. Dieser Schlackentyp ist nur im Kleinbereich zu beobachten und stellt kein eindeutiges Kriterium für einen Schlackenabstich dar.

Abb. 8: Lauchheim, Probe D-14/2a. Detail aus einer Ofenschlacke. Einzelne Schmelzpartien sind übereinandergeflossen und erstarrt, ohne daß eine Homogenisierung der Schlacke eingetreten ist. Die einzelnen Lagen sind durch Abkühlungsränder voneinandere getrennt (Pfeile). Polierter Dünnschliff. Bildbreite: 3 cm.

Lenningen und Nattheim), treten kleine, heterogen zusammengesetzte Schlackestücke auf, die aus miteinander verschweißten Lagen und Klumpen aufgebaut sind. Sie sind durchgehend kristallin erstarrt und enthalten halbzersetzte Reste von Erzen und reichlich Holzkohle bzw. auch Holzeinschlüsse (Abb. 4). Fließgefüge, wie sie in Abbildung 7 gezeigt sind, sind nur ansatzweise und in cm-kleinen Stücken erkennbar. Das Makrogefüge zeigt deutlich übereinanderliegende Schmelzpartien, die durch Abkühlungsränder (Kristallisation von Eisenoxiden) voneinander getrennt sind (Abb. 8). Eine Homogenisierung hat nicht stattgefunden. In Essingen-Weiherwiesen wurden als einzigem Fundort etwa 1 Tonne solcher Schlackebrocken ausgegraben. Einige dieser Stücke, mit einem Durchmesser von rund 40 cm, erreichen hier ein Gewicht von bis

Abb. 9: Essingen-Weiherwiesen, Probe D-3/4b. Makrogefüge eines geflossenen Fragmentes aus einer Ofenschlacke. Über mehrere Zentimeter hinweg hat sich eine homogene Schmelze gebildet. Man beachte die Entwicklung nadeliger Fayalite senkrecht zur Abkühlungsfläche (oben). Polierter Dünnschliff. Bildbreite: 3 cm.

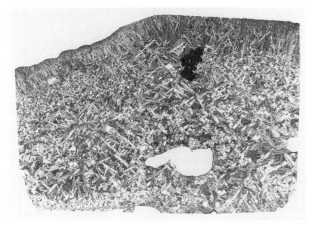

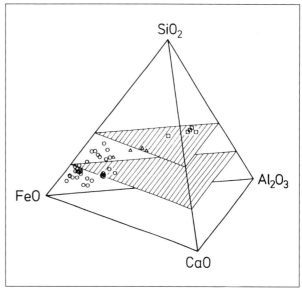

Abb. 10: Projektion von Eisenschlacken der Schwäbischen Alb in das quaternäre System FeO – SiO$_2$ – CaO – Al$_2$O$_3$ (Gew.%). Die dargestellten Punkte zeigen eine Entwicklung in der Zusammensetzung von frühen eisenreichen Silikatschlacken des Rennfeuerverfahrens (Kreise) bis hin zu den Ca-Al-Si-Schlacken, die nach dem Roheisenverfahren produziert worden sind (Quadrate). Die frühmittelalterlichen Schlacken aus Linsenhofen nehmen eine Zwischenstellung ein (Dreiecke).

über 8 kg. Dieser Schlackentyp weist auf eine Verfestigung einer hochviskosen Schmelze mit Chargenrelikten im Sumpf eines Ofens hin, ist also dem Typ der oben beschriebenen Ofenschlacken zuzuordnen (Sperl 1980, 14 f.). Trotzdem sich hier im Kleinbereich dicht kristallisierte Schlacken mit Fließgefüge entwickeln konnten (Abb. 9), sind sie nicht als Fließschlacken i. e. S. anzusprechen, d. h. sie sind nicht im flüssigen Zustand aus einem Ofen entfernt worden.

Chemisch handelt es sich hier stets um sehr eisenreiche Silikatschlacken, wie sie für das Rennfeuerverfahren typisch sind und fast überall in der Alten Welt zu finden sind. Nach dem Pauschalchemismus können auch die nicht eindeutig datierten Schlacken aus Langenau, Lauchheim, Lenningen-Schopfloch und Nattheim in diese Gruppe eingeordnet werden. Inclusive der wichtigsten Nebenbestandteile ist der Gesamtchemismus dieser Schlacken ebenso wie der der weiter unten besprochenen am übersichtlichsten im quaternären System „FeO – SiO$_2$ – CaO –Al$_2$O$_3$" darzustellen (Abb. 10). Mit einem Eisenoxidgehalt von rund 50–70 Gew.% zeigen sie ein relativ ineffektives Ausbringen von Eisen an. Deutlich erkennbar sind die durch Tonanteile verursachten Gehalte an Al$_2$O$_3$, welche die darstellenden Punkte dieser Schlacken ein wenig in die Richtung von Aluminium verschieben. Die Projektion in das ternäre Teilsystem „FeO –SiO$_2$ – Al$_2$O$_3$" (Abb. 11) zeigt dann weiter, daß diese Schlacken dennoch weitgehend der gewünschten Idealzusammenset-

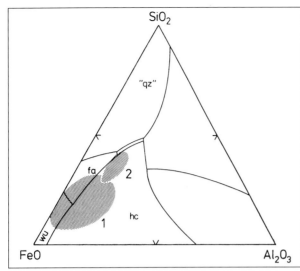

Abb. 11: Projektion eisenreicher Silikatschlacken von der Schwäbischen Alb in das ternäre Teilsystem FeO-SiO$_2$-Al$_2$O$_3$ (Gew.%) (vgl. Abb. 10). Die Schlacken liegen nahe dem Fayalitfeld (Fe$_2$SiO$_4$). Das Liquidusfeld von Fayalit (fa) liegt unterhalb von 1200 °C. Die Zusammensetzung der Schlacken in Feld 1 entspricht der der Rennfeuerschlacken, wie sie aus der Alten Welt bekannt sind. Die frühmittelalterlichen Schlacken aus Linsenhofen unterscheiden sich von den übrigen Silikatschlacken dadurch, daß sie eisenärmer sind, dafür mehr SiO$_2$ und CaO enthalten (vgl. Abb. 28).
1: Eisenreiche Silikatschlacken aus Hermaringen, Großkuchen, Kleinkuchen, Essingen-Weiherwiesen, Lenningen und Langenau.
2: Frühmittelalterliche Schlacken aus Linsenhofen.

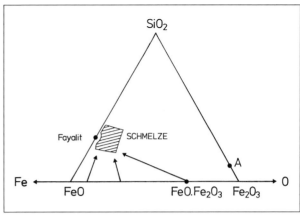

Abb. 12: Isothermer Schnitt im System Fe – Fe$_2$O$_3$ – SiO$_2$ (nach Muan 1955) bei 1200 °C, der annähernden Arbeitstemperatur während eines Schmelzvorganges. Punkt A: Eisenerz mit 10% SiO$_2$. Reduktion des Erzes (Fe$_2$O$_3$) zu Magnetit (Fe$_3$O$_4$) und Wüstit („FeO"). Schlackenbildung (schraffierter Bereich) durch Reaktion von Magnetit + SiO$_2$ und Wüstit + SiO$_2$. Ein Teil des Wüstits wird weiter zu Fe reduziert (Prinzip: „Schmelzbildung vor Reduktion"). Nur überschüssiges Eisenoxid wird weiter zum Metall reduziert.

zung entsprechen, die mit diesem Verfahren verbunden ist – zumindest, was die erreichbaren Temperaturen anbelangt: Sie plotten in denjenigen Bereich mit den niedrigsten Schmelztemperaturen, im Liquidusfeld von Fayalit. Hieraus geht hervor, daß diese Schlakken sich in einem Temperaturbereich ab ca. 1150–1200 °C gebildet haben. Wenngleich diese Art der Temperaturabschätzung durch die Ausklammerung anderer Nebenbestandteile, wie z. B. der Alkalien, keinen Anspruch auf präzise Werte erheben kann, so kann doch eine annähernde Schätzung der Arbeitstemperaturen ermittelt werden. Der Weg vom eingesetzten Erz bis zur Bildung der (notwendigerweise) eisenreichen Schlacke wird anhand eines isothermen Schnittes im Dreistoffsystem „FeO – Fe$_2$O$_3$ – SiO$_2$" (Muan / Osborn 1965) bei 1200 °C verständlich (Abb. 12), wobei von einem Erz mit 20 Gew.% SiO$_2$ und 80 Gew.% Fe$_2$O$_3$ (Punkt A) ausgegangen wird (das annähernd mit den Eisenschwarten von Essingen vergleichbar ist). Der Eisenoxidanteil wird reduziert und reagiert bereits als Fe$_3$O$_4$, dann als „FeO" bei 1200 °C mit SiO$_2$, wobei sich flüssige Schlacke bildet, die sog. Primärschlacke. Nur das überschüssige Eisen wird weiter zum Metall reduziert.

Bemerkenswert ist der relativ hohe Gehalt an MnO in den Schlacken von Essingen-Weiherwiesen (durchschnittlich 4 Gew.%, im Einzelfall bis zu 13 Gew.%,

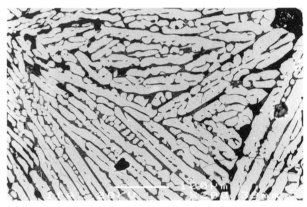

Abb. 13: Lauchheim, Probe D-14/2a. Eisenreiche Silikatschlacke mit ca. 95 Vol.% Fayalit. In den Zwickeln geringer Glasanteil (schwarz). Vereinzelt weiße Tröpfchen von metallischem Eisen. REM-Aufnahme, Rückstreuelektronenbild. Maßstab: 0,1 mm.

Abb. 14: Großkuchen, Probe D-4/2. Frühalamannische Rennfeuerschlacke mit den Hauptbestandteilen Fayalit (grau, kettenartig ausgebildet), Hercynit (dunkelgrau) und Wüstit (weiß). Die idiomorphen Hercynitkörner sind z.T. zonar gebaut. In den Zwickeln glasige Matrix. Maßstab: 0,1 mm.

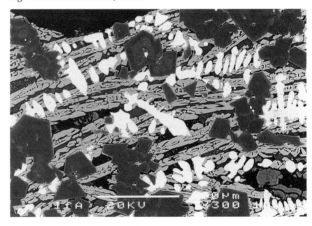

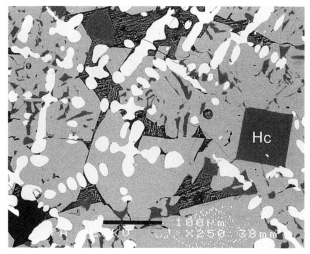

Abb. 15: Essingen-Weiherwiesen, Probe D-3/5. Wüstitdendriten (weiß) und Fayalit (grau) als Hauptbestandteile einer Rennfeuerschlacke aus dem 1.–4. Jh. n. Chr. Hercynit (Hc) in idiomorphen Kristallen, z.T. auch kotektisch verwachsen mit Fayalit. In den Zwickeln Fayalit in 2. Generation und glasige Matrix. REM-Aufnahme, Rückstreuelektronenbild. Maßstab: 0,1 mm.

Probe D-3/27a), der etwa doppelt so hoch ist wie in den verhütteten Erzen. Dieses zunächst als Widerspruch erscheinende Phänomen ist durch eine relative Anreicherung des Oxids in der Schlacke durch die Abtrennung des entstehenden Eisens zu erklären. Auch eine Wiederverwendung der Schlacke in einem Recycling-Prozeß könnte einen ähnlichen Effekt bewirken. P_2O_5-Gehalte liegen in den frühen Schlacken unter 1 Gew.% (eine Ausnahme bilden die Schlacken aus Langenau mit 1,2 Gew.%, die vorläufig in das 4.–8. Jh. n. Chr. datieren); später steigen sie bis auf maximal 2 Gew.% an. Die wechselnden Phosphorgehalte sind nicht nur Resultat unterschiedlich zusammengesetzter Erze. Der Verteilungskoeffizient $D_{S/Fe}$ = (Gew.% P in Schlacke)/(Gew.% P in Eisen) ist gleichfalls abhängig von den Redox-Bedingungen während des Schmelzeprozesses.

Die Hauptkomponenten der Schlacken sind die beiden eisenreichen Phasen Wüstit („FeO") und Fayalit (Fe_2SiO_4), deren Mengenanteile schnell innerhalb der einzelnen Lagen wechseln (Abb. 13–15). Daneben tritt Hercynit ($FeAl_2O_4$) auf (Abb. 14). In den Proben aus Lauchheim wurden Wüstit-Magnetit-Mischkristalle analysiert. In diesen Schlacken ist ebenfalls Iscorit (Fe_7SiO_{10}) zu beobachten (Abb. 16). Die Matrix ist in der Regel glasig bis kryptokristallin erstarrt. In wenigen Proben treten in der Matrix Hedenbergit (Ca, Fe(Si, Al)$_2O_6$), Leucit ($KAlSi_2O_6$) und Anorthit ($CaAl_2Si_2O_8$) auf.

Im *7.–8. Jahrhundert n. Chr.* ist eine erste deutliche Abnahme des Eisenoxidgehaltes in Schlacken feststellbar. Wie aus der Untersuchung von Schlacken aus Linsenhofen hervorgeht, bleibt deren äußere Typologie noch weitgehend mit der oben beschriebenen erhalten, wenngleich der Anteil an glasig erstarrten Fließschlacken zunimmt. Die chemische Analyse ergab einen deutlich niedrigeren FeO-Gehalt von durchschnittlich 39 Gew.%, gleichzeitig zeigt sich eine Zunahme der Gehalte an SiO_2 (27 Gew.%) und CaO (9 Gew.%). Die Verschiebung der Zusammensetzung gegenüber den älteren Schlacken wird in Abbildung 10 und 11 deutlich. Auch im mineralogischen Phasenbestand manifestiert sich diese Verschiebung: Wüstit als wichtigste eisenreiche Phase verschwindet fast vollständig, stattdessen kristallisiert als Hauptkomponente Fayalit in beispielhaftem Spinifex-Gefüge. Regelmäßig tritt Ca-reicher Pyroxen auf (Hedenbergit, $CaFeSi_2O_6$), der wesentlich mehr SiO_2 enthält als Fayalit. Als oxidische Phase erscheint wieder Hercynit. Auch im Mikrogefüge von „kristallisierten" Schlacken nimmt der Anteil glasig erstarrter Schmelze zu (Abb. 17 und 18). Hier zeigt sich bereits ein sukzessiver Ersatz des Fe-Gehaltes in der Schlacke durch Calcium.

Als Beispiel für einen Verhüttungsplatz aus dem *11.–12. Jahrhundert n. Chr.* wurde eine Halde mit etwa 100 t Schlacke in Metzingen-Kurleshau untersucht.[5] Durch archäologische Grabungen wurde dort eine Ofensohle mit einem äußeren Durchmesser von 1,6 m und einem Innendurchmesser von rund 1 m freigelegt. In diesem Kontex wurden auch zahlreiche Düsenziegel (Windformen) geborgen, die eine lichte Weite von

Abb. 16: Lauchheim, Probe D-14/2a. Abkühlungsflächen mit Anreicherung von Magnetit und Hämatit. Daneben leistenförmige Kristalle von Iscorit (Kreis) mit reliktischen Eisenoxiden („Wüstit", Magnetit). Fayalit ist nach Iscorit kristallisiert. Weiße Wüstitdendriten sind oft kotektisch verwachsen mit Fayalit (rechts im Bild). REM-Aufnahme, Rückstreuelektronenbild. Maßstab: 0,1 mm.

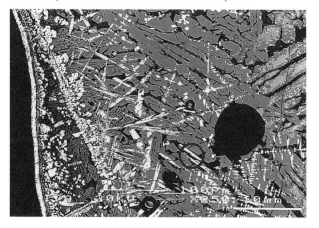

---

5 Zur Datierung des Platzes vgl. den Beitrag von WAGNER u. a. in diesem Band, aus dem hervorgeht, daß die archäologische Datierung durch unterschiedliche physikalische Verfahren, nämlich die Radiokarbon- und Thermolumineszenz-Methode abgesichert ist. Die Daten pendeln sich auf das 11./12. Jahrhundert ein.

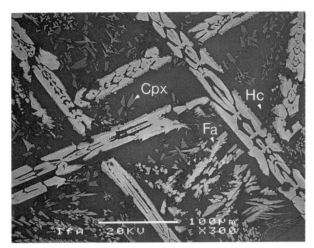

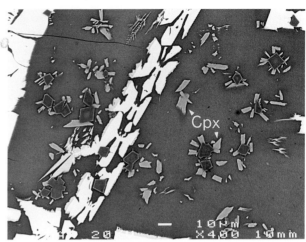

Abb. 17: Linsenhofen, Probe D-6/2. Frühmittelalterliche Rennfeuerschlacke mit kettenartigen Fayalitkristallen. Die Matrix besteht aus Glas mit Fayalit in 2. Generation (Fa) und Hedenbergit (Cpx), Hercynit (Hc) in vereinzelten Kristallen. Dieser Schlackentyp enthält deutlich weniger FeO als der in Abb. 15, dafür einen höheren Glasanteil. REM-Aufnahme, Rückstreuelektronenbild. Maßstab: 0,1 mm.

Abb. 18: Linsenhofen, Probe D-6/2. Stark vergrößerter Teilbereich von Abb. 17. Die kettenartigen Fayalite (hell) sind zonar gebaut. Die kleinen tafeligen Hedenbergitkristalle (Cpx) sitzen oft auf den idiomorphen, z. T. intensiv zonargebauten Spinellen. Die Grundmasse besteht aus Glas. REM-Aufnahme, Rückstreuelektronenbild. Maßstab: 0,01 mm.

5 cm aufweisen. Die Lokalität wird bei Kempa (dieser Band) detailliert beschrieben.

Die Halde besteht zu ca. 95% aus dunkelgrauen bis schwarzen, glasig erstarrten Fließschlacken, in denen hin und wieder hoch C- und P-haltige, zungenförmige Metalleinschlüsse zu finden sind (Abb. 19, vgl. auch S. 289 ff.). Daneben ist ein geringer Anteil zellular-skelettförmig ausgebildeter Ofenschlacke zu beobachten, z. T. noch gefüllt mit unzersetzten Chargenbestandteilen und Holzkohle, aus der die eingesetzte Stückgröße hervorgeht (vgl. Abb. 6). Die äußere Typologie gleicht verblüffend den noch unreduzierten, eisenreichen Ofenschlacken aus der Roheisenproduktion eines Holzkohle-Hochofens, die von Horstmann/Toussaint (1989, 118) aus dem 19. Jahrhundert in Brasilien beschrieben werden.

Wie aus der Darstellung im System „FeO – CaO – Al$_2$O$_3$ – SiO$_2$" hervorgeht, hat sich die chemische Zusammensetzung der Schlacken nun grundlegend verändert (Abb. 10, vgl. auch Tabelle 2). Sie haben nur noch einen durchschnittlichen FeO-Gehalt von ca. 8 Gew.%. Hauptbestandteile sind jetzt CaO, Al$_2$O$_3$ und SiO$_2$.

Abb. 19: Metzingen-Kurleshau, Probe D-22/64. Hoch kohlenstoff- und phosphorhaltiges Roheisen aus dem 11./12. Jahrhundert, das sich im flüssigen Zustand aus der glasigen Schlacke entmischt hat. Die Legierung enthält einen Holzkohle-Einschluß. Geätzt mit alkoholischer HNO$_3$. Größe des Stückes: 11 cm.

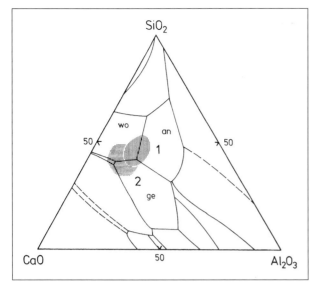

Abb. 20: Projektion eisenarmer Schlacken von Metzingen-Kurleshau in das ternäre System CaO – SiO$_2$ – Al$_2$O$_3$ (nach Muan/Osborn 1965). Die Metzinger Schlacken (1) liegen in einem Bereich, welcher der Zusammensetzung moderner Hochofenschlacken (2) nahekommt (nach Biswas 1981).

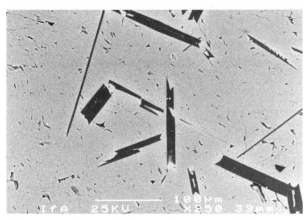

Abb. 21: Metzingen-Kurleshau, Probe D-22/27a. Glasig erstarrte Ca-Al-Si-Schlacke des 11./12. Jahrhunderts mit einzelnen Anorthitkristallen. Die Schlacke enthält nur noch 6 Gew.% FeO. REM-Aufnahme, Rückstreuelektronenbild. Maßstab: 0,1 mm.

Abb. 22: Metzingen-Kurleshau, Probe D-22/6. Glasig erstarrte Ca-Al-Si-Schlacke des 11./12. Jahrhunderts mit durch Entglasung entstandenen Melilithkristallen. REM-Aufnahme, Rückstreuelektronenbild. Maßstab: 0,1 mm.

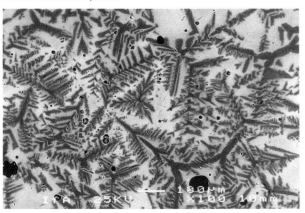

Die Bildung der Schlacken erfolgte zunächst über die oben beschriebenen niedrigschmelzenden eisenreichen Silikatschmelzen, die auch z. T. bis an die Ofensohle flossen und dort einen Teil der gefundenen Ofenschlacken bildeten. Der größte Teil der Schmelze reagierte jedoch unter hohen Temperaturen und stark reduzierenden Bedingungen mit dem zugesetzten CaO, das sukzessive das FeO substituieren konnte, so daß sich die Pauschalzusammensetzung der Schmelze entsprechend änderte. Nach petrologischen Überlegungen sind diese Schlacken nicht unter 1400 °C flüssig gewesen (Abb. 20) (Muan/Osborn 1965). Aus dem Glas sind gelegentlich Phasen wie Melilith (Ca$_2$(Mg, Al)(Si, Al)$_2$O$_7$), Anorthit (Ca$_2$Al$_2$Si$_2$O$_8$) und Leucit (K(Al)Si$_2$O$_6$) kristallisiert (Abb. 21; 22). Hiermit liegt in Metzingen ein völlig neuer Typ von Schlacken vor, der sich in seiner Zusammensetzung von den frühen Rennfeuerschlacken abhebt. Sie sind in ihrer Zusammensetzung vielmehr mit modernen Stahlschlacken zu vergleichen (Abb. 20). Der geringe Eisenoxidgehalt belegt ein drastisch verbessertes Ausbringen des Metalls und deutet auf eine völlig neue Technologie hin, auf die weiter unten noch eingegangen wird.

Hohe Eisenoxidgehalte weist nur der geringe Anteil der oben erwähnten unreduzierten Ofenschlacken auf. Mit 64–78 Gew.% reicht der FeO-Gehalt an Rennfeuerschlacken heran. Der mineralogische Phasenbestand zeigt als Hauptbestandteile wieder Wüstit und Fayalit.

4. Chemismus der Schlackenphasen

Der Phasenbestand von Schlacken stellt eine Abfolge von Paragenesen dar, deren Ausbildung von Abkühlungsgeschwindigkeit, Redoxbedingungen und Homogenisierungsgrad der Schlacken abhängen. Diese werden ebenfalls in Abhängigkeit vom Pauschalchemismus durch die Entwicklung von Mischkristallreihen überlagert (Keesmann 1989, 24).[6]

Nach dem Haupt-Phasenbestand sind folgende Schlackentypen zu unterscheiden:

a) Wüstit – Olivin. Latènezeit bis Völkerwanderung
b) Hercynit – Olivin – Klinopyroxen: 7.–8. Jahrhundert
c) Melilith – Glas: 11.–12. Jahrhundert.[7]

---

6 Vgl. Anm. 4.
7 Es wird im Folgenden weitgehend darauf verzichtet, allgemeine Gefügemerkmale der Schlackenphasen zu beschreiben. Hier sei auf umfangreiche frühere Vorarbeiten hingewiesen (z. B. HAUPTMANN 1985, 43–48. KEESMANN 1985. KRAWCZYK 1990, 110–133 u. a.).

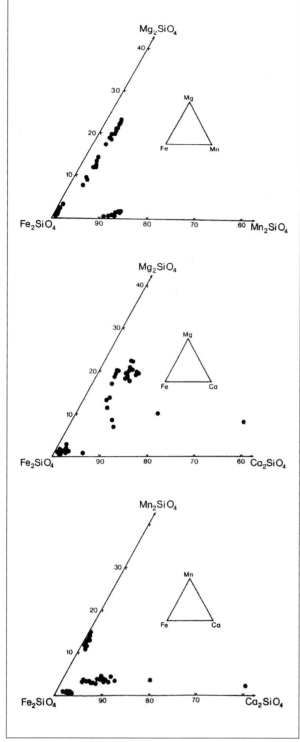

Abb. 23: Variationsbereich der chemischen Zusammensetzung von analysierten Fayaliten in den untersuchten Schlacken (Angaben in Mol.%).

Entsprechend dem Pauschalchemismus mit deutlicher FeO + SiO$_2$-Vormacht sind vor allem in den Proben von Großkuchen, Kleinkuchen und Lauchheim „reine" Fayalite mit annähernder Idealzusammensetzung zu beobachten. Als Beispiel ist die Mikrosondenanalyse eines Fayalits in der Probe D-14/2a aufgeführt (Tabelle 3). Anderweitig gemessene Olivin-Mischkristalle sind stets FeO-betont und enthalten in der Hauptsache Anteile an Tephroit (Mn$_2$SiO$_4$), Forsterit (Mg$_2$SiO$_4$) und Larnit (Ca$_2$SiO$_4$). So weisen die Schlacken von Essingen-Weiherwiesen bis 9,5 Gew.% MnO auf (Tabelle 3, Probe D-3/5). Ausgeprägten Zonarbau zeigen Olivine in den Schlacken von Linsenhofen, wobei ein Trend von Mg-reichen Zusammensetzungen im Kern über zunehmende Fe(II)-Gehalte zu CaFe-reichen Endgliedern im Randbereich der Kristalle führt, wie es in Abbildung 23 dargestellt ist (vgl. Tabelle 3). CaFe-reiche Olivine bilden sich durch Entmischung im subsolidus-Bereich (Hauptmann 1985, 51) oder kristallisieren zusammen mit CaFe-reichem Klinopyroxen typischerweise in der Restschmelze (vgl. Bowen u. a. 1933). Spezifisch für Schlacken phosphorreicher Eisenerze scheint eine Substitution des Si durch P nicht nur im fortgeschrittenen Stadium der Olivinkistallisation zu sein. Sie tritt auch in anderen Silikaten auf (Klinopyroxen, Iscorit). Als Beispiel sei in Tabelle 3 auf Probe D-14/2a hingewiesen, wo im Randbereich eines Olivinkristalls über 2 Gew.% P$_2$O$_5$ gemessen wurden.[8] Phosphor substituiert zusammen mit Aluminium das Silizium und wird in Tetraederposition eingebaut:

$P^{5+} + Al^{3+} = 2Si^{4+}$

Enthalten die Olivine mehr Al als P (Al$_2$O$_3$-Gehalte bis zu 3,6 Gew.%) wird ein Teil des Al zusätzlich in Oktaeder-Position eingebaut:

$Al^{IV} + Al^{VI} = Si^{IV} + Fe^{VI}$

Die Ursachen für den Einbau von P, Al in Olivin und in Klinopyroxen liegen nicht nur in der entsprechenden Pauschalzusammensetzung des Ausgangsmaterials begründet, sondern sind vor allem auf die extrem schnelle Abkühlung der Schmelzen, das damit verbundene schnelle Kristallwachstum und den niedrigen Gehalt an SiO$_2$ zurückzuführen (Goodrich 1984, 1124 ff.). In den frühen Schlacken ist die Kristallisation von (CaFe-reichem) Klinopyroxen, sofern er überhaupt vorhanden ist, im allgemeinen auf die Restschmelze beschränkt. In frühmittelalterlichen Schlacken tritt er aufgrund des SiO$_2$-Überschusses neben Fayalit als Hauptgemengteil auf. Aus den Analysen wird ersichtlich, daß es sich um Zusammensetzungen zwischen Ferrohedenbergit und Titanaugit handelt (Tabelle 4, Analysen 3–5). Mit fortschreitender Kristallisation der Schmelze verschiebt sich der Chemismus der Pyroxene ähnlich wie bei Olivin zu Ca + P + K-reicheren Zusammensetzungen (Tabelle 4, Analysen 1, 2). Die

---

[8] P$_2$O$_5$-Gehalte in der Größenordnung von ca. 0,5–2,5 Gew.% wurden in verschiedenen anderen Proben mit dem EDS am Rasterelektronenmikroskop gemessen. Da nur halbquantitativ, sind die Werte hier nicht aufgeführt.

Tabelle 3: Ausgewählte Mikrosonden-Analysen (EMS) von Olivinen aus verschiedenen Schlacken der Schwäbischen Alb. Analysen in Gewichtsprozent.

	D-3/5	D-14/2a	D-4/2	D-6/2	D-6/2
SiO_2	28,61	28,54	29,35	30,64	30,66
TiO_2	0,05	0,00	0,13	0,04	0,08
Al_2O_3	0,30	3,21	3,57	0,12	0,08
FeO	60,13	65,06	64,10	53,89	52,98
MnO	9,50	1,75	1,56	2,12	2,23
MgO	0,60	0,18	0,54	9,28	4,17
CaO	0,31	0,63	3,07	3,28	9,77
P_2O_5	n.b.	2,07	0,94	n.b.	n.b.
Summe	99,50	101,44	103,26	99,37	99,97
Strukturformel berechnet auf 4 Sauerstoffatome					
Si	0,975	0,912	0,927	0,974	0,985
Ti	0,001	0,000	0,003	0,001	0,002
P	–	0,056	0,025	–	–
Al[4]	0,012	0,032	0,045	0,005	0,003
	0,988	1,000	1,000	0,980	0,990
Al[6]	0,000	0,088	0,088	0,000	0,000
Fe	1,713	1,736	1,694	1,433	1,423
Mn	0,274	0,047	0,042	0,057	0,062
Mg	0,030	0,008	0,025	0,440	0,200
Ca	0,011	0,022	0,104	0,112	0,336
	2,028	1,901	1,955	2,042	2,021

Tabelle 4: Ausgewählte EMS-Analysen von Klinopyroxenen aus frühmittelalterlichen Schlacken (Linsenhofen). Analyse 1 und 2 sind faserig ausgebildete Pyroxene (2. Generation), 3–5 Pyroxentafeln (1. Generation). Das Eisen liegt in den Pyroxenen wahrscheinlich als $Fe^{(III)}$ vor. Hier wurde es als $Fe^{(II)}$ angegeben, wodurch die Pauschalsummen zu niedrig, die Summe in der Oktaeder-Position dagegen zu hoch erscheint (>2,0). Hervorzuheben sind die hohen Phosphorwerte (0,5–2,7 Gew.% P_2O_5). Analysen in Gewichtsprozent.

	1	2	3	4	5
SiO_2	36,10	35,91	30,40	25,87	26,50
TiO_2	0,70	0,75	1,70	3,11	3,25
P_2O_5	2,74	2,53	2,66	0,58	0,49
Al_2O_3	13,78	12,68	14,93	16,10	14,76
Cr_2O_3	0,04	0,00	0,00	0,05	0,00
FeO	21,78	23,36	31,72	36,81	38,06
MnO	0,59	0,60	0,62	0,51	0,53
MgO	0,65	0,71	0,74	2,43	2,15
CaO	19,54	18,30	15,53	13,37	13,18
K_2O	2,38	3,59	1,04	0,06	0,05
Summe	98,31	98,42	99,42	98,89	98,97
Strukturformel berechnet auf 6 Sauerstoffatome					
Si	1,437	1,499	1,300	1,147	1,181
P	0,096	0,089	0,059	0,022	0,018
Al[4]	0,417	0,412	0,641	0,831	0,775
	2,000	2,000	2,000	2,000	1,974
Al[6]	0,252	0,212	0,110	0,010	0,000
Ti	0,022	0,024	0,055	0,103	0,108
Cr	0,001	0,000	0,000	0,001	0,002
Fe	0,750	0,816	1,134	1,364	1,418
Mn	0,020	0,021	0,023	0,019	0,020
Mg	0,040	0,044	0,118	0,160	0,143
Ca	0,862	0,819	0,711	0,635	0,629
K	0,125	0,191	0,056	0,003	0,003
	2,072	2,127	2,207	2,295	2,296

Klinopyroxene enthalten extrem hohe Al- und $Fe^{2+,3+}$-Gehalte, die auf Tschermak's Substitution hinweisen und in Fe-Si-Ca-Al-reichen Sintern und Schlacken der Eisen- und Kupfermetallurgie sehr verbreitet sind (Hauptmann 1985, 53 f.).
Steigen Ca- und Al-Gehalte der Schlacken auf Kosten des Fe weiter an, wie dies der Fall im mittelalterlichen Metzingen ist, bilden sich in lockeren Gruppierungen komplexe Melilith-Mischkristalle, hier allerdings als Mikrolithe durch Entglasung. Nach den Mikroanalysen (Tabelle 5) liegen Zusammensetzungen vor zwischen Fe-Gehlenit ($Ca_2Fe^{3+}AlSiO_7$) – Åkermanit ($Ca_2MgSi_2O_7$) – Fe-Åkermanit ($Ca_2Fe^{2+}Si_2O_7$), so daß sowohl von Fe^{2+}- als auch von Fe^{3+}-Gehalten auszugehen ist. Weiterhin wurden Gehalte an P, Mn, K, Ti und Zn gemessen. Obgleich die behandelten Schlacken unter stark reduzierenden Bedingungen entstanden sind, widerspricht dem ein möglicher Fe^{3+}-Gehalt in den Melilithen ebensowenig wie in Klinopyroxen. FeO-haltige Schmelzen enthalten auch im Gleichgewicht mit metallischem Eisen bereits Fe^{3+} (Muan/Osborn 1956. Schürmann 1958). Während der Abkühlung von Schlacken steigt dann bei gleichbleibendem Sauerstoff-Partialdruck der Fe^{3+}-Anteil in der Schmelze an. Beim Abstich selbst tritt Luft hinzu (s. u.), so daß der Oxidationsgrad in der Restschmelze drastisch ansteigen kann.

In den Ca-reichen Schlacken ist weiterhin Feldspat zu beobachten, meist nur akzessorisch, in den Proben von Metzingen manchmal nur als einzige Phase anstelle von Melilith. Die Zusammensetzung von Feldspäten ist an einigen Messungen in Schlacken von Linsenhofen und Metzingen in Tabelle 6 wiedergegeben. Zonierte Kristalle zeigen prinzipiell eine Entwicklung von Fe-haltigem Anorthit ($CaAl_2Si_2O_8$ mit 2,6 Gew.% FeO, Analyse 2) im Kern zu Kalifeldspat-Anteilen (5–20 Mol %) am Rand (Analyse 1). Der Albitanteil ist mit 5 Mol % relativ konstant.

Als Beispiel für die Zusammensetzung von Gläsern, die in stark variierenden Anteilen je nach Abkühlungs-

Tabelle 5: Einige ausgewählte Melilith-Analysen (EMS). Analysen in Gewichtsprozent.

	1	2	3	4	5	6	7
SiO_2	37,77	37,50	37,43	37,86	37,51	37,74	37,84
TiO_2	0,06	0,09	0,08	0,06	0,08	0,05	0,08
P_2O_5	0,18	0,33	0,44	0,16	0,50	0,30	0,42
Al_2O_3	10,40	10,50	10,06	10,02	10,66	10,70	10,45
FeO	3,91	4,43	5,18	3,73	4,11	3,93	4,21
Cr_2O_3	0,01	0,00	0,02	0,00	0,03	0,00	0,00
MnO	0,28	0,32	0,28	0,27	0,36	0,29	0,31
MgO	6,75	6,42	6,24	7,02	6,46	6,63	6,38
ZnO	0,08	0,00	0,00	0,02	0,00	0,04	0,00
CaO	38,31	38,32	37,84	38,52	38,06	38,25	37,93
K_2O	0,74	0,79	0,74	0,67	0,88	0,79	0,81
Na_2O	0,45	0,33	0,23	0,53	0,43	0,47	0,38
SUM	98,93	99,02	98,56	98,85	99,08	99,19	98,82
Fe_2O_3	4,34	4,92	5,76	4,15	4,56	4,37	4,68
SUMK	99,36	99,52	99,13	99,26	99,54	99,63	99,29
Strukturformel berechnet auf 7 Sauerstoffatome							
Si	1,744	1,731	1,735	1,750	1,729	1,737	1,746
P	0,007	0,013	0,017	0,006	0,020	0,012	0,017
Ti	0,002	0,003	0,003	0,002	0,003	0,002	0,003
Al	0,566	0,571	0,550	0,546	0,579	0,580	0,568
Fe^{3+}	0,151	0,171	0,201	0,144	0,158	0,151	0,162
Cr	0,000	0,000	0,001	0,000	0,001	0,000	0,000
Mg	0,464	0,442	0,431	0,483	0,444	0,455	0,438
Mn	0,011	0,013	0,011	0,010	0,014	0,011	0,012
Zn	0,003	0,000	0,000	0,001	0,000	0,001	0,000
	2,948	2,944	2,949	2,942	2,948	2,949	2,946
Ca	1,896	1,895	1,879	1,908	1,879	1,886	1,875
K	0,043	0,046	0,044	0,040	0,052	0,046	0,047
Na	0,040	0,029	0,021	0,047	0,038	0,042	0,034
	1,979	1,970	1,944	1,995	1,969	1,974	1,956

bedingungen als Restschmelzen auftreten oder Hauptkomponente sind, seien hier lediglich zwei EMS-Analysen aus eisenreichen Schlacken denen aus Metzingen gegenübergestellt (Tabelle 7).[9] Festzustellen ist, daß in den glasig erstarrten Restschmelzen eine Anreicherung von Alkalien, CaO, P_2O_5 und SiO_2 erfolgt. Der hohe Anteil an Eisenoxid (in den Analysen als FeO berechnet: 22–23 Gew.%) liegt nach den hohen Fe^{3+}-Gehalten in den Silikaten zu urteilen, vermutlich auch hier überwiegend in dreiwertiger Form vor.

Einen besonderen Fall der Mischkristallentwicklung stellen die Spinelle dar, da ihre Zusammensetzung nicht nur vom Pauschalchemismus und jeweiligem Stand der Differentiation abhängig ist (Keesmann 1989, 25), sondern noch in stärkerem Maße als die Silikate vom Sauerstoffpartialdruck beeinflußt wird. Spinelle repräsentieren meist Erstkristallisate, bilden sich aber auch, wie aus den Proben von Linsenhofen hervorgeht, in der Restschmelze. Repräsentative EMS-Analysen in Tabelle 8 zeigen, daß die Spinelle als Hercynit-Mischkristalle mit 8–20 Mol Mangetitanteil aufzufassen sind. Zudem treten je nach Pauschalchemismus der Schlacken MnO (D-3/5: <3 Gew.%), MgO (D-6/4: 5,6 Gew.%) und Cr_2O_3 auf (D-6/2: 3,8

---

[9] Der sogenannte Glasanteil von Schlacken umfaßt alle Übergänge von mikrolithischer und kryptokristalliner Ausbildung silikatischer Phasen bis hin zu hyalinen Bereichen. Meist sind Gläser von feinkristallinen Eisenoxiden pigmentiert, so daß sie mehr oder weniger opak erscheinen. Eine Phasenbestimmung mittels Mikroskopie oder Röntgendiffraktometrie ist in diesem Fall nutzlos.

Tabelle 6: Ausgewählte EMS-Analysen von Feldspäten in den Schlacken aus Linsenhofen (D-6/2) und Metzingen (D-22/6). Analysen in Gewichtsprozent.

	D-6/2			D-22/6	
	1	2	3	4	5
SiO_2	47,33	45,76	45,68	44,83	43,67
TiO_2	0,04	0,83	0,05	0,09	0,08
Al_2O_3	32,04	32,22	33,30	33,05	33,83
FeO	0,90	2,64	0,73	1,78	0,78
CaO	16,93	17,48	17,61	18,27	19,17
K_2O	2,07	0,88	1,72	1,06	0,58
Na_2O	0,34	0,17	0,24	0,32	0,24
Summe	99,65	99,98	99,33	99,40	98,35
Strukturformel berechnet auf 8 Sauerstoffatome					
Si	2,201	2,136	2,135	2,106	2,043
Ti	0,002	0,029	0,002	0,003	0,003
Al	1,756	1,772	1,834	1,830	1,926
Fe	0,035	0,103	0,028	0,070	0,031
	3,994	4,040	3,999	4,009	4,003
Ca	0,844	0,874	0,881	0,920	0,961
K	0,123	0,053	0,102	0,063	0,030
Na	0,031	0,015	0,022	0,030	0,024
	0,998	0,942	1,005	1,013	1,015

Tabelle 7: Ausgewählte EMS-Analysen von Gläsern (Gew.%) in den Schlacken aus Linsenhofen (1.2) und Metzingen (3–5).

	1	2	3	4	5
SiO_2	35,37	35,78	36,64	37,46	43,40
TiO_2	0,71	0,17	0,06	1,05	0,08
Al_2O_3	13,69	10,34	10,81	16,73	33,05
Cr_2O_3	0,00	0,01	0,00	0,05	0,00
FeO	21,69	23,30	3,49	13,23	0,67
MnO	0,65	0,69	0,37	1,43	0,10
MgO	0,74	0,51	9,30	2,85	0,61
CaO	19,41	21,17	36,09	19,67	19,79
K_2O	2,86	3,98	2,22	2,41	0,70
Na_2O	0,00	0,28	0,56	0,00	0,03
P_2O_5	2,66	3,69	0,53	2,12	0,26
Summe	97,82	99,92	100,07	97,01	98,69

Gew.%) sowie SiO_2 und TiO_2. (mehrfacher) Zonarbau von Einzelkristallen (Abb. 14) und Verteilung der Spinelle während der Kristallisation belegen einen Trend von Mg,(Cr)- und Mn-reichen Zusammensetzungen bis hin zu nahezu reinem Magnetit (D-14/2a). Aufgrund der wechselnden Redoxbedingungen bei der Verfestigung der Schmelze innerhalb und außerhalb des Ofens variiert vor allem die Zusammensetzung der Eisenoxide. Höherwertige Oxide wie Magnetit (Fe_3O_4), selten auch Hämatit (α-Fe_2O_3) sind in der Regel auf die dünnen Oxidationshäutchen entlang von Abkühlungsrändern beschränkt, z. T. zusammen mit Wüstit und Iscorit. Wüstit („$Fe_{1-x}O$") tritt in mehreren Generationen auf. Gewöhnlich kristallisiert er am ehesten zu Beginn der Erstarrung in Form gerundeter Dendriten neben Fayalit (Abb. 14; 15). Da es sich bei Wüstit jedoch um einen FeO-Fe_3O_4-Mischkristall handelt (Darken/Gurry 1945), ist stets mit einem Fe^{3+}-Anteil zu rechnen. Optisch sind sie verschiedentlich an dunkler reflektierenden Entmischungslamellen beobachtet worden. Wie an Proben von Lauchheim beobachtet, umsäumen auch „Oxidationshäutchen" von Magnetit gelegentlich die Wüstitdendriten. Mikrosondenanalysen von „Wüstiten" sind in Tabelle 9 aufgelistet. Die zweite Generation von „Wüstit" liegt in kotektisch-eutektischer Verwachsung mit Fayalit vor (Abb. 24), entsprechend den binären Eutektika in den Systemen SiO_2–Wüstit/Magnetit (Muan/Osborn 1956, 974–975). Die Ansprache von Eisenoxiden als „Wüstit" in der Matrix zwischen Fayaliten, mit K-Al-Silikaten verwachsen, ist zweifelhaft und unterschiedlich: Nach Keesmann (1989, 24) und Krawczyk (1991, 126) handelt es sich um Wüstit in kotektischer Verwachsung mit Leucit. Hauptmann/Mai (1991, 178f.) nehmen an, daß es sich um den Zerfall eines ursprünglich homogenen Hochtemperatur-Mischkristalls handelt, der sich nach der Kristallisation von Fayalit unter FeO-Überschuß in der alkalireichen silikatischen Matrix gebildet hat. Der Zerfall führte zur Bildung von Fe-haltigem Leucit und Eisenoxid. In Anbetracht der hohen Fe^{3+}-Gehalte in Silikaten der Restschmelze (Klino-

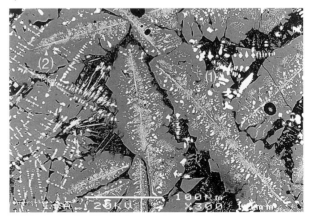

Abb. 24: Lauchheim, Probe D-14/2a. Eisenreiche Silikatschlacke mit Wüstit (weiß) in zwei Generationen: Gerundete Dendriten als Erstausscheidung (1) und kotektische Verwachsung mit Fayalit (2). Manche Fayalite haben in der Mitte eine helle Wüstitnaht. Als Nebengemengteil: Feintafelig bis leistenförmige Iscoritkristalle und überwiegend glasig erstarrte Restschmelze in den Zwickeln (schwarz). REM-Aufnahme, Rückstreuelektronenbild. Maßstab: 0,1 mm.

Tabelle 8: Ausgewählte EMS-Analysen von Spinellen in den Schlacken aus Lauchheim (1.2), Essingen-Weiherwiesen (3.4) und Linsenhofen (5–7). Analyse 1 stammt von einem nahezu reinen Magnetit, während es sich bei den restlichen Körnern um hercynitische Spinelle handelt. Analysen in Gewichtsprozent.

	D-14/2a		D-3/5		D-6/4		D-6/2
	1	2	3	4	5	6	7
SiO_2	0,34	3,23	0,45	0,28	0,29	0,18	1,19
TiO_2	0,10	0,42	1,04	0,38	3,01	0,53	0,91
Al_2O_3	0,97	43,08	46,34	50,05	46,62	55,02	49,19
Cr_2O_3	0,01	0,03	0,00	0,25	0,00	0,61	3,82
Fe_2O_3	68,58	13,89	12,48	9,27	10,04	5,84	6,78
FeO	31,04	37,93	37,10	36,68	42,43	32,01	29,58
MnO	0,44	0,57	2,82	2,92	0,08	0,65	0,86
MgO	0,02	0,00	0,10	0,34	0,16	5,59	6,01
Summe	101,50	99,15	100,33	100,17	102,63	100,43	98,29
Strukturformel berechnet auf 4 Sauerstoffatome							
Fe^{2+}	0,975	0,962	0,942	0,916	1,054	0,757	0,717
Mn	0,004	0,015	0,072	0,074	0,002	0,016	0,021
Mg	0,001	0,000	0,005	0,015	0,007	0,235	0,260
	0,980	0,977	1,019	1,005	1,063	1,008	0,998
Fe^{3+}	1,937	0,317	0,284	0,208	0,224	0,124	0,148
Cr	0,000	0,001	0,000	0,006	0,000	0,014	0,088
Al	0,043	1,540	1,654	1,760	1,631	1,833	1,680
Ti	0,003	0,010	0,024	0,009	0,067	0,011	0,020
Si	0,013	0,098	0,014	0,008	0,009	0,005	0,035
	1,996	1,966	1,976	1,991	1,931	1,987	1,971

pyroxen) ist hier nicht eindeutig zu entscheiden, ob hier „Wüstit" oder Magnetit vorliegt. Aus demselben Grund ist auch das häufig auftretende feinverteilte Eisenoxid, durch das die glasige Restschmelze pigmentiert ist, nicht eindeutig identifizierbar (vgl. hierzu Krawczyk 1991, 126).

Als Reaktionsprodukt in einem engen T/pO_2-Bereich abkühlender Schlackenschmelzen außerhalb des Ofens ist weiterhin Iscorit zu nennen, der sich gemäß

Wüstit / Magnetit + Fayalit
↓
Iscorit
↑
Magnetit + SiO_2

bildet (Keesmann 1989, 31. Rose u. a. 1990, 28). Das Eisensilikat mit der Formel $Fe_5^{2+}Fe_2^{3+}SiO_{10}$ wurde in Fließschlacken von Lauchheim beobachtet, wo es ausschließlich entlang von Abkühlungsrändern auf Kosten von „Wüstit" auftritt, indem dieser mit SiO_2 der Restschmelze gemäß

7 FeO + SiO_2 + $^1/_2 O_2$ → Fe_7SiO_{10} reagiert. EMS-Analysen zeigen Gehalte an Al (2-3,6 Gew.% Al_2O_3), fernerhin P, Ti, Mn und Mg (Tabelle 10). Iscorit ist als akzessorische Phase eisenreicher Schlacken inzwischen mehrfach beschrieben worden. Die Phase kann aber auch als Hauptbestandteil in Schlacken der Eisentechnologie auftreten.[10]

Tabelle 9: Ausgewählte EMS-Analysen von „Wüstit". Punkt 2 zeigt, daß wegen der zu niedrigen Analysensumme ein Teil des Eisens eventuell dreiwertig vorliegt. Analysen in Gewichtsprozent.

	D-3/5		
SiO_2	0,33	0,34	0,32
TiO_2	0,50	0,48	0,37
Al_2O_3	0,82	0,74	1,17
FeO	95,15	92,93	94,21
MnO	2,70	2,70	3,06
MgO	0,00	0,01	0,03
Summe	99,50	97,20	99,16

---

10 Iscorit wurde als Hauptgemengteil in einer Puddelschlacke aus dem Bergischen Land festgestellt, deren chronologischer Kontext allerdings nicht klar ist. Herrn Dr. Horstmann, der diese Probe zur analytischen Untersuchung zur Verfügung stellte, sei hierfür herzlich gedankt.

Tabelle 10: Ausgewählte EMS-Analysen von Iscorit. Die analysierten Iscorite sind Al- und P-haltig. Ein Teil des Aluminiums substituiert zusammen mit Phosphor das Silizium. Der Rest wird anstelle des dreiwertigen Eisens in Oktaeder-Position eingebaut.

	1	2	3	4	5	6
SiO_2	10,11	9,63	9,24	8,86	9,08	7,77
TiO_2	0,14	0,22	0,23	0,30	0,18	0,26
P_2O_5	0,29	0,23	0,18	0,19	0,17	0,19
Al_2O_3	2,08	2,04	2,29	3,56	2,31	2,49
Cr_2O_3	0,06	0,11	0,02	0,00	0,00	0,07
Fe_2O_3	25,07	25,32	25,69	24,14	25,81	26,56
FeO	61,98	61,75	62,20	62,79	62,29	62,21
ZnO	0,04	0,00	0,05	0,02	0,06	0,10
MnO	0,72	0,64	0,75	0,70	0,62	0,51
MgO	0,14	0,11	0,15	0,02	0,15	0,05
CaO	0,09	0,06	0,05	0,04	0,09	0,05
Na_2O	0,00	0,00	0,00	0,00	0,00	0,00
K_2O	0,07	0,05	0,09	0,11	0,04	0,09
Summe	100,79	100,19	100,94	100,73	100,78	100,35
Strukturformel berechnet auf 10 Sauerstoffatome						
Si	0,954	0,918	0,878	0,841	0,865	0,751
P	0,023	0,019	0,014	0,016	0,013	0,016
$Al^{[4]}$	0,023	0,063	0,108	0,143	0,122	0,234
	1,000	1,000	1,000	1,000	1,000	1,000
$Al^{[6]}$	0,209	0,167	0,148	0,255	0,137	0,050
Ti	0,010	0,016	0,016	0,021	0,013	0,019
Fe^{3+}	1,781	1,817	1,836	1,724	1,850	1,931
Cr	0,005	0,008	0,001	0,000	0,000	0,005
	2,005	2,008	2,001	2,000	2,000	2,005
Fe^{2+}	4,894	4,924	4,940	4,983	4,962	5,025
Zn 9	0,003	0,000	0,004	0,001	0,004	0,007
Mn	0,058	0,052	0,061	0,056	0,050	0,042
Mg	0,020	0,016	0,022	0,002	0,021	0,008
Ca	0,009	0,007	0,005	0,004	0,009	0,005
Na	0,000	0,000	0,000	0,000	0,000	0,000
K	0,008	0,006	0,011	0,013	0,005	0,011
	4,992	5,005	5,043	5,059	5,051	5,098

5. Vergleich Erz – Schlacke

Von grundlegender Bedeutung für die Rekonstruktion früher Verfahrenstechniken bei der Eisenerzverhüttung sind Daten über die Qualität und Beschaffenheit des eingesetzten Erzes, die Verwendung von Zuschlagstoffen und die Effizienz des Metallausbringens. Informationen hierzu lassen sich prinzipiell durch eine vergleichende Stoffbilanz zwischen Ausgangsmaterial und Endprodukt ableiten. Da Eisenerze, insbesondere die hier behandelten sedimentären Eisenerze, relativ arm an solchen Elementen sind, die bei der Verhüttung im Eisen enden (z. B. Co, Ni, Pb, As, Zn, Cu), scheint es nicht sinnvoll zu sein, das Metall selbst in die Diskussion einzubeziehen. Deshalb wurde hier die Zusammensetzung der Erze mit den Schlacken verglichen. Neben dem Eisen selbst wurden dabei als „Leitelemente" solche Elemente ausgewählt, die einerseits aufgrund ihrer schweren Reduzierbarkeit ($\Delta G_{MeO/Me} \Delta_{FeO/Fe}$) in oxidischer Form in der Schlacke verbleiben, andererseits aber für eine hinreichende Differenzierung der verschiedenen Erze geeignet sind (vgl. Kapitel II, S. 271 ff.). Dies sind SiO_2,

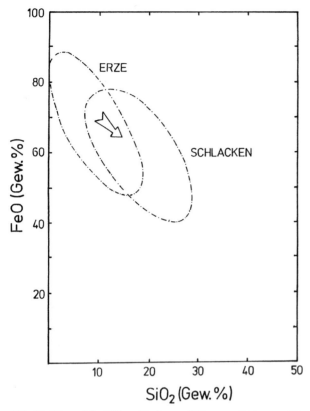

Abb. 25: Eisenreiche Silikatschlacken und Eisenerze (Bohnerze, Eisenschwarten), dargestellt im Variationsdiagramm FeO/SiO$_2$. Die Gegenüberstellung zeigt eine deutliche Verschiebung der Schlackenzusammensetzung im Vergleich zu den Erzen in einen FeO-ärmeren und SiO$_2$-reicheren Bereich. Gründe hierfür sind das Ausbringen des Eisens sowie der Zusatz SiO$_2$-reicher Flußmittel.

Al$_2$O$_3$, TiO$_2$, CaO, P$_2$O$_5$, Zr und Ga. Wie bereits oben erwähnt, muß bei der Gegenüberstellung dieser Oxide eine relative Anreicherung in der Schlacke berücksichtigt werden, da Eisen ja durch den Schmelzprozeß abgereichert wird. In Anbetracht der unterschiedlichen Verfahren wurde deshalb für die Rennfeuerschlacken ein Anreicherungsfaktor von 1,5, für die eisenärmeren Schlacken von Linsenhofen von 2 und für die Schlacken aus Metzingen von 3 geschätzt.

Gegenüber den Bohnerzen und Eisenschwarten, also den Erzen, die in den frühesten Zeitabschnitten verhüttet worden sind, zeigen die entsprechenden Schlacken zunächst generell deutlich höhere SiO$_2$-Gehalte (Abb. 25). Sie sind technologische Voraussetzung des Rennfeuerverfahrens. Nach dem geologischen Kontext ist der SiO$_2$-Gehalt zwanglos mit einem Zusatz des unmittelbar anstehenden Horn- und Feuersteins erklärbar. Aus dem FeO-SiO$_2$-Diagramm geht weiterhin hervor, daß das Ausbringen nach dem Rennfeuerverfahren nicht sehr effizient gewesen sein kann (vgl. hierzu Berechnungen nach Schürmann 1958, 1307), da anderweitig eine drastischere Verschiebung der Schlacken zu FeO-ärmeren Zusammensetzungen hätte erfolgen müssen. Dennoch kann hier kein Zweifel beste-

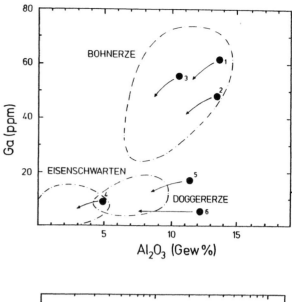

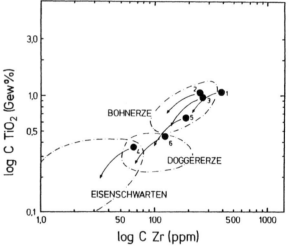

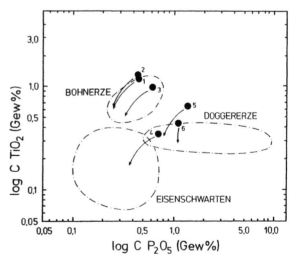

Abb. 26: Ga/Al$_2$O$_3$-, TiO$_2$/Zr- und TiO$_2$/P$_2$O$_5$-Variationsdiagramme der Erze und Schlacken. Für die Schlacken sind nur die Mittelwerte eingetragen (Punkte). Die ursprüngliche Zusammensetzung der Ofencharge wurde jeweils mit einem Pfeil angedeutet. 1 Hermaringen, 2 Kleinkuchen, 3 Großkuchen, 4 Essingen, 5 Linsenhofen, 6 Metzingen.

hen, daß auch die tatsächlich verwendeten Erztypen untersucht worden sind.[11] Allenfalls kann eine Aufbereitung der Erze oder ein Röstprozeß zur Anreicherung der Eisengehalte in Betracht gezogen werden, die jedoch archäologisch nicht belegbar sind. Die Zuordnung Erz → Schlacke wird besonders deutlich in den Variationsdiagrammen Ga/Al_2O_3, TiO_2/P_2O_5 und TiO_2/Zr (Abb. 26). Aus allen drei Darstellungen geht hervor, daß die untersuchten Schlacken aus Hermaringen, Großkuchen, Kleinkuchen und Nattheim aus der Verhüttung von Bohnerzen entstanden sind. In Essingen-Weiherwiesen dagegen wurden überwiegend Eisenschwarten verhüttet, in zwei Fällen ist eine Verwendung beider Erztypen wahrscheinlich. Die Schlacken aus Linsenhofen und Langenau zeigen eine relativ große Variationsbreite in ihren Zusammensetzungen. Von sieben analysierten Schlacken von Linsenhofen weisen vier deutlich auf die Verwendung von Doggererzen hin (Abb. 27), zwei sind mit der Zusammensetzung von Bohnerzen identisch. Dieselben Proben liegen ebenso wie eine aus Langenau im Variationsdiagramm Ga/Al_2O_3 (Abb. 27) im Konzentrationsfeld von Bohnerz. Diese Beobachtung – die zusätzliche Verwendung von Bohnerzen – ist insofern interessant, als in der Umgebung von Linsenhofen derartige Vorkommen noch nicht gefunden worden sind. Eine Differentiation der Schlacken ist fernerhin im Variationsdiagramm SiO_2/CaO festzustellen, wobei besonders der hohe CaO-Gehalt der Proben aus Metzingen und

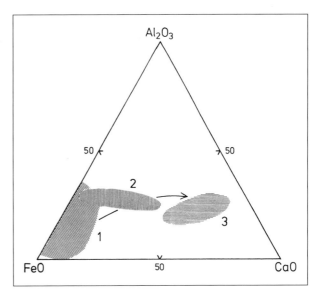

Abb. 28: Projektion der Schlacken von der Schwäbischen Alb in das ternäre System FeO-Al_2O_3-CaO (Gew.%). Die eisenarmen Schlacken aus Metzingen (3) unterscheiden sich deutlich von den eisenreichen Silikatschlacken (1). Die frühmittelalterlichen Schlacken aus Linsenhofen (2) nehmen eine Zwischenstellung ein. 1 Hermaringen, Klein- und Großkuchen, Essingen-Weiherwiesen, Nattheim, Lauchheim, Langenau und Lenningen. 2 Linsenhofen. 3 Metzingen-Kurleshau.

auch Linsenhofen ins Auge fällt (Abb. 28), der die verwendeten Doggererze drastisch übersteigt. Im Gegensatz zur früheren Technologie des Rennfeuerverfahrens, bei dem teilweise SiO_2 als Flußmittel zugesetzt worden ist (z. B. in Essingen-Weiherwiesen), findet hier erstmals Kalk als Zuschlagmittel Verwendung.

6. Die Produkte: Eisen und Eisenlegierungen

Für die Analyse des auf der Schwäbischen Alb produzierten Rohmetalls stand nur eine begrenzte Anzahl sicher datierter Funde zur Verfügung. Sie wurden im wesentlichen als mm- bis cm-große Einschlüsse aus Verhüttungsschlacken separiert. In einigen Fällen wurden kompaktere Metallstücke aus handtellergroßen Schlackekalotten untersucht, die bei einem Zusammenschmel-

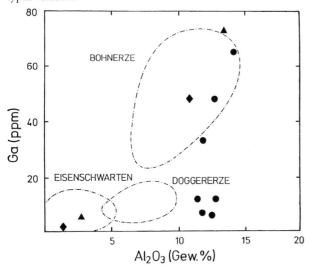

Abb. 27: Ga/Al_2O_3-Variationsprogramm der Erze mit den Schlacken aus Nattheim, Langenau und Linsenhofen. Zwei der analysierten Schlacken aus Linsenhofen (gefüllte Kreise) befinden sich eindeutig im Feld der Bohnerze. Für die meisten linsenhofener Schlacken kommen jedoch die Doggererze als Ausgangserz in Frage, während bei einer Probe wahrscheinlich ein Mischerz aus Bohn- und Doggererzen vorliegt. Bei den Schlacken aus Nattheim (Dreiecke) und Langenau (Rauten) liegt je eine Probe im Feld der Bohnerze und Eisenschwarten. In diesen Lokalitäten wurden anscheinend beide Erztypen verhüttet.

---

11 Bei der Untersuchung früh genutzter Rohstoffvorkommen gilt zunächst die Faustregel, daß in alten Bergwerken oder oberflächlich anstehenden Vererzungen nicht mehr die tatsächlich verwendeten Erze aufzufinden sind, sondern nur die Überreste dessen, was tatsächlich abgebaut worden ist. Ist eine Lagerstätte nicht z. B. durch moderne Prospektion neu erschlossen, sollte kritisch überprüft werden, ob in dem verfügbaren Aufschluß auch diejenigen Erze beprobt werden, die mit der (prä-)historischen Quelle in Metallgehalt und/oder Spurenelementmuster identisch sind.

zen einzelner Luppenfragmente entstanden sein könnten. Lediglich in Metzingen gelang es, massive, mehrere hundert Gramm schwere Metallstücke zu bergen. Aus diesem Grund stellte sich zunächst die Frage, inwieweit diese Funde auch die Zusammensetzung des damals erwünschten Werkstoffes repräsentieren.

Die Proben wurden metallographisch untersucht.[12] Um neben den üblichen Untersuchungen des Kohlenstoffgehaltes auch andere Legierungsbestandteile zu erfassen, wurden von 22 Metallstücken aus sieben verschiedenen Fundorten chemische Analysen durchgeführt.[13] Die Ergebnisse sind in Tabelle 11 zusammengestellt. Trotz sorgfältiger Abtrennung der Metallproben mußte damit gerechnet werden, daß einzelne Partikel der silikatischen Schlackeneinschlüsse mitanalysiert worden sind: Im Gegensatz zur modernen Produktion von Stahl im flüssigen Zustand war in den behandelten Zeitabschnitten zunächst von einer Abscheidung des Metalls in fester Form als Eisenschwamm *(Luppe)* auszugehen, der von wechselnden Mengen Schlacke durchsetzt war. Diese wurde erst bei der mechanischen Verdichtung in der Schmiede im Sinne einer Rohstoffveredelung entfernt. Tatsächlich wird aus den Analysensummen ersichtlich, daß die Proben von Schlacken durchsetzt waren, da sie nicht in allen Fällen 100% betragen, eine Korrosion jedoch weitgehend auszuschließen war.[14]

Die analysierten Elemente wurden nach ihrer Fähigkeit ausgewählt, mit dem Eisen Legierungen zu bilden und damit die Qualität des Werkstoffes zu beeinflussen. Als wichtigster Legierungsbestandteil ist vor allem der Kohlenstoff von Bedeutung, der in Abhängigkeit von der Verfahrenstechnik durch Gasdiffusion im Eisen angereichert werden und zur Aufkohlung führen kann. Sein Anteil entscheidet über Härte, Festigkeit, Schmiedbarkeit und Verflüssigungsgrad des Werkstoffes. Zur Legierungsbildung können ferner Komponenten aus dem Rohstoff beitragen. Besondere Aufmerksamkeit wurde hier dem Phosphorgehalt des

---

12 Von den Metallfunden wurden Anschliffe angefertigt, mit 1%iger Salpetersäure geätzt und im Licht- sowie im Rasterelektronenmikroskop nach Gefüge und Phasenzusammensetzung untersucht.

13 Die Analysen wurden mittels Atomabsorptions-Spektrometrie im Institut für Archäometallurgie durchgeführt.

14 Aufgrund der Schlackeneinschlüsse erschien es auch nicht sinnvoll, die Si-, Cr- oder Ti-Gehalte der Proben zu analysieren, wie dies in der Vergangenheit immer wieder durchgeführt worden ist, da diese Elemente in der modernen Metallurgie als Stahlveredler eingesetzt werden. Die Reduktion von SiO_2, Cr_2O_3 und TiO_2 ist aber ebenso wie die des MnO in der frühen Eisentechnologie auszuschließen: diese Elemente treten nur in oxidischer Form als Schlackenbildner auf. So sind z. B. auch die sprunghaften Werte des Mn(O) in Proben von früh datierten Fundplätzen (D-2, 5, 11, 14) erklärbar, die von <20 ppm bis auf 450 ppm reichen.

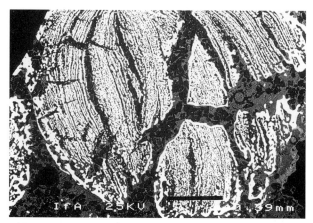

Abb. 29: Großkuchen, Probe D-5/7. Zu ferritischem Eisen reduziertes Bohnerz. Durch die indirekte Reduktion ist das Gefüge des Erzes weitgehend erhalten geblieben. In den Zwickeln Spinell, Fayalit und Glas. REM-Aufnahme, Rückstreuelektronenbild. Maßstab: 0,5 mm.

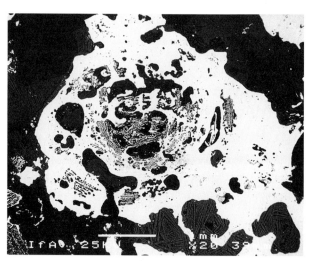

Abb. 30: Großkuchen, Probe D-5/7. Durch sukzessive Agglomeration im halbfesten Zustand verdichten sich Eisenpartikel zu massiven Partien, wobei sich die Anordnung des ursprünglichen Erzgefüges auflöst. Daneben nadelige Fayalite und Glas. REM-Aufnahme, Rückstreuelektronenbild. Maßstab: 1 mm.

Abb. 31: Langenau, Probe D-29/3. Ausscheidung von ferritischem Eisen durch Reduktion aus Wüstit (grau). Dazwischen schwarze Hercynitkristalle. REM-Aufnahme, Rückstreuelektronenbild. Maßstab: 0,1 mm.

Eisens gewidmet, dessen ambivalenter Nutzen in der frühen Eisenmetallurgie kontrovers diskutiert wird (Ehrenreich 1985. Tylecote 1986, 144–146. Salter 1989, 262–263). Zum einen kann Phosphor die Härte des Eisens drastisch erhöhen und somit einen qualitativen Vorteil erbringen. Gleichzeitig wird das Metall aber spröde und verliert an Zähigkeit. Schließlich wird bei steigenden P-Gehalten der Stabilitätsbereich von Ferrit erweitert und damit die Aufkohlung des Eisens erschwert.

Analysiert wurden ferner die Elemente Cu, Co, Ni und As, die sich in der Regel unter den reduzierenden Bedingungen bei der Verhüttung der Eisenerze quantitativ im Metall anreichern. In allen Proben bis auf eine Ausnahme (Probe D-33/3a) liegen diese Elemente unter 0,1% und damit in einem Bereich, in dem eine spezifische Beeinflussung des produzierten Werkstoffes ausgeschlossen werden kann.[15]

In den Abbildungen 29–34 sind einige Eiseneinschlüsse von Fundorten gezeigt, die in die Zeit bis zur Völkerwanderung datiert sind. Hieraus werden verschiedene chemisch-physikalische Prozesse deutlich, nach welchen die Abscheidung des Metalls stattgefunden hat. Die Einschlüsse machten zunächst immer wieder deutlich, wie sich das Metall durch indirekte Reduktion aus dem Erz bildete, d. h. eine Reduktion durch reduzierende Gasphase nach folgender Gleichung

„FeO" + CO = Fe + CO_2

(vgl. Bogdandy/Engell 1967, 47 und Presslinger u. a. 1983, 166), wobei es gerne das ursprüngliche Erzgefüge nachzeichnet (Abb. 29; 30). Diese Reduktion fand ohne Zweifel bereits im oberen Teil des Ofens statt. Hier setzte eine Reduktion vor der Bildung der Schlackenschmelze ein. Das reduzierte Eisen sickerte dann durch die sich verflüssigende Schlacke zur Ofensohle. Straube (1986, 24) vermutet, daß die so reduzierten Erzpartikel zunächst schon früh aufgekohlt und anschließend im oxidierenden Bereich des Ofens (in Höhe der Düsen) wieder entkohlt würden. In den untersuchten Proben konnte hierfür kein Hinweis gefunden werden. Eisenabscheidung durch die Reduktion von Wüstit (Abb. 31) erfolgt in einzelnen Keimen oder führt zur Bildung von dünnen Filamenten, welche die silikatische Schlackenmatrix durchzieht. Letz-

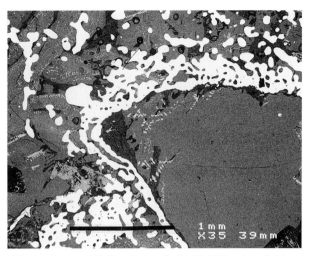

Abb. 32: Essingen-Weiherwiesen, Probe D-3/22c. Ausscheidung von ferritischem Eisen durch Reduktion an Holzkohle. Hier agglomeriert Eisen zu massiven Partien, wobei es Schlacketeilchen umschließt. Die Holzkohle ist durch silikatische Schmelze ersetzt. REM-Aufnahme, Rückstreuelektronenbild. Maßstab: 1 mm.

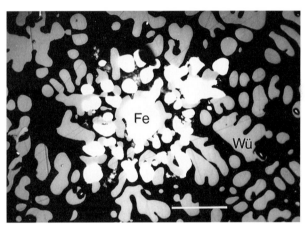

Abb. 33: Essingen-Weiherwiesen, Probe D-3/22c. Reduktion von Wüstitdendriten (Wü) zu ferritischem Eisen (Fe), das in halbfestem Zustand zu größeren Tröpfchen agglomeriert. Die schwarze Grundmasse besteht aus silikatischen Phasen wie Fayalit und Glas. Auflicht, Oelimmersion. Maßstab: 0,1 mm.

Abb. 34: Großkuchen, Probe D-5/8. Gefüge eines fast kohlenstofffreien ferritischen Eisens. Auflicht, Oelimmersion. Ätzung: alkoholische HNO_3. Maßstab: 0,2 mm.

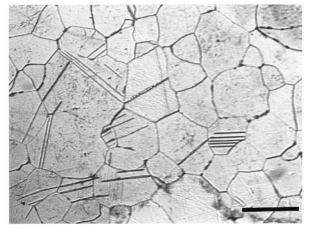

---

15 Presslinger u. a. 1991, 186 erwähnen zwar bei der Untersuchung eines römischen Messers aus norischem Stahl, daß Eisen mit 300 ppm Arsen bewußt als Hartlot eingesetzt worden ist. Hier gibt es jedoch für eine solche Verwendung keine Anhaltspunkte. Interessant ist hier die Beobachtung von Krawzcyk (1991, 164), die römische Eisenproduktion mit As-Gehalten im %-Bereich von Les Forges in Südfrankreich beschreibt.

tere bildeten sich bevorzugt, wenn flüssige Schlacke in das Lückenvolumen der glühenden Holzkohle floß, wobei diese gleichsam mit einer Folie aus ferritischem Eisen umhüllt wurde (Abb. 32). Je nach Zeitpunkt dieser „direkten" Reduktion wurden entstehende Hohlräume bei der Verbrennung der Holzkohle mit Schmelze gefüllt oder es bildeten sich Schlackenskelette mit Holzkohleresten oder deren Negativabdrücken (vgl. Abb. 6, ebenso die Ofenschlacken von Metzingen). Die Ausscheidung von Eisen aus Fayalit durch Überreduktion, wie sie als Mechanismus von Avery u. a. (1988, 274) für das Rennverfahren postuliert wird, ist nicht nachvollziehbar. Eine Agglomeration der Eisenpartikel erfolgt in halbfestem Zustand bei Temperaturen um 1200 °C (Abb. 33), wobei sich die Metallpartikel zu schwammartigen, dann massiveren Partien verdichten, gleichzeitig aber Schlacke- und Holzkohleteilchen einschließen (Abb. 30). Hieraus entwickelt sich sukzessive eine Luppe. Die Metalleinschlüsse in den Schlacken bestehen fast durchgehend aus (ferritischem) Schmiedeeisen (Abb. 34) und enthalten nur in vereinzelten Fällen einen geringen Perlitanteil, sie zeigen also insgesamt einen nur sehr geringen Aufkohlungsgrad.[16]

Obwohl die Phosphorgehalte zwar z. T. unter 0,1 Gew.% liegen und damit für die Region relativ niedrig sind, ist das Eisen nach der Einteilung früher Eisenlegierungen nach Ehrenreich (1985) immer noch als phosphorreich einzuordnen.

Die erste Tendenz zu einer Aufkohlung des Eisens im Rennfeuerverfahren ist vermutlich bereits in frühalemannischer Zeit zu beobachten: Beispiele hierfür sind die Fundorte Nattheim und Lenningen (beide vorläufig in das 3./4. Jahrhundert n. Chr. datiert). Die von dort untersuchten Funde zeigen einen markant höheren Perlitanteil im ferritischen Eisen (C-Gehalt bis 1,5%), es scheint somit auch Stahl produziert worden zu sein.

Aufgrund der Beobachtungen in Linsenhofen (7.–8. Jahrhundert) ist in frühmittelalterlicher Zeit von einer zunehmenden Stahlproduktion auszugehen. Möglicherweise sind hier auch Funde von Lauchheim einzuordnen, die vorläufig in die frühmittelalterliche Zeit datiert werden. Wie bereits anhand der Schlackenanalysen gezeigt werden konnte, ist diese in Linsenhofen nachweislich auch mit einem effektiveren Ausbringen (vgl. S. 274 ff.) verbunden. In Lauchheim wurde sogar ein Stück Roheisen (Probe D-14/6a in Tab. 11) mit 2,5 Gew.% C gefunden. Nach thermodynamischen Über-

16 In der älteren Literatur wird mit „Eisen" (Schmiedeeisen) jener Werkstoff bezeichnet, der mit weniger als 0,5% C legiert war. Enthielt der Werkstoff über 0,5% C, so daß er, zur Rotglut erhitzt und, plötzlich abgekühlt, härtbar war, wurde er als „Stahl" bezeichnet. Bei einem C-Gehalt von 2–4% C liegt dann „Roheisen" vor, das im flüssigen Zustand abgeschieden wird. Bei einer (industriellen) Weiterverwendung erhält dieses Material das Prädikat „Gußeisen".
Nach der Europäischen Norm EN 10020 werden heute alle Werkstoffe als „Stahl" bezeichnet, deren Anteil an Eisen größer ist als der jeden anderen Elementes. Die Grenze zwischen „Stahl" und „Gußeisen" bzw. „Roheisen" wird wieder bei C = 2% gezogen. Nach der neuen Terminologie wird daher für Werkstoffe mit weniger als 2% C der Begriff „Stahl" verwendet. Da der vorliegende Text in erster Linie im kulturhistorischen Kontext erarbeitet wurde, und nicht primär werkstoffkundlichen Charakter trägt, wird bewußt auf diese neue Terminologie verzichtet.

Abb. 35: Metzingen-Kurleshau, Probe D-22/24. Makrogefüge eines phosphorreichen Roheisens (C: 2.97 Gew.%; P: 2.52 Gew.%). Größe des Stückes: 8 cm.

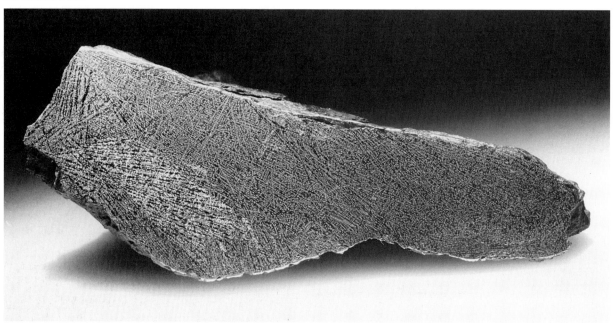

Tabelle 11: Legierungsbestandteile und Spurenelemente von Eisenproben der Schwäbischen Alb. D-2/13: Nattheim; D-5/7,8: Großkuchen; D-11/1: Aalen-Unterkochen; D-14/6a,b: Lauchheim; D-22/2a–25: Metzingen-Kurleshau; D-29/1: Langenau; D-33/3a–c: Lenningen und D-7/.*: Linsenhofen (Szöke 1990). Bei den beiden C-armen Proben D-22/21 und D-22/25 aus Metzingen handelt es sich um kleine Metalleinschlüsse in der Schlacke. (Angaben in ppm, wenn nicht in Gewichtsprozent; nb: nicht bestimmt.)

	C%	P%	S%	Cu	Co	Ni	As	V	Mn
D-2/13	1,48	0,31	nb	265	205	565	415	110	325
D-5/7	0,55	0,06	0,35	150	95	800	600	<20	<20
D-5/8	0,32	0,35	nb	24	150	81	<5	<20	250
D-11/1	0,16	0,29	nb	67	110	320	390	100	190
D-14/6a	2,51	1,73	0,07	53	155	190	105	72	235
D-14/6b	1,03	0,42	nb	155	500	700	105	<20	<20
D-7/.*	1,82	2,66	0,11	nb	nb	nb	nb	nb	nb
D-22/2a	2,86	2,16	nb	41	55	179	93	73	70
D-22/3	1,95	1,40	nb	38	51	155	100	64	155
D-22/4	2,95	1,05	nb	35	50	161	110	180	180
D-22/9	1,35	1,05	nb	49	41	180	103	68	245
D-22/17a	1,60	1,23	0,11	52	64	245	105	67	96
D-22/17b	0,94	0,78	0,24	52	51	220	165	<20	54
D-22/18a	1,73	0,51	0,05	45	53	175	105	51	325
D-22/18b	1,75	0,60	0,09	42	37	165	67	67	275
D-22/19	2,15	1,06	0,15	49	53	185	100	45	265
D-22/20	2,55	1,11	0,52	36	62	170	195	55	86
D-22/21	0,15	1,09	0,03	33	49	155	170	70	175
D-22/22	3,11	2,50	0,35	35	48	160	140	150	185
D-22/23	2,68	0,67	0,15	56	45	165	100	160	450
D-22/24	2,97	2,52	0,22	36	31	165	96	58	125
D-22/25	0,18	1,28	0,06	55	57	200	105	<20	145
D-29/1	0,31	0,09	nb	85	185	265	700	<20	75
D-33/3a	0,53	0,15	nb	270	660	1600	215	<20	<20
D-33/3b	0,85	0,26	nb	130	32	200	85	75	190
D-33/3c	1,25	0,27	nb	175	62	310	85	210	<20

legungen konnte eine derartige Aufkohlung entweder bereits im oberen Teil eines Schachtofens erfolgen (Straube 1986, 24) oder z. B. dadurch erreicht werden, daß nach dem Abstich der Schlacke die teigige Luppe im Ofen belassen und weiterhin Holzkohle aufgegeben wurde (Presslinger/Köstler 1991, 23). Auffallend ist der hohe Phosphorgehalt (1,73 Gew.%) in der o. g. Roheisenprobe.

Die Metallfunde von Metzingen nehmen ebenso wie die Schlacken eine Sonderstellung in der frühen Eisenmetallurgie auf der Schwäbischen Alb ein. In der Schlackenhalde fanden sich etliche meist zungenförmige Metallstücke, die sich im flüssigen Zustand aus der Schlacke entmischt hatten. Die metallographische und chemische Analyse ergab neben deutlich höheren Phosphorgehalten (0,67–2,52 Gew.%) auch wesentlich höhere Kohlenstoffgehalte, die mit 0,94–3,11 Gew.% zwar sehr stark variieren, aber letztlich die Zusammensetzung von Roheisen erreichen. Das Makrogefüge einer solchen Metallentmischung ist in Abbildung 35 gezeigt. Beide Elemente haben zu einer Erniedrigung des Schmelzpunktes beigetragen und zur Abscheidung des Metals in flüssiger Form geführt. Die Aufnahme von Phosphor bewirkte eine drastische Härtung des Metalls (bis 1100 HV). Zwei in Tabelle 11 aufgeführte Proben mit deutlich niedrigerem C-Gehalt (D-22/21, 25) sind im Gesamtkontext von Metzingen insofern nicht von Bedeutung, als es sich hier um nur etwa erbsengroße Einschlüsse in Schlacken handelt.

Von besonderem Interesse sind die Verteilungsmuster von Phosphor und Kohlenstoff im Mikrogefüge der Metallstücke, die unter Einsatz energiedispersiver Analysemethoden am Rasterelektronenmikroskop un-

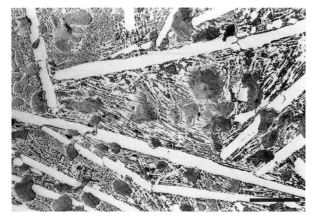 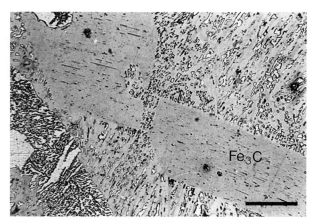

Abb. 36: Metzingen-Kurleshau, Probe D-22/2a. Gefüge einer nahezu eutektischen Eisen-Kohlenstoff-Legierung („Roheisen"). Stengelige Zementitkristalle in einer Ledeburit-Matrix mit perlitischen Bereichen (dunkle, leicht korrodierte Flecken). Auflicht, Oelimmersion. Ätzung: alkoholische HNO$_3$. Maßstab: 0,5 mm.

Abb. 37: Metzingen-Kurleshau, Probe D-22/2a. Detail aus Abb. 36. Tafelige Zementitleisten (Fe$_3$C) in einer Matrix mit ledeburitischem Gefüge. Auflicht, Oelimmersion. Ätzung: alkoholische HNO$_3$. Maßstab: 0,1 mm.

tersucht wurden. In den meisten Fällen liegen Gefüge vor, die den über- und untereutektikalen Zusammensetzungen im System Fe-C gleichen. Im ersten Fall wird die primäre Kristallisation von Zementit beobachtet („Primärzementit", Fe$_3$C), der P-frei ist (Abb. 36; 37). Die Matrix besteht aus Ledeburit, in ihr ist nun eine deutliche Anreicherung von Phosphor bis zur Bildung eines Fe-P-Eutektikums festzustellen: Sie setzt sich zusammen aus feinen Zementitnadeln mit geringen P-Gehalten (max. 0,37 Gew.%; Schürmann 1958, 1305), Perlit und Eisenphosphid (das nicht näher identifiziert wurde). Bei untereutektischer Zusammensetzung (Abb. 38) bildet sich zuerst Perlit (P-frei), danach kristallisiert zunächst P-freier Zementit („Sekundärzementit"). Erst in der Restschmelze bildet sich wieder Ledeburit, in dem sich Phosphor wieder anreichert (Abb. 39; 40). In beiden Fällen wird P also erst in der letzten Restschmelze im Eisengitter eingebaut.

Der hohe Aufkohlungsgrad des Metzinger Eisens mit den gleichzeitig hohen P-Gehalten ist insofern bemerkenswert, als Phosphor bekanntermaßen die Diffusionsrate von Kohlenstoff in Eisen herabsetzt (z. B. Schürmann 1958, 1306). Demnach wäre eigentlich eher Eisen mit niedrigen C-Gehalten zu erwarten gewesen. Die Existenz von P- und C-reichem Eisen könnte demnach als ein gewichtiges Argument für die bewußte Produktion von Roheisen gewertet werden. Verständlich wird die Zusammensetzung des Eisens von Metzingen zum einen durch die Verwendung phosphorreicher Erze aus dem Dogger. Des weiteren

Abb. 38: Metzingen-Kurleshau, Probe D-22/9. Gefüge einer untereutektischen Eisen-Kohlenstoff-Legierung („Roheisen"). Rundliche, korrodierte Perlite (P), bestehend aus Lamellen von Zementit (hell) und Ferrit (dunkel). Die weiße Matrix besteht aus Sekundärzementit (Z). In den Restzwickeln eutektisches Gefüge (Pfeil) von Perlit, Zementit und Eisenphosphid (Dreistoffsystem Fe-C-P!). REM-Aufnahme, Rückstreuelektronenbild. Maßstab: 0,1 mm.

Abb. 39: Lauchheim, Probe D-14/6a. Fe-C-P-Eutektikum aus Eisenphosphid (Pfeil), Zementitlamellen und Perlit. Die großen Primärzementite (Z) und Perlite (P; rechts im Bild) sind phosphorfrei. Das Phosphor wird folglich in der Restschmelze angereichert. Starke Vergrößerung aus einem Zwickel wie in Abb. 38 beschrieben. REM-Aufnahme, Rückstreuelektronenbild.

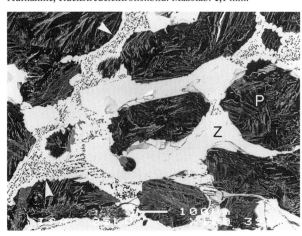 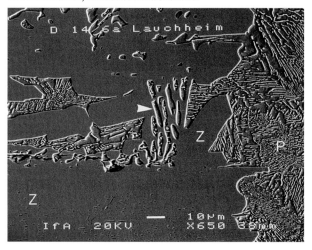

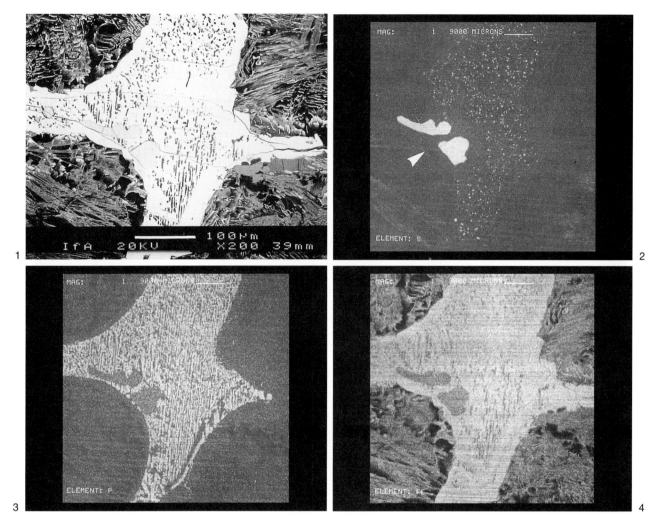

Abb. 40: Metzingen-Kurleshau, Probe D-22/9. Elementverteilungsbilder von Schwefel (2), Phosphor (3) und Eisen (4) aus einer untereutektischen Eisen-Kohlenstoff-Legierung (1). Der Perlit und Sekundärzementit am Rand der Zwickel ist phosphorfrei. Der Restzwickel selbst besteht dagegen aus Eisenphosphid und Perlit. Stellenweise Eisensulfide (Pfeil). REM-Aufnahme, Rückstreuelektronenbild. Maßstab: 0,1 mm.

wurde bereits aus der Untersuchung der Schlacken deutlich (vgl. S. 274 ff.), daß hier eine Änderung der Verfahrenstechnik eingesetzt hat, bei der unter höheren Temperaturen bei gleichzeitig stärker reduzierenden Bedingungen gearbeitet worden ist. Aus dem T-CO/CO$_2$-Diagramm (sogenanntes Bauer-Gläsner-Diagramm) in Abbildung 41 (Schürmann 1958, 1302) geht hervor, daß das im Ofen reduzierte Eisen bei einem hohen CO/CO$_2$-Verhältnis (d. h. stark reduzierender Gasatmosphäre) theoretisch maximal 0,5 Gew.% C aufnehmen kann. Die Aufkohlung nimmt erst dann aber weiter zu, wenn flüssiges Eisen im unteren Teil des Ofens über die (kleinstückige) Holzkohle fließt (BISWAS 1981, 81; 302). Dieser Vorgang ist auch für die Entstehung des Roheisens in Metzingen anzunehmen. Der markante Anstieg der P-Gehalte im Vergleich zu früher produziertem Eisen wiederum beruht auf der freien Bildungsenthalpie des Phosphor-Oxids, d. h. auf dem Maß für die Reduzierbarkeit gegenüber dem Eisenoxid. Thermodynamische Daten belegen, daß P$_2$O$_5$ bei hohen Temperaturen instabil ist und über 900 °C in elementarer Form vorliegt, wenn metallisches Eisen stabil ist. Bei T < 900 °C dagegen ist P$_2$O$_5$ (unter Gleichgewichtsbedingungen bei steigenden Temperaturen) auch dann noch stabil, wenn FeO bereits zu Fe reduziert ist; das Oxid kann also nicht vom Metall aufgenommen werden und reichert sich in der Schlacke an. Dieser Fall ist für das Rennfeuerverfahren denkbar, bei dem eine Reduktion des Eisenerzes zum Metall schon bei relativ niederen Temperaturen erfolgen kann. Unter streng reduzierenden Bedingungen, wie sie z. B. im modernen Hochofen herrschen, wird P$_2$O$_5$ zu fast 100% reduziert und vom Metall aufgenommen (Rosenqvist 1974, 287). Offensichtlich haben die Prozeßparameter in Metzingen nahe an diese Bedingungen herangereicht oder sie sogar erfüllt. Dies zu präzisieren würde jedoch umfangreiche Messungen zur Verteilung von P in Schlacke und Metall erfordern, die den Rahmen der vorliegenden Arbeit überschreiten. Die in den Proben von Metzingen beobachtete An-

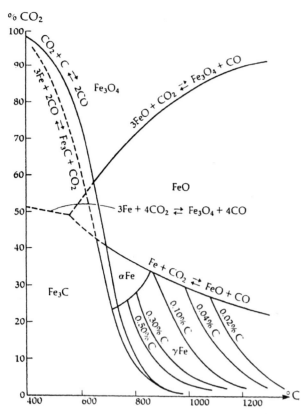

Abb. 41: Reduktion von Wüstit zum Eisen und dessen Aufkohlung als Funktion von Temperatur und CO/CO_2-Gasgemisch (nach Schürmann 1958, 1302). Es wird deutlich, daß bei variierender Temperatur und CO/CO_2-Verhältnissen Aufkohlung oder Entkohlung einsetzt. Bei hohen Temperaturen im Ofen kann α-Eisen bis zu 0,5 % C aufnehmen.

reicherung von P in der Restschmelze konnte im 11. Jahrhundert nicht technisch genutzt werden. In der modernen Metallurgie ist dieses Verteilungsmuster jedoch Grundlage gezielter Verfahrenstechnik: Die Bildung von Eisenphosphiden in der Spätphase der Verfestigung des Metalls wird genutzt, um beim Bessemer-Prozeß P-reiches Eisen bei relativ niedrigen Temperaturen (900–750 °C) zu produzieren (Biswas 1981, 297).

7. Diskussion der Ergebnisse

Die Untersuchung der Schlacken und Metallstücke von Fundorten, die in das 1. Jt. v. Chr. bis in die Völkerwanderungszeit datiert werden, ergab, daß während dieser Zeit hauptsächlich die „reichhaltigen" Bohnerze und Eisenschwarten verhüttet worden sind. Beispiele hierfür sind die Lokalitäten Hermaringen, Essingen und Großkuchen. Die Gegenüberstellung der Spurenelementmuster von Schlacken und Erzen zeigte, daß je nach Fundort beide Erztypen voneinander getrennt, aber auch miteinander gemischt verhüttet worden sind. Verfahrenstechnisch wurde nach Rennfeuerverfahren gearbeitet, und zwar vermutlich in eingetieften Schmelzöfen, in denen sich die Schlacke im Sumpf ansammelte. Dieses Verfahren war es, das in der Regel vom 1. Jahrtausend bis in die Neuzeit hinein in der Alten Welt Möglichkeiten und Grenzen der Eisenerzeugung bestimmt hat (vgl. Kapitel „Rennfeuerverfahren", S. 298 ff.). Hier wurde eine Eisenluppe im festen Zustand produziert, die Bildung einer leichtflüssigen Eisensilikatschlacke (daher der Name des Verfahrens: die Schlacke „rennt" bzw. rinnt) war notwendige Voraussetzung, um die Gangart des Erzes abzutrennen. Stellenweise hat sich dieses Produktionsverfahren, wie z. B. durch die nordischen Bauernrennöfen belegt, sogar bis ins 19. Jahrhundert hinein erhalten (Beck 1884, 803 ff.). Es ist einzusehen, daß der sehr hohe Eisengehalt der beim Rennverfahren produzierten Schlacke mit einem äußerst geringen Eisenausbringen verbunden war. Nicht nur aus der Sicht eines modernen Stahlwerkes war das aus wirtschaftlichen Gründen alles andere als erwünscht, so daß sicherlich auch bereits in der Antike und im frühen Mittelalter Bestrebungen angestellt wurden, dem entgegenzutreten. Die geringe Effektivität des Verfahrens entsprach aber dem technologischen Stand der Dinge zu dieser Zeit in Europa. Naturgemäß ging der größte Teil des Eisens in oxidischer Form als Schlackenbildner verloren. Aufgrund der Fundumstände kann eine Differenzierung variierender Prozeßparameter des Verfahrens hier nicht ausgearbeitet werden.

Die Produktion von weitgehend C-freiem Schmiedeeisen nach dem Rennfeuerverfahren scheint nicht nur auf der Alb der Normalfall gewesen zu sein und entsprach dem Werkstoff der Wahl in Mitteleuropa. Die Abscheidung von Eisen erfolgte durch (direkte) Reduktion der Eisenoxide im Erz. Es gibt keinen Hinweis, ob die geringen Schlackenmengen auf der Alb in Zusammenhang stehen mit technologischen Kriterien, z. B. der Verhüttung besonders reichhaltiger Erze.

Als charakteristische Variante der Verfahrenstechniken auf der Schwäbischen Alb muß hervorgehoben werden, daß in vielen Fällen die Erze unter Zusatz von Flußmitteln verhüttet worden sind. Zunächst war es Quarz, vermutlich in Form von Horn- und Feuerstein, der den besonders reichhaltigeren Bohnerzen und Eisenschwarten (> 70 Gew.% Fe_2O_3) zugeschlagen wurden, um den für die Bildung von Eisensilikatschlacken erforderlichen Silifizierungsgrad zu treffen. Erst im frühen Mittelalter wurde mit der Verwendung von Doggererzen nachweislich Kalk als Zuschlag verwendet. Dies wird aus der Gegenüberstellung der Schlacken von Linsenhofen und Metzingen mit den Erzen deutlich. Aufgrund geänderter Verfahrenstechniken wurden beim Schmelzen höhere Feuerungstemperaturen und stärker reduzierende Bedingungen erreicht, so daß CaO das Eisenoxid als Schlackebildner ersetzen konnte. Hierdurch wurde die Effizienz der Gewinnung deutlich verbessert.

Die Verwendung von Zuschlagstoffen ist in Anbetracht der in Mitteleuropa bereits viel früher einsetzenden Kupfermetallurgie keine umwerfende Innovation. Es muß aber betont werden, daß in weiten Teilen der norddeutschen Tiefebene bis hin nach Polen in den ersten nachchristlichen Jahrhunderten Eisenerz offenbar ohne Zusatz von Flußmitteln verhüttet worden ist. In diesen Regionen treten Raseneisenerze auf, die oftmals mit Sandablagerungen verknüpft sind, also per se den notwendigen Anteil an Quarz zur Schlackenbildung mit einbringen. Sie wurden in eingetieften Schachtöfen verhüttet.

Auf der Schwäbischen Alb scheint in der Zeit vom 7.–8. Jahrhundert eine effizientere Verfahrenstechnik entwickelt worden zu sein, die es erlaubte, nun auch die eisenärmeren Doggererze zu verhütten. Der Eisenoxidgehalt der Schlacken sinkt deutlich ab und belegt ein höheres Ausbringen an Metall. Dies geht aus den Funden von Linsenhofen hervor, die gleichzeitig eine Produktion von höher kohlenstoffhaltigem Eisen, nämlich Stahl und Roheisen ergeben hat, allerdings nach dem Prinzip des Rennfeuerprozesses. Darauf wurde auch von Szöke (1991, 369–374) hingewiesen. Interessant sind Parallelen vom Oberrheingebiet, wo dieses Phänomen in derselben Zeit auftritt. So konnten Gassmann u. a. (in Vorb.) in Kippenheim ein deutliches Absinken der Eisenoxidgehalte in den Schlacken beobachten, auch hier verbunden mit der Produktion von hoch kohlenstoffhaltigem Eisen.

Wie ist nun das in Metzingen produzierte Roheisen zusammen mit den dort vorkommenden Schlacken zu interpretieren? Aufgrund der Datierung des Platzes in das 11.–12. Jahrhundert war zunächst unklar, ob die Roheisenfunde von der Halde unbrauchbare „Betriebsunfälle" oder Relikte einer Serienproduktion darstellten. Da das Roheisenverfahren in Europa erst im späten 14. Jahrhundert bekannt wird (im Gegensatz zu China, wo Gußeisen bereits in der Warring States Periode im 5.–3. Jahrhundert v. Chr. verwendet wird), schien diese Datierung sehr ungewöhnlich.

Durch folgende Beobachtungen konnte hier eine gezielte und beabsichtigte Produktion von Roheisen nachgewiesen werden:

– Die überwältigende Menge (95%) an Ca-Al-Silikatschlacken kann als typisches Produkt des Roheisenverfahrens gelten. Diese Schlacken repräsentieren die technologische Weiterentwicklung von der Erzeugung unreduzierter eisenreicher Silikatschlacken nach dem Rennfeuerverfahren. Sie sind zur Genüge aus späterer Zeit bekannt. Ihre Bildung setzt höhere Temperaturen und stärker reduzierende Bedingungen voraus, wie sie im Rennfeuerverfahren im allgemeinen nicht erreicht werden. Es ist nachweislich Kalk als Flußmittel zugesetzt worden.

– Der archäologische Befund des Ofens mit einem Innendurchmesser von 1 m, die Mengen von Düsenfunden mit einem Durchmesser von 5 cm sowie die Lage des Hüttenplatzes an einem Bachlauf legen den Betrieb eines (wasserradbetriebenen) Stuckofens nahe und deuten damit die technischen Voraussetzungen an, die für die thermodynamischen Bedingungen der Roheisenproduktion erforderlich sind.

– Die hohen Gehalte an Phosphor und Kohlenstoff belegen, daß bewußt aufgekohlt worden ist, da die hohen Phosphorwerte im Eisen seine Aufkohlung erschweren. Der Anteil an Funden aus ferritischem Eisen ist zu gering, als daß eine nur unbeabsichtigte Aufkohlung des Eisens angenommen werden könnte. Der hohe Aufkohlungsgrad setzt einen Überschuß an Holzkohle voraus.

– Der sehr geringe Mengenanteil und die heterogene Konsistenz der eisenreichen Schlacken macht eine abwechselnde Produktion von C-armen und C-reichem Eisen, etwa im Betrieb eines Stuck- und Flußofens (Rennfeuer und Roheisenverfahren) unwahrscheinlich. Aus archäologischem wie aus experimentellem Befund weiß man, daß die Produktion dieser „Eisensorten" verfahrenstechnisch eng beieinander liegt (Osann 1971. Straube 1964, 1986). Beispiele für den Betrieb derartiger Öfen sind aus dem frühen 14. Jahrhundert beschrieben (Sönnecken 1968). Ein geringer Anteil eisenreicher „Primärschlacken" ist auch in der Stahlindustrie nicht ungewöhnlich. Ihre Entstehung beim Roheisenverfahren durch Absinken durch das Holzkohlebett ist ohne Probleme erklärbar.

Eine Roheisenproduktion im 11.–12. Jahrhundert in Metzingen ist jedoch kein Einzelfall: In Schweden sind zwei Hüttenplätze bekannt, an denen eine etwa gleichzeitige Roheisenproduktion im Holzkohlehochofen nachgewiesen werden konnte, nämlich Lapphyttan (1200–1300 n. Chr., Magnusson 1985, 29; 30) und Vinarhyttan in Dalarna (1250–1275 n. Chr., Serning u. a. 1982, 24–27). Diese Lokalitäten repräsentierten bis jetzt die älteste Roheisenproduktion in Europa (Tylecote 1987, 327). Im Unterschied zu Metzingen enthalten die Schlacken dieser Fundorte jedoch nur 10–12 Gew.% CaO (Hagfeldt 1985, 48). Im Bereich der Schwäbischen Alb sei nochmals auf Tauchenweiler hingewiesen, wo Reste eines Schmelzofens aus dem 11. Jahrhundert ausgegraben wurde (Schulz u. a. 1983, 106 f. Szöke 1990, 376). Die Analyse von Metalleinschlüssen ergaben auch hier neben Stahl Bereiche mit Ledeburit, also flüssigem Roheisen. Ob die zahlreichen anderen Schmelzplätze auf der mittleren Alb, deren vorläufige Datierung im allgemeinen mit „mittelalterlich" angegeben wird, in diesen technologischen Rahmen einzuordnen sind, bleibt zukünftigen Untersuchungen vorbehalten.

Die Weiterverarbeitung des in Metzingen produzierten Roheisens ist unklar. Es gibt weder für die Verwendung als Gußeisen Hinweise noch für ein evtl. Frischen, d. h. einer Entkohlung im Anschluß an die Verhüttung der Erze.

Verschiedentlich wurde die Frage formuliert, ob zwischen dem Rennfeuerprozeß und dem Roheisenverfahren eine technologische Brücke bestanden hat, oder ob eine kontinuierliche Entwicklung (nämlich des Rennfeuerverfahrens) durch die Einführung eines neuen Prozesses mit neuen Ofentypen abgelöst worden ist (Serning u. a. 1982, 51).

Wenn auch der archäologische Befund z. Zt. hierfür noch nicht zu erbringen ist, ist ein solcher technologischer Übergang nicht auszuschließen. Aus Abbildung 42 geht hervor, wie der bislang belegbare technologische Sprung zwischen Rennfeuer und Roheisenverfahren, wie er von Gilles 1959 und Horstmann (mdl. Mitt.) dargestellt wurde, durch die hier durchgeführten Untersuchungen sowohl zeitlich wie auch verfahrenstechnisch zu ergänzen ist.

Aus den Erzfunden, die während der Ausgrabungen an verschiedenen Schlackeplätzen und ihrer unmittelbaren Umgebung aus dem Anstehenden geborgen wurden, geht hervor, daß die Eisenerze in der Regel am Ort ihres Vorkommens verhüttet worden sind. Hinweise auf einen möglichen Transport einer evtl. bevorzugten Erzsorte gibt es für die untersuchten Zeitabschnitte nur in Linsenhofen und in Metzingen. Wie sich aus der Topographie der Verhüttungsplätze der verschiedenen Perioden ergeben hat, verlagerten sich eher die Standorte der Hütten mit der Wahl des Erzes. Mit dem Einsetzen des Roheisenverfahrens konzentrieren sich die Hüttenplätze offenbar zunehmend an Bachläufen. Grund hierfür könnte vielleicht vermutlich die Nutzung der Wasserkraft zum Betrieb des Gebläses sein, wodurch die für das neue Verfahren erforderlichen hohen Temperaturen erzeugt werden konnten. Vergleichbare archäologische Befunde gibt es im südlichen Schwarzwald, wo etwa ab dem 13./14. Jahrhundert Spuren von Hüttenwerken immer häufiger mit Bachläufen in Verbindung gebracht werden (mdl. Mitt. Goldenberg).

Danksagung

Für die aktive Unterstützung bei den Untersuchungen in Gelände und Labor bedanken wir uns herzlich bei Frau Dipl.-Geol. Margarete Piel. Den Herren Dr. Dietrich Horstmann/Neandertal und Prof. Dr. Robert Maddin/Mashpee (Massachusetts) sind wir für die langen und lehrreichen Diskussionen besonders bei den metallographischen Arbeiten sehr zu Dank verpflichtet. Herr Dr. Guntram Gassmann hat freundlicherweise von ihm geborgenes Material von Kippenheim (Ortenaukreis) zur Verfügung gestellt. Die Analysen an Metallartefakten, Schlacken und Erzen wurden von Frau Margarete Werding (AAS) und Herrn Dr. Thilo Rehren (REM/EDS) im Institut für Archäometallurgie durchgeführt. Ihre sorgfältigen Arbeiten waren wichtige Grundlage dieser Studie. Die ausgezeichnete Qualität der optischen Präparate verdanken wir Herrn Andreas Ludwig, ebenfalls Institut für Archäometallurgie. Bei den Röntgenfluoreszenz- und Mikrosondenanalysen haben wir sehr viel Entgegenkommen seitens der Institute für Mineralogie der Universitäten Bochum und Bonn erfahren.

Die Untersuchungen sind durch die wohlwollende Unterstützung der Archäometallurgie durch die Volkswagen-Stiftung ermöglicht worden.

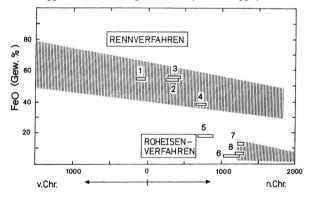

Abb. 42: Eisenoxidgehalte von Schlacken des Rennfeuer- und des Roheisenverfahrens (nach Gilles 1959, modifiziert nach Horstmann, mdl. Mitt.). Eingetragen sind, zeitlich geordnet, die Mittelwerte der FeO-Gehalte von Schlacken verschiedener Fundorte auf der Schwäbischen Alb, von Kippenheim (Oberrhein) und zwei Fundorten aus Schweden. Zwischen beiden Verfahren scheint sich durch die sukzessive Abnahme der FeO-Gehalte ein Übergang abzuzeichnen. 1 Hermaringen, 2 Großkuchen, 3 Essingen-Weiherwiesen, 4 Linsenhofen, 5 Kippenheim, 6 Metzingen, 7 Vinarhyttan, 8 Lapphyttan.

Exkurs: Das Rennfeuerverfahren

Ünsal Yalçin

Die archäologischen und naturwissenschaftlichen Befunde zeigen, daß auf der Schwäbischen Alb von der Latènezeit bis ins Mittelalter Eisen nach dem Rennfeuerverfahren gewonnen wurde. Dieses Verfahren war es, das in der Regel vom 1. Jahrtausend bis in die Neuzeit hinein in der Alten Welt die Möglichkeiten und Grenzen der Eisenverhüttung bestimmt hat. Hier wurde eine Eisenluppe im festen Zustand produziert; die Bildung einer leichtflüssigen Eisensilikatschlacke war notwendig, um das Eisen von der Gangart zu trennen. Stellenweise hat sich dieses Verfahren, wie z. B. durch die nordischen Bauernöfen belegt, sogar bis ins 19. Jahrhundert hinein erhalten.

Zur Eisengewinnung im frühgeschichtlichen Europa wurden unterschiedliche Rennofentypen verwendet. Sie reichen von einfachen Herdgruben in primitiver Form bis zu den „mannshohen" Schachtöfen mit eingetieften Gruben. Um eine „optimale" Abtrennung der flüssigen Schlacke von der noch im festen Zustand befindlichen Luppe zu gewährleisten, sind diesbezüglich technische Einrichtungen am Ofen erforderlich; dies können Schlackenabflußgruben unterhalb des Ofens (z. B. kaiserzeitliche Rennöfen mit eingetieften Herdgruben in Schleswig-Holstein) oder Abstichöffnungen im unteren Teil des Ofens sein (Siegerländer Ofentyp).

Im Rennfeuerverfahren wird das Eisenerz mit Holzkohle verhüttet. Zur Luftzufuhr werden meistens mehrere Düsen verwendet. Sie erfolgt entweder durch natürlichen Luftzug oder den Betrieb von Blasebälgen. Das zu verhüttende Eisenerz wird im Rennfeuer vornehmlich als dreiwertiges Eisenoxyd (Fe_2O_3) eingesetzt. Während der Verhüttung wird das Erz unter Einwirkung des Kohlenstoffs zu Eisen reduziert; das bei der Verbrennung von Holzkohle im Ofen entstehende Kohlenmonoxid (CO) entzieht dem Erz Sauerstoff und bildet Kohlendioxid (CO_2). Dabei wird Hämatit zunächst zu Magnetit gemäß

$$3Fe_2O_3 + CO = 2Fe_3O_4 + CO_2$$

reduziert. Dies geschieht bereits bei Temperaturen unter 570 °C; darüber hinaus bei Temperaturen über 570 °C erfolgt die Reduktion zu Wüstit $Fe_3O_4 + CO = 3FeO + CO_2$, ehe mit dem weiteren Entzug des Sauerstoffs das Eisen selbst gewonnen werden kann:

$$FeO + CO = Fe + CO_2.$$

Die meisten Eisenerze der Welt bestehen nicht nur aus Eisenoxiden, sondern enthalten, je nach Erzart, weitere Bestandteile wie z. B. Silikate, Mangan-, Phosphorverbindungen, die man als Gangart bezeichnet. Beim Ansteigen der Temperatur im Herd bildet sich aus den Eisenoxiden des Erzes, aus der Gangart und aus den Alkalien der Holzkohlen-Asche eine flüssige Schlacke, deren Eisenoxidgehalt auch durch den festen Kohlenstoff der Holzkohle zu Metall reduziert werden kann:

$$FeO + „C" = Fe + CO.$$

Metallisches Eisen kann also schon bei niedrigen Temperaturen aus Wüstit reduziert werden. Ab 720 °C entsteht zunächst α-Eisen, das nur geringste Mengen Kohlenstoff enthalten kann. Oberhalb 900 °C ist dann γ-Eisen stabil, das deutlich mehr Kohlenstoff in sein Gitter einbaut (vgl. Schürmann 1958, 1302).

Der aufkohlenden Wirkung des CO-reichen Gases wird durch die noch im Überschuß vorhandenen Eisenoxide entgegengesteuert. Wenn aber die Gaszusammensetzung reduzierend bleibt, kann diese verbleibende Reduktion bei entsprechend höheren Temperaturen bis zum kohlenstoffgesättigten Roheisen führen. Da in der Regel die Temperaturen im Rennofen nicht ausreichen, Eisen zu verflüssigen (1535 °C), scheidet sich dieses nicht flüssig aus, sondern in einzelnen winzigen Eisenkriställchen, von denen bald mehrere in der Schlacke zu lockeren, schwammigen Gebilden zusammenwachsen und dabei Schlacke und Holzkohle einschließen; es entstehen oft schlierige bis knollenartige Gebilde. Schließlich agglomerieren diese Metallpartien und bilden die Luppe.

Die Luppe ist also meistens aus mehreren Eisenklumpen zusammengesetzt und deshalb inhomogen ausgebildet. Sie zeigen an verschiedenen Stellen recht wechselnde Kohlenstoffgehalte. Der Werkstoff ist in der Regel ein Gemisch von weichem und teilweise aufgekohltem Eisen („Stahl").

Die beim Rennfeuerverfahren produzierte Schlacke ist reich an Eisenoxid; der Eisenoxidgehalt (FeO) liegt bei den älteren Schlacken weit über 50 Gewicht %. Diese hohen Eisengehalte in den Schlacken sind bei dem direkten Verfahren unvermeidlich, denn man erhält nur dann ein zwar kohlenstoffarmes, aber schmiedbares Eisen, wenn die Reduktion unvollkommen bleibt, d. h. wenn ein großer Teil des Eisens verschlackt. Eisenreiche Schlacken binden den etwa vorhandenen Phosphor und erschweren dessen Übergang in das Metall, denn Phosphor wird ins Eisen nur unter bestimmten Bedingungen eingebaut, wodurch die Qualität des Metalls stark beeinflußt wird.

Eine wichtige Schlußfolgerung der bisherigen Befunde ist, daß die Schlacke im Rennofen bei relativ niedrigeren Temperaturen (1100–1200 °C) flüssig ist. Als weitere Schlußfolgerung ergibt sich daraus, daß zum Erzielen derart niedrigschmelzender Schlacken im Rennofen nur eisenreiche Erze (>60 Gew.% FeO) verhüttbar waren, wenn keine Flußmittel zur Hilfe genommen wurden.

Wie oben schon erwähnt, sind die frühen Schlacken, die bei der Verhüttung von Eisenerzen nach dem Rennfeuerverfahren angefallen sind, noch sehr reich an FeO (>50 Gew.%). Sie enthalten 20–30 Gew.% SiO_2 und 10–15 Gew.% andere Oxide, nämlich MnO, MgO, CaO, Al_2O_3 und P_2O_5, wobei die drei letztgenannten Komponenten in bestimmten Konzentrationen die Schmelztemperatur der Schlacke erniedrigen können. Zusammenfassend wird also beim Rennfeuerverfahren „direkt" aus dem Erz durch Reduktion mit Holzkohle schmiedbares, kohlenstoffarmes Eisen im teigigen Zustand produziert, während aber die modernen Eisengewinnungsverfahren, fast ausschließlich den „indirekten" Weg gehen, bei dem man zuerst flüssiges Roheisen erzeugt und dieses dann durch Oxidationsprozesse „frischt", d. h. die Verunreinigungen des Eisens wie z. B. Kohlenstoff und Phosphor verschlackend beseitigt.

Tabelle 1.1: Probenliste und -beschreibung der Erze von der Schwäbischen Alb. Angegeben sind die Probenummern des Instituts für Archäometallurgie/Deutsches Bergbau-Museum (IfA).

IfA-Nr.	Fundort	Probenart	Bemerkung
D-2/1	Nattheim	Bohnerz	Lesefund
D-2/2	Nattheim	Bohnerz	Lesefund
D-2/3	Nattheim	Bohnerz	Lesefund
D-2/4	Nattheim-Fleinheim	Bohnerz	Lesefund
D-2/5	Nattheim, Industriegebiet	Bohnerz	Lesefund
D-2/6	Nattheim-Fleinheim	Bohnerz	Lesefund
D-2/10	Nattheim	Bohnerz	Lesefund
D-2/9 a1	Heidenheim „Wellesberg"	Bohnerz	Lesefund aus Doline, mit Eisenschwarte verbacken
D-2/9 a2	Heidenheim-Wellesberg	Eisenerz Schwarte	Lesefund aus Doline
D-2/9 b	Heidenheim-Wellesberg	Eisenerz Schwarte	Lesefund aus Doline
D-2/9 c	Heidenheim-Wellesberg	Eisenerz Schwarte	Lesefund aus Doline
D-3/40	Essingen „Weiherwiesen"	Eisenerz Schwarte	Lesefund, kl. Kugeln
D-3/42	Essingen „Weiherwiesen"	Bohnerz	Windwurf, kl. Kugeln
D-3/43	Essingen „Weiherwiesen"	Bohnerz	Windwurf, kl. Kugeln
D-3/47	Essingen „Weiherwiesen"	Bohnerz	Windwurf, kl. Kugeln
D-3/51	Essingen „Weicherwiesen"	Bohnerz	Windwurf, verbaken
D-3/58	Essingen „Weiherwiesen"	Eisenerz Schwarte	Windwurf, massiv
D-3/60	Essingen „Weiherwiesen"	Eisenerz Schwarte	Schurf um Grabungsfläche
D-3/62	Essingen „Weiherwiesen"	Eisenerz Schwarte	Lesefund um Grabungsfläche
D-3/70	Essingen „Weiherwiesen"	Eisenerz Schwarte	aus Grabungsfläche
D-3/72	Essingen „Weiherwiesen"	Eisenerz Schwarte	Schurf, schalig
D-3/73 a	Essingen „Weiherwiesen"	Eisenerz Schwarte	Schurf, massiv
D-4/3	Heidenheim-Kleinkuchen	Bohnerz	Malm, Hochfläche, Lesefund
D-5/13	Heidenheim-Großkuchen	Bohnerz	Lesefund
D-5/17	Heidenheim-Großkuchen	Bohnerz	Lesefund, verbacken
D-5/21	Heidenheim-Großkuchen	Bohnerz	Lesefund, verbacken
D-6/10	Linsenhofen	Eisenerz Dogger β	Lesefund aus Pinge
D-6/14	Linsenhofen	Eisenerz Dogger β	Lesefund aus Pinge
D-6/15	Linsenhofen	Eisenerz Dogger β	Lesefund aus Pinge
D-14/5 a	Lauchheim	Eisenerz	aus Grabungsfläche, mit Hämatit-Belag
D-14/5 g	Lauchheim	Eisenerz	Lesefund, Kläranlage
D-22/35	Metzingen „Kurleshau"	Eisenerz Dogger α	Windwurf
D-22/36	Metzingen „Kurleshau"	Eisenerz Dogger α	Windwurf
D-22/38	Metzingen „Kurleshau"	Eisenerz Dogger α	Windwurf
D-22/40	Metzingen „Kurleshau"	Eisenerz Dogger α	Windwurf
D-22/44	Metzingen „Kurleshau"	Eisenerz Dogger α	Windwurf
D-22/46	Metzingen „Kurleshau"	Eisenerz Dogger α	Windwurf
D-22/53	Metzingen Floriansberg	Eisenerz Dogger β	Lesefund
D-22/54	Metzingen Floriansberg	Eisenerz Dogger β	Lesefund
D-22/55	Metzingen Floriansberg	Eisenerz Dogger β	Lesefund
D-22/56	Metzingen Floriansberg	Eisenerz Dogger β	Lesefund
D-22/58	Metzingen Floriansberg	Eisenerz Dogger β	Lesefund
D-24/1	Aalen-Wasseralfingen	Eisenerz Oolith	unteres Flöz, Abbaukammer
D-24/4	Aalen-Wasseralfingen	Eisenerz Oolith	oberes Flöz, Strecke A
D-25/3	Königsbronn-Ochsenberg	Eisenerz Konglomerat	Lesefund, Sandgrube
D-29/5	Langenau	Bohnerz	anstehender Lehm

Tabelle 1.2: Chemische Pauschalanalysen der Erze von der Schwäbischen Alb. Haupt- und Nebenkomponente in Gewichtsprozent, Spuren in ppm. Angegeben sind die Probenummern des Instituts für Archäometallurgie/Deutsches Bergbau-Museum (IfA) (nn = nicht nachgewiesen, nb = nicht bestimmt).

IfA-Nr.	SiO$_2$	TiO$_2$	Al$_2$O$_3$	Fe$_2$O$_3$	MnO	MgO	CaO	Na$_2$O	K$_2$O	P$_2$O$_5$	S	Cl	Summe	Ba	Cr	Co	V	Ni	Cu	Zn	Rb	Sr	Y	Zr	Nb	Pb	Ga
Nattheim																											
D-2/1	6,17	0,88	8,87	68,9	0,13	0,12	0,13	0,10	0,04	0,34	nn	0,01	85,7	45	260	200	1040	220	190	530	5	17	150	170	10	130	39
D-2/2	20,8	0,85	18,5	38,1	0,38	0,37	0,54	0,25	0,29	0,40	nn	0,01	80,5	280	210	170	750	270	80	330	18	45	330	170	13	110	48
D-2/3	8,67	0,76	10,1	64,7	0,13	0,16	0,06	0,24	0,10	0,28	0,01	0,01	85,1	42	370	170	1140	240	92	300	8	19	150	180	8	110	58
D-2/4	5,42	0,81	8,94	69,7	0,16	0,21	0,34	0,19	0,05	0,29	0,02	nn	86,1	27	200	170	1100	130	120	240	6	23	100	230	18	100	51
D-2/5	4,37	0,75	8,15	71,1	0,28	0,14	0,15	0,02	0,02	0,40	nn	0,01	85,4	36	110	170	550	210	80	210	4	24	160	140	16	85	28
D-2/6a	11,4	0,58	9,10	64,2	0,08	0,20	0,18	0,03	0,03	0,25	0,01	0,01	86,1	3	370	360	1110	200	110	230	6	16	150	170	5	95	58
D-2/10	5,72	1,45	19,1	55,1	0,18	0,18	0,06	nn	0,01	0,29	0,01	0,01	82,1	53	320	120	800	260	130	330	10	38	130	290	1	110	51
Heidenheim Wellesberg																											
D-2/9a1	12,1	0,92	9,76	62,7	0,08	0,32	0,33	nn	0,26	0,77	nn	nn	87,2	48	220	150	420	140	89	140	66	34	71	290	12	71	42
D-2/9a2	22,1	0,99	10,5	51,1	0,06	0,38	0,37	nn	0,38	0,81	nn	nn	86,7	69	130	93	220	140	100	120	73	31	69	260	13	64	22
D-2/9b	15,2	1,13	11,0	60,0	0,06	0,41	0,40	nn	0,42	0,82	nn	nn	89,4	67	140	51	210	160	88	130	46	27	81	300	9	89	20
D-2/9c	9,27	0,75	8,02	66,6	0,06	0,33	0,29	nn	0,21	0,87	nn	nn	86,4	34	180	97	390	170	120	170	41	20	86	210	8	70	35
Essingen-Weiherwiesen																											
D-3/40	4,55	0,04	0,89	86,3	0,24	0,06	0,03	0,07	0,05	0,54	nn	nn	92,8	11	67	160	90	250	130	350	5	3	86	3	1	14	12
D-3/42	17,0	0,74	7,95	67,3	0,16	0,03	0,03	nn	0,04	0,40	0,03	nn	93,7	2	540	120	900	110	190	170	6	15	56	130	8	110	35
D-3/43	6,42	0,81	10,2	70,5	0,16	0,11	0,04	nn	0,01	0,46	0,02	nn	88,7	35	280	160	1000	202	130	350	6	18	170	180	9	120	69
D-3/47	9,74	0,82	8,31	72,1	0,07	0,01	0,02	nn	0,04	0,37	0,03	nn	91,5	21	620	87	1130	130	170	340	6	17	68	140	10	90	61
D-3/51	11,1	0,81	13,7	60,6	0,17	0,05	0,01	nn	0,04	0,43	0,03	nn	86,9	26	630	82	1000	130	170	310	12	25	130	160	nn	97	67
D-3/58	6,70	0,20	3,04	85,6	0,58	0,02	0,02	nn	0,02	0,13	0,03	nn	96,3	5	110	570	53	640	210	480	6	7	230	9	nn	44	8
D-3/60	5,11	0,09	1,90	66,6	7,66	0,17	0,09	nn	0,30	0,20	nn	nn	82,1	1560	32	890	20	530	120	920	22	87	120	4	2	23	4
D-3/62	3,73	0,09	1,73	87,8	0,67	0,20	0,06	nn	0,06	0,60	nn	nn	94,9	nn	74	690	290	630	180	1210	nn	nn	85	8	nn	27	11
D-3/70	35,3	0,34	4,48	54,7	2,96	0,24	0,54	nn	0,36	0,46	0,02	0,04	99,4	440	230	96	100	75	130	170	23	20	52	72	4	21	8
D-3/72	3,99	0,07	1,35	79,1	4,01	0,14	0,03	nn	0,18	0,31	nn	nn	89,2	250	66	240	25	200	110	760	13	16	160	nn	nn	41	1
D-3/73a	11,7	0,36	4,99	75,1	0,13	0,05	0,03	nn	0,06	0,16	nn	nn	92,6	nn	54	100	51	190	88	360	7	8	43	33	5	21	7
Heidenheim-Kleichkuchen																											
D-4/3	18,9	1,13	13,6	53,4	0,43	0,21	2,35	0,27	0,24	0,59	0,01	0,02	91,2	140	590	63	1050	150	82	230	13	36	110	270	14	54	48

Fortsetzung nächste Seite

Tabelle 1.2 *Fortsetzung*

IfA-Nr.	SiO$_2$	TiO$_2$	Al$_2$O$_3$	Fe$_2$O$_3$	MnO	MgO	CaO	Na$_2$O	K$_2$O	P$_2$O$_5$	S	Cl	Summe	Ba	Cr	Co	V	Ni	Cu	Zn	Rb	Sr	y	Zr	Nb	Pb	Ga
Heidenheim-Großkuchen																											
D-5/13	37,1	0,20	4,06	48,7	0,64	0,23	0,21	0,24	0,15	0,34	nn	nn	91,9	110	160	120	310	210	100	310	9	20	57	56	4	100	20
D-5/17	6,24	0,68	8,92	70,2	0,31	0,09	0,15	nn	0,03	0,52	nn	nn	87,1	69	410	120	930	280	110	630	2	15	130	120	5	84	40
D-5/21	9,75	0,61	9,80	67,1	0,30	0,15	0,17	nn	0,03	0,55	nn	nn	88,5	69	220	120	700	290	110	510	4	16	140	100	8	71	41
Linsenhofen																											
D-6/10	13,4	0,35	4,49	58,1	0,70	0,38	5,47	0,01	0,60	6,04	0,01	nn	89,6	140	54	21	79	93	63	190	36	120	350	56	7	7	9
D-6/14	39,2	0,36	5,94	43,2	0,35	0,42	0,97	0,03	0,58	1,17	0,01	nn	92,2	77	150	30	480	110	59	210	29	120	35	130	7	44	9
D-6/15	48,4	0,34	6,69	36,5	0,33	0,46	0,35	0,02	0,68	0,59	0,04	nn	94,4	75	110	19	330	73	66	280	27	99	27	150	nn	48	11
Lauchheim																											
D-14/5 a	14,9	1,32	13,6	58,5	0,38	0,04	1,04	nn	0,04	0,85	0,01	nn	90,7	210	190	37	670	150	140	630	5	63	85	210	9	43	24
D-14/5 g	2,16	0,17	2,62	90,0	0,54	0,04	0,07	nn	0,01	0,37	0,01	nn	96,0	nb	150	170	250	150	140	450	6	9	110	24	nn	26	17
Metzingen																											
D-22/35	17,6	0,32	8,66	48,8	0,51	0,50	6,09	nn	0,71	5,96	0,01	0,01	89,2	120	73	0	240	150	49	410	38	220	230	99	7	16	13
D-22/36	18,9	0,29	6,97	44,2	0,33	0,59	9,63	nn	0,54	8,39	0,03	nn	89,9	54	56	17	210	53	110	540	20	190	220	89	4	73	5
D-22/38	18,6	0,34	9,20	54,5	0,23	0,86	0,79	nn	0,66	2,08	0,03	nn	87,3	73	67	19	250	93	99	290	18	48	38	67	4	92	10
D-22/40	24,7	0,46	11,9	45,8	0,34	1,04	0,14	nn	0,97	1,36	0,02	nn	86,7	79	77	55	250	92	86	270	49	41	21	76	2	43	12
D-22/44	18,4	0,37	9,27	55,9	0,47	0,59	0,09	nn	0,69	1,99	0,04	nn	87,8	71	72	77	240	110	76	360	16	25	40	92	nn	68	9
D-22/46	9,74	0,25	5,76	68,6	0,76	0,46	0,03	nn	0,39	1,96	0,07	nn	88,0	45	59	59	250	86	120	370	19	13	34	49	nn	51	6
D-22/53	27,6	0,40	8,98	40,7	0,33	0,56	6,65	0,06	0,90	2,89	0,04	0,02	89,1	170	37	67	120	190	51	330	33	130	100	100	6	15	10
D-22/54	77,2	0,37	4,53	13,3	0,06	0,25	0,09	0,09	0,75	0,29	nn	nn	96,9	80	69	22	50	34	29	190	14	22	25	330	7	23	5
D-22/55	54,9	0,34	6,77	29,1	0,92	0,45	0,15	0,27	0,87	0,86	0,12	0,02	94,8	130	51	70	180	84	61	220	16	26	29	120	2	59	8
D-22/56	68,7	0,30	6,23	11,4	0,09	0,43	6,88	0,12	0,91	5,05	0,02	nn	100,1	150	34	26	85	41	50	160	14	100	200	160	3	55	9
D-22/58	59,9	0,29	6,99	23,9	0,32	0,34	2,28	nn	0,75	2,36	0,03	nn	97,2	110	43	44	91	74	33	110	21	50	90	100	3	29	16
Wasseralfingen																											
D-24/1	41,0	0,41	4,40	23,2	0,31	0,59	24,6	nb	0,27	0,40	0,02	nn	95,2	nn	92	nn	220	46	21	50	9	100	66	290	nn	7	6
D-24/4	29,1	0,58	7,04	50,5	0,26	0,52	3,16	nb	0,26	1,72	0,02	nn	93,2	14	110	32	600	69	44	150	13	76	160	340	3	19	5
Königsbronn-Ochsenberg																											
D-25/3	62,2	0,05	1,10	27,2	0,06	0,03	0,04	0,12	0,16	1,26	0,02	nn	92,2	119	26	130	43	34	89	57	10	15	45	18	nn	16	nn
Langenau																											
D-29/5	13,5	1,64	22,4	41,6	0,11	0,06	0,15	0,08	0,02	0,12	nn	0,01	79,7	94	290	75	940	190	97	450	6	35	51	440	28	70	53

Fortsetzung nächste Seite

Tabelle 2.1: Probenliste und -beschreibung der Schlacken von der Schwäbischen Alb. Angegeben sind die Probenummern des Instituts für Archäometallurgie/Deutsches Bergbau-Museum (IfA).

IfA-Nr.	Fundort	Probenart	Probenbeschreibung	Datierung
D-2/8	Heidenheim-Nattheim	Eisenschlacke		nicht datiert
D-2/11a	Heidenheim-Nattheim	Fließschlacke	d'grau, dicht mit blasigen Lagen	3./4. Jh. n. Chr.
D-3/2	Essingen Weiherwiesen	Fließschlacke	grau, glasiger Überzug	1.–3. Jh. n. Chr.
D-3/3	Essingen Weiherwiesen	Ofenschlacke	d'grau, braun verwittert, viele große Holzkohle-Einschlüsse	1.–3. Jh. n. Chr.
D-3/5	Essingen Weiherwiesen	Ofenschlacke	d'grau, braun verwittert, viele große Holzkohle-Einschlüsse	1.–3. Jh. n. Chr.
D-3/8	Essingen Weiherwiesen	Ofenwandung	grau, rote Lagen	1.–3. Jh. n. Chr.
D-3/9a	Essingen Weiherwiesen	kleine	d'grau,	
D-3/9b	Essingen Weiherwiesen	Schlacken-	porös,	
D-3/9c	Essingen Weiherwiesen	fragmente	ohne Fließstrukturen	1.–3. Jh. n. Chr.
D-3/10a	Essingen Weiherwiesen	Fließschlacke	kleine Fragmente, d'grau	1.–3. Jh. n. Chr.
D-3/12a	Essingen Weiherwiesen	Fließschlacke	Fragmente, d'grau, blasige Lagen	1.–3. Jh. n. Chr.
D-3/14a	Essingen Weiherwiesen	Ofenschlacke	graubraun, Holzkohle-Einschlüsse	1.–3. Jh. n. Chr.
D-3/17	Essingen Weiherwiesen	Ofenschlacke	kalottenförmig, braun verwittert, porös, lagig	1.–3. Jh. n. Chr.
D-3/22	Essingen Weiherwiesen	Ofenschlacke	braun verwittert, viele große Holzkohle- und große Holz-Einschlüsse	1.–3. Jh. n. Chr.
D-3/26	Essingen Weiherwiesen	Fließschlacke	d'grau	1.–3. Jh. n. Chr.
D-3/27a	Essingen Weiherwiesen	Fließschlacke	d'grau	1.–3. Jh. n. Chr.
D-3/31	Essingen Weiherwiesen	Ofenschlacke	braun verwittert, viele große Holzkohle- und große Holz-Einschlüsse, an der Oberfläche anhaftendes Erz	1.–3. Jh. n. Chr.
D-3/32	Essingen Weiherwiesen	Ofenschlacke	braun verwittert, große Holzkohle-Einschlüsse	1.–3. Jh. n. Chr.
D-3/33a	Essingen Weiherwiesen	Ofenschlacke	braun verwittert, große Holzkohle-Einschlüsse	1.–3. Jh. n. Chr.
D-3/35	Essingen Weiherwiesen	Ofenschlacke	braun verwittert, mit Holzeinschlüssen	1.–3. Jh. n. Chr.
D-4/1	Heidenheim-Kleinkuchen	Fließschlacke	Fragmente, grau	nicht datiert
D-4/2	Heidenheim-Kleinkuchen	Fließschlacke	Fragmente, grau	nicht datiert
D-4/4a	Heidenheim-Hermaringen	Fließschlacke	grau, braun verwittert, porös	2./1. Jh. v. Chr.
D-4/4b	Heidenheim-Hermaringen	Fließschlacke	grau, braun verwittert, porös	2./1. Jh. v. Chr.
D-5/1	Heidenheim-Großkuchen „Eisenbrunnen"	Ofenschlacke	braun verwittert, Holzkohle-Einschlüsse, Ofenwandung anhaftend	3./4. Jh. n. Chr.
D-5/2a	Heidenheim-Großkuchen „Eisenbrunnen"	Fließschlacke	kleine Fragmente, grau	3./4. Jh. n. Chr.
D-5/3a	Heidenheim-Großkuchen „Eisenbrunnen"	Ofenschlacke	grau, Holzkohle-Einschlüsse, Ofenwandung anhaftend	3./4. Jh. n. Chr.
D-5/4	Heidenheim-Großkuchen „Eisenbrunnen"			
D-5/5a	Heidenheim-Großkuchen „Eisenbrunnen"	Fließschlacke	grau-schwarz	3./4. Jh. n. Chr.
D-5/6a	Heidenheim-Großkuchen „Eisenbrunnen"	Ofenschlacke	braun verwittert, plattig, porös, Eisenschlieren und ca. 1 cm große Eisen-Einschlüsse	3./4. Jh. n. Chr.
D-5/7	Heidenheim-Großkuchen „Eisenbrunnen"	Ofenschlacke	Eisenkern (Luppe?)	3./4. Jh. n. Chr.
D-5/8	Heidenheim-Großkuchen „Eisenbrunnen"	Ofenschlacke	braun verwittert, plattig, porös, Eisenschlieren	3./4. Jh. n. Chr.
D-5/11	Heidenheim-Großkuchen „Zeche-KARL"	Fließschlacke	grau, Oberfläche rot oxidiert, glasiger Überzug	3./4. Jh. n. Chr.
D-5/12a	Heidenheim-Großkuchen „Zeche-KARL"	Fließschlacke	Fragmente, grau, porös	3./4. Jh. n. Chr.
D-5/12b	Heidenheim-Großkuchen „Zeche-KARL"	Fließschlacke	Fragmente, grau, porös	3./4. Jh. n. Chr.

(Fortsetzung nächste Seite)

Tabelle 2.1.f. *(Fortsetzung)*

IfA-Nr.	Fundort	Probenart	Probenbeschreibung	Datierung
D-6/1	Linsenhofen	Fließschlacke	grau, dicht, 1 cm mächtiger blasiger Rand	7./8. Jh. n. Chr.
D-6/2	Linsenhofen	Fließschlacke	grau, dicht, 1 cm mächtiger blasiger Rand	7./8. Jh. n. Chr.
D-6/3	Linsenhofen	Ofenschlacke	graubraun, porös	7./8. Jh. n. Chr.
D-6/4	Linsenhofen	Fließschlacke	grau, dicht, 1 cm mächtiger blasiger Rand	7./8. Jh. n. Chr.
D-6/5	Linsenhofen	Eisenschlacke		7./8. Jh. n. Chr.
D-6/6	Linsenhofen	Ofenschlacke	porös, blasig, glasige Oberfläche	7./8. Jh. n. Chr.
D-6/7	Linsenhofen	Ofenschlacke	braun verwittert, porös, Eisenschlieren	7./8. Jh. n. Chr.
D-14/2	Lauchheim	Fließschlacke	grau, lagig	nicht datiert
D-14/2a	Lauchheim	Fließschlacke	Fragmente, grau	nicht datiert
D-22/1	Metzingen Kurleshau	Fließschlacke	d'grau, porös, grobkristallin, Metall-Einschluß, aus Halde geborgen	11./12. Jh. n. Chr.
D-22/2a	Metzingen Kurleshau	Fließschlacke	d'grau, dicht, lagig, Metall-Einschlüsse	11./12. Jh. n. Chr.
D-22/3	Metzingen Kurleshau	Fließschlacke	d'grau, kristallin, Metall-Einschlüsse, aus Halde geborgen	11./12. Jh. n. Chr.
D-22/4	Metzingen Kurleshau	Fließschlacke	d'grau, glasig	11./12. Jh. n. Chr.
D-22/6a	Metzingen Kurleshau	Fließschlacke	d'grau, dicht, glasig	11./12. Jh. n. Chr.
D-22/7	Metzingen Kurleshau	Ofenwandung	d'grau, glasiger Überzug, Keramik-Einschlüsse	11./12. Jh. n. Chr.
D-22/28a	Metzingen Neuenhausen	Fließschlacke	d'grau, dicht	11./12. Jh. n. Chr.
D-22/29	Metzingen Kurleshau	Ofenschlacke	grau, braun verwittert, viele Holzkohle-Einschlüsse (ca. 3 cm²), Erz-Einschlüsse, Halbprodukt (?)	11./12. Jh. n. Chr.
D-22/30a	Metzingen Kurleshau	Ofenschlacke	grau, braun verwittert, viele Holzkohle-Einschlüsse (ca. 3 cm²), Erz-Einschlüsse, Halbprodukt (?)	11./12. Jh. n. Chr.
D-22/31	Metzingen Kurleshau	„Schlackensand"	ca. 1 cm große Bruchstücke	11./12. Jh. n. Chr.
D-29/3	Langenau-Öchslesmühl	Luppe	braun, Eisenschlieren	2./3. Jh. v. Chr. (?)
D-29/4	Langenau-Öchslesmühl	Fließschlacke	d'grau, glasig, poröse Lagen	2./3. Jh. v. Chr. (?)
D-33/1a	Lenningen Schopfloch	Ofenschlacke	braun, blasig, viele Holzkohle-Einschlüsse	3./4. Jh. n. Chr.
D-33/1c	Lenningen Schopfloch	Ofenschlacke	braun verwittert, porös, plattig	3./4. Jh. n. Chr.
D-33/2	Lenningen Schopfloch	Fließschlacke	grau, Keramik anhaftend	3./4. Jh. n. Chr.
D-33/4	Lenningen Schopfloch	Ofenschlacke	braun verwittert, porös	3./4. Jh. n. Chr.

Tabelle 2.2: Chemische Pauschalanalysen der Schlacken von der Schwäbischen Alb. Haupt- und Nebenkomponente in Gewichtsprozent, Spuren in ppm. Angegeben sind die Probenummern des Instituts für Archäometallurgie/Deutsches Bergbau-Museum (IfA) (nn = nicht nachgewiesen, nb = nicht bestimmt).

IfA-Nr.	SiO$_2$	TiO$_2$	Al$_2$O$_3$	FeO	MnO	MgO	CaO	Na$_2$O	K$_2$O	P$_2$O$_5$	S	Cl	Summe	Ba	Cr	Co	V	Ni	Cu	Zn	Rb	Sr	Y	Zr	Nb	Pb	Ga
Nattheim																											
D-2/8	10,6	0,28	2,67	70,6	0,42	0,22	2,69	0,13	0,59	0,42	0,01	0,01	88,6	79	43	260	110	210	120	170	22	32	60	50	nb	6	6
D-2/11a	10,7	1,03	13,1	58,7	0,28	0,31	5,89	nn	0,40	0,64	0,01	nn	91,1	89	990	28	1410	42	40	47	21	42	213	290	14	14	76
Essingen-Weiherwiesen																											
D-3/2	26,7	0,58	5,91	53,1	1,91	0,13	0,28	0,10	0,44	0,96	nn	0,01	90,1	370	90	150	120	150	530	160	20	35	69	120	10	23	22
D-3/3	11,4	0,25	3,28	67,6	2,30	0,17	0,17	0,04	0,11	0,61	0,03	0,04	86,0	130	100	130	73	100	150	180	7	14	65	43	11	24	12
D-3/5	18,9	0,32	5,11	54,1	5,79	0,23	0,71	0,05	0,24	0,93	0,01	nn	86,4	380	80	36	92	20	110	120	10	31	130	56	8	27	11
D-3/8	54,4	0,99	19,1	7,48	0,10	1,37	2,67	0,40	3,02	0,35	0,01	0,01	89,9	330	130	150	69	64	58	130	140	160	46	279	19	17	23
D-3/9a	13,9	0,30	5,35	60,0	5,02	0,40	0,61	0,11	0,30	0,81	0,01	0,03	86,8	310	110	94	280	23	140	18	15	21	96	47	1	14	12
D-3/9b	18,3	0,25	3,49	66,7	1,94	0,39	0,91	0,16	0,39	0,64	0,01	0,02	93,2	210	90	43	93	26	85	38	15	20	170	59	1	11	9
D-3/9c	14,1	0,33	5,50	57,8	5,03	0,44	0,74	0,03	0,30	0,63	0,04	0,01	85,0	410	290	52	150	27	91	23	17	17	77	59	2	7	8
D-3/10a	22,6	0,66	8,71	46,8	6,43	0,29	0,67	0,21	0,41	0,47	0,01	nn	87,3	640	100	69	150	19	110	47	9	45	99	100	10	12	9
D-3/12a	26,0	0,40	8,68	42,5	8,60	0,48	1,52	0,30	0,88	0,72	0,01	0,02	90,1	70	170	120	180	20	120	35	27	53	140	120	9	13	4
D-3/14a	8,34	0,21	2,93	66,9	5,90	0,19	0,51	0,21	0,23	0,52	0,01	0,01	86,0	450	110	72	73	130	140	57	11	19	41	28	2	10	4
D-3/17	17,5	0,27	1,97	72,5	0,83	0,24	0,88	0,01	0,58	0,82	nn	nn	95,6	290	40	28	42	37	350	200	22	27	16	68	3	22	9
D-3/22	12,9	0,33	3,14	77,5	0,91	0,18	0,39	nn	0,13	0,69	0,01	0,01	96,2	61	100	100	59	120	340	150	6	27	85	34	3	9	7
D-3/26	16,3	0,38	4,21	67,7	0,70	0,24	0,37	nn	0,18	0,85	0,02	0,01	91,0	75	110	77	72	130	110	120	6	12	63	61	8	16	10
D-3/27a	23,7	0,26	6,54	45,8	13,2	0,52	1,51	nn	1,49	0,73	0,01	nn	93,8	1240	160	nn	100	57	140	77	48	42	160	56	3	15	3
D-3/31	16,7	0,35	5,99	66,7	2,48	0,27	0,27	nn	0,17	0,53	nn	nn	93,5	79	260	nn	170	26	130	120	6	15	66	42	11	14	7
D-3/32	14,6	0,50	7,61	65,8	1,36	0,30	0,26	nn	0,07	0,50	nn	0,01	91,0	42	400	22	150	26	200	330	7	12	58	58	5	19	13
D-3/33a	14,4	0,36	5,08	64,1	4,60	0,25	0,19	nn	0,14	0,64	nn	nn	89,8	311	220	nn	120	28	170	87	10	21	82	51	6	17	6
Heidenheim-Kleinkuchen																											
D-4/1	15,8	1,20	15,3	54,8	0,57	0,36	2,95	nn	0,42	0,44	nn	nn	91,8	150	780	nn	1670	32	84	180	16	37	170	290	13	17	34
D-4/2	13,3	0,89	11,2	63,6	0,62	0,29	1,43	nn	0,51	0,41	nn	nn	92,3	120	500	31	910	25	100	62	36	24	190	190	nb	1	59

(Fortsetzung nächste Seite)

Tabelle 2.2.f. *(Fortsetzung)*

IfA-Nr.	SiO_2	TiO_2	Al_2O_3	FeO	MnO	MgO	CaO	Na_2O	K_2O	P_2O_5	S	Cl	Summe	Ba	Cr	Co	V	Ni	Cu	Zn	Rb	Sr	y	Zr	Nb	Pb	Ga
Heidenheim-Hermaringen																											
D-4/4a	9,75	1,12	12,5	61,3	0,43	0,39	2,21	0,32	0,53	0,38	0,01	0,01	89,0	130	620	48	1550	48	110	49	16	49	190	340	23	1	65
D-4/4b	15,2	1,22	14,7	53,0	0,38	0,45	4,24	0,05	0,43	0,49	0,02	0,02	90,2	130	990	50	1580	37	73	44	15	46	210	400	26	8	57
Heidenheim-Großkuchen																											
D-5/1	12,1	1,03	12,7	55,6	0,45	0,39	1,56	0,05	0,47	0,71	nn	0,01	85,1	150	810	50	1690	37	180	60	13	30	190	330	12	5	67
D-5/2a	9,15	1,15	10,7	60,5	0,35	0,37	1,39	0,02	0,35	0,33	0,01	0,01	84,3	140	830	94	1630	41	370	32	12	32	300	400	10	17	64
D-5/3a	12,3	0,62	5,63	71,4	0,17	0,26	2,22	0,19	0,73	0,46	nn	0,01	94,0	88	350	120	500	82	200	6	20	37	82	110	2	14	45
D-5/4	17,6	1,07	16,1	48,2	0,41	0,51	6,73	0,02	0,80	0,57	0,01	nn	92,0	180	1210	nn	1620	35	65	110	45	57	180	330	2	16	nn
D-5/5a	24,8	0,97	11,2	51,0	0,23	0,40	3,22	0,16	0,93	0,55	0,01	0,01	93,5	140	560	53	1280	43	75	100	32	57	200	260	13	27	45
D-5/6a	14,3	0,31	2,45	68,7	0,13	0,38	2,05	0,11	0,87	0,73	0,02	0,02	90,1	120	90	43	210	98	130	16	35	44	23	81	4	2	13
Heidenheim-Großkuchen																											
D-5/7	31,8	0,58	5,38	51,6	2,52	0,46	2,48	0,19	1,64	0,98	nn	0,02	97,7	650	210	62	280	140	140	130	62	61	51	170	nn	38	nn
D-5/8	51,5	0,79	9,99	26,7	0,34	0,74	4,39	0,68	3,17	0,76	0,01	0,02	99,1	290	410	89	440	140	85	220	86	80	66	380	14	52	37
D-5/11	17,0	1,23	14,4	50,0	0,27	0,45	2,41	0,05	0,67	0,47	0,01	0,01	87,0	130	260	27	1630	35	53	50	22	40	200	480	14	6	57
D-5/12a	17,1	1,05	16,5	50,7	0,41	0,31	1,69	0,05	0,41	0,58	nb	nb	88,8	180	530	100	1770	34	170	100	16	44	300	240	14	7	50
D-5/12b	19,6	1,25	15,4	46,7	0,39	0,48	2,85	0,22	1,19	0,63	0,01	0,01	88,7	110	520	40	2060	47	73	160	29	104	230	330	24	12	51
Linsenhofen																											
D-6/1	29,2	0,59	12,2	31,3	1,12	2,63	16,8	0,14	1,49	2,01	0,03	0,01	97,5	430	180	14	620	14	94	53	48	460	89	160	12	3	6
D-6/2	30,1	0,59	11,7	32,0	1,03	2,75	14,2	0,11	1,60	1,82	0,03	0,01	95,9	370	180	2	580	17	37	65	49	410	96	160	12	1	7
D-6/3	26,1	0,80	12,3	44,4	0,22	0,40	3,36	0,08	1,20	0,61	0,01	0,08	89,6	220	620	40	1640	41	240	26	31	68	160	260	10	14	46
D-6/4	29,1	0,64	11,3	36,8	0,93	2,64	9,83	0,06	1,31	1,73	0,04	nn	94,4	300	150	19	450	21	60	134	45	260	82	160	12	9	11
D-6/5	31,0	0,62	12,8	30,7	0,94	3,81	11,4	0,04	1,62	1,92	0,02	nn	94,9	370	200	nn	520	13	63	120	55	250	94	150	20	nn	11
D-6/6	25,4	0,77	11,5	49,3	0,39	0,70	3,96	0,02	1,03	0,86	0,01	nn	93,9	470	270	nn	650	21	65	39	41	62	75	230	10	19	32
D-6/7	17,3	0,77	14,1	50,2	0,18	0,38	2,02	0,04	0,65	0,50	0,01	0,07	86,2	160	960	47	2490	66	280	92	20	48	130	190	9	6	65

(Fortsetzung nächste Seite)

Tabelle 2.2: Chemische Pauschalanalysen der Schlacken von der Schwäbischen Alb. Haupt- und Nebenkomponente in Gewichtsprozent, Spuren in ppm. Angegeben sind die Probenummern des Instituts für Archäometallurgie/Deutsches Bergbau-Museum (IfA) (nn = nicht nachgewiesen, nb = nicht bestimmt).

IfA-Nr.	SiO$_2$	TiO$_2$	Al$_2$O$_3$	FeO	MnO	MgO	CaO	Na$_2$O	K$_2$O	P$_2$O$_5$	S	Cl	Summe	Ba	Cr	Co	V	Ni	Cu	Zn	Rb	Sr	y	Zr	Nb	Pb	Ga
Lauchheim																											
D-14/2	26,7	0,29	3,93	59,2	1,25	0,27	1,19	nn	0,80	0,92	0,01	nn	94,6	290	105	26	100	130	92	550	25	32	67	71	nn	4	7
D-14/2a	25,8	0,19	3,28	59,6	1,43	0,20	0,77	0,02	0,98	1,30	0,01	nn	93,6	300	80	19	76	19	53	56	26	30	59	48	2	31	3
Metzingen																											
D-22/1	33,5	0,46	9,76	18,8	0,80	4,88	23,3	0,27	2,34	1,81	0,13	0,01	96,1	75	15	390	280	18	46	10	61	500	90	150	7	1	8
D-22/2a	35,4	0,53	14,7	4,71	1,10	6,47	34,1	0,30	1,71	1,00	0,09	0,01	100,1	79	11	410	340	13	31	8	44	60	120	170	8	3	6
D-22/3	38,9	0,57	12,7	6,07	1,07	5,27	28,9	0,27	1,43	1,07	0,09	0,01	96,4	86	42	370	380	8	32	4	30	640	120	200	12	3	5
D-22/4	38,0	0,57	13,2	7,17	1,03	5,16	28,2	0,30	1,57	1,31	0,09	nn	96,6	100	34	470	400	9	15	8	35	630	120	170	14	16	3
D-22/6a	37,0	0,57	13,4	8,38	0,92	4,76	27,7	0,31	1,46	1,48	0,05	0,01	96,0	93	22	460	370	11	39	13	31	630	120	170	6	nn	6
D-22/7	76,0	0,65	7,92	6,37	0,21	0,58	1,51	0,42	4,30	0,35	0,01	nn	98,3	74	78	170	86	23	41	30	160	80	30	260	11	2	8
D-22/28a	11,3	0,18	1,55	77,9	0,08	0,68	4,56	nn	0,57	1,46	0,20	nn	98,5	43	43	500	46	26	86	110	11	100	15	37	1	20	23
D-22/29	18,7	0,37	6,23	63,8	1,64	0,32	0,16	nn	0,07	0,46	0,02	0,01	91,8	240	11	22	130	19	109	86	10	8	38	40	3	15	10
D-22/30a	16,8	0,42	5,15	69,8	0,82	0,27	0,21	nn	0,17	0,86	0,01	0,01	94,5	190	41	63	88	35	84	280	15	13	68	60	4	15	5
D-22/31	15,5	0,27	3,79	65,4	4,42	0,16	0,39	nn	0,32	0,59	nn	nn	90,8	140	143	290	77	34	100	130	17	21	62	64	4	11	9
Langenau																											
D-29/3	8,41	0,82	10,7	72,2	0,57	0,43	1,19	0,10	0,18	0,50	0,02	0,01	95,1	130	57	165	1290	26	16	58	11	21	170	220	9	nb	49
D-29/4	8,43	0,10	1,53	75,9	0,68	0,36	11,3	nn	0,25	2,01	0,01	nn	100,6	10	25	120	18	21	120	63	15	50	13	15	nn	nb	nn
Lenningen																											
D-33/1a	17,9	0,80	4,23	66,8	0,11	0,81	4,34	0,15	0,72	0,79	0,01	nn	96,7	150	64	150	340	31	42	34	26	25	40	98	14	nb	20
D-33/1c	13,2	0,47	3,87	67,2	0,04	0,70	7,64	nn	0,94	0,73	nn	0,01	94,8	110	130	190	180	160	130	110	24	52	25	61	nb	nb	11
D-33/2	12,4	0,45	3,72	75,8	0,03	0,57	4,89	nn	0,63	0,36	nn	nn	98,9	100	70	64	220	35	56	54	22	34	36	55	4	nb	18
D-33/4	16,6	0,77	11,9	59,7	0,05	0,55	0,84	nn	0,29	0,38	nn	nn	91,1	360	80	76	611	166	70	86	21	13	44	119	7	nb	22

Literatur

Avery u. a. 1988: D. H. Avery / N. J. van der Merwe / S. Saitowitz, The Metallurgy of the Iron Bloomery in Africa. In: R. Maddin (Hrsg.), The Beginning of the Use of Metals and Alloys. (Cambridge / Massachusetts 1988) 261–282.

Bachmann 1978: H.-G. Bachmann, Schlacken: Indikatoren archäometallurgischer Prozesse. In: Mineralische Rohstoffe als kulturhistorische Informationenquelle (1978) 66–103.

Beck 1884: L. Beck, Die Geschichte des Eisens. In: Die Geschichte des Eisens im Mittelalter 2 (Braunschweig 1884).

Bielenin 1984: K. Bielenin, Frühneuzeitliche Eisenverhüttungszentren in Polen. In: R. Pleiner (Hrsg.), Archaeometallurgy of Iron, 1967–1987. Symposium Liblice 1987 (Prag 1989) 139–150.

Birke u. a. 1988: W. Birke / M. Mangin / I. Keesmann, Gallo-römische Eisengewinnung im Morvan, Frankreich. Jahrb. RGZM 35, 1988, 597–601.

Biswas 1981: A. K. Biswas, Principles of Blast Furnace Ironmaking (Brisbane 1981).

Bogdandy / Engell 1967: L. Bogdandy / H.-J. Engell, Die Reduktion der Eisenerze (Düsseldorf 1967).

Bowen u. a. 1933: N. L. Bowen / J. F. Schairer / E. Posnjak, The system Ca_2SiO_4-Fe_2SiO_4. American Journal Science Ser. 5, 26, 1933, 193–284.

Darken / Gurry 1945: L. S. Darken / R. W. Gurry, The System Iron-Oxygen 1. The Wüstite Field and Related Equilibria. Journal American Chemical Society 67, 1945, 1398–1412.

Ehrenreich 1985: R. M. Ehrenreich, Trade, technology and iron working community in the Iron Age of southern England. BAR, Britisch Ser. 114 (Oxford 1985).

Frank u. a. 1975: M. Frank / P. Groschopf / K. Sauer / P. Simon / H. Wild, Die marin-sedimentären Eisenerze des Dogger in Baden-Württemberg. Geol. Jahrb. Reihe D, H. 10, 1975, 23–128.

Gassmann u. a.: G. Gassmann / Ü. Hauptmann, Frühmittelalterliche Produktion von hoch kohlenstoffhaltigem Eisen in Kippenheim / Baden-Württemberg (in Vorb.).

Geisler 1988: H. Geisler, Untersuchungen zur latènezeitlichen und frühmittelalterlichen Eisenproduktion im Raum Kelheim (Niederbayern). Jahrb. RGZM 35, 1988, 556–559.

Gilles 1988: J. W. Gilles, Alte Roheisenerzeugung im Oberbergischen. Stahl u. Eisen 79, 1959, 641.

Goodrich 1984: C. A. Goodrich, Phosphoran pyroxene and olivene in silicate inclusions in natural iron-carbon alloy, Disko Island, Greenland. Geochimica et Cosmochimica Acta 48, 1984, 1115–1126.

Haffner 1971: A. Haffner, Ein hallstattzeitlicher Eisenschmelzofen von Hillesheim, Kr. Daun. Trierer Zeitschr. 34, 1971, 21–29.

Hagfeldt 1986: H. Hagfeldt, On the weight distribution of slag from Lapphyttan. In: Medieval Iron in Society 2. Jernkontorets Forskning 39, 1986, 46–49.

Hauptmann 1985: A. Hauptmann, 5000 Jahre Kupfer in Oman 1, Die Entwicklung der Kupfermetallurgie vom 3. Jahrtausend bis zur Neuzeit. Der Anschnitt, Beih. 4 (Bochum 1985).

Hauptmann / Mai 1991: A. Hauptmann / P. Mai, Chemische und mineralogische Untersuchungen an Funden der mittelalterlichen Eisenmetallurgie aus dem Einzugsgebiet des Dhünntales. In. M. Rech (Hrsg.), Das obere Dhünntal (Köln 1991) 171–183.

Horstmann / Toussaint 1989: D. Horstmann / F. Toussaint, Two Brazilian iron works of the early 19th century, Metal and slag analyses. Journal Hist. Metallurgical Soc. 23, 2, 1989, 114–119.

Keesmann 1989: I. Keesmann, Chemische und mineralogische Detailuntersuchungen zur Interpretation eisenreicher Schlacken. In: R. Pleiner, Archaeometallurgy of Iron (Prag 1989) 17–34.

Krawczyk 1991: E. Krawczyk, Die gallo-römische Eisentechnologie in der Montagne Noir und im Massiv von Mouthomet (Südfrankreich) (Diss. Mainz 1991).

Maddin u. a. 1991: R. Maddin / A. Hauptmann / D. Baatz, A Metallographic Examination of Some Iron Tools from the Saalburgmuseum. Saalburg-Jahrb. 46, 1991, 5 ff.

Magnusson 1985: G. Magnusson, Lapphyttan – An Example of Medieval Iron Production. In: Mediaeval Iron in Society 1. Jernkontoret Forskning Ser. 34, 1985, 21–57.

Monot 1964: J. Monot, Les ferriers du département de'l Yonne. Rev. Hist. Siderurgie 4, 1964, 273–297.

Muan / Osborn 1965: A. Muan / E. F. Osborn, Phase Equilibria among oxides in steelmaking (Reading, Mass. 1965).

Osann 1971: B. Osann, Rennverfahren und Anfänge der Roheisenerzeugung. Verein Deutscher Eisenhüttenleute, Fachausschußbericht 9.001 (Düsseldorf 1971).

Pietsch 1983: M. Pietsch, Die römischen Eisenwerkzeuge von Saalburg, Feldberg und Zugmantel. Saalburg-Jahrb. 39, 1983, 5–132.

Planck 1983: D. Planck, Eisen in der Vor- und Frühgeschichte in Baden-Württemberg. In: U. Zwicker (Hrsg.), Die Bedeutung der Eisenherstellung im Süddeutschen Raum in der Vor- und Frühgeschichte. 12. Werkstoffkolloquium Univ. Erlangen, Teil 1 (Erlangen 1983) 1.1–1.27.

Pleiner 1980: R. Pleiner, Early Iron Metallurgy in Europe. In: Th. A. Wertime / J. D. Muhly, The Coming of the Age of Iron (New Haven / London 1980) 375–415.

Presslinger u. a. 1983: H. Presslinger / H. Gahm / C. Eibner, Die Eisenverhüttung im steirischen Ennstal zu Beginn des 12. Jahrhunderts. Berg- und Hüttenmännische Monatsh. 5, 1983, 163–168.

Presslinger / Köstler 1991: H. Presslinger / H. J. Köstler, Der Werkstoff Stahl im Altertum. Ferrum 63, 1991, 18–26.

Presslinger u. a. 1991: H. Presslinger / Ch. Maier / Th. Lorenz, Metallographische Untersuchungen an einem römerzeitlichen Messer aus Norischem Stahl. Berg- u. Hüttenmännische Monatsh. 5, 1991, 184–188.

Reiff u. a. 1991: W. Reiff / M. Böhm / F. Wurm, Eisenerzvorkommen und -gewinnung auf der östlichen Schwäbischen Alb. Bl. Schwäb. Albver. 97, 1991, 165–170.

Rose u. a. 1990: D. Rose / G. Endlicher / A. Mucke, The occurrence of „Iscorite" in Medieval iron slags. Journal Hist. Metallurgical Soc. 24,1, 1990, 27–32.

Rosenqvist 1974: T. Rosenqvist, Principles of Extractive Metallurgy (Tokio 1974).

Salter 1989: Ch. J. Salter, The Scientific Investigation of the Iron Industry in Iron Age Britain. In: J. Henderson, Scientific Analysis in Archaeology. Oxford Univ. Comm. Arch. Monogr. 19 (Oxford 1989) 250–273.

Schulz u. a. 1983: E. Schulz / U. Zwicker / W. Haase / J. Spitzhirn, Metallkundliche Untersuchungen zur vor- und frühgeschichtlichen Eisenherstellung im Süddeutschen Raum. In: U. Zwicker (Hrsg.), Die Bedeutung der Eisenherstellung im süddeutschen Raum in der Vor- und Frühgeschichte. 12. Werkstoffkoll. Univ. Erlangen, Teil 2 (Erlangen 1983) 8.1–8.271.

Schürmann 1958: E. Schürmann, Die Reduktion des Eisens im Rennfeuer. Stahl u. Eisen 19, 1958, 1297–1308.

Serning u. a. 1982: I. Serning / H. Hagfeldt / P. Kresten, Vinarhyttan. Jernkontorets Forskning 21, 1982.

Sönnecken 1968: M. Sönnecken, Ausgrabungen auf einer Massenhütte des 13.–15. Jahrhunderts bei Haus Rhade, Kreis Altenstein. Der Märker 1968, 40–42.

Sperl 1980: G. Sperl, Über die Typologie urzeitlicher, frühgeschichtlicher und mittelalterlicher Eisenhüttenschlacken. Stud. Industrie-Archäologie 7 (Wien 1980) 1–68.

Straube 1964: H. Straube, Erzreduktionsversuche in Schachtöfen norischer Bauart am Magdalensberg. Archiv Eisenhüttenwesen 35, 1964, 26–34.

Straube 1986: H. Straube, Kritische Gegenüberstellung der Theorien über die Metallurgie des Rennfeuers. Ferrum 57, 1986, 20–28.

Straube 1989: H. Straube, Untersuchungen an Norischen Fundluppen. In: R. Pleiner (Hrsg.), Archaeometallurgy of Iron (Prag 1989) 43–52.

Szöke 1990: L. Szöke, Schlackenhalden und Schürfgruben im Braunen Jura zwischen Reutlingen und Weilheim an der Teck. Fundber. Baden-Württemberg 15, 1990, 353–382.

Tylecote 1976: R. F. Tylecote, A History of Metallurgy (London 1976).

Tylecote 1986: R. F. Tylecote, The Prehistory of Metallurgy in the British Isles (London 1986).

Tylecote 1987: R. F. Tylecote, The Early History of Metallurgy in Europe (London 1987).

Yalçin 1992: Ü. Yalçin, Vom Schmiedeeisen zum Roheisen – Frühes Eisen auf der Schwäbischen Alb. Gießerei 24, 1992, 1029–1033.

IX. Die Ausbeutung der Erzlagerstätten in vor- und frühgeschichtlicher Zeit

MARTIN KEMPA

1.	Die Ressourcen 311
2.	Die archäologische Überlieferung 315
2.1	Die Fundumstände 315
2.2	Die chronologische Verteilung der Verhüttungsplätze 317
2.3	Archäologische Überlieferung und Pollenprofile 320
3.	Verhüttung in frühalamannischer Zeit 322
3.1	Fließschlacken und Schlackenklötze: zwei Kategorien frühalamannischer Verhüttungsplätze 322
3.2	Parallelen zu den metallurgischen Überresten vom Typ Essingen ... 323
3.3	Frühalamannische Verhüttung – Selbstversorgung oder Überproduktion? ... 328
4.	Die Entwicklung im frühen und hohen Mittelalter 329
4.1	Verhüttung auf der Ostalb im frühen Mittelalter? 329
4.2	Verhüttung im Vorland der mittleren Schwäbischen Alb 330
5.	Verzeichnis der abgekürzt zitierten Literatur (Beiträge M. Kempa) ... 335

1. Die Ressourcen

Die Bohnerzlagerstätten der östlichen Schwäbischen Alb konzentrieren sich in der Umgebung von Nattheim auf dem südlichen Härtsfeld (Abb. 1). Kleinere Reviere kennen wir auf dem nordöstlichen Härtsfeld (Unteriffingen, Michelfeld, Dorfmerkingen), im südlichen Brenztal (Bergenweiler) und auf der Heidenheimer Alb (Wellesberg und Rezenberg). Unsere Kenntnis der Erzvorkommen beruht auf den spätmittelalterlichen und neuzeitlichen Abbauspuren. Entsprechend gibt die Karte (S. 18 Abb. 2) nicht alle Lagerstätten wieder, sondern nur die heute noch erhaltenen Abbauspuren. Zahlreiche kleinere Bohnerzvorkommen, die während des späten Mittelalters und der Neuzeit den Abbau nicht lohnten, werden durch diese Kartierung nicht erfaßt.
Als Beispiel sei die frühalamannische Schlackenfundstelle in Heidenheim-Großkuchen aufgeführt (Abb. 1, Nr. 6). Die nächsten Bohnerzgruben findet man 4 Kilometer weiter südlich bei Nattheim. Doch im Ortsbereich von Großkuchen kann man Spalten und Klüfte im anstehenden Kalkfels beobachten, die mit bohnerzführendem Lehm plombiert sind.[1] Ich gehe davon aus, daß auf Härtsfeld, Südalbuch und Flächenalb immer in nächster Nähe der vor- und frühgeschichtlichen Verhüttungsplätze Bohnerz verfügbar war. Dies gilt wohl auch für die Fundstellen außerhalb des Arbeitsgebietes, insbesondere auf der südwestlichen Alb.[2]

Möglicherweise existieren noch Lagerstätten anderer Erze, die uns unbekannt geblieben sind. So etwas könnte man sich im Steinheimer Becken vorstellen (Abb. 1, Nr. 2), wo ja ungewöhnliche geologische Verhältnisse herrschen. Auch das Eisenschwartenvorkommen in den Feuersteinlehmen des Nordalbuch war vor Projektbeginn nicht bekannt. Eisenschwarten wurden bislang fast ausschließlich in der unmittelbaren Umgebung der „Weiherwiesen" bei Essingen gefunden (Abb. 1 Nr. 1). Ebenso beschränken sich Abbauspuren auf dieses kleine Gebiet, obwohl weite Teile des Nordalbuch und des nordwestlichen Härtsfeldes von

---

[1] 1989 in einer Baugrube 500 m östlich der Schlackenfundstelle „Gassenäcker" beobachtet, von dort die Bohnerzproben D5/13.17.21. Vgl. Beitrag (YALÇIN/HAUPTMANN, S. 301).
[2] Vgl. dazu S. 181 ff. (KEMPA).

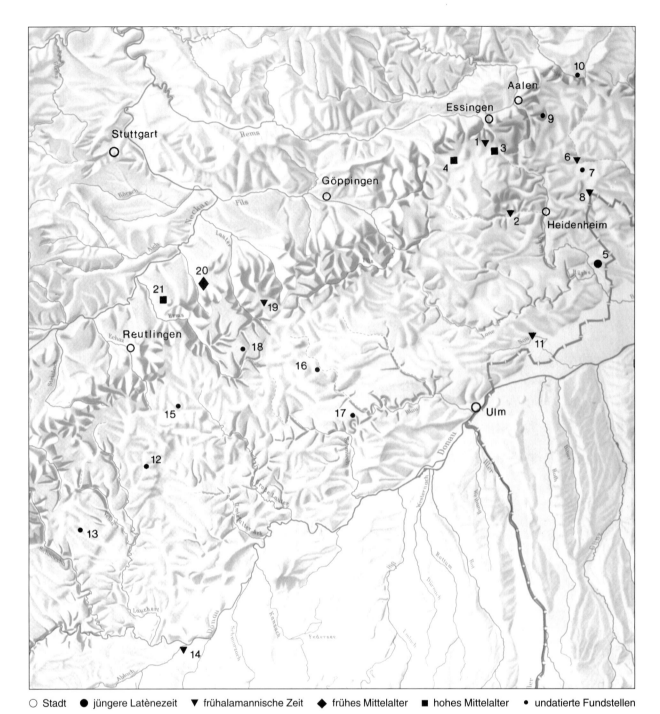

○ Stadt   ● jüngere Latènezeit   ▼ frühalamannische Zeit   ◆ frühes Mittelalter   ■ hohes Mittelalter   • undatierte Fundstellen

1 Essingen „Weiherwiesen". 2 Sontheim im Stubental. 3 Essingen-Tauchenweiler „Fachensohl". 4 Bartholomä, Innerer Kitzinghof. 5 Hermaringen „Berger Steig". 6 Heidenheim-Großkuchen „Gassenäcker". 7 Heidenheim-Großkuchen, Ortsteil Kleinkuchen. 8 Nattheim „Badwiesen". 9 Aalen-Unterkochen „Schloßbaufeld". 10 Lauchheim „Mittelhofen". 11 Langenau „Am Öchslesmühlbach". 12 Trochtelfingen. 13 Bitz. 14 Mengen. 15 Kohlstetten. 16 Natterbuch. 17 Hausen ob Ursprung. 18 Hengen. 19 Lenningen-Schopfloch. 20 Frickenhausen-Linsenhofen „Benzenhau". 21 Metzingen „Kurleshau".

Abb. 1: Vor- und frühgeschichtliche Verhüttungsplätze auf der Hochfläche und im Vorland der Schwäbischen Alb. Kartengrundlage: Ausschnitt aus Reliefkarte Baden-Württemberg 1:600 000.

Hrsg. Landesvermessungsamt Baden-Württemberg, Stuttgart. Vervielfältigung genehmigt unter Az.: 5.11/878.

Feuersteinlehmen bedeckt sind. Vielleicht gibt es dort weitere Lagerstätten mit Eisenschwarten.[3] Vereinzelt fanden sich auch Eisenschwarten außerhalb der Feuersteinlehme. Mehrere Stücke wurden im Verlauf großflächiger Grabungen in Lauchheim „Mittelhofen" und

---

[3] Laut einem Brief aus dem Jahr 1522 ließ der Abt des Klosters Königsbronn auf dem nordwestlichen Härtsfeld bei Ebnat nach Erz schürfen, stellte den Abbau jedoch wegen des geringen Vorkommens und der minderen Qualität wieder ein – handelte es sich vielleicht um Eisenschwarten? Vgl. THIER, Schwäbische Hüttenwerke 38 f.

Bopfingen-Flochberg geborgen,[4] jedes Mal im Hangschutt aus Lehm und Weißjuraschotter vor dem Albtrauf. Eine eventuell verschleppte Eisenschwarte wurde in der Umgebung der spätkeltischen Viereckschanze von Tomerdingen (Alb-Donau-Kreis) aufgelesen.[5]

Für unsere Fragestellung ohne Belang sind die oolithischen Erzflöze des Dogger Beta, Stuferz genannt, die am Trauf v.a. in der Aalener Bucht auskeilen. Niedrige Eisen- und hohe Kieselsäuregehalte machen es sehr schwer, wenn nicht unmöglich, das Stuferz im Rennfeuerverfahren zu verhütten.[6]

Bohnerz ist leicht zu finden. Man muß nur einen umgebrochenen Acker, einen entwurzelten Baum oder einen anderen Aufschluß untersuchen bzw. an der Oberfläche Vegetation und Humus entfernen: überall läßt sich sofort feststellen, ob Bohnerz ansteht. Die erhaltenen Abbauspuren auf Bohnerz sind ausnahmslos in die topographischen Karten eingetragen. Es handelt sich um Tagebaugruben unterschiedlicher Größe. Meist liegen gewaltige Waschhalden in unmittelbarer Nähe, denn das Erz mußte durch Schlämmen vom anhaftenden Lehm befreit werden. Viele Bohnerzgruben werden in den Oberamtsbeschreibungen oder in Urkunden erwähnt.[7] Die schriftlichen Nachrichten legen nahe, daß alle erhaltenen Gruben auf die intensiv betriebene Bohnerzförderung seit dem späten Mittelalter zurückgehen. Ältere Spuren wurden dabei, soweit sie überhaupt vorhanden waren, zerstört.

Eine andere Abbaumethode erforderten die Eisenschwarten in der Umgebung der „Weiherwiesen". Dort kann man nur vereinzelt Erzbrocken an der Oberfläche auflesen, was den Prospektoren vergangener Zeiten sicher genügte, das Vorkommen zu entdecken. Bauwürdige Konzentrationen beginnen erst in größerer Tiefe und sind unregelmäßig im anstehenden Feuersteinlehm verteilt.[8] Während der geologischen Untersuchungen im Schürfgrubenfeld „Oberer Gehren" unmittelbar östlich der „Weiherwiesen" wurde die Verfüllung eines alten Schachtes angeschnitten. Der Schacht hatte einen Durchmesser von 90 cm und konnte bis 4 m Tiefe verfolgt werden, ohne daß die Sohle erreicht worden wäre. Zwei entsprechende Schächte von 1,1 m Durchmesser und 2,75 bzw. 5,1 m Tiefe wurden in Grabung 1 auf den „Weiherwiesen" dokumentiert.[9] Wir dürfen mit einiger Sicherheit behaupten, daß die meisten Pingen in der Umgebung der „Weiherwiesen" auf solche Schächte zurückgehen, die einst über größere Flächen hinweg dicht an dicht abgeteuft wurden und nun verfüllt und verstürzt sind.

Dieses Verfahren erscheint zunächst aufwendig und ineffektiv, ist aber bei näherer Überlegung viel einfacher, als die Anlage großer Tagebaugruben. Agricola beschrieb im Jahr 1556 die Methode, das Erz in der Ebene mittels zahlreicher Schächte abzubauen.[10] Nur so konnte man über ausgedehnte Flächen hinweg aus größerer Tiefe fördern, ohne unverhältnismäßig viel Arbeit in die Beseitigung des Abraums und den Ausbau der Gruben zu investieren. Man trifft das Verfahren überall und in allen Epochen an, sei es neolithischer Flintabbau in Europa,[11] rezente Goldgewinnung in Afrika,[12] Förderung von Opal in Australien (Abb. 2) oder früh- bis hochmittelalterlicher Eisenerzabbau auf der südlichen Frankenalb[13] und im Voralpenland.[14] Die zitierten Beispiele belegen, daß solche Schächte gewöhnlich sehr eng waren (Dm. 70–90 cm), so daß gerade eine Person darin arbeiten konnte. Dabei erreichte man ohne weiteres Tiefen von 10 bis 20 m. Vielleicht gehen alle sichtbaren Abbauspuren im Umkreis der „Weiherwiesen" auf den urkundlich belegten neuzeitlichen Bergbau zurück.[15] Die Schächte, die wir in Grabung 1 angeschnitten haben, müssen jedoch älter sein. Sie wurden möglicherweise schon in frühalamannischer Zeit, sicher jedoch nicht nach dem hohen Mittelalter (11./12. Jh.) angelegt. Unabhängig davon, wie die Bergbauspuren in den Grabungsflächen datieren, kann man gewiß davon ausgehen, daß die frühalamannischen Schmelzer auf den „Weiherwiesen" ihr Erz in ebensolchen Schächten förderten.

Bohnerze und Eisenschwarten sind sehr reich an Eisen. Bohnerze enthalten im Mittel 61% Fe_2O_3, Eisenschwarten sogar 78%. Der Kieselsäuregehalt liegt durchschnittlich bei 12,7 (Bohnerz) bzw. 9,2% (Eisenschwarten). Diese Zusammensetzung erweist sich als günstig für das Rennfeuerverfahren. Der analytische

---

4 S. 178f. 318 (KEMPA).
5 S. 319 mit Anm. 49.
6 Zu diesem Erztyp S. 16ff. (REIFF/BÖHM); S. 271ff. (HAUPTMANN/YALÇIN).
7 Beschreibung des Oberamtes Heidenheim (Stuttgart 1844) 26; 140; 175; 228; 259; 263ff. 290. Zu urkundlichen Erwähnungen vgl. THIER, Schwäbische Hüttenwerke passim. Vgl. auch S. 174 (KEMPA).
8 Zu den geologischen Untersuchungen: S. 24f. (REIFF/BÖHM).
9 S. 153f. mit Abb. 3; 4.
10 AGRICOLA, De re Metallica 98.
11 Allgemein G. WEISGERBER, Montanarchäologie. Archäometallurgie der Alten Welt. In: Beiträge zum Internationalen Symposium „Old World Achaeometallurgy", Heidelberg 1987. Der Anschnitt, Beih. 7 (Bochum 1989) 83.
12 B. ARMBRUSTER, Goldbergbau in Mali. Der Anschnitt 44, 1992, 74f.
13 K. SCHWARZ/H. TILLMANN/W. TREIBS, Zur spätkeltischen und mittelalterlichen Eisenerzgewinnung auf der südlichen Frankenalb bei Kelheim. Jahresber. Bayer. Bodendenkmalpflege 6–7, 1965/66, 35ff. E. RUTTE, Der Bergbau auf Eisenerz in Viereichen im Frauenforst zwischen Kelheim und Regensburg. Weltenburger Akademie, Gruppe Geschichte (Kelheim/Weltenburg 1984) 76.
14 H. FREI, Der frühe Eisenerzbergbau und seine Geländespuren im nördlichen Alpenvorland. Münchner Geogr. H. 29 (Regensburg 1966) 38ff.
15 S. 150ff. (KEMPA).

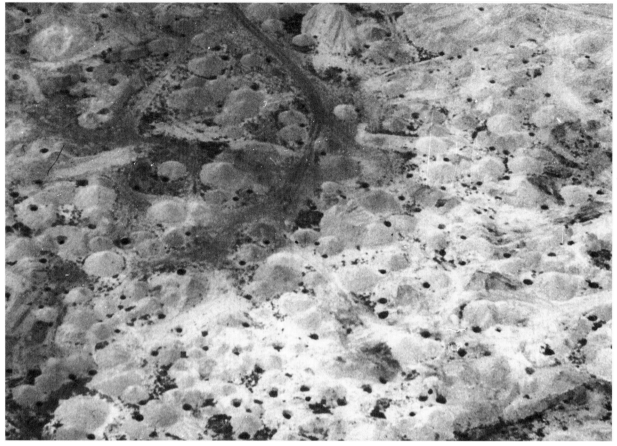

Abb. 2: Schachtöffnungen und Halden im Coober Pedy – moderner Opalbergbau in Australien. Deutsches Bergbau-Museum Bochum.

Vergleich von Erz- und Schlackenproben bestätigt, daß die vor- und frühgeschichtlichen Hüttenleute auf der östlichen Schwäbischen Alb durchweg Bohnerz, bzw. im Fall der „Weiherwiesen" Eisenschwarten als Rohstoff verwendeten.[16] Aus der Zusammensetzung der Spurenelemente geht hervor, daß darüber hinaus in Nattheim und Langenau nicht ausschließlich Bohnerz, sondern möglicherweise zusätzlich Eisenschwarten verhüttet wurden.[17] Vielleicht existieren in der Nähe dieser Verhüttungsplätze Eisenschwartenvorkommen, die ausgebeutet werden konnten. Doch sollte man aus einzelnen Abweichungen in den Gehalten der Spurenelemente keine weitgehenden Folgerungen ziehen.[18]

Möglicherweise erforderte die Verhüttung von Eisenschwarten einen Zuschlag aus kieselsäurehaltigem Material, z. B. Sand oder Hornsteine.[19] Sand findet man auf der Albhochfläche in Molasseresten. Hornsteine treten zuhauf in den Feuersteinlehmen des Nordalbuch und des nordwestlichen Härtsfeldes auf. Allerdings schwankt der Kieselsäuregehalt in den Eisenschwarten ganz erheblich.[20] Vielleicht verstanden es die alten Hüttenmeister, das Erz aufgrund äußerer Merkmale so zu sortieren, daß in der Mischung am Ende das Verhältnis von Eisenoxyd und Kieselsäure stimmte, und der Ofen mit einem selbstschmelzenden Möller beschickt werden konnte. Ethnologische Beispiele aus Afrika lehren, wie sorgfältig die Schmelzer in manchen Fällen das Erz begutachten und sortieren.[21] Ob nun ein Zuschlag erforderlich war oder nicht, gewiß bildeten sowohl Eisenschwarten als auch Bohnerz eine ideale Rohstoffbasis für die vor- und frühgeschichtliche Rennfeuerverhüttung im Arbeitsgebiet.

Zur Verhüttung des Erzes benötigte man Holzkohle. Vor dem hohen Mittelalter wurde auf dem Nordalbuch kaum mehr Wald gerodet, als auf natürliche Weise wieder nachwachsen konnte. Dies gilt trotz der von Smettan festgestellten Baumartenverschiebung, die bereits in vorgeschichtlicher Zeit einsetzte. Die

---

16 S. 287 ff. (Yalçin/Hauptmann).
17 S. 289 Abb. 27.
18 Vgl. S. 311 f. zu einzelnen Eisenschwartenfunden außerhalb der Feuersteinlehme.
19 S. 273; 288 (Yalçin/Hauptmann).
20 Vgl. S. 273 Tab. 1 (Durchschnittswert) mit 302 Tab. 1.2 (Einzelwerte).
21 F. van Noten, Ancient and Modern Iron Smelting in Central Africa: Zaire, Rwanda and Burundi. In: Haaland/Shinnie, African Iron Working 108. Vgl. ferner J. Todd, Iron Production by the Dimi of Ethopia. Ebd. 93.

Baumartenverschiebung wird zwar als Anzeichen für regelmäßigen Holzeinschlag infolge der Eisenverhüttung interpretiert, doch ging dabei keinesfalls der Baumbestand so stark zurück, daß Holzmangel eingetreten wäre.[22] Die Rückschlüsse aus den Pollenprofilen gelten zunächst nur für den Nordalbuch. Südalbuch und Härtsfeld waren sicher etwas dichter besiedelt und stärker entwaldet. Doch dürften nur graduelle Unterschiede bestehen. Mangel an Holz war demnach vor dem Mittelalter kein begrenzender Faktor für Umfang und Standort der Verhüttung auf Albuch und Härtsfeld.

Die Ergebnisse der naturwissenschaftlichen Untersuchungen kann man in dem Satz zusammenfassen: Auf der Hochfläche der östlichen Schwäbischen Alb herrschten ausgesprochen günstige Voraussetzungen für die Verhüttung von Eisenerzen im Rennfeuerverfahren.

2. Die archäologische Überlieferung

2.1 Die Fundumstände

Trotz reicher Erzvorkommen sind auf der Schwäbischen Alb nur wenige Schmelzplätze gefunden worden. Selbst nach den gezielten Forschungen der vergangenen Jahre hat sich daran nichts geändert. Ausgrabungen einzelner Verhüttungsplätze haben zwar weitergeholfen, Charakter und Zeitstellung der bekannten Fundstellen zu klären; ihre Zahl konnte nicht wesentlich vermehrt werden.

Allen Verhüttungsplätzen auf der Albhochfläche ist gemeinsam, daß sie nur durch besonders günstige Umstände entdeckt werden konnten. Immer lagen die Schlacken in Gruben (Abb. 1, Nr. 1, 2, 5, 6, 19), Gräben (Abb. 1, Nr. 1) oder unter mächtigen, schützenden Deckschichten (Abb. 1, Nr. 6–8, 10, 11, vermutlich auch 13, 15, 17, 18). Zu Tage getreten sind sie bei zufälligen Erdbewegungen, fast immer in Verbindung mit Bauarbeiten. Nur auf den „Weiherwiesen" hat von Zeit zu Zeit der Pflug Schlacken an die Oberfläche gebracht.

Nirgends auf der Hochfläche der Alb kennen wir Schlackenhalden oder auch nur größere Konzentrationen von Schlacken an der Erdoberfläche. Schlackenhalden sind an sich leicht zu finden. Gerade in Waldgebieten können sie nicht verborgen bleiben, wenn man systematisch danach sucht. Gewöhnlich waren es gut erhaltene Schlackenhalden, die als erstes das Augenmerk der Forscher auf ein ehemaliges Verhüttungsrevier lenkten. So fielen P. Goeßler schon zu Beginn unseres Jahrhunderts die Schlackenhalden im Vorland der mittleren Alb auf.[23]

Es gibt Ofentypen ohne Schlackenabstich, die nur für den einmaligen Gebrauch konzipiert sind, sogenannte Rennöfen mit eingetieftem Herd. Am Ende des Ofenganges wird der Schacht zerstört und die Luppe entnommen. Zurück bleibt ein Schlackenklotz, der sich in einer Grube unter dem Reduktionsraum bildete. Eine Halde entsteht nicht. Man kann nicht ausschließen, daß solche Öfen auch auf der Schwäbischen Alb Verwendung fanden.[24] Wir haben jedoch andere Ofentypen gefunden. Die Schmelzapparate, die in frühalamannischer Zeit auf den „Weiherwiesen" bei Essingen betrieben wurden, funktionierten ebenfalls ohne Schlackenabstich. Auch sie erzeugten kleine Schlackenklötze in einer Grube unter dem Schmelzraum.[25] Doch abweichend von dem oben beschriebenen Prinzip wurde in Essingen der Klotz herausgerissen und der Schmelzapparat wiederholt benutzt. Die Klötze zahlreicher Schmelzgänge bildeten zwar keine Halden, aber sie sammelten sich in größeren Konzentrationen an, die durch die Ausgrabungen und geomagnetischen Untersuchungen nachgewiesen werden konnten. Daneben gibt es auf der östlichen Schwäbischen Alb eine Reihe von Fundstellen mit Fließschlacken (Abb. 1, Nr. 5–8, 10). Fließschlacken setzen einen Ofen mit Schlackenabstich voraus, und man darf annehmen, daß dort überall einst Schlackenhalden existierten.

Wieso finden wir auf der Schwäbischen Alb keine Schlackenhalden mehr? Betrachten wir kurz die Fundumstände auf den „Weiherwiesen".[26] Die Schlacken wurden in frühalamannischer Zeit erzeugt und fanden sich in großer Menge in Befunden, die während der frühalamannischen Besiedlungsphase verfüllt worden sind. Aber auch in Gruben und Pfostenlöchern des hohen Mittelalters (11./12. und 13. Jh.) steckten zahlreiche, große Schlackenbrocken. Offenbar lagen im hohen Mittelalter noch immer beträchtliche Schlackenmengen aus frühalamannischer Zeit an der Oberfläche, so daß sie in die hochmittelalterlichen Befunde gelangen konnten. Dagegen fanden sich in den Gruben des 14./15. Jh. überhaupt keine Eisenschlacken. Im

---

[22] S. 112 ff. 126 Abb. 62 (SMETTAN).

[23] Zu P. Goessler vgl. S. 187 (KEMPA). Weitere Beispiele sind die römischen Schlackenhalden in der Pfalz um Eisenberg (F. SPRATER, Bayer. Vorgeschbl. 10, 1931/32, 26 ff.) und die Funde von Kelheim (P. REINECKE, Ber. RGK 24/25, 1934/35, 128 ff.) sowie im Siegerland durch O. Krasa. Vgl. H. BEHAGHEL, Die Eisenzeit im Raume des Rechtsrheinischen Schiefergebirges (Wiesbaden 1949) VII mit Anm. 3.

[24] Zum Typ vgl. unten S. 326. Entsprechende Befunde aus dem Markgräfler Land zeigen, daß man in Süddeutschland durchaus mit diesem Ofentyp rechnen kann, vgl. die Ergebnisse der Forschungen G. Gassmanns, die o. S. 12 (KEMPA) referiert werden.

[25] Vgl. S. 159 ff., bes. 160 (KEMPA).

[26] Vgl. S. 155 f. (KEMPA).

späten Mittelalter gab es auf den „Weiherwiesen" keine Schlackenkonzentrationen an der Oberfläche mehr.

Bei Essingen-Tauchenweiler, 1,7 km südöstlich der „Weiherwiesen", liegt ein Verhüttungsofen, der mittels Radiokarbondaten in das 10.-12. Jh. datiert wird. Dieser Ofen steht dem ebenfalls hochmittelalterlichen Befund von Metzingen, neben dem sich eine Schlackenhalde von ca. 50 Tonnen erhalten hat, an Kapazität kaum nach.[27] Doch in der Umgebung des Schmelzofens von Tauchenweiler kann man nur einzelne, meist sehr kleine Schlackenbrocken aufsammeln. Eine Halde gibt es nicht.

Aus den Fundumständen der beiden benachbarten Plätze Essingen „Weiherwiesen" und Essingen-Tauchenweiler kann man folgern, daß die ehemals vorhandenen Schlacken in der Zeit zwischen dem 11./12. und dem 14./15. Jh. beseitigt wurden. Der Ofen von Tauchenweiler ist wohl einer der jüngsten Schmelzöfen, die noch auf der Hochfläche der Schwäbischen Alb betrieben wurden. Ab dem 14. Jh. errichtete man die Öfen in den Tälern, um mit der Wasserkraft der Flüsse Hämmer und Blasebälge anzutreiben.[28] Bis zum Beginn unseres Jahrhunderts standen Schmelzöfen an Kocher, Brenz und Rems. Sie wurden sowohl mit Stuferz als auch mit Bohnerz und Eisenschwarten von der Hochfläche beschickt.

Rennfeuerschlacken sind sehr eisenreich, eisenreicher als Stuferz. In einem scharf blasenden Ofen,[29] bei dem Wasserkraft zur Erzeugung des Windes genutzt wurde, konnte aus Rennfeuerschlacken noch einmal metallisches Eisen ausgebracht werden. Agricola bezeichnet die Aufarbeitung alter Schlackenhalden sogar als besonders gewinnträchtig.[30] Für einige vor- und frühgeschichtliche Erzreviere kann diese Praxis näher belegt werden.[31] Es liegt auf der Hand, daß im Bereich der Erzgruben der östlichen Schwäbische Alb etwa vorhandene Schlackenhalden gleich mit abgebaut, in die Täler verfrachtet und noch einmal verhüttet wurden. Deshalb haben sich auf der Hochfläche nur dort Rennfeuerschlacken erhalten, wo sie vor diesem Zugriff im Boden bewahrt blieben.

Einzelne Schlacken findet man auf dem inneren und südlichen Härtsfeld fast überall, so beinahe auf jedem Acker der Markungen Großkuchen, Kleinkuchen, Nattheim und Fleinheim. Fast immer läßt sich nachweisen, daß diese Streufunde mit Bauaushub aus der nächsten Ortschaft angefahren wurden. In zwei Fällen – Nattheim „Badwiesen" und Heidenheim-Kleinkuchen – führten die sekundären Lesefunde sogar dazu, den Verhüttungsplatz zu lokalisieren. Die Fundumstände der primären Schlackenplätze im Arbeitsgebiet gleichen sich auffallend. Fast immer wurden sie im Weichbild heutiger Ortschaften entdeckt (Abb. 1, Nr. 2, 5-8,11). Auch auf den „Weiherwiesen" (Ab. 1, Nr. 1) existierte einst eine Siedlung. Abgesehen von den vorgeschichtlichen Besiedlungsphasen gibt es archäologische Belege, die von der frühalamannischen Zeit bis in das späte Mittelalter reichen.

Zunächst kann man für die Bindung der Verhüttungsplätze an heutige Ortschaften die Überlieferungsbedingungen verantwortlich machen. Wie schon ausgeführt, haben sich primäre Schlackenkonzentrationen nur unter schützenden Deckschichten erhalten und können zwangsläufig erst im Gefolge größerer Erdbewegungen aufgefunden werden. Solche Eingriffe, insbesondere Baumaßnahmen, beschränken sich im allgemeinen auf die Ortschaften. Man muß jedoch einen weiteren Gesichtspunkt beachten. Es gibt auf der Albhochfläche einen Faktor, der bis in die jüngste Vergangenheit ausschlaggebend für die Attraktivität eines Siedlungsplatzes war: der Zugang zu ausreichendem Trinkwasser. Gutes Trinkwasser war auf der verkarsteten Hochfläche vor allem in den Sommermonaten Mangelware. Dies änderte sich erst, als gegen Ende des 19. Jh. die zentrale Albwasserversorgung gebaut wurde. Die existierenden Ortschaften gehen in aller Regel auf frühmittelalterliche Gründungen zurück, die der Forderung nach Trinkwasser genauso genügen mußten wie mancher Weiler, der heute wüst liegt – z. B. auf den „Weiherwiesen". Es ist daher keinesfalls ausschließlich dem Spiel der Überlieferung anzulasten, wenn alle Schlackenplätze bei heutigen oder abgegangenen Siedlungen entdeckt werden. Im Gegenteil, man darf folgern, daß in unmittelbarer Nähe der nachgewiesenen Verhüttungsplätze mit einiger Wahrscheinlichkeit gleichzeitige Siedlungen bestanden.

Beweisen läßt sich dies für die frühalamannischen Fundstellen in Heidenheim-Großkuchen, Sontheim im Stubental und Essingen „Weiherwiesen". An allen drei Plätzen wurden nicht nur Verhüttungsrelikte und Siedlungsmaterial geborgen, sondern in Flächengrabungen auch gleichzeitige Siedlungsstrukturen erfaßt. Auch in Nattheim fanden sich die Schlacken zusammen mit frühalamannischem Siedlungsmaterial. Die Schlacken von Hermaringen stammen aus einer jüngerlatènezeitlichen Siedlungsgrube, die an einem Platz aufgedeckt wurde, der offensichtlich über längere Zeit-

---

27 Zu Tauchenweiler S. 165 ff.; (KEMPA); zu Metzingen S. 189 ff.
28 Vgl. dazu auch S. 13 (KEMPA).
29 Zum Begriff „scharf blasender Ofen" vgl. OSANN, Rennverfahren 94 ff.
30 AGRICOLA, De re Metallica 24.
31 BURGER/GEISLER, Kelheim 42 zitieren Matthias Flurl mit einem Beleg aus dem Jahr 1792. Belege aus dem 20. Jh. gibt es in Polen (BIELENIN, Góry Świętokrzyskie 260) und Frankreich (J. MONOT, Les ferriers du département de l'Yonne. Rev. Hist. Sidérurgie 5, 1964, 273).

räume hinweg besiedelt war. Nur in Kleinkuchen fanden sich die Verhüttungsabfälle ohne jeden Zusammenhang mit vor- und frühgeschichtlichen Siedlungsspuren. Das hat jedoch nichts zu bedeuten, denn die Schlacken wurden erst lange nach der restlosen Zerstörung der ursprünglichen Fundstelle geborgen. Der einzige Befund, der sicher abseits jeglicher Siedlung liegt, ist der hochmittelalterliche Schmelzofen bei Essingen-Tauchenweiler.

Man kann postulieren, daß die vor- und frühgeschichtlichen Verhüttungsplätze der östlichen Schwäbischen Alb immer in der Nähe gleichzeitiger Siedlungen zu suchen sind. Manches spricht dafür, daß diese Regel auch auf die Hochfläche der mittleren und südwestlichen Alb zutrifft. Dort wurden ebenfalls fast alle Fundstellen bei rezenten Ortschaften entdeckt (Abb. 1, Nr. 11, 13–15, 17–19). In Lenningen-Schopfloch (Nr. 19) fanden sich die Verhüttungsabfälle vergesellschaftet mit frühalamannischem Siedlungsmaterial in einer Grubenhütte. Die Funde aus Hengen (Nr. 18) und Mengen (Nr. 14) wurden zusammen mit frühalamannischen Scherben geborgen. Die metallurgischen Befunde aus Langenau (Nr. 11) werden durch ein Radiokarbondatum in frühalamannische bis frühmittelalterliche Zeit datiert (cal. AD 363–798). Zwar fehlen in den Grabungsflächen gleichzeitige Siedlungsbefunde, doch war der Ort in frühmittelalterlicher Zeit intensiv besiedelt. Dies bezeugen sechs Reihengräberfelder, davon eines 400 m südlich, ein weiters 600 m östlich des Verhüttungsplatzes.

Daß man die vor- und frühgeschichtlichen Verhüttungsplätze geradezu regelhaft in unmittelbarer Nähe gleichzeitiger Siedlungen findet, ist durchaus nicht selbstverständlich. Oft verhält es sich gerade umgekehrt. Es erscheint ja auch viel vernünftiger, das Erz direkt bei der Grube zu verhütten. Verlegen die Schmelzer ihre Tätigkeit in die Nähe der Siedlungen, wird es in vielen Fällen unvermeidlich, das Erz zu transportieren. Entsprechend tritt uns im Vorland der mittleren Schwäbischen Alb ein ganz anderes Verteilungsmuster entgegen. Zahlreiche Verhüttungsplätze liegen dort an Stellen, die sich niemals für eine dauerhafte Ansiedlung eigneten.[32] Vielleicht haben die Unterschiede im Verbreitungsbild etwas mit der Zeitstellung zu tun: hier die im wesentlichen frühalamannischen Fundstellen der Hochfläche, dort die früh- bis hochmittelalterlichen des Vorlandes. Die Diskussion, was diesen Unterschieden zugrunde liegen könnte, möchte ich jedoch zurückstellen[33] und zunächst die Datierung der Verhüttungsplätze auf der Albhochfläche betrachten.

2.2 Die chronologische Verteilung der Verhüttungsplätze

Die zeitliche Verteilung der Fundstellen im Arbeitsgebiet ist sehr auffällig: dem Gros der frühalamannischen Plätze (Essingen „Weiherwiesen", Sontheim im Stubental, Großkuchen und Nattheim, Abb. 1, Nr. 1, 2, 6, und 8) stehen nur ein spätlatènezeitlicher (Hermaringen, Nr. 5) und ein hochmittelalterlicher Platz (Essingen-Tauchenweiler, Nr. 3) gegenüber.[34] Das Ungleichgewicht verstärkt sich noch, wenn man die Albhochfläche außerhalb des Arbeitsgebietes betrachtet. Dort gehören alle datierbaren Fundstellen in die frühalamannische Zeit (Langenau, Mengen, Hengen und Schopfloch, Nr. 11, 14, 18, und 19). Natürlich ist die zeitliche Einordnung bei fast jedem Verhüttungsplatz mit Unsicherheiten behaftet, aber es kann doch kein Zufall sein, daß datierendes Material, soweit es überhaupt vorliegt, immer der frühalamannischen Phase angehört. Allein aus diesem kurzen Abschnitt zwischen provinzialrömischer Zeit und dem frühen Mittelalter liegt genügend Material vor, daß Fragen der Verhüttungstechnik und Zusammenhänge mit der Besiedlungsgeschichte verfolgt werden können. Doch zunächst wollen wir uns den Perioden zuwenden, die kaum oder gar kein metallurgisches Material geliefert haben.

Vorrömische Verhüttung wird nur durch eine einzige Fundstelle vom Ende der Latènezeit belegt – Hermaringen im südlichen Brenztal (Abb. 1, Nr. 5). Warum gibt es darüber hinaus keinen weiteren hallstatt- oder latènezeitlichen Verhüttungsplatz?

Wenn man überblickt, wie die ältesten Verhüttungsplätze in Europa datiert werden, überrascht es nicht, daß so frühe Nachweise auf der Schwäbischen Alb fehlen. Überall setzen die ältesten, sicher datierten Plätze erst im Verlauf der Latènezeit ein. Dies gilt gerade auch für die Verhüttungsreviere Süddeutschlands.[35] Die Tatsache, daß auf der Schwäbischen Alb keine hallstattzeitliche oder frühlatènezeitliche Verhüttung nachzuweisen ist, kann deshalb schwerlich mit besonderen Umständen im Arbeitsgebiet erklärt werden. Die Ursache ist vielmehr in Zusammenhängen zu vermuten, die sich überregional auswirken.[36]

---

32 Zum Vorland der Mittleren Alb vgl. unten S. 330 ff.
33 Vgl. unten S. 330 ff.
34 Die Fundumstände von Bartholomä-Kitzinghof sind so unsicher, daß der Platz hier nicht berücksichtigt wird.
35 Vgl. S. 10 ff. (KEMPA).
36 Eine mögliche Ursache wären besonders primitive Verhüttungsmethoden, die kaum oder gar keine Spuren hinterlassen. Vgl. z. B. die Verhüttung in ganz flachen Herden bei den Madi (FRANCIS VAN NOTEN, Ancient and Modern Iron Smelting in Central
(Fortsetzung nächste Seite)

Anders ist die Überlieferung der jüngeren Latènezeit zu beurteilen. Während dieser Phase lassen sich in zahlreichen europäischen Erzrevieren Verhüttungsplätze nachweisen, nicht nur innerhalb der weiter entwickelten Oppidazivilisation, sondern auch im nördlichen Mitteleuropa.[37] Trotz günstigster Voraussetzungen für die Rennfeuerverhüttung kennen wir auf der Schwäbischen Alb nur den einen Verhüttungsplatz von Hermaringen, der zudem ganz an das Ende der Latènezeit zu datieren ist. Immerhin haben wir dadurch die Gewißheit, daß die Bohnerzlagerstätten schon in vorrömischer Zeit ausgebeutet wurden, aber es bleibt merkwürdig, daß sich dies nicht deutlicher in der archäologischen Überlieferung niederschlägt.

Diese Merkwürdigkeit zu erklären, bieten sich zwei Möglichkeiten an, die vielleicht beide zusammenwirken:

1. Die vorrömischen Verhüttungsplätze unterliegen besonderen Überlieferungsbedingungen, die verhindern, daß wir sie fassen können. Diese Überlieferungsbedingungen dürften sich speziell von denen der frühalamannischen Fundstellen unterscheiden.

2. Die vorrömische Verhüttung erreichte nur ein äußerst bescheidenes Ausmaß. Somit ist es nur einem großen Zufall zu verdanken, daß überhaupt ein Platz gefunden wurde.

Die jüngerlatènezeitliche Besiedlung des Arbeitsgebiets ist gut zu fassen. In Ostwürttemberg sind 15 Viereckschanzen bekannt; allein neun liegen in den Bohnerzrevieren des inneren und südlichen Härtsfeldes und auf der angrenzenden Flächenalb, dagegen keine einzige auf dem Albuch.[38] Der Verbreitungsschwerpunkt latènezeitlicher Grab- und Siedlungsfunde stimmt mit dem der obertägig sichtbaren Denkmäler überein. Wir kennen nur wenige Grabfunde, die den Stufen LT B und C1 nach Reinecke angehören.[39] Aber es gibt eine ganze Reihe von Siedlungen, die fast immer Material der Stufen C/D1 umfassen.[40] Gar keinen Fund kann man für das nordwestliche Härtsfeld nennen, abgesehen von einem Abschnittwall auf dem „Schloßbaufeld" bei Unterkochen, der eine frühlatènezeitliche Bauphase besitzt.[41] Auch auf dem Albuch fehlen Siedlungsspuren. Lediglich im Steinheimer Becken sind jüngerlatènezeitliche Siedlungsreste bekannt,[42] daneben noch frühlatènezeitliche Funde von Rosenstein und Hochberg.[43] Die jüngerlatènezeitliche Besiedlung zeigt somit genau die Verbreitung, die im Arbeitsgebiet für alle Epochen von der Bronzezeit bis zum frühen Mittelalter charakteristisch ist.[44]

Wir wollen uns einigen näher erforschten Siedlungen zuwenden und überprüfen, ob sich in dem einen oder anderen Fall Aussagen zur vorrömischen Eisenverhüttung ergeben. Nordwestlich von Giengen (südliches Härtsfeld) wurden in einem Neubaugebiet ein kleines, mittellatènezeitliches Brandgräberfeld und eine Reihe jüngerlatènezeitlicher Gruben aufgedeckt. Das Neubaugebiet wurde über viele Jahre hinweg systematisch beobachtet. Hinweise auf Eisenverhüttung gibt es nicht.[45] Bei Bopfingen-Flochberg (Riesrand) konnten während ausgedehnter Flächengrabungen in und um eine keltische Viereckschanze in den Jahren 1989 bis 1992 jüngerlatènezeitliche Siedlungsbefunde aufgenommen werden. In den Grabungsflächen fanden sich einige Erzbrocken, die den Eisenschwarten aus Lauchheim und Essingen „Weiherwiesen" gleichen.[46] Eisenschlacken, die aufgrund ihrer äußeren Gestalt als Schmiedeschlacken bestimmt werden können, belegen eine rege Eisenverarbeitung, doch fehlt jeder Hinweis auf Verhüttung.[47] Nördlich Hermaringen (südliches Brenztal) erstreckt sich eine Siedlung in der Flur

---

(Fortsetzung Anmerkung 36)
  Africa: Zaire, Rwanda and Burundi. In: HAALAND/SHINNIE, African Iron Working 106 ff.), in einfachen Gruben am Kilimandscharo – zum Teil nur mit Holz (ANDREE, Metalle 20 f.) oder gar auf einem Holzstoß bei den Fan in Äquatorialafrika (ebd. 26).
37 Vgl. S. 9 f. (KEMPA).
38 Vgl. S. 150 mit Anm. 14 (KEMPA).
39 Giengen „Wanne": J. BIEL, Arch. Korrbl. 4, 1975, 225 ff.; ders., Fundber. Baden-Württemberg 5, 1980, 94 f. – Giengen-Hürben: Fundber. Schwaben N.F. 14, 1957, 194. – Kirchheim/Ries: K. BITTEL, Die Kelten in Württemberg. Röm.-Germ. Forsch. 8 (Berlin, Leipzig 1934) 21. – Nattheim-Fleinheim: Fundber. Schwaben N.F. 9, 1938, 72. Vgl. auch F. FISCHER, Alte und neue Funde der Latène-Periode aus Württemberg. Fundber. Schwaben N.F. 18,2, 1967, 99 f. Liste 5 Nr. 8. 19. 25.
40 Bopfingen (Fundber. Baden-Württemberg 2, 1975, 11). – Bopfingen-Flochberg (R. KRAUSE, Arch. Ausgr. Baden-Württemberg 1989, 117 ff. mit Lit.). – Bopfingen-Trochtelfingen (Fundber. Schwaben N.F. 1, 1922, 63; ebd. 2, 1924, 22; ebd. 5, 1930, 55). – Gerstetten-Heldenfingen (Fundber. Schwaben N.F. 11, 1938/50. 93; ebd. 12, 1938/51, 46). – Giengen „Wanne" und „Ehbach" (Fundber. Baden-Württemberg 2, 1975, 113; ebd. 5, 1980, 95 Nr. 3). – Giengen-Hohenmemmingen (Fundber. Baden-Württemberg 12, 1987, 497 Nr. 2). – Heidenheim-Großkuchen (Streufunde aus dem gesamten Bereich der Siedlungsgrabung. Lit. vgl. 171 ff.). – Herbrechtingen (Fundber. Schwaben N.F. 18,2, 1967, 71; vgl. auch die Grabungen auf dem Radberg, ebd. 4, 1928, 64 und F. FISCHER, Arch. Ausgr. Baden-Württemberg 1986, 83 ff.). – Hermaringen (spätlatènezeitlicher Glasarmring am Benzberg vgl. Fundber. Schwaben N.F. 18,2, 1967, 21; zu einer Siedlung in der Flur „Taublingen" s. u. mit Anm. 48). – Kirchheim-Benzenzimmern (Fundber. Schwaben N.F. 9, 1938, 69; R. KRAUSE, Arch. Ausgr. Baden-Württemberg 1989, 112 ff.). – Neresheim (Fundber. Schwaben N.F. 15, 1959, 148). – Niederstotzingen (Fundber. Schwaben N.F. 18,2, 1967, 74 mit Taf. 101A). – Unterschneidheim (Fundber. Schwaben N.F. 16, 1962, 208).
41 Vgl. S. 148 mit Anm. 7 (KEMPA).
42 Vgl. S. 165 (KEMPA).
43 Dazu OEFTIGER/WAGNER, Rosenstein 72; 90 ff. zur Datierung des Walls A aufgrund der Bauart. Zu frühlatènezeitlichen Funden auf dem Hochberg vgl. S. 207 mit Anm. 44
44 Vgl. S. 147 ff.
45 Literatur zum Gräberfeld vgl. Anm. 39; zur Siedlung Anm. 40. Das Areal wurde von Herrn Kettner aus Giengen überwacht.
46 Lit. zur Grabung Anm. 40.
47 Bestimmung der Erze durch M. BÖHM u. Ü. YALÇIN.

„Taublingen" mit Material von der späten Bronze- bis zur jüngeren Latènezeit (S. 168 Abb. 16 Nr. 2). Im Jahr 1990 untersuchte der Giengener Lehrer H. Huber die Trasse einer Gasleitung, die quer durch das Areal gelegt wurde. Dabei wurden zwei kalottenförmige Schmiedeschlacken aus einer jüngerlatènezeitlichen Grube geborgen. Verhüttungsschlacken oder Ofenreste fanden sich weder in der Ausgrabungsfläche noch während der systematischen Begehungen, die A. Kettner seit der Entdeckung der Fundstelle im Jahr 1975 durchführte.[48] Eine weitere jüngerlatènezeitliche Siedlung liegt im Umfeld der keltischen Viereckschanze von Dornstetten-Tomerdingen (Flächenalb). In den umliegenden Äckern findet man ungewöhnlich viel Bohnerz. Des weiteren wurden im Bereich der Siedlung einige Schmiedeschlacken, ein Hämatitbrocken und eine Eisenschwarte aufgelesen. Weder die Grabungen des Jahres 1958/59, die vorwiegend der Schanze galten, noch die intensiven Begehungen während der vergangenen Jahrzehnte haben Verhüttungsabfälle erbracht.[49] Schließlich möchte ich noch einmal auf den Fundplatz bei Langenau „Am Öchslesmühlbach" (Abb. 1, Nr. 11) zurückkommen, der ebenfalls auf der Flächenalb liegt. Dort wurden Ofenbefunde dokumentiert und charakteristische Verhüttungsabfälle geborgen, die mittels Radiokarbondaten in die alamannische Zeit datiert werden können. Die Verhüttungsrelikte liegen mitten in einer ausgedehnten vorgeschichtlichen Siedlung, die umfangreiches jüngerlatènezeitliches Material geliefert hat. Aber die metallurgischen Funde haben eben nichts mit der jüngerlatènezeitlichen Besiedlung zu tun.[50] Es sei noch einmal daran erinnert, daß auch an den beiden ausgegrabenen frühalamannischen Fundstellen Sontheim im Stubental (Abb. 1 Nr. 2) und Heidenheim-Großkuchen (Abb. 1 Nr. 6) jüngerlatènezeitliche Siedlungsspuren zu Tage traten. Die Verhüttungsabfälle beider Plätze datieren jedoch ebenfalls nicht in die Latènezeit, sondern sie gehören in die frühalamannische Besiedlungsphase.

Der Blick auf die archäologische Überlieferung lehrt uns: es kann kein Zufall sein, daß in allen jüngerlatènezeitlichen Siedlungen Hinweise auf gleichzeitige Verhüttungsöfen fehlen. Dieses Ergebnis tritt noch deutlicher hervor, wenn man die frühalamannischen Siedlungen vergleicht, wo fast immer gleichzeitige Verhüttungsabfälle gefunden werden. Offenkundig stellt der Befund des einzigen bekannten Platzes bei Hermaringen (Nr. 5) – Fließschlacken in einer jüngerlatènezeitlichen Siedlungsgrube – eine Ausnahme dar. Dem Siedlungsmaterial aus Hermaringen kommt ja schon aufgrund seiner späten Datierung eine gewisse Ausnahmestellung im Arbeitsgebiet zu.

Aus dem negativen Befund kann man natürlich keine konkreten Anhaltspunkte gewinnen, wie eine mögliche jüngerlatènezeitliche Verhüttung ausgesehen haben mag. Man kann nur spekulieren, etwa, daß die Rennöfen nicht bei den Siedlungen standen – ausgenommen Hermaringen; weiter, daß Ofenformen in Gebrauch waren, die nur schwer faßbare Spuren hinterließen, – wiederum mit Ausnahme von Hermaringen. G. Gassmann konnte in einem Bohnerzrevier des Markgräfler Landes latènezeitliche Verhüttungsplätze nachweisen, welche diesen Forderungen entsprechen. Er stellte fünf Schmelzplätze fest, an denen Öfen ohne Schlackenabstich betrieben wurden, die am Ende des Ofenganges nur einen recht kleinen Schlackenklotz im Boden hinterließen. Schlackenklötze von drei Fundstellen wurden mit der Radiokarbonmethode in die Latènezeit datiert. Archäologische Beifunde, insbesondere Siedlungsmaterial, fehlen. Offensichtlich liegen diese Plätze abseits der Siedlungen. Insgesamt scheint die latènezeitliche Verhüttung im Markgräfler Land nicht sehr intensiv gewesen zu sein.[51]

Sollte es auf der Schwäbischen Alb ebenfalls eine latènezeitliche Verhüttung dieser Art gegeben haben? Möglicherweise existierten solche Verhüttungsplätze abseits der Siedlungen bei den Bohnerzgruben und sind heute aufgrund der umfangreichen spätmittelalterlichen und neuzeitlichen Aktivitäten nicht mehr nachweisbar.

Die gleiche Frage stellt sich für die provinzialrömische Zeit: Ist das Fehlen metallurgischer Fundstellen auf besondere Überlieferungsbedingungen zurückzuführen, oder entspricht es den tatsächlichen Verhältnissen? Während der Zugehörigkeit des Arbeitsgebietes zur Provinz Rätien herrschte eine andere Wirtschaftsstruktur als in vor- und in nachrömischer Zeit. Nicht bäuerliche Selbstversorgung, sonder zentrale Gütererzeugung und Handel im Rahmen einer Geldwirtschaft bestimmten das Wirtschaftsleben. Das gilt gerade für das Limesgebiet mit seinen Truppenkonzentrationen. Die damit verbundene Zusammenballung von Menschen und die speziellen Bedürfnisse des Militärs verlangten nach einer überregional organisierten Versorgung. Zentralisierung und überregionale Steuerung des römischen Berg- und Hüttenwesens lassen sich durch literarische und archäologische Quellen bele-

---

48 Lit. vgl. Anm. 40. Für detaillierte Informationen zur Grabung danke ich Herrn Huber.

49 Publikationen der Grabungen durch H. ZÜRN/F. FISCHER, Die keltische Viereckschanze von Tomerdingen. Materialh. Vor- u. Frühgesch. Baden-Württemberg 14 (Stuttgart 1991). Die Aussagen zu den sorgfältig dokumentierten Begehungen verdanke ich Herrn G. Wieland, Dornstadt-Tomerdingen, der mir auch die metallurgisch relevanten Funde vorlegte. Die Bestimmung der Erze nahm W. Reiff vor.

50 Vgl. S. 179 ff.

51 G. GASSMANN, Der südbadische Erzbergbau: Geologischer und montanhistorischer Überblick (Diss Univ. Freiburg 1991) 84 ff.

gen.⁵² Auch Rätien war in dieses System eingegliedert. H. U. Nuber verdanken wir die Lesung einer Inschrift vom Beginn des 3. Jh., Fundort Augsburg.⁵³ Der Grabstein berichtet von einem „manceps ferrariarum", der die Abgaben aus der Provinz Rätien, den drei Dakien und einer weiteren Region, deren Bezeichnung nicht lesbar ist, gepachtet hatte. Offensichtlich gab es also in Rätien Einkünfte aus der Eisengewinnung.

Nichts deutet jedoch darauf hin, daß die Erzlagerstätten der Schwäbischen Alb in römischer Zeit ausgebeutet worden wären. Man darf natürlich nicht ausschließen, daß es dennoch Hüttenplätze gab, die wir archäologisch nicht fassen können. Aber ich bin überzeugt, daß Bergbau und Verhüttung in einem Umfang, wie es für römische Zentren der Eisengewinnung charakteristisch ist, auf der Schwäbischen Alb nicht zu erwarten sind. Auch andere Erzlagerstätten Rätiens blieben in römischer Zeit unbeachtet. Auf der südlichen Frankenalb sind Verhüttungsrelikte sowohl der jüngeren Latènezeit als auch wieder ab dem frühen Mittelalter bekannt, nicht jedoch aus römischer Zeit. Zwar liegen die Lagerstätten fast alle nördlich der Donau und damit jenseits des Limes, doch hätte dies sicher keine Rolle gespielt, wenn der römischen Verwaltung die Ausbeutung der Bodenschätze erstrebenswert erschienen wäre.⁵⁴ Weniger überrascht, daß auch die eher disparaten Vorkommen des Alpenvorlandes erst ab dem frühen Mittelalter ausgebeutet wurden.⁵⁵ Man muß davon ausgehen, daß es in römischer Zeit vorteilhafter war, das Metall oder die Fertigprodukte aus Zentren zu beziehen als lokale Lagerstätten zu erschließen. Innerhalb Rätiens kann man solche Zentren in Graubünden oder in Vorarlberg vermuten.⁵⁶

Auch aus frühmittelalterlicher Zeit gibt es auf der Schwäbischen Alb kaum Hinweise auf die Nutzung der Erzressourcen. Die frühalamannische Verhüttungsphase scheint mit Beginn des frühen Mittelalters abrupt zu enden. Wie dies interpretiert werden kann, wird unten in Zusammenhang mit den Funden aus dem Vorland der mittleren Schwäbischen Alb diskutiert.⁵⁷

2.3 Archäologische Überlieferung und Interpretation der Pollenprofile

Die einzige Handhabe, unabhängig von der archäologischen Überlieferung, Umfang und Dauer der Eisenverhüttung zu bestimmen, bieten die botanischen Untersuchungen auf dem Nordalbuch. Smettan hat die Pollenstraten in 442–375 mm bzw. 213–167 mm Tiefe der „Rauhen Wiese" und der Rötenbacher Streuwiese zu einer Pollenzone zusammengefaßt und diesen Abschnitt in Latène- bis frühalamannische Zeit datiert.⁵⁸

Ohne auf die schwierige Datierung einzugehen, möchte ich zunächst zusammenfassen, was in dieser Pollenzone geschieht:

1. Die lichtliebende Birke drängt die ursprünglich dominierende Rotbuche zurück. Gleichzeitig nimmt der Anteil der Hainbuche zu. Die Baumartenverschiebung erreicht am Ende des Zeitabschnitts einen Höhepunkt. Ihre Ursache ist darin zu suchen, daß der Wald alle 10 bis 20 Jahre abgeholzt wurde.⁵⁹

2. Der Siliciumgehalt steigt von seinem natürlichen Niveau auf ein Maximum am Ende des Zeitabschnitts. Als Ursache ist Staubeintrag anzusehen, hervorgerufen durch Brände oder offene Flächen.⁶⁰

3. Sowohl Blei- als auch Zinkanteil steigen von zunächst niedrigem Niveau auf ein Maximum am Ende der Pollenzone. Ursache ist die Emission von Feinstaub, wie er zum Beispiel beim Betrieb von Verhüttungsöfen anfällt.⁶¹

4. Die Anzahl verkohlter Teilchen steigt deutlich gegenüber der vorangegangenen Zeit. Es gibt je ein Maximum etwa in der Mitte und am Ende des Abschnitts.⁶²

---

52 Zusammenfassend H. Cleere, Offa 40, 1983, 103 ff.

53 H. U. Nuber, Ein Bergwerkspächter in Rätien. In: Die Römer in Schwaben. Jubiläumsausstellung 2000 Jahre Römer in Schwaben. Bayer. Landesamt Denkmalpflege, Arbeitsh. 27 (München 1985) 130 ff.

54 Zur Verhüttung in der südlichen Frankenalb: Burger/Geisler, Kelheim 43 ff. Römische Aktivitäten wären im Material sicher aufgefallen. Die Verhältnisse am Niederrhein zeigen, daß die römische Militärverwaltung ohne weiteres bereit war, Bodenschätze jenseits des Limes auszubeuten. Dazu H. von Petrikovits, Das römische Rheinland. Archäologische Forschungen seit 1945. Beih. Bonner Jahrb. 8 (Bonn 1960) 69f. Ferner J. Kunow, Bonner Jahrb. 187, 1987, 65; 68; H. Lehner, Bonner Jahrb. 111/112, 1904, 291 ff. Eine interessante Parallele zum Kelheimer Raum ist das Siegerland. Dort kennen wir sowohl latènezeitliche als auch mittelalterliche Verhüttung. In römischer Zeit blieben die reichen Vorkommen, die sicher auch eine zentral organisierte Überschußproduktion erlaubt hätten, unbeachtet. Offensichtlich war es aufgrund der verkehrsgünstigen Lage am Rhein wirtschaftlicher, das Eisen aus den schon erschlossenen Bergwerksrevieren des Reiches heranzuführen.

55 Zur Datierung der Abbauspuren im Alpenvorland Frei (Anm. 14) 79 ff.

56 In Vorarlberg und Graubünden sind aufgrund schriftlicher Quellen karolingische Eisenproduktionszentren vorauszusetzen, deren Überschuß durch Abgaben an den König abgeschöpft wurde. Dazu R. Sprandel, Das Eisengewerbe im Mittelalter (Stuttgart 1968) 39 ff. In Graubünden gibt es spärliche Hinweise auf eine mögliche römische Eisenverhüttung. Dazu W. U. Guyan, Neue archäologische Untersuchungen zur Eisenverhüttung in der Schweiz. Wiss. Arbeiten Burgenland 59 (Eisenstadt 1977) 119 ff. S. Nauli, Ein Werkplatz für Eisenverhüttung. In: A. Hochuli-Gysel u. a., Chur in römischer Zeit 2. Antiqua 19 (Basel 1991) 67 ff. Mit einem Beitrag zu Untersuchungen an Schlacken ebd. A. Hauptmann ebd. 77 ff.

57 Zum frühen Mittelalter vgl. S. 329 ff.

58 Vgl. S. 73 Tab. 6 (Smettan).

59 Vgl. S. 112 f. Tab. 18; 19. S. 126 Abb. 62.

60 Ebd. Abb. 40.

61 Ebd. Abb. 25 und 43.

62 Ebd. Abb. 62.

Die folgende Pollenzone – Datierung frühes Mittelalter – steht dazu in einem deutlichen Kontrast. Die Buche erobert ihre alten Standorte zurück, was auf ein Ende des Raubbaus am Wald schließen läßt. Dafür geht aufgrund von Rodungen der Gesamtbestand an Bäumen allmählich zurück und es treten erstmals Spezies auf, die Grünland und Getreideanbau anzeigen. Die Aerosolgehalte (Blei, Zink und Silicium) sinken unter das Niveau der vorangegangenen Zone, um im nächsten Abschnitt (hohes Mittelalter) sehr stark anzusteigen.

Blei und Zink wurden vor der Industrialisierung hauptsächlich von Verhüttungsöfen in die Luft geblasen, Blei wohl auch bei der Glasherstellung. Die Schwankungen der Aerosolgehalte in den Pollenstraten – es handelt sich um Feinstaub, der weit transportiert wird – unterliegen überregionalen Einflüssen. Vielleicht darf das Maximum im Abschnitt Latènezeit bis frühes Mittelalter mit dem hohen Metallbedarf des Imperium Romanum erklärt werden. Abgesehen von dem ungeheuren Umfang, den die Eisenverhüttung in Zentren wie Noricum oder Dalmatien annahm, sollte man auch die römische Blei- Silber-Gewinnung nicht vergessen.[63] Solange wir nicht wissen, ob die Emission aus der Eisenverhüttung im Arbeitsgebiet eine meßbare Abweichung gegenüber den überregional verursachten Werten bewirken konnte, möchte ich keine weiteren Schlüsse aus den Elementgehalten in den Pollenstraten ziehen.

Das auffälligste Phänomen ist die Baumartenverschiebung, die auf regelmäßigen Holzeinschlag schließen läßt. Es liegt nahe, daß Smettan als Ursache den Holzkohleverbrauch der Eisenverhüttung anführt. Besteht dieser Zusammenhang tatsächlich, ergäbe sich folgende Entwicklung: Erhöhter Holzeinschlag ist bereits während der Latènezeit festzustellen. Im Laufe der Jahrhunderte steigt der Holzbedarf und damit verbunden die Verhüttung auf ein Maximum in frühalamannischer Zeit. Diese Entwicklung findet im frühen Mittelalter ein plötzliches Ende. Der Wald erholt sich nun, erstmals lassen sich Ackerbau und Grünland nachweisen.[64]

Diese Interpretation stimmt auf verlockende Weise mit der archäologischen Überlieferung überein. Nach spärlichen Anfängen in der jüngeren Latènezeit (Hermaringen, Abb. 1 Nr. 5) läßt sich im Arbeitsgebiet ein Schwerpunkt in frühalamannischer Zeit nachweisen (Abb. 1 Nr. 1, 2, 6 und 8), während in frühmittelalterlicher Zeit die Überlieferung aussetzt. Obwohl römische Fundstellen fehlen, hält die Baumartenverschiebung kontinuierlich den gesamten Abschitt hindurch an. Dies erklärt Smettan mit der geringen Sedimentbildung im Pollenprofil während der provinzialrömischen Zeit. Unterschiede werden dadurch verwischt.

Hier stoßen wir auf ein methodisches Problem, das den Wert der Interpretation einschränkt. In Latène-, römischer und frühalamannischer Zeit bildeten sich auf der „Rauhen Wiese" insgesamt 67 mm Sediment, auf der Rötenbacher Streuwiese gar nur 46 mm. Diese dünnen Schichten repräsentieren 800 bis 900 Jahre! Man kann davon ausgehen, daß die zeitliche Einordnung der Pollenzonen trotz aller Schwierigkeiten zumindest grob zutrifft. Doch bei der oben angeführten Interpretation kommt es auf Genauigkeit an. Verschiebt man die Pollenzone nur geringfügig gegenüber der Zeitachse, hat dies große Folgen für die Interpretation.

Verlegen wir das Maximum des Buchenrückgangs in das frühe Mittelalter, widerspricht der botanische Befund dem archäologischen. Entweder gab es dann trotz fehlender archäologischer Belege doch Eisenverhüttung in größerem Ausmaß während des frühen Mittelalters, oder man müßte die Baumartenverschiebung mit anderen Faktoren erklären. Ist die Datierung zu jung, fällt das Maximum der Baumartenverschiebung in römische Zeit. Dann ließe sie sich vielleicht mit dem Bauholzbedarf des Militärs erklären. Die Regenerationsphase folgte dann in frühalamannischer Zeit, was sich gut in das gängige Interpretationsschema von der Aufgabe des Limes, Besiedlungsrückgang und nachrückenden alamannischen Siedlern einfügen würde.

Die Interpretation der Pollenprofile ist daher sehr unsicher, insoweit sie von einer exakten Datierung abhängt. Daneben ist zu bedenken, daß die Aussagen nur für den unmittelbaren Umkreis der Probenentnahmestellen gelten. Wir dürfen nicht vergessen, daß wir uns auf dem Nordalbuch abseits der großen, viel ergiebigeren Bohnerzlagerstätten befinden.

Das Faktum der Baumartenverschiebung jedoch bleibt bestehen. Es überzeugt nach wie vor, diesen Befund mit dem Brennstoffbedarf der Eisenverhüttung zu erklären und eine Phase besonders intensiver Verhüttung zu postulieren, nach deren vergleichsweise plötzlichem Ende sich der Wald wieder erholte. Diesen Prozeß dürfen wir nicht zu eng datieren, und man sollte damit rechnen, daß der Höhepunkt der Baumartenverschiebung nicht genau mit der frühalamanni-

---

63 Dies gilt nicht nur für das Blei, sondern auch für das Zink. Man denke an die Zinkblende in den hydrothermalen Gängen des Südschwarzwaldes. Dazu H. Maus, Die Erzlagerstätten des Südschwarzwaldes. Erze, Schlacken und Metalle. Freiburger Universitätsbl. 109, 1990, 35 ff. mit Abb. 1.

64 Der Raubbau am Wald, den man im späten Mittelalter und in der Neuzeit zum Zwecke der Eisenverhüttung trieb, läßt sich in dieser Form nicht fassen, da er durch andere, noch massivere Eingriffe überdeckt wird, die Smettan auf Feldgraswirtschaft zurückführt. Vgl. S. 119 (Smettan). Zum historisch belegten Raubbau vgl. Thier, Schwäbische Hüttenwerke 108; 207 ff.

schen Zeit zusammenfällt. Weiterhin sollten wir die Möglichkeit in Betracht ziehen, daß die Baumartenverschiebung auch auf Formen der Landwirtschaft zurückgehen könnte, die, abgesehen von den Eingriffen in den Baumbestand, keine Spuren in den Pollenstraten hinterlassen hat.[65]

3. Verhüttung in frühalamannischer Zeit

3.1 Fließschlacken und Schlackenklötze: zwei Kategorien frühalamannischer Verhüttungsplätze

Die Schlacken von der Hochfläche der Schwäbischen Alb müssen ausnahmslos als eisenreiche Silikatschlacken angesprochen werden, wie sie für die vor- und frühgeschichtliche Rennfeuerverhüttung charakteristisch sind. Dazu gehören nicht nur alle frühalamannischen Funde (Abb. 1, Nr. 1, 6, 8, 11, 19), sondern auch undatierte (Abb. 1, Nr. 7, 10, 17) und ein spätlatènezeitlicher Komplex (Abb. 1, Nr. 5). Unterschiede zeichnen sich bei den Spurenelementen ab, was mit der Verwendung unterschiedlicher Erze – Eisenschwarten, Bohnerz – erklärt werden kann.[66] Darüber hinaus konnten mit naturwissenschaftlichen Methoden keine Differenzierungen innerhalb der Gruppe der eisenreichen Silikatschlacken festgestellt werden. Es handelt sich in jedem Fall um Schlacken mit krypto-kristallin erstarrter Matrix, die in ihren chemischen Haupt- und Nebenbestandteilen und den mineralogischen Phasen übereinstimmen.

Betrachtet man dagegen die äußere Gestalt der Schlacken, lassen sich die Eisenverhüttungsplätze in zwei Gruppen aufteilen: Fundstellen mit Fließschlacken und solche ohne Fließschlacken. Größere Mengen Fließschlacken wurden in der frühalamannischen Siedlung von Heidenheim-Großkuchen geborgen. Besonders charakteristische Beispiele fanden sich in den frühalamannischen Fundschichten von Nattheim (S. 177 Abb. 22). Die grauschwarzen Schlacken sind in plattige Stücke von fünf bis sieben Zentimeter Stärke zerbrochen. Während die Oberseite durch kräftige, glatte Wülste zerfurcht ist, haften an der ebenen, aber rauhen Unterseite oft Verunreinigungen, zum Teil auch Erzbröckchen. Man sieht den Bruchstücken an, daß sie in flüssigem Zustand über eine mehr oder weniger ebene Unterlage gelaufen und dabei erstarrt sind. Genau der gleiche Schlackentyp lag in der spätlatènezeitlichen Grube von Hermaringen. Undatiert sind die Funde aus Kleinkuchen, Hausen und Lauchheim.

Fließschlacken sind charakteristisch für Rennöfen mit flachem Herd und Schlackenabstich.[67] Dieser Ofentyp erzeugt außer Fließschlacken am Ende der Ofenreise auch Ofenschlacken, die im Sumpf erstarren. Ofenschlacken wurden in Großkuchen und Lauchheim geborgen. Man erkennt sie an den fehlenden Fließstrukturen, rostigen Stellen und dem inhomogenen Bruch mit Holzkohleeinschlüssen. Gegenüber der Masse der Fließschlacken fallen die Ofenschlackenfunde auf der Schwäbische Alb kaum ins Gewicht, vielleicht, weil sie Witterungseinflüssen weniger Widerstand entgegensetzen.

Es besteht kein Zweifel, daß an den aufgeführten Fundstellen Öfen mit flachem Herd und Schlackenabstich betrieben wurden. Leider sind nirgends im Arbeitsgebiet entsprechende Befunde aufgedeckt worden. Doch ist dies nicht verwunderlich. Wenn nicht außergewöhnliche Erhaltungsbedingungen vorliegen, hinterlassen Rennöfen dieses Typs nichts weiter als eine verziegelte Stelle im Boden. Viel auffälliger sind die Abfälle – Fließschlacken, Ofenschlacken, Bruchstücke des Ofenmantels und der Windformen. Sie werden gewöhnlich neben dem Ofen auf einer Halde aufgehäuft. Nicht einmal diese Halden haben sich, wie oben erläutert, auf der Hochfläche der Schwäbischen Alb erhalten.

Ganz anders sieht die frühalamannische Verhüttung auf den „Weiherwiesen" bei Essingen aus.[68] Obwohl Schlacken von einer Tonne Gewicht geborgen wurden, war keine einzige Fließschlacke darunter. Der verwendete Ofentyp läßt sich mit Hilfe der zahlreichen metallurgischen Funde ungefähr rekonstruieren. Es handelte sich um kleine Rennöfen, in denen wohl nicht mehr als 15 bis 25 kg Erz verhüttet werden konnten. In der Ofenbrust, die etwa zehn Zentimeter stark war, saß ein Düsenziegel, dessen Windkanal in einem Winkel von 20 bis 25 Grad schräg abwärts in das Ofeninnere geneigt war (S. 161 Abb. 10). Die lichte Weite der Windform betrug zwei bis drei Zentimeter. Genügend Wind konnte vermutlich nur mit Hilfe eines Blasebalges zugeführt werden.[69] Die Schlacke wurde nicht abgestochen. Unter dem Reduktionsraum war eine unregelmäßige Grube in den Feuersteinlehm ein-

---

65 Vgl. die Überlegungen zur Wirtschaftsgrundlage der vorgeschichtlichen Siedler auf dem Nordalbuch S. 206 ff. (KEMPA).
66 Untersuchung der Schlacken S. 274 ff. (YALÇIN/HAUPTMANN). Zu den Spurenelementen S. 287 ff. mit Abb. 26; 27.
67 Zur Bestimmung von Schlacken nach äußeren Kriterien G. SPERL, Über die Typologie urzeitlicher, frühgeschichtlicher und mittelalterlicher Eisenhüttenschlacken. Stud. Industriearch. 7 (Wien 1980) 14 f. Weniger typologisch orientiert, dafür praxisnäher H.-G. BACHMANN, The Identification of Slags from Archaeological Sites. Inst. Arch. Occasional Publ. 6 (London 1982) 2 ff.
68 Ausführliche Beschreibung der Verhüttungsrelikte S. 159 ff.
69 OSANN, Rennverfahren 9 ff. geht davon aus, daß bei Verzicht auf Blasebälge die Windform eine lichte Weite von ca. 6 cm haben sollte.

getieft, max. Ausdehnung ca. 40 cm, Tiefe 15 cm. Darin sammelte sich die gesamte, während eines Ofenganges erzeugte Schlacke. Auf der Oberseite der Schlacke bildete sich eine Luppe. Am Ende der Ofenreise wurde die Brust aufgerissen, die Luppe gezogen und die erkaltende Schlacke aus der Grube entfernt. Vermutlich konnten die Öfen repariert und wiederholt benutzt werden.

Die Schlacken sind zumeist in große Bruchstücke zerschlagen. Eigentlich kann man sie nicht als Ofenschlacken bezeichnen, denn dieser Begriff meint den am Ende einer Ofenreise nach mehrmaligem Abstechen im Sumpf verbliebenen Rest. Am besten bezeichnet man die Schlacken von Essingen als kleine Schlackenklötze (S. 159f. Abb. 7–9).

Weitere Verhüttungsplätze der Schwäbischen Alb lassen sich aufgrund der metallurgischen Überreste an die Funde von Essingen „Weiherwiesen" anschließen: Langenau (Abb. 1 Nr. 11), Schopfloch (Nr. 19), Mengen (Nr. 14), eventuell auch Sontheim im Stubental (Nr. 2). Alle Fundstellen datieren ebenfalls in frühalamannische oder im Fall von Langenau allgemein in frühgeschichtliche Zeit. Überall fehlen Fließschlacken. Statt dessen umfaßt das Material Bruchstücke kleiner Schlackenklötze und Fragmente von Düsenziegeln, die den Funden auf den „Weiherwiesen" entsprechen. Für Sontheim gilt dies allerdings nur mit großem Vorbehalt, da das Originalmaterial nicht mehr vorliegt. Hinzu kommt die Übereinstimmung in der Datierung. In Langenau haben wir sogar noch einen ergänzenden Befund kennengelernt. Dort wurden die Überreste zweier Rennöfen freigelegt. Es handelt sich um Gruben von 40 cm Durchmesser und 10 cm Tiefe, bei denen Sohle und Wand stark verziegelt waren. Die Schlackenklötze aus Essingen „Weiherwiesen" könnten durchaus in ebensolchen Gruben erstarrt sein.

Ich glaube, die Schlußfolgerung ist berechtigt, daß in Langenau, Schopfloch, Mengen und eventuell auch Sontheim der gleiche Ofentyp betrieben wurde wie auf den „Weiherwiesen" bei Essingen.

3.2 Parallelen zu den metallurgischen Überresten vom Typ Essingen

Das umfangreiche metallurgische Material von den „Weiherwiesen" erlaubte es, trotz fehlender Ofenbefunde zu rekonstruieren, wie die in frühalamannischer Zeit betriebenen Schmelzeinrichtungen aussahen. Nun kennen wir in den böhmischen Ländern und Mitteldeutschland Parallelen, die bis in Einzelheiten mit den Funden aus Essingen übereinstimmen.

Im Jahr 1981 gruben R. Pleiner und V. Salač in Lovosice, Nordböhmen, besonders gut erhaltene Schmelzöfen dieses Typs aus. Der Befund, den die Ausgräber 1987 publizierten,[70] wird im folgenden ausführlich vorgestellt, um vor Augen zu führen, wie eng die metallurgischen Funde vom Typ Essingen mit den tschechischen und mitteldeutschen Befunden zusammenhängen.

In Lovosice erstreckt sich eine kaiserzeitliche Siedlung, die von der Stufe Eggers A bis zum Übergang von der älteren zur jüngeren Kaiserzeit (Stufe Eggers B/C) existierte.[71] Im Bereich der Siedlung wurde bei Bauarbeiten eine Grube der Stufe B2 angeschnitten, in deren Rückwand drei Rennöfen eingebaut waren (Abb. 3). Da mächtige, jüngere Schichten das Areal bedeckten, hatte sich die kaiserzeitliche Oberfläche, von der aus die Grube eingetieft worden war, erhalten. Aus diesem Grund blieben auch die Öfen annähernd bis zu ihrer vollen Höhe intakt.

Grubenrückwand und eine jeweils davorgesetzte Lehmbrust von 4–12 cm Stärke bildeten die Ofenschächte. Der Schacht konnte bei einem Durchmesser von 15–20 cm zwischen 52 und 70 cm hoch sein. Unter dem Schacht war ein Herd dergestalt in die Grubensohle eingetieft, daß die Herdsohle ein Gefälle von der Grube weg aufwies. Die Brust der Öfen war unmittelbar auf der Grubensohle aufgerissen. In Ofen I steckte noch halb ein Schlackenklotz. Dort hatte man nach dem letzten Schmelzgang nur die Luppe gezogen, nicht jedoch den Schlackenklotz entfernt. Unmittelbar vor den Öfen I und II fand sich je ein Düsenziegel; weitere acht Bruchstücke lagen zerstreut in der Grubenfüllung.

Die Düsenziegel entsprechen ganz den Stücken, die uns von der Schwäbischen Alb bekannt sind: Länge ca. 11 cm, lichte Weite des Windkanals ofenseitig ca. 2 cm. Die Gestalt eines gut erhaltenen Ziegels aus Lovosice beweist, daß er mit leicht schräg abwärts geneigtem Windkanal in die Ofenbrust eingebaut war. Ebenso erinnert der gut erhaltene Schlackenklotz aus Ofen I in jeder Hinsicht an die Schlackenfunde aus Essingen. Er ist langgestreckt, Größe 50 × 40 cm, Dicke 10–25 cm,

---

[70] R. PLEINER/V. SALAČ, Eine eingetiefte Eisenverhüttungsanlage der älteren römischen Kaiserzeit in Lovosice, Nordböhmen. Arch. Rozhledy 39, 1987, 75ff.

[71] H. J. EGGERS, Zur absoluten Chronologie der römischen Kaiserzeit im freien Germanien. Jahrb. RGZM 2, 1955, 196ff. Vgl. auch ders., Beiträge zur relativen und absoluten Chronologie der römischen Kaiserzeit in Niedersachsen. Die Kunde 11, 1960, 2ff. Wichtige Modifikationen ergeben sich aus den Untersuchungen von K. GODLOWSKY, The Chronology of the Late Roman and Early Migration Periods in Central Europe. Prace Arch. 11, 1970, bes. 59ff. und E. KELLER, Zur Chronologie der jüngerkaiserzeitlichen Grabfunde aus Südwestdeutschland und Bayern. In: Studien zur vor- und frühgeschichtlichen Archäologie. Festschr. J. WERNER. Münchner Beitr. Vor- u. Frühgesch. Ergänzungsbd. 1,1 (München 1974) 247ff.

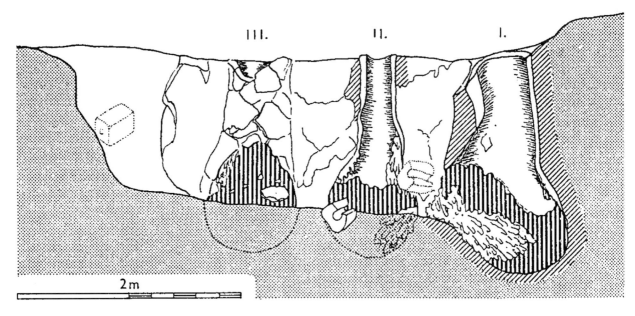

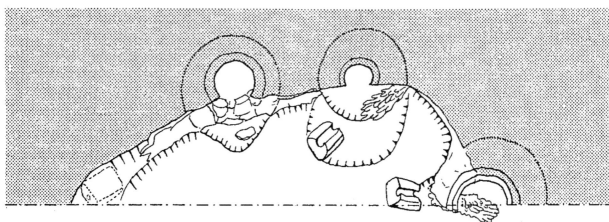

Abb. 3: Lovosice, Tschechien. Profil und Planum einer Arbeitsgrube mit drei in die Grubenwand eingebauten Rennöfen. Düsenziegel und Schlackenklötze liegen fast noch in situ. Nach Pleiner/Salač.

Gewicht 12,5 kg. Die Schlacke ist mit Hohlräumen und Holzkohlen durchsetzt. Der untere bzw. rückwärtige Teil zeigt traubige Fließstrukturen. Genau so sehen auch die Schlacken von den „Weiherwiesen" bei Essingen aus.

Der Befund aus Lovosice führt klar vor Augen, auf welche Weise Rennöfen dieses Typs funktionierten. Da die Schächte in eine Grubenrückwand eingebaut waren, konnte der Wind nur von einer Seite, eben von der Grube aus, zugeführt werden. Aus diesem Grunde wurde ein Düsenziegel in die Brust eingebaut, der das Mundstück eines Blasebalges aufnehmen konnte. Die Schlacke, die sich während des Ofenganges bildete, sammelte sich unter dem Reduktionsraum im Herd, der in die Sohle der Arbeitsgrube eingetieft war. Am Schluß wurde die Brust aufgerissen und die Luppe gezogen. Offensichtlich entfernte man erst später den zwischenzeitlich erkalteten Schlackenklotz und richtete den Ofen für den nächsten Schmelzgang.

Weitere Belege dieses Ofentyps publizierten Pleiner und Motyková im Jahr 1987 aus Ořech südwestlich von Prag.[72] Dort liegt eine ausgedehnte kaiserzeitliche Siedlung, die bislang Fundmaterial der Stufen A bis zum Übergang B/C geliefert hat. In der Siedlung wurden auf zwei Ausgrabungsflächen von insgesamt 1,35 Hektar neun Arbeitsgruben mit 34 Rennofenresten dokumentiert. Die Öfen, von denen einige sehr gut erhalten waren, entsprachen in ihrer Konstruktion genau den Befunden aus Lovosice. Ebenso fanden sich Düsenziegel und die charakteristischen, flachen Schlackenklötze. In den kleinen Öfen war es wohl nicht möglich, pro Schmelze mehr als zwei bis drei Kilogramm Eisen auszubringen.[73] In Ořech konnten die Ausgräber ein weiteres Detail nachvollziehen, das für die Be-

---

72 MOTYKOVÁ/PLEINER, Ořech 371 ff.
73 Ebd. 442.

urteilung ähnlicher Rennofenbefunde anderer Fundstellen wichtig ist. Die über eine gewisse Zeit wiederholt benutzten Rennöfen wurden irgendwann – vermutlich über den Winter – so schadhaft, daß eine Reparatur nicht mehr lohnte. Man verlegte dann die Wand der Arbeitsgrube ein Stück zurück und erbaute neue Öfen. Von den Rennöfen der vorangegangenen Phase blieben nur die Reste der eingetieften Herde von ca. 40 cm Durchmesser und 10–25 cm Tiefe in der Grubensohle übrig.

Bereits 1967 veröffentlichte S. Dušek vergleichbare Befunde aus einer kaiserzeitlichen Siedlung bei Gera-Tinz in Thüringen.[74] Das Fundmaterial, das zusammen mit metallurgischen Funden aus Öfen und Gruben geborgen wurde, umfaßt die Stufen Eggers B und C. Zwei Scherben spätkaiserzeitlicher scheibengedrehter Ware belegen, daß die Siedlung mindestens in die zweite Hälfte des 3. Jh. andauerte.[75] Unter recht ungünstigen Bedingungen konnten insgesamt 21 Ofenbefunde dokumentiert werden. Bei fünf Öfen war nur der letzte Rest des eingetieften Herdes erhalten. Diese Überreste entsprechen vollkommen den Befunden, die Heiligmann in Langenau „Am Öchslesmühlbach" ausgegraben hat (vgl. S. 180 Abb. 27).[76] Besonders gut hatten sich in Tinz die beiden Ofenbefunde 5 und 21 erhalten. Sie waren jeweils in die Wand einer Arbeitsgrube eingebaut und genauso konstruiert, wie die von Pleiner beschriebenen böhmischen Neufunde.

Dušek bezeichnet nur einen Teil der Befunde als eingebaute Öfen entsprechend der Befunde 5 und 21 und trennt den Rest als „Öfen mit eingetieftem Herd und freistehendem Schacht" ab.[77] Damals gab es kaum Parallelen für Rennöfen des Typs, wie wir sie nun aus Lovosice und Ořech kennen. Wenige und zum Teil unklare Befunde hatte Pleiner als Typ Tuklaty zusammengefaßt. Es ist verständlich, daß Dušek versuchte, ihre Befunde an die viel besser bekannten freistehenden Öfen mit eingetieftem Herd in Polen und Schleswig-Holstein anzuschließen.[78] Ich meine, daß diese Interpretation heute revidiert werden muß. Das einzige, was die „freistehenden" Rennöfen in Tinz von den eingebauten des Typs Tuklaty trennt, ist der schlechtere Erhaltungszustand bzw. die lückenhafte Befunddokumentation.[79]

Kehren wir nach Böhmen zurück, wo Pleiner die Befunde aus Lovosice und Ořech zum Anlaß nahm, die zahlreichen tschechischen Nachweise des Typs Tuklaty erneut zu besprechen.[80] Der Ofentyp wurzelt in der spätkeltischen Kultur Böhmens. Zum Beweis verweist Pleiner auf Ausgrabungen der Jahre 1935 und 1939 in Chýně, wo entsprechende Befunde in einer spätlatènezeitlichen Siedlung angetroffen wurden.[81] Leider wird die Datierung nicht näher begründet. Spätlatènezeit kann in diesem Zusammenhang nur heißen, daß die betreffende Siedlung gleichzeitig mit den böhmischen Oppida, also in den Stufen Latène C2/D1 nach Reinecke bestand. Die Belege häufen sich in der älteren Kaiserzeit, insbesondere in der Stufe Eggers B2. Außer einem etwas abweichenden Befund aus Křepice in Südmähren liegen alle Fundstellen in Mittel- und Nordböhmen.[82] Pleiner geht davon aus, daß Rennöfen vom Typ Tuklaty in der jüngeren Kaiserzeit nicht mehr betrieben wurden.[83]

Pleiner faßt den Typ Tuklaty als eine Untergruppe der sogenannten freistehenden Rennöfen mit eingetieftem Herd auf. In beiden Fällen wird die Schlacke nicht abgestochen, sondern unter dem Reduktionsraum in einer Grube gesammelt, wo sie zu einem Klotz erstarrte. Das entscheidende Kriterium, das den Typ Tuklaty begründet, ist der Einbau in eine Arbeitsgrube. Bei dieser Definition spielt es keine Rolle, ob der Ofen, wie es gewöhnlich der Fall ist, an eine Grubenwand angelehnt, oder ob er mit freistehendem Schacht in der Mitte der Grube errichtet wurde.[84]

Ich möchte das Gewicht auf andere Kriterien legen, die direkt mit der Ofenkonstruktion zusammenhängen. Bedingt durch den Einbau in eine Grubenwand war die Ofenbrust nur von einer Seite zugänglich: in der Arbeitsgrube wurde die Brust errichtet, dort wurde ein Düsenziegel eingesetzt, von der Grube aus wurde der Blasebalg betrieben, die Brust aufgerissen, die Luppe gezogen, der Schlackenklotz entfernt und der Ofen für den nächsten Schmelzgang repariert. Der Schlackenklotz der sich im Herd ansammelte, konnte aufgrund der ganzen Bauweise nicht allzu groß sein.

---

74 S. Dušek, Eisenschmelzöfen einer germanischen Siedlung bei Gera-Tinz. Alt-Thüringen 9, 1967, 95 ff.

75 Zur Datierung Dušek (Anm. 74) 171 f.

76 Vgl. ebd. 96 ff. zu den Bef. 6, 9, 10, 17 und 19 mit Abb. 4,2–4 und 9,2.

77 Ebd. 130 ff.

78 Zum Typ Tuklaty s. u.; zu den freistehenden Öfen mit eingetieftem Herd S. 326 mit Anm. 86.

79 Zu den widrigen Umständen der Notbergungen in Gera-Tinz Dušek (Anm. 74) 95 f.; 116 mit Anm. 6.

80 Motyková/Pleiner, Ořech 400 ff.

81 Pleiner, Základy 110 ff. 293. Vgl. auch R. Pleiner/J. Kořan/M. Kučera/J. Vozár, Dějiny československého hutnictví železa (Geschichte des Eisenhüttenwesens in der Tschechoslowakei, dt. Zusammenfassung) 1 (Praha 1984) 25 Abb. 4. Aus der Kartierung geht hervor, daß Pleiner in Böhmen zwei weitere latènezeitliche Belege kennt.

82 Vgl. die Kartierung Pleiner u. a. (Anm. 81) 25 Abb. 4. Dort fehlen noch die neuen Funde aus Lovosice, Ořech und Březno (zu Březno vgl. Motyková/Pleiner, Ořech 401).

83 Motyková/Pleiner, Ořech 402.

84 Als eventuell freistehend bezeichnen Motyková/Pleiner, Ořech 402 Prag-Stodůlky, Objekt VIII und Prag-Dubeč, Ofen IV. In beiden Fällen ist wahrscheinlich, daß es sich doch um eingebaute Öfen des Typs Tuklaty handelt, die einer Erweiterung der Arbeitsgrube zum Opfer fielen. Weiter führt Pleiner ebd. den Befund von Křepice in Südmähren an, der nach den vorliegenden Angaben in der Tat in der Mitte einer Grube erbaut war.

Nun gibt es eine ganze Reihe tschechischer Ofenbefunde, die alle oben genannten Kriterien erfüllen, aber als freistehende Rennöfen angesprochen werden, da keine Arbeitsgrube nachweisbar war. Entweder wurde die Arbeitsgrube bei diesen Befunden aufgrund ungünstiger Bedingungen nicht erkannt, oder es gab eben auch Öfen mit freistehendem Schacht, die nur von einer Seite bedient wurden und auffallend flache Schlakkenklötze erzeugten. Pleiner faßte diese als Überreste freistehender Öfen gedeuteten Befunde im Typ Podbaba zusammen.[85]

Vom Typus Tuklaty bzw. Podbaba lassen sich die in Norddeutschland und Polen weit verbreiteten freistehenden Rennöfen mit eingetieftem Herd leicht unterscheiden:[86]

1. Der Schlackenklotz ist nicht flach, sondern der Form der Schlackengrube entsprechend zylindrisch oder eiförmig und mindestens 30 cm stark. Zwar gibt es kleine Klötze von 8 bis 22 kg Gewicht, doch wiegen sie im Normalfall um 100 kg!

2. Der Ofen wurde nur einmal verwendet. Nach dem Schmelzgang wurde der Schacht abgerissen und der Schlackenklotz – manchmal in größere Brocken zerschlagen – im Herd zurückgelassen.

3. Obwohl zahllose Befunde aus Polen und Nordwestdeutschland dokumentiert sind, hat sich meines Wissens kein einziges Mal ein Düsenziegel gefunden. Der Wind wurde bei diesem Ofentyp über vier Löcher von 3 cm Durchmesser zugeführt, die einfach etwas oberhalb der Herdebene bzw. der Erdoberfläche in den Lehmmantel eingelassen waren.

Das einzige, was nach dieser Aufstellung der Typus Tuklaty/Podbaba auf der einen und der freistehende Ofen mit eingetieftem Herd auf der anderen Seite gemeinsam haben, ist die Tatsache, daß die Schlacke nicht abgestochen, sondern in einer Grube aufgefangen wurde.

Somit darf man die Rennöfen vom Typus Tuklaty, Podbaba und die schwäbischen Funde vom Typ Essingen zu einer Gruppe zusammenfassen, die sich von den freistehenden Öfen mit eingetieften Herd unterscheidet. Die charakteristischen Düsenziegel können als eine Art Leitfossil dienen. Doch Vorsicht ist geboten. Düsenziegel treten auch in keltischen Oppida auf. Sie werden hier mit Recht als Überreste von Schmiede- oder Buntmetallwerkstätten angesehen.[87] Ebenso findet man Düsenziegel in dem bekannten latènezeitlichen Verhüttungsrevier des Siegerlandes. Dort wurden sie jedoch nie in unmittelbarem Befundzusammenhang mit Verhüttungsöfen dokumentiert. Soweit feststellbar, bestanden die Windformen der latènezeitlichen Öfen des Siegerlandes aus einfachen Löchern im Lehmmantel, Durchmesser vier bis acht Zentimeter. Düsenziegel dagegen finden sich oft mit Siedlungsmaterial, häufig auch vergesellschaftet mit kalottenförmigen Schmiedeschlacken. Bereits O. Krasa hat den Zusammenhang der siegerländischen Düsenziegelfunde mit spätlatènezeitlichen Schmiedeplätzen klar herausgearbeitet.[88] Offenbar waren Düsenziegel der gleichen Art auch in römischen Schmieden in Gebrauch.[89]

Nach diesem Exkurs versteht es sich von selbst, daß nicht jeder Fund eines Düsenziegels für Rennöfen des Typs Tuklaty/Podbaba in Anspruch genommen werden darf. Zusätzlich muß immer geprüft werden, ob auch Verhüttungsbefunde und Verhüttungsschlacken vorliegen. Eindeutig ist die Sachlage, wenn neben Düsenziegeln die charakteristischen, flachen Schlackenklötze wie in Ořech, Lovosice, Gera-Tinz oder Essingen vorliegen.

Pleiner führt aus Böhmen und Mähren ausschließlich spätlatènezeitliche und älterkaiserzeitliche Beispiele auf. Legt man die erweiterte Definition des Typs Tuklaty zugrunde und bezieht auch Funde außerhalb von Tschechien ein, wird deutlich, daß der Typ in der jüngeren Kaiserzeit weiterlebt. In Gera-Tinz datiert eine Grube mit zahlreichen metallurgischen Abfällen in die jüngere Kaiserzeit; des weiteren wurde aus einem der Rennöfen eine jüngerkaiserzeitliche Scherbe geborgen.[90] Eine Fundstelle bei Riestedt (Kreis Sangerhausen) in Sachsen-Anhalt lieferte zahlreiche typische Schlackenbruchstücke und 20 Fragmente von Düsenziegeln. Zusammen mit den metallurgischen Funden wurde jüngerkaiserzeitliche Keramik geborgen, darun-

---

85 PLEINER, Vyznam 218. Im einzelnen können folgende Befunde dem Typus Podbaba zugewiesen werden: Prag-Podbaba (PLEINER, Základy 162 Abb. 39; 297f. Taf. 6). – Loděnice (ebd. 299 Taf. 11). – Přítluky (ebd. 171 Abb. 43; 297 Taf. 10). – Prag-Roztoky (PLEINER, Význam 218). Nach meinem Dafürhalten auch Tuchlovice: Památky Arch. 50, 1959, 195f.

86 Zu diesem Ofentyp K. BIELENIN, Der Rennfeuerofen mit eingetieftem Herd und seine Formen in Polen. Offa 40, 1983, 47ff. Ders., Eingetiefte Rennöfen der frühgeschichtlichen Archäologie in Europa. In: Industriearchäologie und Metalltechnologie. Römerzeit, Frühgeschichte und Mittelalter, Sonstiges. Arch. Austriaca, Beih. 14 (Wien, Horn 1976) 13ff. Einzelne, wichtige Befunde: H. HINGST, Offa 40, 1983, 164ff. Abb. 1. H. HAYEN, Oldenburger Jahrb. 67, 1968, 133ff. W. WEGEWITZ, Nachr. Niedersachsen Urgesch. 26, 1957, 3ff.

87 So in Manching: JACOBY, Werkzeug 255 Taf. 99. Jacoby erwähnt weitere Funde aus Hrazany und vom Mont Beuvray. Ob die Düsenziegel bei der Eisen- oder Buntmetallverarbeitung verwendet wurden, kann man möglicherweise anhand des Düsendurchmessers feststellen. Vgl. P. WESTPHALEN, Die Eisenschlacken von Haithabu. Ber. Ausgr. Haithabu 26 (Neumünster 1989) 76 mit Anm. 30.

88 O. KRASA, Latène-Schmieden im Siegerland. Westfälische Forsch. 17, 1964, 201ff. Allerdings möchte man der Interpretation der Befunde und der Rekonstruktion der Schmiedeöfen nicht im einzelnen folgen.

89 R. F. TYLECOTE, The Prehistory of Metallurgy in the British Isles (London 1986) 142 mit Anm. 74; 143 Abb. 87f.

90 DUŠEK (Anm. 74) 171f. mit Taf. 50,1; 52,2.5.6; 53,14.16 (Grube 4); 167 Abb. 19,13 (Ofen 1).

ter Drehscheibenware, die wohl nicht vor der zweiten Hälfte des 3. Jh. in Gebrauch war.[91] Befunde aus Igołomia in Südpolen werden allgemein in das 2./3. Jh. eingeordnet.[92] Loděnice und Tuchlovice in Böhmen, beides Fundstellen mit Öfen vom Typ Podbaba, haben jüngerkaiserzeitliche Keramik geliefert. Besonders späte Vertreter, die sich mit dem Typus Friedenhain/Přestovice vergleichen lassen, fanden sich in Tuchlovice.[93] Alle aufgeführten Fundstellen können sich zeitlich mit den Funden aus Essingen „Weiherwiesen" berühren oder überschneiden.

In größerer Anzahl ließen sich Rennöfen des Typs Tuklaty/Podbaba allein in Böhmen nachweisen. Schon für Mähren führt Pleiner nur einen Fundplatz auf.[94] Hinzu kommen Gera-Tinz in Thüringen und zwei Fundstellen bei Riestedt im südlichen Sachsen-Anhalt.[95] Weiterhin zeigen Befunde aus Igołomia im Bezirk Proszowice (Polen, ca. 30 km nordöstlich Krakau) große Übereinstimmung mit Ořech und Lovosice. Allerdings werden dort keine Düsenziegel erwähnt.[96]

Nördlich des Harzes liegen nicht weit auseinander die beiden kaiserzeitlichen Siedlungen von Salzgitter-Lobmachtersen und Wolfenbüttel-Fümmelse. Die Siedlung bei Lobmachtersen bestand vom Ende des 1. Jh. v. Chr. bis in das 4. Jh. n. Chr.[97] In der Siedlung wurde ein Rennofen erfaßt, an den seitlich eine Arbeitsgrube anschloß. Die Brust des Ofens war allerdings ungewöhnlich weit unten aufgebrochen und die Herdsohle fiel zur tiefer liegenden Sohle der Arbeitsgrube ab. Das will nicht recht zu dem Typ Tuklaty passen.[98] Bei Fümmelse wurde im Bereich einer Siedlung der älteren Kaiserzeit die flach erhaltene Schlackengrube eines Rennofens angeschnitten, der in die Wand einer Arbeitsgrube eingebaut war. Eine Düse wird als „in Lehm eingebackene längliche Röhre" beschrieben.[99] Diese Beschreibung spricht zumindest dagegen, daß es sich um eine Windform handelt, wie sie bei den freistehenden Rennöfen mit eingetieftem Herd üblich war.[100] Aufgrund der spärlichen Angaben, die zu Lobmachtersen und Fümmelse publiziert sind, kann nicht entschieden werden, ob die beiden Befunde dem Typus Tuklaty/Podbaba/Essingen zugerechnet werden dürfen.

Schließlich muß noch ein älterkaiserzeitlicher Befund aus Barkow, Kreis Altentreptow, in Mecklenburg aufgeführt werden. In die Wand einer Arbeitsgrube waren zwei Rennöfen eingebaut. Düsenziegel wurden nicht geborgen. Die Ausgräber sprechen den Befund ausdrücklich als Typ Tuklaty nach Pleiner an.[101]

Sieht man von dem etwas unsicheren Befund aus Mecklenburg ab, kann es wohl kaum auf Zufall beruhen, daß Öfen des Typs Tuklaty/Podbaba sowohl in der norddeutschen Tiefebene als auch in den polnischen Verhüttungszentren des Heilig-Kreuz-Gebirges und Masowiens fehlen. Vielmehr bleibt der Ofentyp auf ein Gebiet beschränkt, das man in der jüngeren Kaiserzeit anhand der Keramik als südliche Untergruppe des elbgermanischen Kreises beschreiben kann.[102] Genau dort, in der Gruppe der südlichen Elbgermanen, findet man die nächsten Vergleichsstücke, wenn man die Siedlungskeramik und Grabfunde der frühen Alamannen Süddeutschlands untersucht.[103] Nichts liegt näher als die Hypothese, daß die technischen Besonderheiten des Rennofens vom Typ Essingen auf der Schwäbischen Alb ebenso wie die frühalamannischen Kulturgüter von mitteldeutschen und böhmischen Vorbildern abhängen.

---

91 T. Voigt, Die Rennöfen von Riestedt, Kreis Sangerhausen. Jahresschr. Halle 48, 1964, 232 f. Abb. 10; 11 (mit schalenurnenartigen Profilen). Ebd. 231 Abb. 11 Drehscheibenware, die Voigt fälschlich als spätlatènezeitlich bezeichnet.

92 K. Bielenin, Übersicht der Typen von altertümlichen Rennöfen auf dem Gebiet Polens. In: Archäologische Eisenforschung in Europa mit besonderer Berücksichtigung der ur- und frühgeschichtlichen Verhüttung in Burgenland. Wiss. Arbeiten Burgenland 59 (Eisenstadt 1977) 127 f.

93 Pleiner, Základy 299 mit Taf. 11 (Loděnice); Taf. 15,2 (Tuchlovice).

94 Motyková/Pleiner, Ořech 400 ff.; Pleiner u. a. (Anm. 81) 25 Abb. 4.

95 Dušek (Anm. 74) 95 ff.; Voigt (Anm. 91) 219 ff.

96 Bielenin (Anm. 92).

97 G. Stelzer, Die germanische Siedlung und der Rennofen von Salzgitter-Lobmachtersen. Nachr. Niedersachsen Urgesch. 29, 1960, 18 ff.

98 Stelzer ebd. 23 ff. (Zum Vergleich auch Osann ebd. 28 ff.) Osann spricht ausdrücklich von Fließschlacke, doch will dies nicht allzuviel besagen. Auch die Schlackenklötze aus Essingen, Ořech, Lovosice und Gera-Tinz zeigen auf der Unterseite deutliche Fließstrukturen.

99 T. Weski, Die älterkaiserzeitliche Siedlung von Wolfenbüttel-Fümmelse. Nachr. Niedersachsen Urgesch. 57, 1988, 141 ff. bes. 147 f.; 168.

100 Vgl. S. 326 mit Anm. 86.

101 F. J. Ernst/U. Schoknecht, Kaiserzeitliche Rennöfen von Barkow, Kreis Altentreptow. Bodendenkmalpflege Mecklenburg Jahrb. 1970, 251 ff.

102 R. von Uslar, Zu einer Fundkarte der jüngeren Kaiserzeit in der Germania libera. Prähist. Zeitschr. 52, 1977, 139 f. mit Anm. 144 und Karte nach S. 155.

103 Zur handgemachten Siedlungskeramik aus Sontheim im Stubental, Heidenheim und Großkuchen: Planck, Wiederbesiedlung 83 ff. Vorsichtig äußert sich S. Spors-Gröger, Die handgemachte frühalamannische Keramik. In: Der Runde Berg bei Urach. Führer Arch. Denkmäler Baden-Württemberg 14 (Stuttgart 1991) 168 f. Zu Grabfunden vgl. H. Schach-Dörges, Frühalamannische Funde von Lauffen a.N. Fundber. Baden-Württemberg 6, 1981, 615 ff. bes. 635 ff. Vgl. weiter die charakteristischen Keramikformen bei E. Keller, Das spätrömische Gräberfeld von Neuburg an der Donau. Materialh. Bayer. Vorgesch. A 40 (Kallmünz 1979) 33 ff. Abb. 3. Vgl. ferner K. Schwarz, Regensburg während des ersten Jahrtausends im Spiegel der Ausgrabungen im Niedermünster. Jahresber. Bayer. Bodendenkmalpflege 13/14, 1972/73, 56 mit Anm. 83. B. Svoboda, Zum Verhältnis der frühgeschichtlichen Funde des 4. und 5. Jahrhunderts aus Bayern und Böhmen. Bayer. Vorgeschbl. 28, 1963, 97 ff. Dazu jetzt T. Springer, Germanenfunde der Völkerwanderungszeit in Nordbayern. Bemerkungen zur Keramik vom Typ Friedenhain-Přestovice. Arch. Korrbl. 15, 1985, 235 ff.

3.3 Frühalamannische Verhüttung – Selbstversorgung oder Überproduktion?

Die datierten Verhüttungsplätze auf der Hochfläche der Schwäbischen Alb stammen fast alle aus dem kurzen, frühalamannischen Zeitabschnitt. Nur weniges spricht dafür, daß an dem einen oder anderen dieser Plätze auch noch im frühen Mittelalter verhüttet wurde.[104] Genau den gleichen Sachverhalt konnte Smettan pollenanalytisch an der Entwicklung der Baumartenverschiebung ablesen. Wie schwierig sich hier Datierung und Interpretation gestalten, wurde bereits erörtert.[105] Die Aussagen aufgrund der Pollenprofile gelten nur für den Nordalbuch – auf dem Härtsfeld mit seinen reichen Bohnerzlagerstätten sah es vielleicht ganz anders aus. Die archäologischen Ergebnisse beruhen, was den Nordalbuch betrifft, auf den großflächig ausgegrabenen und gut datierten Fundstellen Essingen „Weiherwiesen" und Sontheim im Stubental. An beiden Plätzen bleibt die Verhüttung von Eisenerz auf die frühalamannische Periode beschränkt. In Sontheim besteht zwar die theoretische Möglichkeit, daß die Verhüttungsabfälle älter sind. Keinesfalls jedoch können sie jünger sein. Es scheint so, als ob auf dem Nordalbuch in frühalamannischer Zeit besonders intensiv Eisenerz verhüttet wurde, während die Erzgruben in der folgenden Merowinger- und Karolingerzeit offenbar nicht ausgebeutet wurden. Archäologische und botanische Ergebnisse stimmen in diesem Punkt überein.

Die Hüttenleute der frühalamannischen Zeit verwendeten unterschiedlich konstruierte Rennöfen. Oben wurden die gemeinsamen Merkmale der metallurgischen Funde aus Essingen „Weiherwiesen", Schopfloch, Langenau und Mengen besprochen und von Vorbildern der Germania libera im mitteldeutschen und böhmischen Raum abgeleitet. Ganz anders sahen die metallurgischen Funde aus Großkuchen und Nattheim aus. Dort fanden sich in frühalamannischen Fundzusammenhängen Fließschlacken. Natürlich läßt sich aus Schlacken allein kein Schmelzofen rekonstruieren. Gewiß handelte es sich jedoch um Rennöfen mit flachem Herd, bei dem während des Betriebes mehrfach die Schlacke abgestochen werden mußte. Dieses Prinzip findet man gewöhnlich in jüngerlatènezeitlichen oder römischen Zusammenhängen, dagegen kaum einmal auf den kaiserzeitlichen, germanischen Verhüttungsplätzen außerhalb des römischen Reiches. Offensichtlich waren auf der Schwäbischen Alb während der frühalamannischen Zeit unterschiedliche Traditionen in der Verhüttungstechnik wirksam.

Es wurde schon ausführlich dargelegt, daß die frühalamannischen Hüttenleute regelmäßig in der unmittelbaren Umgebung gleichzeitiger Siedlungen arbeiteten. Der räumliche Zusammenhang von Siedlung und Verhüttung läßt daran denken, daß eher für den Eigenbedarf und nicht für einen überregionalen Markt produziert wurde. In Essingen „Weiherwiesen" kann man versuchen, die Schlackenmengen abzuschätzen. Dort liegen über eine größere Fläche verteilt sicher nicht mehr als 50 Tonnen Eisenschlacken im Boden, was ungefähr einer einzigen Schlackenhalde mittlerer Größe entspricht.[106] Die Schätzung besagt nicht viel – wir wissen ja nicht, ob einst größere Mengen an der Oberfläche lagen, die vielleicht im späten Mittelalter abtransportiert wurden. Doch muß man davon ausgehen, daß die kleinen Rennöfen des Typs Tuklaty / Podbaba, wie sie in Essingen, Langenau, Schopfloch, Mengen und vielleicht auch in Sontheim im Stubental betrieben wurden, nicht geeignet waren, in großem Umfang Eisen zu erzeugen. Ausgehend von den Befunden in Ořech bei Prag schätzte Pleiner, daß sich mit derartigen Öfen pro Schmelze nur „einige Kilogramm (2–3 kg)" Eisen gewinnen ließen,[107] was wahrscheinlich immer noch ziemlich hoch gegriffen ist. Somit spricht allein der Ofentyp, der in Essingen und vergleichbaren Verhüttungsplätzen verwendet wurde, für eine bescheidene Produktion mit bescheidenen Mitteln. Diese Argumentation gilt natürlich nicht für Großkuchen und Nattheim, wo Rennöfen mit Schlackenabstich betrieben wurden.

Wie eine zentrale Eisenproduktion für den überregionalen Markt auf germanischem Gebiet aussieht, kann man anhand der großen Verhüttungsplätze des Heilig-Kreuz-Gebirges studieren.[108] Den polnischen Beispielen lassen sich weitere aus Nordwestdeutschland, Mähren, Westjütland und den Nordkarpaten anfügen.[109] Eine Produktion von diesen Ausmaßen kann man auf der Schwäbischen Alb sicherlich ausschließen.

Dagegen ist sehr wohl möglich, daß auf dem einen oder anderen frühalamannischen Verhüttungsplatz mehr Eisen erzeugt wurde, als der geringe Bedarf einer bäuerlichen Siedlung erforderte.[110] Besonders für Es-

---

104 Vgl. unten S. 329 f.
105 S. 320 ff.
106 Vgl. S. 189 f.
107 MOTYKOVÁ / PLEINER, Ořech 442.
108 BIELENIN, Góry Świętokrzyskie; BIELENIN / WOYDA, Eisenhüttungszentren 25 ff.
109 PLEINER, Extensive Eisenverhüttungsgebiete im freien Germanien. In: Symposium Ausklang der Latènezeit und Anfänge der germanischen Besiedlung im mittleren Donaugebiet (Bratislava 1976) 295 ff. 303 mit Karte. Ders., Offa 40, 1983, 66 f. (Ergänzung des mährischen Fundplatzes Sudice). Ein kaiserzeitlicher Neufund aus Ostdeutschland bei Meerdorf: G. WETZEL, Zur Ur- und Frühgeschichte des Raumes Uhyst, Kr. Hoyerswerda. Hoyerswerdaer Geschichtsh. 20, 1982, 21 f. Abb. 14.
110 Dieser Bedarf ist sehr gering zu veranschlagen. Vgl. R. SPRANDEL, Das Eisengewerbe im Mittelalter (Stuttgart 1968) 37 ff. zu dem außerordentlich geringen Bedarf an eisernen Geräten in agrarischen Betrieben der Karolingerzeit.

singen „Weiherwiesen" möchte man dies annehmen. Dort herrschen ausgesprochen ungünstige Bedingungen für die Landwirtschaft. Anhand der botanischen Untersuchungen können Ackerbau und Viehzucht auf dem Nordalbuch erst ab dem frühen Mittelalter nachgewiesen werden, während in dem Abschnitt davor der Höhepunkt der Baumartenverschiebung lag. Es verbietet sich allerdings, daraus zu schließen, die frühalamannischen Siedler hätten ihren Lebensunterhalt nicht in der bäuerlichen Produktion, sondern in der Eisenerzeugung erwirtschaftet. Dann muß man fragen, worauf die Existenz der bronze- und hallstattzeitlichen Siedler beruhte. Eisenverhüttung scheidet aus, und Landwirtschaft läßt sich in den Pollenstraten dieser Perioden ebensowenig fassen.[111]

Aus den pollenanalytischen Befunden kann man jedoch den umgekehrten Schluß ziehen, daß die bäuerliche Besiedlung auf dem Nordalbuch in frühalamannischer Zeit genauso wie während der vorgeschichtlichen Perioden nur sehr dünn gewesen sein kann. Mithin war auch der Bedarf an Eisen äußerst gering. Ich halte es für wahrscheinlich, daß von den frühalamannischen Hüttenleuten auf den „Weiherwiesen" ein lokaler Markt versorgt wurde, der das obere Remstal um Essingen und vielleicht Teile der Aalener Bucht umfaßte. Entsprechend kann man sich bei den Verhüttungsplätzen Sontheim im Stubental, Großkuchen und Nattheim vorstellen, daß sie über den Eigenbedarf hinaus für das obere Brenztal produzierten.

L. Reichardt hält es für wahrscheinlich, daß der Ortsname Essingen von Anfang an auf die Eisenverhüttung bezogen wurde, etwa im Sinne von „bei den Leuten mit den Rennöfen". Sollte der Name tatsächlich mit dieser Bedeutung in frühalamannischer Zeit wurzeln, wäre dies ein gewichtiges Argument dafür, daß bei Essingen zumindest ein lokales Produktionszentrum bestand, denn der Ort wurde ja nur deshalb mit diesem Namen belegt, weil die Eisenverhüttung ein hervorstechendes Merkmal war, der ihn von anderen Ansiedlungen unterschied. Das hieße auch, daß zwischen dem Ort Essingen im Tal und den „Weiherwiesen" auf der Hochfläche damals schon eine tatsächliche und wohl auch rechtliche Verbindung bestand. Vielleicht existierte auf den „Weiherwiesen" gar keine selbständige Siedlung, sondern der Platz wurde von Essingen aus saisonal bewirtschaftet, nicht nur zur Eisenverhüttung, sondern zum Beispiel auch zur Viehweide. Ähnliche lokale Eisenverhüttungszentren darf man in Großkuchen und in Kleinkuchen vermuten, denn dort nimmt der Ortsname offensichtlich Bezug auf die anfallenden Luppen und Schlacken.[112]

Auffällig ist der krasse Gegensatz zwischen römischer und frühalamannischer Zeit. Während aus römischer Zeit kein einziger Verhüttungsplatz nachzuweisen ist, liefert fast jede frühalamannische Siedlung auf der Albhochfläche Hinweise, daß Eisen verhüttet wurde.

Dieser Gegensatz kann auf grundsätzliche Unterschiede in der Wirtschaftsstruktur zurückgeführt werden. Die frühalamannischen Fundkomplexe der östlichen Schwäbischen Alb umfassen fast überhaupt keinen römischen Import. Offensichtlich wurden zwischen dem unter römischer Herrschaft verbliebenen Gebiet südlich und den geräumten Landstrichen nördlich der Donau kaum Güter ausgetauscht. Die unterschiedliche Wirtschaftsstruktur findet in den römischen Münzreihen einen besonders deutlichen Ausdruck. Untersuchungen K. Stribrnys lehren, daß allenfalls im unteren Brenztal noch „Münzreihen mit strukturellen Andeutungen" gebildet wurden,[113] das heißt, dieses Gebiet war auf stark eingeschränkte Weise noch an den römischen Wirtschaftsraum angeschlossen. Dagegen gibt es nicht den geringsten Hinweis, daß auch die Bevölkerung auf der Hochfläche der Schwäbischen Alb am römischen Wirtschaftsleben Anteil nahm. Eisen konnte dort eben nicht mehr einfach gekauft werden, wie es vor 260 n. Chr. der Fall war, sei es, daß man keinen Gegenwert bieten konnte, sei es, daß administrative oder militärische Maßnahmen wirtschaftliche Kontakte unterbanden. Der Eisenbedarf der Bevölkerung in den von Rom aufgegebenen Teilen Rätiens mußte nun durch eigene Produktion gedeckt werden. Diese Produktion wurde, wie oben dargelegt, offensichtlich von Schmelzern aus verschiedenen Gruppen, die ihre technischen Kenntnisse aus unterschiedlichen Traditionen schöpften, aufgenommen.

4. Die Entwicklung im frühen und hohen Mittelalter

4.1 Verhüttung auf der Ostalb im frühen Mittelalter?

Die Ergebnisse der archäologischen und botanischen Untersuchungen stimmen darin überein, daß auf dem Nordalbuch im frühen Mittelalter kein Eisenerz mehr

---

111 S. 206 ff. am Beispiel der hallstattzeitlichen Besiedlung des Nordalbuchs kurz diskutiert.
112 M. Kempa / L. Reichardt, Kuchen. Name und Sache. Mit einem Exkurs über Essingen. Zeitschr. Württemberg. Landesgesch. 53, 1994, 1–13. Zu Essingen vgl. S. 150; zu Großkuchen S. 173 f.
113 K. Stribrny, Römer rechts des Rheins nach 260 n. Chr. Kartierung, Strukturanalyse und Synopse spätrömischer Münzreihen zwischen Koblenz und Regensburg. Ber. RGK 70, 1989, 351 ff. Vgl. auch ders., Der Folles-Minimi-Schatzfund aus dem spätrömischen Heidenheim an der Brenz. Fundber. Baden-Württemberg 17, 1992, 377 f.

verhüttet wurde. Ob in Großkuchen auf dem Härtsfeld (Abb. 1 Nr. 6) bis in das Frühe Mittelalter hinein Rennöfen betrieben wurden, kann auf der Grundlage des archäologischen Befundes nicht völlig ausgeschlossen werden. Auf jeden Fall setzte die Verhüttung dort schon in frühalamannischer Zeit ein. Spärliche Verhüttungsabfälle wurden während der Grabungen in der bekannten früh- bis hochmittelalterlichen Siedlung bei Lauchheim geborgen (Abb. 1 Nr. 10). Inwieweit die Verhüttungsrelikte mit der Siedlung zusammenhängen, konnte nicht geklärt werden. Wahrscheinlich haben sie nichts damit zu tun. Für die Verhüttungsschlacken aus Langenau „Am Öchslesmühlbach" (Abb. 1 Nr. 11) auf der Flächenalb liegt ein Radiokarbondatum vor (cal. AD 210 bis 670),[114] das außer der frühalamannischen Zeit auch das 6. und 7. Jh. einschließt. Die Verhüttungsrelikte aus Langenau können an die metallurgischen Funde vom Typ Essingen angeschlossen werden. Ob diese Tradition auf die frühalamannische Zeit beschränkt blieb oder vielleicht in das frühe Mittelalter hineinreichte, kann aufgrund des einen Radiokarbondatums nicht entschieden werden. Außerhalb des Arbeitsgebiets ist kein Verhüttungsplatz des Typs Essingen bzw. Tuklaty / Podborany für das frühe Mittelalter belegt.[115]

Alles in allem ist es nicht möglich sicher zu belegen, daß die Erzvorkommen der östlichen Schwäbischen Alb in frühmittelalterlicher Zeit ausgebeutet wurden. Erst für das hohe Mittelalter kennen wir wieder einen gesicherten Befund, nämlich Essingen-Tauchenweiler (Abb. 1 Nr. 3). Diese Lücke in der Überlieferung ist erstaunlich; was mag sich im frühen Mittelalter geändert haben, daß die in frühalamannischer Zeit etablierte Tradition der Eisenverhüttung nicht fortgeführt wurde? Nicht fortgeführt heißt hier: entweder wurde die Verhüttung ganz aufgegeben, oder die überkommene Art und Weise wurde aufgegeben bzw. die Verhüttungsmethode so geändert, daß wir sie nicht mehr fassen können. Einen Eindruck, auf welche Weise Eisenverhüttung im frühen und hohen Mittelalter betrieben wurde, vermitteln die Befunde im Vorland der mittleren Schwäbischen Alb.

4.2 Verhüttung im Vorland der mittleren Schwäbischen Alb

L. Szöke kartierte 1963 bis 1965 ca. 100 Verhüttungsplätze im Vorland der mittleren Schwäbischen Alb und sondierte einige Fundstellen in kleineren Ausgrabungen.[116] Leider sind seine Angaben zu den Sondagen so summarisch, daß es nicht möglich ist, die verschiedenen Grabungen auseinanderzuhalten und nachzuvollziehen, worauf Szökes Aussagen im einzelnen

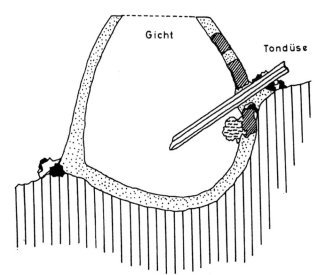

Abb. 4: Rekonstruktion eines frühmittelalterlichen Rennofens nach Funden und Befunden im Vorland der mittleren Schwäbischen Alb. Die Düsenröhren ragen in dieser Konstruktion gewiß zu weit in den Innenraum. Nach Szöke.

beruhen. Eine Grabung im „Trauf" wird als ergebnislos bezeichnet.[117] An einer Fundstelle, die nicht näher angesprochen wird, barg Szöke eine Luppe, angeblich vom Boden eines Schmelzofens.[118] Vier Holzkohleproben sollen aus Schmelzöfen kommen, die alle im „Hirschplan" 1,25 km nordöstlich Linsenhofen (Kr. Esslingen) aufgedeckt wurden.[119] Weiter spricht Szöke von einem Erzdepot, aus dem eine der vier Proben geborgen wurde.[120] An anderer Stelle erfährt der Leser wiederum, daß die Holzkohleproben aus Schlackenhalden stammen – und das dürfte am wahrscheinlichsten sein.[121] Eine größere Sondage, die auch etwas ausführlicher beschrieben wird, galt einer Schlackenhalde, die im „Benzenhau" südlich des flächigen Schürfgrubenfeldes im mittleren „Hirschplan" lag.[122]

---

114 Zum Radiokarbondatum vgl. S. 181 f. (KEMPA); S. 267 (KROMER).
115 S. o. S. 326 f. zur Datierung.
116 Vgl. S. 187 f.
117 SZÖKE, Schlackenhalden 357.
118 SZÖKE, Schlackenhalden 369. Zur Lokalisierung wird ebd. 359 noch erwähnt, daß die Luppe nicht von der Sondage im „Benzenhau" bei Linsenhofen stamme.
119 SZÖKE, Schlackenhalden 378. Gemeint ist offensichtlich die nähere Umgebung der Sondage im Gewann „Benzenhau".
120 SZÖKE, Schlackenhalden 377 f., wobei Szöke einmal von Erzdepot, im nächsten Satz aber von einem Meiler spricht und offensichtlich den gleichen Befund meint.
121 SZÖKE, Schlackenhalden 379. Genauso H. ZÜRN, Fundber. Schwaben N.F. 18/2, 1967, 142 f., der auch die korrekte Fundortbezeichnung gibt: Linsenhofen, Kreis Nürtingen, „Benzenhau" (heute Linsenhofen, Gemeinde Frickenhausen, Kreis Eßlingen).
122 SZÖKE, Schlackenhalden 357 ff. Zur genauen Fundortbezeichnung vgl. Anm. 121.

Aufgrund der Erkenntnisse, die Szöke im Laufe seiner Ausgrabungen zusammentrug, rekonstruierte er einen vergleichsweise niedrigen Ofen mit einem Herddurchmesser von 70 cm, der etwas in den Hang eingetieft war (Abb. 4).[123] Hangabwärts wurde die Schlacke abgestochen. Es handelt sich also um einen Ofen mit flachem Herd und Schlackenabstich. Die Stärke der Ofenwand gibt Szöke mit fünf bis sieben Zentimetern an. In den Schlackenhalden lagen Bruchstücke der Windformen. Die meisten Fragmente konnte Szöke offenbar während seiner Grabung im „Benzenhau" bergen.[124] Weitere stammen aus dem Tiefenbachtal gut zwei Kilometer nordöstlich von Frickenhausen, wo Szöke die Bruchstücke in einer Schlackenkonzentration am Aussiedlerhof Hohl fand.[125]

Es handelt sich um röhrenförmige Fragmente aus hart gebranntem Ton mit einer Wandstärke von 1,5 bis 2 cm (Abb. 5). Die am besten erhaltenen Stücke sind 9 bis 10 cm lang und laufen leicht konisch zu. Die lichte Weite der Düse beträgt 2 bis 3 cm. Anhaftende Schlacken am ofenseitigen Düsenende zeigen, daß die Röhren bis zu 7 cm tief in den Ofeninnenraum ragten. In Szökes Rekonstruktion (Abb. 4) wird dieses Detail etwas übertrieben dargestellt. Offenbar haben sich vornehmlich diese in den Schmelzraum hineinragenden und durch den Ofenbetrieb hart gebrannten Teile der

---

123 Szöke, Schlackenhalden 374 ff. Abb. 18.
124 Szöke, Schlackenhalden 357; 359.
125 Szöke, Schlackenhalden 359.

Abb. 5: Bruchstücke von röhrenförmigen Windformen des frühen Mittelalters aus dem Vorland der mittleren Schwäbischen Alb. Nach Szöke.

Düsenröhren erhalten. Die Düsenröhren verhelfen zu einem Anhaltspunkt für die Datierung. Es handelt sich um einen weit verbreiteten, charakteristischen Typ im 7. bis 10. Jh. n. Chr.[126]

In der Schlackenhalde, die Szöke im „Benzenhau" ausgrub, fand er außer dem beschriebenen Düsentyp die Scherben eines Topfes, der sich vollständig zusammensetzen ließ. Das Gefäß läßt sich an den Donzdorfer Typ anschließen, der im späten 6., 7. und 8. Jh. in Gebrauch war.[127] Diesen Zeitansatz stützen vier unkalibrierte Radiokarbondaten von Holzkohleproben, die das Niedersächsische Landesamt für Bodenforschung in Hannover bestimmte:[128]

Probe 1: AD 795 bis 985
Probe 2: AD 710 bis 900
Probe 3: AD 530 bis 650
Probe 4: AD 650 bis 840

Zumindest eine der vier Proben kann aus derselben Schlackenhalde wie das merowingische Gefäß stammen. Die anderen wurden entweder am gleichen Platz oder aus benachbarten Halden geborgen.[129] Aus Schlackenhalden südlich „Hohenrain" bei Metzingen-Neuhausen, die beim Bau des Glemser Stausees angeschnitten wurden, stammt eine Holzkohleprobe, die ebenfalls mit der Radiokarbonmethode bestimmt wurde. Szöke gibt an, daß sie dasselbe Alter wie die detailliert aufgeführten Proben ergab. Eine Notiz H. Zürns in den Fundberichten spricht konkreter von einem Datum um 500.[130]

Gewiß muß man diese unkalibrierten Daten aus den 60er Jahren mit Reserve betrachten. Doch es ergibt sich ein schlüssiges Bild, denn Radiokarbondaten, Gefäßfund und die charakteristischen Düsenröhren weisen alle in den gleichen Zeitraum. Demnach wurden die Eisenerze im Vorland der mittleren Schwäbischen Alb während der Merowinger-, eventuell auch noch der Karolingerzeit abgebaut und verhüttet.

Die Doggererze im Vorland der mittleren Schwäbischen Alb – Toneisensteine und Eisenkrusten – sind reich genug an Eisen (44 bis 53% Fe_2O_3), um im Rennfeuerverfahren verhüttet zu werden.[131] Der Vergleich der Spurenelemente in Erz und Schlackenproben bestätigt, daß die Doggererze während des frühen Mittelalters tatsächlich als Rohstoff für die Eisengewinnung dienten.[132] Allerdings muß man davon ausgehen, daß der hohe Kieselsäureanteil es sehr erschwerte, aus diesen Erzen in einfachen Rennöfen, zum Beispiel vom Typ Essingen, Eisen auszubringen. Die Untersuchung der Schlacken belegt jedoch, daß die frühmittelalterlichen Schmelzer des Vorlandes ein fortgeschrittenes Rennfeuerverfahren kannten, das effektiver arbeitete und mehr Eisen ausbrachte, als die Verhüttungsöfen, die auf der östlichen Schwäbischen Alb nachgewiesen werden konnten.[133] Hinzu kommt, daß man möglicherweise in der Lage war, gezielt Stahl zu erzeugen.[134]

Nur wenige Kilometer entfernt findet man auf der Albhochfläche bei Schopfloch einen frühalamannischen Verhüttungsplatz mit metallurgischen Funden vom Typ Essingen (Abb. 1, Nr. 19). Es wurde oben ausführlich dargelegt, wie man sich die einfachen Rennöfen dieses Typs vorzustellen hat. Keinesfalls können die Schmelzöfen vom Typ Linsenhofen in dem archaischen Typ Essingen wurzeln. Die frühmittelalterliche Verhüttung unterscheidet sich nicht nur durch den fortgeschritteneren Stand der Technik. Die bisher bekannten Plätze des Vorlandes liegen, im Gegensatz zu den frühalamannischen der Hochfläche, nicht bei den Siedlungen, sondern abseits beim Erz an Stellen, die niemals für eine dauerhafte Besiedlung geeignet waren.[135] Offen bleibt, wie tief die frühmittelalterlichen Öfen des Typs Linsenhofen in die Karolingerzeit und das hohe Mittelalter hineinreichen.

Etwas Neues wird im 11./12. Jh. anhand der Befunde aus Metzingen „Kurleshau" faßbar (Abb. 1, Nr. 21). Wie lange die hochmittelalterliche Verhüttungsphase mit Öfen vom Typ Metzingen andauerte, bleibt ebenfalls ungewiß. Ein Anhaltspunkt ergibt sich allenfalls daraus, daß die schriftliche Überlieferung nichts von ei-

---

126 In Kelheim ist es möglich, aufgrund dieses spezifischen Düsentyps eine nicht näher eingegrenzte mittelalterliche Verhüttungsphase von der latènezeitlichen abzusetzen. Vgl. BURGER/GEISLER, Kelheim 43 ff. Gassmann hat solche Düsenbruchstücke bei Nonnenweier in der südlichen Ortenau ausgegraben. Von dort liegt ein Radiokarbondatum vor: AD 575 bis 865. Vgl. GASSMANN (Anm. 51) 105 ff. Weitere Funde belegen, daß diese Windformen eine weit verbreitete Erscheinung des 7. bis 10. Jh. sind. Dazu PLEINER, Základy Taf. 22,2–6; 26; 28. BIELENIN, Burgenland 57 ff. G. HECKENAST u. a., Magyarországi vakohászat töténete a kov középkorban (Eisenhütten in Ungarn vom 10.-13. Jahrhundert) (Budapest 1968).
127 SZÖKE, Schlackenhalden 379 Abb. 21. Zu dem Typ vgl. W. HÜBENER, Fundber. Schwaben N.F. 16, 1962, 176 ff. U. GROSS, Mittelalterliche Keramik zwischen Neckar und Schwäbischer Alb. Forsch. u. Ber. Arch. Mittelalter Baden-Württemberg 12 (Stuttgart 1991) 26.
128 SZÖKE, Schlackenhalden 378, hier in B.P. (Before Present, d. h. vor 1950) angegeben.
129 Zu den widersprüchlichen Angaben vgl. oben S. 330 mit Anm. 117–121.
130 SZÖKE, Schlackenhalden 355; ZÜRN (Anm. 120) 142 f.
131 S. 31 f. (REIFF/BÖHM); S. 271 f. mit Abb. 5; Tab. 1 (YALÇIN/HAUPTMANN).
132 S. 289 Abb. 27 (YALÇIN/HAUPTMANN).
133 S. 277 f. mit Abb. 10; 11 (YALÇIN/HAUPTMANN). Vgl. ferner S. 289 mit Abb. 28, danach wurde möglicherweise Kalk zugeschlagen, um den Prozeß effektiver zu gestalten.
134 S. 293 mit Tab. 11 (YALÇIN/HAUPTMANN). Die Luppe ist mit M. Pröger (SZÖKE, Schlackenhalden 369 ff.) sicher als Fehlprodukt anzusprechen, doch zeigt dies, daß es möglich war, das Eisen aufzukohlen.
135 Dies lehrt das Studium der Kartierungen bei SZÖKE, Schlackenhalden Abb. 2. Zu überprüfen wäre, inwieweit dieses Verbreitungsbild durch die Überlieferungsbedingungen verfälscht wird.

nem Erzrevier im Vorland der mittleren Schwäbischen Alb weiß. Die Bohnerzlagerstätten der östlichen und südwestlichen Schwäbischen Alb werden seit dem 14. und 15. Jh. immer wieder urkundlich erwähnt, seit dem 16. Jh. auch der Bergbau auf Stuferz in der Aalener Bucht. Für das Vorland der mittleren Alb fällt diese Quellengattung völlig aus. Das Schweigen beruht wohl darauf, daß Bergbau und Verhüttung hier zum Erliegen kamen, bevor schriftliche Urkunden häufiger wurden, also spätestens im 14. Jahrhundert. Doch Vorsicht ist geboten. Immerhin gibt es Flurnamen, die mit Erzabbau und Verhüttung in Verbindung gebracht werden können: die Bezeichnung „Eisenwinkel" bei Dettingen geht sehr wahrscheinlich auf Erzabbau im Braunjura Beta zurück.[136]

Der hochmittelalterliche Schmelzofen von Metzingen unterscheidet sich stark von den frühmittelalterlichen Rennöfen des Typs Linsenhofen. Er besaß einen ungewöhnlich großen Schmelzraum mit einem Meter Durchmesser an der Basis. Die Luft wurde über Windformen mit sechs Zentimetern lichter Weite zugeführt. Um diesen Ofen mit genügend Wind zu versorgen, mußten die Blasebälge sehr leistungsfähig sein. Sicher wurden sie mechanisch, sei es mit Wasserkraft oder, mittels einer Übersetzung, mit Hilfe von Tieren angetrieben. Der Ofen erzeugte eisenarme, glasige Schlacken, die sich äußerlich kaum von Hochofenschlacken unterscheiden. Offenbar konnte man mit diesem Ofen regelmäßig hoch aufgekohltes Roheisen erzeugen, während die Öfen vom Typ Linsenhofen wie alle Rennöfen schmiedbares Eisen lieferten.[137]

Schon Szöke waren im metallurgischen Fundmaterial glasige Schlacken aufgefallen. Er faßte sie unter Typ 1 zusammen, der durch niedrigen Eisenoxidgehalt (11,9%) sowie einen hohen Kieselsäure- (20,7%) und Kalkanteil (21,7%) charakterisiert wird.[138] Leider läßt sich nicht nachvollziehen, wo Szöke glasige Schlacken geborgen hat und woher die analysierte Probe stammt. Zumindest drei Fundstellen können mit einiger Sicherheit den Funden aus Metzingen „Kurleshau" zur Seite gestellt werden. In Beuren fand man in einer Baugrube am Beurener Bach zahlreiche Schlacken, die als glasig und dunkelgrün beschrieben werden.[139] Aus einem Schlackenlager bei Großbettlingen wird im Landesdenkmalamt eine Probe glasiger Schlacken aufbewahrt, die ganz den Schlacken aus Metzingen „Kurleshau" entsprechen.[140] 1898 machte Speidel einen Verhüttungsplatz aus dem Wald „Erdschliff", damals Markung Sondelfingen, Stadt Reutlingen, bekannt. Dort lagen entlang eines Rinnsals große Schlackenmengen, die Speidel mit Hochofenschlacken vergleicht. Reste von Windformen beschreibt er so: „Eines der Ziegelstückchen, von 2 cm Dicke, sieht wie der Rest einer Gefäßwand aus und lag 20 cm unter der Erdoberfläche ... das einem dickwandigen Blumentopf gleicht".[141] Unschwer erkennt man in dieser Beschreibung den Windformtyp wieder, der in Metzingen „Kurleshau" gefunden wurde.

Die Verhältnisse im Vorland der mittleren Alb konnten nur gestreift werden, da vornehmlich die östliche Schwäbische Alb Gegenstand der Untersuchung war. Es springt ins Auge, daß gezielte Forschungen im Vorland der mittleren Alb weitere Erkenntnisse zur Eisenverhüttung im frühen und hohen Mittelalter bringen werden. Diese Forschungen werden im Rahmen eines neuen Projekts in den Jahren 1993 und 1994 durchgeführt.[142]

---

136 „Eisenwinkel" vgl. die TK 25 Bl. 7322 Flurkarte Nr. 1023–24. Laut Heimatbuch des Kreises Nürtingen 1 (Nürtingen 1950) 216f. waren im Dettinger Wald hinter dem „Käppele" und im „Eisenwinkel" einige Schlackenhalden bekannt. Szöke, Schlackenhalden Abb. 2 Nr. 13. 14 kartiert in diesem Bereich nur Abbauspuren. Die Aussagemöglichkeiten der Flurnamen sollen im Rahmen eines neuen Projekts (vgl. Anm. 142) untersucht werden.
137 S. 279ff. 293ff. 297f. (Yalçin / Hauptmann).
138 Szöke, Schlackenhalden 367.
139 G. Wagner, Bl. Schwäb. Albver. 55, 1949, 10. Vgl. auch Szöke, Schlackenhalden 357 mit Abb. 2 Nr. 8. Die Fundstelle bleibt gerade außerhalb des Kartenausschnitts, doch vermerkt Szöke weitere Schlackenfundstellen am Unterlauf des Beurener Baches.
140 H. Zürn, Fundber. Baden-Württemberg 3, 1975, 319. Nach Fotos des Befundes zu urteilen, handelt es sich um eine von erodiertem Material überlagerte Halde.
141 Speidel, Bl. Schwäb. Albver. 10, 1898, 154.
142 Das Projekt läuft unter dem Titel „Abbau und Verhüttung von Eisenerzen im Vorland der mittleren Schwäbischen Alb". Beteiligt sind das Landesdenkmalamt Baden-Württemberg und das Deutsche Bergbau-Museum Bochum. Das Projekt wird von der Volkswagen-Stiftung im Rahmen des Förderschwerpunktes Archäometallurgie finanziert.

Verzeichnis der abgekürzt zitierten Literatur

MARTIN KEMPA

AGRICOLA, De re metallica	G. AGRICOLA, De re metallica libri XII. Zwölf Bücher vom Berg- und Hüttenwesen (Düsseldorf 1978).
ANDREE, Metalle	R. ANDREE, Die Metalle bei den Naturvölkern mit Berücksichtigung prähistorischer Verhältnisse (Leipzig 1884).
BAATZ, Hesselbach	D. BAATZ, Kastell Hesselbach und andere Forschungen am Odenwaldlimes. Limesforsch. 12 (Berlin 1973).
BIELENIN, Burgenland	K. BIELENIN, Einige Bemerkungen über das altertümliche Eisenhüttenwesen im Burgenland. In: Archäologische Eisenforschungen in Europa mit besonderer Berücksichtigung der ur- und frühgeschichtlichen Eisengewinnung und -verhüttung im Burgenland. Symposium Eisenstadt 1975. Wiss. Arbeiten Burgenland 59 (Eisenstadt 1977) 49 ff.
BIELENIN, Góry Świętokrzyskie	K. BIELENIN, Starożytne górnictwo i hutnictwo żelaza v Górach Świętokrzyskich (Ancient Mining and Iron Metallurgy in the Góry Świętokrzyskie - Holy Cross Mountains, engl. Zusammenfassung 260 ff.) (Warschau, Krakau 1974)
BIELENIN/WOYDA, Eisenverhüttungszentren	K. BIELENIN/ST. WOYDA, Zwei Eisenverhüttungszentren des Altertums im Weichselbogen (1. Jh. v. u. Z. - 4. Jh. u. Z.). In: Eisen und Archäologie. Eisenerzbergbau und -verhüttung vor 2000 Jahren in der Volksrepublik Polen. Ausstellung im Deutschen Bergbau-Museum Bochum vom 29. Januar bis 13. August 1978. Veröff. Deutsches Bergbau-Mus. Bochum 14 (Bochum 1978) 25 ff.
BITTEL/SCHIEK/MÜLLER, Viereckschanzen	K. BITTEL/S. SCHIEK/D. MÜLLER, Die keltischen Viereckschanzen. Atlas Arch. Geländedenkmäler Baden-Württemberg 1 (Stuttgart 1990).
BURGER/GEISLER, Kelheim	I. BURGER/H. GEISLER, Archäologisches zur Eisenverhüttung in und um Kelheim. In: Erwin-Rutte-Festschrift (Kelheim, Weltenburg 1983) 41 ff.
DEHN, Urnenfelderkultur	R. DEHN, Die Urnenfelderkultur in Nordwürttemberg. Forsch. u. Ber. Vor- u. Frühgesch. Baden-Württemberg 1 (Stuttgart 1972).
ETTLINGER/SIMONETT, Vindonissa	E. ETTLINGER/CHR. SIMONETT, Römische Keramik aus dem Schutthügel von Vindonissa. Veröff. Ges. Pro Vindonissa 3 (Basel 1952).
FINGERLIN, Frühe Alamannen	G. FINGERLIN, Frühe Alamannen im Breisgau. Zur Geschichte und Archäologie des 3.-5. Jahrhunderts zwischen Basler Rheinknie und Kaiserstuhl. In: H. U. NUBER/K. SCHMID/H. STEUER/TH. ZOTZ (Hrsg.), Archäologie und Geschichte des ersten Jahrtausends in Südwestdeutschland. Arch. u. Gesch. Freiburger Forsch. 1. Jahrtausend Südwestdeutschland 1 (Freiburg 1990) 97 ff.
HAALAND/SHINNIE, African Iron Working	R. L. HAALAND/P. SHINNIE (Hrsg.), African Iron Working – Ancient and Traditional (Bergen 1985).
HEILIGMANN, „Alb-Limes"	J. HEILIGMANN, Der „Alb-Limes". Ein Beitrag zur römischen Besetzungsgeschichte Südwestdeutschlands. Forsch. u. Ber. Vor- u. Frühgesch. Baden- Württemberg 35 (Stuttgart 1990).
HOLSTEN/NIKULKA, Eisenerzverhüttung	H. HOLSTEN/F. NIKULKA, Eisenerzverhüttung als Forschungsprojekt. Planung, Durchführung, Auswertung. In: Experimentelle Archäologie in Deutschland. Arch. Mitt. Nordwestdeutschland, Beih. 4 (Oldenburg 1990) 379 ff.
JACOBY, Werkzeug	G. JACOBY, Werkzeug und Gerät aus dem Oppidum von Manching. Ausgr. Manching 5 (Wiesbaden 1974).
MOTYKOVÁ/PLEINER, Ořech	K. MOTYKOVÁ/R. PLEINER, Die römerzeitliche Siedlung mit Eisenhütten in Ořech bei Prag. Památky Arch. 78,2, 1987, 371 ff.
OEFTIGER/WAGNER, Rosenstein	C. OEFTIGER/E. WAGNER, Der Rosenstein bei Heubach. Führer Arch. Denkmäler Baden-Württemberg 10 (Stuttgart 1985).
OSANN, Rennverfahren	B. OSANN, Rennverfahren und die Anfänge der Roheisenerzeugung. Zur Metallurgie und Wärmetechnik der alten Eisenerzeugung (Düsseldorf 1971).
PESCHECK, Mainfranken	CHR. PESCHECK, Die germanischen Bodenfunde der römischen Kaiserzeit in Mainfranken. Münchner Beitr. Vor- u. Frühgesch. 27 (München 1978).
PLANCK, Arae Flaviae	D. PLANCK, Arae Flaviae I. Neue Untersuchungen zur Geschichte des römischen Rottweil. Forsch. u. Ber. Vor- u. Frühgesch. Baden-Württemberg 6 (Stuttgart 1975).
PLANCK, Eisen	D. PLANCK, Eisen in der Vor- und Frühgeschichte Baden-Württembergs. Jahrb. Heimat- und Altertumsverein Heidenheim an der Brenz 1985/86, 48 ff.

Planck, Wiederbesiedlung	D. Planck, Die Wiederbesiedlung der Schwäbischen Alb und des Neckarlandes durch die Alamannen. In: H. U. Nuber/K. Schmid/H. Steuer/Th. Zotz (Hrsg.), Archäologie und Geschichte des ersten Jahrtausends in Südwestdeutschland. Arch. u. Gesch. Freiburger Forsch. 1. Jahrtausend Südwestdeutschland 1 (Freiburg 1990) 69 ff.
Pleiner, Význam	R. Pleiner, Význam typologie železářských pecí v době římske ve světle nový nálezů z Čech (Die Bedeutung der Schmelzofentypologie der römischen Kaiserzeit in Böhmen, dt. Zusammenfassung 218 ff.). Památky Arch. 51, 1960, 184 ff.
Pleiner, Základy	R. Pleiner, Základy slovanského železářského hutnictví českých zemích (Die Grundlagen der slawischen Eisenindustrie in den böhmischen Ländern, dt. Zusammenfassung 286 ff.). Monumenta Arch. 6 (Prag 1958).
Schönberger, Oberstimm	H. Schönberger, Kastell Oberstimm. Die Grabungen 1968 bis 1971. Limesforsch. 18 (Berlin 1978).
Szöke, Schlackenhalden	L. Szöke, Schlackenhalden und Schürfgruben im Braunen Jura zwischen Reutlingen und Weilheim an der Teck. Fundber. Baden-Württemberg 15, 1990, 353 ff.
Thier, Schwäbische Hüttenwerke	M. Thier, Geschichte der Schwäbischen Hüttenwerke 1365–1802. Ein Beitrag zur württembergischen Wirtschaftsgeschichte (Aalen, Stuttgart 1965).
Ulbert, Aislingen	G. Ulbert, Die römischen Donaukastelle Aislingen und Burghöfe. Limesforsch. 1 (Berlin 1959).
Veeck, Alamannen	W. Veeck, Die Alamannen in Württemberg. Germ. Denkmäler Völkerwanderungszeit 1 (Leipzig, Berlin 1931).
Walke, Straubing	N. Walke, Das römische Donaukastell Straubing – Sorviodurum. Limesforsch. 3 (Berlin 1965).
Weiershausen, Eisenhütten	P. Weiershausen, Vorgeschichtliche Eisenhütten Deutschlands. Mannus-Bücherei 65 (Leipzig 1939).
Zürn, Grabfunde	H. Zürn, Hallstattzeitliche Grabfunde in Württemberg und Hohenzollern. Forsch. u. Ber. Vor- u. Frühgesch. Baden-Württemberg 25 (Stuttgart 1987).

VERÖFFENTLICHUNGEN DES LANDESDENKMALAMTES BADEN-WÜRTTEMBERG
Archäologische Denkmalpflege

FORSCHUNGEN UND BERICHTE ZUR VOR- UND FRÜHGESCHICHTE IN BADEN-WÜRTTEMBERG
Kommissionsverlag Konrad Theiss Verlag Stuttgart

Band 1–10 auf Anfrage beim Verlag.
Band 11 Wolfgang Czysz u. a., Römische Keramik aus dem Vicus Wimpfen im Tal (1981).
Band 12 Ursula Koch, Die fränkischen Gräberfelder von Bargen und Berghausen in Nordbaden (1982).
Band 13 Mostefa Kokabi, Arae Flaviae II. Viehhaltung und Jagd im römischen Rottweil (1982).
Band 14 Udelgard Körber-Grohne, Mostefa Kokabi, Ulrike Piening, Dieter Planck, Flora und Fauna im Ostkastell von Welzheim (1983).
Band 15 Christiane Neuffer-Müller, Der alamannische Adelsbestattungsplatz und die Reihengräberfriedhöfe von Kirchheim am Ries (Ostalbkreis) (1983).
Band 16 Eberhard Wagner, Das Mittelpaläolithikum der Großen Grotte bei Blaubeuren (Alb-Donau-Kreis) (1983).
Band 17 Joachim Hahn, Die steinzeitliche Besiedlung des Eselsburger Tales bei Heidenheim (1984).
Band 18 Margot Klee, Arae Flaviae III. Der Nordvicus von Arae Flaviae (1986).
Band 19 Udelgard Körber-Grohne, Hansjörg Küster, Hochdorf I (1985).
Band 20 Studien zu den Militärgrenzen Roms III. Vorträge des 13. Internationalen Limeskongresses in Aalen 1983 (1986, vergriffen).
Band 21 Alexandra von Schnurbein. Der alamannische Friedhof bei Fridingen an der Donau (Kreis Tuttlingen) (1987).
Band 22 Gerhard Fingerlin, Dangstetten I. Katalog der Funde (Fundstellen 1–603) (1986).
Band 23 Claus-Joachim Kind, Das Felsställe – eine jungpaläolithisch-frühmesolithische Abri-Station bei Ehingen-Mühlen (Alb-Donau-Kreis). Die Grabungen 1975–1980 (1987).
Band 24 Jörg Biel, Vorgeschichtliche Höhensiedlungen in Südwürttemberg-Hohenzollern (1987).
Band 25 Hartwig Zürn, Hallstattzeitliche Grabfunde in Württemberg und Hohenzollern (Text- und Tafelband) (1987).
Band 26 Joachim Hahn, Die Geißenklösterle-Höhle im Achtal bei Blaubeuren (Alb-Donau-Kreis) I (1988).
Band 27 Erwin Keefer, Hochdorf II. Die Schussenrieder Siedlung (1988).
Band 28 Arae Flaviae IV. Mit Beiträgen von Margot Klee, Mostefa Kokabi und Elisabeth Nuber (1988).
Band 29 Joachim Wahl und Mostefa Kokabi, Stettfeld I. Mit einem Beitrag von Sigrid Alföldy-Thomas (1988).
Band 30 Wolfgang Kimmig, Das Kleinaspergle. Mit Beitr. von Elke Böhr u. a. (1988).
Band 31 Der prähistorische Mensch und seine Umwelt. Festschrift für Udelgard Körber-Grohne (1988).
Band 32 Rüdiger Krause, Die endneolithischen und frühbronzezeitlichen Grabfunde auf der Nordstadtterrasse von Singen am Hohentwiel (1988).
Band 33 Rudolf Aßkamp, Das südliche Oberrheintal in frührömischer Zeit (1989).
Band 34 Claus-Joachim Kind, Ulm-Eggingen. Die Ausgrabungen 1982 bis 1985 in der bandkeramischen Siedlung und der mittelalterlichen Wüstung. Mit Beitr. von Georg Dombek u. a. (1989).
Band 35 Jörg Heiligmann, Der Alb-Limes (1990, vergriffen).
Band 36 Helmut Schlichtherle, Die Sondagen 1973–1978 in den Ufersiedlungen Hornstaad-Hörnle I. Siedlungsarchäologie im Alpenvorland I (1990).
Band 37 Siedlungsarchäologie im Alpenvorland II. Sammelband mit Beitr. von Manfred Rösch u. a. (1990).
Band 38 Ursula Koch, Das fränkische Gräberfeld von Klepsau im Hohenlohekreis (1990).
Band 39 Sigrid Frey, Bad Wimpfen I (1991).
Band 40 Egon Schallmayer u. a., Der römische Weihebezirk von Osterburken I. Corpus der griechischen und lateinischen Beneficiarier-Inschriften des Römischen Reiches (1990).
Band 41/1 Siegwalt Schiek, Das Gräberfeld der Merowingerzeit bei Oberflacht (Gemeinde Seitingen-Oberflacht, Lkr. Tuttlingen). Mit Beitr. von Paul Filzer u. a. (1992).
Band 41/2 Peter Paulsen, Die Holzfunde aus dem Gräberfeld bei Oberflacht und ihre kulturhistorische Bedeutung (1992).
Band 43 Rüdiger Rothkegel, Der römische Gutshof von Laufenburg/Baden (1994).
Band 44/1 Helmut Roth u. C. Theune, Das frühmittelalterliche Gräberfeld bei Weingarten I (1995).
Band 45 Akten der 10. Internationalen Tagung über antike Bronzen (1994).
Band 46 Siedlungsarchäologie im Alpenvorland III (1995).
Band 47 Siedlungsarchäologie im Alpenvorland IV (1995).
Band 48 Matthias Knaut, Die alamannischen Gräberfelder von Neresheim und Kösingen, Ostalbkreis (1993).
Band 49 Der römische Weihebezirk von Osterburken II. Kolloquium 1990 und paläobotanisch-osteologische Untersuchungen (1994).
Band 50 Hartmut Kaiser u. C. Sebastian Sommer, LOPODVNVM I (1994).
Band 51 Anita Gaubatz-Sattler, Die Villa rustica von Bondorf (Lkr. Böblingen) (1994).
Band 52 Dieter Quast, Die merowingerzeitlichen Grabfunde aus Gültlingen (Stadt Wildberg, Kreis Calw) (1993).
Band 53 Beiträge zur Archäozoologie und Prähistorischen Anthropologie (1994).
Band 54 Allard W. Mees, Modelsignierte Dekorationen auf südgallischer Terra Sigillata (1995).
Band 55 Beiträge zur Eisenverhüttung auf der Schwäbischen Alb (1995).

VERÖFFENTLICHUNGEN DES LANDESDENKMALAMTES BADEN-WÜRTTEMBERG
Archäologische Denkmalpflege

MATERIALHEFTE ZUR VOR- UND FRÜHGESCHICHTE
MATERIALHEFTE ZUR ARCHÄOLOGIE (ab Bd. 20)
IN BADEN-WÜRTTEMBERG
Kommissionsverlag Konrad Theiss Verlag Stuttgart

Heft 1	Christian Uhlig, Zur paläopathologischen Differentialdiagnose von Tumoren an Skeletteilen (1982).
Heft 3	Kurt Gerhardt, Anatomie für Ausgräber und Sammler (1985).
Heft 4	Berichte zu Ufer- und Moorsiedlungen Südwestdeutschlands I (1984).
Heft 5	Veronika Gulde, Osteologische Untersuchungen an Tierknochen aus dem römischen Vicus von Rainau-Buch (Ostalbkreis) (1985).
Heft 6	Helga Liese-Kleiber, Pollenanalysen in der Ufersiedlung Hornstaad-Hörnle I. Untersuchungen zur Sedimentation, Vegetation und Wirtschaft in einer neolithischen Station am Bodensee (1985).
Heft 7	Berichte zu Ufer- und Moorsiedlungen Südwestdeutschlands II (1985).
Heft 8	Inken Jensen, Der Schloßberg bei Neuenbürg. Eine Siedlung der Frühlatènezeit im Nordschwarzwald (1986).
Heft 9	Andreas Heege, Grabfunde der Merowingerzeit aus Heidenheim-Großkuchen (1987).
Heft 10	Karin Meier-Riva, Die Steinartefakte vom Hardberg bei Istein (Efringen-Kirchen, Kr. Lörrach) (1987).
Heft 11	Sigrid Alföldy-Thomas u. Helmut Spatz, Die ‚Große Grube' der Rössener Kultur in Heidelberg-Neuenheim (1988).
Heft 12	Tamara Spitzing, Die römische Villa von Lauffen a. N. (Kr. Heilbronn) (1988).
Heft 13	Karl Keller, Die jungsteinzeitliche Knochentrümmerstätte des Stadels im Hohlenstein (Lonetal) (1993).
Heft 14	Hartwig Zürn u. Franz Fischer, Die keltische Viereckschanze von Tomerdingen (Gem. Dornstadt, Alb-Donau-Kreis) (1991).
Heft 15	Beate Grimmer-Dehn, Die Urnenfelderkultur im südöstlichen Oberrheingraben (1991).
Heft 16	Wolfgang Kimmig, Die ‚Wasserburg Buchau' – eine spätbronzezeitliche Siedlung. Forschungsgeschichte-Kleinfunde (1992).
Heft 17	Gerhard Wesselkamp, Die bronze- und hallstattzeitlichen Grabhügel von Oberlauchringen, Kr. Waldshut. Mit einem Exkurs über Steingrabhügel am Hochrhein (1993).
Heft 18	Helmut Neumaier, Christian Ernst Hansselmann. Zu den Anfängen der Limesforschung in Südwestdeutschland (1993).
Heft 19	Michael A. Jochim, Henauhof-Nordwest – Ein mittelsteinzeitlicher Lagerplatz am Federsee (1993).
Heft 20	Maureen Carroll-Spillecke, Die Untersuchungen im Hof der Neuen Universität in Heidelberg (1993).
Heft 21	Robert u. Ursula Koch, Funde aus der Wüstung Wülfingen am Kocher (Stadt Forchtenberg, Hohenlohekreis) (1993).
Heft 22	Monika Porsche, Die mittelalterliche Stadtbefestigung von Freiburg im Breisgau (1994).
Heft 23	Karl Hermann Maier, Eine mittelalterliche Siedlung auf Markung Ursprung (Gemeinde Lonsee, Alb-Donau-Kreis) (1994).
Heft 24	Gabriele Dreisbusch, Das römische Gräberfeld von Altlußheim-Hubwald (Rhein-Neckar-Kreis) (1994).
Heft 25	Clemens Pasda, Das Magdalénien in der Freiburger Bucht (1994).
Heft 26	Christiane Schnack, Mittelalterliche Lederfunde aus Konstanz (Grabung Fischmarkt) (1994).
Heft 27	Alfred Schuler, Die Schussenquelle: eine Freilandstation des Magdalénien in Oberschwaben (1994).
Heft 28	Margot Klee, Das frührömische Kastell Unterkirchberg (1995).
Heft 29	Gabriele Weber-Jenisch, Der Limberg bei Sasbach und die spätlatènezeitliche Besiedlung des Oberrheingebietes (1995).
Heft 30	Brigitte Roeder, Frühlatènekeramik aus dem Breisgau – ethnoarchäologisch und naturwissenschaftlich analysiert (1995).
Heft 31	Die Latrine des Augustinereremiten-Klosters in Freiburg im Breisgau (1995).
Heft 32	Sabine Hopert, Die vorgeschichtlichen Siedlungen im Gewann ‚Mühlenzelgle' in Singen am Hohentwiel, Kreis Konstanz (1995).

FUNDBERICHTE AUS BADEN-WÜRTTEMBERG
E. Schweizerbart'sche Verlagsbuchhandlung (Nägele u. Obermiller) Stuttgart

Band 1, 1974	Band 5, 1980	Band 9, 1984	Band 13, 1988	Band 17,1/2, 1992
Band 2, 1975	Band 6, 1981	Band 10, 1985	Band 14, 1989	Band 18, 1993
Band 3, 1977	Band 7, 1982	Band 11, 1986	Band 15, 1990	Band 19,1/2, 1994
Band 4, 1979	Band 8, 1983	Band 12, 1987	Band 16, 1991	

VERÖFFENTLICHUNGEN DES LANDESDENKMALAMTES BADEN-WÜRTTEMBERG
Archäologische Denkmalpflege

FORSCHUNGEN UND BERICHTE DER ARCHÄOLOGIE DES MITTELALTERS IN BADEN-WÜRTTEMBERG
Kommissionsverlag Konrad Theiss Verlag Stuttgart

Band 1 Günter P. Fehring, Unterregenbach. Kirchen, Herrensitz, Siedlungsbereiche (1972).
Band 2 Antonin Hejna, Das ‚Schlößle' zu Hummertsried. Ein Burgstall des 13. bis 17. Jh. (1974).
Band 3 Barbara Scholkmann, Sindelfingen / Obere Vorstadt. Eine Siedlung des hohen und späten Mittelalters (1978).
Band 4 Aufsatzband (1977).
Band 5 Hans-Wilhelm Heine, Studien zu Wehranlagen zwischen junger Donau und westlichem Bodensee (1979).
Band 6 Aufsatzband (1979).
Band 7 Aufsatzband (1981).
Band 8 Aufsatzband (1983).
Band 9 Volker Roeser u. Horst Gottfried Rathke, St. Remigius in Nagold (1986).
Band 10/1 Hirsau St. Peter und Paul 1091–1991. Teil I: Zur Archäologie und Kunstgeschichte. Mit Beitr. von Hermann Diruf u. a. (1991).
Band 10/2 Hirsau St. Peter und Paul 1091–1991. Teil II: Zur Geschichte eines Reformklosters. Mit Beitr. von Lieven van Acker u. a. (1991).
Band 11 Michael Schmaedecke, Der Breisacher Münsterberg. Topographie und Entwicklung. Mit einem Anhang von Peter Hering (1992).
Band 12 Uwe Gross, Mittelalterliche Keramik zwischen Neckarmündung und Schwäbischer Alb. Bemerkungen zur räumlichen Entwicklung und zeitlichen Gliederung (1991).
Band 13/1 Die Stadtkirche St. Dionysius in Esslingen. Archäologie und Baugeschichte I. Günter P. Fehring und Barbara Scholkmann, Die archäologische Untersuchung und ihre Ergebnisse (1995).
Band 13/2 Die Stadtkirche St. Dionysius in Esslingen. Archäologie und Baugeschichte II. Peter R. Anstett, Die Baugeschichte von der Spätromanik zur Neuzeit (1995).
Band 13/3 Die Stadtkirche St. Dionysius in Esslingen. Archäologie und Baugeschichte. Tafelband (1995).
Band 14 Eleonore Landgraf, Ornamentierte Bodenfliesen des Mittelalters in Süd- und Westdeutschland 1150–1550. Bd. 1–3 (1993).
Band 15 Ilse Fingerlin, Die Grafen von Sulz und ihr Begräbnis in Tiengen am Hochrhein (1992).
Band 16 Dorothee Ade-Rademacher u. Reinhard Rademacher, Der Veitsberg bei Ravensburg. Vorgeschichtliche Höhensiedlung und mittelalterlich-frühneuzeitliche Höhenburg (1993).
Band 17 Tilman Mittelstrass, Eschelbronn. Entstehung, Entwicklung und Ende eines Niederadelssitzes im Kraichgau (12.–18. Jh.) (1995).
Band 18 Alois Schneider, Die Burgen im Kreis Schwäbisch Hall. Eine Bestandsaufnahme (1995).
Band 19 Matthias Untermann, Die Grabungen auf dem ‚Harmonie'-Gelände in Freiburg im Breisgau (1995).
Band 20 Ulrike Plate, Das ehemalige Benediktinerkloster St. Januarius in Murrhardt (in Vorber.).

ATLAS ARCHÄOLOGISCHER GELÄNDEDENKMÄLER IN BADEN-WÜRTTEMBERG
Kommissionsverlag Konrad Theiss Verlag Stuttgart

Band 1 Kurt Bittel, Siegwalt Schiek, Dieter Müller, Die keltischen Viereckschanzen (1990).

Band 2 Claus Oeftiger, Dieter Müller, Vor- und frühgeschichtliche Befestigungen.
    Heft 1 Der Rosenstein bei Heubach (Ostalbkreis) (1995).
    Heft 2 Der Zargenbuckel bei Schöntal-Aschhausen (Hohenlohekreis) (1993).
    Heft 3 Am Rauhen Stichle bei Münsingen-Hundersingen (Landkreis Reutlingen) (1993).
    Heft 4 Die Altstadt bei Gottmadingen (Landkreis Konstanz) (1993).
    Heft 5 Die Befestigungen auf dem Heiligenberg bei Heidelberg (1995).
    Heft 6 Die Schanze bei Münsingen-Trailfingen (Landkreis Reutlingen) (1995).

Band 3 Römerzeitliche Geländedenkmäler.
    Heft 1 Martin Luik, Dieter Müller, Die römischen Gutshöfe von Gemmrigheim und Kirchheim am Neckar, Landkreis Ludwigsburg (1995).

ARCHÄOLOGISCHE INFORMATIONEN AUS BADEN-WÜRTTEMBERG

Bezug durch die
Gesellschaft für Vor- und Frühgeschichte in Württemberg und Hohenzollern
Silberburgstraße 193, 70178 Stuttgart

Heft 1	Archäologische Ausgrabungen in Breisach am Rhein 1984 bis 1986. Rathauserweiterung und Tiefgaragenbau (1987).
Heft 2	Walter Joachim, Archäologische Ausgrabungen in Stuttgart-Stammheim 1984–1987 (1987).
Heft 3	Hartmann Reim, Das keltische Gräberfeld bei Rottenburg am Neckar. Grabungen 1984–1987 (1988).
Heft 4	Dietrich Lutz u. Egon Schallmayer, 1200 Jahre Ettlingen. Archäologie einer Stadt. Begleitheft zur Ausstellung (1988).
Heft 5	C. Sebastian Sommer u. Hartmut Kaiser, Lopodunum – Ladenburg a. N. Archäologische Ausgrabungen 1981–1987 (1988).
Heft 6	Helmut Roth u. Claudia Theune, SW ♀ I–V: Zur Chronologie merowingerzeitlicher Frauengräber in Südwestdeutschland (1988).
Heft 7	Gerhart Seifert, Lackprofil und Lackfilmmethode (1988).
Heft 8	Römische Städte und Siedlungen in Baden-Württemberg. 5. Sitzung des Arbeitskreises in Rottenburg a. N. 21.–22. 4. 1988 (1988).
Heft 9	Hartmut Schäfer u. Günter Stachel, Unterregenbach. Archäologische Forschungen 1960–1988 (1989).
Heft 10	Barbara Sasse, Leben am Kaiserstuhl im Frühmittelalter. Ergebnisse einer Ausgrabung bei Eichstetten (1989).
Heft 11	Dorothee Ade-Rademacher u. Susanne Mück, „... Mach Krueg, Haeffen, Kachel und Scherbe". Funde aus einer Ravensburger Hafnerwerkstatt vom 16. bis 19. Jahrhundert (1989).
Heft 12	Karen Schmitt. Oeffingen in vorgeschichtlicher Zeit, Archäologische Funde aus der Sammlung Jordan Riede (1990).
Heft 13	Heiko Steuer, Die Alamannen auf dem Zähringer Burgberg (1990).
Heft 14	Katharina Laier-Beifuss u. Dietrich Lutz, Die ehemalige Propstei Wiesenbach des Klosters Ellwangen (Rhein-Neckar-Kreis) (1990).
Heft 15	Bertram Jenisch. „... alhie zuo vilingen..." Eine Stadt des Mittelalters im Streiflicht (1990).
Heft 16	Irene Schneid-Horn. Vom Leben im Kloster und Spital am Waisenhausplatz in Pforzheim (1991).
Heft 17	Urgeschichte in Oberschwaben und der mittleren Schwäbischen Alb. Zum Stand neuerer Untersuchungen der Steinzeit-Archäologie (1991).
Heft 18	Dieter Planck, Das römische Walheim. Ausgrabungen 1980–1988 (1991).
Heft 19	... mehr als 1 Jahrtausend ... Leben im Renninger Becken vom 4. bis 12. Jahrhundert (1991).
Heft 20	Martin Kempa, Antike Eisenverhüttung auf der Ostalb (1991).
Heft 21	Judith Oexle, Der Ulmer Münsterplatz im Spiegel archäologischer Quellen (1991).
Heft 22	Rolf-Heiner Behrends, Erdwerke der Jungsteinzeit in Bruchsal (1991).
Heft 23	Ilse Fingerlin, Freiherr Wilhelm Hermann von Orscelar. Die ungewöhnliche Bestattung in der Durbacher Pfarrkirche (1992).
Heft 24	Pfullingen. Zeugen der Geschichte. Bedrohung – Erforschung – Erhaltung (1992).
Heft 25	FundMengen, Mengen im frühen Mittelalter (1994).
Heft 26	Birgit Tuchen, „... wolher ins bad reich und arm ..." (1994).
Heft 27	„Knochenarbeit". Artefakte aus tierischen Rohstoffen im Wandel der Zeit (1994).
Heft 28	Fürstensitze – Höhenburgen – Talsiedlungen. Bemerkungen zum frühkeltischen Siedlungswesen in Baden-Württemberg (1995).
Heft 29	Ingo Stork, Fürst und Bauer – Heide und Christ. 10 Jahre Archäologische Forschungen in Lauchheim/Ostalbkreis (1995).